영단기
신토익기술 LC

영단기 신토익 기술 LC

저자	권오경
기획 총괄	고영관 김효신
기획 편집	김혜민 정유상
마케팅·영업	손지한 김정현 양윤화 김보경 김은지 김성식
표지 디자인	서바른
내지 디자인	한단비

펴낸날	초판 1쇄 2017년 2월 15일
	8쇄 2022년 9월 10일
펴낸이	김정택
펴낸곳	(주)에스티유니타스
등록번호	제2015-000186호

홈페이지	eng.conects.com
고객센터	카카오톡 플러스 친구 [공부서점] / 영단기 1:1 게시판
주소	서울시 강남구 영동대로 417 오토웨이타워 3F

ISBN	979-11-5617-975-7 (13740)

新토익기술이 나온 이유

단기 고득점자 5,096명을 분석한 문제풀이 비법 공개

안녕하세요.

<영단기 新토익기술 LC> 저자 권오경입니다.
수많은 고득점자들을 단기간에 양성한 마감 신화 권홍반 수업을 통해,
토익 LC를 10년 이상 강의해 오면서 깨달은 점은
토익도 시험이고, 시험에는 분명 남들보다 빠르게 점수를 올릴 수 있는 지름길이
존재한다는 사실입니다.

온·오프라인 강의를 통해 토익 듣기에도 빈출 유형과 출제 포인트가 있다는 사실을
강조해 왔습니다. 일반적인 영어 공부와는 달리, 단기에 점수를 올려야 하는 토익
수험생의 입장에서 군더더기 설명은 버리고, 실제 시험에 나오는 내용만을 단기간에
정리할 수 있는 교재의 필요성을 느껴 왔습니다. 이런 이유로 선택과 집중을 통해
단기에 효율적으로 토익 점수를 올려 줄 수 있는 <영단기 新토익기술 LC>를 세상에
내놓게 되었습니다.

시험에 자주 나오는 핵심 출제 유형을 문제 풀이에 바로 적용할 수 있도록 총 80개의
핵심 기술로 정리하여 본서에 담았습니다. 기술을 먼저 공식으로 제시하고 이를 3단계
에 걸쳐 단계별로 상세히 설명하고, 다양한 문제 풀이를 통해 실전에 바로 사용할 수
있는 응용력을 기르도록 책을 구성하였습니다.

아무 의미 없는 반복 청취만을 강조하는 기존의 학습법과는 달리, 본서는 LC 핵심
기술을 통해 좀 더 빠르고 효율적으로 단기에 성적을 올릴 수 있도록 만들어주는 획기
적인 토익 LC 교재임을 자부합니다. 본서를 통해 조금이나마 여러분들이 토익 목표
점수를 달성하는 데 도움이 되었으면 합니다.

늘 여러분들의 꿈과 희망을 이루는 데 작은 도움이 된다는 자부심으로 교재 연구와
열강을 멈추지 않겠습니다.

여러분 모두 파이팅!

저자 권오경 드림

新토익 시험 정보의 모든 것

TOEIC 시험이란?

TEST OF ENGLISH FOR INTERNATIONAL COMMUNICATION의 약자로, 모국어가 영어가 아닌 사람이 일상적인 생활 또는 업무에서 의사소통이 가능한지를 평가하는 시험입니다.

시험 구성

듣기(LC) 4개 파트 100문제와 읽기(RC) 3개 파트 100문제로 총 7개 파트에 걸쳐 200문제가 출제됩니다. 200문제 모두 선택지 중에서 정답을 찾는 객관식 문제로 출제됩니다.

구성	PART 구성	출제 내용	문항수	시간	점수
LC (Listening Comprehension)	PART 1	사진 묘사 (사진 보고 문제 풀기)	6	45분 내외	495점
	PART 2	질문-대답 (질문 듣고 답변 고르기)	25		
	PART 3	짧은 대화 (두세 사람의 대화를 듣고 질문에 답하기) 신유형	39		
	PART 4	설명문 (전화 메시지, 연설문, 안내방송, 일기예보 등을 듣고 질문에 답하기) 신유형	30		
RC (Reading Comprehension)	PART 5	문장 빈칸 채우기 (하나의 문장 안에 있는 빈칸에 알맞은 말(문법 & 어휘) 고르기)	30	75분	495점
	PART 6	지문 빈칸 채우기 (짧은 지문 안에 있는 빈칸에 알맞은 말(문법&어휘&문장) 고르기) 신유형	16		
	PART 7	싱글 지문 (1개의 지문을 읽고 질문에 답하기) 신유형	29		
		더블 지문 (2개의 지문을 읽고 질문에 답하기)	10		
		트리플 지문 (3개의 지문을 읽고 질문에 답하기) 신유형	15		
총계			200	약 120분	990점

출제 범위 및 주제

일상생활 및 업무에 대한 영어 의사소통 능력을 평가하기 때문에 특정 분야의 전문 지식 또는 이와 관련된 어휘는 출제하지 않습니다. 국제 업무 환경에 맞게 다양한 국가의 지명과 성명이 등장하며, 듣기 평가에서는 미국, 영국, 호주 발음이 고르게 섞여 출제됩니다. 다음의 주제를 참고해 봅시다.

기업 일반	이사회, 편지, 공지, 전화, 팩스, 이메일, 사무실 장비 및 가구, 사무실 규정, 계약, 협상, 합병 및 인수, 판매, 보증, 사업계획, 회의, 노사관계
공식 연회	식사 및 연회, 장소 예약
엔터테인먼트	영화, 공연, 전시
재무	은행업무, 투자, 세금, 회계, 청구
의료	건강보험, 병원 방문 및 예약
부동산	건설 및 보수 내역, 부동산 구매 및 임대, 기타 설비
제조	제품 조립, 공장 경영, 품질 관리
인사	모집, 고용, 퇴임, 승진, 급여, 일자리 지원서, 구인광고, 연금, 시상
구매	쇼핑, 주문, 배송, 송장
기술	전자장비, 기술지원, 컴퓨터, 연구실과 관련 장비
여행	교통 관련 일정, 교통 관련 각종 공지, 렌터카, 호텔 예약, 연착 및 취소

세상에서 가장 친절한 新토익 시험 가이드

1. 토익 접수 방법
- 토익 시험의 인터넷 접수 기간을 한국 TOEIC 위원회 사이트(www.toeic.co.kr)에서 확인합니다.
- 사이트에서 인터넷 접수를 선택하고 시험일, 고사장, 수험정보 등의 정보를 입력합니다.
- 시험 접수 시 최근 6개월 이내 사진(JPG 형식)이 필요하오니 미리 준비합니다.

 시험 D-30부터는 특별추가접수에 해당하여 약 5천원 정도의 추가 비용이 발생합니다. 미리 시험을 접수하는 것이 좋습니다.

2. 시험 당일 꼭! 챙겨야 할 준비물
- **규정 신분증**
  성인의 경우, 주민등록증, 운전면허증, 기간 만료 전 여권, 공무원증 등이 인정됩니다. 중고등학생에 한하여 학생증(국내 학생증만 허용)도 신분증으로 인정됩니다.
- **연필 (볼펜, 사인펜은 No!)**
  연필 끝을 뭉뚝하게 만들어 준비하면 답안 마킹을 더 쉽게 할 수 있습니다.
- **지우개**
- **아날로그 손목시계 (전자식 시계는 No)** 주의!

> **토익 고수의 Tip!**
> 뭉뚝한 연필 준비!
> 마킹이 쉽고 빨라져요.

3. 입실 전 유의사항
- 시험 시간이 오전일 경우, 오전 9:20까지, 시험 시간이 오후일 경우 오후 2:20까지 입실합니다.
  오전 시험은 오전 9:50 이후, 오후 시험은 오후 2:50 이후로는 절대 입실할 수 없으니 꼭 시간을 지켜 미리 입실합니다.

 시험 시간 직전에는 독해 문제를 풀기보다는 듣기 연습을 충분히 하여 귀를 훈련시키는 게 더 효과적입니다.

4. 시험 진행 안내

오전 시험	오후 시험	시험 진행
9:30~9:45 (15분)	2:30~2:45 (15분)	답안지 작성 오리엔테이션
9:45~9:50 (5분)	2:45~2:50 (5분)	쉬는 시간
9:50~10:05 (15분)	2:50~3:05 (15분)	신분증 확인
10:05~10:10 (5분)	3:05~3:10 (5분)	문제지 배부, 파본 확인
10:10~10:55 (45분)	3:10~3:55 (45분)	듣기 평가 (LC)
10:55~12:10 (75분)	3:55~5:10 (75분)	독해 평가 (RC)

5. 성적 확인 및 성적표 발급 방법 알아보기
- 시험일로부터 19일 후 오후 3시에 한국 TOEIC 위원회 사이트(www.toeic.co.kr) 혹은 ARS 060-800-0515로 성적 확인이 가능합니다. (단, ARS 성적 확인에 '동의'한 수험자에 한하여 ARS 성적 확인이 가능함)
- 성적 수령은 온라인 출력이나 우편 수령을 택할 수 있습니다.
- 온라인 출력 시, 성적 유효기간 내 홈페이지를 통해 출력 가능합니다.
- 우편 수령 시, 성적발표 후 접수 시 기입한 주소로 성적표가 우편 발송됩니다. (약 7~10일 소요)
- 온라인 출력과 우편 수령은 1회 발급만 무료이며, 이후에는 유료로 발급됩니다.

新토익 PART 1
완벽 정복 비법

출제 비중은 줄었지만 난이도는 높아진다!
어려운 문제에 대비하라!

비교적 난이도가 높은 사물 주어로 시작하는 문장 구조 및 표현을 잘 파악하는 것이 Key Point

한눈에 보는 PART 1 출제경향

1 PART 1 문제 수

40% 감소

기존 토익 **10문항** > 신토익 **6문항**

2 PART 1 출제 포인트
- 사물 주어로 시작하는 수동태, 완료 수동태, 수동태 진행형 출제 증가
- 유사 발음, 의미 연상 어휘를 이용한 오답 함정 제시

PART 1 핵심 공략법

1 6문항 중 한 문제도 틀려서는 안 된다!
- 4문항이 감소했다는 것은 난이도가 낮은 문제의 비중이 그만큼 줄어든다는 것을 의미한다.
- 신유형 문제가 도입된 PART 3, 4의 난이도 역시 상승하였으므로 상대적으로 쉬운 PART 1에서 만점을 받아두는 것이 중요하다.
- 자주 출제되는 표현과 문장 구조, 오답 함정 등을 숙지해 한 문제도 틀리지 않도록 대비한다.

2 난이도가 높은 '사물 주어'의 문장 구조를 잘 익혀두어야 한다! `TIP`
- 사람 주어 문장의 출제 비중이 감소하고 사물 주어로 시작하는 문장 구조의 출제 비중이 상승할 가능성이 높다.
- 비교적 까다로운 문장 구조인 수동태, 완료 수동태, 수동태 진행형에 대한 이해도를 높이고 실제 각 사진 묘사에 어떻게 적용되는지 철저하게 학습한다.

3 PART 1 빈출 어휘와 표현을 되도록 많이 암기한다!
- PART 1에서 자주 출제되는 사람의 상태/동작 묘사 표현과 사물이나 배경의 위치/상태 묘사 표현을 암기한다.
- 특히 난이도 높은 어휘와 표현을 따로 정리한다.
- 정답의 단서를 제공하는 전치사 표현을 정리한다.

4 오답 함정을 숙지하여 실수를 줄여야 한다!
- PART 1에서 자주 출제되는 사람의 상태/동작 묘사 표현과 사물이나 배경의 위치/상태 묘사 표현을 암기한다.
- 정답의 단서를 제공하는 전치사 표현을 정리한다.

新토익 PART 2
완벽 정복 비법

빠른 판단력과 집중력을 키우고
평서문에 대한 대비를 강화하라!

비교적 난이도가 높은 How 의문문과 평서문에 대한 대응력을 키우는 것이 Key Point

한눈에 보는 PART 2 출제경향

1 PART 2 문제 수

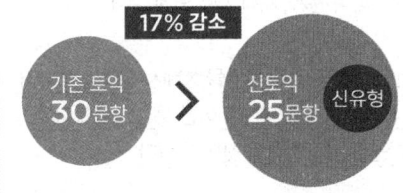

17% 감소

기존 토익 **30문항** > 신토익 **25문항** 신유형

2 PART 2 출제 포인트

- 다양한 의문사와 기대 응답을 연결시킨 문제 출제
- 평서문, 간접 답변, 제 3의 답변 같은 고난도 문제 출제
- 유사 발음, 의미 연상 어휘를 이용한 오답 함정 제시

PART 2 핵심 공략법

1 PART 2는 순발력과 집중력이 가장 필요한 파트이다!

- PART 2는 950점 이상의 고득점을 목표로 하는 800점대 학생들이 가장 어려워하는 파트이다.
- PART 2는 질문과 답변이 짧아서 순식간에 지나가 버리기 때문에 정확한 문맥 파악이 쉽지 않다.
- 질문과 답변을 듣는 순간 정오답을 판단할 수 있는 순발력과 집중력이 절대적으로 필요하다.

A-HA!

2 출제율이 가장 높은 의문사 의문문을 확실하게 정복해야 한다!

- 의문사 의문문은 PART 2 출제 비중의 1/3을 차지한다.
- 난이도가 높은 How/Why 의문문의 답변 패턴을 숙지한다.
- 의문사 유형별로 전형적인 답변 패턴을 학습하고 간접 표현, 제 3의 답변, 반문 등 문제의 난이도를 높이는 고난도 답변 패턴을 숙지한다.

3 답변 예측이 어려운 평서문에 대한 대응력을 키워야 한다!

- 평서문은 사실 전달에 목적이 있기 때문에 전형화된 답변 패턴이 없다.
- 오답 소거법을 이용해 질문과 답변의 대응 논리를 하나씩 살펴 오답을 모두 소거한 후 정답을 선택한다.

4 질문 앞부분을 집중해서 듣는 연습과 오답을 골라내는 연습을 꾸준히 한다!

- PART 2 질문의 핵심은 첫 3~4 단어에 있으므로 앞부분만 듣고도 문제 유형을 파악할 수 있어야 한다.
- 유사 발음, 의미 연상 등 반복적으로 자주 등장하는 오답 함정 사례와 관련 표현을 미리 숙지한다.
- 오답 소거법을 이용하여 보다 정확하게 정답을 가려내는 연습을 한다.

新토익 PART 3
완벽 정복 비법

대화의 흐름을 놓치지 말고
단서가 나올 곳에 집중하라!

의도 문제는 앞뒤 문맥을 통해서, 시각 자료 문제는 시각 자료와 대화를 종합하여 단서를 찾는 것이 Key Point

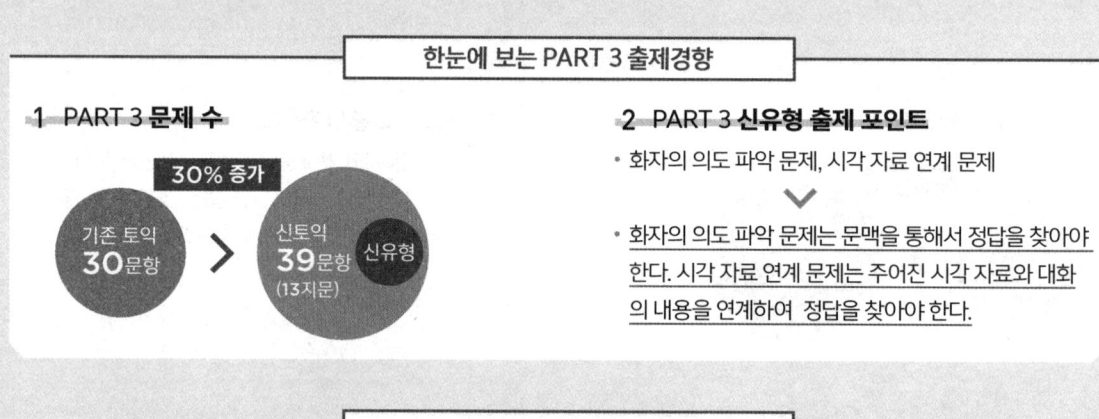

한눈에 보는 PART 3 출제경향

1 PART 3 문제 수

30% 증가

기존 토익
30문항
>
신토익
39문항
(13지문)
신유형

2 PART 3 신유형 출제 포인트

• 화자의 의도 파악 문제, 시각 자료 연계 문제

∨

• 화자의 의도 파악 문제는 문맥을 통해서 정답을 찾아야 한다. 시각 자료 연계 문제는 주어진 시각 자료와 대화의 내용을 연계하여 정답을 찾아야 한다.

PART 3 핵심 공략법

1 화자의 의도 파악 문제는 제시된 문장과 앞뒤 문장의 관계 및 문맥 파악이 핵심이다!
• 상황에 따라 다르게 해석되는 문장의 의도를 묻는 문제이므로 해당 문장의 앞뒤 내용이 가장 중요하다.
• PART 3 의도 파악 문제는 앞사람의 말에 대한 답변 문장이 주로 문제로 출제되므로 특히 상대 화자가 바로 앞에 한 말의 의미를 정확하게 이해해야 한다.
• 제시된 문장이 들린 이후의 대사에는 해당 문장에 대한 부연 설명, 이유, 예제가 제시되기 때문에 이 부분 또한 잘 듣고 정답을 확인한다.
• 예를 들어 문제의 표현이 "I can't believe it"일 때, 앞서 상대 화자가 '우리 회사가 최고 실적을 기록했다'고 말했고, 문제의 화자가 "I can't believe it"이라고 말한 후 '직원 모두 열심히 노력한 결과'라고 말했다면, 문맥을 통해 화자가 이 말을 한 의도는 '놀라움' 또는 '기쁨'을 나타내기 위한 것임을 알 수 있다.

2 시각 자료 연계 문제는 지문을 듣기 전 시각 자료의 정보 파악이 필수이다!
• 대화를 들으면서 표, 그래프, 지도와 같은 시각 자료의 정보를 함께 파악해야 하는 문제이다.
• 대화 중 시각 자료에 나온 정보와 관련된 언급을 통해 정답을 찾는 문제이므로 대화문이 나오기 전 자료의 정보를 숙지해 두고 대화를 들으면서 바로 정답을 찾아야 한다.
• 보통 대화에서 언급한 특정 조건에 맞는 정보를 시각 자료에서 찾아내는 문제가 출제된다.

3 3인 대화 관련 문제는 2명의 공통된 의견을 빠르게 파악하는 것이 중요하다!
• 전체적인 대화 길이는 기존 유형과 유사하나 화자의 수(3인)와 대화를 주고 받는 횟수(turn)가 늘어났다.
• 성비가 '여자2 + 남자1' 또는 '남자2 + 여자1' 로 구성될 수 밖에 없다. 따라서 남자 화자 2명 또는 여자 화자 2명의 공통된 의견이나 입장을 구분하여 이해할 수 있도록 연습해야 한다.

新토익 PART 4
완벽 정복 비법

대화문보다 흐름 파악은 용이하겠지만
의도 문제 풀이는 더 까다롭다!

의도 문제는 전후 문맥을 통해, 시각 자료 문제는 시각 자료와 담화를 종합하여 단서를 찾는 것이 Key Point

한눈에 보는 PART 4 출제경향

1 PART 4 문제 수

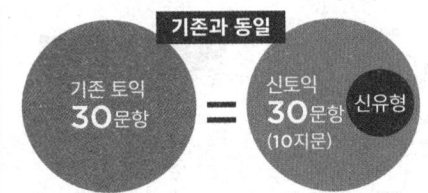

2 PART 4 신유형 출제 포인트

• 화자의 의도 파악 문제, 시각 자료 연계 문제

• 화자의 의도 파악 문제는 문맥을 통해서 정답을 찾아야 한다. 시각 자료 연계 문제는 주어진 시각 자료와 담화의 내용을 연계하여 정답을 찾아야 한다.

PART 4 핵심 공략법

1 화자의 의도 파악 문제는 담화의 주요 흐름을 이해하고 제시된 문장과 앞뒤 문장과의 관계 및 문맥을 파악하는 것이 핵심이다!

• PART 3와 동일한 문제 유형으로 문제에 제시된 문장의 실제 의미 또는 이 말을 한 화자의 의도를 찾는 문제이다.
• PART 4는 1인 담화이므로 문제의 표현이 담화 흐름과 보다 긴밀하게 연결되어 있다. 따라서 해당 문장의 앞뒤에 나온 문장을 더욱 집중해서 잘 들어야 한다.
• 접속사, 접속부사 등의 연결어가 단서가 될 수 있다. 예를 들어 역접 의미의 But, However 등이 문제 표현 앞에 있으면 앞서 한 말과는 정반대의 이야기를 하려는 것이다.

2 시각 자료 연계 문제는 지문을 듣기 전 시각 자료의 정보 파악이 필수이다!

• PART 3와 동일한 유형으로 1인 담화문에 도표, 그래프와 같은 시각 자료가 함께 출제되는 유형이다.
• 지문을 듣기 전에 시각 자료를 최대한 활용하여 듣기 지문의 주제가 무엇인지 미리 파악해야 한다.
• 담화에서 언급된 변동사항을 표에 반영하여 정답을 찾는 문제는 고난도에 해당된다. 반대되는 내용을 이끄는 'but/unfortunately/sorry/however/although' 등의 역접 표현이 나오는 부분을 주의해서 들어야 한다.

3 실제와 같은 의사소통 상황이 반영되어 있으므로 당황하지 말자!

• 담화에서는 완벽한 문장은 아니지만 의미가 전달될 수 있는 문장의 일부(fragments) 표현이 종종 사용된다.
• 실제와 같은 의사소통 상황을 반영하기 위해 말을 더듬거나 중간에 살짝 멈추는 시간(pause)이 삽입될 수 있다.

학습 효과를 극대화하기 위한
新토익기술 200% 활용법

기초부터 단기 목표달성까지 단계별 학습으로 신토익 20일 정복

개념을 완벽히 이해해도 문제에 적용하지 못한다면 점수는 오를 수 없습니다.
기술에 대해 이만큼 집요하게 파고든 책은 지금껏 존재하지 않았습니다.

POINT 01
기술 배우기

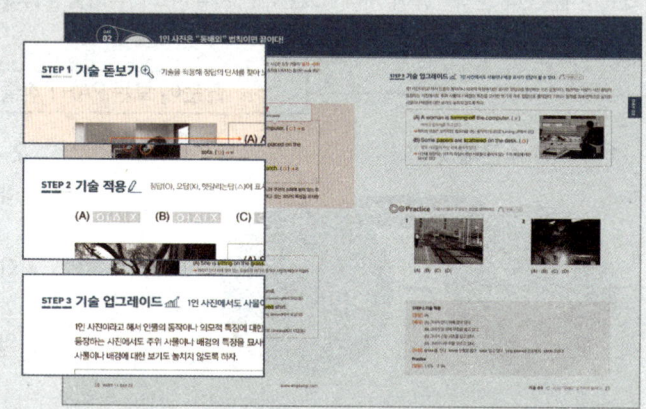

- **기술 돋보기**
  주어진 유형별 문제를 빠르게 풀기 위한
  토익기술을 배웁니다.

- **기술 적용**
  배운 기술이 실제 시험에 어떻게 적용되는지
  풀이 과정을 배웁니다.

- **기술 업그레이드**
  시험에 자주 출제된 유형을 내 것으로 만들고
  실력을 업그레이드 하세요.

기술 돋보기 > 적용 > 업그레이드로 빠르고 정확하게 토익기술 학습
기존 복잡한 학습 절차를 기술 3 STEP으로 심플하게 구성하였습니다.

POINT 02
유형 훈련하기

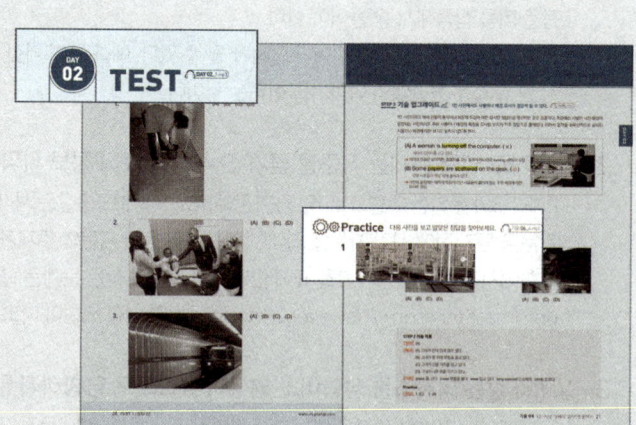

- **Practice**
  내가 배운 기술을 실제 문제에 적용해보면서
  실전 감각을 키워보세요.
  틀렸다면 처음으로 돌아가
  기술을 꼭 정리하고 넘어가세요.

- **DAY TEST**
  Part별 新유형 문제 반영으로 신토익 출제 경향을
  완벽하게 파악할 수 있습니다.

배운 기술을 실제 토익 시험에서 적용할 수 있는 최신 경향 문제풀이
주구장창 문제만 푸는 일반 연습문제와는 차원이 다른 토익 빈출 유형 문제 수록

POINT 03
채점 및 복습하기

• **정답 해석/해설**

문제풀이 중 이해하기 힘든 내용이 있어도 걱정 No!
정확하고 자연스러운 해석을 수록하여 지문과
문제 내용을 완벽하게 이해하고 넘어갈 수 있도록
구성하였습니다.

단순 문제 해설이 아닌 기술을
어떻게 사용/응용 하였는지 알려드립니다.
술술 읽히고 이해가 되는 해설이 진짜 해설입니다.

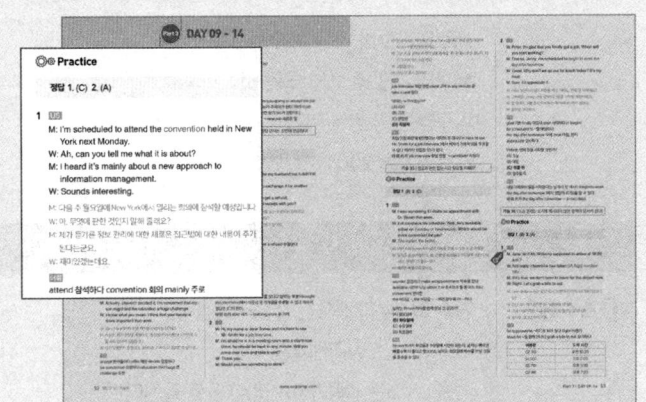

POINT 04
부가자료 활용하기

• **1등 영단기가 제시하는**
  신토익 무료 학습자료

영단기 회원이라면 신토익 단기 고득점 달성을 위해
다양한 토익 학습콘텐츠를 무료로 사용할 수 있습니다.
영단기 신토익 강의와 함께 공부하면 더 빠르고,
더 쉽게 목표 점수를 달성할 수 있습니다.

혼자하는 공부가 어려울 때, 좀더 자세한 설명이
필요할 때에는 영단기 토익 선생님의 꿀팁 가득한
강의로 공부해보세요.

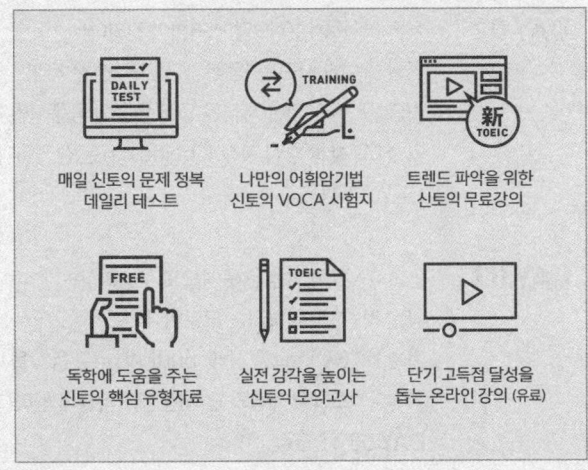

Contents

영국 발음

Part 1

Part 2

Part 3

Contents

정답 및 해석 / 해설

ENGDANGI LISTENING
NEW TOEIC

영국 발음

기술
01

받침에 오는 r은 안 들린다!

영국식 영어가 미국식 영어에 비해 딱딱하게 들리는 이유 중 하나는 우리말 받침에 해당하는 r을 발음하지 않기 때문이다. 미국식 영어에서는 받침의 r을 부드럽게 굴려서 발음해 주지만 영국식 영어는 받침의 r을 발음하지 않는 대신 앞의 모음을 조금 길게 발음하는 특징이 있다. 이런 이유로 같은 단어도 다르게 들릴 수 있다.

STEP 1 기술 돋보기 🔍 영국식 발음과 미국식 발음을 구별해보세요. 🎧 기술 01_1.mp3

> 👆 **기술 Tip!**
> 영국 영어는 받침에 오는 r을 발음하지 않는다!

	미국식 발음	영국식 발음
pour 붓다	pour [푸얼]	pou-r [푸어-]
serve 서빙하다	serve [썰ㅂ]	se-rve [써-ㅂ]
dark 어두운	dark [달ㅋ]	da-rk [다-ㅋ]
far 멀리	far [팔]	fa-r [파-]

STEP 2 기술 적용 ✏️ 다음 문장을 들으며 영국식 발음과 미국식 발음을 구별해보세요. 🎧 기술 01_2.mp3

1 computer How can I turn on the **computer**? (A) 미국식 | 영국식 (B) 미국식 | 영국식

2 dinner Why don't we go out for **dinner**? (A) 미국식 | 영국식 (B) 미국식 | 영국식

3 guitar He is playing the **guitar**. (A) 미국식 | 영국식 (B) 미국식 | 영국식

4 door The **door** has been left open. (A) 미국식 | 영국식 (B) 미국식 | 영국식

5 counter The laptop has been placed on the **counter**. (A) 미국식 | 영국식 (B) 미국식 | 영국식

6 customer I need to meet the new **customer**. (A) 미국식 | 영국식 (B) 미국식 | 영국식

7 purchase Where did you **purchase** the copy machine? (A) 미국식 | 영국식 (B) 미국식 | 영국식

8 hour I will come back in an **hour**. (A) 미국식 | 영국식 (B) 미국식 | 영국식

STEP 3 기술 업그레이드 📈 영국식 영어에서 r 발음이 무조건 탈락되는 것은 아니다.

> 영국식 영어에서 우리말 받침에 해당하는 r은 발음하지 않지만, **r**ound[**라**운드]처럼 단어의 처음에 오는 r과 g**r**oup[그**룹**]처럼 모음 앞에 오는 r은 정확하게 발음을 한다. 이때는 미국식 발음과도 큰 차이가 없다.

⚙️⚙️ Practice 다음 문장을 들으며 빈칸을 채우고 영국식 발음인지 미국식 발음인지 체크해보세요. 🎧 기술 01_3.mp3

문장	영국식	미국식
1 He is _____ _____ .	_____	_____
2 A man is making a _____.	_____	_____
3 She is looking at the _____.	_____	_____
4 A woman is _____ in the _____.	_____	_____
5 Some _____ are _____ _____ the _____.	_____	_____
6 The _____ is cutting the _____ _____.	_____	_____
7 A man is taking a _____ of the _____.	_____	_____
8 A woman is typing on the _____.	_____	_____
9 A _____ is taking an _____.	_____	_____
10 He is opening the _____ _____.	_____	_____

STEP 2 기술 적용
[정답] 1. (A) 미 (B) 영 2. (A) 미 (B) 영 3. (A) 영 (B) 미 4. (A) 미 (B) 영
5. (A) 미 (B) 영 6. (A) 영 (B) 미 7. (A) 영 (B) 미 8. (A) 미 (B) 영
[해석] 1. 컴퓨터를 어떻게 켜나요? 2. 저녁 먹으러 나가는 게 어때요? 3. 그는 기타를 연주하고 있어요. 4. 문이 열려 있어요.
5. 노트북이 카운터에 놓여 있어요. 6. 저는 새로운 고객을 만나야 해요. 7. 복사기를 어디서 구매하셨죠?
8. 저는 1시간 뒤에 돌아올 겁니다.

Practice
[정답] 1. working, indoors (영) 2. purchase (미) 3. monitor (미) 4. working, garden (영) 5. cars, parked, near, curb (영)
6. barber, customer's, hair (영) 7. picture, chair (미) 8. keyboard (미) 9. waiter, order (영) 10. car, door (미)

기술 02

t는 강하게 들린다!

미국식 영어에서는 강모음(강세가 있는 모음)과 약모음(강세가 없는 모음) 사이에 오는 t는 [ㄹ]에 가깝게 부드럽게 발음한다. 하지만 영국식 영어에서는 t를 우리말 [ㅌ]처럼 딱딱하게 발음한다. 예를 들어, water의 미국식 발음은 t가 많이 약화되어 [워럴]처럼 되지만 영국식 발음은 t를 그대로 딱딱하게 발음하여 [워터]처럼 된다.

STEP 1 기술 돋보기 🔍 영국식 발음과 미국식 발음의 특징과 차이점을 구별해보세요. 🎧 기술 02_1.mp3

기술 Tip!
영국 영어는 t를 확실히 발음한다!

	미국식 발음	영국식 발음
water 물	wat(ㄹ)er [워럴]	wat(ㅌ)er [워터]
waiter 종업원	wait(ㄹ)er [웨이럴]	wait(ㅌ)er [웨이터]
matter 문제	matt(ㄹ)er [매럴]	matt(ㅌ)er [매터]
butter 버터	butt(ㄹ)er [버럴]	butt(ㅌ)er [버터]

STEP 2 기술 적용 ✏️ 다음 문장을 들으며 영국식 발음과 미국식 발음을 구별해보세요. 🎧 기술 02_2.mp3

1 item A man is holding an **item**. (A) 미국식 | 영국식 (B) 미국식 | 영국식

2 sitting A woman is **sitting** on the grass. (A) 미국식 | 영국식 (B) 미국식 | 영국식

3 bottom It is in the **bottom** drawer. (A) 미국식 | 영국식 (B) 미국식 | 영국식

4 waiting People are **waiting** in line. (A) 미국식 | 영국식 (B) 미국식 | 영국식

5 putting Musicians are **putting** away their instruments. (A) 미국식 | 영국식 (B) 미국식 | 영국식

6 meeting Where is the **meeting** taking place? (A) 미국식 | 영국식 (B) 미국식 | 영국식

7 getting Passengers are **getting** on the train. (A) 미국식 | 영국식 (B) 미국식 | 영국식

8 setting Workers are **setting** up the computers. (A) 미국식 | 영국식 (B) 미국식 | 영국식

STEP 3 기술 업그레이드 📈 미국식 영어에서 t가 무조건 [ㄹ]처럼 부드럽게 발음되는 것은 아니다.

> t가 강모음과 약모음 사이에 오는 경우를 제외하고는 미국식 영어에서도 t를 [ㅌ]로 강하게 발음한다. 예를 들어 h**ote**l은 뒤 모음에 강세가 있는 '약모음(o) + t + 강모음(e)'의 구조이기 때문에 [호렐]이 아닌 [호**텔**]로 발음한다. 또한 t**oy**처럼 t 앞에 모음이 없는 경우에도 t를 굴리지 않고 [로이]가 아닌 [**토**이]로 발음한다.

⚙️ **Practice** 다음 문장을 들으며 빈칸을 채우고 영국식 발음인지 미국식 발음인지 체크해보세요. 🎧기술 02_3.mp3

문장	영국식	미국식
1 A man is _____ into a car.	_____	_____
2 The _____ comes up to $100.	_____	_____
3 The _____ should be recharged.	_____	_____
4 A woman is _____ the grass.	_____	_____
5 It doesn't _____ to me.	_____	_____
6 The sales are _____ than expected.	_____	_____
7 The _____ has been postponed.	_____	_____
8 A man is _____ up a tent.	_____	_____
9 A woman is swimming in the _____.	_____	_____
10 People are _____ in a circle.	_____	_____

STEP 2 기술 적용

[정답] 1. (A) 영 (B) 미 2. (A) 미 (B) 영 3. (A) 미 (B) 영 4. (A) 미 (B) 영
　　5. (A) 미 (B) 영 6. (A) 영 (B) 미 7. (A) 영 (B) 미 8. (A) 영 (B) 미

[해석] 1. 남자가 물건을 들고 있다. 2. 여자가 잔디 위에 앉아 있다. 3. 그것은 맨 아래 서랍 안에 있다.
　　4. 사람들이 줄 서서 기다리고 있다. 5. 음악가들이 악기를 치우고 있다. 6. 회의가 어디서 열리나요?
　　7. 승객들이 기차에 타고 있다. 8. 일꾼들이 컴퓨터를 설치하고 있다.

Practice

[정답] 1. getting (미) 2. total (미) 3. battery (영) 4. cutting (미) 5. matter (영)
　　6. better (영) 7. meeting (미) 8. setting (영) 9. water (미) 10. seated (영)

a는 [애]가 아니라 [아]로 들린다!

DAY 01

기술 03

미국식 영어에서는 [애]로 발음되는 철자 a가 영국식 영어에서는 [아]로 발음되는 경우가 많다. 예를 들어 ask의 미국식 발음은 [애스크]이지만 영국식 발음은 [아스크]이다. 또한 영국식 영어에서는 [아]를 좀 더 길게 발음하는 경향이 있다.

STEP 1 기술 돋보기 🔍 영국식 발음과 미국식 발음의 특징과 차이점을 구별해보세요. 🎧 기술 03_1.mp3

> **기술 Tip!**
> 영국 영어에서 a는 [아]다!

	미국식 발음	영국식 발음
sample 샘플	s**a**[애]mple [쌤플]	s**a**[아]mple [쌈플]
glass 유리	gl**a**[애]ss [글래스]	gl**a**[아]ss [글라스]
branch 지점	br**a**[애]nch [브랜취]	br**a**[아]nch [브란취]
pass 지나가다	p**a**[애]ss [패쓰]	p**a**[아]ss [파쓰]

STEP 2 기술 적용 ✍ 다음 문장을 들으며 영국식 발음과 미국식 발음을 구별해보세요. 🎧 기술 03_2.mp3

1 after   Let's go to the movies **after** work.   (A) 미국식 | 영국식   (B) 미국식 | 영국식

2 half   I'll be back in **half** an hour.   (A) 미국식 | 영국식   (B) 미국식 | 영국식

3 cast   Shadows are being **cast** on the ground.   (A) 미국식 | 영국식   (B) 미국식 | 영국식

4 can't   I **can't** attend the meeting.   (A) 미국식 | 영국식   (B) 미국식 | 영국식

5 pathway   The **pathway** leads to the building.   (A) 미국식 | 영국식   (B) 미국식 | 영국식

6 answer   Nobody **answered** the phone.   (A) 미국식 | 영국식   (B) 미국식 | 영국식

7 grass   A woman is lying on the **grass**.   (A) 미국식 | 영국식   (B) 미국식 | 영국식

8 classroom   The **classroom** is full of students.   (A) 미국식 | 영국식   (B) 미국식 | 영국식

STEP 3 기술 업그레이드 📈 영국식 영어에서 모든 a가 [아]로 발음되는 것은 아니다.

1음절 단어의 a는 미국식 영어에서뿐만 아니라 영국식 영어에서도 [애]로 발음된다. 예를 들어 cap은 1음절 어휘이므로 [캅]이 아니라 미국식 영어와 마찬가지로 영국식으로도 [캡]으로 발음한다. 또한 a가 자음 r 앞에 오는 경우에는 영국식 영어와 미국식 영어 모두 [아]로 발음한다. 예를 들어 park는 a가 자음 r 앞에 있으므로 영국식과 미국식 모두 a를 [아]로 발음한다. 따라서 미국에서는 [팔크] 영국에서는 [파크]로 발음한다.

⚙️ Practice 다음 문장을 들으며 빈칸을 채우고 영국식 발음인지 미국식 발음인지 체크해보세요. 🎧 기술 03_3.mp3

	문장	영국식	미국식
1	A man is wearing _____.	_____	_____
2	A woman is _____ on the street.	_____	_____
3	A man is mowing the _____.	_____	_____
4	People are strolling on the _____.	_____	_____
5	A woman is _____ out the handouts.	_____	_____
6	He has finished writing the first _____.	_____	_____
7	We need to meet the _____.	_____	_____
8	I'd like to _____ about the order.	_____	_____
9	I'd _____ take the subway.	_____	_____
10	I'm here to get some _____.	_____	_____

STEP 2 기술 적용

[정답] 1. (A) 영 (B) 미   2. (A) 영 (B) 미   3. (A) 미 (B) 영   4. (A) 영 (B) 미

   5. (A) 미 (B) 영   6. (A) 영 (B) 미   7. (A) 미 (B) 영   8. (A) 영 (B) 미

[해석] 1. 일 끝나고 영화 보러 가요.   2. 30분 뒤에 돌아올게요.   3. 그림자가 땅 위에 드리워져 있다.

   4. 저는 회의에 참석할 수 없어요.   5. 오솔길이 건물로 이어져 있다.   6. 아무도 전화를 받지 않았어요.

   7. 여자가 잔디 위에 누워 있다.   8. 교실이 학생들로 가득 차 있다.

Practice

[정답] 1. glasses (영)   2. dancing (미)   3. grass (미)   4. path (영)   5. passing (영)

   6. draft (영)   7. demand (미)   8. ask (영)   9. rather (미)   10. samples (영)

o는 철자 그대로 [오]로 들린다!

영국식 영어는 철자 그대로 발음하려는 특징이 있기 때문에 모음 o는 대부분 [오]로 발음한다. 하지만 미국식 영어는 o를 주로 [아]로 발음하고 때에 따라 [오]나 [어]로 발음하기도 한다. 예를 들어 사람 이름 Tom의 경우 영국에서는 [톰], 미국에서는 [탐]이라고 발음하는 것이 일반적이다.

STEP 1 기술 돋보기 🔍 영국식 발음과 미국식 발음의 특징과 차이점을 구별해보세요. 🎧 기술 04_1.mp3

> 기술 Tip!
> 영국 영어에서 o는 [오]다!

	미국식 발음	영국식 발음
John 존	J**o**[아]hn [잔]	J**o**[오]hn [존]
stop 멈추다	st**o**[아]p [스탑]	st**o**[오]p [스톱]
top 정상	t**o**[아]p [탑]	t**o**[오]p [톱]
pot 단지	p**o**[아]t [팥]	p**o**[오]t [폽]

STEP 2 기술 적용 ✎ 다음 문장을 들으며 영국식 발음과 미국식 발음을 구별해보세요. 🎧 기술 04_2.mp3

1 shop   I purchased it at the **shop**.   (A) 미국식 | 영국식   (B) 미국식 | 영국식

2 borrow   Where can I **borrow** some money?   (A) 미국식 | 영국식   (B) 미국식 | 영국식

3 document   Why don't you look at this **document**?   (A) 미국식 | 영국식   (B) 미국식 | 영국식

4 stop   The machine **stopped** working.   (A) 미국식 | 영국식   (B) 미국식 | 영국식

5 bought   I **bought** it last night.   (A) 미국식 | 영국식   (B) 미국식 | 영국식

6 block   The road has been **blocked**.   (A) 미국식 | 영국식   (B) 미국식 | 영국식

7 stock   It is still out of **stock**.   (A) 미국식 | 영국식   (B) 미국식 | 영국식

8 modern   The lecture is about the **modern** art.   (A) 미국식 | 영국식   (B) 미국식 | 영국식

STEP 3 기술 업그레이드 📈 영미 발음 차이가 큰 어휘들을 숙지하자. 🎧 기술 04_3.mp3

토익에 자주 등장하는 어휘 위주로 영국식과 미국식 발음의 차이가 큰 어휘들을 미리 정리해 두자.

	미국식 발음	영국식 발음
1) schedule 일정	**[스케줄]**	**[쉐줄]**
2) vase 화병	**[베이스]**	**[바-즈]**
3) advertisement 광고	[애드벌**타이즈**먼트]	[어드**버트**스먼트]
4) laboratory 실험실	**[래**버러터리]	[러**바**러터리]
5) garage 차고	**[거롸-쥐]**	**[개**롸쥐]

⚙️ Practice 다음 문장을 들으며 빈칸을 채우고 영국식 발음인지 미국식 발음인지 체크해보세요. 🎧 기술 04_4.mp3

문장	영국식	미국식
1 The car is in the _____.	_____	_____
2 It _____ raining.	_____	_____
3 I saw the _____ in the paper.	_____	_____
4 I worked at the _____.	_____	_____
5 We're still behind _____.	_____	_____
6 I was _____ at the department store.	_____	_____
7 There is a _____ on the table.	_____	_____
8 _____ is on vacation now.	_____	_____
9 Let's place them in the _____ _____.	_____	_____
10 A man is carrying a _____.	_____	_____

STEP 2 기술 적용

[정답] 1. (A) 영 (B) 미   2. (A) 미 (B) 영   3. (A) 영 (B) 미   4. (A) 영 (B) 미
　　　 5. (A) 미 (B) 영   6. (A) 영 (B) 미   7. (A) 미 (B) 영   8. (A) 영 (B) 미

[해석] 1. 저는 그것을 가게에서 샀어요.   2. 돈을 어디서 빌릴 수 있을까요?   3. 이 문서를 보는 게 어때요?
　　　 4. 기계가 작동을 멈췄어요.   5. 저는 어젯밤에 그것을 샀어요.   6. 도로가 막혀 있어요.   7. 그것은 여전히 재고가 없어요.
　　　 8. 강연은 현대 예술에 관한 것입니다.

Practice

[정답] 1. garage (영)   2. stopped (미)   3. advertisement (영)   4. laboratory (미)   5. schedule (영)
　　　 6. shopping (미)   7. vase (영)   8. John (미)   9. stock, room (미)   10. box (미)

ENGDANGI LISTENING
NEW TOEIC

'기술'로 끝내는 신토익 문제풀이
영단기 신토익기술 LC

PART 1

Part 1은 오답 소거법이 진리다!

Part 1을 풀 때는 보기가 하나씩 제시될 때마다 바로 선택을 해야 한다. **사진과 일치하지 않는 동작(동사) 이나 사물(명사) 단어가 들리면 바로 X, 확실히 정답이라고 생각되면 O, 잘 모르는 보기는 △ 표시를 해 두자.** 세 개의 보기가 모두 X인데 정답이 확실치 않으면 자연스럽게 세모를 정답으로 생각하면 된다.

STEP 1 기술 돋보기 🔍 기술을 적용해 정답의 단서를 찾아보세요.

> 👆 **기술 Tip!**
> 정오답이 애매할 때는 일단 세모 표시를 하자!

→ (A) He is looking into a ~~mirror~~. (△) → (×)
그가 거울을 보고 있다.

(B) He is sitting on a bench. (○)
그가 벤치에 앉아 있다.

(A)는 거울(mirror)이 등장하지 않으므로 오답이 확실하지만 mirror를 듣지 못했다면 세모로 남겨 두었다가 확실한 정답 (B)가 들리면 그때 (A)를 오답 처리한다.

STEP 2 기술 적용 ✏ 정답(O), 오답(X), 헷갈리는답(△)에 표시하면서 문제를 풀어보세요.

(A) ○ │ △ │ X   (B) ○ │ △ │ X   (C) ○ │ △ │ X   (D) ○ │ △ │ X

(A) They are ~~facing each other~~.
→ 서로 마주 보고 있는 모습이 아니므로 facing each other에서 오답

(B) They are seated side by side.
→ 두 사람이 나란히 앉아 있는 모습으로 정답
> 기술 05 | Part 1은 오답 소거법이 진리다!

(C) They are ~~moving~~ the bench.
→ 벤치는 있지만 옮기는 동작이 아니므로 moving에서 오답

(D) They are ~~waiting in line~~.
→ 줄 서서 기다리는 모습이 보이지 않으므로 waiting in line에서 오답

STEP 3 기술 업그레이드 📊 강하게 들리는 2-3 단어만 들어도 오답을 가려낼 수 있다. 🎧기술 05_3.mp3

Part 1 보기를 들을 때 모든 단어를 다 들을 필요는 없다. 다른 단어에 비해 비교적 강하게 발음되는 단어 2-3개만 들어도 정답과 오답 판단이 충분히 가능하다. 주로 동사와 명사가 강하게 들린다. 복습으로 딕테이션이나 쉐도잉을 할 때도 굳이 모든 어휘를 받아 적거나 따라 읽지 말고 특히 강하게 발음되는 명사와 동사에만 집중하여 훈련한다.

> **아래의 문장을 듣고 다른 단어에 비해 강하게 발음되는 단어에 밑줄을 치시오.**
>
> 1) A man is walking down the street. 남자가 거리를 걸어가고 있다.
>
> 2) Some pedestrians are crossing the road. 몇몇 보행자들이 길을 건너고 있다.
>
> 3) Several cars are parked at the curb. 몇 대의 차량이 연석에 주차되어 있다.
>
> 4) Items are displayed on the racks. 물건들이 선반에 진열되어 있다.
>
> 5) Passengers are boarding the train. 승객들이 기차에 타고 있다.
>
> [정답] 1. man, walking, street 2. pedestrians, crossing, road 3. cars, parked, curb
>   4. Items, displayed, racks 5. Passengers, boarding, train

⚙️ Practice   다음 사진을 보고 알맞은 정답을 찾아보세요. 🎧기술 05_4.mp3

1

(A) (B) (C) (D)

2

(A) (B) (C) (D)

STEP 2 기술 적용

[정답] (B)

[해석] (A) 그들이 서로 마주 보고 있다.

(B) 그들이 나란히 앉아 있다.

(C) 그들이 벤치를 옮기고 있다.

(D) 그들이 줄을 서서 기다리고 있다.

[어휘] face 향하다 each other 서로 be seated 앉아 있다 side by side 나란히 move 옮기다
wait in line 줄 서서 기다리다

Practice

[정답] 1. (B) 2. (A)

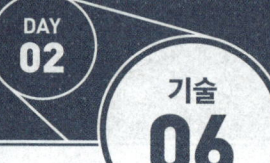
1인 사진은 "동배외" 법칙이면 끝이다!

Part 1은 보기를 듣기 전에 미리 사진을 살펴보는 것이 필수이다. 특히 **1인 사진은 등장 인물의 '동작→주위 배경→외모 특징' 순으로 살펴보자.** 예를 들어 걸어가는 사람이 나오면 동작을 나타내는 동사인 walk 혹은 stroll이 정답으로 출제될 확률이 가장 높다.

STEP 1 기술 돋보기 🔍 기술을 적용해 정답의 단서를 찾아보세요. 🎧 기술 06_1.mp3

> **기술 Tip!**
> 1인 사진은 동작을 제일 먼저 살피자!

(A) A man is **using** a laptop computer. (○) → 동
남자가 노트북을 사용하고 있다.

(B) Some **cushions** have been placed on the **sofa**. (○) → 배
몇몇 쿠션들이 소파에 놓여 있다.

(C) A man is wearing a wrist **watch**. (○) → 외
남자가 손목 시계를 착용하고 있다.

남자가 노트북을 사용하고 있는 동작을 묘사한 (A)와 쿠션이 소파에 놓여 있는 주위 배경을 묘사한 (B), 남자가 손목 시계를 착용하고 있는 외모적 특징을 묘사한 (C)는 모두 정답이 될 수 있다.

STEP 2 기술 적용 ✏ 정답(O), 오답(X), 헷갈리는답(△)에 표시하면서 문제를 풀어보세요. 🎧 기술 06_2.mp3

(A)  (B)  (C)  (D)

(A) She is **sitting** on the **grass**.
→ 여자가 잔디 위에 앉아 있는 모습으로 여자의 동작과 사진의 배경이 적절하므로 정답(동, 배)

> 기술06 | 1인 사진은 "동배외" 법칙이면 끝이다!

(B) She is **kneeling** on the ground.
→ 여자가 무릎을 꿇고 있는 모습이 아니므로 동사 kneeling에서 오답(동)

(C) She is wearing a ~~long sleeved~~ shirt.
→ 여자가 긴팔 셔츠를 입고 있지 않기 때문에 long sleeved에서 오답(외)

(D) She is ~~climbing~~ a tree.
→ 나무는 있지만 여자가 올라가는 동작이 아니므로 climbing에서 오답(동)

STEP 3 기술 업그레이드 📈 인물 사진에서도 사물이나 배경 묘사가 정답이 될 수 있다. 🎧 기술 06_3.mp3

인물 사진이라고 해서 인물의 동작이나 외모적 특징에 대한 묘사만 정답으로 맹신하는 것은 금물이다. 최근에는 사람이 사진 중앙에 등장하는 사진에서도 주위 사물이나 배경의 특징을 묘사한 보기가 자주 정답으로 출제된다. 따라서 동작을 최우선적으로 살피되 사물이나 배경에 대한 보기도 놓치지 않도록 하자.

DAY 02

(A) A woman is turning off the computer. (✕)
　　여자가 컴퓨터를 끄고 있다.
→ 여자의 모습은 보이지만, 컴퓨터를 끄는 동작이 아니므로 turning off에서 오답

(B) Some papers are scattered on the desk. (○)
　　몇몇 서류들이 책상 위에 흩어져 있다.
→ 사진에 등장하는 여자의 특징이 아닌 서류들이 흩어져 있는 주위 배경에 대한 묘사로 정답

⚙️ Practice 다음 사진을 보고 알맞은 정답을 찾아보세요. 🎧 기술 06_4.mp3

1

(A)　(B)　(C)　(D)

2

(A)　(B)　(C)　(D)

STEP 2 기술 적용
[정답] (A)
[해석] (A) 그녀가 잔디 위에 앉아 있다.
　　　 (B) 그녀가 땅 위에 무릎을 꿇고 있다.
　　　 (C) 그녀가 긴팔 셔츠를 입고 있다.
　　　 (D) 그녀가 나무에 오르고 있다.
[어휘] grass 풀, 잔디　kneel 무릎을 꿇다　wear 입고 있다　long sleeved 긴소매의　climb 오르다
Practice
[정답] 1. (C)　2. (A)

기술
07

다수 인물 사진은 등장 인물의 공통적인 특징을 살펴라!

2인 이상의 인물 사진은 등장 **인물들의 공통/상호 동작 혹은 공통적인 외모 특징이 정답이 될 확률이 높다.** 예를 들어 악기를 연주하는 오케스트라 사진이면 공통 동작인 "People are playing musical instruments"가 정답이 되기 쉽고, 등장 인물들이 모두 안경을 끼고 있다면 "People are wearing glasses"가 정답이 될 수 있다.

STEP 1 기술 돋보기 🔍 기술을 적용해 정답의 단서를 찾아보세요.  기술 07_1.mp3

👆 **기술 Tip!**
2인 이상 사진은 공통 동작을 확인하자!

(A) They are **shaking hands.** (O)
그들이 악수하고 있다.

(B) They are **greeting each other.** (O)
그들이 서로 인사를 하고 있다.

(C) They are ~~facing each other~~. (X)
그들이 서로 마주 보고 있다.

등장 인물들의 공통/상호 동작은 서로 악수를 하고 있는 것이므로 (A) 악수하다 혹은 (B) 인사하다가 정답으로 출제될 확률이 매우 높다.

STEP 2 기술 적용 ✏️ 정답(O), 오답(X), 헷갈리는답(△)에 표시하면서 문제를 풀어보세요. 🎧 기술 07_2.mp3

(A) O | △ | X   (B) O | △ | X   (C) O | △ | X   (D) O | △ | X

(A) They are **swimming** in the lake.
→ 수영하는 모습이 아니므로 동사 swimming에서 오답

(B) They are **fishing** side by side.
→ 두 사람이 나란히 서서 낚시를 하는 공통 모습으로 정답
기술 07 | 다수 인물 사진은 등장 인물의 공통적인 특징을 살펴라!

(C) ~~They~~ are wearing hats.
→ 남자 한 명만 모자를 쓰고 있으므로 복수 주어 They에서 오답

(D) They are ~~riding~~ on a boat.
→ 사진만으로는 두 사람이 배에 타고 있는지 알 수 없으므로 riding에서 오답

STEP 3 기술 업그레이드 📈 2인 이상 사진에서 공통/상호 동작이 없다면 1인의 특징이 정답이 될 수 있다. 🎧 기술 07_3.mp3

다수 인물 사진에서 등장 인물들의 공통적 특징이 보이지 않을 경우, 1인의 동작이나 외모의 특징이 정답으로 출제될 수 있다. 예를 들어 여러 인물 중 단 한 명만이 안경을 쓰고 있다면 이 사람의 개별 특징을 묘사한 "A man is wearing glasses(남자가 안경을 쓰고 있다)"와 같은 보기가 정답으로 출제 가능하다.

강연을 듣고 있는 다수 인물의 특징이 아니라 강연을 하고 있는 1인의
특징을 묘사하는 보기가 정답이 될 수 있다.

1) A man is standing in front of the audience. (○)
   남자가 청중 앞에 서 있다.

2) A man is speaking into a microphone. (○)
   남자가 마이크를 대고 말하고 있다.

3) A man is addressing the audience. (○)
   남자가 청중에게 연설하고 있다.

4) A man is giving a presentation to the group. (○)
   남자가 단체에게 발표하고 있다.

⚙️ Practice 다음 사진을 보고 알맞은 정답을 찾아보세요. 🎧 기술 07_4.mp3

1

(A) (B) (C) (D)

2

(A) (B) (C) (D)

STEP 2 기술 적용

[정답] (B)

[해석] (A) 그들이 호수에서 수영을 하고 있다.
    (B) 그들이 나란히 낚시 중이다.
    (C) 그들이 모자를 쓰고 있다.
    (D) 그들이 배를 타고 있다.

[어휘] lake 호수 fish 낚시하다 side by side 나란히 wear 착용하다 ride 타다

Practice

[정답] 1. (B)   2. (D)

사물 중심 사진과 being p.p.는 상극이다!

수동태(be p.p.)가 정지 상태를 묘사한다면 수동태 진행형(be being p.p.)은 동작을 강조하는 표현이다. 따라서 사진에 사람이 등장하지 않으면 동작도 없으므로 사물만 있는 사진에서 being p.p.가 들리면 오답일 확률이 크다.

STEP 1 기술 돋보기 🔍 기술을 적용해 정답의 단서를 찾아보세요. 🎧 기술 08_1.mp3

→ (A) A car **is parked** on the street. (O)
차가 거리에 주차되어 있다. (이미 주차된 상태)

(B) A car **is being parked** on the street. (X)
차가 거리에서 주차되고 있다. (지금 주차하는 동작)

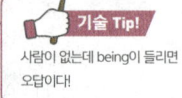 **기술 Tip!**
사람이 없는데 being이 들리면 오답이다!

차에 동작을 가하는 사람이 보이지 않으므로 be being p.p.는 오답임을 알 수 있다. 사물 중심 사진인 문제를 풀 때 being이 들리면 바로 오답 처리해야 한다.

STEP 2 기술 적용 ✎ 정답(O), 오답(X), 헷갈리는답(△)에 표시하면서 문제를 풀어보세요. 🎧 기술 08_2.mp3

(A) O | △ | X   (B) O | △ | X   (C) O | △ | X   (D) O | △ | X

(A) All of the seats are unoccupied.
→ 모든 자리가 비어 있는 모습으로 정답

(B) Several desks are **being wiped**.
→ 책상들은 보이지만 닦여지는 동작이 아니므로 being wiped에서 오답
기술08 | 사물 중심 사진과 being p.p.는 상극이다!

(C) Some computers are **being turned off**.
→ 컴퓨터들은 보이지만 꺼지는 동작이 아니므로 being turned off에서 오답
기술08 | 사물 중심 사진과 being p.p.는 상극이다!

(D) A laboratory is crowded with people.
→ 사람들의 모습이 보이지 않으므로 people에서 오답

STEP 3 기술 업그레이드 📊 수동태 진행형(be being p.p.)이 상태를 나타내는 경우에는 사람이 없어도 정답이 될 수 있다. 🎧 기술 08_3.mp3

아래의 몇 가지 빈출 사례를 반드시 암기해 두자.

1) 상품이 진열된 상태를 나타낼 때 : be being displayed

Items are being displayed on the racks.

선반에 물건들이 전시되어 있다. (상태)

= Items are displayed on the racks.

2) 그림자가 드리운 상태를 나타낼 때 : be being cast

Shadows are being cast on the ground.

그림자들이 땅에 드리워져 있다. (상태)

= Shadows are cast on the ground.

⚙️ Practice 다음 사진을 보고 알맞은 정답을 찾아보세요. 🎧 기술 08_4.mp3

1

(A) (B) (C) (D)

2

(A) (B) (C) (D)

STEP 2 기술 적용

[정답] (A)

[해석] (A) 모든 자리들이 비어 있다.

(B) 몇몇 책상들이 닦여지고 있다.

(C) 몇몇 컴퓨터들이 꺼지고 있다.

(D) 실험실이 사람들로 붐빈다.

[어휘] seat 자리 unoccupied 비어 있는 wipe 닦다 turn off 끄다 laboratory 실험실, 어학실 crowded 붐비는

Practice

[정답] 1. (B) 2. (D)

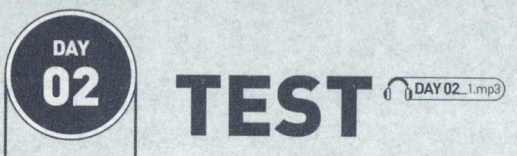
1.
(A) (B) (C) (D)

2.
(A) (B) (C) (D)

3.
(A) (B) (C) (D)

4.

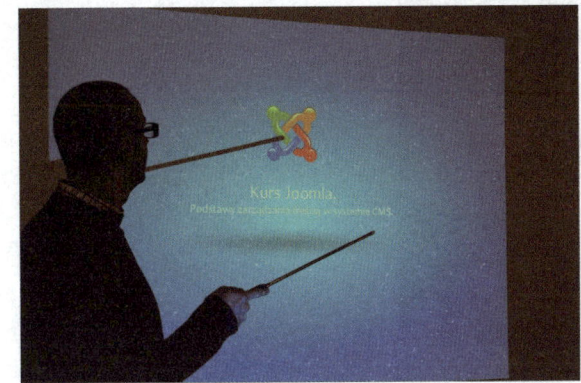

(A) (B) (C) (D)

5.

(A) (B) (C) (D)

6.

(A) (B) (C) (D)

7.  (A) (B) (C) (D)

8.  (A) (B) (C) (D)

9.  (A) (B) (C) (D)

10.  (A) (B) (C) (D)

11.  (A) (B) (C) (D)

12.  (A) (B) (C) (D)

유사 발음은 문맥으로 구별하라!

발음이 비슷한 단어는 소리만으로 구별이 어려운 경우가 많으므로 앞뒤의 단어를 통해 의미를 파악해야 한다. 명사는 앞뒤로 나오는 동사를 보고 판단한다. 예를 들어 copy/coffee 앞에 동사 pour(붓다)가 들리면 부을 수 있는 coffee가 맞다. 동사는 뒤에 나오는 목적어나 전치사로 판단한다.

STEP 1 기술 돋보기 🔍 기술을 적용해 정답의 단서를 찾아보세요. 🎧 기술 09_1.mp3

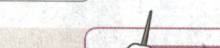

🖐 기술 Tip!
발음이 헷갈리는 단어는 앞뒤 단어를 잘 들어라!

* 발음으로 walking/working 구별이 힘든 경우

(A) They are **walking across** the street. (x)
사람들이 길을 건너고 있다.

→ (B) They are **working at** the construction site. (o)
사람들이 건설 현장에서 일하고 있다.

toward, to, across 등의 방향을 나타내는 전치사와 어울리는 단어는 walk이므로 (A)는 walking이다. 위치를 나타내는 at이나 in과 어울리는 단어는 work이므로 (B)는 working임을 짐작할 수 있다. 따라서, 사진은 인부들의 작업 모습이므로 (B)가 정답이다.

STEP 2 기술 적용 ✏ 정답(O), 오답(X), 헷갈리는답(△)에 표시하면서 문제를 풀어보세요. 🎧 기술 09_2.mp3

(A) O | △ | X   (B) O | △ | X   (C) O | △ | X   (D) O | △ | X

(A) A woman is putting on a hat.
→ 모자를 쓰려고 하고 있는 동작이 아니므로 putting on에서 오답

(B) A woman is staring at a boat.
→ 배를 응시하고 있는 모습이 아니므로 staring at a boat에서 오답

(C) A woman is ~~leading~~ a discussion.
→ 토론을 이끌고 있는 모습이 아니므로 leading에서 오답. leading을 제대로 듣지 못했다면 토론을 나타내는 discussion과 어울리는 단어는 reading이 아니라 leading임을 알 수 있다.
기술 09 | 유사 발음은 문맥으로 구별하라!

(D) A woman is **reading** a book.
→ 여자가 책을 읽고 있는 모습으로 정답. book과 어울리는 단어는 reading임을 알 수 있다.
기술 09 | 유사 발음은 문맥으로 구별하라!

DAY 03

STEP 3 기술 업그레이드 📈 유사 발음은 문법으로도 구별이 가능하다. 🎧 기술 09_3.mp3

문맥으로 구별이 안 되는 유사 발음 어휘들은 문법으로 구별이 가능하다. 예를 들어 coffee/copy의 경우 전자는 불가산 명사, 후자는 가산 명사이므로 부정관사 a가 앞에 나오거나 복수형으로 들린다면 무조건 copy나 copies라고 판단하면 된다.

(A) She is making some <mark>copies</mark>. (x) 그녀가 복사를 하고 있다.

→ 복사하는 모습이 아니므로 copies에서 오답. copies처럼 복수형이 가능한 명사는 가산 명사 copy밖에 없으므로 유사 발음 coffee와 쉽게 구별이 가능하다.

(B) She is watering a plant. (x) 그녀가 식물에 물을 주고 있다.

→ 식물의 모습이 보이지 않으므로 plant만 들어도 바로 오답

(C) She is washing the dishes. (x) 그녀가 접시들을 씻고 있다.

→ 씻는 동작은 아니므로 washing에서 바로 오답

(D) She is making <mark>coffee</mark>. (○) 그녀가 커피를 만들고 있다.

→ 여자가 커피를 만드는 모습으로 정답. coffee 앞에 관사가 없으므로 가산 명사인 copy가 아니라 불가산 명사인 coffee임을 쉽게 판단할 수 있다.

⚙️ Practice 다음 사진을 보고 알맞은 정답을 찾아보세요. 🎧 기술 09_4.mp3

1

(A) (B) (C) (D)

2

(A) (B) (C) (D)

STEP 2 기술 적용

[정답] (D)

[해석] (A) 여자가 모자를 쓰려 하고 있다.
　　　(B) 여자가 배를 응시하고 있다.
　　　(C) 여자가 토론을 이끌고 있다.
　　　(D) 여자가 책을 읽고 있다.

[어휘] put on ~을 착용하다　stare 응시하다　boat 배　lead 이끌다　discussion 토론

Practice

[정답] 1. (B)　2. (B)

기술
10

주관적 보기는 오답이다!

Part 1은 사진에 등장하는 인물의 동작이나 외모, 그리고 사물의 상태를 객관적 기준으로 오답 소거법을 사용해야 한다. 예를 들어, 남자가 어디로 가고 있다든지(사진만으로 목적지를 판단 불가), 공연이 막 시작되었다(사진으로는 시간 판단 불가)라고 말하는 보기는 오답이 된다. 또한 시간을 나타내는 표현(just, lunch, morning)이 들어 있는 보기 역시 언급된다면 오답이다.

STEP 1 기술 돋보기 🔍 기술을 적용해 정답의 단서를 찾아보세요.  기술 10_1.mp3

👆 **기술 Tip!**
지레짐작은 금물, 보이는 것만 보아라!

(A) A presentation has ~~just~~ started. (x)
발표가 막 시작되었다.

(B) Some attendees ~~have left~~ the auditorium. (x)
몇몇 참석자들이 강의실을 떠났다.

(A)는 사진상으로 발표가 언제 시작되었는지 알 수 없으므로 오답이다. 특히 just와 같은 시간 표현이 들어 있는 보기는 100% 오답이다. (B)는 빈자리가 보이지만 이것만으로 참석자들이 강당을 떠났는지는 알 수 없으므로 오답이다.

STEP 2 기술 적용 ✏️ 정답(O), 오답(X), 헷갈리는답(△)에 표시하면서 문제를 풀어보세요. 기술 10_2.mp3

(A) O | △ | X   (B) O | △ | X   (C) O | △ | X   (D) O | △ | X

(A) She is **speaking** on the phone.
→ 보통 전화를 귀에 대고 있어야 통화하는 것으로 본다. 스피커폰으로 통화를 하고 있는지는 사진으로 판단할 수 없기 때문에 speaking에서 오답
　기술 10 | 주관적 보기는 오답이다!

(B) She is **sending a text message**.
→ 휴대 전화로 무엇을 하는지는 사진상으로 알 수 없기 때문에 sending a text message는 주관적 판단이 포함된 보기로 오답
　기술 10 | 주관적 보기는 오답이다!

(C) She is **holding** a mobile phone.
→ 휴대 전화를 들고 있는 모습으로 정답

(D) She is sipping from a paper cup.
→ 마시는 동작이 보이지 않으므로 sipping에서 오답

STEP 3 기술 업그레이드 📊 사진만으로 객관적인 확인이 불가능해도 정답이 되는 경우가 있다. 🎧 기술 10_3.mp3

1) 집중하고 있다(concentrate/focus on): 어떤 동작을 하는 사진

사진상으로 집중하는지 여부는 판단하기 힘들지만 concentrate/focus on 뒤에
나오는 동작이 사진에 보이면 정답이 된다.

She is concentrating on reading.

그녀는 독서에 열중하고 있다.

2) 대화하고 있다(having a conversation): 서로 마주 보는 사진

실제로 대화 중인지는 알 수 없지만 사람들이 서로 마주 보고 있거나 눈을 맞추고
있으면 서로 말하고 있는 상황으로 간주한다.

They are having a conversation.

그들이 대화를 하고 있다.

3) 즐기고 있다(enjoying): 운동이나 악기 연주, 공연 관람 등 여가 활동을 하는 사진

사진만 보고 속마음을 알 수는 없지만, 그 활동을 즐기고 있는 것으로 간주한다.

They are enjoying an outdoor activity.

그들이 야외 활동을 즐기고 있다.

⚙️ Practice 다음 사진을 보고 알맞은 정답을 찾아보세요. 🎧 기술 10_4.mp3

1

(A) (B) (C) (D)

2

(A) (B) (C) (D)

STEP 2 기술 적용

[정답] (C)

[해석] (A) 그녀는 통화 중이다.

(B) 그녀는 문자 메시지를 보내고 있다.

(C) 그녀는 휴대 전화를 들고 있다.

(D) 그녀는 종이컵으로 조금씩 마시고 있다.

[어휘] send 보내다   text message 문자 메시지   mobile phone 휴대 전화   sip 조금씩 마시다

Practice

[정답] 1. (C)   2. (D)

기술
11

wearing은 상태, putting on은 동작을 나타낸다!

wear와 put on은 둘 다 우리말로는 '입다, 착용하다'란 뜻이므로 같은 말처럼 보이지만, be wearing은 무엇인가를 이미 입고 있는 상태를 묘사하는 반면, be putting on은 무엇인가를 착용하려는 동작을 나타낸다. 대개 토익에서는 인물들이 모자나 안경 등을 이미 착용한 상태로 등장하기 때문에 putting on이 들리는 보기는 오답이 될 확률이 높다.

STEP 1 기술 돋보기 🔍 기술을 적용해 정답의 단서를 찾아보세요. 🎧 기술 11_1.mp3

> 👉 **기술 Tip!**
> putting on이 들리는 보기는 오답이 될 확률이 높다.

(A) He is <mark>putting on</mark> a hat. (✕)
남자가 모자를 쓰려고 하고 있다.

(B) He is <mark>wearing</mark> a hat. (○)
남자가 모자를 쓰고 있다.

남자가 이미 모자를 쓰고 있으므로 동작을 나타내는 (A)는 오답이다. putting on이 정답이 되려면 뭔가를 착용하려고 하는 동작이 나와야 한다. 따라서 이미 입고 있는 상태를 나타내는 wearing이 사용된 (B)가 정답이다.

STEP 2 기술 적용 ✎ 정답(O), 오답(X), 헷갈리는답(△)에 표시하면서 문제를 풀어보세요. 🎧 기술 11_2.mp3

(A) O | △ | X   (B) O | △ | X   (C) O | △ | X   (D) O | △ | X

(A) They are climbing a mountain.
→ 뒷배경에 산의 모습은 어렴풋이 보이지만, 자전거로 평지를 달리고 있으므로, climbing에서 오답

(B) They are <mark>wearing</mark> helmets.
→ 등장 인물 모두 공통적으로 안전모를 착용하고 있으므로 정답
> 기술 11 | wearing은 상태, putting on은 동작을 나타낸다!

(C) They are riding on an escalator.
→ 에스컬레이터의 모습은 보이지 않기 때문에 escalator에서 오답

(D) They are carrying their bicycles.
→ 자전거를 들어 옮기는 모습이 아니기 때문에 carrying에서 오답

<u>STEP 3</u> 기술 업그레이드 📊 have[has] ~ on은 wearing과 같은 말이다. 🎧기술 11_3.mp3

상태를 나타내는 wearing 대신 have[has] ~ on을 써도 같은 뜻이다. 예를 들어 여자가 모자를 이미 쓰고 있는 상태라면 She has a hat on도 정답이 된다.

(A) She is sweeping the platform. (x) 그녀가 승강장을 쓸고 있다.
→ 빗자루로 쓸어내는 동작은 맞지만 배경이 승강장은 아니므로 platform에서 오답

(B) She is holding a fishing rod. (x) 그녀가 낚싯대를 잡고 있다.
→ 낚싯대가 보이지 않으므로 fishing rod에서 오답

(C) She is digging the ditch. (x) 그녀가 도랑을 파고 있다.
→ 땅을 파고 있는 모습이 아니므로 digging에서 오답

(D) She has gloves on. (○) 그녀가 장갑을 끼고 있다.
→ 여자가 양손에 장갑을 끼고 있는 상태를 묘사하고 있으므로 정답

⚙️ Practice 다음 사진을 보고 알맞은 정답을 찾아보세요. 🎧기술 11_4.mp3

1

(A) (B) (C) (D)

2

(A) (B) (C) (D)

STEP 2 기술 적용
[정답] (B)
[해석] (A) 그들이 산을 오르고 있다.
(B) 그들이 헬멧을 쓰고 있다.
(C) 그들이 에스컬레이터를 타고 있다.
(D) 그들이 자전거를 옮기고 있다.
[어휘] climb 오르다 wear 착용하고 있다 helmet 헬멧 ride 타다 escalator 에스컬레이터 carry 옮기다 bicycle 자전거
Practice
[정답] 1. (C) 2. (B)

기술 12

포괄적 개념의 단어는 정답 확률이 높다!

인물의 동작을 묘사하거나 사물을 지칭할 때, **포괄적인 의미의 동사나 명사를 사용한 보기가 정답이 되는 경우가 많다.** 예를 들어 의자에 앉아 일하는 사진의 경우 어떤 일을 하는지 구체적으로 묘사하기보다는 넓은 의미로 working(일하고 있다) 혹은 sitting(앉아 있다)으로 묘사한 보기가 정답이 된다.

STEP 1 기술 돋보기 🔍 기술을 적용해 정답의 단서를 찾아보세요.  기술 12_1.mp3

👉 **기술 Tip!**
큰 의미의 단어에 주목하라!

(A) **Vehicles** are parked on the both sides of the street. (○)
차량들이 거리의 양쪽에 주차되어 있다.

(B) Some **cars** are being towed away. (×)
몇몇 차들이 견인되고 있다.

비록 뒤에 나오는 towed away의 뜻을 모른다 하더라도, 포괄적 의미의 어휘가 답이 될 확률이 높기 때문에 vehicles로 시작하는 보기 (A)가 답이 될 확률이 높다.

STEP 2 기술 적용 ✏️ 정답(O), 오답(X), 헷갈리는답(△)에 표시하면서 문제를 풀어보세요.  기술 12_2.mp3

(A) O ¦ △ ¦ X (B) O ¦ △ ¦ X (C) O ¦ △ ¦ X (D) O ¦ △ ¦ X

(A) She is **combing** her hair.
→ 머리 빗는 동작이 아니므로 combing에서 오답

(B) She is **looking for** some documents.
→ 문서들이 보이기는 하지만 문서를 찾는 모습은 보이지 않으므로 looking for에서 오답

(C) She is riding a **bike**.
→ writing/riding 유사 발음 함정으로, 자전거의 모습이 보이지 않으므로 bike에서 오답

(D) She is **holding** a pen.
→ 개별 동작인 writing(쓰고 있다)이 아닌 더 포괄적인 의미의 holding(잡고 있다)을 사용한 정답
기술12 | 포괄적 개념의 단어는 정답 확률이 높다!

STEP 3 기술 업그레이드 📈 토익 빈출 개별적 단어들과 포괄적 단어들을 반드시 숙지하자! 🎧 기술 12_3.mp3

포괄적 의미의 어휘와 개별적 의미의 어휘 모두 상황에 따라 정답으로 출제가 되기 때문에, 시험에 자주 나오는 개별적/포괄적 단어들을 한번에 정리해 두자.

범주	개별적 단어	포괄적 단어
도구, 기기	computer 컴퓨터 printer 프린터 fax machine 팩스기 copier 복사기	office equipment 사무장비 machine 기계
	hammer 망치 shovel 삽	tool 도구, 연장
	fork lift 지게차 crane 크레인 excavator 굴착기	heavy machinery 중장비
차량	bus 버스 taxi 택시 truck 트럭 car 자동차	vehicle 차량
악기	guitar 기타 violin 바이올린 piano 피아노	musical instrument 악기
보다	stare/gaze 응시하다 admire 감상하다 inspect/study/examine 자세히 살펴보다	look at/see 보다
깨끗이 하다	polish 윤이 나게 닦다 wash 씻다 wipe 닦다 scrub 문질러 닦다 vacuum 진공 청소하다 sweep 빗자루로 쓸다 mop 대걸레질하다	clean 깨끗이 하다
깎다, 자르다	slice 썰다 chop 패다, 쪼개다 mow 베다 trim 다듬다	cut 자르다
도구를 사용하거나 이용하다	write 쓰다 dig 땅을 파다 operate 작동하다 hammer 망치질하다 shovel 삽질하다 fish 낚시하다	use 이용하다 hold 잡고 있다

⚙️ Practice 다음 사진을 보고 알맞은 정답을 찾아보세요. 🎧 기술 12_4.mp3

1

(A) (B) (C) (D)

2

(A) (B) (C) (D)

STEP 2 기술 적용

[정답] (D)

[해석] (A) 그녀가 머리를 빗고 있다.

(B) 그녀가 몇 개의 문서를 찾고 있다.

(C) 그녀가 자전거를 타고 있다.

(D) 그녀가 펜을 쥐고 있다.

[어휘] comb 빗질하다;빗 look for ~을 찾다 document 문서 ride 타다 bike 자전거 hold 잡다, 쥐다

Practice

[정답] 1. (D) 2. (C)

1.  (A) (B) (C) (D)

2.  (A) (B) (C) (D)

3.  (A) (B) (C) (D)

4.

(A) (B) (C) (D)

5.

(A) (B) (C) (D)

6.

(A) (B) (C) (D)

7.

(A) (B) (C) (D)

8.

(A) (B) (C) (D)

9.

(A) (B) (C) (D)

10.  (A) (B) (C) (D)

11.  (A) (B) (C) (D)

12.  (A) (B) (C) (D)

ENGDANGI LISTENING
NEW TOEIC

PART 2

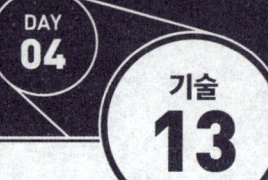

처음에 들은 의문사가 정답을 결정한다!

기술 13

의문사 의문문은 질문 맨 처음에 등장하는 Who, Where, When 등의 **의문사를 놓치면 정답을 맞히기가 어렵다.** 예를 들어 Who 의문문에서 Who만 제대로 들어도 '사람'을 지칭하는 보기를 정답으로 쉽게 찾을 수 있는 반면, Who를 듣지 못하면 오답 보기에 다른 의문사에 더 어울리는 답변이 제시될 수 있기 때문에 의문사 듣기가 결정적이다.

STEP 1 기술 돋보기 🔍 기술을 적용해 정답의 단서를 찾아보세요.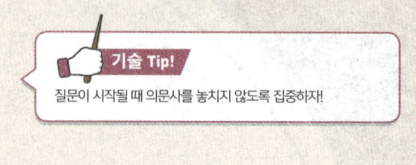

> **Q: Who** is going to revise this report?
> 이 보고서를 누가 수정할 건가요?
>
> **(A) Mr. Johnson** will do it. (○)
> Johnson 씨가 할 겁니다.
>
> **(B)** By the end of this month. (✕)
> 이번 달 말까지요.

> **기술 Tip!**
> 질문이 시작될 때 의문사를 놓치지 않도록 집중하자!

의문사 Who만 듣고도 Mr.로 시작하는 사람을 나타내는 (A)를 정답으로 고를 수 있다. 하지만 Who를 제대로 듣지 못하고 When으로 착각한다면 오답 (B)로 혼동할 가능성이 충분하다.

STEP 2 기술 적용 ✏️ 정답(O), 오답(X), 헷갈리는답(△)에 표시하면서 문제를 풀어보세요. 🎧 기술 13_2.mp3

(A) O | △ | X   (B) O | △ | X   (C) O | △ | X

> **Q: Where** should we hold a press conference?
>
> **(A)** I'd recommend the **Kennedy Center**.
> → Where 의문문으로 기자 회견 장소로 어디가 좋은지 묻는 질문에 Kennedy Center라는 특정 장소를 언급한 정답
> > 기술13 | 처음에 들은 의문사가 정답을 결정한다!
>
> **(B)** To announce the new policy.
> → to부정사를 이용해 '~하기 위해서'라는 의미로 Why 의문문에 어울리는 오답
>
> **(C)** Yes, it was highly impressive.
> → press-impressive 유사 발음 함정

STEP 3 기술 업그레이드 📊 각 의문사 질문에는 짝꿍 답변이 있다. 🎧기술 13_3.mp3

각각의 의문사에 대한 짝꿍 답변은 이미 정해져 있다. 따라서 각 의문사별로 정답으로 자주 출제되는 단골 표현들을 짝꿍 표현으로 미리 익혀두면 정답을 찾기가 훨씬 수월하다.

---

1) Who → 사람 이름/직업(직책)명사/부서명

Who is the man over there? 저기 있는 남자가 누구죠? → He is my **supervisor**. 제 상사입니다.

2) When → 시간

When will the meeting start? 회의가 언제 시작되죠?

→ It will begin **at 1 p.m**. 오후 1시에 시작됩니다.

3) Where → 장소

Where did you put the sales report? 영업 보고서를 어디에 두셨죠?

→ **In** the bottom **drawer**. 맨 아래 서랍 안에요.

4) How → 방법/상태

How will you get to the convention center? 컨벤션 센터에 어떻게 가실 건가요?

→ **By subway**. 지하철로요.

5) Why → 이유

Why was the company picnic canceled? 왜 회사 야유회가 취소되었나요?

→ **Due to** inclement weather. 악천후 때문에요.

⚙️ **Practice** 다음 질문을 듣고 알맞은 정답을 찾아보세요. 🎧기술 13_4.mp3

1 (A) (B) (C) **4** (A) (B) (C)

2 (A) (B) (C) **5** (A) (B) (C)

3 (A) (B) (C) **6** (A) (B) (C)

STEP 2 기술 적용
[정답] (A)
[해석] Q: 기자 회견을 어디서 열까요?
(A) 저는 Kennedy Center를 추천합니다.
(B) 새로운 정책을 발표하기 위해서요.
(C) 네, 매우 인상적이었어요.
[어휘] hold 개최하다 press conference 기자 회견 recommend 추천하다, 권하다 announce 발표하다
policy 규정, 정책 highly 매우 impressive 인상적인

Practice
[정답] 1. (B) 2. (B) 3. (A) 4. (C) 5. (A) 6. (C)

의문사 의문문에 Yes/No로 답하면 오답이다!

DAY 04

기술 14

Who, Where, When, How, What, Why, Which 등 의문사로 시작하는 의문문은 각 의문사에 해당하는 특정 정보를 묻는 질문이므로 '네/아니오'로 답변할 수 없다. 따라서 의문사로 시작하는 질문을 들었는데 답변에 Yes/No가 들리면 바로 오답으로 소거해야 한다.

STEP 1 기술 돋보기 🔍 기술을 적용해 정답의 단서를 찾아보세요. 🎧 기술 14_1.mp3

> **Q: Why** is the meeting canceled?
> 왜 회의가 취소되었나요?
>
> (A) There is no meeting room available. (○)
> 사용할 수 있는 회의실이 없어서요.
>
> (B) ~~Yes~~, it is being held in a conference room. (✗)
> 네, 회의실에서 개최됩니다.

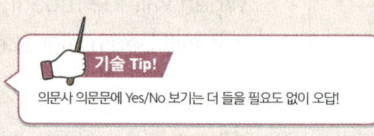

기술 Tip!
의문사 의문문에 Yes/No 보기는 더 들을 필요도 없이 오답!

Why 의문사로 시작하는 질문이므로 Yes로 시작하는 (B)는 정답이 될 수 없다. 질문에서 Why를 확실히 들었다면 Yes/No가 들리는 보기는 바로 오답으로 소거한다.

STEP 2 기술 적용 ✏️ 정답(O), 오답(X), 헷갈리는답(△)에 표시하면서 문제를 풀어보세요. 🎧 기술 14_2.mp3

(A) ○ | △ | X   (B) ○ | △ | X   (C) ○ | △ | X

> **Q: When** are we getting together to talk about the construction update?
>
> (A) Will you be available on Tuesday?
> → 언제 모일지를 묻는 질문에 대해 화요일에 시간이 되는지 되물음으로써 화요일에 만날 것을 제안하는 정답
>
> (B) ~~Yes~~, I updated my contact information.
> → 의문사 When에 대한 답변으로 Yes만 들어도 바로 오답. 또한 update-updated 동일 단어 반복 함정
> **기술14 | 의문사 의문문에 Yes/No로 답하면 오답이다!**
>
> (C) In meeting room B.
> → 장소 표현으로서 Where 의문문에 대한 답변으로 적절하므로 오답

STEP 3 기술 업그레이드 📈 의문사 의문문이지만 Yes/No로 답변하는 경우가 있다. 🎧 기술 14_3.mp3

의문사로 시작하는 의문문 형태이지만 내용적으로 의문문이 아닌 경우가 있다. 의문사에 해당하는 특정 정보를 요구하는 대신, 제안이나 권유의 의미로 쓰이는 일부 관용 표현이 여기에 해당한다. 이때는 질문이 아니기 때문에 승낙을 할 때는 Yes로, 거절을 할 때는 No로 답할 수 있다.

제안이나 권유를 나타내는 의문사 관용어구

1) How[What] about ~? ~하는 게 어때요?
2) Why don't we[you] ~? ~하는 게 어때요?
3) What do you say ~? ~하는 게 어때요?

Q: Why don't we go to the movies tonight? 오늘 밤 영화 보러 가는 게 어때요?
A: Yes, it's a good idea. 그래요. 좋아요. (O)
➜ 영화를 보러 가자는 '제안'을 수락하는 것이므로 Yes로 답할 수 있다.

⚙️ Practice 다음 질문을 듣고 알맞은 정답을 찾아보세요. 🎧 기술 14_4.mp3

1 (A) (B) (C)

2 (A) (B) (C)

3 (A) (B) (C)

4 (A) (B) (C)

5 (A) (B) (C)

6 (A) (B) (C)

STEP 2 기술 적용

[정답] (A)

[해석] Q: 공사 현황에 대해 이야기하기 위해 언제 모일까요?

　　　 (A) 화요일에 시간 되세요?

　　　 (B) 네, 제 연락처를 수정했어요.

　　　 (C) B 회의실에서요.

[어휘] get together 모이다　available 시간이 있는　contact information 연락처

Practice

[정답] 1. (C)　2. (A)　3. (C)　4. (A)　5. (A)　6. (C)

유사 발음이 들리면 바로 오답 처리해라!

질문에서 들린 단어와 비슷한 발음의 단어가 포함된 보기는 거의 오답이다. 질문을 제대로 이해하지 못했을 때 질문에서 들은 특정 단어가 각인되어 비슷한 발음이 들리면 정답으로 확신해 함정에 빠지는 경우가 많다. 특히 질문 후반에 또렷이 들린 어휘는 함정으로 이용되는 경우가 많으니 비슷한 발음이 들리면 오답으로 보면 된다.

STEP 1 기술 돋보기 🔍

기술을 적용해 정답의 단서를 찾아보세요. 🎧 기술 15_1.mp3

> **Q:** When did you sign the **contract**?
> 계약서에 언제 서명하셨어요?
>
> (A) I **contacted** him yesterday. (✗)
> 제가 그에게 어제 연락했습니다.
>
> (B) I did it yesterday. (○)
> 어제 했습니다.

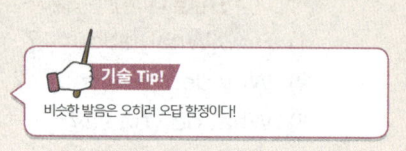

기술 Tip!
비슷한 발음은 오히려 오답 함정이다!

contract(계약)-contact(연락하다) 유사 발음 함정이다. 질문의 마지막에 또렷하게 잘 들리는 contract의 의미를 파악하지 못하고 소리가 비슷한 contacted가 포함된 (A)를 정답으로 고르지 않도록 유의하자.

STEP 2 기술 적용 ✏️

정답(O), 오답(X), 헷갈리는답(△)에 표시하면서 문제를 풀어보세요. 🎧 기술 15_2.mp3

(A) O | △ | X   (B) O | △ | X   (C) O | △ | X

> **Q:** The company outing has been **postponed**.
>
> (A) Thank you for reminding me.
> → 회사 야유회가 연기되었다고 알려주는 내용의 평서문이다. 이에 대해 상기시켜줘서 고맙다고 답하는 가장 자연스러운 답변이므로 정답이다.
>
> (B) I have never used it.
> → has-have 동일 단어 반복 함정. 해석상 야유회를 이용한다는 말은 어색하므로 used에서 오답
>
> (C) At the **post** office.
> → postponed-post 유사 발음 함정
> 기술15 │ 유사 발음이 들리면 바로 오답 처리해라!

STEP 3 기술 업그레이드 📈 자주 나오는 유사 발음 함정에 주의하자. 🎧기술 15_3.mp3

Part 2에 자주 등장하는 유사 발음 단어들이 있다. 이 단어들을 미리 파악하고 있으면 보기를 들으며 바로 오답을 제거하고 정답을 찾는 데 도움이 된다.

빈출 유사 발음 단어

coffee 커피 – copy 복사하다, 사본
train 기차 – training 훈련
leave 떠나다 – live 살다
right 옳은 – light 가벼운
lent 빌려주었다 – rent 빌리다
rate 요금 – late 늦은
plan 계획 – plant 공장, 식물
read 읽다 – lead 이끌다
call 전화하다 – cold 추운
sit 앉다 – set 차리다
design 디자인하다 – resign 사임하다/sign 서명하다/assign 할당하다

contract 계약 – contact 연락하다
retired 은퇴한 – tired 피곤한
address 주소 – dress 의류
fix 고치다 – fax 팩스
fill 채우다 – feel 느끼다
work 일하다 – walk 걷다
already 이미 – ready 준비된
knew 알았다 – new 새로운
movie 영화 – move 이사하다
president 사장 – presentation 발표

whether ~인지 아닌지 – weather 날씨
wonder 궁금하다 – wander 돌아다니다
suppose 추정하다 – oppose 반대하다
repair 수리하다 – prepare 준비하다/pair 짝
remember 기억하다 – member 회원
promotion 승진, 홍보 – permission 허가
post 게시하다 – postpone 연기하다
workshop 워크숍 – work 일하다/shop 가게
car 자동차 – cart 수레/card 카드
buy 사다 – by 옆에, 까지

⚙️ Practice 다음 질문을 듣고 알맞은 정답을 찾아보세요. 🎧기술 15_4.mp3

1 (A) (B) (C)

2 (A) (B) (C)

3 (A) (B) (C)

4 (A) (B) (C)

5 (A) (B) (C)

6 (A) (B) (C)

STEP 2 기술 적용
[정답] (A)
[해석] Q: 회사 야유회가 연기되었어요.
　　　 (A) 상기시켜주셔서 감사해요.
　　　 (B) 전 그것을 사용해 본 적이 없어요.
　　　 (C) 우체국에서요.
[어휘] outing 야유회　postpone 연기하다　remind 상기시키다　post office 우체국
Practice
[정답] 1. (A)　2. (C)　3. (A)　4. (A)　5. (C)　6. (B)

주어가 일치하지 않으면 오답이다!

기술
16

질문에 제시된 주어와 일치하지 않는 주어가 보기에 제시되면 오답이다. 예를 들어 Are you tired?(너 피곤하니?)란 질문에 Yes, he is.(응, 그는 그래.)라고 답하면 오답이다. 질문의 주어가 You이므로 보기의 주어는 3인칭인 he가 아니라 1인칭인 I가 와야 자연스럽다. 만약 질문의 주어로 Mr.나 Ms.가 나온다면 답으로는 He나 She로 시작하는 보기가 정답이 될 확률이 높다. 따라서 질문을 들을 때 주어만 잘 들어 두어도, 보기 3개 중에서 최소한 주어가 맞지 않는 보기 하나는 오답으로 제거가 가능하다.

STEP 1 기술 돋보기 🔍 기술을 적용해 정답의 단서를 찾아보세요. 🎧 기술 16_1.mp3

> **Q:** Did **you** finish writing the project proposal?
> 프로젝트 제안서 쓰는 것을 끝냈어요?
>
> **(A)** Yes, and I turned it in this morning. (O)
> 네, 그리고 오늘 아침에 제출했어요.
>
> **(B)** No, **she**'s still busy with other things. (X)
> 아뇨, 그녀는 여전히 다른 일들로 바빠요.

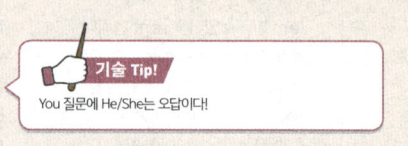
기술 Tip!
You 질문에 He/She는 오답이다!

질문의 주어가 you이므로 3인칭 주어 she로 대답한 (B)는 오답이다. (A)와 같이 You로 질문하면 I로 답변하는 것이 더 자연스럽다. he나 she가 포함된 보기가 정답이 되려면 질문에 you가 아닌 제 3자가 언급되어야 한다.

STEP 2 기술 적용 ✎ 정답(O), 오답(X), 헷갈리는답(△)에 표시하면서 문제를 풀어보세요. 🎧 기술 16_2.mp3

(A) O | △ | X   (B) O | △ | X   (C) O | △ | X

> **Q:** Can **you** help me choose the event venue?
>
> **(A)** **She** didn't attend it.
> → 질문의 주어 you를 3자 주어인 she로 잘못 받은 주어 불일치 오답
> 기술16 | 주어가 일치하지 않으면 오답이다!
>
> **(B)** Sure, I'll be with you shortly.
> → 행사 장소 선택을 도와달라는 부탁에 곧 가서 도와주겠다고 말하는 정답
>
> **(C)** Yes, it was helpful.
> → help-helpful 유사 발음 함정

STEP 3 기술 업그레이드 📊 He/She로 답변하려면 질문에 제 3자가 언급되어야 한다. 🎧 기술 16_3.mp3

He 혹은 She 등 3인칭으로 답변하는 보기가 정답이 되려면 반드시 질문에 제 3자를 지칭하는 명사가 제시되어야 한다. 예를 들어 When will the president come back?(사장님이 언제 돌아오세요?)이라고 묻는 경우, president는 제 3자를 지칭하는 명사이므로 He 혹은 She로 대답하는 보기가 정답이 될 수 있다. 하지만, Who made a speech at the conference?(누가 컨퍼런스에서 연설을 했나요?) 라고 묻는다면 질문에 제 3자를 지칭하는 명사가 제시되지 않았기 때문에 He/She로 답하는 보기는 정답이 될 수 없다. Who만 듣고 추측하여 He나 She를 답으로 고르지 않도록 주의하자.

Q: When did the <mark>vice president</mark> come back? 언제 부사장님이 돌아오셨죠?

A: <mark>She</mark> returned to her office yesterday. (○) 사무실로 어제 돌아오셨어요.

→ 질문에 제 3자인 vice president가 제시되었기 때문에 she라는 3인칭 주어로 답변이 가능하다.

Q: <mark>Who</mark> will review this plan? 누가 이 계획을 검토할 건가요?

A: I think <mark>he</mark> will be free this afternoon. (×) 그는 오늘 오후에 시간이 될 것 같아요.

→ 질문에 Who만 제시되어 있고 제 3자가 언급되지 않았기 때문에 he라고 답하면 누구를 지칭하는지 알 수 없어 어색한 답변이므로 오답이 된다.

⚙️ Practice 다음 질문을 듣고 알맞은 정답을 찾아보세요. 🎧 기술 16_4.mp3

1 (A) (B) (C)

2 (A) (B) (C)

3 (A) (B) (C)

4 (A) (B) (C)

5 (A) (B) (C)

6 (A) (B) (C)

STEP 2 기술 적용

[정답] (B)

[해석] Q: 행사 장소 고르는 것을 도와주시겠어요?
    (A) 그녀는 참석하지 않았어요.
    (B) 물론이죠, 곧 갈게요.
    (C) 네, 도움이 되었어요.

[어휘] event 행사 venue 장소 attend 참석하다 shortly 곧 helpful 도움이 되는

Practice

[정답] 1. (C) 2. (A) 3. (C) 4. (C) 5. (B) 6. (B)

1. (A) (B) (C)   **11.** (A) (B) (C)

2. (A) (B) (C)   **12.** (A) (B) (C)

3. (A) (B) (C)   **13.** (A) (B) (C)

4. (A) (B) (C)   **14.** (A) (B) (C)

5. (A) (B) (C)   **15.** (A) (B) (C)

6. (A) (B) (C)   **16.** (A) (B) (C)

7. (A) (B) (C)   **17.** (A) (B) (C)

8. (A) (B) (C)   **18.** (A) (B) (C)

9. (A) (B) (C)   **19.** (A) (B) (C)

10. (A) (B) (C)   **20.** (A) (B) (C)

Part 2 필수 암기 표현 (1)

1. Who 의문문의 단골 정답인 주요 신분 명사 총정리

<u>Who</u> is the woman over there? 저기 있는 여자분이 누구죠?

→ She is my <u>secretary</u>. 그녀는 제 비서입니다.

시험에 자주 출제되는 신분 명사 총정리		
doctor 의사	executive 임원	director 이사
patient 환자	technician 기술자	supervisor 관리자
accountant 회계사	realtor 부동산 중개업자	chairman 회장
lawyer 변호사	real estate agent 부동산 중개업자	boss 사장
operator 교환원	janitor 수위	designer 디자이너
editor 편집자	dentist 치과의사	contractor 도급업자
president 사장	sales representative 영업사원	repairman 수리 기사
CEO 최고 경영자	assistant, secretary 비서	client, customer 고객

2. Where 의문문의 단골 정답인 주요 장소 부사구 총정리 (장소 전치사 + 장소 명사)

<u>Where</u> is the copy of the sales report?
영업 보고서의 사본이 어디 있죠?

→ It is <u>on my desk</u>.
그것은 제 책상 위에 있어요.

시험에 자주 출제되는 장소 부사구 (장소 전치사 + 명사)	
across the street 길 건너에	in the cabinet 캐비닛 안에
at the gate 문에	next to the bank 은행 옆에
around the building 건물 근처에	on the table 탁자 위에
close to the library 도서관 가까이에	near here 여기 근처에
from the main office 본사로부터	opposite the hospital 병원 맞은편에

DAY 04 TEST

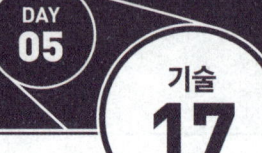
기술 17 장소와 시간은 상극이다!

When 의문문에는 시간 표현이 정답이고 Where 의문문에는 장소 표현이 정답이다. 그런데 When과 Where가 비슷하게 들릴 수 있다는 점을 이용하여 When 의문문에 장소 표현 보기를, Where 의문문에 시간 표현 보기를 함정으로 제시하는 경우가 많다. 평소 두 발음을 구별하여 듣는 연습을 하고 질문이 시작될 때 집중하여 의문사를 듣는 습관을 기르자.

STEP 1 기술 돋보기 🔍 기술을 적용해 정답의 단서를 찾아보세요. 🎧 기술 17_1.mp3

Q: Where do you usually store the office supplies?
사무용품을 주로 어디에 보관하시나요?

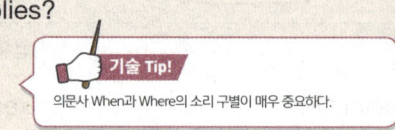

🗣 **기술 Tip!**
의문사 When과 Where의 소리 구별이 매우 중요하다.

(A) I ordered them **yesterday**. (x)
어제 주문했어요.

(B) **In the cabinet** over there. (○)
저기 캐비닛 안에요.

(A)는 Where를 When으로 잘못 들으면 착각할 수 있는 함정이다. Where 질문과 시간 답변은 상극이므로 Where를 제대로 듣는다면 (A)는 바로 오답 소거가 가능하다.

STEP 2 기술 적용 ✏️ 정답(O), 오답(X), 헷갈리는답(△)에 표시하면서 문제를 풀어보세요. 🎧 기술 17_2.mp3

(A) O | △ | X   (B) O | △ | X   (C) O | △ | X

Q: Where will the concert be held?

(A) ~~At 7 p.m~~.
→ 시간 표현으로 When 의문문에 어울리는 답
    기술17 | 장소와 시간은 상극이다!

(B) Sure, it will be fun.
→ 의문사 의문문에는 Yes/No로 답할 수 없는데, Sure도 Yes의 의미를 가지는 상당어구이므로 오답

(C) In the **auditorium**.
→ Where 의문문으로 콘서트가 어디서 열리냐고 묻는 질문에 강당이라는 장소를 언급한 정답

DAY 05

STEP 3 기술 업그레이드 📈 영국식/호주식 Where 발음에 유의하라. 🎧 기술 17_3.mp3

영국식이나 호주식 영어에서는 종성(받침)에 오는 r 발음을 하지 않기 때문에, 의문사 Where가 미국식처럼 [웨얼]로 발음되지 않고 r 발음이 탈락되어 [웨어]로 발음된다. 만약 성우가 이를 더 빠르게 발음한다면 [웨]처럼 들리기 때문에 의문사 When[웬]과 거의 비슷하게 들릴 수 있다. 다만 When은 마지막에 n 발음이 들리기 때문에 이를 통해 Where와 When을 구별할 수 있다.

아래 문장을 듣고, 빈칸에 의문사를 적어보자.

1. _____ did you pick up the badge?
2. _____ will the seminar be held?
3. _____ can I find Mr. Johnson's office?
4. _____ does Ms. Lee live?
5. _____ did you buy your laptop computer?

[정답] 1. When, 배지를 언제 가져 오셨죠?   2. Where, 세미나가 어디서 열리죠?
3. Where, Johnson 씨의 사무실을 어디서 찾을 수 있죠?   4. Where, Lee 씨가 어디에 살죠?
5. When, 노트북을 언제 구매하셨어요?

⚙️ Practice 다음 질문을 듣고 알맞은 정답을 찾아보세요. 🎧 기술 17_4.mp3

1 (A) (B) (C)

2 (A) (B) (C)

3 (A) (B) (C)

4 (A) (B) (C)

5 (A) (B) (C)

6 (A) (B) (C)

STEP 2 기술 적용
[정답] (C)
[해석] Q: 콘서트가 어디서 열리죠?
(A) 오후 7시에요.
(B) 물론이죠, 재미있을 겁니다.
(C) 강당에서요.
[어휘] concert 콘서트   be held 열리다   fun 재미있는   auditorium 강당
Practice
[정답] 1. (B) 2. (C) 3. (B) 4. (B) 5. (C) 6. (A)

부서명과 단체명도 Who 의문문의 단골 정답이다!

의문사 Who에 대한 정답으로 사람 이름이나 직업, 직책명 등이 주로 출제되지만, 의외로 부서명이나 단체
명이 정답이 되는 경우도 종종 있다. orchestra(오케스트라), travel agency(여행사) 등 사람으로 구성된
단체나 회사명이 Who에 대한 답으로 출제 가능하다는 사실을 꼭 기억해 두자.

STEP 1 기술 돋보기 🔍 기술을 적용해 정답의 단서를 찾아보세요. 🎧 기술 18_1.mp3

Q: Who is in charge of the marketing campaign?
누가 마케팅 캠페인을 책임지고 있나요?

(A) The **advertising department.** (○)
광고부요.

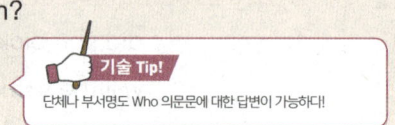
기술 Tip!
단체나 부서명도 Who 의문문에 대한 답변이 가능하다!

(B) I think **James' team** is. (○)
James의 팀인 것 같아요.

Who 의문문에 사람이나 직책명이 정답이 되는 것은 당연하다. 하지만 이외에도 (A)나 (B)처럼 여러 사람으로 구성된 단체, 또
는 부서명도 정답으로 자주 출제된다는 사실을 꼭 기억해 두자.

STEP 2 기술 적용 ✏️ 정답(O), 오답(X), 헷갈리는답(△)에 표시하면서 문제를 풀어보세요. 🎧 기술 18_2.mp3

(A) O | △ | X   (B) O | △ | X   (C) O | △ | X

Q: Who will issue the company newsletter?

(A) The **PR department** handles that.
→ 회사 사보를 누가 발행하는지 묻는 질문에 홍보부에서 처리한다고 답하는 정답. 부서명이 Who 의문문에 대한 답으로 자주 출
제된다는 것이 중요 포인트이다. 또한 handle이나 take care of처럼 '처리하다'라는 뜻의 단어를 포함한 보기는 단골 정답이다.
  `기술18 | 부서명과 단체명도 Who 의문문의 단골 정답이다!`

(B) Once a month.
→ once는 빈도를 묻는 How often 의문문에 어울리므로 오답

(C) In the mail room.
→ 장소를 묻는 Where 의문문에 어울리는 답으로, 질문의 newsletter에서 letter를 듣고 의미상 mail을 연상하게 한 함정

STEP 3 기술 업그레이드 📈 정답으로 자주 출제되는 부서명과 단체명을 알아두자. 🎧 기술 18_3.mp3

부서명이나 단체명 등 여러 사람이 그룹을 이루는 명사 역시 Who 의문문의 정답이 된다. 특히, 부서명은 장소를 묻는 Where 의문 문과 사람을 묻는 Who 의문문에 모두 정답으로 출제된다는 사실을 알아두자.

빈출 부서명과 단체명

accounting department 회계부
personnel department 인사부
human resources department 인사부
marketing department 마케팅부
payroll department 급여 지급부
customer service desk 고객 서비스부

purchasing department 구매부
advertising department 홍보부
sales division 영업부
security office 보안실
board of directors 이사회
committee 위원회

construction company 건설 회사
pharmaceutical firm 제약 회사
travel agency 여행사
clinic/hospital 병원
pharmacy 약국
job agency 직업소개소

Q: Who will perform at the Royal theater tonight? 오늘 밤 Royal 극장에서 누가 공연하나요?

A: The New York Orchestra. New York 오케스트라요.

→ 한 사람이 아닌 여러 사람으로 구성된 단체로 대답할 수 있다.

Q: Who should I call to update the software? 소프트웨어를 업데이트하려면 누구에게 전화해야 하나요?

A: The tech department. 기술부요.

→ 부서명 또한 Who 의문문에 대한 정답으로 자주 출제된다.

⚙️ Practice 다음 질문을 듣고 알맞은 정답을 찾아보세요. 🎧 기술 18_4.mp3

1 (A) (B) (C)   **4** (A) (B) (C)

2 (A) (B) (C)   **5** (A) (B) (C)

3 (A) (B) (C)   **6** (A) (B) (C)

STEP 2 기술 적용

[정답] (A)

[해석] Q: 누가 회사 사보를 발행할 건가요?
(A) 홍보부에서 그것을 처리합니다.
(B) 한 달에 한 번이요.
(C) 우편실에요.

[어휘] issue 발행하다   company newsletter 사보   PR department 홍보부   handle 처리하다   mail room 우편실

Practice

[정답] 1. (C) 2. (A) 3. (B) 4. (A) 5. (C) 6. (B)

How 뒤에 오는 형용사/부사가 정답을 결정한다!

의문사 How는 단독으로 쓰이면 '어떻게'라는 뜻으로 방법이나 상태를 묻는다. 하지만 How 다음에 형용사나 부사가 따라오면 '얼마나 ~'라는 뜻이 되고 형용사/부사에 따라 질문의 의미와 정답이 결정된다. 예를 들어 How many는 '얼마나 많은'이란 뜻으로 수를 묻는 질문이 된다. 따라서 How 뒤에 나오는 형용사나 부사를 놓치지 않는 것이 핵심 포인트이다!

STEP 1 기술 돋보기 🔍 기술을 적용해 정답의 단서를 찾아보세요. 🎧 기술 19_1.mp3

Q: How long have you worked on the project?
얼마나 오랫동안 프로젝트를 작업해 오셨나요?

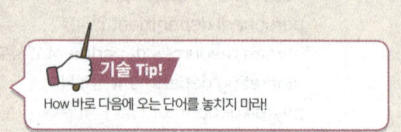
🖐 기술 Tip!
How 바로 다음에 오는 단어를 놓치지 마라!

(A) For a month. (○)
한 달 동안이요.

(B) At noon. (×)
정오에요.

의문사 How 바로 다음에 오는 long을 놓쳐서는 안된다. How는 '어떻게'라는 뜻이지만 How long은 '얼마나 오랫동안'이라는 뜻으로 기간을 묻는 의문사이므로 정답은 (A)가 된다.

STEP 2 기술 적용 ✏️ 정답(O), 오답(X), 헷갈리는답(△)에 표시하면서 문제를 풀어보세요. 🎧 기술 19_2.mp3

(A) O | △ | X   (B) O | △ | X   (C) O | △ | X

Q: How much is this wallet?

(A) It's hanging on the wall.
→ wallet-wall 유사 발음 함정

(B) No, it's in my pocket.
→ 의문사 의문문은 Yes/No로 답할 수 없으므로 오답

(C) It costs **70 dollars**.
→ 지갑의 가격을 묻는 질문에 70달러라고 금액을 말하는 정답. How much는 보통 양이나 금액을 묻는 How 결합형 의문사이다.
🏷 기술19 | How 뒤에 오는 형용사/부사가 정답을 결정한다!

STEP 3 기술 업그레이드 📈 How+형용사/부사는 통째로 하나의 의문사로 기억하자. 🎧 기술19_3.mp3

다양한 형태의 How+형용사/부사 결합형 의문사는 덩어리째 하나의 의문사로 암기해 두면 정답을 찾기가 수월하다. How 단독으로 쓰일 때와 의미가 완전히 다르다는 점을 명심하자.

---

1) How long(얼마나 오랫동안) → 기간

How long have you waited in line? 얼마나 오랫동안 줄 서서 기다리셨어요?

2) How often(얼마나 자주) → 빈도

How often do you exercise per week? 일주일에 얼마나 자주 운동하세요?

3) How far(얼마나 멀리) → 거리

How far is the public library from here? 공립 도서관이 여기서 얼마나 멀어요?

4) How large[big](얼마나 큰) → 크기/넓이

How large is the banquet hall you reserved? 당신이 예약한 연회실이 얼마나 크죠?

5) How many(얼마나 많은) → 수

How many employees have signed up for the training?
얼마나 많은 직원들이 교육에 등록했나요?

6) How much(얼마나 많은) → 금액/양

How much does it cost to fly to Toronto? Toronto까지 항공료가 얼마입니까?

7) How soon(언제쯤), How early(얼마나 일찍), How late(얼마나 늦게) → 시간

How soon do you expect her back? 그녀가 언제쯤 돌아올 것으로 예상하세요?

⚙️ Practice 다음 질문을 듣고 알맞은 정답을 찾아보세요. 🎧 기술19_4.mp3

1 (A) (B) (C)   **4** (A) (B) (C)

2 (A) (B) (C)   **5** (A) (B) (C)

3 (A) (B) (C)   **6** (A) (B) (C)

STEP 2 기술 적용
[정답] (C)
[해석] Q: 이 지갑은 얼마죠?
    (A) 그건 벽에 걸려 있습니다.
    (B) 아뇨, 그건 제 주머니 안에 있어요.
    (C) 70달러입니다.
[어휘] wallet 지갑 hang 걸다, 걸리다 cost 비용이 ~들다
Practice
[정답] 1. (B) 2. (A) 3. (C) 4. (A) 5. (C) 6. (B)

모르는 건 죄가 아니다!

기술 **20**

Part 2에서 I don't know처럼 '모른다'라는 의미의 답변은 거의 모든 질문에 대한 만능 답변이 될 수 있다. 다만 요즘은 직접적으로 '모른다'라고 답변하기보다는 ask(묻다), check(확인하다), see if/find out(알아보다)과 같은 표현을 써서 물어보고, 확인해보고, 알아봐주겠다는 뜻으로 간접적으로 '모른다'라는 의미를 전달하는 표현이 정답으로 자주 출제된다.

STEP 1 기술 돋보기 🔍 기술을 적용해 정답의 단서를 찾아보세요. 🎧 기술 **20**_1.mp3

Q: Why is the library closed today?
왜 도서관이 오늘 문을 닫았나요?

(A) **I have no idea.** (○)
모르겠어요.

(B) **Because** it's being repainted. (○)
그곳이 페인트칠을 다시 하기 때문입니다.

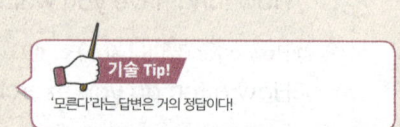

기술 Tip!
'모른다'라는 답변은 거의 정답이다!

이유를 묻는 Why 의문문에 대해 이유를 설명한 (B)도 정답이지만 '모른다'하고 대답한 (A) 역시 정답이 될 수 있다. 토익에 나오는 대부분의 질문에 '모른다'라는 의미로 답하는 보기는 거의 정답이 된다는 사실을 기억해 두자.

STEP 2 기술 적용 ✏️ 정답(O), 오답(X), 헷갈리는답(△)에 표시하면서 문제를 풀어보세요. 🎧 기술 **20**_2.mp3

(A) 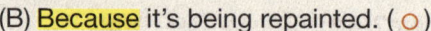 O | △ | X   (B) O | △ | X   (C) O | △ | X

Q: How can I get the password?

(A) No, I failed to pass the exam.
→ 의문사 의문문에 Yes/No로 답할 수 없으므로 오답. 또한 password-pass 유사 발음 함정

(B) Why don't you **ask** my secretary?
→ 암호를 얻는 방법을 묻는 질문에 비서에게 물어보라며, 모른다는 의미를 간접적으로 표현한 정답
> 기술 20 | 모르는 건 죄가 아니다!

(C) I received it last night.
→ 시간을 묻는 When 의문문에 어울리므로 오답

STEP 3 기술 업그레이드 📈 '모른다' 형의 답변은 의외로 다양하다. 🎧 기술 20_3.mp3

'모른다' 형의 답변에는 I don't know 외에도 '확실치 않다', '결정되지 않았다' 등의 표현이 포함된다. 또한 내가 모른다는 사실을 전제로 답을 알고 있는 사람을 알려주거나 답을 찾을 수 있는 방법 등을 간접적으로 제시해 주는 보기가 정답으로 출제되기도 한다.

---

1) 직접적 답변 : 모른다

I don't know. = **I'm not sure[certain].** = **I have no idea[clue].** 모르겠어요.

Nobody knows. 아무도 몰라요.

I can't remember[recall]. 기억이 안 나요.

I wish I knew. 저도 알았으면 좋겠어요.

It hasn't been decided yet. 아직 결정되지 않았어요.

It depends. 상황에 따라 달라요.

2) 간접적 답변 : (모르니까) 확인해[물어] 보겠다, 확인해[물어] 보라

Check ~. ~을 확인해보세요. / **Ask ~.** ~에게 물어보세요.

See if ~. ~인지 알아보세요. / **I'll find out[check] ~.** 제가 ~을 알아볼게요.

~ might know. = **~ probably knows.** ~가 아마 알 거예요.

⚙️ Practice 다음 질문을 듣고 알맞은 정답을 찾아보세요. 🎧 기술 20_4.mp3

1 (A) (B) (C)

2 (A) (B) (C)

3 (A) (B) (C)

4 (A) (B) (C)

5 (A) (B) (C)

6 (A) (B) (C)

STEP 2 기술 적용

[정답] (B)

[해석] Q: 암호를 어떻게 얻을 수 있나요?

(A) 아뇨, 저는 시험에 합격하지 못했어요.

(B) 제 비서한테 물어보시는 게 어때요?

(C) 저는 어젯밤에 받았습니다.

[어휘] get 얻다 password 암호 pass 합격하다 exam 시험 secretary 비서 receive 받다

Practice

[정답] 1. (A) 2. (C) 3. (A) 4. (B) 5. (A) 6. (C)

1. (A) (B) (C)

2. (A) (B) (C)

3. (A) (B) (C)

4. (A) (B) (C)

5. (A) (B) (C)

6. (A) (B) (C)

7. (A) (B) (C)

8. (A) (B) (C)

9. (A) (B) (C)

10. (A) (B) (C)

11. (A) (B) (C)

12. (A) (B) (C)

13. (A) (B) (C)

14. (A) (B) (C)

15. (A) (B) (C)

16. (A) (B) (C)

17. (A) (B) (C)

18. (A) (B) (C)

19. (A) (B) (C)

20. (A) (B) (C)

Part 2 필수 암기 표현 (2)

1. When 의문문의 단골 정답인 시간 표현 총정리

1) 과거 시제

<u>When did</u> you submit your proposal? 제안서를 언제 제출하셨죠?

→ I handed it in <u>yesterday</u>. 어제 제출했습니다.

When did → 과거 시간	
yesterday 어제	last week 지난주
the day before yesterday 그제	last summer 지난여름
two days ago 이틀 전	

2) 미래 시제

<u>When will</u> the vice president visit the factory? 부사장님이 공장에 언제 방문하나요?

→ In a week. 일주일 뒤에요.

When will → 미래 시간	
tomorrow 내일	next year 내년
the day after tomorrow 모레	soon 곧
in a week 한 주 뒤에	shortly 곧

2. 문제점을 묻는 What 의문문 총정리

<u>What's the matter with</u> the shipment? 배달에 무슨 문제가 있죠?

→ It's being <u>delayed</u> due to inclement weather. 악천후로 인해 지연되고 있어요.

문제점을 물어볼 때 자주 쓰는 주요 표현 총정리	
What's the matter with ~?	What's wrong with ~?
What's the problem with ~?	What happened to ~?

기술 21 be동사, do동사 뒤에 나오는 말에 집중하라!

질문 맨 앞에 오는 be동사나 do동사는 별다른 뜻이 없으므로 뒤이어 나오는 주어와 보어 또는 본동사에 집중해야 한다. be동사로 시작하는 질문은 특히 보어가 중요한데 보어로는 주로 형용사가 오고 명사나 분사가 오기도 한다. do동사 질문은 뒤에 동사 원형으로 나오는 본동사가 가장 중요하다.

STEP 1 기술 돋보기 🔍   기술을 적용해 정답의 단서를 찾아보세요.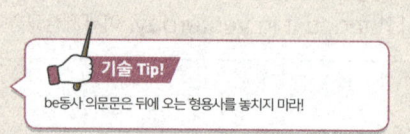

Q: Are you free this afternoon?
오늘 오후에 시간 되세요?

(A) No, I need to see a doctor. (○)
아뇨, 병원에 가야 합니다.

(B) It's free of charge. (×)
그것은 무료입니다.

> 기술 Tip!
> be동사 의문문은 뒤에 오는 형용사를 놓치지 마라!

맨 처음 들리는 be동사보다는 형용사 보어인 free를 듣고 질문의 의도를 파악하는 것이 중요하다. 시간이 되는지 묻는 질문에 (A) 병원에 가야 한다는 답변은 시간이 안 된다는 의미이므로 적절한 답변이다.

STEP 2 기술 적용 ✎   정답(O), 오답(X), 헷갈리는답(△)에 표시하면서 문제를 풀어보세요. 🎧 기술 21_2.mp3

(A) O | △ | X   (B) O | △ | X   (C) O | △ | X

Q: Did you cancel your dental appointment?

(A) Yes, she is the dentist.
→ 질문의 주어 You를 she로 받을 수 없으므로 주어 불일치 함정

(B) I had an urgent meeting.
→ 치과 예약을 취소했는지를 묻는 질문에, 급한 회의가 있었다고 대답하는 정답. 앞에 긍정의 Yes가 생략된 형태의 답변이다.
> 기술 21 | be동사, do동사 뒤에 나오는 말에 집중하라!

(C) To get my teeth cleaned.
→ to부정사는 Why 의문문에 어울리는 목적을 의미하는 답변. 질문에서 dental을 듣고, 의미상 teeth를 연상하게 한 함정

STEP 3 기술 업그레이드 📊 Have동사로 시작하는 의문문은 뒤이어 나오는 과거 분사를 잘 들어야 한다. 🎧 기술 21_3.mp3

질문 맨 앞에 오는 Have는 질문 맨 앞에 오는 do와 마찬가지로 조동사이며 시제만 나타낼 뿐 별다른 의미가 없다. Have 동사와 주어 뒤에 나오는 과거 분사 형태의 동사가 핵심이므로 이를 잘 듣고 정답을 찾는 것이 중요하다.

Q: Have you **finished** the report? 보고서를 끝내셨어요?

(A) No, I'm **still working** on it. 아뇨, 아직 작업 중입니다. (O)

(B) I don't have them right now. 저는 그것들을 지금 가지고 있지 않습니다. (X)

→ 질문의 have는 현재 완료를 나타내는 조동사로 별 뜻이 없지만, 보기에 제시된 have는 '~을 가지다'란 의미의 일반 동사이다. 조동사로 쓰이는 have와 일반 동사로 쓰이는 have는 전혀 다른 의미를 가지기 때문에 서로 함정으로 자주 출제된다는 사실도 알아 두자.

⚙️ Practice 다음 질문을 듣고 알맞은 정답을 찾아보세요. 🎧 기술 21_4.mp3

1 (A) (B) (C)

2 (A) (B) (C)

3 (A) (B) (C)

4 (A) (B) (C)

5 (A) (B) (C)

6 (A) (B) (C)

STEP 2 기술 적용

[정답] (B)

[해석] Q: 치과 예약을 취소하셨나요?
　　　(A) 네, 그녀는 치과 의사입니다.
　　　(B) 제가 급한 회의가 있었어요.
　　　(C) 치아를 스케일링하기 위해서요.

[어휘] cancel 취소하다　dental appointment 치과 예약　dentist 치과 의사　urgent 급한

Practice

[정답] 1. (B)　2. (B)　3. (A)　4. (C)　5. (A)　6. (A)

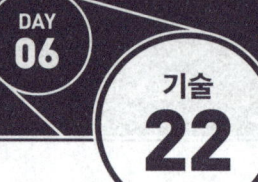
What 뒤에 오는 명사나 동사가 정답을 결정한다!

다른 의문사 의문문과는 달리 What 의문문은 What만 들어서는 질문의 핵심을 파악하기 어렵다. What 의문문은 뒤따르는 명사나 동사에 따라 다양한 의미를 가질 수 있으며 그에 따라 정답 역시 다양해진다. 따라서 **What 의문문은 뒤에 오는 명사나 동사를 함께 잘 들어야 한다.**

STEP 1 기술 돋보기 🔍 기술을 적용해 정답의 단서를 찾아보세요. 🎧 기술 22_1.mp3

Q: What is the **annual fee**?
연회비가 얼마죠?

(A) It's **80 dollars**. (○)
80달러입니다.

(B) By the end of year. (×)
연말까지요.

> 기술 Tip!
> What 뒤에 금액 명사가 나오므로 금액을 묻는 질문(=How much)이다.

의문사 What과 함께 뒤에 오는 금액 명사 fee(요금)를 들어야 질문의 의도를 정확히 파악할 수 있다. 비용을 묻는 질문이므로 80달러라고 대답한 (A)가 정답이다.

STEP 2 기술 적용 ✏️ 정답(O), 오답(X), 헷갈리는답(△)에 표시하면서 문제를 풀어보세요. 🎧 기술 22_2.mp3

(A) O | △ | X   (B) O | △ | X   (C) O | △ | X

Q: What is the **expiration date**?

(A) **May 10**.
→ What은 버리고 뒤에 있는 시간 명사 date(날짜)를 듣는 것이 중요하다. 따라서 날짜인 5월 10일로 답한 정답
> 기술 22 | What 뒤에 오는 명사나 동사가 정답을 결정한다!

(B) It seems to be out of date.
→ date 반복 사용 함정

(C) Yes, it finished at noon.
→ 의문사 의문문은 Yes/No로 답할 수 없으므로 오답

STEP 3 기술 업그레이드 📈 What 뒤에 자주 오는 명사와 동사를 기억하자. 🎧 기술22_3.mp3

의문사 What 뒤에 자주 오는 명사와 동사가 있다. 운임, 수수료, 비용 등 가격을 나타내는 명사 혹은 날짜, 요일 등 시간을 나타내는 명사나 의견이나 행위를 묻는 동사가 자주 온다.

---

1) What + 주요 명사

(1) What + 가격 명사 (fare 운임, fee 요금, cost 비용, charge 비용, fine 벌금, rate 요금, price 가격, estimate 견적가 등)

Q: What is the **fare**? 운임이 얼마죠? ➡ **A:** It costs **20 dollars**. 20달러입니다.

(2) What + 시간 명사 (time 시간, deadline 마감일, date 날짜, day 요일 등)

Q: What is the **deadline**? 마감일이 언제죠? ➡ **A:** It is due on **Tuesday**. 화요일까지입니다.

(3) What + 기타 명사 (number 수/번호, extension 내선 번호, address 주소, name 이름, plan 계획 등)

Q: What is your **extension**? 당신의 내선 번호가 무엇인가요? ➡ **A:** It's **11**. 11번입니다.

2) What + 주요 동사

(1) What + think (어떻게 생각하세요?)

Q: What do you **think** of the sales figures? 매출액에 대해 어떻게 생각하세요?

A: I think they are very **positive**. 매우 긍정적이라고 생각합니다.

(2) What + do (무엇을 하시나요?)

Q: What did you **do** on the weekend? 주말에 무엇을 하셨어요?

A: I **attended the party**. 파티에 참석했어요.

⚙️ Practice 다음 질문을 듣고 알맞은 정답을 찾아보세요. 🎧 기술22_4.mp3

1 (A) (B) (C)   **4** (A) (B) (C)

2 (A) (B) (C)   **5** (A) (B) (C)

3 (A) (B) (C)   **6** (A) (B) (C)

STEP 2 기술 적용

[정답] (A)

[해석] Q: 만기일이 언제죠?

(A) 5월 10일입니다.

(B) 그건 구식인 것 같아요.

(C) 네, 정오에 끝났어요.

[어휘] expiration date 만기일 out of date 구식의

Practice

[정답] 1. (B) 2. (A) 3. (A) 4. (B) 5. (A) 6. (C)

기술
23

Why don't ~는 이유가 아니라 제안을 나타낸다!

일반적인 Why 의문문은 이유나 목적을 나타내는 보기가 정답이 되지만, Why don't ~로 시작하는 의문문은 '제안'의 의미이므로 수락 혹은 거절하는 내용의 보기가 정답이 된다. 따라서 Why 의문문과 달리 Yes/No로 시작하는 보기도 정답이 될 수 있으며, 오히려 이유를 나타내는 because나 to부정사로 시작하는 보기는 오답이 된다.

STEP 1 기술 돋보기 🔍   기술을 적용해 정답의 단서를 찾아보세요.   🎧 기술 23_1.mp3

> **Q: Why don't we** go to the concert tonight?
> 오늘 밤 콘서트에 가는 게 어때요?
>
> (A) Sounds good.(○)
> 좋아요.
>
> (B) Because he didn't show up. (✕)
> 그가 나타나지 않았기 때문입니다.

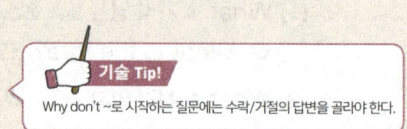
기술 Tip!
Why don't ~로 시작하는 질문에는 수락/거절의 답변을 골라야 한다.

Why don't ~는 이유를 묻는 질문이 아닌 제안을 나타내는 표현으로, 오늘 밤 콘서트에 가자는 제안에 수락의 답변을 한 (A)가 정답이다.

STEP 2 기술 적용 ✎   정답(○), 오답(X), 헷갈리는답(△)에 표시하면서 문제를 풀어보세요.   🎧 기술 23_2.mp3

(A) ○ | △ | X   (B) ○ | △ | X   (C) ○ | △ | X

> **Q: Why don't** I help you with your bag?
>
> (A) At the baggage claim.
> → bag-baggage 유사 발음 함정으로, 장소를 묻는 Where 의문문에 어울리는 답변
>
> (B) I'd appreciate it.
> → Why don't ~는 이유가 아니라 제안의 의미를 가지는 청유문이다. 가방 드는 것을 도와주겠다는 제안에 그러면 고맙겠다라고 수락하는 정답
> 기술 23 | Why don't ~는 이유가 아니라 제안을 나타낸다!
>
> (C) Because it's too heavy.
> → Why don't ~를 이유를 묻는 일반적인 Why 의문문으로 해석할 경우 빠질 수 있는 함정

STEP 3 기술 업그레이드 📈 이유를 묻는 Why와 제안을 나타내는 Why don't ~의 구별이 매우 중요하다. 🎧 기술 23_3.mp3

Why 의문문은 이유나 목적을 묻는 질문이고, Why don't ~는 제안의 의미를 가진 질문이다. 따라서 Why 의문문과 Why don't ~ 로 시작하는 질문은 각각 답변이 확연히 차이가 나므로 이 둘을 확실히 구별하여야 한다.

---

1) 이유를 묻는 Why

(1) 의문사 의문문이므로 Yes/No로 답변 불가

(2) 이유를 묻는 질문이므로 because나 to부정사로 답변

  Q: Why did you call in sick? 왜 전화로 병가를 내셨죠?

  A: Because I got a cold. 감기에 걸려서요.

2) 제안의 의미를 가진 Why don't ~

(1) 의문사 의문문이 아니므로 Yes/No로 답변 가능

(2) 이유를 묻는 질문이 아니므로 because나 to부정사 답변 어색

(3) 수락/거절의 보기가 정답

  Q: Why don't you go and see a doctor? 의사한테 진찰받으시는 게 어때요?

  A: That's a good idea. 좋은 의견이네요.

⚙️ Practice 다음 질문을 듣고 알맞은 정답을 찾아보세요. 🎧 기술 23_4.mp3

1 (A) (B) (C)   **4** (A) (B) (C)

2 (A) (B) (C)   **5** (A) (B) (C)

3 (A) (B) (C)   **6** (A) (B) (C)

STEP 2 기술 적용

[정답] (B)

[해석] Q: 가방 드는 걸 도와 드릴까요?

   (A) 수화물 찾는 곳에서요.

   (B) 그래 주시면 고맙겠어요.

   (C) 그건 너무 무겁기 때문이에요.

[어휘] baggage claim 수화물 찾는 곳   appreciate 감사하게 여기다

Practice

[정답] 1. (A) 2. (A) 3. (A) 4. (C) 5. (B) 6. (B)

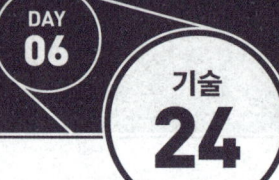
기술 24 부정 의문문의 not은 무시하라!

be동사나 조동사에 not이 결합된 형태의 의문문을 부정 의문문이라고 한다. 이때 be동사나 조동사는 별다른 뜻이 없으므로 not이 붙어도 큰 의미 차이가 없다. 따라서 **부정 의문문에서는 not을 무시하고 나머지 부분을 해석하여 정답을 찾으면 된다.**

STEP 1 기술 돋보기 🔍 기술을 적용해 정답의 단서를 찾아보세요. 🎧 기술 24_1.mp3

> **Q: Aren't** you going to the convention?
> 컨벤션에 안 가실 건가요?
>
> (A) **Yes,** I **will be there** with the vice president. (O)
> 네, 부사장님과 거기에 갈 거예요.
>
> (B) It will be held in the convention center. (X)
> 컨벤션 센터에서 열릴 거예요.

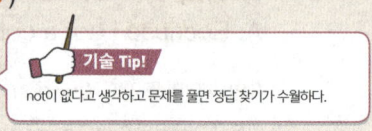
기술 Tip!
not이 없다고 생각하고 문제를 풀면 정답 찾기가 수월하다.

be동사와 not은 무시하고 의미를 파악하면 컨벤션에 갈 것인지를 묻는 질문이므로, Yes로 간다고 긍정하고 부사장과 같이 갈 것이라고 답한 (A)가 적절한 답변이다.

STEP 2 기술 적용 ✏️ 정답(O), 오답(X), 헷갈리는답(△)에 표시하면서 문제를 풀어보세요. 🎧 기술 24_2.mp3

(A) O | △ | X   (B) O | △ | X   (C) O | △ | X

> **Q: Isn't** this train to New York?
>
> (A) I'm afraid I missed the training.
> → train-training 유사 발음 함정
>
> (B) Yes, I was born in New York.
> → New York 반복 사용 함정
>
> (C) **No,** this one leaves for Boston.
> → 부정 의문문의 not을 무시하고 질문을 해석하면 뉴욕으로 가는 기차인지 묻는 질문이므로, 이에 대해 아니라고 답하고 보스턴 행이라고 말하는 정답
> > 기술 24 | 부정 의문문의 not은 무시하라!

STEP 3 기술 업그레이드 📈 Why 의문문이나 평서문에 등장하는 not은 꼭 해석해야 한다. 🎧 기술 24_3.mp3

be동사나 조동사로 시작하는 일반 의문문의 not은 무시해도 되지만, Why 의문문이나 평서문에 등장하는 not은 반드시 부정의 의미를 제대로 이해하고 정답을 찾아야 한다.

---

1) Why 의문문 + not

(1) **Q:** Why did you postpone the meeting? 왜 회의를 연기하셨나요?

A: Because a lot of people weren't able to attend it.
많은 사람들이 참석할 수 없었기 때문입니다.

(2) **Q:** Why did**n't** you postpone the meeting? 왜 회의를 연기하지 않으셨나요?

A: Actually, the president didn't want to. 사실은 사장님이 원하지 않으셨어요.

→ 위의 두 질문은 전혀 다른 의미이다. 첫 번째 질문은 회의가 연기된 상황을 나타내고, 두 번째 질문은 회의가 연기되지 않은 상황을 나타낸다. 따라서 두 질문에 대한 대답도 달라질 것임을 알 수 있다.

2) 평서문

(1) **Q:** I will attend the meeting. 저는 회의에 참석할 거예요.

A: I'm glad you can make it. 참석하실 수 있다니 기쁩니다.

(2) **Q:** I will **not** attend the meeting. 저는 회의에 참석하지 않을 거예요.

A: What's happening? 무슨 일이세요?

→ 위의 두 평서문 역시 전혀 다른 의미이다. 첫 번째 문장의 화자는 회의에 참석을 할 예정이고, 두 번째 화자는 참석을 하지 않을 예정이다. 그에 따라 각각의 말을 들은 상대방의 반응도 달라지게 된다.

⚙️ Practice 다음 질문을 듣고 알맞은 정답을 찾아보세요. 🎧 기술 24_4.mp3

1 (A) (B) (C)   **4** (A) (B) (C)

2 (A) (B) (C)   **5** (A) (B) (C)

3 (A) (B) (C)   **6** (A) (B) (C)

STEP 2 기술 적용

[정답] (C)

[해석] Q: 이 기차가 New York으로 가는 거 아닌가요?

(A) 안타깝게도 훈련을 놓쳤어요.

(B) 네, 저는 New York에서 태어났어요.

(C) 아뇨, 이건 Boston 행이에요.

[어휘] miss 놓치다 training 훈련 be born 태어나다 leave for ~를 향해 떠나다

Practice

[정답] 1. (A) 2. (C) 3. (A) 4. (C) 5. (C) 6. (A)

1. (A) (B) (C)

2. (A) (B) (C)

3. (A) (B) (C)

4. (A) (B) (C)

5. (A) (B) (C)

6. (A) (B) (C)

7. (A) (B) (C)

8. (A) (B) (C)

9. (A) (B) (C)

10. (A) (B) (C)

11. (A) (B) (C)

12. (A) (B) (C)

13. (A) (B) (C)

14. (A) (B) (C)

15. (A) (B) (C)

16. (A) (B) (C)

17. (A) (B) (C)

18. (A) (B) (C)

19. (A) (B) (C)

20. (A) (B) (C)

Part 2 필수 암기 표현 (3)

1. What 의문문으로 자주 출제되는 관용 어구 총정리

<u>What do you think about</u> Mr. Jackson's lecture? Jackson 씨의 강의에 대해 어떻게 생각하세요?

→ It's very informative. 매우 유익합니다.

What 관용 어구 총정리
What do you think of[about] ~? ~에 대해 어떻게 생각하세요?
What do you do for a living? 생계를 위해 무엇을 하시죠?
What kind[sort/type] of ~? 어떤 종류의 ~?
What made you ~? 왜 ~하셨죠?
What is the problem[matter/wrong] with ~? ~에 무엇이 문제인가요?
What is[are] ~ like? ~가 어떤가요?
What about ~? ~하는 게 어때요?
What do you say ~? ~가 어때요?
What ~ for? 왜 ~인가요?
What happened to ~? ~에 무슨 일이 일어났나요?
What's ~ about? ~가 무엇에 관한 거죠?

2. Do 동사 의문문으로 자주 출제되는 핵심 질문 유형 총정리

<u>Do you want to</u> go to the movies? 영화 보러 가실래요?

→ It sounds good. 좋아요.

Do 동사 관련 핵심 청크 (Chunk) 표현	
Do you have ~? ~가 있나요?	Do you want me to~? 제가 ~해드려요?
Do you want to ~? ~하고 싶으세요?	Do you feel like ~ing? ~하길 원하세요?
Do you need to ~? ~할 필요가 있나요?	Do you think ~? ~라고 생각하세요?
Do you have to ~? ~하셔야 하나요?	

DAY 06 TEST

기술
25

선택 의문문은 either/both/neither가 만능 답이다!

선택 의문문은 보통 질문에서 언급한 A나 B 둘 중 하나를 선택하는 답변이 정답이 된다. 하지만 **'둘 중 아무거나(either), 둘 다 좋다(both), 둘 다 싫다(neither)'는 답변** 역시 자주 정답이 된다. either, both, neither 등 선택 의문문에서 답으로 자주 출제되는 만능 답변을 반드시 정리해 두자.

STEP 1 기술 돋보기 🔍 기술을 적용해 정답의 단서를 찾아보세요. 🎧 기술 25_1.mp3

Q: Would you prefer **tea** or **coffee**?
차와 커피 중에 어떤 것을 선호하세요?

(A) I don't drink coffee. (○)
저는 커피는 안 마셔요.

(B) I like **both**. (○)
저는 둘 다 좋아합니다.

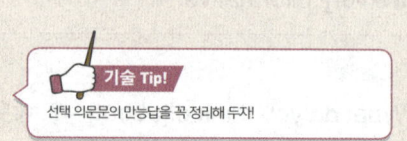

기술 Tip!
선택 의문문의 만능답을 꼭 정리해 두자!

선택 의문문은 보통 (A)와 같이 질문에 언급된 A나 B 둘 중 하나를 선택하면 정답이다. 하지만 (B)처럼 둘 다 좋다고 하는 답변 역시 자주 정답으로 출제된다.

STEP 2 기술 적용 ✏️ 정답(O), 오답(X), 헷갈리는답(△)에 표시하면서 문제를 풀어보세요. 🎧 기술 25_2.mp3

(A) O | △ | X   (B) O | △ | X   (C) O | △ | X

Q: Do you want to pay **in cash** or **by check**?

(A) It costs 10 dollars.
→ 가격을 묻는 How much 의문문에 어울리는 답변이므로 오답

(B) At the checkout counter.
→ check-checkout 유사 발음 함정이며, 장소를 묻는 Where 의문문에 어울리는 답변이므로 오답

(C) **Either** would be fine.
→ 현금으로 낼 건지, 수표로 낼 건지 지불 수단을 묻는 선택 의문문에 대해, 둘 중 아무 것이나 좋다고 말하는 정답
  기술 25 | 선택 의문문은 either/both/neither가 만능 답이다!

STEP 3 기술 업그레이드 📈 자주 출제되는 선택 의문문의 만능 답변을 알아두자. 🎧 기술 25_3.mp3

둘 다 좋다거나 둘 다 싫다는 답변 외에도 선택 의문문에서 항상 정답이 되는 만능 답변들이 있다. 대부분 지금 당장 선택하지 않고 선택을 미루는 답변들이다.

선택 의문문 만능 답변	
either 둘 중 아무거나	neither 둘 다 아닌
both 둘 다	whichever/whatever 무엇이든지 (아무거나)
It doesn't matter. 중요하지 않아요.	I don't care. 상관없어요.
It depends. 그때그때 달라요.	It's up to you. 당신에게 달렸어요.
I'll leave it up to you. 당신에게 선택을 맡기겠어요.	I have no preference. 선호하는 게 없어요.
I haven't decided it yet. 아직 결정하지 못했어요.	Which do you prefer? 당신은 어떤 것을 선호하시죠?

⚙️⚙️ Practice   다음 질문을 듣고 알맞은 정답을 찾아보세요. 🎧 기술 25_4.mp3

1 (A) (B) (C)

2 (A) (B) (C)

3 (A) (B) (C)

4 (A) (B) (C)

5 (A) (B) (C)

6 (A) (B) (C)

STEP 2 기술 적용

[정답] (C)

[해석] Q: 현금으로 지불하시겠어요, 아니면 수표로 지불하시겠어요?
  (A) 10달러입니다.
  (B) 계산대에서요.
  (C) 둘 중 아무거나 좋습니다.

[어휘] in cash 현금으로   by check 수표로   cost 비용이 들다   checkout counter 계산대

Practice

[정답] 1. (C) 2. (C) 3. (C) 4. (B) 5. (A) 6. (C)

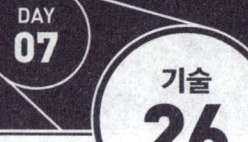

기술 26

시간 접속사도 When 의문문의 단골 정답이다!

When 의문문에 대한 전형적인 답변은 On Monday(월요일에), At 7 a.m.(오전 7시에)처럼 명확한 시간을 나타내는 전치사구이지만 시간을 나타내는 부사절도 정답으로 자주 출제된다. When, After, Before, As soon as, Not ~ until, While, Once 등 시간 부사절 접속사로 시작하는 보기가 정답으로 출제될 수 있다. 보기에 제시되는 When은 의문사가 아니라 '~할 때'라는 의미를 가지는 시간 접속사이므로 When 의문문에 대한 답으로도 출제될 수 있다는 점에 유의해야 한다.

STEP 1 기술 돋보기 🔍 기술을 적용해 정답의 단서를 찾아보세요.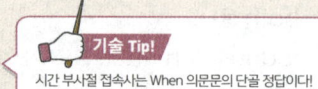

Q: When will you send me the quote?
언제 제게 견적을 보내실 건가요?

(A) I'll e-mail it to you **tomorrow**. (○)
내일 이메일로 보낼게요.

(B) **As soon as** I finish the quarterly report. (○)
분기 보고서를 끝내자마자요.

> **기술 Tip!**
> 시간 부사절 접속사는 When 의문문의 단골 정답이다!

견적을 보낼 시점을 묻는 When 의문문에 대해 tomorrow(내일)라고 명확한 시간으로 답변한 (A)도 정답이지만, 부사절 접속사 as soon as(~하자마자)를 사용하여 보고서를 끝내자마자 보내겠다고 답변한 (B)도 정답이 된다.

STEP 2 기술 적용 ✏️ 정답(O), 오답(X), 헷갈리는답(△)에 표시하면서 문제를 풀어보세요. 🎧 기술 26_2.mp3

(A) O | △ | X   (B) O | △ | X   (C) O | △ | X

Q: When will the president arrive?

(A) In the head office.
→ 시간을 묻는 의문사 When과 장소 표현은 상극 관계이므로 장소를 뜻하는 head office만 들어도 오답

(B) **Before** the meeting **starts**.
→ When 의문문의 시제를 파악해야 한다. 따라서 When will을 듣고 보기에서 미래 시제를 나타내는 보기 (B)를 답으로 고르면 된다. 특히 Before와 같은 시간 접속사로 시작하는 부사절에서는 현재 시제가 미래 시제를 대신한다는 사실을 기억해 두자.
> 기술 26 | 시간 접속사도 When 의문문의 단골 정답이다!

(C) It was delivered yesterday.
→ 질문의 주어 president를 사물 대명사 it으로 받을 수 없으므로 주어 불일치 오답이며, 미래 시제(will)를 과거 시간 표현인 yesterday로 받고 있으므로 시제 불일치 오답

STEP 3 기술 업그레이드 📈 When 의문문에 시간 답변이 두 개 제시될 경우, 시제를 확인하라! 🎧 기술 26_3.mp3

When 의문문의 시제가 과거이면 답변도 과거 시제로 오는 경우가 많고, 질문의 시제가 미래이면 답변도 미래 시제인 경우가 많다. 따라서 질문의 시제와 어울리는 시간 표현을 정답으로 고르는 것이 중요하다.

Q: When did you talk to Mr. Brown? Brown 씨와 언제 얘기하셨죠?

(A) I **spoke** with him **last night**. 어젯밤에 그와 얘기했어요. (○)

(B) Tomorrow morning. 내일 아침이요. (×)

→ 보기 (A)와 (B) 모두 시간을 나타내기 때문에 질문에서 의문사 When만 듣고서는 정답을 찾을 수 없다. 이때 의문사 바로 뒤에 나오는 조동사 did를 놓치지 않았다면 과거 시간을 나타내는 (A)가 정답임을 알 수 있다. (B)는 미래 시간 표현이므로 질문과 시제가 맞지 않아 오답이다.

Q: When will you finish the report? 언제 보고서를 끝낼 건가요?

A: Actually, I completed it this morning. 사실, 오늘 아침에 끝냈어요.

→ 하지만 고난도의 문제의 경우, 시제가 달라도 내용상 정답이 되는 경우도 있다. 질문의 시제가 미래 시제이지만 과거 시제 답변이 정답이 되었다.

⚙️ Practice 다음 질문을 듣고 알맞은 정답을 찾아보세요. 🎧 기술 26_4.mp3

1 (A) (B) (C)

2 (A) (B) (C)

3 (A) (B) (C)

4 (A) (B) (C)

5 (A) (B) (C)

6 (A) (B) (C)

STEP 2 기술 적용

[정답] (B)

[해석] Q: 사장님이 언제 도착하시나요?

  (A) 본사에요.

  (B) 회의가 시작하기 전에요.

  (C) 그것은 어제 배달되었어요.

[어휘] president 사장 head office 본사 deliver 배달하다

Practice

[정답] 1. (B) 2. (C) 3. (C) 4. (C) 5. (C) 6. (B)

부가 의문문의 꼬리 부분은 무시하라!

DAY 07

기술 27

부가 의문문은 평서문 뒤에 꼬리처럼 붙는 질문으로 별다른 뜻 없이 의문문을 만들어주는 기능만 한다. 따라서 앞부분의 평서문을 잘 듣고 핵심 의미를 파악하는 것에 주력하고 맨 끝에 들리는 부가 의문문은 무시해도 좋다. isn't it, didn't you 등 일반적인 부가 의문문 외에 right이나 don't you think가 문장 뒤에 와도 부가 의문문과 비슷한 역할을 한다.

STEP 1 기술 돋보기 🔍 기술을 적용해 정답의 단서를 찾아보세요.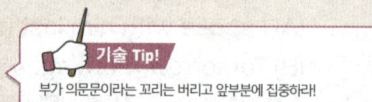

Q: You filled out the form, ~~didn't you~~?
양식을 작성하셨죠, 그렇지 않나요?

(A) No, I was out of the office. (○)
아뇨, 제가 사무실에 없었거든요.

(B) I didn't go there. (×)
저는 거기 가지 않았어요.

> 🖐 **기술 Tip!**
> 부가 의문문이라는 꼬리는 버리고 앞부분에 집중하라!

질문의 끝에 있는 부가 의문문은 별 뜻이 없으므로 didn't you는 무시하고 앞부분의 filled out(작성하다)과 form(양식)을 통해 의미를 파악하면 된다. 양식을 작성했냐는 질문이므로 사무실에 없어서 작성하지 못했다고 답한 (A)가 자연스러운 정답이다.

STEP 2 기술 적용 ✏ 정답(O), 오답(X), 헷갈리는답(△)에 표시하면서 문제를 풀어보세요. 🎧 기술 27_2.mp3

(A) O │ △ │ X **(B)** O │ △ │ X **(C)** O │ △ │ X

Q: Mr. Parker is familiar with this software, ~~isn't he~~?

(A) He has used it for a long time.
→ 질문 뒤에 오는 isn't he는 버리고, 앞에 제시되는 Mr. Parker, familiar, software를 듣고 Parker 씨가 소프트웨어에 익숙한지 묻고 있는 질문임을 파악한다. 그가 그것을 오래 사용해 왔으니 익숙하다는 의미로 답한 정답

> 기술 27 | 부가 의문문의 꼬리 부분은 무시하라!

(B) It was such a hard decision.
→ 질문의 software에서 soft를 듣고, 반의어인 hard를 연상하게 한 함정

(C) Sure, I'll show you how to get there.
→ 질문의 3인칭 주어 Mr. Parker를 1인칭 주어 I로 받을 수 없으므로 주어 불일치 함정

STEP 3 기술 업그레이드 📈 꼬리 부분만 듣고도 한두 개의 오답 보기는 소거할 수 있다. 🎧 기술 27_3.mp3

부가 의문문 앞쪽에 제시되는 핵심적인 '주어+동사+목적어'를 듣고 정답을 찾는 것이 올바른 방법이지만, 만약 앞부분을 놓쳤다면 거꾸로 꼬리 부분인 부가 의문문만을 듣고 한두 개의 오답 보기를 소거하여 정답에 가까워질 수 있다. 앞부분에 언급된 주어와 동사 부분을 다시 사용하는 부가 의문문의 특성을 이용해서 주어 불일치 혹은 시제 불일치 오답을 제거할 수 있기 때문이다.

부가 의문문을 이용한 주어/시제 불일치 오답 소거법

Q: ~~You saw the movie,~~ **didn't you**? 그 영화 보셨죠, 그렇지 않나요?

(A) **He**'s the movie director. 그는 영화 감독입니다. (✗)

(B) Yes, I'**ll** go to the movies today. 네, 저는 오늘 영화 보러 갈 겁니다. (✗)

(C) **I** enjoy**ed** it. 저도 즐겼어요. (◯)

→ (A)의 주어 He는 부가 의문문의 주어 You와 일치하지 않는다. (B)의 시제는 미래(will)이고 부가 의문문의 시제는 과거(did)이 므로 시제 불일치 오답이다. 이렇게 꼬리 부분인 부가 의문문만 듣고 (A)와 (B) 오답을 모두 걸러낼 수 있다. 다만, 주어/시제 불일치 외에 다른 유형의 함정이 제시될 경우, 꼬리 부분만으로는 오답 소거가 불가능하기 때문에 초반에 제시되는 문장을 잘 듣는 것이 중요하다.

⚙️ Practice 다음 질문을 듣고 알맞은 정답을 찾아보세요. 🎧 기술 27_4.mp3

1 (A) (B) (C)

2 (A) (B) (C)

3 (A) (B) (C)

4 (A) (B) (C)

5 (A) (B) (C)

6 (A) (B) (C)

STEP 2 기술 적용

[정답] (A)

[해석] Q: Parker 씨는 이 소프트웨어에 익숙하죠, 그렇지 않나요?

　　(A) 그는 오랫동안 그것을 사용해 왔어요.

　　(B) 그건 정말 어려운 결정이었어요.

　　(C) 물론이죠. 제가 거기 어떻게 가는지 알려드릴게요.

[어휘] be familiar with ~에 익숙하다   decision 결정

Practice

[정답] 1. (C) 2. (A) 3. (A) 4. (B) 5. (A) 6. (A)

기술 28 서로 다른 뜻으로 사용된 동일 단어는 오답이다!

질문에 등장한 단어가 다시 보기에 나오면 정답인 것으로 생각하기 쉽지만, 실제로는 다른 의미로 사용되어 오답이 되는 경우가 훨씬 많다. 따라서 다양한 의미로 활용되는 다의어가 질문에 나오면 보기를 들을 때 더욱 긴장해야 한다.

STEP 1 기술 돋보기 🔍 기술을 적용해 정답의 단서를 찾아보세요. 🎧 기술 28_1.mp3

> **Q:** Who is in **charge** of the upcoming project?
> 다가오는 프로젝트를 누가 책임지고 있죠?
>
> **(A)** Mr. Parker is responsible for it. (○)
> Parker 씨가 책임지고 있어요.
>
> **(B)** I think the battery is still being **charged**. (×)
> 배터리가 아직 충전 중인 것 같아요.

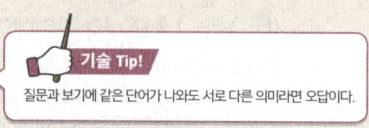

기술 Tip!
질문과 보기에 같은 단어가 나와도 서로 다른 의미라면 오답이다.

질문에서 charge는 '책임'이란 뜻으로 쓰였지만 (B)에 제시된 charged는 '충전하다'라는 의미이므로 스펠링은 같지만 서로 다른 단어인 셈이다. 질문을 제대로 듣지 못하면 이런 오답으로 유인되기 쉬우니 질문에서 들은 단어가 다시 들리면 오답일 가능성이 크다는 사실을 명심하자.

STEP 2 기술 적용 ✎ 정답(O), 오답(X), 헷갈리는답(△)에 표시하면서 문제를 풀어보세요. 🎧 기술 28_2.mp3

(A) O | △ | X   (B) O | △ | X   (C) O | △ | X

> **Q:** Are you **free** this afternoon?
>
> **(A)** Actually, I have a meeting to attend.
> → 사람 주어 뒤에 나오는 free는 '시간이 나는'이라는 뜻으로, 상대방에게 오후에 시간이 있냐는 질문에 사실은 참가할 회의가 있다고 말하는 정답
>
> **(B)** It's **free** of charge.
> → 동일 단어 반복 사용 함정 (시간이 나는 vs 무료의)
>  기술 28 | 서로 다른 뜻으로 사용된 동일 단어는 오답이다!
>
> **(C)** No, she's not in today.
> → 질문의 주어 you를 3인칭 she로 받을 수 없으므로 주어 불일치 함정

STEP 3 기술 업그레이드 📊 자주 나오는 다의어 함정에 주의하자. 🎧 기술 28_3.mp3

Part 2에서 다의어 함정으로 자주 등장하는 단어들이 있다. 질문과 보기에서 전혀 다른 뜻으로 사용되어 혼동을 유도하는 대표적인 다의어들을 미리 정리해 두자.

<table>
<tr><td colspan="3">빈출 다의어</td></tr>
<tr><td>break 휴식 – 깨뜨리다</td><td>change 바꾸다 – 잔돈</td><td>hand 손 – 도움 – 건네주다</td></tr>
<tr><td>fine 벌금 – 좋은</td><td>free 무료의 – 시간이 나는</td><td>last 지난 – 지속하다</td></tr>
<tr><td>hard 어려운 – 딱딱한</td><td>kind 종류 – 친절한</td><td>return 돌아오다 – 반납하다</td></tr>
<tr><td>good 좋은 – 유효한</td><td>park 공원 – 주차하다</td><td>hold 개최하다 – 잡다</td></tr>
<tr><td>branch 가지 – 지점</td><td>interest 이자 – 흥미</td><td>plant 식물 – 공장 – 심다</td></tr>
<tr><td>figure 수치 – 알아내다</td><td>mind 마음 – 꺼리다</td><td>order 주문하다 – 명령하다 – 순서 – 주문</td></tr>
<tr><td>leave 떠나다 – 두다 – 휴가</td><td>room 방 – 공간/여지</td><td>run 뛰다 – 운영하다 – 작동하다</td></tr>
<tr><td>sign 간판 – 서명하다</td><td>store 가게 – 저장하다</td><td>charge 책임 – 요금 – 충전하다</td></tr>
<tr><td>pick up 가져오다 – 사람을 차에 태우다</td><td>check 수표 – 확인하다</td><td></td></tr>
</table>

⚙️ Practice 다음 질문을 듣고 알맞은 정답을 찾아보세요. 🎧 기술 28_4.mp3

1 (A) (B) (C)

2 (A) (B) (C)

3 (A) (B) (C)

4 (A) (B) (C)

5 (A) (B) (C)

6 (A) (B) (C)

STEP 2 기술 적용

[정답] (A)

[해석] Q: 오늘 오후에 시간 되세요?

(A) 사실은 참석해야 할 회의가 있어요.

(B) 그건 무료입니다.

(C) 아뇨, 그녀는 오늘 없어요.

[어휘] free 시간이 나는, 무료의   actually 사실은   attend 참석하다

Practice

[정답] 1. (B) 2. (B) 3. (A) 4. (A) 5. (B) 6. (C)

TEST 🎧 DAY 07_1.mp3

1. (A) (B) (C)

2. (A) (B) (C)

3. (A) (B) (C)

4. (A) (B) (C)

5. (A) (B) (C)

6. (A) (B) (C)

7. (A) (B) (C)

8. (A) (B) (C)

9. (A) (B) (C)

10. (A) (B) (C)

11. (A) (B) (C)

12. (A) (B) (C)

13. (A) (B) (C)

14. (A) (B) (C)

15. (A) (B) (C)

16. (A) (B) (C)

17. (A) (B) (C)

18. (A) (B) (C)

19. (A) (B) (C)

20. (A) (B) (C)

Part 2 필수 암기 표현 (4)

1. Have 동사 의문문으로 자주 출제되는 핵심 질문 유형 총정리

<u>Have you seen</u> my briefcase? 제 서류 가방 보셨어요?

→ No, I haven't. 아니요, 못 봤어요.

Have 동사 관련 핵심 청크 (Chunk) 표현
Have you seen ~? ~보신 적이 있으세요?
Have you heard ~? ~을 들어 보셨나요?
Have you been to ~? ~에 다녀 오셨나요?
Have you met ~? ~을 만나셨나요?
Have you talked about ~? ~에 대해 말해 보셨나요?
Have you thought about ~? ~에 대해 생각해 보신 적이 있나요?
Have you finished ~? ~를 끝내셨어요?
Have you bought ~? ~를 사셨어요?

2. be 동사 의문문으로 자주 출제되는 핵심 질문 유형 총정리

<u>Are you interested in</u> this position? 이 자리에 관심 있으세요?

→ Let me think about it. 생각해 볼게요.

be 동사 관련 핵심 청크 (Chunk) 표현	
Are you interested in ~? ~에 흥미 있나요?	Are you looking for ~? ~을 찾으시나요?
Are you able to ~? ~하실 수 있나요?	Are you supposed to ~? ~하기로 되어 있나요?
Are you familiar with ~? ~에 익숙하신가요?	Are you willing to ~? 기꺼이~하실 건가요?
Are you aware of ~? ~을 알고 있나요?	Is it possible to ~? ~가 가능한가요?
Is[Are] there ~? ~가 있나요?	Is it necessary to ~? ~가 필수인가요?
Are you going to ~? ~하실 건가요?	

DAY 08

기술 29

청유문은 승낙이나 거절의 답변이 정답이다!

권유/제안/요청의 의미를 가진 청유문은 승낙이나 거절의 답변이 정답이 된다. 승낙을 할 때는 Yes, Sure 등 직접적인 표현들이 정답으로 자주 출제되지만, 거절할 때는 No라고 하기보다는 Sorry, I'm afraid 등 간접적인 표현들이 자주 사용된다. 청유문의 형태 중 의문사 의문문과 헷갈리는 것들이 많으니 시험에 자주 나오는 청유문 형태를 숙지해 두어야 한다.

STEP 1 기술 돋보기 ⊕   기술을 적용해 정답의 단서를 찾아보세요. 🎧기술 29_1.mp3

> **Q: Why don't we** try the new Italian restaurant over there?
> 저기에 있는 새로운 이탈리아 식당에 가볼래요?
>
> (A) **Sounds good!** (O)
> 좋아요!
>
> (B) **Sorry**, but I have a previous engagement. (O)
> 죄송하지만, 선약이 있어요.

🖐 **기술 Tip!**
청유문에 승낙/거절 답변은 정답이다.

Why don't ~로 시작하는 의문문은 대표적인 청유문으로 새로운 이탈리아 식당에 가자는 제안에 좋다고 승낙한 (A)와 거절한 (B) 모두 정답이다. 특히 sounds 혹은 idea가 포함된 보기가 수락의 답변으로 자주 출제된다는 사실도 기억해 두자.

STEP 2 기술 적용 ✎   정답(O), 오답(X), 헷갈리는답(△)에 표시하면서 문제를 풀어보세요. 🎧기술 29_2.mp3

(A) O I △ I X   (B) O I △ I X   (C) O I △ I X

> **Q: Let's** go out for lunch today.
>
> (A) **Sorry**, I've got a dental appointment.
> → 점심을 먹으러 나가자는 청유문에 미안하다고 정중히 거절하고, 치과 예약이 있다는 이유까지 제시한 정답
> **기술 29 | 청유문은 승낙이나 거절의 답변이 정답이다!**
>
> (B) Today is Wednesday.
> → today 반복 사용 함정. 특히 질문의 끝에 나오는 어휘가 반복되는 경우 오답일 확률이 높다.
>
> (C) I enjoyed it, thanks.
> → 아직 점심을 먹지 않았는데, 과거 시제로 말한 시제 불일치 함정

STEP 3 기술 업그레이드 📈 정답으로 자주 출제되는 승낙/거절의 표현을 알아두자. 🎧 기술 29_3.mp3

청유문에 대해 직접적으로 승낙을 하거나 거절을 할 수도 있지만, 거절의 이유를 말함으로써 거절 의사를 간접적으로 나타내기도 한다. 토익에 자주 출제되는 승낙/거절 표현, 거절 이유를 총정리해 보자.

---

1) 승낙 표현

It sounds good. 좋아요. That's a great idea. 좋은 생각이에요. Sure. 물론이죠. Of course. 물론이죠.

I'd be happy[glad/pleased] to ~ 기꺼이 ~할게요. Why not? 왜 안되겠어요?

I'd appreciate it. 그러면 고맙죠.

2) 거절 표현

No thank you. 고맙지만, 됐어요. I'm sorry, but ~ 죄송해요, 하지만 ~ Actually, ~ 사실은 ~

Unfortunately, ~ 유감스럽게도 ~

3) 거절 이유

I'm busy. 바빠요. I have a prior[previous] engagement[appointment]. 선약이 있어요.

I have another appointment. 다른 약속이 있어요.

I have a lot of work to do. 일이 많아요. I should work overtime. 야근해야 해요.

⚙️ Practice 다음 질문을 듣고 알맞은 정답을 찾아보세요. 🎧 기술 29_4.mp3

1 (A) (B) (C)

2 (A) (B) (C)

3 (A) (B) (C)

4 (A) (B) (C)

5 (A) (B) (C)

6 (A) (B) (C)

STEP 2 기술 적용

[정답] (A)

[해석] Q: 오늘 점심 먹으러 나가죠.
  (A) 죄송해요, 치과 예약이 있어요.
  (B) 오늘은 수요일이에요.
  (C) 즐거웠어요, 고마워요.

[어휘] go out for lunch 점심 먹으러 나가다   dental appointment 치과 예약

Practice

[정답] 1. (C) 2. (B) 3. (B) 4. (B) 5. (A) 6. (C)

기술 30 be동사나 조동사로 짧게 끝나는 보기가 정답이다!

질문에 등장한 단어가 똑같이 반복되는 보기는 오답 함정인 경우가 대부분이다. 정답은 질문에 나온 단어의 반복을 피하기 위해 오히려 질문에 사용된 어휘를 다른 말로 바꾸거나 생략해서 표현하는 경우가 많다. 질문에 나온 단어의 반복을 피하기 위해 **답변의 일부를 생략하여 be동사나 조동사로 짧게 끝나는 답변이 정답일 확률이 높다.**

STEP 1 기술 돋보기 🔍 기술을 적용해 정답의 단서를 찾아보세요. 🎧 기술 30_1.mp3

> **Q:** Will you go to Brian's retirement party tonight?
> 오늘 밤 Brian의 은퇴 파티에 가실 건가요?
>
> (A) Yes, I will. (○)
> 네, 그럴 거예요.
>
> (B) It was fantastic. (✕)
> 환상적이었어요.

> **기술 Tip!**
> be동사/조동사로 짧게 끝나면 정답일 수 있다!

은퇴 파티에 갈 것인지를 묻는 질문에 그럴 거라고 긍정한 (A)가 정답이다. Yes, I will 뒤에는 go to his retirement party tonight가 생략된 것이다. 이처럼 길게 쓰지 않고, 중복되는 단어들을 생략하여 조동사로 짧게 끝나는 보기가 정답으로 자주 등장한다.

STEP 2 기술 적용 ✏️ 정답(O), 오답(X), 헷갈리는답(△)에 표시하면서 문제를 풀어보세요. 🎧 기술 30_2.mp3

(A) O | △ | X   (B) O | △ | X   (C) O | △ | X

> **Q:** Can you review the budget figures?
>
> (A) About a month ago.
> → 시간을 묻는 When 의문문에 어울리는 답
>
> (B) Yes, I turned it in last week.
> → turn in은 질문의 review와 전혀 다른 의미의 동문서답이며, 복수 명사인 figures를 단수 대명사 it으로 받을 수 없으므로 오답
>
> (C) Sure, I can.
> → Can you~로 시작하는 청유문이다. 예산 수치를 검토해 달라는 요청에 기꺼이 할 수 있다고 답한 정답. 특히 can 다음에 review the budget figures를 생략하고 짧게 끝나고 있어, 정답 확률이 높은 형태의 보기이다.
>
> **기술 30 | be동사나 조동사로 짧게 끝나는 보기가 정답이다!**

STEP 3 기술 업그레이드 📈 to로 짧게 끝나는 보기도 정답이 될 확률이 높다. 🎧 기술 30_3.mp3

조동사와 be동사 뒤에 반복되는 부분이 생략될 수 있듯이 to부정사에서도 to 다음에 질문에서 반복되는 동사가 생략될 수 있다. 따라서 to로 짧게 끝나는 보기도 정답이 될 확률이 높다.

---

to로 짧게 끝나는 승낙 표현

정답으로 자주 출제되는 청유문에 대한 승낙 답변 중 to부정사의 to로만 짧게 끝나는 관용 표현들이 있다.

I'd be happy[glad/pleased/delighted] to. 기꺼이 할게요.

Q: Do you want to join us for dinner? 우리와 저녁 같이 할래요?

A: I'd love **to**, but I **can't**. 그러고 싶지만, 안 되겠네요.

→ to 다음에 join you for dinner가 생략된 정답이다.

⚙️ Practice 다음 질문을 듣고 알맞은 정답을 찾아보세요. 🎧 기술 30_4.mp3

1 (A) (B) (C)

2 (A) (B) (C)

3 (A) (B) (C)

4 (A) (B) (C)

5 (A) (B) (C)

6 (A) (B) (C)

STEP 2 기술 적용

[정답] (C)

[해석] Q: 예산 수치들을 검토해 주시겠어요?

    (A) 약 한 달 전이요.

    (B) 네, 지난주에 제출했어요.

    (C) 물론이죠. 제가 할 수 있어요.

[어휘] review 검토하다 budget 예산 figure 수치 turn in 제출하다

Practice

[정답] 1. (B) 2. (C) 3. (A) 4. (A) 5. (B) 6. (A)

간접 의문문은 중간에 오는 의문사가 정답을 결정한다!

간접 의문문은 의문사가 문장의 앞이 아니라 가운데 등장하는 의문문으로, 보통 Do you know나 Can you tell me로 시작한다. 문장의 앞부분은 별다른 의미가 없고, **중간에 나오는 의문사 이하가 중요하기 때문에 문장 중간의 의문사를 놓치지 않도록 집중하는 것이 중요하다.** 다만 의문사 의문문과는 달리 Yes/No 답변이 가능하다는 사실에 유의하자.

STEP 1 기술 돋보기 🔍 기술을 적용해 정답의 단서를 찾아보세요. 🎧 기술 31_1.mp3

Q: Can you tell me **what time** the staff meeting will start?
직원 회의가 몇 시에 시작하는지 말해 줄래요?

기술 Tip!
문장 중간에 나오는 의문사를 놓치지 않도록 집중하자!

(A) It begins **in half an hour.** (○)
30분 뒤에 시작해요.

(B) **Yes**, it will take place **at noon.** (○)
네, 정오에 있습니다.

간접 의문문은 문장 중간에 나오는 의문사를 잘 듣고 의미를 파악하는 것이 중요하다. 직원 회의의 시작 시간을 묻는 질문으로 what time을 듣고 보기 중에 시간 표현 답변을 선택하면 된다. 일반 의문사 의문문과는 달리 (B)처럼 Yes/No 답변도 가능하다. 이 때 Yes/No는 중간에 오는 의문사에 대한 답이 아니라, 문장에 앞에 오는 Can you tell me~에 대한 답이다.

STEP 2 기술 적용 ✎ 정답(O), 오답(X), 헷갈리는답(△)에 표시하면서 문제를 풀어보세요. 🎧 기술 31_2.mp3

(A) ○ | △ | X   (B) ○ | △ | X   (C) ○ | △ | X

Q: Do you know **when** the concert will start?

(A) **Yes**, it will begin **at 8 p.m.**
→ 간접 의문문 앞에 오는 Do you know는 버리고 뒤에 오는 의문사 when 이하를 해석하는 것이 중요하다. when, concert, start를 듣고, 콘서트 시간을 제시한 (A)를 정답으로 고를 수 있다. 간접 의문문에는 Yes/No 답변이 가능하다는 것과, start를 begin으로 바꿔 표현한 것도 핵심 포인트이다.

기술 31 | 간접 의문문은 중간에 오는 의문사가 정답을 결정한다!

(B) I'm looking forward to their performance.
→ 질문에서 concert를 듣고 performace(공연)를 연상하게 한 함정

(C) In a concert hall.
→ concert 반복 사용 함정. 장소를 묻는 Where 의문문에 어울리는 답

STEP 3 기술 업그레이드 📈 토익에 자주 나오는 간접 의문문을 알아두자. 🎧 기술 31_3.mp3

토익에 자주 나오는 간접 의문문 패턴이 있다. 이를 미리 숙지하고 있으면 질문의 핵심을 파악하기 용이하고 정답도 쉽게 찾을 수 있으므로 잘 알아두자.

---

1) Can[Could] you tell me + 의문사(~을 말해 주시겠어요?)

Can you tell me where you are from? 어디 출신이신지 말씀해 주시겠어요?

2) Do you know + 의문사(~을 아세요?)

Do you know why the meeting was canceled? 회의가 왜 취소됐는지 아시나요?

3) Can[Could] you show me + 의문사 (~을 알려 주시겠어요?)

Could you show me how to get to the park? 공원에 가는 방법을 알려 주시겠어요?

4) I wonder + 의문사(~가 궁금합니다.)

I wonder when I should submit the report. 보고서를 언제 내야 하는지 궁금해요.

5) I'd like to know + 의문사(~을 알고 싶습니다.)

I'd like to know who will represent our company. 누가 우리 회사를 대표하게 될지 알고 싶어요.

⚙️ Practice   다음 질문을 듣고 알맞은 정답을 찾아보세요. 🎧 기술 31_4.mp3

1 (A) (B) (C)

2 (A) (B) (C)

3 (A) (B) (C)

4 (A) (B) (C)

5 (A) (B) (C)

6 (A) (B) (C)

STEP 2 기술 적용

[정답] (A)

[해석] Q: 콘서트가 언제 시작하는지 아세요?
　　　(A) 네, 저녁 8시에 시작합니다.
　　　(B) 그들의 공연이 기대됩니다.
　　　(C) 콘서트 홀에서요.

[어휘] begin 시작하다(= start) look forward to ~를 기대하다 performance 공연

Practice

[정답] 1. (B) 2. (B) 3. (C) 4. (B) 5. (A) 6. (A)

기술 32

Part 2에는 정답이 잘 되는 표현이 있다!

Part 2를 풀 때 혹시 질문을 놓쳤더라도 너무 당황하지 말자. Part 2에는 정답이 잘 되는 표현들이 있는데 보기 중에 이들 표현이 나온다면 이것을 정답으로 선택하자. 앞서 배운 '모른다' 류의 답변 외에도, 반문 답변, Yes, but ~/No, but ~으로 시작하는 답변, Actually/Unfortunately와 같은 부사로 시작하는 답변, 부정 대명사 one이나 대동사 do가 포함된 답변은 정답이 될 확률이 높다. 다만 이런 표현들이 들린다고 100% 답이 되는 것은 아니기 때문에 질문을 잘 듣지 못한 경우에 한해서 선별적으로 사용하자.

STEP 1 기술 돋보기 🔍 기술을 적용해 정답의 단서를 찾아보세요.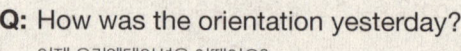

Q: How was the orientation yesterday?
어제 오리엔테이션은 어땠어요?

(A) It was very informative. (○)
매우 유익했습니다.

(B) **Actually**, I missed it. (○)
사실 제가 놓쳤어요.

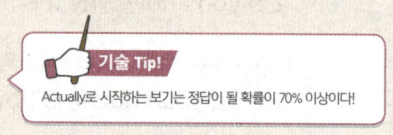

> 기술 Tip!
> Actually로 시작하는 보기는 정답이 될 확률이 70% 이상이다!

오리엔테이션이 어땠는지 묻는 How 의문문에 유익했다고 소감을 전한 (A)나 사실 참석하지 않았기 때문에 잘 모른다는 의미로 답한 (B) 모두 정답이 될 수 있다. 이렇게 Actually로 시작하는 보기는 질문에 관계없이 정답이 될 확률이 높다는 것도 함께 알아두자.

STEP 2 기술 적용 ✎ 정답(○), 오답(X), 헷갈리는답(△)에 표시하면서 문제를 풀어보세요.  기술 32_2.mp3

(A) ○ | △ | X   (B) ○ | △ | X   (C) ○ | △ | X

Q: Did you turn in the application form?

(A) **No, but** I'll do it after lunch.
→ 질문 앞에 오는 Did 동사는 버리고 뒤에 오는 turn in, application form을 듣고 지원서를 제출했냐는 질문의 의미를 파악하면, 안 냈지만 점심 후에 내겠다고 답한 (A)가 정답임을 알 수 있다. 이때 질문을 놓쳤다 하더라도 Yes나 No 다음에 but이 따라 오는 형태의 보기나 대동사 do가 들어 있는 보기는 정답이 될 확률이 높다는 사실을 알고 있다면 (A)를 정답으로 고르는 것이 가장 유리하다.
> 기술 32 | Part 2에는 정답이 잘 되는 표현이 있다!

(B) Turn right at the next intersection.
→ turn 반복 사용 함정

(C) To open a checking account.
→ Why 의문문에 어울리는 답

STEP 3 기술 업그레이드 📈 Yes의 의미를 가진 표현들을 알아두자. 🎧기술 32_3.mp3

일반 의문문에는 Yes의 의미를 가진 표현들이 자주 정답이 된다. 직접 Yes라고 말하지 않아도 동의하거나 긍정하는 표현들은 모두 Yes와 같은 의미라고 보면 된다. 반면, 의문사 의문문이나 선택 의문문에는 Yes로 답할 수 없으므로 Yes의 의미를 가지는 표현들 역시 오답이라는 사실도 기억해 두자.

Yes의 의미를 가지는 표현들

1) I think so. / I believe so. / I guess so. / I suppose so. 그렇게 생각해요.
2) You're right. / That's right. / You're correct. 당신 말이 맞아요.
3) Sure. / Certainly. / Of course. / Absolutely. / Definitely. / Why not! 물론이죠.
4) I hope so. 그러길 바래요.

Q: Is the sales report due on Monday? 영업 보고서가 월요일까지인가요?
A: I think so. 그렇게 생각합니다.

→ I think so는 Yes와 같은 의미로 월요일까지 보고서를 내야 한다는 긍정의 의미이므로 정답이다.

⚙️ Practice   다음 질문을 듣고 알맞은 정답을 찾아보세요. 🎧기술 32_4.mp3

1 (A) (B) (C)

2 (A) (B) (C)

3 (A) (B) (C)

4 (A) (B) (C)

5 (A) (B) (C)

6 (A) (B) (C)

STEP 2 기술 적용
[정답] (A)
[해석] Q: 신청서 제출하셨어요?
    (A) 아뇨, 하지만 점심 후에 할 거예요.
    (B) 다음 교차로에서 우회전하세요.
    (C) 당좌 예금 계좌를 개설하기 위해서요.
[어휘] turn in 제출하다   application form 신청서   intersection 교차로   checking account 당좌 예금 계좌

Practice
[정답] 1. (B) 2. (C) 3. (B) 4. (B) 5. (B) 6. (B)

1. (A) (B) (C)

2. (A) (B) (C)

3. (A) (B) (C)

4. (A) (B) (C)

5. (A) (B) (C)

6. (A) (B) (C)

7. (A) (B) (C)

8. (A) (B) (C)

9. (A) (B) (C)

10. (A) (B) (C)

11. (A) (B) (C)

12. (A) (B) (C)

13. (A) (B) (C)

14. (A) (B) (C)

15. (A) (B) (C)

16. (A) (B) (C)

17. (A) (B) (C)

18. (A) (B) (C)

19. (A) (B) (C)

20. (A) (B) (C)

Part 2 필수 암기 표현 (5)

1. 자주 출제되는 청유문 총정리

<u>How about</u> delaying the meeting? 회의를 미루는 게 어때요?

→ That's a good idea. 좋은 생각이에요.

권유/제안의 의미로 자주 출제되는 핵심 청크(Chunk) 표현	
Why don't you[we] ~? ~하는 게 어때요?	Would you like[care] to ~? ~하시겠어요?
Let's ~. ~합시다.	Do you want to ~? ~하길 원하나요?
Shouldn't we ~? ~해야 되지 않을까요?	Shall we ~? ~할까요?
What about ~? ~하는 게 어때요?	Can we ~? ~할 수 있을까요?
How about ~? ~하는 게 어때요?	We'd better ~. ~하는 게 좋겠어요.
What do you say ~? ~는 어때요?	Maybe we should ~. 아마도~해야 할 것 같아요.

2. 평서문 주요 답변 유형 총정리

We've run out of copy papers. 복사 용지가 다 떨어졌어요.

→ I'll call our supplier right away. 공급처에 바로 전화 할게요.

1) 일반적 사실이나 의견 진술 → 맞장구

I was impressed with Jane's presentation. Jane의 발표에 감동 받았어요.

→ Right, it was quite informative. 맞아요. 정말 유익했어요.

2) 문제점 언급 → 적절한 해결책 제시

The copier is broken again. 복사기가 다시 고장입니다.

→ Let me take a look at it. 제가 한번 볼게요.

3) 간접적으로 질문 → 적절한 의문사에 대한 답 찾기

I wonder <u>why</u> the conference was delayed. 왜 회의가 연기되었죠?

→ The keynote speaker was <u>ill</u>. 기조 연설자가 아팠어요.

ENGDANGI LISTENING
NEW TOEIC

'기술'로 끝내는 신토익 문제풀이
영단기 신토익기술 LC

PART 3

주제 문제의 정답 단서는 초반에 언급되는 명사/동사이다!

주제를 묻는 문제는 대화 초반에 언급되는 명사/동사를 듣고 쉽게 정답을 찾을 수 있다. 화자가 인사말이나 자기소개를 한 후 바로 주제문이 제시되는데 이때 강하게 발음되는 명사/동사를 잘 들으면 주제 문제의 정답을 찾을 수 있다. 특히 대화 초반에 등장하는 질문은 주제의 핵심 단서를 포함하고 있다.

STEP 1 기술 돋보기 🔍 기술을 적용해 정답의 단서를 찾아보세요.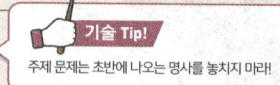

> **기술 Tip!**
> 주제 문제는 초반에 나오는 명사를 놓치지 마라!

Q: What are the speakers **talking about**?
화자들이 얘기하는 것은 무엇인가?

M: I really wanted to listen to Mr. Brown's **lecture**. But I don't think I can make it.
저는 정말 Brown 씨의 강연을 듣고 싶었어요. 하지만 못 갈 것 같아요.

W: What happened, Jack?
무슨 일이에요, Jack?

A: A talk
강연

문제의 키워드 talking about을 보고 주제를 묻는 문제임을 파악하고 대화를 듣는다. 남자의 첫 대사에서 제시되는 명사 lecture(강연)를 통해 대화의 주제가 강연임을 알 수 있다.
바꿔 쓰기 lecture 강의 → talk 강연

STEP 2 기술 적용 ✎ 다음 대화를 듣고 문제를 풀어보세요. 🎧 기술 33_2.mp3

Q: What is the main topic of the conversation?
(A) Residence   (B) Workplace   (C) Public transportation   (D) Construction

Q: What is the **main topic** of the conversation?
→ main topic을 보고 주제를 묻는 문제임을 파악한다.

M: Hi, Jane. How do you like your new **apartment**?
→ 처음에 제시되는 의문문에 들어 있는 명사 apartment가 주제어가 된다!

W: The rooms are clean and spacious. In addition, my neighbors are very kind.

M: Good for you. Is it close to the subway station?

W: It's only a five minute walk.

A: (A) Residence ─ 기술33 | 주제 문제의 정답 단서는 초반에 언급되는 명사/동사이다!
바꿔 쓰기 apartment 아파트 → residence 거주지

STEP 3 기술 업그레이드 📈 문제는 읽지 말고 이미지로 정리하라!

Part 3, 4는 대화를 듣기 전에 문제를 미리 읽어 두어야 한다. 그러나 실제로는 세 문제를 꼼꼼히 읽을 시간이 부족하기 때문에 자주 출제되는 문제 유형을 하나의 이미지 덩어리로 기억해 두는 것이 좋다. 주제를 묻는 문제 유형의 빈출 질문들 역시 덩어리로 숙지하여 문제 파악 시간을 줄이도록 하자.

주제를 묻는 빈출 질문 유형

What are the speakers discussing?	화자들이 논의하는 것은 무엇인가?
What are the speakers talking about?	화자들이 얘기하는 것은 무엇인가?
What is the main topic of the conversation?	대화의 주제는 무엇인가?
What is the conversation mainly about?	대화는 주로 무엇에 관한 것인가?
What are the speakers doing?	화자들은 무엇을 하고 있나?
Why is the man[woman] calling?	남자[여자]는 왜 전화를 하고 있는가?
What is the man[woman] calling about?	남자[여자]는 무엇에 관해 전화를 하고 있는가?
What is the purpose of the call?	전화의 목적은 무엇인가?

⚙️ **Practice** 다음 대화를 듣고 알맞은 정답을 찾아보세요. 🎧 기술 33_3.mp3

1 What is the conversation mainly about?
(A) The new management
(B) The schedule change
(C) The conference
(D) The presentation

2 What are the speakers discussing?
(A) A new job
(B) A huge contract
(C) A family reunion
(D) Health

STEP 2 기술 적용

[정답] (A)

[해석] Q: 대화의 주제는 무엇인가?

(A) 거주지 (B) 작업장 (C) 대중교통 (D) 건설

M: 안녕하세요, Jane. 새로운 아파트는 어떤가요?

W: 방들이 깨끗하고 넓어요. 게다가 이웃들이 매우 친절해요.

M: 잘됐네요. 지하철역은 가까워요?

W: 걸어서 겨우 5분 거리예요.

[어휘] clean 깨끗한 spacious 넓은 neighbor 이웃 subway station 지하철역

Practice

[정답] 1. (C) 2. (A)

기술 34

장소/직업 문제의 정답 단서는 초반에 언급된다!

대화의 장소나 대화자의 직업을 묻는 문제는 대화 초반에 언급되는 장소/직업 관련 표현을 잘 잡아야 한다. 예를 들어 대화 초반에 menu라는 단어가 들린다면 대화 장소는 restaurant, 관련 직업은 waiter라는 사실을 유추할 수 있다. 시험에 자주 나오는 장소/직업 관련 핵심 표현들을 미리 숙지해 두는 것도 중요하다.

STEP 1 기술 돋보기 🔍 기술을 적용해 정답의 단서를 찾아보세요. 🎧 기술 34_1.mp3

> **Q:** **Where** does this conversation probably **take place**?
> 대화는 어디서 일어나겠는가?
>
> **W:** I'm here to see Dr. Parker. My **teeth** are hurting.
> Parker 선생님을 만나러 왔어요. 이가 아파서요.
>
> **M:** He's on a lunch break now. He'll be back in 10 minutes.
> 선생님께서 지금 점심 시간이라서요. 10분 뒤에 돌아오실 거예요.
>
> **A:** At a dental clinic
> 치과에서

> **기술 Tip!**
> 장소 문제는 초반에 제시되는 장소 키워드를 놓치지 마라!

문제의 Where와 conversation을 보고 장소를 찾는 문제임을 파악하고 대화를 듣는다. 대화 초반에 여자가 이가 아파서 의사 선생님을 만나러 왔다고 하는 부분에서 대화의 장소가 치과임을 추론할 수 있다.

STEP 2 기술 적용 ✏️ 다음 대화를 듣고 문제를 풀어보세요. 🎧 기술 34_2.mp3

Q: Who most likely is the man?

(A) A researcher   (B) A librarian   (C) A journalist   (D) A project manager

> **Q:** **Who** most likely is the **man**?
> → 문제의 Who와 man을 보고 남자의 신분을 묻는 문제임을 빠르게 파악한다.
>
> **W:** Excuse me, can I **check out this magazine**? I need it for my research project.
> → 지문 초반 여자가 잡지를 대출할 수 있는지 묻는 부분에서 상대방 남자는 도서관에서 일하는 사서임을 추론할 수 있다. 특히 check out(대출하다)이 관련 직업을 추론할 수 있는 핵심 키워드가 된다.
>
> **M:** Sorry, it should remain in the periodical section, but you may want to make copies.
>
> **W:** Okay. Where's the copier?
>
> **M:** It's right next to the entrance.
>
> **A:** (B) A librarian ◀ 기술 34 | 장소/직업 문제의 정답 단서는 초반에 언급된다!

STEP 3 기술 업그레이드 📶 빈출 장소/직업 관련 핵심 표현을 암기하라!

대화의 장소나 대화자의 직업을 묻는 문제의 정답으로 자주 등장하는 표현들이 있다. 이런 단골 표현들을 미리 익혀두면 정답을 찾기가 훨씬 수월하다.

빈출 장소/직업 표현

room service 룸서비스	→ hotel 호텔
menu 메뉴	→ restaurant 식당, waiter 웨이터
stamp 우표	→ post office 우체국
patient 환자	→ hospital 병원, doctor 의사
shirt 셔츠, sweater 스웨터, skirt 치마	→ clothing store 옷 가게
book 책, magazine 잡지	→ library 도서관, bookstore 서점
apartment 아파트, tenant 세입자, rent 임대료	→ real estate agency 부동산 중개소, realtor 부동산 중개업자
article 기사, deadline 마감	→ newspaper 신문사, reporter 기자
résumé 이력서, application 지원서, interview 면접	→ job applicant[candidate] 취업 지원자
prescription 처방전, dosage 복용량, medicine[pill] 약	→ pharmacy 약국, pharmacist 약사

⚙️ Practice   다음 대화를 듣고 알맞은 정답을 찾아보세요. 🎧 기술 34_3.mp3

1 Where most likely are the speakers?

(A) At a shoe store

(B) At a book store

(C) At a clothing store

(D) At a hardware store

2 Who most likely is the woman?

(A) A secretary

(B) A client

(C) An interviewer

(D) A candidate

STEP 2 기술 적용

[정답] (B)

[해석] Q: 남자는 누구이겠는가?

(A) 연구원 (B) 사서 (C) 언론인 (D) 프로젝트 매니저

W: 실례합니다, 이 잡지를 대출할 수 있을까요? 연구 프로젝트에 필요해서요.

M: 죄송하지만, 그건 정기 간행물실 밖으로 가져갈 수 없습니다. 하지만 복사는 하셔도 됩니다.

W: 알겠습니다. 복사기가 어디 있죠?

M: 입구 바로 옆에 있습니다.

[어휘] check out 대출하다   magazine 잡지   remain 남아 있다   periodical section 정기 간행물실   make a copy 복사하다   copier 복사기   right next to ~ 바로 옆에   entrance 입구

Practice

[정답] 1. (C) 2. (D)

기술
35

정답과 관련 없는 시간 함정을 피해라!

When이나 What time으로 시작하는 시간 문제는 답이 되는 시간 외에도 함정으로 다른 시간들이 보기에 제시된다. 따라서 보기 중에 제시된 시간이 대화 중에 들린다고 무조건 답으로 골라서는 안 된다. 또한 답이 되는 시간을 다른 표현으로 바꾸어서 제시하거나, 유추하는 문제도 출제될 수 있기 때문에, 문제에 제시된 키워드를 잘 파악해서 답을 찾아야 한다.

STEP 1 기술 돋보기 ⊕   기술을 적용해 정답의 단서를 찾아보세요.   🎧 기술 35_1.mp3

Q: When will the **meeting start**?

회의가 언제 시작될 것인가?

> 🖐 **기술 Tip!**
> 답과 상관 없이 들려주는 시간 함정을 피해야 한다.

M: I need to stop by the main office at ~~2 p.m.~~ Is the company car available?

제가 오후 2시에 본사에 들러야 해서요. 회사차를 이용할 수 있을까요?

W: Yes, but make sure you should attend the **meeting** this afternoon. It **starts** at **5 p.m.**

네, 하지만 오늘 오후에 회의에 참석하셔야 해요. 회의는 오후 5시에 시작해요.

A: At 5 p.m.

오후 5시에

문제의 When, meeting, start를 보고 회의 시작 시간을 묻는 문제임을 파악하고 대화를 듣는다. 남자의 첫 대사에서 제시하는 오후 2시는 회의와 상관없는 시간이므로 제거하고, 여자가 회의를 언급한 다음 5시에 시작한다고 말하는 부분에서 답을 찾는다.

STEP 2 기술 적용 ✐   다음 대화를 듣고 문제를 풀어보세요.   🎧 기술 35_2.mp3

Q: When did the man purchase the printer?

(A) On Monday   (B) On Tuesday   (C) On Thursday   (D) On Friday

---

Q: When did the man **purchase** the printer?

→ 문제에서 When, man, purchase를 빠르게 읽고 남자가 프린터를 구매한 때를 언급한 부분에 초점을 맞춰 듣는다. 문제의 시제가 과거일 경우, 답이 대화 초반에 제시되는 경우가 많다.

M: I can't believe that the printer that I **bought last Thursday** stopped working.

→ 문제의 키워드 purchase가 비슷한 의미의 bought로 바꾸어 제시되고 있다. 따라서 구매 시점은 지난 목요일이 된다.

W: Oh, really? Mmm. We should make handouts for ~~Tuesday~~'s conference.

→ Tuesday는 프린터 구매 시점이 아닌 회의가 있는 날로 정답과 관련 없는 함정이다.

M: I think we'd better call the maintenance office.

W: Okay, let me give them a call right away.

A: (C) On Thursday   기술 35 ㅣ 정답과 관련 없는 시간 함정을 피해라!

→ printer, bought, Thursday를 듣고 목요일인 (C)가 정답임을 알 수 있다. 대화 중에 들리는 시간 함정인 Tuesday를 답으로 고르지 않도록 유의하자.

STEP 3 기술 업그레이드 📊 빈출 시간 짝꿍 표현을 암기하라!

대화 중에 언급된 시간 표현이 보기에서는 다른 말로 제시될 수 있다. 예를 들어 대화 중에 언급된 At noon은 정답에서 At 12 p.m.으로 바뀌어 나올 수 있다. 서로 바뀌어 표현될 수 있는 시간 짝꿍 표현들을 알아보자.

빈출 시간 짝꿍 표현

March 15th 3월 15일	→ in the middle of March 3월 중순
12 a.m. 오전 12시	→ midnight 자정
a couple of days 이틀	→ 2 days 이틀
the day before yesterday 그제	→ two days ago 이틀 전
the day after tomorrow 모레	→ in two days 이틀 뒤
for a week 1주일 동안	→ for 7 days 7일 동안
a decade 10년	→ 10 years 10년
the week after next 다다음 주	→ in two weeks 2주 뒤에
a month ago 한 달 전	→ last month 지난달
next Monday 다음 주 월요일	→ next week 다음 주
in a month 한 달 뒤에	→ next month 다음 달

this morning 오늘 아침 / this afternoon 오늘 오후 / this evening 오늘 저녁 → today 오늘

⚙️ Practice 다음 대화를 듣고 알맞은 정답을 찾아보세요. 🎧 기술 35_3.mp3

1 When will the man probably see Dr. Brown?

(A) On Monday

(B) On Tuesday

(C) On Wednesday

(D) On Thursday

2 When will Peter start to work?

(A) Today

(B) Tomorrow

(C) In two days

(D) In a week

STEP 2 기술 적용

[정답] (C)

[해석] Q: 남자는 프린터를 언제 구매했는가?

(A) 월요일에 (B) 화요일에 (C) 목요일에 (D) 금요일에

M: 지난주 목요일에 구매한 프린터가 작동을 멈추다니 믿을 수가 없어요.

W: 오, 정말이요? 음. 화요일 회의를 위한 유인물들을 만들어야 하는데요.

M: 제 생각엔 관리 사무실에 연락하는 게 좋겠어요.

W: 좋아요. 제가 바로 전화할게요.

[어휘] purchase 구매하다   conference 회의   had better ~하는 게 낫다   maintenance 보수, 관리   right away 즉시

Practice

[정답] 1. (B) 2. (C)

DAY 09

기술 36 도표 문제는 보기에 제시되지 않은 항목이 단서가 된다!

도표가 함께 제시되는 시각 자료 연계 문제는 대화와 시각 자료의 연결 고리를 찾는 것이 핵심이다. 도표에는 대개 두 개의 항목이 제시되는데 보기는 그중 하나의 항목으로만 구성되어 있다. 따라서 대화를 들을 때 보기에 나오지 않은 나머지 항목이 정답을 찾는 연결 고리의 역할을 한다. 즉, 도표가 이름과 방 번호로 되어 있고 보기는 이름으로 구성되어 있다면, 대화에서 언급되는 방 번호가 문제를 푸는 단서가 된다.

STEP 1 기술 돋보기 🔍 기술을 적용해 정답의 단서를 찾아보세요. 🎧 기술 36_1.mp3

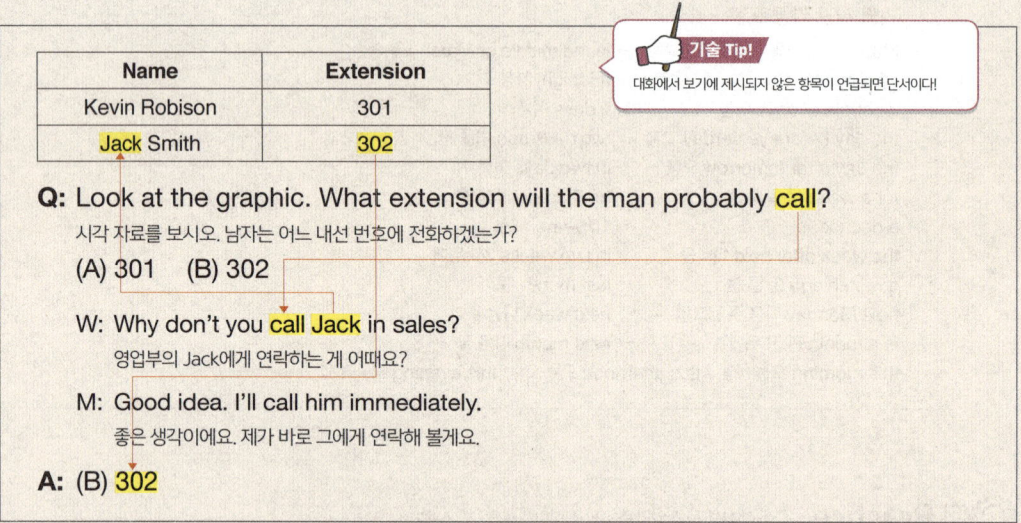

Name	Extension
Kevin Robison	301
Jack Smith	302

기술 Tip!
대화에서 보기에 제시되지 않은 항목이 언급되면 단서이다!

Q: Look at the graphic. What extension will the man probably call?
시각 자료를 보시오. 남자는 어느 내선 번호에 전화하겠는가?

(A) 301 (B) 302

W: Why don't you call Jack in sales?
영업부의 Jack에게 연락하는 게 어때요?

M: Good idea. I'll call him immediately.
좋은 생각이에요. 제가 바로 그에게 연락해 볼게요.

A: (B) 302

도표와 보기를 먼저 확인한다. 이름과 내선 번호가 적힌 도표인데 보기가 내선 번호로 제시되어 있으므로 대화를 들을 때는 도표의 나머지 항목인 이름들이 언급되는 곳을 주의해서 들어야 한다. 여자의 대사에서 도표에 나온 이름 Jack이 언급되므로 이 단서를 도표와 연결하면 (B) 302가 정답임을 알 수 있다.

Department	Floor
Accounting	1
Personnel	2
Sales	3
Payroll	4

Q: Look at the graphic. On which floor does James work?

(A) 1st floor   (B) 2nd floor   (C) 3rd floor   (D) 4th floor

Department	Floor
Accounting	1
Personnel	2
Sales	3
Payroll	4

Q: On which floor does James work?

→ 보기에 층수가 제시되고 있으므로, 도표에서 답을 찾기 위한 연결 고리는 표 왼쪽에 제시된 부서명이 된다. 따라서 대화에서 James가 일하는 부서명만 잘 들으면 도표에서 쉽게 층수를 찾을 수 있다.

M: Hi, Sally. Do you know who I should talk to regarding our benefits package?

W: I think James in personnel is in charge.

→ 문제에 제시된 키워드 James가 언급되는 부분에서 그가 인사부 소속임을 알 수 있다. 따라서 도표를 보고 인사부가 있는 2층을 정답으로 고르면 된다.

M: Thanks. I'd better stop by his office after lunch.

A: (B) 2nd floor ◀ 기술36 | 도표 문제는 보기에 제시되지 않은 항목이 단서가 된다!

기술 업그레이드 📈 **보기에 제시된 항목이 대화에서 언급되면 함정이다!** 🎧 기술 36_3.mp3

시각 자료 연계 문제는 대화에서 언급되는 정보와 시각 자료를 연결하여 정답을 찾는 것이 기본이다. 따라서, 보기에 제시된 정보가 대화에서 그대로 언급된다면 도표를 굳이 참고할 필요가 없게 되므로 이는 거의 오답 함정이다.

Model	Price
XT-1	$150
XT-2	$160

Q: Look at the graphic. How much will the man probably pay?
시각 자료를 보시오. 남자는 얼마를 지불하겠는가?

(A) $150 (B) $160

M: Excuse me. I'm looking for an affordable laser printer. Mmm. How much is this one?
실례합니다. 저는 적당한 가격의 레이저 프린터를 찾고 있어요. 음. 이건 얼마죠?

W: It's XT-1 and it costs 150 dollars. But I recommend XT-2 that is almost twice as fast.
이건 XT-1 이고 150달러입니다. 하지만, 저는 거의 2배나 빠른 XT-2를 권해 드려요.

M: Okay. I'll take that one. 좋아요. 그걸 살게요.

A: (B) $150

→ 보기가 금액으로 제시되어 있으므로 대화에 직접 언급된 금액 150달러는 정답이 되기 어렵다. 대신 나머지 항목인 모델명 중에서 언급된 XT-2가 단서가 되어 정답은 (B) 160달러가 된다. 시각 자료 연계 문제에서 도표를 이용하지 않고 대화에서 직접 정답을 언급하는 경우는 없다는 것을 꼭 기억하자.

⚙️ Practice 다음 대화를 듣고 알맞은 정답을 찾아보세요. 🎧 기술 36_4.mp3

Flight Number	Arrival Time
OZ 313	10:20 a.m.
SA 560	2:00 p.m.
ES 710	5:30 p.m.
OZ 415	7:20 p.m.

1 Look at the graphic. What time will Mr. Williams arrive at the airport?

(A) 10:20 a.m.

(B) 2:00 p.m.

(C) 5:30 p.m.

(D) 7:20 p.m.

Receipt	
Highlighter	$1.50
Eraser	$1.25
Ruler	$2.50
Folder	$1.00

2 Look at the graphic. How much money will the man be refunded?

(A) $1.00

(B) $1.25

(C) $1.50

(D) $2.50

DAY 09

STEP 2 기술 적용

[정답] (B)

[해석]

부서	층
회계부	1
인사부	2
판매부	3
급여부	4

Q: 시각 자료를 보시오. James는 몇 층에서 일하는가?

(A) 1층 (B) 2층 (C) 3층 (D) 4층

M: 안녕하세요, Sally. 우리 복리후생 제도에 대해 누구와 얘기해야 하는지 아세요?

W: 인사부의 James가 담당하고 있는 것 같아요.

M: 고마워요. 점심 후에 그의 사무실에 들러야겠어요.

[어휘] floor 층 regarding ~에 관하여 benefits package 복리후생 제도 be in charge 책임지고[담당하고] 있다

Practice

[정답] 1. (B) 2. (A)

1. What is the main topic of the conversation?

   (A) The business trip
   (B) The anniversary
   (C) The promotion
   (D) The retirement

2. How long has the company been in business?

   (A) 10 years
   (B) 20 years
   (C) 30 years
   (D) 40 years

3. What does the man suggest?

   (A) Establishing the company
   (B) Postponing the trip
   (C) Having a meal with the executive
   (D) Leaving the company

4. Who most likely is the man?

   (A) An assistant
   (B) A customer
   (C) A writer
   (D) A courier

5. What is Ms. Jennings probably doing now?

   (A) She is working at the office.
   (B) She is delivering a parcel.
   (C) She is having a meal.
   (D) She is signing the contract.

6. What does the man say he will do?

   (A) Return later
   (B) Sign for the delivery
   (C) Send a parcel
   (D) Have lunch

7. Where is the conversation probably taking place?

   (A) At a travel agency
   (B) At a tourist attraction
   (C) At a book store
   (D) At a copy shop

8. What does the woman mean when she says, "Wait a second"?

   (A) She will reserve a book.
   (B) She will update the data.
   (C) She will check the warehouse.
   (D) She will look up some information.

9. Who is most likely Jane Thomas?

   (A) A writer
   (B) A sales clerk
   (C) A computer technician
   (D) A detective

10. Where do the speakers most likely work?

    (A) At an advertising agency
    (B) At an electronics company
    (C) At a TV station
    (D) At an internet service provider

11. What are the speakers concerned about?

    (A) The sales are lower than expected.
    (B) The new product is defective.
    (C) The quarterly report is incomplete.
    (D) The trade show has been cancelled.

12. What does the woman say she will do next?

    (A) Finish the report
    (B) Give a demonstration
    (C) Meet prospective clients
    (D) Get more information

13. What does the woman say about Mr. Black?

(A) He called in sick.
(B) He is on a business trip.
(C) He wrote the sales proposal.
(D) He works in sales.

14. When will the man give a presentation?

(A) Today
(B) Tomorrow
(C) In two days
(D) Next week

15. What information does the woman give the man?

(A) A telephone number
(B) An e-mail address
(C) A room number
(D) A fax number

Company	Location
JJ Trust	Paris
Dream Tours	Miami
Miracle Travel	London
Pacific Tours	Sydney

16. What are the speakers talking about?

(A) A special offer
(B) A new business
(C) A vacation
(D) A tour program

17. Why does the woman want to go to Paris?

(A) To see a relative
(B) To visit a museum
(C) To close a deal
(D) To find a book

18. Look at the graphic. What company will the woman probably call next?

(A) JJ Trust
(B) Dream Tours
(C) Miracle Travel
(D) Pacific Tours

DAY 09 TEST

기술 37 문제점 문제는 초반에 언급되는 부정적 어휘가 단서다!

문제점이 무엇인지 묻는 문제는 대화 전반부에 정답이 언급되는 경우가 많으므로 전반부에 집중해야 한다. 특히 not이 들어 있는 부정문이나, trouble, problem, I'm afraid, unfortunately 등 부정적 뉘앙스의 어휘 다음에 문제점이 제시되는 경우가 많다. 따라서, 대화 전반부부터 집중해서 문제점을 끌고 나오는 부정적 어휘를 잡아내는 것이 중요하다.

STEP 1 기술 돋보기 🔍 기술을 적용해 정답의 단서를 찾아보세요. 🎧 기술 37_1.mp3

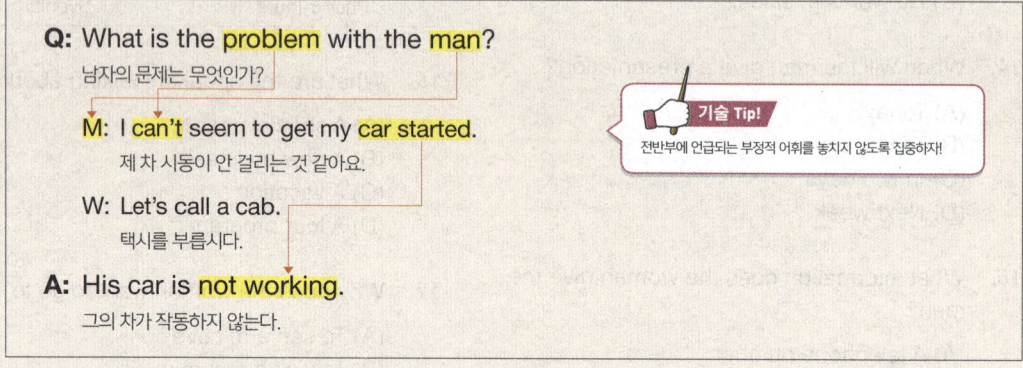

Q: What is the **problem** with the **man**?
남자의 문제는 무엇인가?

M: I **can't** seem to get my **car started**.
제 차 시동이 안 걸리는 것 같아요.

W: Let's call a cab.
택시를 부릅시다.

A: His car is **not working**.
그의 차가 작동하지 않는다.

> **기술 Tip!**
> 전반부에 언급되는 부정적 어휘를 놓치지 않도록 집중하자!

문제의 problem과 man을 보고 남자의 문제점을 찾는 문제임을 파악하고 대화를 듣는다. 남자의 대사에서 부정적인 어휘 can't와 이어지는 car started를 듣고 차 시동이 안 걸리는 것이 문제임을 알 수 있다.

바꿔 쓰기 can't ~ car stared 차 시동을 걸 수 없다 → car ~ not working 차가 작동하지 않는다

STEP 2 기술 적용 ✎ 다음 대화를 듣고 문제를 풀어보세요. 🎧 기술 37_2.mp3

Q: What is the problem?
    (A) An order has not arrived.   (B) A computer is too slow.
    (C) A laptop is damaged.   (D) An item has been lost.

Q: What is the **problem**?
→ 문제에서 problem을 보고 문제점을 묻는 문제임을 미리 파악!

    W: What are you doing here, Chris?

    M: I'm looking for my laptop. But I don't remember where I put it.
→ 부정어인 not이 들어 있는 문장이 문제점을 나타낸다. 노트북을 어디 두었는지 기억이 안 난다는 것이 문제점이다.

    W: Didn't you use it in the conference room this morning?

    M: Uh-huh. I went there again but I couldn't find it.

A: (D) An item has been lost. 기술 37 | 문제점 문제는 초반에 언급되는 부정적 어휘가 단서다!

바꿔 쓰기 laptop 노트북 → item 물건
        don't remember where I put it 어디 두었는지 기억나지 않는다 → lost 잃어버리다

STEP 3 기술 업그레이드 📊 문제점을 끌고 나오는 빈출 표현을 암기하자! 🎧 기술37_3.mp3

대화 초반에 문제점을 끌고 나오는 표현들은 정해져 있다. 아래 제시된 표현들이 들리면 바로 뒤에 문제점이 언급되는 경우가 많다.

---

1) I'm concerned[worried] about + 문제점

I'm worried about the recent drop in sales. 최근 판매 하락이 걱정이에요. ➜ 문제점: 최근 판매 하락

2) I have trouble[a hard time/difficulty] + 문제점

I'm having trouble reserving a hotel room. 호텔 방을 예약하는 데 어려움이 있어요.

➜ 문제점: 호텔 방 예약이 어려운 것

3) Unfortunately, I'm afraid, + 문제점

Unfortunately, it is currently out of stock. 안타깝게도 현재 재고가 없어요. ➜ 문제점: 재고가 없는 것

4) should, need to, have to + 문제점

We **should** repair the fax machine. 우리는 팩스를 고쳐야 해요. ➜ 문제점: 팩스가 고장 난 것

5) problem, issue + 문제점

The **problem** is that we are still understaffed. 문제는 우리는 여전히 일손이 부족하다는 거예요.

➜ 문제점: 일손이 부족한 것

⚙️ Practice   다음 대화를 듣고 알맞은 정답을 찾아보세요. 🎧 기술37_4.mp3

1 According to the woman, what is the problem with the lounge?

(A) It is under construction.

(B) It is overcrowded.

(C) It is dirty.

(D) It is being repainted.

2 What is the woman concerned about?

(A) Papers

(B) A high ceiling

(C) Colleagues

(D) A deadline

STEP 2 기술 적용

[정답] (D)

[해석] Q: 문제점은 무엇인가?

(A) 주문품이 도착하지 않았다.   (B) 컴퓨터가 너무 느리다.   (C) 노트북이 망가졌다.   (D) 물건이 분실되었다.

W: 여기서 뭐해요, Chris?

M: 제 노트북을 찾고 있어요. 그런데 어디 두었는지 기억나지 않아요.

W: 오늘 아침에 회의실에서 사용하지 않았어요?

M: 네. 거기 다시 가봤는데 못 찾았어요.

[어휘] laptop 노트북 컴퓨터   put 두다   conference room 회의실

Practice

[정답] 1. (C) 2. (A)

바꿔 표현된 보기가 정답이다!

대화에서 언급된 정답 표현이 보기에 똑같이 나오는 경우도 있지만 **다른 말로 바뀌어 제시되는 경우가 많다.** 따라서 전체 문맥을 이해하지 못한 채 일부 단어만 듣고 바로 정답을 고르지 않도록 유의해야 한다. 대화에서 들은 단어가 보기에 똑같이 나올 경우 함정일 수 있기 때문이다.

STEP 1 기술 돋보기 🔍 기술을 적용해 정답의 단서를 찾아보세요. 🎧 기술 38_1.mp3

> **Q:** How did the man learn about the plan?
>
> 남자는 계획에 대해 어떻게 알았는가?
>
> **W:** Have you heard we will be moving to a new building next year?
>
> 우리가 내년에 새로운 건물로 이전한다는 거 들었어요?
>
> **M:** Yes, the vice president told me about it when we had lunch.
>
> 네, 부사장님이 점심 먹을 때 그에 대해 말해 주셨어요.
>
> **A:** He heard it from an executive.
>
> 그는 임원에게 전해 들었다.

> 🖐 **기술 Tip!**
>
> 정답 표현이 다른 말로 바뀌어 제시되는 경우가 많다!

문제의 How, learn을 보고 정보의 출처를 묻는 문제임을 파악하고 대화를 듣는다. 회사 이전 계획을 어떻게 알았느냐는 여자의 질문에 남자는 부사장이 말해 주었다고 대답한다. 대화의 vice president(부사장)가 정답에서 executive(임원)로 바꿔 표현된 것이 핵심 포인트이다.

바꿔 쓰기 vice president 부사장 → executive 임원

STEP 2 기술 적용 ✏️ 다음 대화를 듣고 문제를 풀어보세요. 🎧 기술 38_2.mp3

Q: What is the problem?

(A) The printer is not working.　　(B) The equipment is out of order.

(C) The tray is out of paper.　　(D) The technician is busy.

> **Q:** What is the problem?
>
> → 문제에서 problem을 보고 문제점을 찾는 문제임을 빠르게 파악한다!
>
> **W:** Oh, the photocopier isn't working properly. I pushed the button several times but nothing came out.
>
> → 부정어 not이 들어간 문장에서 복사기가 제대로 작동하지 않는다는 문제점을 쉽게 찾아 낼 수 있다.
>
> **M:** Why don't you check if it's plugged in?
>
> **W:** I already did. It's plugged in and there's enough paper in the tray as well.
>
> **M:** Let me call Jason in the maintenance office right now.
>
> **A:** (B) The equipment is out of order. ◀ 기술38 | 바꿔 표현된 보기가 정답이다!
>
> **바꿔 쓰기** photocopier 복사기 → equipment 장비
> not working properly 제대로 작동하지 않는다 → be out of order 고장이다

STEP 3 기술 업그레이드 📊 빈출 바꿔 쓰기 표현(패러프레이징 Paraphrasing)들을 알아 두자.

토익에 자주 출제되는 패러프레이징 표현들을 숙지해 두면 정답을 찾기가 수월하다.

buy → purchase 구매하다	vice president 부사장 → executive 임원
ask → inquire 묻다	discuss 논의하다 → talk about 이야기하다
taxi → cab 택시	cousin 사촌, uncle 삼촌 → relative 친척
sick → ill 아픈	tired 피곤한 → exhausted/burned out 지친
ready → set 준비된	husband 남편, wife 아내 → spouse 배우자
movie → film 영화	beverage 음료, snack 간식 → refreshments 다과
part → component 부품	assistant 조수 → secretary 비서
coworker → colleague 동료	advise 조언하다 → encourage 장려하다
fill out → complete 작성하다	vacation 휴가 → take some time off 쉬다
review → go[look] over 검토하다	call 전화하다 → contact/reach/get in touch with 연락하다
suggest → recommend 제안하다	subway 지하철, bus 버스 → public transportation 대중교통
stop by → come[drop] by 들르다	be out of town on business → be on a business trip 출장 중이다
finish → complete/be done 끝내다	data 데이터, details 세부 사항 → information 정보
half an hour → 30 minutes 30분	refund 환불하다 → get money back 환불 받다
delay → postpone/put off 미루다	out of order 고장 난 → not working (well/properly/fine)
submit → turn[hand] in 제출하다	(잘/제대로/잘) 작동이 안 되다
come back → be back/return 돌아오다	

⚙️ Practice 다음 대화를 듣고 알맞은 정답을 찾아보세요. 🎧 기술 38_3.mp3

1 What does the woman say she will do later?

(A) Contact the man
(B) Reserve the table
(C) Drive the car
(D) Pick up the tickets

2 What is mentioned about the restaurant?

(A) It is located in Mexico.
(B) It serves all kinds of dishes.
(C) It will stay open longer.
(D) It is under renovation.

STEP 2 기술 적용

[정답] (B)

[해석] Q: 문제점은 무엇인가?

(A) 프린터가 작동이 되지 않는다. (B) 장비가 고장이다. (C) 트레이에 종이가 없다. (D) 기술자가 바쁘다.

W: 오, 복사기가 제대로 작동이 안 돼요. 버튼을 여러 번 눌렀는데 아무것도 안 나와요.

M: 플러그가 꽂혀 있는지 확인해 보는 게 어때요?

W: 이미 했어요. 플러그도 꽂혀 있고, 트레이에 종이도 충분해요.

M: 당장 관리실에 있는 Jason한테 전화할게요.

[어휘] photocopier 복사기 properly 올바르게 several 여러 개의 come out 나오다 tray 트레이 (복사기에 종이 넣는 곳)
as well 또한 maintenance 보수, 관리

Practice

[정답] 1. (A) 2. (C)

문제에 제시된 시간 표현이 대화에서 단서로 등장한다!

기술 39

DAY 10

문제에 시간 표현이 나오면 대화에서 해당 시간 표현이 들리는 문장 앞뒤에서 정답을 찾을 수 있다. 문제를 보면서 먼저 시간 표현에 표시를 해두고 이 표현이 나오는 부분을 집중해서 대화를 들어야 한다. 난이도 있는 문제의 경우 정답이 먼저 제시된 후 시간 키워드가 나중에 들릴 수도 있다. 이때는 키워드를 듣는 즉시 바로 앞의 내용을 떠올려 정답을 찾아야 한다.

STEP 1 기술 돋보기 🔍 기술을 적용해 정답의 단서를 찾아보세요. 🎧 기술 39_1.mp3

기술 Tip!
문제에 제시된 시간 표현이 언급되는 부분을 놓치지 마라!

Q: What did the man do last week?
남자는 지난주에 무엇을 했는가?

M: Excuse me. I bought this computer from your store last week. But it has started to make strange noises since yesterday.
실례합니다. 지난주에 당신 가게에서 이 컴퓨터를 샀어요. 그런데 어제부터 이상한 소리들이 나기 시작해서요.

W: I'm sorry to hear that. But we can repair it free of charge because you're still covered by a one-year warranty.
그렇다니 죄송합니다. 하지만 아직 1년 품질 보증서에 의해 보상이 되기 때문에 무료로 수리해 드릴 수 있습니다.

A: He purchased an item.
그는 물건을 구입했다.

문제에 제시된 시간 표현 last week에 먼저 표시하고 대화에서 이 표현이 언제 언급되는지 집중해서 듣는다. 남자의 대사에서 last week이 들리는 곳에 집중하면 그가 컴퓨터를 구매했음을 알 수 있다.

바꿔 쓰기 bought 사다 → purchased 구매하다
　　　　　computer 컴퓨터 → item 물건

STEP 2 기술 적용 ✏️ 다음 대화를 듣고 문제를 풀어보세요. 🎧 기술 39_2.mp3

Q: Where do the speakers plan to go on Monday?
(A) A plant　(B) A store　(C) An office　(D) A park

Q: Where do the speakers plan to go on Monday?
→ 시간 키워드 Monday가 나왔으므로 대화 중에 관련된 문장을 찾아야 한다.

W: James, how about visiting the factory on Monday?
→ 여자의 첫 대사에서 '월요일에 공장을 방문하겠냐'고 물었다.

M: It sounds good. I always wanted to see how our products are made in the assembly line.
→ 여자의 질문에 남자가 '좋다'고 대답한 부분에서 정답이 (A)임을 알 수 있다.

W: All right. I'll let the factory manager know that we'll be there.

A: (A) A plant ◀ 기술 39 ㅣ 문제에 제시된 시간 표현이 대화에서 단서로 등장한다!

바꿔 쓰기 factory 공장 → plant 공장

STEP 3 기술 업그레이드 📈 특정 시간 표현은 다른 말로 바뀌어 나올 수도 있다. 🎧 기술 39_3.mp3

질문에 제시된 시간 표현이 대화에서 다른 말로 바뀌어 언급될 수 있으므로 주의해야 한다. 문제를 파악할 때 시간 키워드 옆에 아예 우리말로 의미를 적어두면 해당 표현이 대화에서 어떻게 바뀌어 나오든 의미에 좀 더 집중하여 혼란을 방지할 수 있다.

> **Q:** What did the man do **yesterday**? 남자가 어제 한 일은 무엇인가?
>
> **W:** Sam, did you finish the quarterly report? Sam, 분기별 보고서 끝냈나요?
>
> **M:** Yes, I completed it and **submitted** it **last night**. 네, 끝내고 어젯밤에 제출했어요.
>
> **A:** He **turned in** the report. 그는 보고서를 제출했다.
>
> → 문제의 시간 표현 yesterday 옆에 우리말로 '어제'라고 적어 두자. last night(어젯밤)도 yesterday(어제)에 해당하므로 정답의 키워드가 된다. 따라서 키워드 앞에 submitted라는 단어를 놓치지 않고 들으면 정답을 알 수 있다.
>
> **바꿔 쓰기** submit 제출하다 → turn in 제출하다

⚙️ Practice 다음 대화를 듣고 알맞은 정답을 찾아보세요. 🎧 기술 39_4.mp3

1 What did the man do on Monday?

(A) He talked with a sales director.

(B) He attended the meeting.

(C) He met a new CEO.

(D) He made a presentation.

2 What should the woman do this afternoon?

(A) Finalize a contract

(B) Meet the president

(C) Give a talk

(D) Call the client

STEP 2 기술 적용

[정답] (A)

[해석] Q: 화자들은 월요일에 어디에 갈 계획인가?

(A) 공장 (B) 가게 (C) 사무실 (D) 공원

W: James, 월요일에 공장을 방문해 보는 게 어때요?

M: 좋아요. 우리 제품들이 조립라인에서 어떻게 만들어지는지 늘 보고 싶었거든요.

W: 그래요. 우리가 갈 것이라고 공장 관리자에게 알릴게요.

[어휘] factory 공장(= plant) assembly line 조립라인

Practice

[정답] 1. (B) 2. (A)

기술 40 · 문제에 ask about이 보이면 의문문을 노려라!

문제에 ask about이 나오면 남자 또는 여자가 묻는 말이 무엇인지 찾는 문제이다. 따라서 **문제에 언급된 남자/여자가 질문을 하는 문장, 즉 의문문이 단서가 된다.** 특히 보기에 의문사들이 제시되어 있으면 대화에서 의문사만 잘 들어도 정답을 쉽게 찾을 수 있다.

STEP 1 기술 돋보기 🔍 기술을 적용해 정답의 단서를 찾아보세요.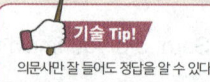

> **Q:** What does the man **ask about**?
> 남자가 무엇에 관해서 물어보는가?
>
> **M:** Excuse me, **could you tell me where** I get the security badge?
> 실례합니다, 보안 배지를 어디서 얻을 수 있는지 말씀해 주실 수 있으신가요?
>
> **W:** Sure, you should go to the information desk in the lobby.
> 네, 로비에 있는 안내 창구로 가셔야 해요.
>
> **A:** **Where** he can obtain the badge
> 그가 배지를 어디서 얻을 수 있는지

> **기술 Tip!**
> 의문사만 잘 들어도 정답을 알 수 있다.

문제에 ask about이 있으므로 대화에서 의문문을 노리고 듣는다. 남자의 첫 대사에 could you ~로 시작하는 의문문이 나오는데 중간에 나오는 의문사 Where만 들어도 정답을 금방 알 수 있다.
바꿔 쓰기 get 얻다 → obtain 얻다

STEP 2 기술 적용 ✏️ 다음 대화를 듣고 문제를 풀어보세요. 🎧 기술 40_2.mp3

Q: What is the woman asking about?
(A) Price (B) Store hours (C) Location (D) Discount

> **Q:** What is the woman **asking about**?
> → 문제에 asking about이 보이므로 여자의 대사 중에서 의문문을 노리고 청취한다.
>
> **W:** Hello. **What time** does your **store close** today?
> → 여자의 첫 대사에서 의문문에 제시되는 의문사 What time만 들어도 '매장 영업시간'을 의미하는 보기 (B)를 정답으로 고를 수 있다.
>
> **M:** We usually close at 9 p.m. on weekdays but we'll close at 6 p.m. today in order to take inventory.
>
> **W:** I don't think I can make it today because I leave work at 7. I'll stop by there on my way home tomorrow.
>
> **A:** (B) **Store hours** 기술 40 | 문제에 ask about이 보이면 의문문을 노려라!

STEP 3 기술 업그레이드 📈 ask about 외에도 의문문을 노려야 하는 문제가 있다. 🎧 기술 40_3.mp3

ask about이 포함된 문제 외에도 What information ~ ask for[request]? 혹은 What does the man[woman] want to know? 형태의 문제도 대화에서 의문문을 노리고 들어야 한다.

Q: What does the woman <mark>want to know</mark>? 여자가 알고자 하는 것은 무엇인가?

W: Excuse me. <mark>Do you happen to know how to get to</mark> city hall?
실례합니다. 혹시 시청에 가는 길을 아시나요?

M: Sure. You should go straight and turn right at the next intersection.
물론이죠. 똑바로 가시다가 다음 교차로에서 우회전하세요.

A: <mark>Directions to</mark> the public building 공공 건물로 가는 길

→ 질문에 woman, want to know가 있으므로 여자의 대사 중 의문문을 노린다. 의문문에 포함된 의문사 이하를 듣는 것이 핵심이다. 여자의 의문문을 들으면 시청 가는 길을 알고자 한다는 것을 알 수 있다.

바꿔 쓰기 how to get to ~로 가는 길 → directions 길
city hall 시청 → public building 공공 건물

⚙️ Practice 다음 대화를 듣고 알맞은 정답을 찾아보세요. 🎧 기술 40_4.mp3

1 What information does the man request?

(A) An e-mail address

(B) A contact number

(C) A password

(D) A fax number

2 What is the man asking about?

(A) A weekend plan

(B) A venue

(C) A start time

(D) A jazz band

STEP 2 기술 적용

[정답] (B)

[해석] Q: 여자가 물어보는 것은 무엇인가?

(A) 가격 (B) 매장 영업시간 (C) 위치 (D) 할인

W: 여보세요. 몇 시에 문을 닫으시죠?

M: 대개 평일에는 오후 9시에 닫지만, 오늘은 재고 조사를 하기 위해 오후 6시에 닫을 겁니다.

W: 제가 퇴근이 7시라서 오늘은 못 가겠네요. 내일 집에 가는 길에 들를게요.

[어휘] close 닫다 take inventory 재고 조사를 하다 make it 시간 맞춰 가다 stop by 들르다
on one's way home 집에 가는 길에

Practice

[정답] 1. (B) 2. (A)

1. Where does this conversation most likely take place?

   (A) In a stationery store
   (B) In a bank
   (C) In an office
   (D) In a cafeteria

2. What is the problem with the man?

   (A) He misplaced his wallet.
   (B) He didn't bring the necessary card.
   (C) He lost the original receipt.
   (D) He forgot the password.

3. According to the woman, what will take place next week?

   (A) The new shipment will arrive.
   (B) The additional discount will be applied.
   (C) The ID card will be issued.
   (D) The bank will go out of business.

4. What was the woman supposed to do yesterday?

   (A) Fix a computer
   (B) Upgrade the network
   (C) Submit a document
   (D) Post a notice

5. What does the woman ask?

   (A) When the network returns to normal
   (B) How much the upgrade will cost
   (C) Where the sales report is
   (D) How to make a hard copy

6. What is the woman asked to do?

   (A) Call the tech department
   (B) Replace her computer
   (C) Check the network
   (D) Visit the office in person

7. What happened to the woman in the morning?

   (A) She was caught in traffic.
   (B) She had the problem with her car.
   (C) She picked some clients up at the airport.
   (D) She checked the engine by herself.

8. Where most likely are the speakers?

   (A) At an airport
   (B) In an office
   (C) At a garage
   (D) In a car

9. Who will the woman meet tomorrow?

   (A) Van drivers
   (B) Customers
   (C) Technicians
   (D) Executives

10. Where most likely are the speakers?

    (A) On a flight
    (B) In an airport
    (C) In a car
    (D) In a travel agency

11. What is the cause of the problem?

    (A) Inclement weather
    (B) Scheduling conflict
    (C) Mechanical problem
    (D) Connecting flight

12. What does the woman imply when she says, "We'll be in big trouble"?

    (A) They can't meet clients in Chicago as scheduled.
    (B) They can't make a presentation on time.
    (C) They will miss their connecting flight.
    (D) They will have to get their car fixed.

13. How did the man learn about the play?

   (A) He saw the ad.
   (B) He heard it from his colleague.
   (C) He looked at the Website.
   (D) He read an article.

14. What did the woman probably do last night?

   (A) She went to the theater.
   (B) She had an interview.
   (C) She wrote a proposal.
   (D) She finished the project.

15. What time will the speakers probably meet?

   (A) At 5 p.m.
   (B) At 6 p.m.
   (C) At 7 p.m.
   (D) At 8 p.m.

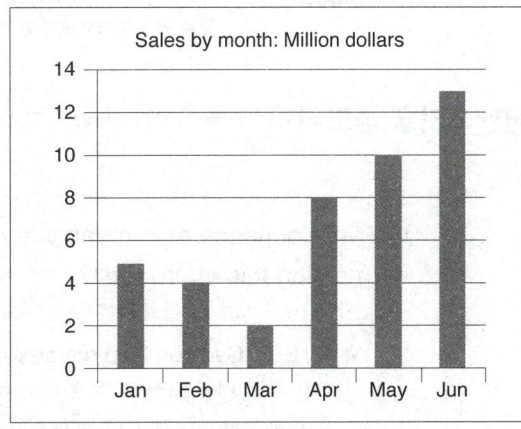

Sales by month: Million dollars

DAY 10 TEST

16. What does the man want to know?

   (A) Whether the woman went over his report
   (B) When the economy will recover
   (C) Where the president's office is
   (D) Why Mr. Johnson was hired

17. Look at the graphic. When did Mr. Johnson begin to work as the president?

   (A) On January
   (B) On February
   (C) On April
   (D) On May

18. What is suggested about Mr. Johnson?

   (A) He finished reviewing the report.
   (B) He is a competent leader.
   (C) He is an innovative economist.
   (D) He used to work as a sales representative.

의도 파악 문제의 단서는 앞뒤 문장에 있다!

화자의 의도 파악 문제는 주어진 문장이나 표현이 대화에서 어떤 뜻으로 사용되었는지를 묻는 문제이다. 대체로 단순한 사전적 의미로는 정답을 찾을 수가 없으며 반드시 대화를 들어야만 화자의 의도를 제대로 파악할 수 있다. 따라서 해당 표현이 언급되는 곳의 전후 문맥을 잘 이해하여 정답을 찾아야 한다.

STEP 1 기술 돋보기 🔍 기술을 적용해 정답의 단서를 찾아보세요. 🎧 기술 41_1.mp3

Q: What does the man mean when he says, "Actually, I have to attend the meeting this afternoon"?
남자가 "사실은, 오늘 오후에 회의에 참석해야 해요"라고 말할 때 의미한 바는 무엇인가?

W: Hi, Bob! Can you help me analyze the data after lunch?
안녕하세요, Bob! 점심 식사 후에 제가 데이터 분석하는 것을 도와줄래요?

M: Actually, I have to attend the meeting this afternoon.
사실은, 제가 오늘 오후에 회의에 참석해야 해요.

A: He tries to refuse a request.
그는 요청을 거절하려고 한다.

> 기술 Tip!
> 표현이 언급되는 곳의 전후 문맥을 파악하라!

문제에 나오는 따옴표를 보고 화자의 의도 파악 문제임을 빠르게 파악하고 대화를 듣는다. 남자의 대사에서 이 말이 나오는 전후 상황을 잘 들어야 한다. 여자가 데이터 분석을 도와달라고 요청했는데 이에 대해 남자가 주어진 대사(오후에 회의를 참석해야 한다)를 말한다. 이 말은 회의 때문에 도와줄 수 없다는 뜻이므로 여자의 요청을 거절하려는 남자의 의도를 짐작할 수 있다.

STEP 2 기술 적용 ✏️ 다음 대화를 듣고 문제를 풀어보세요. 🎧 기술 41_2.mp3

Q: What does the woman mean when she says, "Why not"?
(A) She doesn't understand why her offer was refused.
(B) She wants to make a recommendation.
(C) She agrees to the man's suggestion.
(D) She cannot accept the result.

Q: What does the woman mean when she says, "Why not"?
→ 따옴표를 보고 의도 파악 문제임을 파악한다. "Why not"이라는 표현 전후로 대화 내용의 문맥을 통해 화자의 의도를 파악한다.

M: I'm so relieved that we finished our assignment on time.
W: That's right. We couldn't have done it without you.
M: I think I'm flattered. By the way, why don't we try the new Italian restaurant on Jefferson Road after work?
→ 남자가 일 끝나고 새로운 이탈리안 식당에 가자고 제안하는 말이 나온다.
W: Why not! One of my friends went there last week and she said their pasta was fantastic.
→ 남자의 제안에 대해 "왜 안되겠어요!"라고 말하고 나서 그 식당의 파스타가 환상적이라고 친구가 말한 내용을 인용하는 부분에서 남자의 제안에 동의하는 의도임을 알 수 있다.

A: (C) She agrees to the man's suggestion. ◀ 기술 41 | 의도 파악 문제의 단서는 앞뒤 문장에 있다!

STEP 3 기술 업그레이드 📈 사전적 의미를 그대로 제시한 보기는 거의 오답이다. 🎧기술 41_3.mp3

화자의 의도 파악 문제는 문맥 내에서 해당 표현이 어떤 의미나 의도로 사용되었는지를 묻는 문제이기 때문에 사전적 의미를 직접적으로 제시한 보기는 오답일 확률이 크다.

Q: What does the woman imply when she says, "What are you talking about"?

여자가 "무슨 말을 하는 거예요"라고 말할 때 의미한 바는 무엇인가?

M: Did you hear that our monthly sales dropped again?

우리의 월 매출이 다시 하락했다는 거 들었어요?

W: What are you talking about? We spent millions of dollars on advertising.

무슨 말을 하는 거예요? 우리는 광고에 수백만 달러를 썼잖아요.

(A) She did not hear what the man said. 남자의 말을 듣지 못했다. (x)

➔ 주어진 표현을 사전적인 의미 그대로 해석해서 남자의 말을 못 들었다고 답한 보기는 오답일 확률이 크다.

(B) She was surprised at the unexpected result. 예상치 못한 결과에 놀랐다. (○)

➔ 앞뒤 문맥을 생각하면 수백만 달러를 광고에 썼는데도 월 매출이 다시 떨어졌다는 결과에 대한 놀라움을 표현한 것으로 보는 것이 타당하다. 사전적 의미가 아닌 앞뒤 문맥을 통해 유추할 수 있는 함축적 의미를 답으로 출제하는 경우가 많다는 사실을 기억해 두자.

⚙️ Practice   다음 대화를 듣고 알맞은 정답을 찾아보세요. 🎧기술 41_4.mp3

1 What does the man imply when he says, "My car is still being repaired"?

(A) He wants to rent a car.

(B) He needs to borrow some money.

(C) He has to walk to work.

(D) He cannot give a ride.

2 Why does the woman say, "The network has been down all day"?

(A) To ask for a repair

(B) To explain a reason for a delay

(C) To request new upgrades

(D) To change the supplier

STEP 2 기술 적용

[정답] (C)

[해석] Q: 여자가 "왜 안되겠어요"라고 말할 때 의미한 바는 무엇인가?

　　(A) 그녀는 왜 자신의 제안이 거부되었는지 이해할 수가 없다.

　　(B) 그녀는 추천을 하고 싶어 한다.

　　(C) 그녀는 남자의 제안에 동의한다.

　　(D) 그녀는 결과를 받아들일 수가 없다.

　　M: 우리가 제시간에 업무를 끝내서 참 다행이에요.

　　W: 맞아요. 당신 없이는 우리가 그 일을 할 수 없었을 거예요.

　　M: 천만에요. 그나저나, 일 끝나고 Jefferson Road에 있는 새로운 이탈리안 식당에 가보는 게 어때요?

　　W: 왜 안되겠어요! 제 친구 중 한 명이 지난주에 거기 갔었는데, 파스타가 환상적이었대요.

[어휘] relieved 안도하는 assignment 과제, 임무 on time 제시간에 I'm flattered. 천만에요. by the way 그나저나

Practice

[정답] 1. (D) 2. (B)

기술
42

offer 문제는 대명사 I와 짝꿍이다!

offer 문제는 대화 중 대명사 I가 포함된 문장에서 정답이 제시될 확률이 높다. offer는 상대방에게 하라고 제안하는 것이 아니라 화자(=I)가 해주겠다고 제안하는 것이기 때문이다. 상대방이 도움을 필요로 하거나 문제가 있는 상황이 언급된 후, 대화 후반부쯤 I will[can] ~, Let me ~ 등 1인칭 대명사 I나 me가 포함된 표현과 함께 정답이 제시되는 경우가 많다.

STEP 1 기술 돋보기 ⊕ 기술을 적용해 정답의 단서를 찾아보세요. 🎧 기술 42_1.mp3

Q: What does the woman <mark>offer</mark> to do?

여자가 해주겠다고 제안하는 것은 무엇인가?

M: I don't know how to use this software program.

이 소프트웨어 프로그램 사용법을 모르겠어요.

W: Not to worry. <mark>I can give you a manual.</mark>

걱정할 것 없어요. 제가 당신에게 사용 설명서를 드릴 수 있어요.

A: <mark>Provide a handbook</mark>

안내서 제공하기

> 👉 **기술 Tip!**
> 대화 후반부에 등장하는 대명사 I를 노려라!

문제의 offer를 보고 여자가 제안하는 것을 묻는 문제임을 파악하고 대화를 듣는다. 남자가 프로그램 사용법을 모른다는 문제점을 먼저 제기하였고 여자가 I can ~으로 대답하는 문장에 정답이 제시되었다. 즉, 여자는 사용 설명서를 주겠다고 제안하였다.

바꿔 쓰기 give 주다 → provide 제공하다

　　　　　manual 사용 설명서 → handbook 안내서

STEP 2 기술 적용 ✎　다음 대화를 듣고 문제를 풀어보세요. 🎧 기술 42_2.mp3

Q: What does the man offer to do?

(A) Make a presentation　　(B) Give directions

(C) Call Ms. Raymond　　(D) Show some samples

Q: What does the man <mark>offer</mark> to do?

→ 문제에서 offer를 보고 제안 문제임을 파악한다.

W: Excuse me. Do you know where Ms. Raymond's office is?

M: Sure. It's on the 3rd floor. By the way, are you her new assistant?

W: No. I'm here to talk about a new advertising plan for my business with her.

M: I'm sorry that I took you for somebody else. Just follow me and <mark>I'll show where it is.</mark>

→ 대화 마지막에 사무실이 어디 있는지 알려주겠다고 말하는 I'll ~ 이하의 문장이 답을 찾을 수 있는 단서가 된다. 따라서 show where it is을 듣고 '길을 알려준다'라는 뜻의 (B)를 정답으로 고를 수 있다.

A: (B) <mark>Give directions</mark>　[기술 42 | offer 문제는 대명사 I와 짝꿍이다!]

기술 업그레이드 📈 offer 문제의 답을 끌고 나오는 대표 표현들을 암기하라!

offer 문제의 답을 끌고 나오는 주요 단서 표현들은 주로 1인칭 대명사 I나 me가 포함된 것이 특징이다.

---

offer 문제 단서 표현

I can ~. 제가 ~해드릴 수 있습니다.

I will ~. 제가 ~할게요.

Let me ~. 제가 ~할게요.

Why don't I ~? 제가 ~해드릴까요?

Would you like me to ~? 제가 ~해드릴까요?

Do you want me to ~? 제가 ~할까요?

I'm willing to ~. 제가 기꺼이 ~할게요.

I'd be happy[glad/pleased/delighted] to ~. 제가 기꺼이 ~해드릴게요.

Shall[Should] I ~? 제가 ~할까요?

How about I ~? 제가 ~하는 게 어떨까요?

⚙️ **Practice** 다음 대화를 듣고 알맞은 정답을 찾아보세요. 🎧 기술 42_3.mp3

1 What does the woman offer to do?

(A) Write a reference letter

(B) Inquire about the job opportunities

(C) Arrange an interview

(D) Contact the CEO

2 What does the woman offer to do?

(A) Buy some refreshments

(B) Train new interns

(C) Go to the hardware store

(D) Clean up the office

STEP 2 기술 적용

[정답] (B)

[해석] Q: 남자는 무엇을 해주겠다고 제안하는가?

(A) 발표하기 (B) 길을 알려주기 (C) Raymond 씨에게 전화하기 (D) 샘플들을 보여주기

W: 실례합니다. Raymond 씨의 사무실이 어디인지 아세요?

M: 물론이죠. 3층에 있어요. 그런데 그녀의 새로운 비서이신가요?

W: 아뇨. 저는 제 사업을 위한 새로운 광고 계획에 대해 그녀와 얘기하기 위해 왔어요.

M: 다른 사람과 착각해서 죄송해요. 저를 따라오시면 어디인지 알려드릴게요.

[어휘] assistant 조수 advertising plan 광고 계획 take A for B A를 B로 여기다[잘못 보다] follow 따라오다

Practice

[정답] 1. (B) 2. (A)

suggest나 ask 문제는 명령문이나 권유문을 노려라!

suggest/recommend/ask/request가 포함된 문제는 화자가 상대방에게 제안하거나 요청한 것을 묻는 문제로, 대화 후반에 제시되는 Please 명령문 다음에 정답이 제시되는 경우가 많다. 또한 Why don't you ~, You should ~ 등 2인칭 대명사 you가 포함된 제안/요청/권유문과 함께 정답이 제시되기도 한다. 비슷한 문제 유형으로는 advise/encourage/invite가 포함된 문제가 있으며 정답의 단서 역시 유사하다.

STEP 1 기술 돋보기 🔍 기술을 적용해 정답의 단서를 찾아보세요. 🎧 기술 43_1.mp3

Q: What does the man **suggest**?
남자가 제안하는 것은 무엇인가?

W: I ordered some office chairs but they haven't been delivered yet.
사무실 의자들을 주문했는데, 아직 배달이 안 되었어요.

M: **Why don't you call** the furniture store?
가구점에 전화해 보시는 게 어때요?

> ✍ 기술 Tip!
> 후반부에 등장하는 명령문이나 제안문을 놓치지 마라!

A: **Making a call**
전화하기

문제의 suggest를 보고 제안하는 것을 묻는 문제임을 파악하고 대화를 듣는다. 남자의 대사 중 Why don't you로 시작하는 권유/제안문에서 suggest 문제에 대한 정답이 제시되었다. 사무실 의자가 아직 배달되지 않았다는 여자의 말에 가구점에 전화해 볼 것을 제안하고 있다.

STEP 2 기술 적용 ✏ 다음 대화를 듣고 문제를 풀어보세요. 🎧 기술 43_2.mp3

Q: What does the woman suggest the man do?
(A) Speak with a coworker
(B) Submit the article immediately
(C) Interview with a high school teacher
(D) Visit TG Motors

Q: What does the woman **suggest** the man do?
→ 문제에서 suggest를 보고 제안 문제임을 파악한다.

W: How is the article about the recent merger coming along?

M: In fact, I have trouble arranging an interview with David Cater, the CEO of TG Motors.

W: I think **you should talk to Julia Kim in accounting.** She went to the same high school with him.
→ 지문 후반에 제시되는 you should 다음에 회계부 직원과 얘기해 보라고 제안하고 있다.

M: Right. Let me call her immediately.

A: (A) **Speak with a co-worker** ◁ 기술 43 | suggest나 ask 문제는 명령문이나 권유문을 노려라!
바꿔 쓰기 talk to ~와 이야기하다 → speak with ~와 이야기하다
Julia Kim in accounting 회계부의 Julia Kim → coworker 동료

STEP 3 기술 업그레이드 📊 주로 대화 후반에 나오는 제안/요청/권유문을 놓치지 마라!

제안/요청 문제의 정답 단서가 되는 제안/요청/권유문으로는 관용 표현이 주로 사용된다. 하지만 문제(질문)에도 사용되는 suggest, ask, recommend 등의 동사가 똑같이 사용되기도 한다. 이들 단서 표현은 주로 지문 후반에 등장한다는 것도 알아 두자.

제안/요청 단서 표현

Please ~. ~해 주세요.

Why don't you ~? ~하지 그래요?

Can[Could] you ~? ~해주시겠어요?

You should ~. ~해야 해요.

You'd better ~. ~하는 게 좋겠어요.

Be[Make] sure to ~. 확실히 ~하세요.

Don't forget to ~. ~하는 것을 잊지 마세요.

Please remember[keep in mind] that ~. ~을 명심하세요.

I recommend[suggest/ask/require/request/advise] you ~. ~하시길 제안 드립니다.

I wonder if you can ~. ~하실 수 있는지 궁금합니다.

⚙️ **Practice** 다음 대화를 듣고 알맞은 정답을 찾아보세요. 🎧 기술43_3.mp3

1 What does the man recommend?

(A) Going out for lunch

(B) Reserving a table

(C) Making copies of the report

(D) Holding a meeting immediately

2 What is the man advised to do?

(A) Park in a different place

(B) Pay a visit on Friday

(C) Make a reservation online

(D) Talk with Dr. Wang in person

STEP 2 기술 적용

[정답] (A)

[해석] Q: 여자가 남자에게 하라고 제안하는 것은 무엇인가?

(A) 동료와 얘기하기 (B) 기사를 즉시 제출하기 (C) 고등학교 교사와 인터뷰하기 (D) TG Motors 방문하기

W: 최근 합병에 대한 기사는 어떻게 진행되고 있어요?

M: 사실은 TG Motors의 최고 경영자인 David Cater 씨와 인터뷰 잡는 데 어려움을 겪고 있어요.

W: 회계부의 Julia Kim과 얘기해 봐요. 그녀가 그와 같은 고등학교를 다녔거든요.

M: 알았어요. 당장 전화해 볼게요.

[어휘] article 기사 recent 최근의 merger 합병 come along 진행되다 arrange 일정을 잡다 CEO 최고 경영자 accounting 회계 immediately 즉시

Practice

[정답] 1. (D) 2. (A)

next 문제는 대화 마지막에 정답이 제시된다!

next로 끝나는 문제는 대화가 끝난 다음에 있을 일을 묻는 문제로, 대화 마지막 부분을 잘 들어야 한다. 특히 제안/요청 문제의 단서가 되기도 하는 I'll ~, Let me ~ 등의 표현이 포함된 문장에 정답이 나온다. tomorrow나 next week 등 미래 시간 표현이 포함된 문제도 대화 후반부에서 시간 키워드를 노려서 정답을 찾는 것이 유리하다.

STEP 1 기술 돋보기 🔍 기술을 적용해 정답의 단서를 찾아보세요. 🎧 기술44_1.mp3

> **Q:** What will the man do <mark>next</mark>?
> 남자는 다음에 무엇을 할 것인가?
>
> **W:** Can you tell me how much this laptop computer is?
> 이 노트북 컴퓨터가 얼마인지 말해 주시겠어요?
>
> **M:** It's a brand new one. <mark>Let me check with my supervisor.</mark>
> 그것이 신제품이라서요. 제가 상사에게 확인해 볼게요.
>
> **A:** <mark>Talk with his superior</mark>
> 그의 상사와 얘기하기
>
> 🖐 **기술 Tip!**
> next 문제는 대화 마지막을 노려라!

문제 마지막에 next가 있으므로 대화의 마지막 부분을 집중해서 들어야 한다. 남자의 마지막 대사의 정답 단서 표현 Let me 뒤에 무엇을 할 것인지가 나온다. 남자가 상사에게 확인해 보겠다고 했으므로 상사와 이야기를 할 것이라고 바꿔서 표현할 수 있다.
바꿔 쓰기 check 확인하다 → talk 이야기하다
supervisor 상사 → superior 상사

STEP 2 기술 적용 ✎ 다음 대화를 듣고 문제를 풀어보세요. 🎧 기술44_2.mp3

Q: What does the man say he will do next?
(A) Replace the tires   (B) Check the engine
(C) Leave for the airport   (D) Pick up a client

> **Q:** What does the man say he will do <mark>next</mark>?
> → 문제에 next가 있으므로 대화 후반부를 노리고 청취한다.
>
> **W:** How many more of these cars do we have to work on today?
>
> **M:** I don't know. At least, we need to replace tires of the van over there and check the engine of the compact car right here.
>
> **W:** I think we'd better stay late to finish everything.
>
> **M:** I'm afraid that I have to go now. <mark>I'm supposed to pick up my father at the airport.</mark>
> I'll get to work early tomorrow morning instead.
> → 지금 공항으로 가야 한다는 남자의 마지막 대사에서 정답은 (C)가 된다. next 문제는 대화 바로 다음에 일어날 일을 찾는 문제라는 사실도 기억해 두자.
>
> **A:** (C) <mark>Leave for the airport</mark> 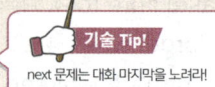 기술44 | next 문제는 대화 마지막에 정답이 제시된다!

STEP 3 기술 업그레이드 📈 next 문제는 상대방의 대사에 정답이 나오는 경우도 있다. 🎧 기술 44_3.mp3

남자가 다음에 할 일을 묻는 문제의 정답이 남자가 아니라 여자의 대사에서 제시되는 경우가 있다. 주로 상대방이 문제의 화자에게 제안이나 요청을 하는 상황이 여기에 해당된다. 즉, 화자가 상대방의 제안이나 요청을 수락한다는 전제로 다음에 할 일이 결정되는 것이다. 따라서 next 문제의 경우, 문제에 제시되는 화자는 물론 상대방의 대사도 귀기울여 들어야 한다.

> **Q:** What will the **man** probably do **next**? 남자는 다음에 무엇을 하겠는가?
>
> **M:** I'm here to open a checking account. 당좌 예금 계좌를 개설하려고 왔어요.
>
> **W:** You need to fill out the form, please. 이 양식을 먼저 작성하셔야 해요.
>
> **A:** He will **complete the form.** 그는 양식을 작성할 것이다.
>
> → 문제의 마지막에 next가 있으므로 대화의 마지막 부분을 집중해서 듣는다. 마지막 대사는 남자가 아니라 여자의 대사로 남자에게 양식을 작성하라고 요청하고 있다. 이때 남자가 여자의 요청에 따른다고 가정하고 남자의 다음 할 일을 양식을 작성하는 일이라고 파악할 수 있어야 한다.

⚙️ Practice   다음 대화를 듣고 알맞은 정답을 찾아보세요. 🎧 기술 44_4.mp3

1 What does the man say he will do next?

(A) Leave for Rome

(B) Log onto the internet

(C) Check the bulletin board

(D) Talk about the deal

2 What will the man probably do next?

(A) Analyze the data

(B) Review the report

(C) Contact a colleague

(D) Visit the hospital

STEP 2 기술 적용

[정답] (C)

[해석] Q: 남자는 다음에 무엇을 할 것이라고 말하는가?

(A) 타이어를 교체하기 (B) 엔진을 체크하기 (C) 공항으로 떠나기 (D) 고객을 태우기

W: 이 차들 중 몇 대나 더 우리가 오늘 작업해야 하나요?

M: 모르겠어요. 적어도 저기 있는 밴의 타이어들을 교체해야 하고, 바로 여기 있는 소형차의 엔진도 점검해야 합니다.

W: 제 생각엔 이걸 다 끝내려면 늦게까지 남아야 할 것 같은데요.

M: 안타깝게도 저는 지금 가야 해요. 공항에서 아버지를 태우기로 되어 있거든요. 대신에 제가 내일 아침 일찍 출근할게요.

[어휘] work on 작업하다   replace 교체하다   van 승합차   compact car 소형차   be supposed to ~하기로 되어 있다   get to work 출근하다

Practice

[정답] 1. (B) 2. (C)

1. What does the woman offer to do?

   (A) Drop the jacket off at the laundry
   (B) Get the stain out by herself
   (C) Give John a call
   (D) Attend the company banquet

2. What is suggested about John?

   (A) He is going to the cleaner's.
   (B) He is in charge of organizing the company banquet.
   (C) He doesn't feel well today.
   (D) He attended the workshop.

3. What does the woman say she will do in the workshop?

   (A) She will get information for the man.
   (B) She will make a speech.
   (C) She will distribute notes.
   (D) She will set up the projector.

4. Why is the man calling?

   (A) He couldn't get the refund.
   (B) He wants to check the flight schedule.
   (C) He hasn't received the e-mail.
   (D) He is still waiting for the ticket.

5. What does the woman say about the ticket?

   (A) It's being delivered.
   (B) It hasn't been printed yet.
   (C) It has been misplaced.
   (D) It has an error on it.

6. What does the woman offer to do?

   (A) E-mail a document
   (B) Issue a voucher
   (C) Refund a ticket
   (D) Give an additional discount

7. What does the woman mean when she says, "I can't believe my eyes"?

   (A) The electricity is off.
   (B) The weather is so hot.
   (C) The price is really low.
   (D) The bill is very high.

8. According to the woman, what is the cause of the problem?

   (A) The high temperature
   (B) The summer storm
   (C) The outage
   (D) The short circuit

9. What does the man suggest?

   (A) Fixing the air-conditioner
   (B) Buying the new appliance
   (C) Using the electric fan
   (D) Calling the electric company

10. Where most likely is the conversation taking place?

   (A) In a grocery store
   (B) In a hardware store
   (C) In a restaurant
   (D) In a clinic

11. What does the man say about the business?

   (A) It is crowded on Friday.
   (B) It is stuffy in the hall.
   (C) It is under renovation.
   (D) It is highly profitable.

12. What will the woman do next?

   (A) Bring some water
   (B) Take an order
   (C) Look at the menu
   (D) Locate the waiter

13. What is the conversation mainly about?

(A) The weekend plan
(B) The award banquet
(C) The farewell party
(D) The new mall

14. What does the woman say she will do this weekend?

(A) Work at home
(B) Go shopping
(C) Organize a party
(D) Visit a relative

15. What do the men suggest?

(A) Purchasing the clothing
(B) Keeping the receipt
(C) Visiting the department store
(D) Shopping online

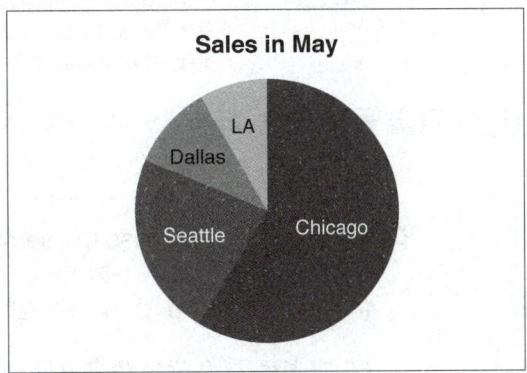

Sales in May

LA
Dallas
Seattle
Chicago

16. According to the man, what did the woman probably do?

(A) She made a presentation.
(B) She helped the man prepare some information.
(C) She opened the new branch.
(D) She attended the conference.

17. Look at the graphic. Where does the man most likely work?

(A) LA
(B) Dallas
(C) Chicago
(D) Seattle

18. What does the man suggest the woman do?

(A) Provide an e-mail address
(B) Send a document
(C) Look over the report
(D) Come to his office

기술 45

Why 문제는 반드시 보기까지 먼저 읽어라!

의문사 Why가 포함된 이유/원인 문제는 보기가 주로 문장으로 제시되는 것이 특징이다. 따라서, 대화문을 다 듣고 문제를 풀면서 보기를 파악하려면 시간이 많이 필요하기 때문에 지문을 듣기 전에 미리 보기를 파악해 두는 것이 중요하다. 보기 문장의 동사와 명사 등 중요 어휘 위주로 미리 체크를 해 두고 대화를 들으면서 보기와 대조해 정답을 바로 찾아야 한다.

STEP 1 기술 돋보기 🔍 기술을 적용해 정답의 단서를 찾아보세요. 🎧 기술 45_1.mp3

기술 Tip!
Why 문제는 보기를 먼저 읽어라!

Q: **Why** did the **man miss** the **seminar**?
남자가 세미나를 놓친 이유는 무엇인가?

(A) He had the **flu**. 감기에 걸렸다.   (B) He went **out of town** on business. 출장 중이었다.

W: Hi, Ryan. We were waiting for you at the seminar this morning. What happened?
안녕하세요, Ryan. 오늘 아침 세미나에서 기다렸었어요. 무슨 일이 있었어요?

M: Actually, I had a **bad cold** and I had to see a doctor.
사실 독감에 걸려서, 병원에 가야 했어요.

A: (A) He had the **flu**. 감기에 걸렸다.

문제에서 Why, man, miss, seminar를 보고 남자가 세미나에 참석하지 못한 이유를 묻는 문제임을 파악하고 보기까지 먼저 확인한다. (A)에서는 flu, (B)에서는 out of town에 표시하고 대화를 듣는다. 대화에서 bad cold를 듣는 순간 보기에 표시해 둔 flu와 연관된 표현임을 알고 (A)를 정답으로 선택한다.

바꿔 쓰기 bad cold 독감 → flu 감기

STEP 2 기술 적용 ✎ 다음 대화를 듣고 문제를 풀어보세요. 🎧 기술 45_2.mp3

Q: Why was the meeting delayed?

(A) The microphone did not work.   (B) The speaker had a family emergency.
(C) The attendance was low.   (D) The weather was terrible.

Q: **Why** was the **meeting delayed**?

→ 대화 중 회의 지연에 대해 언급하는 부분을 노리고 청취하고 긴 보기를 선독 및 요약 한다.

(A) The **microphone** did **not work**. (마이크 - 고장)

(B) The **speaker** had a **family emergency**. (연사 - 가족 응급상황)

(C) The **attendance** was **low**. (출석 - 낮음)

(D) The **weather** was **terrible**. (날씨 - 안 좋음)

W: Jim, Do you happen to know why the meeting was delayed?

M: The keynote speaker, Jack Stewart called and said that his son had a car accident. That's why we had to put it off.

→ 연사의 아들이 교통사고를 당했다는 정보에서, 정답이 (B)임을 알 수 있다.

W: Oh, I see. I hope that his son will get better soon.

A: (B) The speaker had a **family emergency**.   기술 45 | Why 문제는 반드시 보기까지 먼저 읽어라!

바꿔 쓰기 son 아들 → family 가족 / car accident 자동차 사고 → emergency 응급 상황

STEP 3 기술 업그레이드 📊 이유를 끌고 나오는 빈출 표현을 암기하자. 🎧기술 45_3.mp3

이유를 이끌어내는 대표적인 표현은 because, owing to 등의 이유를 나타내는 접속사, 전치사구 표현들이다. 이 밖에도 부정적인 느낌의 표현이 언급된 뒤에 이유가 제시되는 경우가 많다.

---

1) [접속사] because, since / [전치사구] due to, because of, owing to + 이유

The company outing has been delayed <mark>due to</mark> inclement weather.

회사 야유회가 악천후 때문에 연기되었어요.

→ 이유: 악천후

2) I'm afraid, I'm sorry, unfortunately + 이유

<mark>Unfortunately</mark>, we're shorthanded. 유감스럽게도, 저희는 일손이 부족해요.

→ 이유: 일손 부족

3) but, however, actually + 이유

<mark>But</mark> there was a mechanical problem. 그러나 기계적 결함이 있었어요.

→ 이유: 기계적 결함

⚙️ Practice 다음 대화를 듣고 알맞은 정답을 찾아보세요. 🎧기술 45_4.mp3

1 Why are some citizens concerned about the plan?

(A) It might cause a financial burden.

(B) It will spoil the landscape.

(C) It may make a lot of noises.

(D) It will destroy the environment.

2 Why does the woman apologize to the man?

(A) She broke his projector.

(B) She forgot to reserve a meeting room.

(C) She interrupted his phone call.

(D) She went over her allotted time.

STEP 2 기술 적용

[정답] (B)

[해석] Q: 회의가 연기된 이유는?

(A) 마이크가 작동이 안 되었다. (B) 연사 가족에게 응급 상황이 있었다. (C) 참석률이 저조했다. (D) 날씨가 안 좋았다.

W: Jim, 회의가 왜 연기되었는지 혹시 아세요?

M: 기조 연설자인 Jack Stewart 씨가 전화해서 말하기를 그의 아들이 교통사고가 났대요. 그래서 우리는 회의를 미룰 수밖에 없었어요.

W: 오, 알았어요. 그의 아들이 곧 낫길 바라요.

[어휘] delay 연기시키다(= put off) microphone 마이크 work 작동하다 emergency 응급 (상황) attendance 참석, 출석 keynote speaker 기조 연설자

Practice

[정답] 1. (A) 2. (D)

기술 46

고유명사는 발음을 미리 확인하라!

문제에 제시된 고유명사는 문제 풀이의 핵심 단서이며 대화에서 해당 고유명사가 언급되는 문장 전후로 정답이 나온다. 따라서 문제를 파악할 때 고유명사에 표시를 하면서 머릿속으로 발음도 한번 해보자. 대화를 들을 때는 고유명사의 발음을 떠올리며 집중해서 듣자. 정답은 고유명사가 들리고 난 후에 나올 수도 있지만 고유명사가 들리기 바로 전에 나올 수도 있으니 대화의 흐름을 놓치지 말고 잘 들어야 한다.

STEP 1 기술 돋보기 ⊕ 기술을 적용해 정답의 단서를 찾아보세요. 🎧 기술 46_1.mp3

Q: Where is **Jane** now? Jane은 지금 어디에 있는가?

> **기술 Tip!**
> 문제에 제시된 고유명사가 언급되는 부분을 놓치지 마라!

M: Have you seen my secretary? 제 비서 보셨어요?

W: You are talking about **Jane**? She is in the **mailroom** now.
Jane 말씀하시는 거예요? 그녀는 지금 우편실에 있어요.

A: In a **mailroom** 우편실에

문제에 제시된 고유명사 Jane에 먼저 표시하고 발음을 확인한 후 대화에서 언제 Jane이 언급되는지 집중해서 듣는다. 여자의 대사에서 Jane이 언급되는 부분을 놓치지 않고 들으면 그녀가 우편실에 있음을 쉽게 알 수 있다.

STEP 2 기술 적용 ✐ 다음 대화를 듣고 문제를 풀어보세요. 🎧 기술 46_2.mp3

Q: What does the man say about Jimmy Williams?
(A) He is a supervisor.　　(B) He is a competent applicant.
(C) He is an interviewer.　　(D) He is a secretary.

Q: What does the man say about **Jimmy Williams**?
→ 문제의 고유명사 Jimmy Williams가 답을 찾기 위한 핵심 키워드가 된다.

W: You interviewed some applicants this morning, didn't you?

M: Yes, but I'm afraid we had very few qualified candidates. However, **Jimmy Williams** looked **intelligent and competitive**.
→ 남자의 대사에서 고유명사 키워드 Jimmy Williams가 언급된 다음 그가 영리하고 경쟁력이 있다는 설명이 나온다.
intelligent and competitive가 보기에서는 competent로 바뀌어 제시되고 있다.

W: Oh, yes. My supervisor told me he has a lot of experience in the marketing field.
I can't wait to see him.

A: (B) He is a **competent** applicant. ◀ 기술 46 | 고유명사는 발음을 미리 확인하라!

바꿔 쓰기 intelligent and competitive 영리하고 경쟁력 있는 → competent 유능한

STEP 3 기술 업그레이드 📶 직업/직책 명사도 정답의 중요한 단서이다. 🎧 기술 46_3.mp3

고유명사 외에 직업이나 직책을 의미하는 명사 역시 정답을 이끄는 중요한 역할을 한다. 문제에 직업/직책 명사가 제시되면 주요 키워드이므로 반드시 체크를 해두고 대화 중 해당 명사가 언급되기를 기다렸다가 앞뒤 대사에서 정답을 찾는다.

Q: When will the vice president attend the meeting? 부사장은 언제 회의에 참석할 것인가?

(A) Today 오늘 (B) Tomorrow 내일

M: Rachael. Don't forget to attend the safety training today.
Rachael. 오늘 안전 교육에 참가하는 거 잊지 마세요.

W: I'd love to, but I can't. I'm so busy preparing tomorrow's presentation. The vice president will be there.
그러고 싶지만, 못해요. 제가 내일 발표를 준비하느라 너무 바빠서요. 부사장님이 참석하실 거예요.

A: (B) Tomorrow

→ 문제에 제시된 직책 명사 vice president가 정답을 찾기 위한 핵심 키워드가 된다. vice president가 대화 중에 그대로 언급되면 서 바로 앞에 '내일'이라는 정답과 연결된다.

⚙️ Practice 다음 대화를 듣고 알맞은 정답을 찾아보세요. 🎧 기술 46_4.mp3

1 When will Mr. Baker come back?

(A) Today

(B) Tomorrow

(C) Next week

(D) Next month

2 How long has Harry worked in London?

(A) For a week

(B) For two weeks

(C) For a month

(D) For two months

STEP 2 기술 적용

[정답] (B)

[해석] Q: 남자는 Jimmy Williams에 대해 무엇을 언급하는가?

(A) 그는 관리자이다. (B) 그는 유능한 지원자이다. (C) 그는 면접관이다. (D) 그는 비서이다.

W: 오늘 아침에 몇몇 지원자들을 인터뷰하셨죠. 그렇지 않나요?

M: 네, 하지만 아쉽게도 자질 있는 지원자는 거의 없었어요. 그러나 Jimmy Williams는 영리하고 경쟁력이 있어 보였어 요.

W: 오, 맞아요. 제 상관도 그가 마케팅 분야에 경험이 많다고 했어요. 빨리 만나보고 싶네요.

[어휘] supervisor 상관, 관리자   competent 유능한   applicant 지원자   interviewer 면접관   qualified 자질이 있는
candidate 후보, 지원자   intelligent 영리한   competitive 경쟁력이 있는   filed 분야

Practice

[정답] 1. (C) 2. (B)

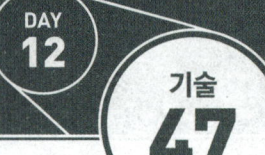

시각 자료만 보고 답이 나오면, 100% 함정이다!

시각 자료 연계 문제는 시각 자료와 대화의 내용을 연계해서 정답을 구하는 것이 원칙이다. 혹시 **시각 자료만 보고 바로 정답을 알 수 있다면 100% 함정이다.** 이런 경우 대부분 주어진 시각 자료에 오류가 있다거나 변경이 생겼다는 언급이 대화 중에 나온다. 따라서 오류 또는 변경 사항을 시각 자료에 적용하여 정답을 구해야 한다. 특히 switch나 change 주변에서 변경된 내용이 언급되므로 이들 단어에 주의해서 들어야 한다.

STEP 1 기술 돋보기 🔍 기술을 적용해 정답의 단서를 찾아보세요. 🎧 기술 **47**_1.mp3

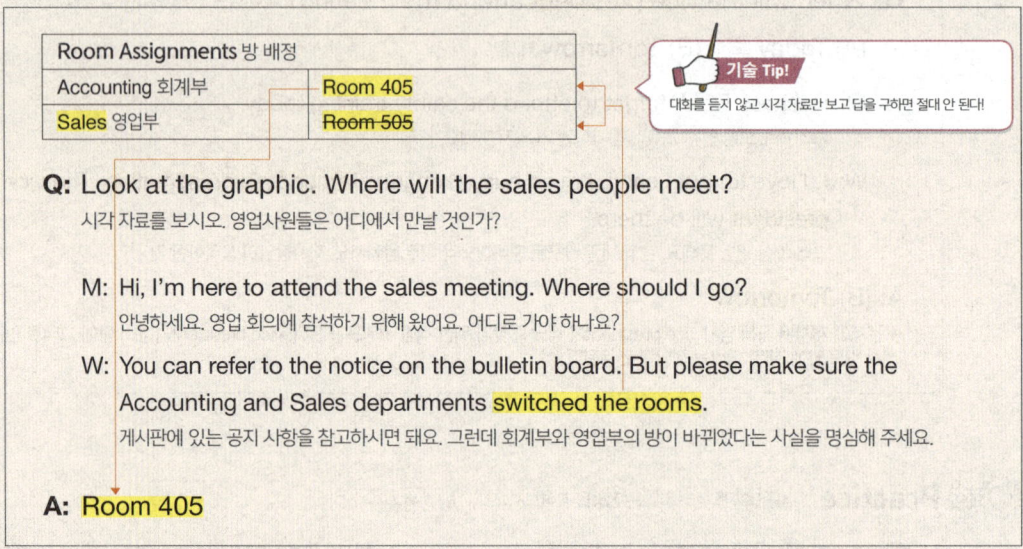

Room Assignments 방 배정	
Accounting 회계부	Room 405
Sales 영업부	~~Room 505~~

기술 Tip!
대화를 듣지 않고 시각 자료만 보고 답을 구하면 절대 안 된다!

Q: Look at the graphic. Where will the sales people meet?
시각 자료를 보시오. 영업사원들은 어디에서 만날 것인가?

M: Hi, I'm here to attend the sales meeting. Where should I go?
안녕하세요. 영업 회의에 참석하기 위해 왔어요. 어디로 가야 하나요?

W: You can refer to the notice on the bulletin board. But please make sure the Accounting and Sales departments switched the rooms.
게시판에 있는 공지 사항을 참고하시면 돼요. 그런데 회계부와 영업부의 방이 바뀌었다는 사실을 명심해 주세요.

A: Room 405

시각 자료만 보면 영업부가 505호로 배정된 것을 바로 알 수 있다. 하지만 이렇게 대화를 듣지 않고 정답이 나오는 것은 함정이다. 따라서 대화 중 방 배정 변경에 대한 내용이 언급될 것을 예측하면서 들어야 한다. 여자의 대사에서 회계부와 영업부의 방이 바뀌었다는 내용이 나오므로 원래 회계부에 배정된 Room 405에서 영업부 모임이 있을 것임을 유추할 수 있다.

STEP 2 기술 적용 ✎ 다음 대화를 듣고 문제를 풀어보세요. 🎧 기술47_2.mp3

Time	Workshop
10 a.m. - 11 a.m.	Sales techniques
11 a.m. - 12 p.m.	TV commericials
1 p.m. - 2 p.m.	Accounting software
2 p.m. - 3 p.m.	Online marketing

Q: Look at the graphic. Which workshop will be held first?

(A) Sales techniques

(B) TV commericials

(C) Accounting software

(D) Online marketing

Time	Workshop
10 a.m. - 11 a.m.	Sales techniques
11 a.m. - 12 p.m.	TV commericials
1 p.m. - 2 p.m.	Accounting software
2 p.m. - 3 p.m.	Online marketing

Q: Look at the graphic. Which workshop will be held first?

→ 지문을 듣지 않고도 도표상 첫 번째 워크숍이 Sales techniques라는 답이 바로 나오므로, 일정 변경이나 오류가 있음을 예측할 수 있다. 따라서 swtich나 change가 들리는 곳 근처에서 변경 사항을 확인하고 답을 구해야 한다.

W: Hi, Ron. How is the preparation for the workshop going?

M: So far so good. I reserved the venue which can accommodate more than 50 people at the same time.

W: Perfect! Oh, I almost forgot to tell you. There's one thing you should be aware of. We have changed the times for the first and last workshops.

→ 첫 번째와 마지막 워크숍 일정이 바뀌었다는 대사에서 첫 번째로 열릴 워크숍은 원래 마지막으로 예정되었던 Online marketing임을 유추할 수 있다.

A: (D) Online marketing 기술47 | 시각 자료만 보고 답이 나오면, 100% 함정이다!

난이도가 낮은 문제라면 대화에서 언급된 한 가지 정보를 바로 시각 자료와 연결하여 정답을 찾을 수 있다. 하지만 대화에 언급된 두 가지 이상의 정보를 조합하여 정답을 찾는 고난도 문제가 출제될 수도 있다. 이럴 경우 시각 자료에는 아예 나와 있지 않은 숫자나 항목이 정답이 될 수도 있음을 알아야 한다.

Item 항목	Late fee (per day) 연체료 (일당)
Novel 소설	$ 0.75
Video 비디오	$ 1.00

Q: Look at the graphic. How much does the man have to pay?

시각 자료를 보시오. 남자는 얼마를 내야 하는가?

(A) $ 1.00   (B) $ 3.00

W: Hello. This is Joan from Michigan public library. I'd like to remind you that the video you rented is 3 days overdue.

안녕하세요. 저는 Michigan 공립 도서관의 Joan입니다. 빌려가신 비디오가 3일 연체되었음을 알려 드립니다.

M: I'm sorry that I forgot to return it. I'll stop by there on the way home today.

반납하는 걸 깜박해서 죄송해요. 오늘 집에 가는 길에 들를게요.

A: (B) $ 3.00 ($ 1.00 x 3 days)

→ 시각 자료 항목 중 하나인 video가 언급되었다고 해서 정답을 1달러라고 바로 판단해서는 안된다. video가 언급된 후 3일이 연체되었다(3 days overdue)는 또 다른 정보가 제시되고 있으므로 video 연체료 1달러라는 정보와 3일 연체라는 정보를 결합하면 정답은 3달러가 된다.

Practice 다음 대화를 듣고 알맞은 정답을 찾아보세요. 🎧기술 47_4.mp3

Speaker	Time
Kevin Smith	9 a.m. - 10 a.m.
Julia Jung	10 a.m. - 11 a.m.
Peter Robinson	1 p.m. - 2 p.m.
Lora Taylor	2 p.m. - 3 p.m.

The Pacific Theater presents
the world renowned musical *The peace*
directed by Tom Smith
SHOW TIME: 7:30 p.m.
Saturday, May 10th

1 Look at the graphic. What time will Kevin probably start to give a talk?
(A) At 9 a.m.
(B) At 10 a.m.
(C) At 1 p.m.
(D) At 2 p.m.

2 Look at the graphic. What time will the musical begin?
(A) At 7:00 p.m.
(B) At 7:30 p.m.
(C) At 8:00 p.m.
(D) At 8:30 p.m.

STEP 2 기술 적용

[정답] (D)

시간	워크숍
오전 10시 – 오전 11시	영업 기법
오전 11시 – 오후 12시	TV 광고
오후 1시 – 오후 2시	회계 소프트웨어
오후 2시 – 오후 3시	온라인 마케팅

[해석] Q: 시각 자료를 보시오. 어떤 워크숍이 처음에 열릴 것인가?

(A) 영업 기법 (B) TV 광고 (C) 회계 소프트웨어 (D) 온라인 마케팅

W: 안녕하세요, Ron. 워크숍 준비는 어떻게 돼 가나요?

M: 지금까진 아주 좋아요. 동시에 50명 이상 수용할 수 있는 장소도 예약했어요.

W: 완벽하네요! 아, 말한다는 걸 거의 잊을 뻔 했는데요. 아셔야 할 것이 하나 있어요. 첫 번째와 마지막 워크숍의 시간이 바뀌었어요.

[어휘] preparation 준비 reserve 예약하다 venue (행사) 장소 accommodate 수용하다 at the same time 동시에
perfect 완벽한 be aware of ~을 알다

Practice

[정답] 1. (D) 2. (C)

기술 47 **143**

say 앞뒤의 명사/동사가 키워드이다!

화자가 말한 것에 대해 묻는 유형의 문제에는 '말하다'라는 의미의 say, mention, indicate, state 등의 동사가 질문에 포함되어 있다. 이때 **문제의 키워드는 이 동사들 앞뒤에 나오는 명사와 동사이다.** 주어가 man이면 남자의 대사에서, woman이면 여자의 대사에서 say 뒤에 제시된 키워드와 함께 정답이 언급되므로 해당 화자의 말에 집중해야 한다.

STEP 1 기술 돋보기 🔍   기술을 적용해 정답의 단서를 찾아보세요. 🎧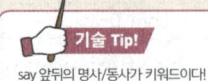

> **Q:** What does the **woman say** about the **conference**?
> 여자가 회의에 대해 말하는 것은 무엇인가?
>
> **기술 Tip!**
> say 앞뒤의 명사/동사가 키워드이다!
>
> **W:** Bob. I was told that the **conference** has been **delayed** until tomorrow afternoon.
> Bob. 회의가 내일 오후로 연기되었다고 들었어요.
>
> **M:** Really? What happened? 정말이요? 무슨 일이죠?
>
> **A:** It has been **postponed**. 연기되었다.

문제에서 say 앞뒤에 있는 woman과 conference가 키워드이므로 여자의 대사에서 conference가 언급되는 곳에 집중한다.
여자의 대사 중 conference가 나오는 부분의 내용은 회의가 내일 오후로 연기되었다는 것이다.
바꿔 쓰기 delayed 연기된 → postponed 연기된

STEP 2 기술 적용 ✍   다음 대화를 듣고 문제를 풀어보세요. 🎧 기술 48_2.mp3

Q: What does the man say about the chair?
    (A) It is comfortable.   (B) It is not in stock.
    (C) It is expensive.   (D) It is custom-made.

> **Q:** What does the **man say** about the **chair**?
> → 문제에서 say 뒤에 나오는 명사 chair가 답을 찾기 위한 키워드가 된다.
>
> **W:** Excuse me. I'd like to buy this rocking **chair** in your catalogue. But there's nothing on display here.
>
> **M:** Um, it's already **sold out**. The next shipment won't arrive until the end of the month.
> → 여자가 흔들의자를 먼저 언급했고, 남자가 이어서 그 의자는 재고가 없다고 말하므로 정답은 (B)가 된다.
>
> **W:** Actually, it's for my father. What else do you have?
>
> **A:** (B) It is **not in stock**.   기술 48 | say 앞뒤의 명사/동사가 키워드이다!
> 바꿔 쓰기 sold out 다 팔린 → not in stock 재고가 없는

STEP 3 기술 업그레이드 📈 추론 문제도 동사 뒤에 나오는 명사가 키워드이다. 🎧 기술 48_3.mp3

infer, imply, suggest about 등의 추론 문제도 이 동사들 뒤에 나오는 명사가 키워드이다. 추론 문제는 대화에서 들은 정답이 실제 정답 보기에서는 다른 말로 변환되어 제시되는 경우가 많다.

Q: What is <mark>suggested about</mark> the <mark>theater</mark>? 극장에 대해 시사되는 것은 무엇인가?

M: Pardon me. I'm looking for the <mark>Dream Theater</mark>. Do you know where it is located?
실례합니다. Dream Theater를 찾고 있는데요. 어디에 있는지 아세요?

W: Yes, but <mark>it's not within walking distance</mark>. If I were you, I would take a cab.
네, 하지만 걸어갈 만한 거리는 아니에요. 제가 당신이라면, 택시를 타겠어요.

A: <mark>It's not close</mark>. 가깝지 않다.

→ suggest 뒤에 about이 따라오면 '제안하다'라는 뜻이 아니라 '시사하다' 혹은 '암시하다'라는 뜻이므로, 이 문제는 추론 문제이다. 따라서 뒤에 나오는 명사 theater가 키워드가 된다. 남자가 theater를 먼저 언급하고 이어서 여자가 걸어갈 만한 거리가 아니라고 말하는 부분에서 '가깝지 않다'가 정답임을 알 수 있다.

바꿔 쓰기 not within walking distance 걸어갈 만한 거리가 아닌 → not close 가깝지 않은

⚙️ Practice 다음 대화를 듣고 알맞은 정답을 찾아보세요. 🎧 기술 48_4.mp3

1 What is suggested about the restaurant?

(A) It is popular with tourists.

(B) It is crowded on the weekend.

(C) It has been renovated.

(D) It is based in Beijing.

2 What is mentioned about the supply room?

(A) It is on the third floor.

(B) It is spacious.

(C) It is under renovation.

(D) It is currently full.

STEP 2 기술 적용

[정답] (B)

[해석] Q: 남자가 의자에 대해 말하는 것은 무엇인가?

(A) 편하다. (B) 재고가 없다. (C) 비싸다. (D) 주문 제작이다.

W: 실례합니다. 당신 카탈로그에 있는 이 흔들의자를 사고 싶은데, 여기에는 전시된 것이 없네요.

M: 음, 그건 이미 다 팔렸어요. 다음 선적은 이번 달 말이나 되어야 도착할 겁니다.

W: 실은 아버지께 드리려고 하는데요. 다른 건 어떤 게 있죠?

[어휘] not in stock 재고가 없는   custom-made 주문 제작의   rocking chair 흔들의자   on display 진열 중인

sold out 매진인, 품절인   shipment 선적(물)   else 또 다른

Practice

[정답] 1. (B) 2. (C)

TEST 🎧 DAY 12_1.mp3

1. Why is the man calling?

   (A) To confirm a reservation
   (B) To inquire about his order
   (C) To change his appointment
   (D) To book a room

2. What does the man say he will do next week?

   (A) Go on a business trip
   (B) Visit a clinic
   (C) Open a new business
   (D) Make a guest list

3. What is implied about Dr. Brown?

   (A) He is on leave.
   (B) He is busy this week.
   (C) He cancelled his appointment.
   (D) He is out of town.

---

4. Why is the man calling?

   (A) To check the status
   (B) To submit a résumé
   (C) To schedule an interview
   (D) To choose the candidate

5. What does the man mean when he says, "It's really good to hear that"?

   (A) He is satisfied with sales figures.
   (B) He wants to get promoted.
   (C) He is excited about being an interviewee.
   (D) He is willing to help the woman.

6. When does the man want to have an interview?

   (A) At 1 p.m.
   (B) At 2 p.m.
   (C) At 3 p.m.
   (D) At 4 p.m.

7. Where does the man work?

   (A) In the personnel department
   (B) In the marketing department
   (C) In the advertising department
   (D) In the maintenance department

8. Why did the woman call Jeff?

   (A) To have an appliance fixed
   (B) To pick up a client
   (C) To purchase a new air-conditioner
   (D) To renovate her office

9. What does the man say will happen at 3 p.m.?

   (A) The client will enter the building.
   (B) The repairman will visit the woman's office.
   (C) The department meeting will be held in the advertising office.
   (D) The air-conditioner will be returned.

---

10. What does the woman want to do?

    (A) Change an appointment
    (B) Have lunch with the man
    (C) Visit the headquarters
    (D) Inspect the equipment regularly

11. What does the woman say she has to do?

    (A) Take inventory
    (B) Go to the factory
    (C) Check the calendar
    (D) Inspect the warehouse

12. According to the man, what happened last week?

    (A) The headquarters was renovated.
    (B) The elevator was out of service.
    (C) The office was relocated.
    (D) The company directory was updated.

13. Why did the man probably go to Hawaii?

   (A) To sign the contract
   (B) To evaluate the market
   (C) To have a rest
   (D) To import tropical fruits

14. What did Sue enjoy most in Hawaii?

   (A) Food
   (B) Various cultures
   (C) A guided tour
   (D) Shopping

15. What does the man say he will do next?

   (A) Show some photographs
   (B) Take a picture
   (C) Taste some fruit
   (D) Go to the beach

Lunch Special	Price
Combo 1	$4.00
Combo 2	$4.50
Combo 3	$5.00
Combo 4	$5.25

16. What does the man suggest?

   (A) Going out for lunch
   (B) Ordering a meal
   (C) Trying Combo 1
   (D) Asking for a coupon

17. What is suggested about the woman?

   (A) She will skip lunch.
   (B) She is really hectic.
   (C) She runs the fast-food restaurant.
   (D) She lost the coupon.

18. Look at the graphic. How much will the speakers probably pay for lunch?

   (A) $2.50
   (B) $4.00
   (C) $4.50
   (D) $5.00

문제에 제시된 장소가 대화에서 단서로 등장한다!

문제에 나오는 장소 표현은 문제 풀이의 키워드이다. 대화 중 해당 장소가 들리는 문장 근처에서 정답이 제시되기 때문이다. 따라서 먼저 문제를 읽으면서 장소 표현에 체크를 하고 대화에서 그 장소가 언급되는 순간을 놓치지 말아야 한다. 정답은 장소가 언급된 직후는 물론 직전에도 나올 수 있으므로 키워드가 들리면 전후 상황을 재빨리 떠올려 보아야 한다.

STEP 1 기술 돋보기 🔍 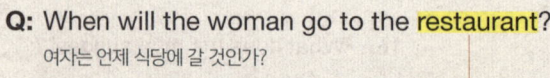 기술을 적용해 정답의 단서를 찾아보세요. 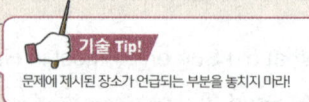 기술49_1.mp3

Q: When will the woman go to the <mark>restaurant</mark>?
여자는 언제 식당에 갈 것인가?

> 👆 **기술 Tip!**
> 문제에 제시된 장소가 언급되는 부분을 놓치지 마라!

W: I'm planning to try the Mexican <mark>restaurant</mark> on the 3rd Street <mark>this evening</mark>.
전 오늘 저녁에 33rd Street에 있는 멕시코 식당에 갈 계획이에요.

M: I went there last night and the food was excellent.
어젯밤에 거기 갔었는데, 음식이 훌륭했어요.

A: <mark>This evening</mark> 오늘 저녁

문제에 제시된 장소 restaurant에 먼저 표시하고 대화에서 언제 restaurant가 언급되는지 집중해서 듣는다. 여자의 대사에서 restaurant가 언급되는 부분을 들으면 오늘 저녁에 식당에 갈 것임을 쉽게 알 수 있다.

STEP 2 기술 적용 ✎ 다음 대화를 듣고 문제를 풀어보세요. 🎧 기술49_2.mp3

Q: What will happen in Dallas?
    (A) The job fair will be held.   (B) The management workshop will be hosted.
    (C) The new branch will be opened.   (D) The main office will be renovated.

Q: What will happen in <mark>Dallas</mark>?
→ 문제에 제시되는 장소(도시명)가 정답을 찾기 위한 키워드가 된다.

W: The management decided to <mark>open a new store</mark> in <mark>Dallas</mark> next month.
→ 장소 키워드 Dallas 바로 앞에 새로운 가게를 연다는 내용을 찾을 수 있다. 따라서 정답은 (C)가 된다.

M: Really? I didn't know that.

W: Mmm. I'm interested in working at a new branch. What do you think?

M: I think it would be a wonderful opportunity for you.

A: (C) <mark>The new branch will be opened.</mark>   기술49 | 문제에 제시된 장소가 대화에서 단서로 등장한다!

STEP 3 기술 업그레이드 📊 대화를 들으면서 보기에 나온 단어가 들리면 바로 체크하라! 🎧 기술 49_3.mp3

키워드가 있는 문제는 대화 중 해당 키워드가 언급된 전후에 정답이 제시되는 경우가 대부분이다. 그런데 정답이 먼저 나온 후 키워드가 언급되면 정답을 놓치기 쉬우므로, 이때 정답을 놓치지 않기 위해서는 대화를 들으면서 보기에 나온 단어가 들릴 때마다 체크하면서 들으면 좋다. 보기의 단어가 언급된 후에 키워드가 들리지 않으면 오답, 뒤이어 키워드까지 들리면 정답이다.

> **Q:** Who did the woman meet in the conference room? 여자는 회의실에서 누구를 만났는가?
>
> (A) A vice president 부사장 (v) (B) A sales manager 영업부장 (v) → (O)
>
> **M:** Where have you been, Cathy? The vice president wants to see you.
> 어디 있었어요, Cathy? 부사장님이 당신을 보고 싶어해요.
>
> **W:** I was talking with the sales manager in the conference room.
> 저는 회의실에서 영업 부장님과 얘기하고 있었어요.
>
> **A:** (B) A sales manager
>
> → 문제에 제시된 장소 표현 conference room이 정답을 찾기 위한 핵심 키워드이다. 보기에 제시된 vice president를 듣는 순간 보기 (A) 옆에 일단 체크한다. 하지만 뒤에 conference room이 들리지 않으므로 오답이다. sales manager를 듣는 순간 보기 (B) 옆에도 체크하고 바로 이어서 conference room이라는 장소 키워드가 언급되므로 정답으로 선택한다.

⚙️ Practice   다음 대화를 듣고 알맞은 정답을 찾아보세요. 🎧 기술 49_4.mp3

1 How will the man probably get to the hotel?

(A) By bus

(B) By taxi

(C) On foot

(D) By subway

2 What is said about the parking lot?

(A) It is conveniently located.

(B) It is currently closed.

(C) It is expensive.

(D) It is quite old.

STEP 2 기술 적용

[정답] (C)

[해석] Q: Dallas에서 무슨 일이 있을 것인가?

(A) 취업 박람회가 열릴 것이다.   (B) 경영 워크숍이 개최될 것이다.

(C) 새로운 지점이 문을 열 것이다. (D) 본사가 개조될 것이다.

W: 경영진이 다음 달에 Dallas에 새로운 지점을 열기로 결정했어요.

M: 정말로요? 몰랐어요.

W: 음. 저는 새로운 지점에서 일하는 데 관심이 있어요. 어떻게 생각해요?

M: 당신에게는 좋은 기회가 될 수 있을 것 같아요.

[어휘] job fair 취업 박람회 management 경영(진) branch 지점 renovate 개조하다 be interested in ~에 관심이 있다
opportunity 기회

Practice

[정답] 1. (C) 2. (C)

DAY 13

기술 50

문제의 시제를 보고 정답이 나올 위치를 예측하라!

대화에서 정답이 나올 위치를 예측하기 위해 문제에 제시된 동사의 시제를 파악하는 것이 중요하다. **문제에 나온 동사가 과거 시제이면 대화 초반에 정답이 언급될 확률이 높고 미래 시제이면 대화 후반에 정답이 언급될 확률이 높다.** 정답의 위치를 예측하면서 정답의 단서가 되는 문제의 키워드에 집중하여 들으면 보다 쉽게 정답을 찾을 수 있다.

STEP 1 기술 돋보기 🔍 기술을 적용해 정답의 단서를 찾아보세요. 🎧 기술 50_1.mp3

> 🖐 **기술 Tip!**
> 문제의 시제를 보고 정답이 나올 위치를 예측하라!

Q: What **did** the man **buy yesterday**?
남자가 어제 산 것은 무엇인가?

M: Excuse me. I **purchased** this digital **camera** here **yesterday**. But I found some scratches on the lens.
실례합니다. 제가 어제 여기서 이 디지털 카메라를 샀는데요. 렌즈에 긁힌 부분들을 발견했어요.

W: I'm sorry. Let me take a look at it.
죄송합니다. 제가 한번 볼게요.

A: (A) A camera 카메라

문제에서 동사 did의 시제가 과거이므로 정답이 초반부에 언급될 것이라고 예상하고 대화의 초반을 집중하여 듣는다. 대화 초반에 문제의 키워드인 buy의 동의어 purchased가 들리는 부분에서 남자가 디지털 카메라를 샀다고 하였으므로 camera가 정답이라는 것을 알 수 있다.

바꿔 쓰기 buy 사다 → purchased 사다

STEP 2 기술 적용 ✏️ 다음 대화를 듣고 문제를 풀어보세요. 🎧 기술 50_2.mp3

Q: What does the woman say she will do later?
(A) Have lunch with the personnel manager   (B) Go to Martin's office
(C) Throw a farewell party   (D) Attend the sales meeting

Q: What does the woman say she **will** do **later**?
→ 문제에서 미래 시제 will을 보고 여자의 후반 대사에 집중해서 답을 찾는다.

M: Sera in Personnel told me that Martin in Sales will retire next week.

W: That's right. Apparently, he wants to spend more time with his family.

M: I think he's one of the best salespeople that I have worked with.

W: I agree. I will stop by his office after lunch.
→ 점심 후 Martin의 사무실에 들르겠다는 여자의 계획을 알 수 있다. 문제의 later가 대화에서 after lunch로 바꿔 표현되었다.

A: (B) Go to Martin's office 기술50 | 문제의 시제를 보고 정답이 나올 위치를 예측하라!

바꿔 쓰기 stop by 들르다 → go to 가다

STEP 3 기술 업그레이드 📊 How 문제는 문제의 시제에 따라 정답의 위치가 정해지는 특징이 강하다. 🎧기술 50_3.mp3

How가 포함된 문제는 동사의 시제에 따라 정답의 위치가 정해지는 특징이 더욱 강하다. 예를 들어 How did로 시작하는 과거 시제 문제는 대화의 초반에 정답이 나오고, How will로 시작하는 미래 시제 문제는 대화의 후반에 정답이 나온다.

Q: How did the man learn about the product? 남자는 제품에 대해 어떻게 알게 되었는가?

M: I saw an ad about your new blender. Where can I find it?
새로운 믹서기 광고를 봤어요. 그건 어디에 있나요?

W: I'm sorry it's out of stock. 죄송하지만 그건 재고가 없어요.

[이후 대화 생략]

A: By looking at the advertisement 광고를 보고

→ How did로 시작하는 과거 시제 문제이므로 대화 초반을 잘 듣는다. 키워드인 product를 가리키는 new blender가 언급된 부분을 들으면 광고를 통해 제품에 대해 알게 되었음을 알 수 있다.

Q: How will the speakers get to the theater? 화자들은 극장에 어떻게 갈 것인가?

[이전 대화 생략]

W: It's already 5 o'clock. The play will start in an hour. 벌써 5시네요. 연극이 1시간 뒤에 시작해요.

M: I think we should leave now. Let's call a taxi. 지금 떠나야 할 것 같아요. 택시를 부릅시다.

A: By cab 택시로

→ How will로 시작하는 미래 시제 문제이므로 대화 후반을 잘 듣는다. 키워드인 theater와 연관이 있는 play가 언급된 부분을 들으면 화자들이 택시를 탈 것임을 알 수 있다.

⚙️ Practice 다음 대화를 듣고 알맞은 정답을 찾아보세요. 🎧기술 50_4.mp3

1 What does the man say he did?

(A) He made a cake.

(B) He read a book.

(C) He reserved a table.

(D) He bought a card.

2 What will the man probably do next?

(A) Paint the wall

(B) Finish the project

(C) Bring a phonebook

(D) Check the Website

STEP 2 기술 적용

[정답] (B)

[해석] Q: 여자는 나중에 무엇을 할 것이라고 얘기하는가?

(A) 인사부장과 점심 먹기 (B) Martin의 사무실에 가기 (C) 송별회 열기 (D) 영업 회의에 참석하기

M: 인사부의 Sera가 말하길 영업부의 Martin이 다음 주에 은퇴한대요.

W: 맞아요. 그는 가족과 시간을 더 보내고 싶어하는 것 같아요.

M: 그는 제가 이제까지 같이 일한 최고의 영업사원들 중 한 명이에요.

W: 저도 동의해요. 점심 먹고 그의 사무실에 들를 거예요.

[어휘] personnel 인사부   throw a party 파티를 열다   farewell 작별   retire 은퇴하다   apparently 듣자[보아] 하니

Practice

[정답] 1. (C) 2. (C)

How+형용사/부사 문제는 숫자 표현을 잡아라!

How 다음에 형용사나 부사가 나오는 문제는 대화에서 숫자 표현이 정답으로 등장한다. 기간을 묻는 How long, 빈도를 묻는 How often, 수를 묻는 How many, 금액을 묻는 How much가 자주 출제된다. 문제에서 키워드를 잡고 그 키워드가 제시되는 부분에서 언급되는 숫자를 정답으로 고른다.

STEP 1 기술 돋보기 🔍 기술을 적용해 정답의 단서를 찾아보세요. 🎧 기술 51_1.mp3

Q: How many items does the man want to buy?
남자는 제품을 얼마나 많이 사길 원하는가?

> 기술 Tip!
> 숫자 표현이 언급되는 부분을 놓치지 마라!

M: I need to purchase a couple of chairs for my office.
제 사무실에 쓸 의자를 두 개 사야 해요.

W: Why don't we go to the mall together this evening?
오늘 저녁에 함께 몰에 가는 게 어때요?

A: Two 두 개

문제에서 How many와 키워드인 items를 보고 남자가 사고자 하는 제품의 수를 묻는 문제임을 파악하고 대화를 듣는다. 대화를 들으면서 숫자 표현이 언급되는 곳에 집중한다. a couple of와 chairs를 듣고 남자가 두 개의 의자를 사야 한다는 것을 알 수 있다.

STEP 2 기술 적용 ✎ 다음 대화를 듣고 문제를 풀어보세요. 🎧 기술 51_2.mp3

Q: How much will the man probably pay?
(A) $10   (B) $20   (C) $30   (D) $40

Q: How much will the man probably pay?

→ 문제에서 How much, man, pay를 보고 남자가 지불할 돈이 얼마인지 찾아야 한다. 대화에서 언급되는 여러 숫자들이 보기에 제시되므로, 함정에 빠지지 않도록 유의해야 한다.

M: I'd like to send this package to Seattle.

W: Let me weigh it for you. It will cost **$10** if you send it by regular mail. It'll take 3-4 days for it to get there.

→ 대화 중에 제시되는 숫자를 무조건 답으로 고르면 안 된다.

M: Actually, I want to send it by overnight delivery.

W: Okay, it will **cost** you **$30**.

→ 남자는 익일 배달을 원하므로 정답은 30달러가 된다.

A: (C) $30 30달러 ― 기술 51 | How+형용사/부사 문제는 숫자 표현을 잡아라!

STEP 3 기술 업그레이드 📊 대화에서 숫자가 들린다고 무조건 정답으로 선택하면 안 된다. 🎧 기술51_3.mp3

대화 중에는 정답과 직접적으로 상관없는 숫자들이 언급될 수 있다는 사실을 명심해야 한다. 예를 들어 특정 숫자 표현이 언급된 뒤 추가로 고려해야 하는 조건이 덧붙여질 수 있다. 이때는 이미 언급된 숫자 표현에 조건을 반영한 새로운 숫자가 정답이 된다.

Q: How many people will attend the training? 얼마나 많은 사람들이 교육에 참가할 것인가?

    (A) 18 (B) 20

M: Susan, how many employees signed up for the training?
    Susan, 얼마나 많은 직원들이 교육에 등록했나요?

W: 20 people have registered for it but John and Mary told me that they won't be able to make it. 20명이 등록했지만, John과 Mary는 참석할 수 없을 거라고 말했어요.

A: (A) 18

→ 교육에 참가할 인원수를 찾는 문제이다. 대화에서 숫자 20이 언급된다고 무조건 20명을 정답으로 선택하면 안 된다. 바로 이어 두 명이 참석하지 못할 것이라고 했으므로 20명에서 두 명이 빠진 총 18명이 교육에 참가할 것임을 추론할 수 있다. 이처럼 숫자 함정에 빠지지 않도록 조심해야 한다.

⚙️ **Practice**   다음 대화를 듣고 알맞은 정답을 찾아보세요. 🎧 기술51_4.mp3

1 How often does the event take place?

    (A) Every day

    (B) Every week

    (C) Every month

    (D) Every year

2 How long will the woman be on vacation?

    (A) For a week

    (B) For 2 weeks

    (C) For 3 weeks

    (D) For a month

STEP 2 기술 적용

[정답] (C)

[해석] Q: 남자는 얼마를 지불하겠는가?

    (A) 10달러 (B) 20달러 (C) 30달러 (D) 40달러

    M: 이 소포를 Seattle로 보내고 싶습니다.

    W: 무게를 달아 볼게요. 일반 우편으로 보내시면 10달러입니다. 거기까지 가는 데 3~4일 걸립니다.

    M: 실은, 익일 배달로 보내고 싶어요.

    W: 알겠습니다. 그건 30달러입니다.

[어휘] package 소포 weigh 무게를 달다 cost 비용이 들다 regular mail 일반 우편 overnight delivery 익일 배달

Practice

[정답] 1. (D) 2. (A)

약도, 평면도 문제는 위치를 나타내는 전치사를 잡아라!

기술
52

시각 자료로 약도나 평면도 등이 제시되는 경우 특정 장소의 위치를 묻는 문제가 자주 출제된다. 해당 장소의 위치는 대화에서 직접 언급되지 않으므로 약도나 평면도에 나온 다른 지형지물의 정보를 이용해 정답을 찾아야 한다. 예를 들어 약국 옆, 가게와 학교 사이 등의 정보가 주어진다. 이때 위치를 나타내는 전치사를 잘 듣고 정답을 찾아내는 것이 핵심이다.

STEP 1 기술 돋보기 🔍 기술을 적용해 정답의 단서를 찾아보세요. 🎧 기술 52_1.mp3

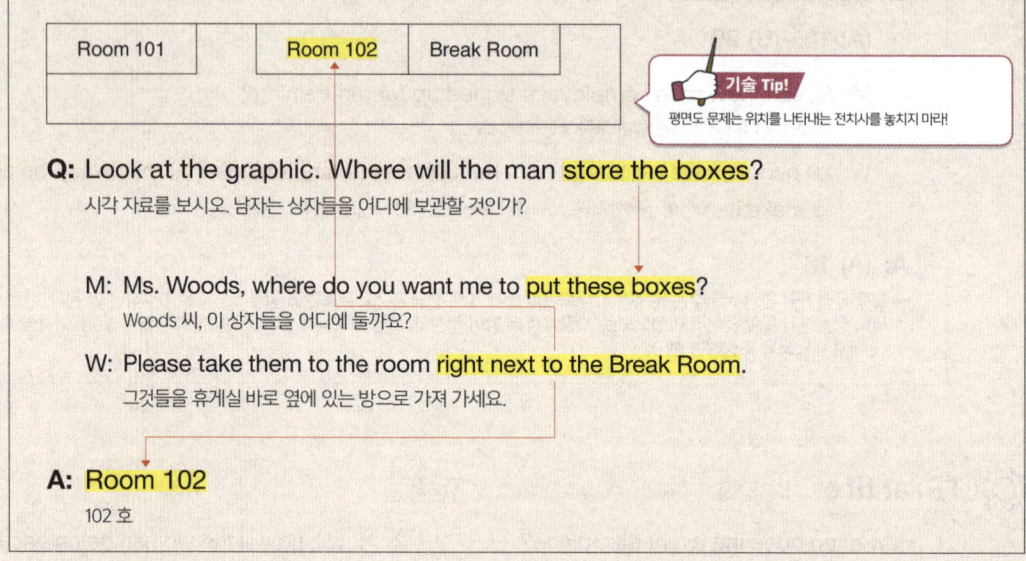

| Room 101 | Room 102 | Break Room |

기술 Tip!
평면도 문제는 위치를 나타내는 전치사를 놓치지 마라!

Q: Look at the graphic. Where will the man store the boxes?
시각 자료를 보시오. 남자는 상자들을 어디에 보관할 것인가?

M: Ms. Woods, where do you want me to put these boxes?
Woods 씨, 이 상자들을 어디에 둘까요?

W: Please take them to the room right next to the Break Room.
그것들을 휴게실 바로 옆에 있는 방으로 가져 가세요.

A: Room 102
102 호

남자가 박스를 보관할 장소를 묻는 문제임을 파악한다. 방의 이름을 직접적으로 언급하지 않고 주변 방과의 위치 관계를 통해 정답을 제시할 것임을 예상하고 대화를 듣는다. 박스를 놓을 위치에 대해 여자가 휴게실 바로 옆에 있는 방이라고 했으므로 정답은 102호이다. 이때 위치를 나타내는 전치사구 right next to를 통해 방의 위치를 정확하게 파악할 수 있어야 한다.

STEP 2 기술 적용 ✎   다음 대화를 듣고 문제를 풀어보세요. 🎧 기술 52_2.mp3

Parking lot

Area 1		Area 2
Entrance		Exit
Area 3		Area 4

Q: Look at the graphic. Where will the man probably park his car?

(A) In area 1   (B) In area 2   (C) In area 3   (D) In area 4

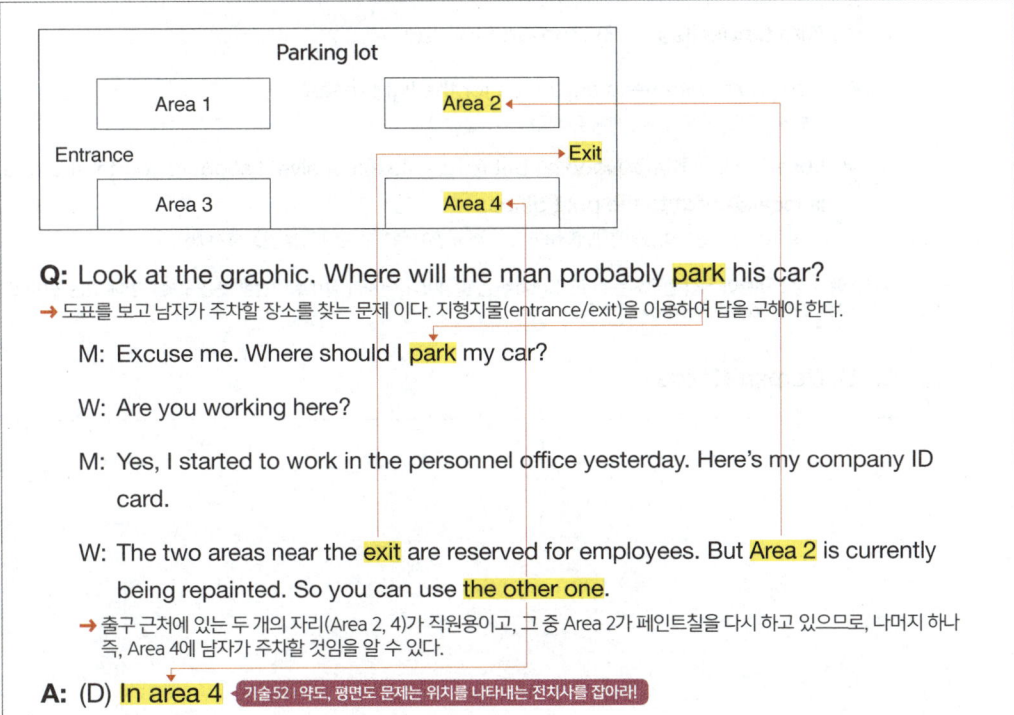

Q: Look at the graphic. Where will the man probably park his car?

→ 도표를 보고 남자가 주차할 장소를 찾는 문제 이다. 지형지물(entrance/exit)을 이용하여 답을 구해야 한다.

M: Excuse me. Where should I park my car?

W: Are you working here?

M: Yes, I started to work in the personnel office yesterday. Here's my company ID card.

W: The two areas near the exit are reserved for employees. But Area 2 is currently being repainted. So you can use the other one.

→ 출구 근처에 있는 두 개의 자리(Area 2, 4)가 직원용이고, 그 중 Area 2가 페인트칠을 다시 하고 있으므로, 나머지 하나 즉, Area 4에 남자가 주차할 것임을 알 수 있다.

A: (D) In area 4 ◀ 기술 52 | 약도, 평면도 문제는 위치를 나타내는 전치사를 잡아라!

기술 업그레이드 📶 대화에서 직접 언급되는 장소는 함정이다. 🎧 기술 52_3.mp3

약도, 평면도 등의 시각 자료를 활용해 위치를 찾는 문제는 약도에 직접 제시된 지형지물을 이용해 문제의 장소를 찾게 하는 것이
핵심이다. 따라서 보기에 나온 장소가 대화에 직접 언급될 경우 100% 오답 함정이다.

Paris Cafe	Dream Hotel	
Kim's Noodles	Post office	Roman Holiday

Q: Where does the man suggest the woman go?

남자는 여자에게 어디로 가라고 추천하는가?

(A) Kim's noodles   (B) Roman Holiday

W: Can you recommend any place for the light meal?

가볍게 식사할 만한 곳을 추천해 줄래요?

M: I used to like Kim's Noodles but it's a little expensive. I suggest you try the one which is located next to the post office.

Kim's Noodles를 좋아했었는데, 좀 비싸요. 우체국 옆에 위치한 곳에 가볼 것을 추천해요.

→ 대화에서 장소 이름이 직접 언급되는 Kim's Noodles는 함정이다. 남자가 실제로 추천한 곳은 우체국 옆에 있는 곳이므로 이를 약
도에서 찾으면 Roman Holiday가 정답이다.

A: (B) Roman Holiday

Practice 다음 대화를 듣고 알맞은 정답을 찾아보세요.  기술 52_4.mp3

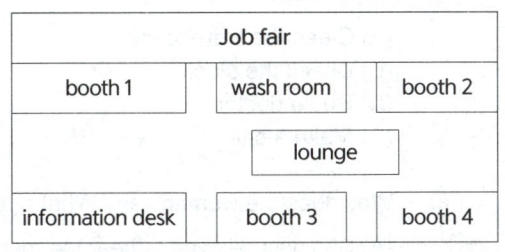

Job fair		
booth 1	wash room	booth 2
	lounge	
information desk	booth 3	booth 4

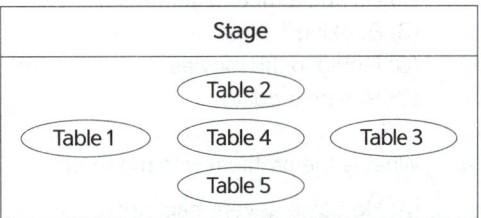

Stage

Table 1 / Table 2 / Table 4 / Table 3 / Table 5

1. Look at the graphic. Which booth is the man going to use?

(A) Booth 1

(B) Booth 2

(C) Booth 3

(D) Booth 4

2. Look at the graphic. Where will the speakers sit at the award banquet?

(A) In Table 1

(B) In Table 2

(C) In Table 3

(D) In Table 4

STEP 2 기술 적용

[정답] (D)

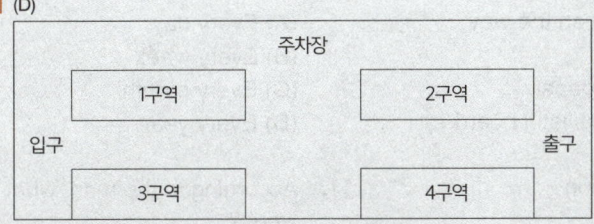

주차장		
1구역		2구역
입구		출구
3구역		4구역

[해석] Q: 시각 자료를 보시오. 남자는 차를 어디에 주차하겠는가?

(A) 1구역에 (B) 2구역에 (C) 3구역에 (D) 4구역에

M: 실례합니다. 제 차를 어디에 주차해야 하죠?

W: 여기서 일하세요?

M: 네, 어제부터 인사부에서 일하기 시작했어요. 여기 제 회사 신분증이요.

W: 출구 근처에 있는 두 개 구역이 직원용이요. 하지만 2구역은 현재 페인트칠을 다시 하고 있어요. 그러니 나머지 하나의 구역을 이용하시면 됩니다.

[어휘] park 주차하다 ID card 신분증 exit 출구 reserve (자리 등을) 따로 잡아두다 currently 현재
repaint 페인트를 다시 칠하다

Practice

[정답] 1. (A) 2. (B)

1. What does the woman suggest?

   (A) Having a meal together
   (B) Booking a table
   (C) Going to the movies
   (D) Seeing a doctor

2. What is the problem with the man?

   (A) He has a severe backache.
   (B) He missed the deadline.
   (C) He has a pain in his tooth.
   (D) He is busy with the sales report.

3. What does the man say about the Pacific Seafood Buffet?

   (A) The service was terrible.
   (B) The price was reasonable.
   (C) The ambiance was great.
   (D) The dining hall was spacious.

4. How did the woman learn about the apartment?

   (A) She heard about it from her co-worker.
   (B) She happened to see it on the way home.
   (C) She read the ad in the paper.
   (D) She checked it on the bulletin board.

5. What is the man's occupation?

   (A) A janitor
   (B) A reporter
   (C) A realtor
   (D) A receptionist

6. Why should the woman move?

   (A) To go to college
   (B) To begin a new career
   (C) To save extra money
   (D) To live with her family

7. According to the man, what did the boss ask him to do?

   (A) Clean the warehouse
   (B) Check the stock
   (C) See a doctor
   (D) Make a call

8. Why does the woman say, "What a relief"?

   (A) She was relieved to hear the man was all right.
   (B) She recovered from the flu.
   (C) She thought that her boss came down with something.
   (D) She made it to the meeting on time.

9. What is mentioned about Tim?

   (A) He works in the warehouse.
   (B) He is on a business trip.
   (C) He is a well known physician.
   (D) He is on sick leave.

10. How often does the workshop take place?

    (A) Every day
    (B) Every week
    (C) Every month
    (D) Every year

11. According to the man, what happened last week?

    (A) The workshop was held.
    (B) The construction project was approved.
    (C) The new software was set up.
    (D) The computer was repaired.

12. What does the man suggest about their company?

    (A) It recently relocated its headquarters.
    (B) It will go bankrupt soon.
    (C) It hired a new vice president.
    (D) It is having financial troubles.

13. What is implied about Jane Parker?

(A) She is attending a training.
(B) She is out of the office.
(C) She is on vacation.
(D) She doesn't feel well.

14. According to the woman, what did Jane do yesterday?

(A) She met with the director.
(B) She revised the report.
(C) She submitted the report.
(D) She found some errors.

15. What will the woman probably do next?

(A) Leave for the headquarters
(B) Give a presentation
(C) Make a call
(D) Send an e-mail

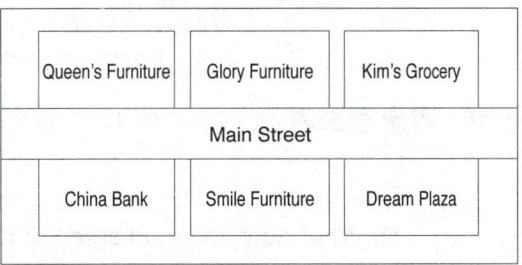

Queen's Furniture	Glory Furniture	Kim's Grocery
Main Street		
China Bank	Smile Furniture	Dream Plaza

16. What are the speakers discussing?

(A) Furniture
(B) Finance
(C) Food
(D) Health

17. Who most likely is the man?

(A) A teller
(B) A professor
(C) A realtor
(D) A salesclerk

18. Look at the graphic. Where will the man go later?

(A) China Bank
(B) Smile Furniture
(C) Dream Plaza
(D) Glory Furniture

agree 문제는 상대방의 제안 표현을 잡아라!

DAY 14 | **기술 53**

남자/여자가 동의한 사항을 묻는 agree 문제는 상대방이 제안하는 표현과 함께 한 말을 잘 들어야 한다. 예를 들어 여자가 어떤 것을 제안하고 남자가 이를 수락하면, 남자가 동의한 것을 묻는 문제의 정답은 여자의 제안 내용이 된다. 따라서 상대방의 제안 표현과 문제의 화자의 동의 표현을 모두 들어야 한다. 동의한 사항을 묻는 문제는 대화 후반에 정답이 언급되는 경우가 많다.

STEP 1 기술 돋보기 🔍 기술을 적용해 정답의 단서를 찾아보세요.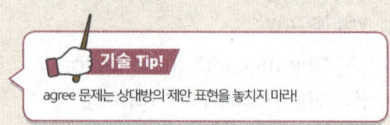

> **Q:** What does the man **agree** to do?
> 남자가 하기로 동의한 바는 무엇인가?
>
> **W:** Shall we sweep the floor?
> 우리 바닥을 쓸까요?
>
> **M:** Of course. I'll be right back with brooms.
> 물론이죠. 빗자루들을 가지고 바로 돌아 올게요.
>
> **A:** Clear the floor
> 바닥 치우기

> 👉 **기술 Tip!**
> agree 문제는 상대방의 제안 표현을 놓치지 마라!

남자가 동의한 것을 묻는 문제이므로 여자의 대사에서 제안 표현이 언급되는지 집중해서 듣는다. 여자가 제안 표현 Shall we를 사용해 바닥을 쓸자고 제안을 하자 남자는 Of course라고 하며 수락하였다. 따라서 남자는 바닥을 치우는 일에 동의한 것이다.
바꿔 쓰기 sweep 쓸다 → clear 치우다

STEP 2 기술 적용 ✏️ 다음 대화를 듣고 문제를 풀어보세요. 🎧 기술 53_2.mp3

Q: What does the man agree to do?
(A) Return later   (B) Wait in line   (C) Have a meal   (D) Continue to work

> **Q:** What does the man **agree** to do?
> → 남자가 동의한 바를 묻는 문제로 먼저 여자가 제안하는 내용을 찾는 것이 우선이다.
>
> **W:** Look! The mall is so crowded today.
>
> **M:** Yeah. There are a number of customers waiting in line.
>
> **W:** I don't really want to miss this great opportunity. But it's almost 1 p.m. Why don't we come back here after work?
> → 일 끝난 후에 다시 돌아오자는 여자의 제안을 놓치지 않아야 한다.
>
> **M:** That's a good idea.
> → 남자가 여자의 제안에 동의하는 부분에서 답을 확인할 수 있다.
>
> **A:** (A) Return later [기술 53 | agree 문제는 상대방의 제안 표현을 잡아라!]
>
> **바꿔 쓰기** come back 돌아오다 → return 돌아오다
> after work 일 끝난 후 → later 나중에

STEP 3 기술 업그레이드  화자들이 결정한 것을 묻는 문제도 agree 문제와 같은 유형이다. 🎧기술 53_3.mp3

화자들이 무엇을 하기로 결정했는지를 묻는 문제(What do the speakers decide to do?)와 화자들이 앞으로 무엇을 할 것인지를
묻는 문제(What do the speakers say they will do?) 역시 agree 문제와 마찬가지로 상대 화자가 제안한 내용이 정답을 결정한다.
따라서 상대 화자가 제안하는 말을 먼저 듣고 나머지 화자가 승낙하는 내용까지 확인한 후에 정답을 선택하면 된다.

Q: What do the speakers decide to do? 화자들은 무엇을 하기로 결정하는가?

M: Maybe we should put off the meeting. 우리는 아마도 회의를 미뤄야 할 것 같아요.

W: That's right. 맞아요.

A: Delay the meeting 회의 연기하기

→ 문제에서 speakers decide를 보고 제안 표현이 언급되기를 기다리며 듣는다. 남자가 회의 연기를 제안(we should)하였고, 여자
가 이에 동의(That's right)하였으므로 화자들이 회의를 연기하기로 결정했다는 것을 알 수 있다.

바꿔 쓰기 put off 미루다 → delay 연기하다

⚙️ Practice 다음 대화를 듣고 알맞은 정답을 찾아보세요. 🎧기술 53_4.mp3

1 What does the woman agree to do?

(A) Get a refund

(B) Purchase a new laptop

(C) Visit the service center

(D) Order the replacement part

2 What do the speakers say they will do?

(A) Hire more workers

(B) Arrange a good bye party

(C) Visit the Manchester office

(D) Relocate to the new building

STEP 2 기술 적용

[정답] (A)

[해석] Q: 남자가 하기로 동의한 바는 무엇인가?

(A) 나중에 다시 오기 (B) 줄 서서 기다리기 (C) 식사하기 (D) 일을 계속하기

W: 봐봐! 쇼핑몰이 오늘 정말 붐비네.

M: 맞아. 줄 서서 기다리는 손님들이 많아.

W: 이 좋은 기회를 진짜 놓치기 싫은데. 하지만 거의 오후 1시야. 일 끝나고 돌아오는 게 어때?

M: 좋은 생각이야.

[어휘] crowded 붐비는 customer 고객 wait in line 줄 서서 기다리다 miss 놓치다 opportunity 기회

Practice

[정답] 1. (C) 2. (B)

DAY 14

기술 54

문제에 men, women이 보이면 3인 대화이다!

문제의 주어가 men, women 등 복수형이면 이어지는 대화가 3인 대화임을 짐작해야 한다. 전체 13개의 Part 3 대화문 중 평균 2개 정도의 대화문이 3인 대화인데, 다른 대화에 비해 길기 때문에 대화를 듣기 전에 주어진 세 문제와 각각의 보기를 빠르게 파악하고 요약해 두는 것이 필수이다. 특히 남자들(men)에 대한 문제인지 여자들(women)에 대한 문제인지 파악하여 대화문을 들을 때 주의를 기울여야 한다.

STEP 1 기술 돋보기 🔍 기술을 적용해 정답의 단서를 찾아보세요. 🎧 기술 54_1.mp3

Q: What do the men say about Sera?
남자들은 Sera에 대해 뭐라고 말하는가?

기술 Tip!
문제에 men이 보이면 3인 대화에 대비하라!

W: Have you seen our new assistant, Sera? 새로운 조수인 Sera 만나봤어요?

M1: Yes, she looks generous. 네, 그녀는 너그러워 보이던데요.

M2: You can say that again. She is really kind. 맞아요. 그녀는 진짜 친절해요.

A: She is friendly. 그녀는 친근하다.

문제에 men이 제시된 것으로 보아 남자 2명, 여자 1명이 등장하는 3인 대화문임을 짐작할 수 있다. 두 남자가 Sera에 대해 이야기한 것을 묻는 문제이므로 고유명사 키워드 Sera가 언급되는 부분에서 정답이 제시될 것이다. 여자가 Sera를 만나보았느냐고 묻자 두 남자는 각각 너그럽고 친절하다고 말하고 있다.
바꿔 쓰기 generous, kind 너그러운, 친절한 → friendly 친근한

STEP 2 기술 적용 ✐ 다음 대화를 듣고 문제를 풀어보세요. 🎧 기술 54_2.mp3

Q: What will the women do next week?
    (A) Visit the factory   (B) Buy some artworks
    (C) Meet overseas clients   (D) Go sightseeing

Q: What will the women do next week?
→ 문제에서 women을 보고 3인 대화문임을 빠르게 파악한다. 시간 표현인 next week가 답을 찾는 핵심 키워드가 된다.

M: I heard you two are going to Paris next week.
→ you two는 남자의 대화 상대방, 즉 두 명의 여자를 지칭한다. 두 여자가 다음 주에 파리에 간다는 정보를 확인할 수 있다.

W1: That's right. I'm so excited about the trip. The city is the paradise for shoppers.

W2: Yes. Also, I'm looking forward to visiting some famous museums and art galleries. I love arts.
→ 유명한 박물관과 화랑을 방문하고 싶다고 말하는 부분에서 관광이라는 (D)가 정답임을 알 수 있다.

M: Well, I went there last year and I had a lot of fun. It is such a beautiful city.

A: (D) Go sightseeing 기술 54 | 문제에 men, women이 보이면 3인 대화이다!

STEP 3 기술 업그레이드 📈 men/women이 포함된 문제는 한 사람의 대사만 들어도 정답을 맞출 수 있다. 🎧 기술 54_3.mp3

men이나 women이 포함된 문제는 주로 두 화자가 동의한 사항이나 공통적으로 이야기한 것을 묻는 문제이다. 하지만 두 사람의 대사를 모두 듣지 않아도 좀 더 구체적으로 또는 분명하게 말하는 한 명의 말에 의존해 정답을 찾아도 무방하다.

Q: What do the **men** mention about the **presentation**?
남자들은 발표에 대해 뭐라고 말하는가?

M1: We were highly **impressed** with your **presentation**, Linda.
우리는 당신의 발표가 매우 인상 깊었어요, Linda.

W: I'm glad you liked it. 마음에 드셨다니 기쁘네요.

M2: It was awesome. Do you think you can give a presentation on the same topic to the board of directors? 대단했어요. 같은 주제로 이사회에서 발표할 수 있겠어요?

A: It was **great**. 훌륭했다.

→ 문제의 men과 presentation을 통해 두 남자가 발표에 대해 공통적으로 말하는 것이 무엇인지 묻는 문제임을 파악한다. 이 경우에는 대체로 한 사람의 의견만 들어도 정답을 찾을 수 있다. 첫 번째 남자가 여자의 발표에 대해 인상 깊었다고 하였으므로 굳이 두 번째 남자의 대사를 듣지 않아도 공통적인 의견은 긍정적인 것임을 알 수 있다.

⚙️ Practice   다음 대화를 듣고 알맞은 정답을 찾아보세요. 🎧 기술 54_4.mp3

1. Where will the men go on Monday?

(A) Chicago

(B) Dallas

(C) New York

(D) Boston

2. What do the women say about the restaurant?

(A) It is located in downtown.

(B) The servers are kind.

(C) The food is terrible.

(D) It is highly expensive.

STEP 2 기술 적용

[정답] (D)

[해석] Q: 여자들은 다음 주에 무엇을 할 것인가?

(A) 공장 방문하기 (B) 몇몇 미술품 사기 (C) 해외 고객 만나기 (D) 관광하기

M: 당신들 둘이 다음 주에 Paris에 간다고 들었어요.

W1: 맞아요. 여행 때문에 정말 신나요. 그 도시는 쇼핑객들의 천국이잖아요.

W2: 네. 또한 유명한 박물관들과 화랑들에 가는 것도 기대하고 있어요. 저는 예술을 사랑하거든요.

M: 음, 저도 작년에 거기 갔었는데 정말 재미 있었어요. 정말 아름다운 도시예요.

[어휘] artwork 미술품 overseas 해외의 go sightseeing 관광하다 shopper 쇼핑객 look forward to ~을 기대하다 famous 유명한 museum 박물관 gallery 화랑

Practice

[정답] 1. (D) 2. (D)

문제의 probably나 most likely는 무시하라!

문제에 나오는 probably나 most likely는 '아마도'라는 뜻으로 별다른 의미가 없으므로 이를 무시하고 다른 키워드를 찾아야 한다. 다만 이런 문제는 추론 문제이므로 대화에서 정답이 직접적으로 언급되지 않을 것임을 예상할 수 있다. 따라서 문제에 제시된 다른 키워드나 간접적인 단서들을 통해 정답을 추론해 내야 한다.

STEP 1 기술 돋보기 🔍 기술을 적용해 정답의 단서를 찾아보세요. 🎧기술 55_1.mp3

> **Q:** Where <mark>most likely</mark> are the speakers?
> 화자들은 어디에 있겠는가?
>
> **M:** I don't want to <mark>eat here</mark> anymore. The <mark>waiters</mark> were so rude.
> 더 이상 여기서는 먹기 싫어요. 웨이터들이 너무 무례해요.
>
> **W:** Right. I feel the same way!
> 맞아요. 저도 똑같이 느꼈어요!
>
> **A:** At a <mark>restaurant</mark> 식당에

> 기술 Tip!
> 문제에 언급된 most likely나 probably는 무시하자!

문제에 제시된 most likely는 무시한다. 다만 추론 문제이므로 대화에서 장소를 직접 언급하기보다는 정답을 추론할 수 있는 장소 관련 표현들이 언급될 것으로 예측할 수 있다. 위 대화에서는 장소와 관련된 eat here와 waiter 등을 듣고 화자들이 식당에 있음을 추론할 수 있다.

STEP 2 기술 적용 ✎ 다음 대화를 듣고 문제를 풀어보세요. 🎧기술 55_2.mp3

Q: What will the man probably do next?
(A) Teach a class (B) Speak with an instructor
(C) Find information on the Internet (D) Fly to Germany

> **Q:** What will the man <mark>probably</mark> do next?
> → 문제에 제시되는 probably 는 무시하고, 뒤에 next가 나오므로 대화 후반에 집중해서 정답을 찾아야 한다.
>
> **M:** Excuse me. Could you tell me about the German class?
>
> **W:** Sure. We offer a beginner course in the spring semester. The class meets two times a week, Monday and Wednesday and it lasts 90 minutes.
>
> **M:** Where can I get more details?
>
> **W:** <mark>You can refer to our Website for more information.</mark>
> → 상대방인 여자가 추가 정보는 웹사이트를 참고하라고 했으므로 정답은 (C)가 된다. 다음에 남자의 대사는 없지만, 여자의 제안에 대해 승낙한 것으로 가정하고 문제를 푼다.
>
> **A:** (C) Find information on the Internet ◁ 기술55 | 문제의 probably나 most likely는 무시하라!
> 바꿔 쓰기 Website 웹사이트 → Internet 인터넷

STEP 3 기술 업그레이드 📈 문제를 빠르게 파악하기 위해 필요 없는 부분은 버려라!

Part 3, 4는 지문을 듣기 전에 주어진 세 문제의 핵심을 빠르게 파악하는 것이 중요하다. 이를 위해 문제에서 필요한 부분과 필요 없는 부분을 구분하여 키워드만 빠르게 걸러내야 한다. Part 3 문제 유형 중에서 무시해도 되는 부분들을 알아 두자.

---

1) ~~Look at the graphic.~~ : 시각 자료 문제

시각 자료를 보시오. → 시각 자료 연계 문제라는 것만 파악하면 된다.

2) ~~What does the man mean when he says,~~ "Sounds good"? : 의도 파악 문제

남자가 "좋아요"라고 말할 때 의미하는 것은 무엇인가?

→ 남녀 화자를 나타내는 주어(man)와 따옴표 안에 있는 표현만 확인하고 문제를 풀면 된다.

3) ~~What does the man say about the~~ chef? : 화자가 말한 것을 묻는 문제

남자가 주방장에 대해 말한 것은 무엇인가?

→ 남녀 화자를 나타내는 주어(man)와 about 뒤에 있는 명사(chef)만 확인하고 문제를 풀면 된다.

4) ~~What is mentioned/said/indicated about the~~ man? : 언급된 것을 묻는 문제

남자에 대해 언급된 것은 무엇인가? → about 뒤에 있는 명사(man)만 확인하고 문제를 풀면 된다.

5) ~~What is suggested/implied about the~~ event? : 암시된 것을 묻는 문제

행사에 대해 암시된 것은 무엇인가? → about 뒤에 있는 명사(event)만 확인하고 문제를 풀면 된다.

⚙️ Practice 다음 대화를 듣고 알맞은 정답을 찾아보세요. 🎧 기술 55_3.mp3

1 Where most likely is the conversation taking place?

(A) At the bus stop

(B) In the subway station

(C) On the bus

(D) In the airport

2 What is the man probably going to do next?

(A) Repair the fax machine

(B) Go to the tech department

(C) Talk to the department head

(D) Make a phone call

STEP 2 기술 적용

[정답] (C)

[해석] Q: 남자는 다음에 무엇을 하겠는가?

(A) 수업하기 (B) 강사와 얘기하기 (C) 인터넷에서 정보 찾기 (D) 독일로 비행기 타고 가기

M: 실례합니다. 독일어 수업에 대해 말씀해 주시겠어요?

W: 물론이죠. 봄학기에는 초보자 수업이 제공됩니다. 수업은 일주일에 두 번, 월요일과 수요일에 있고, 90분 동안 진행됩니다.

M: 더 많은 세부 정보는 어디서 얻을 수 있나요?

W: 더 많은 정보는 우리 웹사이트를 참고하시면 됩니다.

[어휘] instructor 강사 German 독일어 course 수업 semester 학기 time 번, 회수 last 지속되다 refer to ~을 참고하다

Practice

[정답] 1. (A) 2. (D)

기술 56 but 다음에 정답이 언급된다!

문제의 유형과 관계 없이 대화 중 화제 전환 어구가 언급되면 바로 뒤에 정답이 제시되는 경우가 많다. 특히 but(그러나), however(하지만), by the way(그런데), actually(사실) 등의 표현 다음에 정답이 언급될 가능성이 높다. 이런 표현들을 숙지하고 대화를 들을 때 이런 표현들 뒤에 나오는 내용에 집중해야 한다.

STEP 1 기술 돋보기 🔍 기술을 적용해 정답의 단서를 찾아보세요. 🎧기술 56_1.mp3

> **Q:** What will the **woman** do on **Friday**?
> 여자는 금요일에 무엇을 할 것인가?
>
> **M:** Julia! Would you like to go to the film festival on **Friday**?
> Julia! 금요일에 영화제에 갈래요?
>
> **W:** I'd love to, **but** I have to **finish my report**.
> 그러고 싶지만, 제가 보고서를 끝내야 해서요.
>
> > 🖐 **기술 Tip!**
> > but 다음에 정답이 언급된다!
>
> **A:** **Work on the report**
> 보고서 작업하기

문제에 제시된 시간 표현 Friday가 키워드이다. 대화에서 남자가 여자에게 금요일에 영화제에 갈 것인지 묻는 부분에서 키워드가 언급된다. 이때 문제의 화자인 여자가 긍정의 답을 하기 전까지는 의문문의 내용만으로 정답을 결정해서는 안 된다. 여자의 대사에서 화제 전환 표현 but이 언급된 이후에 보고서를 끝내야 한다는 언급이 있으므로 이것이 정답이다.
바꿔 쓰기 finish 마무리짓다 → work on 작업하다

STEP 2 기술 적용 ✍ 다음 대화를 듣고 문제를 풀어보세요. 🎧기술 56_2.mp3

Q: What department does the man currently work in?

  (A) The sales department   (B) The maintenance department

  (C) The marketing department   (D) The personnel department

> **Q:** What **department** does the **man** currently work in?
> → 남자의 현재 부서에 관해 언급하는 부분을 찾아야 한다. 보기 중에 제시되는 부서 중 과거 혹은 앞으로 일하게 될 부서가 함정으로 제시될 수 있다는 점에 유의하자.
>
> **W:** Congratulations! Mike, I was told that you will be promoted to the position of manager as of next month.
>
> **M:** Thank you, Jenny. I'm looking forward to working with sales people. **But** I'm going to miss my coworkers here in marketing.
> → But 다음에 답이 제시된다! 여기 마케팅부에 있는 동료들이 그리울 것이란 말은 현재는 마케팅부 소속임을 알 수 있다. 다음 달부터 영업부에서 일하게 되는 것임으로 sales를 답으로 고르지 않도록 유의하자.
>
> **W:** I think your experience in marketing will be a great asset to your new position.
>
> **A:** (C) **The marketing department** ◄ 기술 56 | but 다음에 정답이 언급된다!

STEP 3 기술 업그레이드 📈 also 다음에 정답이 언급된다.

but, however처럼 반대 의사를 나타내거나 actually처럼 화제를 전환하는 어구뿐만 아니라 부가의 의미를 가지는 also, besides, in addition 등의 표현 다음에도 정답이 제시되는 경우가 많다. 특히 also 뒤에 정답이 언급될 가능성이 높다.

> **Q:** What does the woman say about Mr. Brown? 여자는 Brown 씨에 대해 뭐라고 말하는가?
>
> **M:** What do you think about Mr. Brown's lecture? Brown 씨의 강연에 대해 어떻게 생각하세요?
>
> **W:** It was quite interesting. Also, he's an award-winning economist.
> 매우 흥미로웠어요. 또한 그는 상을 탄 경제학자이기도 하죠.
>
> **A:** He has won an award. 그는 상을 탄 적이 있다.
>
> ➡ 문제에 고유명사 Mr. Brown이 있으므로 이것이 키워드이다. 대화에서 남자가 Mr. Brown을 언급한 직후 여자의 대사에서 Also 바로 다음에 그가 상을 탄 적이 있는 경제학자라고 정답이 언급되었다.

⚙️ Practice 다음 대화를 듣고 알맞은 정답을 찾아보세요. 🎧 기술 56_3.mp3

1 What problem does the woman mention?

(A) There were some mistakes.

(B) The designer was sick.

(C) The printer is out of order.

(D) The customer changed his mind.

2 Why is Ms. Simpson unavailable?

(A) She is out for lunch.

(B) She is talking with the executive.

(C) She is meeting with a client.

(D) She is away on business.

STEP 2 기술 적용

[정답] (C)

[해석] Q: 남자가 현재 일하는 부서는 어디인가?

(A) 영업부 (B) 관리부 (C) 마케팅부 (D) 인사부

W: 축하해요! Mike, 다음 달부터 부장직으로 승진할 거란 얘기 들었어요.

M: 고마워요, Jenny. 영업부 직원들과 일하는 것을 기대하고 있어요. 하지만 여기 마케팅부의 동료들이 그리울 겁니다.

W: 마케팅부에서의 경험이 새로운 직책에 큰 자산이 될 것 같아요.

[어휘] congratulations 축하해(요) be told 듣다 promote 승진시키다 position 자리, 직책 as of ~현재로 miss 그리워하다 coworker 동료 asset 자산

Practice

[정답] 1. (A) 2. (B)

TEST 🎧 DAY 14_1.mp3

1. What does the man want to review?

   (A) Reports
   (B) Résumés
   (C) Blueprints
   (D) Contracts

2. What does the man say he will do this afternoon?

   (A) Write an résumé
   (B) Send a message
   (C) Have his computer repaired
   (D) Meet applicants

3. What does the woman offer to do?

   (A) Look for the folder
   (B) Send an e-mail
   (C) Make some copies
   (D) Apply for a position

4. What is the problem with the man?

   (A) His computer was broken.
   (B) He misplaced his wallet.
   (C) He was late for the meeting.
   (D) He lost all the data.

5. What does the man say he did in the morning?

   (A) He had his computer fixed.
   (B) He contacted another department.
   (C) He talked with the buyer.
   (D) He made a presentation.

6. What does the man agree to do?

   (A) Repair the computer
   (B) Recover the data
   (C) Talk with the section head
   (D) Make a payment

7. What does the man ask the woman to do?

   (A) Give him a lift
   (B) Repair his vehicle
   (C) Go on a business trip
   (D) Bring a map

8. What does the man say he will do?

   (A) Rent a studio apartment
   (B) Walk to work
   (C) Stop by the repair shop
   (D) Use the public transportation

9. What does the man agree to do?

   (A) Take the bus
   (B) Contact a colleague
   (C) Buy a car
   (D) Visit the Website

10. What are the speakers mainly talking about?

    (A) A film
    (B) A concert
    (C) A clearance sale
    (D) A Website

11. Who will the man meet on the weekend?

    (A) A director
    (B) A relative
    (C) A reporter
    (D) A critic

12. What will the woman do next?

    (A) Visit the ticket office in person
    (B) Call her cousin
    (C) Read the review
    (D) Log onto the Internet

13. Who will the man meet this afternoon?

(A) The personnel director
(B) The potential customers
(C) The maintenance staff
(D) The secretary

14. What does the man ask the women to do?

(A) Give a presentation
(B) Repair the projector
(C) Entertain the clients
(D) Prepare for the materials

15. What does the man say he will do?

(A) Work on the audio-visual aids
(B) Use the copy machine
(C) Meet with the director
(D) Set up an computer

Fresh Supermarket
Discount coupon

Organic Milk	$1.50 off
Orange Juice	$0.50 off
Tomato Juice	$0.70 off
Cheddar cheese	$1.00 off

Expires on November 30th

---

16. What problem does the man mention?

(A) The item is unavailable.
(B) The coupon is invalid.
(C) The cash register doesn't work.
(D) The orange juice is out of stock.

17. Who most likely is the woman?

(A) A farmer
(B) A customer
(C) A janitor
(D) A cashier

18. Look at the graphic. How much money will the man save?

(A) $0.50
(B) $0.70
(C) $1.00
(D) $1.50

DAY 14 TEST

ENGDANGI LISTENING
NEW TOEIC

'기술'로 끝내는 신토익 문제풀이
영단기 신토익기술 LC

PART 4

DAY 15

기술 57

전화의 용건 문제의 정답은 I'm calling to 뒤에 언급된다!

전화 메시지의 초반부는 보통 '인사말 → 자기 소개 → 전화의 이유' 순서로 구성된다. 따라서 전화를 건 이유나 용건, 주제를 묻는 문제가 나오면 담화의 초반에 집중해야 한다. 특히 전화 건 이유를 묻는 문제의 정답은 I'm calling to(~하려고 전화한다) 뒤에 언급되는 경우가 많다.

STEP 1 기술 돋보기 🔍 기술을 적용해 정답의 단서를 찾아보세요. 🎧 기술 57_1.mp3

> **기술 Tip!**
> I'm calling to 다음에 전화를 건 용건이 온다!

Q: **Why** is the man **calling**?
남자가 전화하는 이유는?

M: Hello. This is Joe Brown. **I'm calling to** ask you about the order I placed last week.
안녕하세요. 저는 Joe Brown입니다. 제가 지난주에 한 주문에 대해 여쭤보려고 전화 드립니다.

A: To **inquire about an order**
주문에 대해 문의하기 위해

문제의 Why와 calling을 보고 전화 건 이유를 묻는 문제임을 파악하고 담화를 듣는다. 이 문제 유형의 단서 표현인 I'm calling to 다음에 나오는 ask와 order를 통해 화자가 주문에 대해 문의하기 위해 전화했음을 알 수 있다.
바꿔 쓰기 ask 묻다 → inquire 문의하다

STEP 2 기술 적용 ✎ 다음 담화를 듣고 문제를 풀어보세요. 🎧 기술 57_2.mp3

Q: What is the purpose of the message?
　　(A) To make a complaint　　　(B) To get a refund
　　(C) To have catalogues printed　(D) To discuss some items

Q: **What** is the **purpose** of the message?
→ purpose와 message를 보고 전화 메시지의 용건을 찾는 문제임을 빠르게 파악한다.

M: Ms. Taylor! This is Sam Dickenson in JS industries.
→ 화자의 본인 소개

I'm calling to talk about your new products.
→ I'm calling to 다음에 전화를 건 용건 제시, 즉 신제품에 대해 얘기하고자 전화한다고 말하고 있다.

I have reviewed your fall catalogue and I found some items very attractive.
So I'd like to talk about them with you as soon as possible.
Now I'm on a business trip in Toronto, but I will return to my office this afternoon.
Please call me back at 500-3400 anytime you want.

A: (D) To **discuss some items** 「기술 57 | 전화의 용건 문제의 정답은 I'm calling to 뒤에 언급된다!」
바꿔 쓰기 talk 말하다 / new products 신제품 → discuss 논의하다 / some items 몇몇 품목들

STEP 3 기술 업그레이드 📈 I'm calling about/regarding 다음에 오는 명사를 노려라! 🎧 기술 57_3.mp3

전화의 주제/목적/이유 문제의 단서로 명사가 제시되는 경우에 'I'm calling about/regarding + 명사'로 이루어진 표현이 사용된다. 이 표현 바로 다음에 나오는 명사가 정답이 된다.

> **Q: What** is the speaker **calling about**?
>
> 화자는 무엇에 대해 전화하고 있는가?
>
> W: Hi, this is Sharon Davidson and **I'm calling about** the **flat screen TV** I bought at your store yesterday.
>
> 안녕하세요, 저는 Sharon Davidson이고, 어제 당신 가게에서 구입한 평면 스크린 TV와 관련해서 전화 드립니다.
>
> **A: A home appliance** 가전제품
>
> → 문제의 What과 calling about을 통해 전화의 주제를 묻는 문제임을 파악한다. I'm calling about 바로 뒤에 평면 스크린 TV(flat screen TV)가 언급되었으므로 가전제품과 관련해서 전화하고 있음을 알 수 있다.
>
> **바꿔 쓰기** TV TV → home appliance 가전제품

DAY 15

⚙️ Practice 다음 담화를 듣고 알맞은 정답을 찾아보세요. 🎧 기술 57_4.mp3

1 What is the speaker calling about?

(A) A curriculum vitae

(B) A report

(C) A survey

(D) A certificate

2 Why is the speaker calling?

(A) To ask about the Chinese client

(B) To reserve a flight ticket

(C) To close the deal

(D) To rearrange the meeting

STEP 2 기술 적용

[정답] (D)

[해석] Q: 메시지의 목적은?

(A) 불평을 하기 위해   (B) 환불을 받기 위해

(C) 카탈로그 인쇄를 맡기기 위해 (D) 몇몇 품목들에 대해 논의하기 위해

M: Taylor 씨! 저는 JS 산업의 Sam Dickenson입니다. 당신의 신제품에 대해 이야기하기 위해 전화 드렸습니다. 당신의 가을 카탈로그를 봤는데, 몇몇 품목들이 매우 매력적이더군요. 그래서 가능한 한 빨리 그것들에 대해 당신과 얘기를 나누고 싶습니다. 지금 저는 Toronto에 출장 중이지만, 오늘 오후에 사무실로 돌아갑니다. 500-3400으로 언제든 원하실 때 전화 주세요.

[어휘] make a complaint 불평하다   item 물건, 품목   product 제품   review 살펴보다   attractive 매력적인
       as soon as possible 가능한 한 빨리   return 돌아가다

Practice

[정답] 1. (A) 2. (D)

요청 문제의 정답은 Please 뒤에 언급된다!

기술 58

문제에 ask가 보이면 화자가 청자(들)에게 요청한 것을 묻는 문제로 정답은 주로 담화 후반부에 제시되며 특히 Please 뒤에 언급되는 경우가 많다. 전화 메시지에서는 담화 마지막에 다시 전화를 해달라는 요청 사항이 주로 출제되며 이때는 Please call me back이란 표현이 자주 등장하므로 꼭 기억해 두자.

STEP 1 기술 돋보기 🔍 기술을 적용해 정답의 단서를 찾아보세요. 🎧기술 58_1.mp3

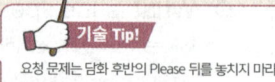

> **기술 Tip!**
> 요청 문제는 담화 후반의 Please 뒤를 놓치지 마라!

Q: What does the speaker <mark>ask</mark> the listener to do?
화자는 청자에게 무엇을 해달하고 요청하는가?

M: Hi, Ms. Johnson. This is James Carter from the Westwood library.
안녕하세요, Johnson 씨. 저는 Westwood 도서관의 James Carter입니다.

I'm calling to tell you that the book you borrowed from here is more than 10 days overdue. 여기서 빌리신 책이 10일 이상 연체되었음을 알려드리려고 연락 드립니다.

Should you have any questions about it, <mark>please</mark> don't hesitate to <mark>call us</mark> at 640-4300. 이와 관련해 질문이 있으시면, 주저하지 마시고 640-4300번으로 전화 주세요.

A: <mark>Return his call</mark> 답신 전화하기

문제의 ask를 보고 요청 사항을 묻는 문제임을 빠르게 파악하고 담화를 듣는다. 담화 후반부에 단서 표현인 Please가 언급된 이후에 화자가 청자에게 전화를 해달라고 요청하고 있다.

바꿔 쓰기 call us 저희에게 전화 주세요 → return his call 답신 전화하기

STEP 2 기술 적용 ✏️ 다음 담화를 듣고 문제를 풀어보세요. 🎧기술 58_2.mp3

Q: What is the listener asked to do?
  (A) Contact Ms. Truman   (B) Turn in the report
  (C) Call the hotel   (D) Reserve a table

Q: What is the listener <mark>asked</mark> to do?
→ 문제에서 asked를 보고 요청/당부 문제임을 간파하고, 담화 후반을 노리고 청취한다.

W: Hi, Ms. Williams. This is <mark>Jane Truman</mark> from Accounting. → 화자(Jane Truman) 소개
I'm calling to inquire about the expense report you turned in this morning.
→ 전화 건 용건 제시
You didn't include the hotel receipt for April 15th. → 문제점 제시
The report says you paid 250 dollars for the accommodations but there is no relevant receipt. → 상세 내역
<mark>Please call my office</mark> at 290-9898 so that I can expedite your request.
→ Please 다음에 요청 사항

A: (A) <mark>Contact Ms. Truman</mark> ◁ 기술 58 | 요청 문제의 정답은 Please 뒤에 언급된다!

바꿔 쓰기 call 전화하다 → contact 연락하다

STEP 3 기술 업그레이드 📶 전화를 부탁하는 다양한 요청 표현을 알아 두자. 🎧 기술 58_3.mp3

전화 메시지는 마지막에 전화를 요청하는 것으로 마무리되는 경우가 많다. 이때 전화 연락을 부탁하는 다양한 표현이 등장한다. '전화를 걸다'라는 의미의 call 외에 '연락하다'라는 의미의 contact, reach 등의 동사가 사용된다.

Please call me back. 다시 전화 주세요.

Please give me a call. 전화 주세요.

Please give me a ring. 전화 주세요.

Please phone me later. 나중에 전화 주세요.

Please get in touch with me. 연락 주세요.

Please contact[reach] me as soon as possible. 가능한 한 빨리 연락 주세요.

Please reach me at 450-6600. 450~6600번으로 제게 연락 주세요.

Can you please return my call? 제게 전화 주시겠어요?

Could you get back to me as soon as possible? 가능한 한 빨리 다시 전화 주시겠어요?

I hope to hear from you soon. 곧 연락 주시기를 바랍니다.

⚙️ Practice 다음 담화를 듣고 알맞은 정답을 찾아보세요. 🎧 기술 58_4.mp3

1 What is the listener required to do?

(A) Make a payment

(B) Subscribe to the paper

(C) Make a call

(D) Leave a message

2 What does the man ask Ms. Smith to do?

(A) Return his call

(B) Book a smaller room

(C) Change the date

(D) Decorate the hall with flowers

STEP 2 기술 적용

[정답] (A)

[해석] Q: 청자가 요청받은 것은?

(A) Truman 씨에게 연락하기 (B) 보고서 제출하기

(C) 호텔에 전화하기   (D) 테이블 예약하기

W: 안녕하세요, Williams 씨. 저는 회계부의 Jane Truman입니다. 오늘 아침에 제출하신 비용 보고서에 대해 문의드리고자 연락 드립니다. 4월 15일자 호텔 영수증을 포함시키지 않으셨더군요. 보고서에는 숙박에 250달러를 지불한 것으로 나와 있는데, 관련 영수증이 없네요. 요청 사항을 신속하게 처리하시기 위해 제 사무실인 290~9898번으로 전화 주세요.

[어휘] accounting 회계 inquire 문의하다 expense 비용 accommodation 숙박 relevant 관련된 receipt 영수증 expedite 신속히 처리하다 request 요청

Practice

[정답] 1. (C) 2. (A)

회사를 묻는 문제의 정답은 Thank you for calling 뒤에 언급된다!

녹음 메시지를 제공하는 회사나 단체를 묻는 문제의 정답은 주로 담화의 초반에 나온다. 담화 초반에 인사말을 한 직후에 '~에 전화 주셔서 감사하다'는 뜻으로 Thank you for calling이라고 말하는데, 이때 calling 뒤에 회사명 또는 단체명이 언급되는 경우가 많다.

STEP 1 기술 돋보기 🔍 기술을 적용해 정답의 단서를 찾아보세요. 🎧기술 59_1.mp3

> **기술 Tip!**
> Thank you for calling 다음에 나오는 명사를 놓치지 마라!

Q: What kind of business recorded the message?
어떤 업종의 회사가 메시지를 녹음했는가?

W: Hi, Thank you for calling Paradise Tours. If you want to reserve a flight ticket, press one.
안녕하세요, Paradise Tours에 전화 주셔서 감사합니다. 비행기표 예약을 원하시면 1번을 눌러 주세요.

A: A travel agency
여행사

문제의 What, business, recorded를 보고 메시지를 녹음한 회사를 묻는 문제임을 빠르게 파악하고 담화를 듣는다. 인사말을 한 후 Thank you for calling 뒤에 나오는 상호명 중 Tours를 듣는다면 여행사의 녹음 메시지임을 알 수 있다.
바꿔 쓰기 Tours 여행사 → travel agency 여행사

STEP 2 기술 적용 ✍ 다음 담화를 듣고 문제를 풀어보세요. 🎧기술 59_2.mp3

Q: What type of business did the caller reach?
(A) An airline　(B) A community center　(C) A hotel　(D) A ticket sales service

Q: What type of business did the caller reach?
→ 문제에서 어떤 회사에 전화를 했는지, 즉 녹음 메시지를 남긴 회사가 어떤 회사인지 찾는 문제임을 빠르게 파악한다.

M: Thank you for calling Dream Ticketing. → Thank you for calling 다음에 등장하는 회사명을 잡아야
한다. 이때 앞에 오는 고유명사는 버리고, 뒤에 오는 보통 명사를 잡는 것이 핵심 포인트이다!

If you'd like to book a movie ticket, press 1. → 번호와 서비스를 연결시키는 문제로 자주 출제
For musical tickets, press 2.
If you want to see a play, press 3.
If you'd like to speak with one of our agents, please stay on the line.

A: (D) A ticket sales service ┤ 기술59 | 회사를 묻는 문제의 정답은 Thank you for calling 뒤에 언급된다!

STEP 3 기술 업그레이드 📊 You have reached 뒤에도 회사명이나 단체명이 나온다. 🎧 기술 59_3.mp3

녹음 메시지를 제공하는 회사나 단체를 알 수 있는 표현으로 '~에 전화하셨습니다'라는 의미의 'You have reached'도 알아두어야 한다. Thank you for calling과 마찬가지로 바로 뒤에 나오는 회사명이나 단체명이 정답이며 주로 담화 초반에 언급된다.

> **Q:** What kind of business is this message from?
> 어떤 업종의 회사의 메시지인가?
>
> **M:** Hello, you have reached Forever Insurance.
> 안녕하세요. Forever Insurance에 전화하셨습니다.
>
> I'm sorry but all our representatives are currently talking with other customers.
> 죄송하지만, 우리의 모든 직원들이 현재 다른 고객분들과 통화 중입니다.
>
> **A:** An insurance company 보험 회사
>
> → 문제의 What, business, message, from을 보고 메시지를 녹음한 회사를 묻는 문제임을 빠르게 파악하고 담화를 듣는다. 이 문제 유형의 단서 표현인 You have reached 다음에 언급되는 회사명(Forever Insurance)을 들으면 메시지를 녹음한 회사가 보험 회사임을 알 수 있다.

⚙️ Practice 다음 담화를 듣고 알맞은 정답을 찾아보세요. 🎧 기술 59_4.mp3

1 What type of business recorded this message?
(A) A drug store
(B) A dentist's office
(C) A grocery store
(D) A hardware store

2 What kind of business is the message from?
(A) A construction company
(B) An architecture firm
(C) An interior design company
(D) A library

STEP 2 기술 적용

[정답] (D)

[해석] Q: 전화한 사람은 어떤 업종의 회사에 연락했는가?

(A) 항공사 (B) 지역 센터 (C) 호텔 (D) 발권 서비스업체

M: Dream Ticketing에 전화 주셔서 고맙습니다. 영화 표를 예매하시려면, 1번을 누르세요. 뮤지컬 표는 2번을 누르세요. 연극을 보시려면 3번을 눌러 주세요. 직원과 통화를 원하시면, 끊지 말고 기다려 주세요.

[어휘] reach 연락하다   press 누르다   play 연극   agent 직원   stay on the line 전화를 끊지 않고 기다리다

Practice

[정답] 1. (B) 2. (D)

ARS 지문에서는 숫자와 서비스를 연결하라!

녹음 메시지의 경우 담화에 숫자가 언급되고 이와 관련된 서비스를 찾는 문제가 자주 출제된다. 메시지에서는 주로 정답이 되는 서비스의 종류가 먼저 언급되고 키워드 숫자가 뒤이어 언급되기 때문에 **특정 서비스가 나오면 어떤 숫자가 뒤에 나오는지 집중해서 들어야 한다.** 거꾸로 문제에 서비스가 제시되고 관련된 숫자를 찾게 하는 형태로 출제되기도 한다.

STEP 1 기술 돋보기 🔍 기술을 적용해 정답의 단서를 찾아보세요. 🎧 기술 60_1.mp3

> 기술 Tip!
> 숫자와 해당 서비스 연결이 핵심이다!

Q: What should listener do to reserve a room?
객실을 예약하려면 청자들은 어떻게 해야 하는가?

W: Thank you for calling Royal Hotel. If you want to book a room, press 1.
Royal Hotel에 전화 주셔서 감사합니다. 객실 예약을 원하시면 1번을 눌러 주세요.

A: Push 1
1번 누르기

문제의 What, do, reserve, room을 보고 객실을 예약하기 위해 무엇을 해야 하는지 묻는 문제임을 빠르게 파악하고 담화를 듣는다. 키워드 숫자인 1이 언급되기 직전 객실 예약을 언급하였다. 즉 객실 예약을 원하면 1번을 눌러야 한다는 것을 알 수 있다.
바꿔 쓰기 press 누르다 → push 누르다

STEP 2 기술 적용 ✏️ 다음 담화를 듣고 문제를 풀어보세요. 🎧 기술 60_2.mp3

Q: Why are listeners instructed to press 3?

(A) To open an account   (B) To check the balance
(C) To hear about the new service   (D) To talk with an employee

Q: Why are listeners instructed to press 3?
→ 문제에 제시되는 숫자 3이 관련 서비스를 찾기 위한 핵심 키워드이다.

M: You have reached Chicago bank. → 메시지를 남긴 회사 정보
If you'd like to check your account balance, press 1. → 1번과 연결되는 서비스 (함정)
To open a bank account, press 2. → 2번과 연결되는 서비스 (함정)
For more information about our new Internet banking service, press 3.
→ 문제의 숫자 키워드 3과 함께 제시된 정답
In order to talk with one of our employees, please remain on the line.
→ 전화를 끊지 않고 대기하는 상황에 대한 정보

A: (C) To hear about the new service ─ 기술 60 | ARS 지문에서는 숫자와 서비스를 연결하라!

STEP 3 기술 업그레이드 📈 전화를 끊지 않고 기다리면 직원 통화가 가능하다. 🎧기술 60_3.mp3

녹음 메시지의 마지막에는 전화를 끊지 않고 기다리면 직원과 통화할 수 있다는 말이 자주 나온다. 따라서 직원과 통화하기 위해 해야 할 일을 묻는 문제는 '전화를 끊지 않고 기다린다'가 정답이 되는 경우가 많다.

> **Q:** What are listeners asked to do in order to speak to an employee?
> 청자들은 직원과 통화하기 위해 무엇을 할 것을 요청받는가?
>
> **W:** Hello, you have reached Super Burgers. 안녕하세요, Super Burgers입니다.
> I'm sorry that all our operators are currently busy with other customers.
> 죄송하지만 현재 모든 교환원들이 다른 고객들로 인해 바쁩니다.
> If you want to have our burgers delivered, please remain on the line.
> 버거 배달을 원하시면, 전화를 끊지 말고 기다려 주세요.
> Our representative will be right with you. 저희 직원이 곧 전화를 받을 겁니다.
>
> **A:** Stay on the line 전화를 끊지 않고 기다리기
>
> → 문제의 What, asked, speak, employee를 보고 청자가 직원과 통화하기 위해 요청받은 것을 묻는 문제임을 파악한다. 요청 문제이므로 please 등 요청 표현이 언급되는 곳에 정답이 나온다. please가 언급된 후 전화를 끊지 않고 기다리면 직원이 전화를 받을 것이라고 한 부분에서 정답을 찾을 수 있다.
> **바꿔 쓰기** remain 계속 ~이다 → stay 그대로 있다

⚙️ Practice 다음 담화를 듣고 알맞은 정답을 찾아보세요. 🎧기술 60_4.mp3

1 Why are listeners asked to press 1?
(A) To make a donation
(B) To find out the schedule
(C) To volunteer at the sports facility
(D) To know how to get to the center

2 Why would listeners press 2?
(A) To become an instructor
(B) To attend the safety training
(C) To get more information about the new class
(D) To learn about the software program

STEP 2 기술 적용
[정답] (C)
[해석] Q: 청자들이 3번을 누르라고 지시받는 이유는?
(A) 계좌를 개설하기 위해　　(B) 잔액을 확인하기 위해
(C) 새로운 서비스에 대해 듣기 위해　(D) 직원과 얘기하기 위해

M: Chicago 은행입니다. 계좌 잔액을 확인하시려면, 1번을 누르세요. 은행 계좌 개설을 위해서는, 2번을 누르세요. 새로운 인터넷 뱅킹 서비스에 대해 더 자세한 정보를 원하시면, 3번을 누르세요. 직원과 통화하시려면, 끊지 말고 기다리세요.
[어휘] instruct 지시하다　open 개설하다　account 계좌　balance 잔액　remain on the line 전화를 끊지 않고 있다

Practice
[정답] 1. (B)　2. (C)

1. What time will the bus leave the hotel?

   (A) At 9:50 a.m.
   (B) At 10 a.m.
   (C) At 10:10 a.m.
   (D) At 11 a.m.

2. Why is Ms. Wang invited to press extension 1?

   (A) To get more details about the service
   (B) To reserve a hotel room
   (C) To make an international call
   (D) To check in the hotel

3. Why does the speaker say, "hopefully, we'll serve you again"?

   (A) To offer a complimentary meal
   (B) To make up for the mistake
   (C) To encourage the listener to stay in the hotel again
   (D) To introduce the new shuttle service

4. What is the purpose of the message?

   (A) To cancel the appointment
   (B) To reserve a table
   (C) To tell about the problem
   (D) To get a car fixed

5. Where most likely is the speaker?

   (A) In a car
   (B) At the bus stop
   (C) In a repair shop
   (D) On the bus

6. What is Tom advised to do?

   (A) Take a taxi
   (B) Use a copier
   (C) Fix the car
   (D) Make a phone call

7. Who most likely is the message intended for?

   (A) Tour guides
   (B) Travel agents
   (C) Customers
   (D) Bus drivers

8. What is suggested about the business hours?

   (A) It is open six days a week.
   (B) It closes at 10 p.m. on weekday.
   (C) It is closed on Monday.
   (D) It opens at 10 a.m. on Sunday.

9. What should listeners do in order to talk to an employee?

   (A) Make another call
   (B) Stay on the line
   (C) Press 3
   (D) Leave a message

10. What does the speaker want to do?

    (A) Organize an event
    (B) Hire more workers
    (C) Talk with a celebrity
    (D) Publish a book

11. Who most likely is the speaker?

    (A) An athlete
    (B) An author
    (C) A politician
    (D) A journalist

12. What is the listener asked to do?

    (A) Make a call
    (B) Write an article
    (C) Visit the office
    (D) Check the Website

正답 및 해석/해설 p.91

13. According to the speaker, what happened yesterday?

 (A) The sales result was revealed.
 (B) An interview was conducted.
 (C) A sales manager position was filled.
 (D) A marketing campaign was created.

14. Why is the man calling?

 (A) To apply for a position
 (B) To offer a job
 (C) To decline an offer
 (D) To submit a résumé

15. What does the company plan to do in March?

 (A) Conduct the survey
 (B) Analyze the market
 (C) Release the model
 (D) Organize the committee

Building directory	
1F	Accounting
2F	Personnel
3F	Auditorium
4F	Conference room

16. Why is the speaker calling?

 (A) To sign up for the course
 (B) To invite a guest speaker
 (C) To extend the appreciation
 (D) To book a conference room

17. Look at the graphic. On which floor will the talk be held?

 (A) On the first floor
 (B) On the second floor
 (C) On the third floor
 (D) On the fourth floor

18. Who most likely is Michelle Jackson?

 (A) An assistant
 (B) A guest speaker
 (C) A recruiter
 (D) A professor

DAY 15 TEST

DAY 15 TEST **181**

기술 61 화자의 직업은 이름 뒤에 언급된다!

화자의 직업을 묻는 문제의 정답은 이름 뒤에 언급되는 경우가 많다. My name is이나 I'm 다음에 이름이 오고, 연이어 직업/직책/신분 명사가 언급된다. 간혹 As 다음에 신분 명사가 언급되기도 한다. Part 3는 대화의 내용을 통해 직업을 유추하는 문제가 많지만, Part 4는 초반에 직접 정답을 제시하는 경우가 많으므로, 처음 한두 문장에 집중해야 한다.

STEP 1 기술 돋보기 🔍 기술을 적용해 정답의 단서를 찾아보세요. 🎧 기술 61_1.mp3

> **Q:** **Who** most likely is the **speaker**?
> 화자는 누구이겠는가?
>
> **M:** Good morning. **I'm David** and I'll be your **guide** today.
> 안녕하세요. 저는 David이고, 오늘 여러분들의 가이드가 될 것입니다.
>
> **A:** **A tour guide**
> 여행 안내원

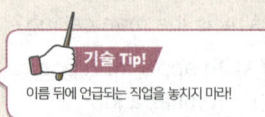
기술 Tip!
이름 뒤에 언급되는 직업을 놓치지 마라!

문제의 Who, speaker를 보고 화자의 직업을 묻는 문제임을 파악한다. 화자의 이름 뒤에 직업 명사 guide가 언급되었으므로 쉽게 정답을 찾을 수 있다.

STEP 2 기술 적용 ✏️ 다음 담화를 듣고 문제를 풀어보세요. 🎧 기술 61_2.mp3

Q: Who most likely is the speaker?
(A) An accountant   (B) A vice president
(C) A personnel manager   (D) A sales representative

> **Q:** **Who** most likely is the **speaker**?
> → 문제에서 Who와 speaker를 보고 화자의 신분을 찾는 문제임을 빠르게 파악한다.
>
> **W:** Hi, everyone. **My name is Dona Garcia** and I'm **in charge of the human resources department.**
> → My name is 뒤에 이름을 밝힌 후, 바로 인사부를 책임지고 있다는 말에서 화자가 인사부장임을 알 수 있다.
> I'm here to give you a brief outline of today's new employee orientation. → 주제 제시
> First, our vice president, John Gupta will give a welcoming speech at 11 a.m.
> → 첫 번째 일정 제시
> After that, you will watch a video about the history of JK motors. → 두 번째 일정 제시
> At noon, you will have an hour lunch break. → 점심 시간 안내
> In the afternoon, Andrew Jackson from accounting will tell you about our new
> payroll system. → 오후 일정 소개
>
> **A:** (C) **A personnel manager** ◀ 기술 61 | 화자의 직업은 이름 뒤에 언급된다!

STEP 3 기술 업그레이드 📈 This is 다음에 이름과 직업이 언급된다. 🎧기술 61_3.mp3

전화 메시지, 라디오 방송, 기내 방송 등 화자의 얼굴이 직접 보이지 않는 경우는 This is로 시작하여 이름, 직업 등 화자에 대한 정보가 언급된다.

Q: Who most likely is the caller?
전화를 건 사람은 누구이겠는가?

W: Hello, Ms. Brown. This is Joan Morrison, the vice president of Miracle Advertising.
안녕하세요, Brown 씨. 저는 Miracle Advertising의 부사장, Joan Morrison입니다.

A: An executive 임원

→ 문제의 Who와 caller를 보고 전화를 건 사람을 묻는 문제임을 파악한다. 전화 메시지에서 화자의 이름과 직업, 직책 등은 This is 다음에 제시된다. 이름 다음에 직책명 vice president가 언급되었으므로 정답을 쉽게 찾을 수 있다.

바꿔 쓰기 vice president 부사장 → executive 임원

⚙️ Practice   다음 담화를 듣고 알맞은 정답을 찾아보세요. 🎧기술 61_4.mp3

1 Who most likely is the speaker?

(A) A sales representative

(B) A bookstore owner

(C) An elementary school teacher

(D) An author

2 Who most likely is the speaker?

(A) A reporter

(B) A mayor

(C) A council member

(D) An environmentalist

STEP 2 기술 적용

[정답] (C)

[해석] Q: 화자는 누구이겠는가?

(A) 회계사 (B) 부사장 (C) 인사부장 (D) 영업사원

W: 안녕하세요, 여러분. 제 이름은 Dona Garcia이고, 인사부를 책임지고 있습니다. 오늘 신입사원 오리엔테이션의 간략한 개요를 소개하기 위해 이 자리에 섰습니다. 먼저, 우리 John Gupta 부사장님께서 오전 11시에 환영사를 하실 겁니다. 이어서, JK 자동차의 역사에 대한 비디오를 감상하실 겁니다. 정오에는, 1시간의 점심 시간을 갖겠습니다. 오후에는 회계부의 Andrew Jackson 씨가 우리의 새로운 급여 체계에 대해 말씀해 주실 겁니다.

[어휘] be in charge of ~을 책임지고 있다   human resources department 인사부   brief 간략한   employee 직원
welcoming speech 환영사   lunch break 점심시간   accounting 회계부   payroll 급여

Practice

[정답] 1. (D) 2. (A)

DAY 16

청자를 묻는 문제의 정답은 you 근처에서 언급된다!

Part 4에서 Who 문제는 크게 화자/청자/3자를 묻는 문제로 나뉜다. Who 다음에 addressing, listeners, intended와 같은 단어들이 보이면 청자를 묻는 문제이다. 청자에 대한 정보는 주로 초반에 언급된다. 특히 전치사 as나 대명사 you를 듣고 근처에 언급되는 직업/신분 명사를 잡아내면 된다.

STEP 1 기술 돋보기 🔍 기술을 적용해 정답의 단서를 찾아보세요. 🎧 기술62_1.mp3

> 🖐 기술 Tip!
> 청자를 묻는 문제는 you 근처의 직업/신분 명사를 놓치지 마라!

Q: Who is the speaker addressing?
화자는 누구에게 말하고 있는가?

M: Good morning everyone. Today's event will be a good opportunity for young sculptors like you.
안녕하세요, 여러분. 오늘의 행사는 여러분과 같은 젊은 조각가들에게 좋은 기회가 될 것입니다.

A: Artists
예술가들

문제의 Who와 addressing을 보고 청자를 묻는 문제임을 파악한다. 초반에 대명사 you가 언급되면 그 근처에 제시되는 직업 명사에서 청자의 직업을 알 수 있다. you 근처에서 언급된 sculptors를 듣고 정답을 쉽게 찾을 수 있다.
바꿔 쓰기 sculptors 조각가들 → Artists 예술가들

STEP 2 기술 적용 ✏️ 다음 담화를 듣고 문제를 풀어보세요. 🎧 기술62_2.mp3

Q: Who most likely is the speaker addressing?
(A) Salesmen (B) Presidents (C) Customers (D) Journalists

Q: Who most likely is the speaker addressing?
→ Who와 addressing을 보고 청자를 찾는 문제임을 빠르게 파악한다.

M: Hello, Everyone. → 인사
I'm pleased to tell you that we surpassed our yearly sales goal with unprecedented achievement of 10 million dollars, which placed our company on the top position in the industry. → 영업 결과 발표
I'd like to appreciate your dedication as sales people to the success of our company. → 전치사 as 다음에 청자에 대한 정보, 즉, 영업사원들이란 답을 찾을 수 있다.
To reward your hard work, the president decided to give you the special bonus at the end of the month. → 보상 안내

A: (A) Salesmen 기술62 | 청자를 묻는 문제의 정답은 you 근처에서 언급된다!
바꿔 쓰기 sales people 영업사원들 → Salesmen 영업사원들

STEP 3 기술 업그레이드 📈 Who is the speaker calling?은 전화 메시지의 상대방을 묻는 문제이다. 🎧기술62_3.mp3

전화 메시지의 상대방 역시 지문 초반 대명사 you 근처에서 쉽게 답을 찾을 수 있다.

> **Q:** Who most likely is the speaker calling?
>
> 화자가 전화하는 사람은 누구이겠는가?
>
> **W:** Hi, this is Emma Todd and I'm calling about the résumé you submitted last week.
>
> 안녕하세요, 저는 Emma Todd이고 지난주에 제출하신 이력서에 대해 연락 드립니다.
>
> **A:** A job applicant 취업 지원자
>
> ➜ 대명사 you를 언급하면서 당신이 이력서를 냈다고 말하는 부분에서 청자가 지원자임을 유추할 수 있다.

⚙️ Practice 다음 담화를 듣고 알맞은 정답을 찾아보세요. 🎧기술62_4.mp3

1 Who most likely are the listeners?

(A) Sales representatives

(B) Mechanics

(C) Flight attendants

(D) Air travelers

2 Who most likely is the speaker calling?

(A) A realtor

(B) A cashier

(C) A prospective customer

(D) A landlord

STEP 2 기술 적용

[정답] (A)

[해석] Q: 화자는 누구에게 말하고 있겠는가?

(A) 영업사원 (B) 사장 (C) 고객 (D) 기자

M: 안녕하세요, 여러분. 우리가 천만 달러라는 전례 없는 업적으로 연간 매출 목표를 초과해서 업계 1위 자리에 올랐다는 소식을 알려드리게 되어 기쁩니다. 회사의 성공을 향한 영업사원 여러분들의 헌신에 감사드립니다. 여러분의 노고를 보상하기 위해서 사장님께서 이번 달 말에 특별 보너스를 주시기로 결정하셨습니다.

[어휘] pleased 기쁜 surpass 초과하다 yearly 연간의 goal 목표 unprecedented 전례 없던 achievement 업적 place 두다 position 위치, 자리 appreciate 감사히 여기다 dedication 헌신 sales person 영업사원 reward 보상하다

Practice

[정답] 1. (D) 2. (C)

DAY 16

기술 63

장소 문제의 정답은 Welcome 뒤에 언급된다!

방송 및 담화, 연설 등이 이루어지고 있는 장소를 묻는 문제의 정답은 보통 담화 초반에 언급된다. 특히 **인사 다음에 이어지는 Welcome 다음에 현재 장소에 대한 정보가 나온다.**

STEP 1 기술 돋보기 🔍 기술을 적용해 정답의 단서를 찾아보세요. 🎧 기술 63_1.mp3

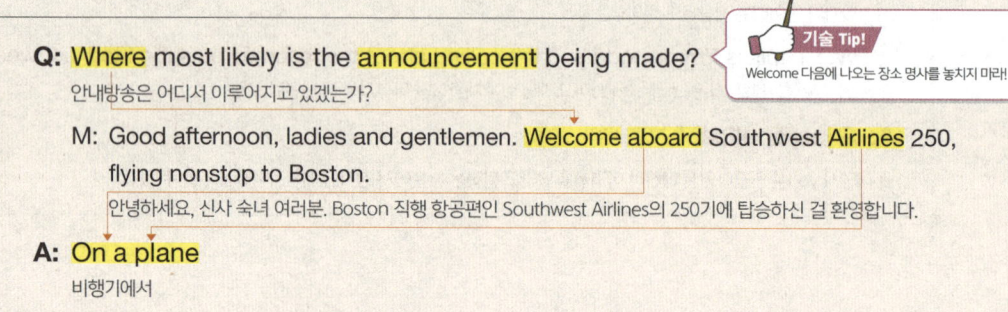

Q: Where most likely is the **announcement** being made?
안내방송은 어디서 이루어지고 있겠는가?

> 🖐 기술 Tip!
> Welcome 다음에 나오는 장소 명사를 놓치지 마라!

M: Good afternoon, ladies and gentlemen. **Welcome aboard** Southwest **Airlines** 250, flying nonstop to Boston.
안녕하세요, 신사 숙녀 여러분. Boston 직행 항공편인 Southwest Airlines의 250기에 탑승하신 걸 환영합니다.

A: On a plane
비행기에서

문제의 Where와 announcement를 보고 안내방송이 이루어지는 장소를 묻는 문제임을 파악한다. 초반에 제시되는 Welcome 다음에 aboard와 Airlines를 듣고 기내 안내방송임을 알 수 있다.

STEP 2 기술 적용 ✏️ 다음 담화를 듣고 문제를 풀어보세요. 🎧 기술 63_2.mp3

Q: Where is the talk taking place?
(A) At a food stand (B) At a grocery store (C) At a plant (D) At a travel agency

Q: Where is the **talk** taking place?
→ 문제에서 Where와 talk를 보고 담화가 이루어지는 장소를 찾는 문제임을 파악한다.

M: Good morning, everyone and **welcome** to the Sweet Chocholate **factory**.
→ 담화 초반 welcome 다음에 제시되는 장소 factory를 듣고 현재 담화가 이루어지는 장소를 파악할 수 있다.
My name is Jim Furguson and I'll be your guide today. → 화자 소개
This tour will last for approximately 2 hours. → 투어 시간 안내
First, you will see how our popular chocolate bars are made on our assembly line.
→ 첫 번째 일정 소개
Following that, you'll have a chance to taste one of our sweets for free.
→ 두 번째 일정 소개
I hope you'll have a great time here. → 인사
If you're ready, let's go. → 출발

A: (C) **At a plant** [기술 63 | 장소 문제의 정답은 Welcome 뒤에 언급된다!]
바꿔 쓰기 factory 공장 → plant 공장

STEP 3 기술 업그레이드 📈 장소와 자주 함께 등장하는 표현들이 있다. 🎧 기술 63_3.mp3

부사 here 근처에 장소가 자주 언급되며, thank you for coming to/joining 다음에 장소가 자주 언급된다.

> **Q: Where** is the **talk** taking placing?
> 담화는 어디에서 일어나는가?
>
> W: **Thank you for joining** our 5th annual **job fair**. My name is Lindsey Tuner and I'm the coordinator of this year's event.
> 우리의 제 5회 연례 취업 박람회에 참가해 주셔서 감사 드립니다. 제 이름은 Lindsey Tuner이고, 올해 행사의 담당자입니다.
>
> **A: At a career fair** 취업 박람회에서
>
> → 문제의 Where와 talk를 보고 담화가 이루어지고 있는 장소를 묻는 문제임을 파악한다. Thank you for joining 다음에 나오는 job fair를 듣고 취업 박람회인 것을 알 수 있다.
>
> **바꿔 쓰기** job fair 취업 박람회 → career fair 취업 박람회

⚙️ Practice 다음 담화를 듣고 알맞은 정답을 찾아보세요. 🎧 기술 63_4.mp3

1 Where most likely is the announcement being made?

(A) At a grocery store

(B) At a hardware store

(C) At a stationery store

(D) At a department store

2 Where most likely is the talk being given?

(A) In a hospital

(B) In a hotel

(C) In a convention center

(D) In a lobby

STEP 2 기술 적용

[정답] (C)

[해석] Q: 담화는 어디에서 일어나는가?

(A) 음식 가판대에서 (B) 식료품점에서 (C) 공장에서 (D) 여행사에서

M: 안녕하세요, 여러분. Sweet Chocholate 공장에 오신 걸 환영합니다. 제 이름은 Jim Furguson이고, 제가 오늘 여러분의 가이드가 될 겁니다. 본 투어는 대략 2시간 동안 진행됩니다. 먼저, 우리의 인기 있는 초콜릿바가 조립 라인에서 어떻게 만들어지는 보실 겁니다. 그런 다음 우리의 과자 중 하나를 무료로 맛볼 기회를 가지실 겁니다. 이곳에서 좋은 시간 가지시길 바랍니다. 준비 되셨으면, 출발합시다.

[어휘] factory 공장(= plant) approximately 대략 popular 인기 있는 assembly line 조립 라인 sweet 단 것 for free 무료로

Practice

[정답] 1. (D) 2. (B)

주제 문제의 정답은 inform이나 announce 뒤에 언급된다!

담화의 주제나 목적을 묻는 문제의 정답은 지문 초반에 제시되는 동사 중 '알리다'라는 의미를 가지는 동사 뒤에 언급되는 경우가 많다. **특히 inform, notify, announce, let you know 등의 표현이 담화 초반에 제시되면, 바로 뒤에서 주제가 언급된다.**

STEP 1 기술 돋보기 🔍 기술을 적용해 정답의 단서를 찾아보세요. 🎧 기술 64_1.mp3

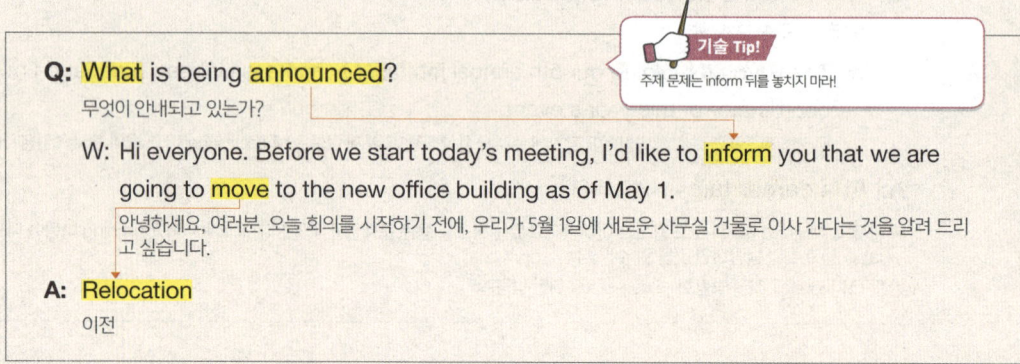

기술 Tip!
주제 문제는 inform 뒤를 놓치지 마라!

Q: **What** is being **announced**?
무엇이 안내되고 있는가?

W: Hi everyone. Before we start today's meeting, I'd like to **inform** you that we are going to **move** to the new office building as of May 1.
안녕하세요, 여러분. 오늘 회의를 시작하기 전에, 우리가 5월 1일에 새로운 사무실 건물로 이사 간다는 것을 알려 드리고 싶습니다.

A: Relocation
이전

문제의 What과 announced를 보고 주제를 묻는 문제임을 파악한다. 초반 '알리다'란 의미를 가지는 inform 다음에 새로운 사무실 건물로 이사한다는 내용이 나온다. 따라서 이전에 관한 내용임을 알 수 있다.
바꿔 쓰기 move 이사하다 → relocation 이전

STEP 2 기술 적용 ✏️ 다음 담화를 듣고 문제를 풀어보세요. 🎧 기술 64_2.mp3

Q: What is the purpose of the talk?

(A) To introduce the new program   (B) To install the new computers
(C) To teach how to operate heavy machinery   (D) To talk about the sales result

Q: What is the **purpose** of the talk?
→ 문제에서 purpose를 보고 담화의 목적을 찾는 문제임을 파악한다.

M: Good afternoon. I'm pleased to see all of you here in the training. → 인사말
First of all, I'd like to **let you know** that **we installed the new accounting programs** on each computer this morning.
→ 새로운 회계 프로그램을 설치했음을 알리기 위한 목적임을 알 수 있다.
As accountants, you need to get used to this new program. → 청자의 신분 제시
Umm, I'm pretty sure that this will help you calculate the daily profits more accurately. → 프로그램의 장점 언급
I'd like to divide you into 3 groups and show you how to operate it step by step.
→ 다음 일정 소개

A: (A) To introduce the new program   기술 64 l 주제 문제의 정답은 inform이나 announce 뒤에 언급된다!

STEP 3 기술 업그레이드 📈 주제를 끌고 나오는 동사들이 있다. 🎧 기술 64_3.mp3

주제를 언급할 때 자주 사용되는 동사들이 있다. 다음 동사들을 반드시 숙지하자.

---

1) inform 알리다

I'd like to **inform** you of the **new regulations**. 새로운 규정을 알려 드리고자 합니다.

2) notify 공지하다

I want to **notify** you that **our store will be closing in 10 minutes**.
10분 뒤에 우리 가게가 문을 닫는다는 것을 알려 드리고자 합니다.

3) announce 안내하다

I'm sorry to **announce** that **today's meeting has been delayed**.
유감스럽게도 오늘 회의는 연기되었음을 알려 드립니다.

4) let you know 알려 주다

I'm here to **let you know** about the **new policy**. 새로운 규정에 대해 알려 드리려고 여기 왔습니다.

5) tell you 말해 주다

I'm pleased to **tell you** that **our sales have doubled** this year.
우리 매출이 올해 두 배가 되었음을 알리게 되어 기쁩니다.

6) remind you 상기시켜 주다

I'm calling to **remind you** of **the new schedule**. 새로운 일정을 상기시켜 드리려고 전화 드립니다.

⚙️ Practice 다음 담화를 듣고 알맞은 정답을 찾아보세요. 🎧 기술 64_4.mp3

1 What is the talk mainly about?

(A) The new vehicle

(B) The marketing campaign

(C) The market analysis

(D) The survey result

2 Why most likely is the announcement being made?

(A) To tell about the regular check

(B) To release the new electric device

(C) To renovate the assembly line

(D) To hire temporary workers

STEP 2 기술 적용

[정답] (A)

[해석] Q: 담화의 목적은?

    (A) 새로운 프로그램 소개하기   (B) 새로운 컴퓨터들 설치하기

    (C) 중장비를 작동하는 방법을 가르치기 (D) 매출 결과에 대해 말하기

    M: 안녕하세요. 여기 교육에서 여러분 모두를 뵙게 되어 기쁩니다. 우선, 오늘 아침에 모든 컴퓨터에 새로운 회계 프로그램을 설치했다는 것을 알려 드리고자 합니다. 회계사로서, 여러분들은 이 새로운 프로그램에 익숙해져야 합니다. 음, 이것이 여러분들이 일일 수익을 더 정확하게 계산하는 데 도움이 될 거라고 확신합니다. 여러분들을 3개의 그룹으로 나눠서 이 프로그램을 어떻게 운용하는지 차근차근 알려 드리겠습니다.

[어휘] accountant 회계사 get used to ~에 익숙해지다 calculate 계산하다 accurately 정확하게 divide 나누다

Practice

[정답] 1. (A) 2. (A)

---

1. Who is the speaker addressing?

   (A) Managers
   (B) Executives
   (C) New employees
   (D) Tourists

2. What does the speaker's business probably sell?

   (A) Automobiles
   (B) Home appliances
   (C) Office supplies
   (D) Travel packages

3. What will take place in January?

   (A) A new facility will be added.
   (B) An auditorium will be built.
   (C) A plant manager will be hired.
   (D) A new product will be released.

4. Where most likely is talk being made?

   (A) In the museum
   (B) In the garden
   (C) In the studio
   (D) In the gift shop

5. According to the speaker, what will take place at 1 p.m.?

   (A) A tour will be finished.
   (B) A short video will be shown.
   (C) A complimentary gift will be provided.
   (D) A demonstration will be given.

6. What are listeners encouraged to do later?

   (A) Browse through the shop
   (B) Talk to Ted Brown in person
   (C) Take a picture of various paintings
   (D) Visit the information booth

7. What is the report mainly about?

   (A) A new mayor
   (B) A city's plan
   (C) A tax code
   (D) A commercial

8. Why will the city employ more workers?

   (A) To build a new city hall
   (B) To sweep the streets
   (C) To support some environmental groups
   (D) To demolish the old building

9. What is indicated about the plan?

   (A) It was suggested by the council.
   (B) It will be revised soon.
   (C) It features some environmentally friendly places.
   (D) It is supported by all tax payers.

10. What is the talk mainly about?

    (A) Retirement
    (B) Promotion
    (C) A book signing event
    (D) A charity banquet

11. What will take place on January 5th?

    (A) The CEO will retire.
    (B) The farewell party will be held.
    (C) The autobiography will be published.
    (D) The new vice president will be introduced.

12. What are listeners encouraged to do?

    (A) Purchase a book
    (B) Prepare for the party
    (C) Register for the event in advance
    (D) Spend more time with the family

13. Where most likely is the talk being made?

(A) At a restaurant
(B) At a bookstore
(C) At a clinic
(D) At a supermarket

14. What does the speaker mean when he says, "I have some good news for you"?

(A) The book signing event will be held.
(B) He will share some confidential documents.
(C) Beverages will be offered for free.
(D) There is a special guest today.

15. What are the members eligible for?

(A) An extra discount
(B) Free admission
(C) A complimentary book
(D) A voucher

Customer Satisfaction

16. Who most likely is the speaker?

(A) A marketing director
(B) A client
(C) A president
(D) A prize winner

17. How long has Ms. Thompson worked at Pacific Hotel?

(A) 5 years
(B) 10 years
(C) 15 years
(D) 20 years

18. Look at the graphic. When was the free wireless Internet service launched?

(A) September
(B) October
(C) November
(D) December

기술 65 Next 문제의 정답은 now 뒤에 언급된다!

문제의 마지막에 next가 포함된 문제는 다음에 있을 일을 묻는 문제로 보통 세 문제 중 마지막에 나오며, 정답도 담화의 마지막 부분에 언급된다. 따라서 후반부에 집중하여 정답을 찾아야 한다. 특히 **담화 후반부에 now가 들리면 바로 뒤에서 정답이 언급된다.**

STEP 1 기술 돋보기 🔍 기술을 적용해 정답의 단서를 찾아보세요.

> **Q:** What will the speaker probably do <mark>next</mark>?
> 화자가 다음에 할 일은 무엇인가?
>
> ┌─ 기술 Tip!
> │ 담화 후반의 now 뒤를 놓치지 마라!
>
> **W:** <mark>Now</mark>, let me <mark>show you</mark> the procedures and some techniques you should follow.
> 자, 이제 여러분이 따라야 할 절차들과 몇몇 기술들을 보여 드릴게요.
>
> **A:** <mark>Give a demonstration</mark>
> 시범 보이기

문제의 next를 보고 다음에 일어날 일을 묻는 문제임을 파악한다. 담화 후반 Now 바로 다음에 제시되는 show you를 보고 다음에 시범을 보여주는 것이 이어질 것임을 알 수 있다.

바꿔 쓰기 show 보여 주다 → give a demonstration 시범을 보이다

STEP 2 기술 적용 ✍ 다음 담화를 듣고 문제를 풀어보세요. 🎧 기술 65_2.mp3

Q: According to the speaker, what will happen next?
    (A) The flight will arrive at the final destination.
    (B) The refreshments will be served.
    (C) The lights will be turned off.
    (D) The forms will be distributed.

> **Q:** According to the speaker, what will happen <mark>next</mark>?
> → 문제에서 next를 보고 담화 후반부를 노려 듣는다.
>
> **M:** Ladies and gentlemen. This is your captain speaking. → 자기 소개
> Welcome aboard Indian Airline's flight 144 bound for Mumbai. → 목적지 제시
> This flight will stop over at Bangkok at 2 p.m. and we'll get to our final destination
> at 6:30 p.m. → 세부 일정 제시
> <mark>Now</mark>, our flight attendants will <mark>offer you some snacks and beverages</mark>.
> → 담화 후반 Now 뒤에 언급되는 간식과 음료를 보고 다과가 제공될 것이란 답을 찾을 수 있다.
>
> **A:** (B) <mark>The refreshments will be served.</mark> ─ 기술 65 I Next 문제의 정답은 now 뒤에 언급된다!
> 바꿔 쓰기 snacks and beverages 간식과 음료 / offer 제공하다 → refreshments 다과 / serve 제공하다

STEP 3 기술 업그레이드 📈 later나 미래 시간 표현이 포함된 문제도 담화 후반부에 정답이 나온다. 🎧 기술 65_3.mp3

later나 미래 시간 표현이 포함된 문제가 마지막 문제로 나오면, 담화 후반부에서 정답이 언급될 확률이 높다.

> **Q:** What are listeners asked to do later?
> 청자들은 다음에 무엇을 할 것을 요청받는가?
>
> **W:** In a few minutes, you will be headed to the security office where you have your picture taken for the company ID card.
> 잠시 뒤에, 여러분들은 회사 신분증용 사진을 찍기 위해 보안 사무실로 향할 것입니다.
>
> **A:** Go to another office 다른 사무실로 가기
>
> ➡ 문제의 later을 보고 다음에 할 일을 묻는 문제임을 파악한다. 담화 후반, later를 바꿔 표현한 In a few minutes 뒤에서 청자들이 보안 사무실로 갈 것임을 알 수 있다.
>
> **바꿔 쓰기** head 향하다 / security office 보안 사무실 → go 가다 / another office 다른 사무실

⚙ Practice 다음 담화를 듣고 알맞은 정답을 찾아보세요. 🎧 기술 65_4.mp3

1 What will probably happen next?
(A) A person will step onto the stage.
(B) A grand prize will be presented.
(C) A video will be shown.
(D) A stage will be decorated.

2 What will take place next?
(A) The presentation will be given.
(B) The group discussion will start.
(C) The food will be offered.
(D) The new product will be unveiled.

STEP 2 기술 적용

[정답] (B)

[해석] Q: 화자의 말에 따르면, 다음에 무슨 일이 일어날 것인가?
(A) 비행기가 최종 목적지에 도착할 것이다.
(B) 다과가 제공될 것이다.
(C) 불이 꺼질 것이다.
(D) 양식이 배부될 것이다.

M: 신사 숙녀 여러분. 저는 기장입니다. Mumbai 행 Indian Airline의 144편에 탑승하신 걸 환영합니다. 이 비행기는 오후 2시에 Bangkok을 경유해서, 최종 목적지에는 오후 6시30분에 도착합니다. 이제, 저희 승무원들이 여러분께 간식과 음료를 제공해드릴 겁니다.

[어휘] final 최종의   destination 목적지   refreshments 다과   form (문서) 양식   distribute 배부하다   captain 기장   bound for ~행의   stop over 경유하다   get to ~에 도착하다   flight attendant 승무원   offer 제공하다   snack 간식   beverage 음료

Practice

[정답] 1. (A) 2. (A)

비행기 지연 이유 중 80%는 악천후이다!

Part 4에서 자주 출제되는 담화의 내용이 정해져 있기 때문에, 자주 나오는 내용과 정답을 정리해 두면 시험 장에서 요긴하게 쓸 수 있다. 비행기가 지연되거나 취소되는 내용이 자주 출제되며, **비행기 지연이나 취소의 이유로는 악천후가 가장 많이 등장한다.** 그밖에 기계 결함, 연결편의 지연, 짐 문제 등이 정답으로 출제된 적이 있다.

STEP 1 기술 돋보기 🔍 기술을 적용해 정답의 단서를 찾아보세요.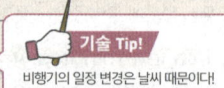

기술 Tip!
비행기의 일정 변경은 날씨 때문이다!

Q: Why was the **flight cancelled**?
비행편이 취소된 이유는 무엇인가?

W: Attention, all passengers waiting to board JK airline's flight 560 to Toronto. **Due to the heavy rain storm** here in Chicago, this flight has been **cancelled**.
Toronto 행 JK 항공 560편 탑승을 기다리시는 모든 승객 여러분, 주목해 주세요. 이곳 Chicago의 심한 폭풍우 때문에 이 항공편은 취소되었습니다.

A: Because of inclement weather
악천후 때문에

문제의 Why, flight, cancelled를 보고 비행기 취소 이유를 찾는 문제임을 파악한다. 폭풍우 때문에 비행기가 취소되었다고 알리고 있다.

바꿔 쓰기 heavy rain storm 심한 폭풍우 → inclement weather 악천후

STEP 2 기술 적용 ✎ 다음 담화를 듣고 문제를 풀어보세요. 🎧 기술 66_2.mp3

Q: Why is the flight being delayed?
(A) Due to the engine problem   (B) Due to the bad weather
(C) Due to the strike   (D) Due to the connecting flight

Q: Why is the **flight** being **delayed**?
→ 문제에서 빠르게 Why, flight, delayed를 읽고 비행기 지연 이유를 찾는 문제임을 파악한다.

W: Attention all passengers of flight 150 bound for New York with stops in Tokyo and LA. → 일정 소개

Please note that the departure gate has been changed to 15 E. → 게이트 변경 안내

Also, there will be a slight departure **delay because of heavy fog** outside.
→ 이유를 나타내는 because of 다음에 heavy fog(짙은 안개)라는 지연 이유 제시
Please stay in the concourse and we'll keep you updated. Thank you for your patience. → 끝 인사

A: (B) Due to the bad weather ◄ 기술 66 | 비행기 지연 이유 중 80%는 악천후이다!

바꿔 쓰기 heavy fog 짙은 안개 → bad weather 악천후

STEP 3 기술 업그레이드 📊 기차나 버스는 기계적인 문제가 지연의 이유로 자주 출제된다. 🎧 기술 66_3.mp3

기차나 버스는 상대적으로 날씨의 영향을 덜 받기 때문에, 날씨보다는 엔진 결함 등 기계적인 문제가 지연의 이유로 자주 출제된다.

Q: Why has the **train** been **delayed**?
기차가 지연되는 이유는 무엇인가?

M: Attention, passengers. The train bound for Detroit has been **delayed due to** the unexpected **engine trouble**.
승객 여러분, 주목해 주세요. Detroit 행 열차가 예기치 못한 엔진 문제로 지연되었습니다.

A: Because of the **mechanical problem** 기계적 문제 때문에

→ 문제의 Why, train, delayed를 보고 기차의 지연 이유를 묻는 문제임을 파악한다. 질문에 제시된 delayed에 이어서 이유를 나타내는 due to가 나오고, 예기치 못한 엔진 문제라는 지연의 이유가 언급되었다.

바꿔 쓰기 engine trouble 엔진 문제 → mechanical problem 기계적 문제

⚙️ Practice 다음 담화를 듣고 알맞은 정답을 찾아보세요. 🎧 기술 66_4.mp3

1 What is the reason of the delay?
(A) Inclement weather
(B) Engine trouble
(C) Rail inspection
(D) Lost luggage

2 Why have all flights been delayed?
(A) Because of heavy traffic
(B) Because of bad weather
(C) Because of maintenance
(D) Because of power outage

STEP 2 기술 적용

[정답] (B)

[해석] Q: 비행기가 지연되는 이유는 무엇인가?

(A) 엔진 문제 때문에 (B) 악천후 때문에 (C) 파업 때문에 (D) 연결 비행편 때문에

M: Tokyo와 LA를 경유해서 New York으로 가는 150편 승객 여러분 주목해 주세요. 출발 게이트가 15 E로 변경되었음을 유의하시기 바랍니다. 또한 바깥의 짙은 안개로 인해 약간의 출발 지연이 있습니다. 중앙 홀에서 대기해 주시면 계속해서 새로운 소식을 전해 드리겠습니다. 여러분의 인내에 감사 드립니다.

[어휘] delay 지연시키다; 지연 due to ~때문에 bad weather 악천후 strike 파업 connecting flight 연결 비행편
slight 약간의 departure 출발 delay 지연 heavy fog 짙은 안개 outside 바깥에
concourse (공항·기차역의) 중앙 홀 update 최신 소식을 전하다 patience 인내

Practice

[정답] 1. (C) 2. (B)

기술
67

혜택 제공과 보상은 주로 coupon으로 한다!

회사나 가게에서 제공하는 것이나 손님이 받게 될 것을 묻는 offer 문제의 정답은 주로 담화 후반부에 언급되며 coupon, voucher, gift certificate 등이 정답으로 가장 많이 출제된다. 지연, 취소 등 불편에 대한 보상이나 세일 및 신제품 출시 홍보의 일환으로 할인 쿠폰을 제공한다는 내용이 많이 나오고, 무료 배송, 무료 선물 등을 제공한다는 내용도 종종 출제된다.

STEP 1 기술 돋보기 🔍 기술을 적용해 정답의 단서를 찾아보세요. 🎧 기술 67_1.mp3

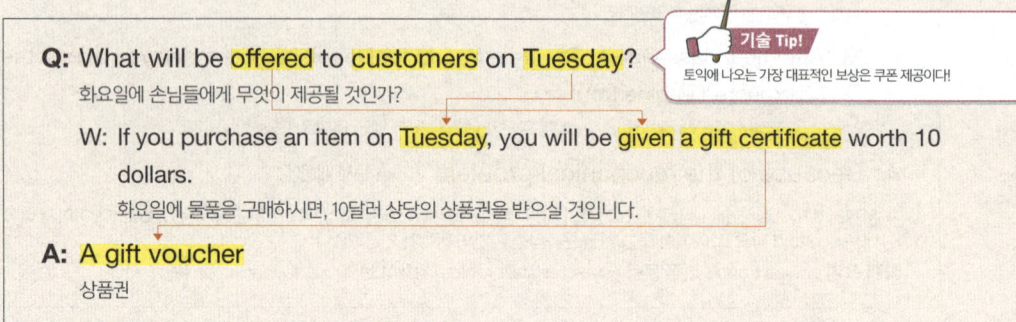

기술 Tip!
토익에 나오는 가장 대표적인 보상은 쿠폰 제공이다!

Q: What will be offered to customers on Tuesday?
화요일에 손님들에게 무엇이 제공될 것인가?

W: If you purchase an item on Tuesday, you will be given a gift certificate worth 10 dollars.
화요일에 물품을 구매하시면, 10달러 상당의 상품권을 받으실 것입니다.

A: A gift voucher
상품권

문제의 offered와 customers를 보고 손님들에게 제공되는 것을 묻는 문제임을 파악한다. 특히 시간 키워드 Tuesday가 언급되는 부분에 집중한다. 문제의 키워드 Tuesday 바로 뒤에 10달러 상당의 상품권이 제공된다는 것을 알 수 있다.
바꿔 쓰기 gift certificate 상품권 → gift voucher 상품권

STEP 2 기술 적용 ✍ 다음 담화를 듣고 문제를 풀어보세요. 🎧 기술 67_2.mp3

Q: What will be offered to the first 30 customers during the sale?
    (A) Complimentary items   (B) An additional discount
    (C) Coupons   (D) Free delivery

Q: What will be offered to the first 30 customers during the sale?
→ 문제에서 제시된 숫자 키워드 30을 노리고 담화 후반부에서 답을 찾는다.

W: Hi everyone. This is Linda Freeman, the store manager of LK Apparel. → 화자 소개
I'm pleased to inform you of our mega sale, which starts from April 10th to April 15th. → 세일 공지
All the clothes including new arrivals will be discounted up to 50%. → 할인율 안내
The first 30 visitors every day will receive vouchers of a free meal.
→ 숫자 키워드 30이 먼저 제시되고, 이어서 무료 식사권이란 혜택이 소개된다.
Thank you for your patronage for the last 20 years. → 끝인사

A: (C) Coupons 〔기술 67 | 혜택 제공과 보상은 주로 coupon으로 한다!〕
바꿔 쓰기 vouchers 상품권, 쿠폰 → coupons 쿠폰

STEP 3 기술 업그레이드 📈 각종 혜택들은 special offer로 패러프레이징될 수 있다. 🎧기술 67_3.mp3

할인, 쿠폰, 상품권, 무료 선물, 무료 배달 등의 혜택이 정답에서는 special offer나 special deal로 패러프레이징되는 경우가 많다.

> **Q:** Why would customers visit the store on Monday?
>
> 고객들은 왜 월요일에 가게를 방문하겠는가?
>
> **M:** Our annual clearance sale will start next week. If you visit our store on Monday, you will get 30% off our popular laptop computers.
>
> 우리의 연례 재고 정리 세일이 다음 주에 시작됩니다. 월요일에 저희 매장을 방문하시면, 저희의 인기 있는 노트북 컴퓨터들을 30% 할인 받으실 수 있습니다.
>
> **A:** To take advantage of special offers 특가 혜택들을 누리기 위해
>
> → 문제에 제시된 시간 키워드 Monday를 노리고 청취한다. 문제의 키워드 Monday 바로 뒤에서 인기 노트북 컴퓨터가 30% 할인된다는 내용을 확인할 수 있다.
>
> **바꿔 쓰기** 30% off 30% 할인 → special offers 특별 혜택

⚙️ Practice 다음 담화를 듣고 알맞은 정답을 찾아보세요. 🎧기술 67_4.mp3

1 Why are listeners encouraged to register today?
   (A) To receive a free backpack
   (B) To get a complimentary water bottle
   (C) To make the most of the special deal
   (D) To pick up a voucher

2 What does the speaker offer to do?
   (A) Send a box of copy paper today
   (B) Give a voucher
   (C) Mail a thank you card
   (D) Ship complimentary pencils

STEP 2 기술 적용

[정답] (C)

[해석] Q: 세일 동안 선착순 30명의 고객들에게 무엇이 제공될 것인가?

(A) 무료 물품들 (B) 추가 할인 (C) 쿠폰 (D) 무료 배송

W: 안녕하세요 여러분. 저는 LK Apparel의 점장 Linda Freeman입니다. 4월 10일부터 4월 15일까지 진행되는 우리의 메가 세일을 알려 드리게 되어 기쁩니다. 신상품을 포함한 모든 의류들은 최대 50%까지 할인됩니다. 매일 선착순 30명의 방문객들은 무료 식사권을 받으실 겁니다. 지난 20년간 애용해 주셔서 감사 드립니다.

[어휘] complimentary 무료의 additional 추가의 pleased 기쁜 mega 큰 clothes 옷 including ~을 포함하여
new arrival 신상품 discount 할인하다 up to ~까지 voucher 상품권, 쿠폰 free meal 무료 식사 patronage 애용

Practice

[정답] 1. (C) 2. (B)

제안/요청 문제의 정답은 후반에 언급된다!

청자들에게 제안한 것이나 요청한 것을 묻는 문제의 정답은 주로 담화 후반에 언급된다. 특히 Please, Why don't you, You should, You are asked to 뒤에서 언급되는 경우가 많다. 이런 표현이 언급되면 제안/요청 사항이 이어진다는 것을 염두에 두고 들어야 한다.

STEP 1 기술 돋보기 🔍 기술을 적용해 정답의 단서를 찾아보세요. 🎧 기술 68_1.mp3

> 기술 Tip!
> 담화 후반에 언급되는 제안/요청 표현을 놓치지 마라!

Q: What are listeners advised to do?
청자들은 무엇을 하라고 조언받는가?

W: If you need more information, please visit our Website at Dragonsupplies.com.
더 많은 정보가 필요하시면, 저희 웹사이트인 Dragonsupplies.com을 방문해 주세요.

A: Log onto the Internet
인터넷에 접속하기

문제의 advised를 보고 청자들이 조언받는 것을 묻는 문제임을 확인한다. 담화 후반에 언급되는 제안/요청 표현들을 노려 듣는다. 대표적인 제안 표현 Please 다음에 웹사이트 방문이 언급되었다.

바꿔 쓰기 visit 방문하다 / Website 웹사이트 → log onto 접속하다 / Internet 인터넷

STEP 2 기술 적용 ✏️ 다음 담화를 듣고 문제를 풀어보세요. 🎧 기술 68_2.mp3

Q: What are employees encouraged to do?
    (A) Use public transportation   (B) Carpool with co-workers
    (C) Buy a parking pass   (D) Park in another place

> **Q:** What are employees encouraged to do?
> → 문제에서 encouraged를 보고 담화 후반에서 제안/요청 사항을 노려 듣는다.
>
> **M:** Before we start today's meeting, I'd like to give you a quick update on our parking lot. → 주제 제시
> As you know, our parking lot is still under renovation and it won't be finished until the end of the month. → 공사 상황 및 일정 안내
> Since many employees have complained about the current parking situation, we advise you to park your car at the library parking lot adjacent to our main building.
> → 문제에 제시된 키워드 encouraged를 advise로 바꿔 답을 제시하고 있다. 즉, 건물 옆에 있는 도서관 주차장에 차를 대라고 말하는 부분에서 답을 찾을 수 있다.
> You can use it for free once you present our company ID card. → 무료 이용 방법 제시
>
> **A:** (D) Park in another place ◀ 기술 68 | 제안/요청 문제의 정답은 후반에 언급된다!

STEP 3 기술 업그레이드 📊 자주 출제되는 제안/요청 표현이 있다. 🎧 기술 68_3.mp3

제안/요청 사항을 언급할 때 자주 사용되는 빈출 표현들을 반드시 숙지하자.

1) Please ~해 주세요.
Please refer to the map. 지도를 참고해 주세요.

2) Why don't you ~하지 그래요?
Why don't you stop by the nearest copy shop? 가장 가까운 복사 가게에 들러보지 그래요?

3) You should ~해야 해요.
You should give him a call. 그에게 전화를 하셔야 해요.

4) You'd better ~하는 게 낫겠어요.
You'd better cancel the order. 주문을 취소하는 게 낫겠어요.

5) I suggest[recommend] ~하는 걸 추천합니다.
I suggest you talk with your supervisor. 당신의 상사와 이야기하는 걸 추천합니다.

6) You are asked[required/requested] to ~할 것을 요청합니다.
You are asked to proceed the checkout counter. 계산대로 이동할 것을 요청합니다.

7) You are invited[encouraged/advised] to ~할 것을 권장합니다.
You are advised to visit our gift shop. 저희 선물 가게를 방문할 것을 권장합니다.

8) You may[might] want to ~하는 게 좋겠네요[낫겠네요].
You might want to delay the meeting. 회의를 미루는 게 좋겠네요.

⚙️ Practice 다음 담화를 듣고 알맞은 정답을 찾아보세요. 🎧 기술 68_4.mp3

1 What are some listeners invited to do?

(A) Compare the latest phones

(B) Place an order

(C) Analyze the Asian market

(D) Visit the office in person

2 What are employees asked to do?

(A) Check the e-mail

(B) Attend the training course

(C) Take the stairs

(D) Use the elevators

STEP 2 기술 적용

[정답] (D)

[해석] Q: 직원들은 무엇을 하라고 권장되는가?

(A) 대중교통 이용하기 (B) 동료들과 카풀하기 (C) 주차권 구입하기 (D) 다른 곳에 주차하기

M: 오늘 회의를 시작하기 전에, 주차장에 대한 최신 소식을 빠르게 알려드리겠습니다. 아시다시피, 우리 주차장은 여전히 보수 중인데, 이달 말은 되어야 끝날 겁니다. 많은 직원들이 현재 주차 상황에 대해 불평하고 있기 때문에, 차를 본관 건물에 인접한 도서관 주차장에 주차하시길 권해 드립니다. 회사 신분증만 제시하시면 무료로 이용하실 수 있습니다.

[어휘] parking lot 주차장 renovation 보수 situation 상황 adjacent to ~에 인접한 present 제시하다

Practice

[정답] 1. (D) 2. (C)

1. Where most likely is the announcement being made?

   (A) At a bookstore
   (B) At a grocery store
   (C) At a café
   (D) At a restaurant

2. Why does the speaker say, "Don't be surprised"?

   (A) To change the closing time
   (B) To sell office supplies at discounted prices
   (C) To inform listeners of the upcoming relocation
   (D) To tell about the special offers

3. What does the speaker suggest the listeners do?

   (A) Leave the store immediately
   (B) Purchase fresh bananas today
   (C) Get a booklet for more information
   (D) Sign up for the membership program

4. Where most likely is the speaker?

   (A) At a gift shop
   (B) At a cafeteria
   (C) At an art museum
   (D) At a garden

5. What will listeners do at 1 p.m.?

   (A) Have lunch
   (B) Buy souvenirs
   (C) Walk around the garden
   (D) Listen to the talk

6. What does the speaker suggest?

   (A) Having a meal in the outdoor garden
   (B) Visiting the gift shop
   (C) Asking Mr. Wagner
   (D) Calling friends

7. Where is the announcement being made?

   (A) At a train station
   (B) On a plane
   (C) At an airport
   (D) At a café

8. What is the cause of the delay?

   (A) Inclement weather
   (B) Traffic jam
   (C) Mechanical problem
   (D) Connecting flight

9. What does the speaker say about Gate 20?

   (A) It is closed now.
   (B) It is not within walking distance.
   (C) Complimentary refreshments are available there.
   (D) No one is working around there.

10. What most likely is being advertised?

    (A) A fitness center
    (B) A business course
    (C) A language institute
    (D) A French restaurant

11. What is suggested about the business?

    (A) It has been in operation for a long time.
    (B) It is conveniently located.
    (C) It has been renovated lately.
    (D) It will hire more instructors.

12. According to the speaker, what is being offered?

    (A) A voucher
    (B) A complimentary textbook
    (C) A shuttle service
    (D) A free Internet

13. What will happen next week?

   (A) The company will go out of business.
   (B) The new product will be released.
   (C) More salespeople will be hired.
   (D) The new CEO will be introduced.

14. Who is the speaker addressing?

   (A) Designers
   (B) Executives
   (C) Sales representatives
   (D) Clients

15. What will probably take place next?

   (A) A talk will be given.
   (B) Samples will be handed out.
   (C) The CEO will give a speech.
   (D) A video will be shown.

Time	Movies
13:00-13:30	Love and Peace
13:30-14:00	The King's Wife
14:00-14:30	Daydream
14:30-15:00	The Spy

16. Where most likely is the talk being made?

   (A) In a community center
   (B) In a concert hall
   (C) In a conference room
   (D) In a stadium

17. What does the speaker ask listeners to do?

   (A) See the document
   (B) Look for an empty seat
   (C) Fix the technical problem
   (D) Switch on the light

18. Look at the graphic. What movie will be shown first?

   (A) Love and Peace
   (B) The king's wife
   (C) Daydream
   (D) The spy

교통 정체의 3대 원인은 공사, 사고, 행사이다!

기술 **69**

교통 방송 지문에서는 교통 정체와 관련된 내용이 주요 출제 포인트가 된다. 어디가 막히는지, 어디로 우회해야 하는지, 왜 막히는지에 대한 세부 사항들이 주로 출제된다. 특히 교통 정체의 원인을 묻는 문제에서는 공사, 사고, 행사가 정답으로 자주 출제된다.

STEP 1 기술 돋보기 🔍 기술을 적용해 정답의 단서를 찾아보세요. 🎧 기술 69_1.mp3

> **기술 Tip!**
> 도로 공사가 교통 정체의 원인으로 자주 등장한다!

Q: What is the **cause** of the **traffic delay**?
교통 정체의 원인은 무엇인가?

M: And now quick check on the city traffic. There are some **delays**. Drivers are advised to avoid the Silver Bridge **because** it has been closed for **road repairs**.
이제 빠르게 시내 교통을 알아보겠습니다. 몇몇 지연되는 곳이 있습니다. Silver Bridge가 도로 공사로 폐쇄되었기 때문에 운전자들은 이곳을 피하는 것이 좋겠습니다.

A: Roadwork
도로 작업

문제의 cause와 traffic delay를 보고, 교통 정체의 원인을 묻는 문제임을 파악하다. 문제의 키워드 delay가 언급되고 그 뒤에 이어지는 문장에서 이유의 접속사 because 다음에 도로 공사로 폐쇄되었다는 내용이 언급되었다.
바꿔 쓰기 road repairs 도로 공사 → roadwork 도로 작업

STEP 2 기술 적용 ✎ 다음 담화를 듣고 문제를 풀어보세요. 🎧 기술 69_2.mp3

Q: Why is Lincoln Road congested?
(A) It is being repaved.　　(B) There was a car accident.
(C) It is closed for inspection.　　(D) There is a parade.

Q: Why is **Lincoln Road congested**?
→ 담화에서 고유 명사 키워드 Lincoln Road가 언급되는 부분에서 정체 이유를 찾아야 한다.

W: Good evening, listeners! → 인사
This is Olivia Hilton with your hourly traffic update. → 화자 소개
Traffic is moving smoothly along major highways, but **Lincoln Road is backed up** several miles. → 교통 정체 상황 제시
It was reported that a **school bus and a cab collided** there this morning.
→ 정체 이유 제시. 학교 버스와 택시가 충돌했다는 부분에서 교통 사고라는 정체 원인을 찾을 수 있다.
You might want to avoid this area and take highway 5 instead.
→ 우회로로 가라는 당부 사항
That's it for now and stay tuned for the local business news. → 다음 방송 소개

A: (B) There was a car accident. ◀ 기술 69 | 교통 정체의 3대 원인은 공사, 사고, 행사이다!
바꿔 쓰기 collided 충돌했다 → car accident 차량 사고

<u>STEP 3</u> 기술 업그레이드 📈 교통 정체 시 청자들에게 제안하는 것은 우회로 이용이다. 🎧 기술 69_3.mp3

교통 정체가 교통 방송의 빈출 내용이며, 우회로 이용이 그에 대한 대안으로 자주 언급된다. 따라서 교통 방송에서 청자에게 제안한 것을 묻는 문제가 나오면 우회로 이용이 정답이 될 확률이 높다. 우회로란 의미를 가지는 detour, alternative route[road] 등이 정답으로 자주 출제되니 알아 두자.

Q: What are drivers advised to do?
  운전자들이 하도록 조언받는 것은 무엇인가?

M: Drivers heading to the airport are encouraged to take highway 10 instead.
  공항으로 향하는 운전자들은 대신에 10번 고속도로를 이용하실 것을 권해 드립니다.

A: Take an alternative route 우회로를 이용하기

→ 문제의 drivers와 advised를 보고 운전자들에게 조언하는 것을 묻는 문제임을 파악한다. 담화 후반에 제시되는 제안/요청 표현에 집중한다. 문제의 키워드 drivers가 먼저 언급되고, 이어서 제안하는 표현인 encouraged 다음에 대신 10번 고속도로를 이용하라는 당부 사항을 확인할 수 있다. 참고로 instead는 '대신에'란 뜻으로 우회의 의미를 나타낸다.

⚙️ **Practice** 다음 담화를 듣고 알맞은 정답을 찾아보세요. 🎧 기술 69_4.mp3

1 Why is Jefferson Road expected to be delayed?

(A) The road is blocked for repair work.

(B) There will be a strike.

(C) The sports event will be held this evening.

(D) There was a traffic accident.

2 What are motorists encouraged to do?

(A) Take a detour

(B) Drive carefully

(C) Change the tires

(D) Leave work early

STEP 2 기술 적용

[정답] (B)

[해석] Q: Lincoln Road가 막히는 이유는 무엇인가?

(A) 재포장 중이다. (B) 차 사고가 있었다. (C) 점검으로 통제 중이다. (D) 행진이 있다.

W: 안녕하세요, 청취자 여러분! 저는 매시간 최신 교통 소식을 전하는 Olivia Hilton입니다. 주요 고속도로들의 교통은 원활하지만, Lincoln Road는 몇 마일 정체되고 있습니다. 오늘 아침에 그 곳에서 학교 버스와 택시가 충돌했다는 보도가 있었습니다. 이곳을 피하고 대신 5번 고속도로를 이용하시는 것이 좋을 것 같습니다. 여기까지이며 지역 경제 뉴스를 위해 채널 고정해 주세요.

[어휘] repave 도로를 재포장하다 car accident 차량 사고 inspection 점검 parade 행진 smoothly 원활하게 highway 고속도로 collide 충돌하다 stay tuned 채널 고정하다 local 지역의 business news 경제 뉴스

Practice

[정답] 1. (C) 2. (A)

기술
70

일기예보는 시간과 날씨의 연결이 핵심이다!

일기예보의 경우, 문제에 시간대가 제시되고 그 시간대의 날씨를 묻는 문제가 자주 출제된다. 시간대별로 날씨가 바뀌는 특징이 있으므로, **문제에 제시된 시간이 언급되는 근처에서 정답을 찾아야 한다.**

STEP 1 기술 돋보기 🔍 기술을 적용해 정답의 단서를 찾아보세요. 🎧 기술 70_1.mp3

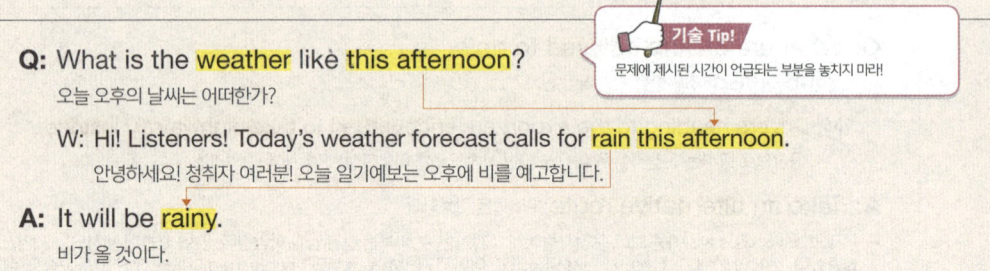

> **기술 Tip!**
> 문제에 제시된 시간이 언급되는 부분을 놓치지 마라!

Q: What is the **weather** like **this afternoon**?
오늘 오후의 날씨는 어떠한가?

W: Hi! Listeners! Today's weather forecast calls for **rain this afternoon**.
안녕하세요! 청취자 여러분! 오늘 일기예보는 오후에 비를 예고합니다.

A: It will be **rainy**.
비가 올 것이다.

문제의 weather와 this afternoon을 보고, 오늘 오후 날씨를 묻는 문제임을 파악한다. 시간 키워드 this afternoon이 언급되는 부분에 집중한다. this afternoon 바로 앞에 rain이라는 정답을 쉽게 찾을 수 있다.

STEP 2 기술 적용 ✍ 다음 담화를 듣고 문제를 풀어보세요. 🎧 기술 70_2.mp3

Q: How will be the weather this afternoon?

(A) Rainy   (B) Cold   (C) Sunny   (D) Snowy

Q: How will be the **weather this afternoon**?
→ 문제에 제시된 시간 키워드 this afternoon을 담화에서 노리고, 날씨를 찾는다.

M: Hello, listeners! → 인사
This is Peter Bruno with BBA morning weather forecast. → 자기 소개
We have had a lot of rain since this morning but it's expected to come to an end.
→ 아침 날씨 소개
The temperature will **go as high as 28 degrees Celsius with only a 5 % chance of rain** in the **afternoon**. → afternoon이란 시간 키워드가 제시되는 문장에서 비 올 확률 5% 및 28도까지 기온 상승을 말하는 부분에서 오후 날씨가 화창할 것임을 추론할 수 있다.
I suggest you go outside with your family and enjoy beautiful weather. → 당부 사항

A: (C) **Sunny** 기술 70 | 일기예보는 시간과 날씨의 연결이 핵심이다!

STEP 3 기술 업그레이드 📊 날씨별 당부 사항은 미리 정해져 있다. 🎧기술 70_3.mp3

일기예보에서 당부 사항을 묻는 문제의 경우, 주어진 날씨만 잘 파악해도 정답을 예상할 수 있다. 자주 출제되는 당부 사항을 알아 두자.

---

1) 비가 오면:
Bring an umbrella. 우산을 가져 가세요.

2) 추워지면:
Wear a warm jacket. 따뜻한 상의를 입으세요.

3) 날씨가 화창하면:
Go outdoors. 야외로 나가세요.

4) 햇빛이 강하면:
Wear a hat or sunglasses. 모자나 안경을 착용하세요.

5) 태풍이나 허리케인이 오면:
Stay indoors. 실내에 머무세요.

⚙️ Practice 다음 담화를 듣고 알맞은 정답을 찾아보세요. 🎧기술 70_4.mp3

1 What will the weather be like in Lansing this evening?
(A) Stormy
(B) Sunny
(C) Rainy
(D) Dry

2 What are listeners advised to do?
(A) Wear a hat
(B) Stay tuned
(C) Bring warm clothes
(D) Drive carefully

STEP 2 기술 적용

[정답] (C)

[해석] Q: 오늘 오후에 날씨가 어떨 것인가?

(A) 비 오는 (B) 추운 (C) 화창한 (D) 눈이 오는

M: 안녕하세요, 청취자 여러분! 저는 BBA 아침 일기 예보의 Peter Bruno입니다. 오늘 아침부터 비가 많이 오고 있는데, 그칠 예정입니다. 오후에는 강수 확률 5%에 기온은 섭씨 28도까지 상승하겠습니다. 가족과 함께 야외에 나가서 좋은 날 씨를 즐기세요.

[어휘] forecast 예보 a lot of 많은 be expected to ~할 것으로 예상되다 come to an end 끝나다 temperature 기온 degree 도 Celsius 섭씨 chance 확률, 가능성 suggest 제안하다 outside 밖에

Practice

[정답] 1. (C) 2. (A)

DAY 18
기술 71

청취자들이 다음에 듣게 되는 것은 광고이다!

일기예보, 교통 방송, 뉴스, 토크쇼 등 라디오 방송 지문에서 청자들이 다음에 듣게 될 것을 묻는 문제가 자주 출제된다. 이때 광고가 정답일 확률이 높다. 보통 방송과 방송 사이에 광고가 들어가기 때문에 비록 담화 후반에 다른 방송에 대한 정보가 광고와 함께 제시된다 하더라도 바로 다음에 듣게 되는 것은 광고임을 기억해 두자.

STEP 1 기술 돋보기 🔍 기술을 적용해 정답의 단서를 찾아보세요. 🎧 기술 71_1.mp3

> **기술 Tip!**
> 라디오 방송에서 다음에 듣게 되는 것은 광고이다!

Q: What will listeners <mark>hear next</mark>?
청자들이 다음에 듣게 될 것은 무엇인가?

M: That's it for now. I'll be right back with more updates <mark>right after this</mark> <mark>commercial break</mark>.
여기까지입니다. 광고 시간 후에 더 많은 소식을 가지고 다시 돌아오겠습니다.

A: Advertisements
광고

문제의 hear next를 보고, 청자들이 다음에 듣게 될 것을 묻는 문제임을 파악한다. 다음에 듣게 될 것은 주로 담화 후반에 언급된다. 담화 후반에 광고를 듣고 다시 돌아오겠다고 말하는 부분에서, 청취자들이 다음에 듣게 될 것은 광고임을 쉽게 알 수 있다. 참고로, commercial break는 방송과 방송 사이 광고 방영을 위해 본 방송이 중단되는 시간을 뜻한다.

바꿔 쓰기 commercial break 광고 시간 → advertisements 광고

STEP 2 기술 적용 ✏ 다음 담화를 듣고 문제를 풀어보세요. 🎧 기술 71_2.mp3

Q: What will listners probably hear next?
    (A) The local news   (B) The sports news
    (C) The advertisements   (D) The political news

Q: What will listners probably <mark>hear next</mark>?
→ 문제에서 hear next를 보고 담화 후반에 집중해서 청취한다.

W: Good evening, listeners! Thank you for tuning in to CBC evening headline news.
    → 인사
I'm your host, Anna Henderson. → 자기 소개
Today, Darren Williams, a spokesman of Monster Electronics announced that they plan to release thier lastest smart phone model, Monster-X1 next month. Right after this announcement, their stock price went up sharply. → 뉴스 제시
I'll be back with more exciting business news <mark>after the commercial break</mark>.
    → 광고를 듣고 난 후 경제 뉴스가 이어진다는 말에서 바로 다음에 청취자들이 듣게 되는 것은 광고임을 알 수 있다.

A: (C) <mark>Advertisements</mark> ◁ 기술 71 | 청취자들이 다음에 듣게 되는 것은 광고이다!

STEP 3 기술 업그레이드 📈 담화 후반에 광고에 대한 언급이 없다면, 다음 방송 소개 멘트를 놓치지 마라! 🎧 기술 71_3.mp3

광고가 중간에 없거나 같은 방송에서 다른 코너로 넘어갈 경우, 담화 후반에 광고에 대한 언급 없이 바로 다음 방송을 소개할 수 있다. 또한 광고를 듣고 난 다음 무엇을 듣게 될지 물어보는 문제의 경우에도, 담화 후반에 언급되는 다음 방송 소개 멘트를 정확히 노려서 청취해야 한다.

> **Q:** What will listeners probably **hear next**?
> 청자들이 다음에 듣게 되는 것은 무엇이겠는가?
>
> **M:** That's it for today. Please stay tuned **for our traffic update**.
> 오늘은 여기까지입니다. 교통 소식을 위해 채널 고정해 주세요.
>
> **A:** **A traffic report** 교통 방송
>
> → 문제의 hear next를 보고, 청자가 다음에 듣게 될 것을 묻는 문제임을 파악한다. 광고에 대한 언급이 없으므로, 이 경우 마지막에 소개된 방송, 즉 교통 방송이 다음에 들을 내용임을 알 수 있다.
>
> **바꿔 쓰기** traffic update 교통 소식 → traffic report 교통 방송

⚙️ **Practice** 다음 담화를 듣고 알맞은 정답을 찾아보세요. 🎧 기술 71_4.mp3

1 What will listeners hear after the commercial break?
(A) Business news
(B) Weather report
(C) Traffic update
(D) Talk show

2 What will listeners hear next?
(A) Traffic news
(B) Sports news
(C) Advertisements
(D) Interview

STEP 2 기술 적용

[정답] (C)

[해석] Q: 청취자들이 다음에 듣게 될 것은?
(A) 지역 뉴스 (B) 스포츠 뉴스 (C) 광고 (D) 정치 뉴스

W: 안녕하세요, 청취자 여러분! CBC 저녁 헤드라인 뉴스를 청취해 주셔서 감사합니다. 저는 여러분의 사회자 Anna Henderson입니다. 오늘 Monster Electronics의 대변인인 Darren williams는 최신 스마트폰 모델인 Monster-X1을 다음 달에 출시할 것이라고 발표했습니다. 이 발표 직후에 그 회사의 주가는 가파르게 상승했습니다. 광고 시간 후에 더 많은 흥미로운 경제 뉴스로 돌아오겠습니다.

[어휘] advertisement 광고   political 정치의   tune in 주파수를 맞추다   spokesperson 대변인   release 출시하다
latest 최신의   smart phone 스마트 폰   right after ~직후의

Practice

[정답] 1. (A) 2. (A)

소개된 인물의 대표 경력은 수상과 저술이다!

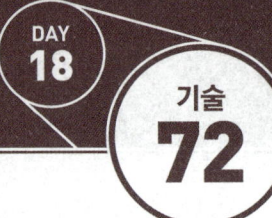

취임식, 은퇴식, 시상식, 토크 쇼 등에서 인물을 소개하는 경우 그 사람의 경력에 대한 질문이 출제되며 저술과 수상 경력이 자주 정답으로 나온다. 또한 문제에 특정 시점을 제시하고 경력을 물어볼 수 있는데, 이때 그 시점과 상관없는 다른 경력을 들려주고 함정으로 제시하는 경우가 많으므로, 시간 키워드를 먼저 확인하고 정답을 찾아야 한다.

STEP 1 기술 돋보기 🔍   기술을 적용해 정답의 단서를 찾아보세요. 🎧 기술 72_1.mp3

> **기술 Tip!**
> 소개된 인물의 수상 경력이 정답으로 자주 나온다!

Q: What did Mr. Jackson do last year?
Jackson 씨는 작년에 무엇을 하였는가?

M: I'm honored to introduce our new sales director, Danny Jackson to you. As you know, he received the employee of the year award last year.
여러분에게 우리의 새로운 영업 이사인 Danny Jackson 씨를 소개하게 되어 영광입니다. 아시다시피, 그는 작년에 올해의 직원상을 받았습니다.

A: He won a prize.
상을 탔다.

문제에 제시된 고유 명사 Mr. Jackson과 시간 키워드 last year가 언급되는 곳에 집중한다. Danny Jackson이 먼저 언급되었고 last year가 포함된 다음 문장에서 그가 상을 받았음을 알 수 있다.
바꿔 쓰기 award 상 → prize 상

STEP 2 기술 적용 ✏   다음 담화를 듣고 문제를 풀어보세요. 🎧 기술 72_2.mp3

Q: What did Eva do last month?
   (A) She was elected as a leader.   (B) She graduated from law school.
   (C) She wrote a book.   (D) She established the fashion school.

Q: What did Eva do last month? → 시간 키워드 last month가 언급되는 부분에서 Eva의 약력을 찾는다.

W: I'm pleased to introduce our new head designer, Eva Simpson. → 주제 제시
After she graduated from Boston fashion school, she started to work as a designer at DXZ. → 경력 소개
Last month, she had her own book about the fashion trend published.
→ 시간 키워드 last month를 먼저 제시하고, 이어서 그녀가 책을 썼다는 사실 언급
Although she is in her late 20s, she will help our boutique establish itself as a leader in the field. → 기대 제시

A: (C) She wrote a book.   기술 72 | 소개된 인물의 대표 경력은 수상과 저술이다!
바꿔 쓰기 had her own book … published 책을 출간했다 → wrote a book 책을 썼다

STEP 3 기술 업그레이드 📈 사내 인물 소개에서는 영업 증대/제품 개발 등이 약력으로 자주 출제된다. 🎧 기술 72_3.mp3

소개문 후반에는 주로 소개받는 사람의 향후 계획이 제시된다는 사실도 기억해 두자.

Q: What does Mr. Brown plan to do?

Brown 씨가 계획하고 있는 것은 무엇인가?

M: Mr. Brown is going to organize a series of trainings for new employees soon. Now, he wants to say a few words. Let's give him a warm welcome.

Brown 씨는 조만간 신입사원들을 위한 일련의 교육을 준비하실 겁니다. 자 이제, 그분이 몇 마디 하시고 싶어 하십니다. 그를 따뜻하게 환영해 주세요.

A: Prepare some education programs 몇몇 교육 프로그램들을 준비하기

→ 고유 명사 키워드 Mr. Brown이 언급된 후 앞으로의 계획이 제시되는 부분을 노리고 청취한다. 특히 plan과 바꿔 쓸 수 있는 여러 가지 미래 표현을 놓치지 말자. 고유 명사 Mr. Brown이 먼저 제시되고 이어서 일련의 교육들을 준비하게 될 것임을 알 수 있다. 특히, 문제의 plan to가 지문에서는 is going to로 변환되어 제시된 것도 특징이다.

바꿔 쓰기 organize 준비하다 / trainings 교육 → prepare 준비하다 / education programs 교육 프로그램

⚙️ Practice   다음 담화를 듣고 알맞은 정답을 찾아보세요. 🎧 기술 72_4.mp3

1 What is mentioned about Ms. Lee?

(A) She is the new CEO.

(B) She retired last month.

(C) She will be transferred overseas.

(D) She used to be a sales person.

2 What is Mr. Hwang expected to do?

(A) He will travel all over the world.

(B) He will win an award.

(C) He will found a culinary school.

(D) He will make a new tradition.

STEP 2 기술 적용

[정답] (C)

[해석] Q: Eva는 지난 달에 무엇을 하였는가?

(A) 그녀는 지도자로 선출되었다.   (B) 그녀는 법학 대학을 졸업했다.

(C) 그녀는 책을 썼다.   (D) 그녀는 패션 스쿨을 세웠다.

W: 수석 디자이너인 Eva Simpson을 소개해 드리게 되어 기쁩니다. 그녀는 Boston 패션 스쿨을 졸업한 후, DXZ에서 디자이너로 일하기 시작했습니다. 지난달, 그녀는 패션 트렌드에 대한 자신의 책을 출간했습니다. 비록 그녀는 20대 후반 이지만, 우리 부티크가 이 분야의 선두 주자가 되도록 도와줄 것입니다.

[어휘] elect 선출하다   graduate from ~을 졸업하다   establish 설립하다   publish 출간하다   boutique 양품점, 패션점   field 분야

Practice

[정답] 1. (D) 2. (D)

1. How often is the report broadcast?

   (A) Every hour
   (B) Every two hours
   (C) Twice a day
   (D) Everyday

2. What will the weather be like this evening?

   (A) It will be warm.
   (B) It will be rainy.
   (C) It will be cold.
   (D) It will be foggy.

3. What will listeners hear next?

   (A) Local news
   (B) Business news
   (C) Traffic report
   (D) Advertisements

_____

4. Why is Washington Street congested?

   (A) There is a parade.
   (B) The weather is terrible.
   (C) The car accident occurred.
   (D) The road is being repaved.

5. What does the speaker recommend listeners do?

   (A) Use public transportation
   (B) Make a detour
   (C) Help the police clear up the scene
   (D) Transfer to a local bus

6. According to the speaker, what will take place in half an hour?

   (A) The scene will be cleared up.
   (B) One more lane will be closed.
   (C) The latest information will be available.
   (D) The police will start to direct traffic.

7. Who is the speaker addressing?

   (A) Drivers
   (B) Policemen
   (C) Correspondents
   (D) Mechanics

8. What does the speaker suggest about Rose Road?

   (A) It is being repaved.
   (B) It has been closed to traffic.
   (C) It is very slippery.
   (D) It is within walking distance.

9. What will listeners hear after the commercial break?

   (A) Traffic updates
   (B) Weather report
   (C) Sports news
   (D) Business news

_____

10. What will take place on May 1st?

    (A) The survey will be conducted.
    (B) The new subway line will be added.
    (C) The altered schedule will take effect.
    (D) The spokesperson will be replaced.

11. What did officials probably do before making the decision?

    (A) They got the opinions from community members.
    (B) They commissioned the study.
    (C) They held a public hearing.
    (D) They talked with traffic experts.

12. What will listeners probably hear next?

    (A) Survey results
    (B) Traffic news
    (C) Commercials
    (D) Daily schedules

13. What is the speaker mainly talking about?

(A) An award
(B) A rival company
(C) Someone's retirement
(D) A recent book

14. What happened to Mr. Kent last year?

(A) He was promoted to CEO.
(B) He wrote a book.
(C) He won an award.
(D) He stepped down from his post.

15. What does the man mean when he says, "don't be too sad"?

(A) The sales will increase next week.
(B) A replacement will be hired soon.
(C) Mr. Kent will recover from his illness.
(D) The book will be published as scheduled.

Day	Chance of Rain
Monday	10%
Tuesday	5%
Wednesday	15%
Thursday	10%
Friday	90%

16. Look at the graphic. When is this report being broadcast?

(A) On Monday
(B) On Wednesday
(C) On Thursday
(D) On Friday

17. What does the speaker suggest?

(A) Putting on warm clothes
(B) Bringing a hat
(C) Checking the thermometer
(D) Using the subway

18. Who most likely is Sam Silva?

(A) A weather forecaster
(B) A writer
(C) A host
(D) A public officer

DAY 18 TEST

기술 73

여행 안내문에서는 일정 문제가 자주 출제된다!

Part 4에서는 박물관, 공장, 유적지 등을 투어하면서 가이드가 일정과 방문 장소의 특징을 알려주고 특정 행동을 제안하는 내용의 담화가 나온다. 이러한 투어 담화문에서는 처음이나 마지막에 들르는 곳 등 투어 일정과 관련된 문제가 자주 출제된다. 따라서 문제에 제시된 일정 관련 시간 및 장소 키워드가 담화에서 언급되는 부분에서 정답을 찾아야 한다.

STEP 1 기술 돋보기 🔍 기술을 적용해 정답의 단서를 찾아보세요. 🎧기술 73_1.mp3

> 기술 Tip!
> 문제에 나온 시간 키워드를 이용해서 일정을 파악하자!

Q: What are listeners **advised** to do **after the tour**?
청자들에게 투어 후에 무엇을 하라고 조언하는가?

W: I **suggest** you **stop by the gift shop** by the main gate **at the end of tour**.
투어 마지막에 정문 옆에 있는 선물 가게에 들러 보시길 권해 드립니다.

A: Visit the shop
가게 방문하기

문제의 listeners, advised를 보고 청자들이 제안 받는 것을 묻는 문제임을 빠르게 파악하고 담화를 듣는다. 또한 시간 키워드 after the tour가 있으므로 담화에서 '투어 후에, 투어 마지막에' 등이 언급되는 곳에 집중한다. 제안 표현인 suggest와 시간 키워드 at the end of tour가 함께 제시된 문장에서 청자들에게 선물 가게에 들러 볼 것을 제안하고 있다.
바꿔 쓰기 stop by 들르다 → visit 방문하다

STEP 2 기술 적용 ✏️ 다음 담화를 듣고 문제를 풀어보세요. 🎧기술 73_2.mp3

Q: What will listeners do at 1 p.m.?
(A) Listen to the lecture   (B) Look around exhibition halls
(C) Take a picture   (D) Have a meal

Q: What will listeners do at **1 p.m.**?
→ 문제에서 시간 키워드 오후 1시를 확인하고, 담화에서 해당 표현을 노려 듣는다.

M: Welcome to the Toronto history museum. → 현재 장소 소개
My name is Jimmy Shaw and I'll be your guide today. → 화자 소개
This tour will last approximately 2 hours. → 투어 소요 시간 안내
We'll begin here in exhibit hall 1 where you can see many works of art from American Indian culture. → 첫 번째 일정 안내
Please make sure that you are not permitted to take flash photos. → 당부 사항
Following the guided tour, we'll **have lunch** together in the cafeteria at **1 p.m.**
→ 오후 1시가 언급되는 문장에서, 구내 식당에서 점심 먹는 일정을 찾을 수 있다.
Umm, Shall we start now?

A: (D) **Have a meal** ◄ 기술 73 | 여행 안내문에서는 일정 문제가 자주 출제된다!
바꿔 쓰기 lunch 점심 → meal 식사

STEP 3 기술 업그레이드 📈 투어 장소별로 제안 사항이 정해져 있다. 🎧기술 73_3.mp3

여행 안내문에서 제안 사항을 묻는 문제의 경우 장소만 잘 파악해도 정답을 쉽게 예측할 수 있으니 잘 숙지해두자.

---

1) 박물관, 미술관 투어: 사진 촬영 금지, 기념품 가게 방문 제안

Please note that flash photography is not allowed here.
여기서는 플래시 사진이 허용되지 않는다는 점에 유의해 주세요.

Don't forget to stop by the gift shop. 선물 가게에 들르는 것 잊지 마세요.

2) 공장 투어: 안전 장비 착용 등 안전 관련 제안

Please watch your step. 발걸음 조심하세요.

Be sure to wear a hard hat. 안전모를 반드시 착용하세요.

Don't touch anything with your hands. 어떤 것도 손으로 만지지 마세요.

3) 야외, 자연 투어: 사진 촬영, 안전 관련 제안

Feel free to take a picture. 사진 촬영은 자유입니다.

Please drink plenty of water beforehand. 물을 미리 충분히 드세요.

4) 버스 투어: 시간 준수, 안전 관련 제안

Make sure you should be back here in an hour. 1시간 뒤에 반드시 여기로 돌아오셔야 합니다.

Please stay in your seat until we arrive. 도착할 때까지 자리에 앉아 계세요.

⚙️ Practice 다음 담화를 듣고 알맞은 정답을 찾아보세요. 🎧기술 73_4.mp3

1 According to the speaker, what is prohibited during the tour?

(A) Asking a question

(B) Drinking water

(C) Having a conversation

(D) Taking a picture

2 Where will listeners go after lunch?

(A) A zoo

(B) A museum

(C) A food court

(D) A gallery

STEP 2 기술 적용

[정답] (D)

[해석] Q: 청자들은 오후 1시에 무슨 일을 하게 되는가?

(A) 강연 듣기 (B) 전시회장 둘러 보기 (C) 사진 촬영하기 (D) 식사하기

M: Toronto 역사 박물관에 오신 것을 환영합니다. 제 이름은 Jimmy Shaw이고, 오늘 여러분의 가이드가 될 겁니다. 이 투어는 대략 2시간 소요됩니다. 우리는 미국 인디언 문화의 여러 예술 작품들을 감상할 수 있는 여기 전시실 1에서 시작하겠습니다. 플래쉬를 동반한 사진 촬영은 금지라는 점을 명심해 주세요. 가이드 투어 후, 오후 1시에 구내 식당에서 점심 식사를 할 겁니다.

[어휘] history museum 역사 박물관 last 지속되다 approximately 대략 exhibit hall 전시실 cafeteria 구내 식당

Practice

[정답] 1. (D) 2. (B)

기술
74

문제에 따라 정답의 위치가 정해져 있다!

문제 유형에 따라 담화에서 정답이 언급되는 위치가 거의 정해져 있으므로 문제만 보고도 정답의 위치를 예측할 수 있다. 주제/화자/청자/문제점을 묻는 문제는 담화 초반에, 특정 키워드 문제는 담화 중반에, 요청/당부/next 문제는 담화 후반에 정답이 언급되는 경우가 대부분이다. 담화를 듣기 전에 문제 옆에 '초/중/후' 등으로 간단히 정답이 언급될 위치를 표시해 두자.

STEP 1 기술 돋보기 🔍 기술을 적용해 정답의 단서를 찾아보세요. 🎧 기술 74_1.mp3

Q: Who most likely is the **speaker**?
화자는 누구이겠는가?

> 기술 **Tip!**
> 문제를 읽고 정답이 나올 위치를 예측하여 표시하라!

W: Hi, my name is Madison Tuner and I'm the **personnel manager**.
안녕하세요, 저는 Madison Tuner이고, 인사부장입니다.

A: A manager
부장

문제의 Who, speaker를 보고 화자의 신분을 묻는 문제임을 빠르게 파악한다. 화자의 신분을 묻는 문제는 정답이 담화 초반에 제시되므로 문제지 여백에 '초'라고 표시를 해 둔다. 담화 초반 인사말 이후 화자가 자기 소개를 하는 부분을 놓치지 않는다면 정답이 부장임을 알 수 있다.

STEP 2 기술 적용 ✏️ 다음 담화를 듣고 문제를 풀어보세요. 🎧 기술 74_2.mp3

Q: What is the talk mainly about?

(A) Sales results (B) An expense report
(C) New technology (D) Security policy

Q: What is the talk **mainly about**?

→ 문제에서 mainly about을 보고 주제를 찾는 문제임을 빠르게 파악한다. 주제는 담화 초반에 제시되므로, 문제지 여백에 '초'라고 표시하고, 초반을 집중 공략한다.

M: Good morning everyone. → 인사
First, I'd like to **talk about** our monthly **sales report**.
→ 주제를 끌고 나오는 키워드 talk about 다음에 제시된 명사 sales report가 주제어가 된다.
I had a chance to look it over this morning and umm, I'm so proud of what you did for our company. → 의견 제시
Thanks to your hard work, our net income has increased substantially.
→ 청자들의 노고에 감사
To appreciate your dedication, the board of directors decided to give you a 5% pay raise from next year. → 보상 발표

A: (A) **Sales results** 기술 74 | 문제에 따라 정답의 위치가 정해져 있다!

STEP 3 기술 업그레이드 📈 문제 유형별로 정답이 주로 언급되는 위치와 단서 표현을 알아 두자.

문제 유형별로 담화의 초반, 중반, 후반 중 주로 정답이 나오는 위치가 정해져 있으며 정답과 밀접한 연관이 있는 단서 표현들이 있다. 담화를 듣기 전 미리 문제를 읽으면서 문제 옆에 정답의 예상 위치를 표시하고 담화에서 단서 표현을 듣고 정답을 찾자.

---

(1) 담화 초반 : 주제/목적 문제, 문제점 문제, 화자 문제, 장소 문제

① inform/announce/tell 등 '알리다' 동사 뒤 + 주제/목적 : I'd like to inform you that our store is closing.
② not/regret/afraied 등 부정 어구 + 문제점 : I regret to tell you that we haven't~
③ 사람 이름 + 직업/직책 : My name is John Peterson, the personnel manager~
④ Welcome to + 장소 : Welcome to our manufacturing plant,~

(2) 담화 중반 : 5대 키워드 문제(시간, 장소, 고유명사, 숫자, 제3자)

① 시간, 장소, 고유명사, 숫자, 제 3자 + 해당 키워드가 언급되는 부분 :
   What will take place tomorrow? → The meeting will be held tomorrow.

(3) 담화 후반 : 요청/제안/당부 문제, 미래 문제

① suggest/ask 등 '요청/제안/당부' 동사 뒤 + 요청/제안/당부 : I suggest you should attend the safety training on~
② now 뒤/미래 시제 문장 + 미래 : Now I will hand out the copy of ~

⚙️ Practice 다음 담화를 듣고 알맞은 정답을 찾아보세요. 🎧 기술 74_3.mp3

1 What are some listeners asked to do?

(A) Attend the security training

(B) Visit a certain office

(C) Get a photo taken

(D) Write a report

2 What will be offered to participants?

(A) A manual

(B) A map

(C) A badge

(D) A complimentary item

STEP 2 기술 적용

[정답] (A)

[해석] Q: 담화는 주로 무엇에 대한 것인가?

(A) 매출 결과 (B) 경비 보고서 (C) 새로운 기술 (D) 보안 규정

M: 안녕하세요, 여러분. 먼저, 우리 월간 매출 보고서에 대해 말씀 드리고 싶네요. 오늘 아침에 그것을 살펴볼 기회가 있었는데, 음, 저는 여러분들이 우리 회사를 위해 한 일이 매우 자랑스럽습니다. 여러분들의 노고 덕분에, 우리의 순이익이 상당히 상승했습니다. 여러분들의 헌신에 감사 드리기 위해, 이사회는 내년부터 5% 급여를 인상하기로 결정했습니다.

[어휘] look over 살펴보다 net income 순이익 increase 상승하다 substantially 상당히 appreciate 감사하다
dedication 헌신 board of directors 이사회 pay raise 급여 인상

Practice

[정답] 1. (B) 2. (D)

광고 대상을 묻는 문제는 담화 초반 제품명이나 회사명이 단서이다!

광고되는 것이 무엇인지 묻는 문제는 초반 두세 문장에 언급되는 명사와 동사가 중요하다. **특히, 초반에 언급되는 제품명이나 회사명이 결정적인 힌트가 된다.** 광고되는 회사나 제품의 장점이나 특징을 묻는 문제의 정답 역시 광고 대상의 이름이 언급된 직후에 제시되는 경우가 많다.

STEP 1 기술 돋보기 🔍   기술을 적용해 정답의 단서를 찾아보세요.   🎧 기술 75_1.mp3

> **기술 Tip!**
> 광고 대상을 묻는 문제는 초반에 언급되는 회사명을 놓치지 마라!

Q: What is being **advertised**?
광고되고 있는 것은 무엇인가?

M: Do you go on business trips often? If so, don't hesitate to call Dream **Tours**.
출장을 자주 다니시나요? 그렇다면 주저하지 말고 Dream Tours에 전화 주세요.

A: A travel agency
여행사

문제의 What, advertised를 보고 광고 대상을 묻는 문제임을 빠르게 파악하고 담화를 듣는다. 담화 초반에 언급되는 회사명 Dream Tours가 단서이며 이렇게 상호명(고유 명사)과 산업의 종류(보통 명사)가 함께 언급되면 대개 산업의 종류를 나타내는 명사가 정답이 된다. 즉, Tours를 듣고 여행사에 대한 광고임을 알 수 있다.

바꿔 쓰기 Tours 여행사 → travel agency 여행사

STEP 2 기술 적용 ✏️   다음 담화를 듣고 문제를 풀어보세요.   🎧 기술 75_2.mp3

Q: What kind of business is being advertised?
  (A) A bank   (B) A restaurant   (C) A hotel   (D) A bookstore

Q: What kind of **business** is being **advertised**?
→ 문제에서 business와 advertised를 보고 광고하는 사업체를 찾는 문제임을 파악한다.

W: Are you looking for a decent place for your family reunion or company banquet?
→ 도입부
Why not try **C'est la vie**, the well-known French **restaurant** in Perth.
→ C'est la vie라는 고유 명사 상호 바로 뒤에 이어지는 restaurant란 보통 명사가 광고 대상
We have been selected as the best foreign restaurant in Australia three times in a row. → 부가 설명
We specialize in authentic French cuisines like ratatouille. → 대표 메뉴 설명
If you'd like to see our menu, please visit our Website. For reservation, you can call us at 650-2015. → 당부 사항

A: (B) A restaurant — 기술75 | 광고 대상을 묻는 문제는 담화 초반 제품명이나 회사명이 단서이다!

STEP 3 기술 업그레이드 📊 프로모션 관련 사항은 후반부를 공략하라! 🎧기술75_3.mp3

광고 담화문의 후반부에는 할인 판매나 무료 배송 등 프로모션 관련 사항이 언급된다. 할인 기간, 할인율, 추가 혜택, 당부 사항 등은 후반부를 집중 공략해야 한다.

> **Q:** What is available for free?
> 무료로 이용 가능한 것은 무엇인가?
>
> **M:** Our first 50 customers will receive complimentary eco bags.
> 선착순 50명의 고객들은 무료 에코백을 받을 것입니다.
>
> **A:** A bag 가방
>
> → 문제에서 for free를 보고 무료 혜택을 찾는 문제임을 파악하고 담화의 후반부를 집중해서 들어야 한다. 문제에 제시된 키워드인 for free가 바뀌어 표현된 complimentary가 언급되는 부분을 들으면 무료로 제공되는 것이 에코백임을 알 수 있다.

⚙️ **Practice** 다음 담화를 듣고 알맞은 정답을 찾아보세요. 🎧기술75_4.mp3

1 What is being advertised?
(A) A hotel
(B) An apartment
(C) A shopping mall
(D) A convention center

2 What will be offered for a purchase of $100?
(A) Free delivery
(B) A notebook
(C) A voucher
(D) A free mouse

STEP 2 기술 적용

[정답] (B)

[해석] Q: 어떤 종류의 사업체가 광고되고 있는가?

(A) 은행 (B) 식당 (C) 호텔 (D) 서점

W: 가족 모임이나 회사 연회를 위한 괜찮은 장소를 찾고 계신가요? Perth에 있는 유명한 프랑스 식당인 C'est la vie는 어떠신가요? 저희는 3회 연속 호주 최고의 외국 식당으로 선정되었습니다. 저희는 라타투이와 같은 정통 프랑스 요리를 전문으로 합니다. 메뉴를 보시려면, 저희 웹사이트를 방문해 주세요. 예약을 하시려면 650-2015로 전화 주시면 됩니다.

[어휘] decent 괜찮은 reunion 모임 banquet 연회 well-known 유명한 select 선정하다 foreign 외국의 in a row 연속으로 specialize in ~을 전문으로 하다 authentic 진짜의, 정통의 cuisine 요리 reservation 예약

Practice

[정답] 1. (B) 2. (C)

기술 76

담화에서 구체적 어휘를 들었다면 보기에선 포괄적 어휘를 선택하라!

담화에서 언급된 어휘나 표현이 정답에서는 포괄적 어휘/표현으로 바뀌어 제시되는 경우가 많다. 예를 들어 담화에서 juice(쥬스)가 언급되었다면 좀 더 넓은 의미의 beverage(음료)가 정답으로 제시된다. 이런 이유로 **포괄적 의미를 가지는 information, event, document 등의 어휘가 정답으로 자주 출제된다.**

STEP 1 기술 돋보기 🔍 기술을 적용해 정답의 단서를 찾아보세요. 🎧 기술 76_1.mp3

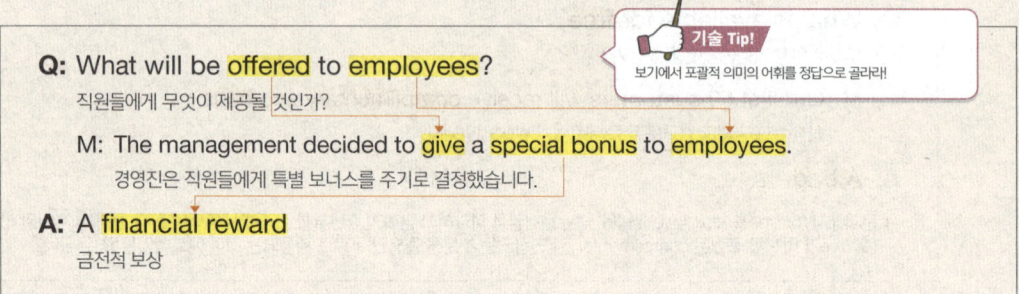

기술 Tip!
보기에서 포괄적 의미의 어휘를 정답으로 골라라!

Q: What will be **offered** to **employees**?
직원들에게 무엇이 제공될 것인가?

M: The management decided to **give** a **special bonus** to **employees**.
경영진은 직원들에게 특별 보너스를 주기로 결정했습니다.

A: A **financial reward**
금전적 보상

문제의 offered, employees를 보고 직원에게 제공될 것을 묻는 문제임을 파악한다. 직원들에게 특별 보너스를 주기로 결정했다고 하였으므로 금전적 보상이 제공될 것임을 알 수 있다.
바꿔 쓰기 special bonus 특별 보너스 → Financial reward 금전적 보상

STEP 2 기술 적용 ✍ 다음 담화를 듣고 문제를 풀어보세요. 🎧 기술 76_2.mp3

Q: Who most likely is Ms. Hampton?

   (A) A technician   (B) A reporter   (C) An executive   (D) A sales manager

Q: Who ~~most likely~~ is **Ms. Hampton**?
→ 고유 명사 키워드인 Ms. Hampton이 제시되는 부분에서 신분 관련 단서를 잡아야 한다.

   M: Hi, everyone. → 인사

   I'd like to introduce our new **vice president**, Lindsey **Hampton**.
   → 고유 명사 키워드 Hampton이 제시되는 문장에서, 그녀가 부사장임을 알 수 있다. 따라서 부사장(vice president)이란 세부 어휘를 임원(executive)이란 포괄적 어휘로 바꿔 표현한 정답을 찾아 내는 것이 관건이다!

   She has worked in IT industries for the last 20 years. → 경력 소개

   Last year, she was selected as one of top 10 female entrepreneurs in the U.S by *Seattle Times*. → 추가 이력

   I hope she will lead our company to a higher level in the industry.

   Please give her a big round of applause.

A: (C) **An executive**   기술76 | 담화에서 구체적 어휘를 들었다면 보기에선 포괄적 어휘를 선택하라!
바꿔 쓰기 vice president 부사장 → executive 임원

STEP 3 기술 업그레이드 📈 정답으로 자주 출제되는 포괄적 어휘를 알아 두자.

담화에 언급된 구체적인 어휘가 포괄적인 어휘로 바뀌는 주요 패턴이 있다. 이런 패턴을 미리 파악하여 숙지하고 있으면 정답을 찾는 데 큰 도움이 된다.

담화에서 언급되는 구체적 어휘 ➜ 정답으로 제시되는 포괄적 어휘

call 전화하다	→ reach 연락하다, contact 연락하다
sales figures 판매 수치, 매출액	→ information 정보
vice president 부사장	→ executive 임원
awards banquet 시상 연회	→ event 행사
subway 지하철, bus 버스	→ public transportation 대중교통
drinks 음료, snacks 간식	→ refreshments 다과
cousin 사촌	→ relative 친척
report 보고서	→ document 문서
mayor 시장	→ city official 시 공무원
repair 수리하다	→ work on ~을 작업하다
discount 할인	→ special offer 특가
storm 폭풍	→ inclement weather 악천후
phone number 전화번호	→ contact information 연락처
bonus 보너스	→ financial reward 금전적 보상
bank 은행	→ financial institution 금융기관

⚙️ Practice 다음 담화를 듣고 알맞은 정답을 찾아보세요. 🎧 기술 76_3.mp3

1 What are listeners encouraged to do?

(A) Send an e-mail

(B) Call Vancouver University

(C) Read *The Secret*

(D) Contact the radio station

2 What does the speaker suggest?

(A) Leaving home early

(B) Staying in another place

(C) Using the train

(D) Making a reservation online

STEP 2 기술 적용

[정답] (C)

[해석] Q: Hampton 씨는 누구이겠는가?

(A) 기술자 (B) 기자 (C) 임원 (D) 영업 부장

M: 안녕하세요, 여러분. 우리의 새로운 부사장이신 Lindsey Hampton을 소개하고자 합니다. 그녀는 지난 20년간 IT 산업에 종사해 왔습니다. 작년에는 <Seattle Times>에서 미국의 톱 10 여성 기업인들 중 한 명으로 선정되기도 했습니다. 그녀가 우리 회사를 업계에서 더 높은 수준으로 이끌어 줄 것을 기대합니다. 그녀에게 큰 박수 부탁 드립니다.

[어휘] technician 기술자 executive 임원 introduce 소개하다 vice president 부사장 female 여성의 entrepreneur 기업가 lead 이끌다 applause 박수갈채

Practice

[정답] 1. (D) 2. (B)

1. According the speaker, what took place last weekend?

   (A) The training was conducted.
   (B) The party was held.
   (C) The cooking program was broadcast.
   (D) The noodle restaurant was opened.

2. Why did the vice president probably call this morning?

   (A) To talk about the upcoming plan
   (B) To learn how to cook a certain dish
   (C) To get a phone number
   (D) To check the itinerary

3. What is the listener asked to do?

   (A) Attend a party
   (B) Share a car
   (C) Make a call
   (D) Write a cookbook

4. Who most likely is Tim Woods?

   (A) A host
   (B) A detective
   (C) An author
   (D) A keynote speaker

5. What happened to Mr. Woods last year?

   (A) He wrote the autobiography.
   (B) He earned an award.
   (C) He established the publishing company.
   (D) He moved into Canada.

6. What are listeners invited to do?

   (A) Come to the studio
   (B) Make a phone call
   (C) Answer questions
   (D) Buy the book titled *The mystery*

7. What is being advertised?

   (A) A grocery store
   (B) A restaurant
   (C) A food festival
   (D) A culinary school

8. How long has the business been in operation?

   (A) For a week
   (B) For a year
   (C) For 10 years
   (D) For 20 years

9. Why are listeners advised to call?

   (A) To ask for directions
   (B) To reserve a table
   (C) To get a coupon
   (D) To check the menu

10. How often is the program broadcast?

    (A) Every hour
    (B) Every day
    (C) Every week
    (D) Every month

11. Who most likely is Tom Grover?

    (A) A musician
    (B) A host
    (C) A politician
    (D) A radio listener

12. What will listeners hear next?

    (A) Live music
    (B) Advertisements
    (C) Local news
    (D) A folk song

13. What will happen on the weekend?

    (A) The network will be upgraded.
    (B) The installation will be finished.
    (C) The offices will be repainted.
    (D) The monthly sale will start.

14. According to the speaker, what is the cause of a decrease in sales?

    (A) The unfavorable economic situation
    (B) The shortage of skilled manpower
    (C) The high prices of the products
    (D) The lack of advertisements

15. What does the man imply when he says, "I've got one right here"?

    (A) He found the lost item.
    (B) He tries to give an example.
    (C) He knows the answer to the question.
    (D) He has the sales report in his hand.

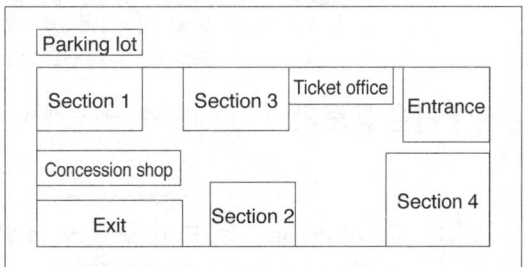

16. Where most likely is the announcement being made?

    (A) On the bus
    (B) In a parking lot
    (C) In a castle
    (D) At the ticket office

17. What are listeners required to do?

    (A) Purchase a ticket
    (B) Fasten a seatbelt
    (C) Be back on time
    (D) Wear a hard hat

18. Look at the graphic. Where will the bus be parked?

    (A) Section 1
    (B) Section 2
    (C) Section 3
    (D) Section 4

문제에 제시된 시간 키워드부터 잡고 가자!

Part 4는 담화의 길이가 길기 때문에 문제에 제시된 키워드 중심으로 집중하여 듣는 것이 더욱 중요하다. 시간 관련 키워드는 특히 Part 4에서 가장 많이 등장하는 문제 키워드이다. **다양한 시간 표현들과 이것이 담화에서 바뀌어 제시될 수 있는 표현들을 미리 숙지해 두고,** 담화를 들을 때는 시간 키워드를 흘려 듣지 않고 그 주변에서 정답을 찾아야 한다.

STEP 1 기술 돋보기 🔍 기술을 적용해 정답의 단서를 찾아보세요. 🎧 기술 77_1.mp3

> 🖐 **기술 Tip!**
> 문제에 제시된 시간 키워드가 언급되는 곳을 놓치지 마라!

> **Q:** What did Ms. Peterson do in <mark>1998</mark>?
> Peterson 씨는 1998년에 무엇을 하였는가?
>
> **M:** I'm honored to introduce our new president, Jane Peterson. She <mark>graduated from New York College</mark> in <mark>1998</mark>.
> 우리의 새로운 사장님이신 Jane Peterson을 소개하게 되어 영광입니다. 그녀는 1998년에 New York College를 졸업했습니다.
>
> **A:** She <mark>graduated from school</mark>.
> 학교를 졸업했다.

문제의 Peterson과 1998를 보고 Peterson 씨가 1998년에 한 일을 묻는 문제임을 빠르게 파악하고 담화를 듣는다. 특히 시간 키워드 1998을 언급하는 곳에 집중한다. 담화 중 1998이 언급된 문장에서 그녀가 New York College를 졸업했다고 했으므로 학교를 졸업했다는 것을 알 수 있다.

바꿔 쓰기 college 대학 → school 학교

STEP 2 기술 적용 ✏️ 다음 담화를 듣고 문제를 풀어보세요. 🎧 기술 77_2.mp3

Q: What did Mr. Miller do 2 years ago?
(A) He got promoted.　　(B) He graduated from university.
(C) He won an award.　　(D) He developed the new printer.

> **Q:** What did Mr. Miller do <mark>2 years ago</mark>?
> → 문제에 제시된 시간 키워드 2 years ago가 제시되는 부분에서 답을 찾는다.
>
> **W:** Hi. I'm here to introduce our new sales director, John Miller to you. →John Miller 소개
> He graduated from University of Utah in 2002 and he started to work in TG Motors as a car salesman. → 경력 진술
> He was <mark>promoted</mark> to the sales manager <mark>2 years ago</mark>.
> → 2년전에 승진 했다고 말하는 부분에서 정답을 쉽게 찾을 수 있다.
> Last year, he won the innovation award and he played a considerable part in launching our new laser printer TM-5 last month. → 최근 업적 소개
> Now he will step onto the stage and say a few words to us. → 다음 일정 소개
>
> **A:** (A) He got <mark>promoted</mark>. 　기술 77 | 문제에 제시된 시간 키워드부터 잡고 가자!

STEP 3 기술 업그레이드 📈 시간 키워드는 시제에 따라 정답의 위치가 정해진다. 🎧 기술 77_3.mp3

과거 시간 키워드가 있으면 담화의 초반을, 미래 시간 키워드가 있으면 담화의 후반을 집중해서 들어야 한다.

---

1) 과거 시간 키워드: 담화의 초반 공략

Q: What did Jason do yesterday? Jason은 어제 무엇을 했는가?

M: Hello, Jason. This is Peter Raymond and I'm calling about the report you submitted yesterday. 안녕하세요, Jason. 저는 Peter Raymond인데, 어제 당신이 제출한 보고서와 관련해 전화 드립니다.

A: He turned in the report. 그는 보고서를 제출했다.

→ 문제에 yesterday라는 과거 시간 키워드가 있으므로 담화 초반에 정답이 제시될 것을 예측하고 듣는다.

바꿔 쓰기 submitted 제출하다 → turned in 제출하다

2) 미래 시간 키워드: 담화의 후반 공략

Q: What is the listener asked to do tomorrow? 청자가 내일 하라고 요청받는 것은 무엇인가?

W: Please stop by my office tomorrow morning. 내일 아침에 제 사무실에 들러 주세요.

A: Visit the office in person 직접 사무실에 방문하기

→ 문제에 tomorrow라는 미래 시간 키워드가 있으므로 담화 후반에 정답이 제시될 것을 예측하고 듣는다.

바꿔 쓰기 stop by 들르다 → visit 방문하다

⚙️ Practice 다음 담화를 듣고 알맞은 정답을 찾아보세요. 🎧 기술 77_4.mp3

1 What is mentioned about this year's event?

(A) It will be cancelled.

(B) The venue will be changed.

(C) The admission will be waived.

(D) It will be organized by an outside company.

2 What did Ms. Woods do on September 15th?

(A) She arrived in the warehouse.

(B) She placed an order.

(C) She made some changes.

(D) She put together the furniture.

STEP 2 기술 적용

[정답] (A)

[해석] Q: Miller 씨가 2년 전에 한 일은?

(A) 그는 승진했다. (B) 그는 대학을 졸업했다. (C) 그는 상을 탔다. (D) 그는 새로운 프린터를 개발했다.

W: 안녕하세요. 저는 새로운 영업 이사인 John Miller를 소개하기 위해 이 자리에 나왔습니다. 그는 2002년 University of Utah를 졸업하고, TG Motors에서 자동차 영업 사원으로 일을 시작했습니다. 그는 2년 전에 영업 부장으로 승진했습니다. 작년에는 혁신상을 수상했고 지난달에는 TM-5라는 새로운 레이저 프린터를 출시하는 데 큰 역할을 했습니다. 자 이제, 그가 무대 위로 올라와 우리에게 몇 마디 하실 겁니다.

[어휘] graduate 졸업하다 innovation 혁신 considerable 상당한 launch 출시하다

Practice

[정답] 1. (B) 2. (B)

기술 78 : 문제에 제시된 고유명사와 신분 명사를 놓치지 마라!

Part 3에서와 마찬가지로 Part 4에서도 사람 이름, 장소명, 회사명 등의 **고유명사는 핵심 키워드**이다. 직업이나 직책 등을 나타내는 **신분 명사 역시 정답과 직결되는 핵심 키워드**이다. 키워드 중심으로 정답을 찾을 때는 정답이 키워드가 언급된 후뿐만 아니라 이전에도 나올 수 있음을 명심하고 키워드 직전과 직후의 문장의 의미를 모두 파악해 두어야 한다.

STEP 1 기술 돋보기 🔍 기술을 적용해 정답의 단서를 찾아보세요. 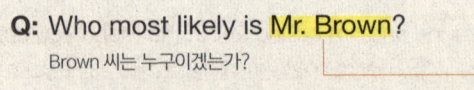 🎧 기술 78_1.mp3

> 👉 **기술 Tip!**
> 고유명사와 신분 명사 키워드를 잡아라!

Q: Who most likely is <mark>Mr. Brown</mark>?
Brown 씨는 누구이겠는가?

M: Hi, I'm honored to introduce our <mark>new sales director, Mr. Brown</mark> to you.
새로운 영업 이사인 Brown 씨를 여러분께 소개해 드리게 되어 영광입니다.

A: <mark>A sales director</mark>
영업 이사

문제의 Who, Mr. Brown을 보고 Brown 씨의 직업이나 직책을 묻는 문제임을 빠르게 파악하고 담화를 듣는다. 고유명사 Mr. Brown이 언급되는 곳 근처에서 직업/직책 명사가 들리는지 집중해야 한다. Mr. Brown 바로 앞에 new sales director라고 언급된 것이 정답이다.

STEP 2 기술 적용 ✏️ 다음 담화를 듣고 문제를 풀어보세요. 🎧 기술 78_2.mp3

Q: Who most likely is Tom Glenn?
(A) A critic   (B) A curator   (C) A painter   (D) A novelist

Q: Who most likely is <mark>Tom Glenn</mark>?
→ 문제에서 제시된 고유명사 키워드 Tom Glenn을 노려 듣는다.

W: Welcome to the reopening of the Denver contemporary gallery. → 인사
I'm pleased to introduce our guest speaker, <mark>Tom Glenn</mark>. → 소개
He is the young leader in the 21st century American <mark>painting</mark> and he has written the book about art history.
→ Tom Glenn이 21세기 미국 회화에 있어 젊은 리더라고 말하는 부분에서 그가 화가임을 추론할 수 있다.
Today, he will talk about the contemporary art in North America. → 연설 주제 소개
Now let's give a big hand of applause for him.

A: (C) <mark>A painter</mark>   기술 78 | 문제에 제시된 고유명사와 신분 명사를 놓치지 마라!

STEP 3 기술 업그레이드 📈 문장의 길이가 긴 보기는 명사와 동사 위주로 미리 요약하자! 🎧 기술 78_3.mp3

'말하다'라는 의미의 say, state, mention, indicate 등이 포함된 문제에서 이 동사들 바로 뒤에 고유 명사나 신분 명사가 제시될 경우, 보기가 길어지는 경우가 많다. 이때는 보기에 명사와 동사 위주로 동그라미나 밑줄을 치면서 빠르게 요지를 파악해 두는 것이 좋다.

Q: What is **said** about **Dream Hotel**? Dream Hotel에 대해 언급된 것은 무엇인가?

(A) It has a well-known **dining facility** in it. 내부에 유명한 식당이 있다.

(B) It is being **renovated**. 개조 중이다.

W: Dream Hotel is located in the center of downtown and it features a **world-famous Spanish restaurant**. Dream Hotel은 시내 중심에 위치해 있으며, 세계적으로 유명한 스페인 식당이 있습니다.

A: (A) It has **a well-known dining facility** in it.

→ 긴 보기는 미리 읽고 명사와 동사 위주로 표시한다. 따라서 (A)의 명사 dining facility와 (B)의 동사 renovated에 표시한다. 담화에서 키워드인 Dream Hotel이 들리고 restaurant이 뒤이어 나오므로 미리 파악한 보기 중 dining facility가 포함된 (A)를 고른다.

바꿔 쓰기 world famous 세계적으로 유명한 → well-known 유명한 / restaurant 식당 dining facility 식당

⚙️ Practice 다음 담화를 듣고 알맞은 정답을 찾아보세요. 🎧 기술 78_4.mp3

1 Why did Mr. Taylor go to Hong Kong?

(A) To attend the event

(B) To visit the museum

(C) To shop around

(D) To do sightseeing

2 What most likely is Apollo?

(A) The university

(B) The electronics company

(C) The publisher

(D) The marketing firm

STEP 2 기술 적용

[정답] (C)

[해석] Q: Tom Glenn은 누구이겠는가?

(A) 비평가 (B) 큐레이터 (C) 화가 (D) 소설가

W: Denver 현대 미술관의 재개관에 오신 것을 환영합니다. 객원 연사인 Tom Glenn을 소개하게 되어 기쁩니다. 그는 21세기 미국 회화의 젊은 리더이며 미술사에 대한 책도 쓴 적 있습니다. 오늘 그는 북미의 현대 미술에 대해 말씀해 주실 겁니다. 자 이제, 그에게 큰 박수를 보내 주세요.

[어휘] reopening 재개장 contemporary 현대의 gallery 화랑 pleased 기쁜 leader 지도자 painting 회화
art history 미술사 applause 박수갈채

Practice

[정답] 1. (A) 2. (B)

안내 방송은 변경 사항을 파악하라!

안내 방송에서는 변경 사항을 알리는 내용이 자주 등장하고 이 부분이 문제로도 출제된다. 특히 변경 전후의 상황을 헷갈리게 하여 문제를 출제하는 경우가 많기 때문에 변경된 사항을 꼼꼼하게 파악해야 한다. 시각 자료 연계 문제에서도 변경된 사항이 언급되면 정답의 단서가 된다. 특히 시각 자료만으로 정답이 되는 보기가 있다면 담화에서 반드시 변경 사항이 제시된다는 점을 명심해야 한다.

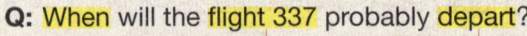

STEP 1 기술 돋보기 🔍 기술을 적용해 정답의 단서를 찾아보세요. 🎧 기술 79_1.mp3

기술 Tip!
지문에 언급된 변경 사항을 놓치지 마라!

Q: When will the **flight 337** probably **depart**?

337편은 언제 출발하겠는가?

W: Attention all passengers waiting to board California Airline **flight 337** bound for LA. It was scheduled to **depart** at **1 p.m.** but it has been delayed **for an hour** due to heavy fog.

LA로 가는 California Airline 337편을 타려고 대기 중이신 승객 여러분 주목해 주세요. 이 비행기는 오후 1시에 출발할 예정이었지만, 짙은 안개로 인해 한 시간 지연되었습니다.

A: At 2 p.m.

오후 2시에

문제의 When, flight 337, depart를 보고 비행기 출발 시간을 묻는 문제임을 빠르게 파악하고 담화를 듣는다. 특히 숫자 키워드 337이 언급되는 부분에서 출발 시간을 노리고 청취한다. 담화에서 키워드가 언급된 직후 비행기가 원래 1시 출발 예정이었지만 한 시간 지연됐다고 하였으므로 2시에 출발하게 될 것임을 알 수 있다.

STEP 2 기술 적용 ✎ 다음 담화를 듣고 문제를 풀어보세요. 🎧 기술 79_2.mp3

Q: Where will the workshop be held?
(A) In Room 101   (B) In Room 102   (C) In Room 103   (D) In Room 104

Q: **Where** will the **workshop** be held?

→ 문제에서 장소 키워드 workshop을 확인하고, 그 장소가 담화에서 언급되는 부분에서 답을 찾아야 한다.

M: Before we start today's session, I have some announcements to make. Initially, the **workshop** was scheduled to be held in room 101 but it is currently being repainted. → 방 변경 안내/101호는 함정 (변경 전 장소)

Therefore, we are going to hold it in **Room 103** instead.

→ 변경 후에 103호에서 워크숍이 개최될 것임을 알 수 있다.

You can see the revised schedule on the bulletin board in the lobby.

→ 추가 정보 확인 방법 제시

Also, you can enjoy complimentary refreshments we prepared for you in Room 102. → 다과를 먹을 수 있는 장소 제시

A: (C) In Room 103 **기술 79 | 안내 방송은 변경 사항을 파악하라!**

STEP 3 기술 업그레이드 📈 시각 자료 연계 문제에서도 변경 사항에 주목하라! 🎧 기술 79_3.mp3

시각 자료만 보고 정답이 되는 것이 보기 중에 있으면 담화에서 반드시 변경 사항이 언급된다. 즉 담화와 시각 자료를 연계하지 않고 정답이 되는 보기는 함정이며 담화에서 언급된 변경 사항을 반영한 보기가 실제 정답이다.

Mr. Baker	9 a.m. - 10 a.m.
Ms. Taylor	11 a.m. - noon

Q: Look at the graphic. What time will Mr. Baker give a talk?

시각 자료를 보시오. Baker 씨는 언제 강연을 할 것인가?

(A) At 9 a.m. 오전 9시에   (B) At 11 a.m. 오전 11시에

W: Please note that Mr. Baker and Ms. Taylor switched the times.

Baker 씨와 Taylor 씨가 서로 시간이 바뀌었다는 사실에 유의해 주세요.

A. (B) At 11 a.m. 오전 11시

→ 담화를 듣지 않고 주어진 표만 보면 Baker 씨의 강연 시간이 오전 9시인 것을 알 수 있다. 하지만 표를 보고 바로 정답이 보인다면 담화에서 반드시 변경 사항이 언급될 것을 직감하고 변경 사항에 집중하여 담화를 들어야 한다. 담화를 통해 Baker 씨와 Taylor 씨의 강연 시간이 바뀌었음을 확인하고 정답을 9시가 아닌 11시로 골라야 한다.

⚙️ Practice 다음 담화를 듣고 알맞은 정답을 찾아보세요. 🎧 기술 79_4.mp3

1 Which hall does the speaker want to reserve?

(A) Pacific hall

(B) Dream hall

(C) Ocean hall

(D) Benson hall

Sales skills	10 a.m. - 11 a.m.
Marketing techniques	11 a.m. - noon
Accounting software	noon - 1 p.m.

2 Look at the graphic. When will the lecture on sales skills start?

(A) At 10 a.m.   (B) At 11 a.m.

(C) At noon   (D) At 1 p.m.

STEP 2 기술 적용

[정답] (C)

[해석] Q: 워크숍은 어디서 열릴 것인가?

(A) 101호에서 (B) 102호에서 (C) 103호에서 (D)104호에서

M: 우리가 오늘의 교육을 시작하기 전에, 몇 가지 안내 사항이 있습니다. 원래 워크숍은 101호에서 열리기로 되어 있었지만, 현재 그곳에 페인트칠을 다시 하고 있습니다. 그러므로, 우리는 대신 103호에서 개최할 겁니다. 수정된 일정은 로비에 있는 게시판에서 확인하실 수 있습니다. 또한 여러분을 위해 준비한 무료 다과들을 102호에서 즐기실 수 있습니다.

[어휘] session 교육 revise 수정하다 bulletin board 게시판 complimentary 무료의 refreshment 다과

Practice

[정답] 1. (C) 2. (B)

DAY 20

기술 80

문제점은 초반에, 해결책은 후반에 제시된다!

Part 4에서도 문제점과 그 원인은 대체로 담화 초반에 언급되고 해결책은 담화 후반에 제시되는 것이 일반적이다. problem, concerned 등이 포함된 문제는 문제점을 묻는 문제이므로 담화 초반에 집중하고, recommend, suggest, offer 등이 포함된 문제는 해결책을 묻는 문제이므로 담화 후반에 제시되는 Please 명령문이나 제안/요청 표현들을 노려야 한다.

STEP 1 기술 돋보기 🔍 기술을 적용해 정답의 단서를 찾아보세요. 🎧 기술 80_1.mp3

> **Q:** According to the speaker, what is the **problem**?
>
>
>
> 화자의 말에 따르면, 문제는 무엇인가?
>
> **M:** Ms. Davidson. This is Mike in Personnel. I'm calling to let you know that the **copier in my office is still out of order.**
>
> Davidson 씨. 저는 인사부의 Mike입니다. 제 사무실의 복사기가 여전히 고장이라는 것을 알려 드리려고 전화 드립니다.
>
> **A:** The office equipment doesn't work properly.
>
> 사무 장비가 제대로 작동되지 않는다.

문제의 problem을 보고 문제점을 묻는 문제임을 파악한다. 문제점이 주로 언급되는 담화 초반에 집중한다. 화자의 인사말 뒤에 복사기가 여전히 고장이라는 문제점이 언급되고 있다.

바꿔 쓰기 copier 복사기 → equipment 장비

out of order 고장 난 → doesn't work properly 제대로 작동되지 않는다

STEP 2 기술 적용 ✏️ 다음 담화를 듣고 문제를 풀어보세요. 🎧 기술 80_2.mp3

Q: What does the speaker offer to do?

(A) Send an item by express mail   (B) Give a refund

(C) Provide a gift certificate   (D) Issue a meal coupon

> **Q:** What does the speaker **offer** to do?
>
> → 문제에서 offer를 보고 담화 후반에 제안하는 부분을 노려 듣는다.
>
> **W:** Hello. Mr. Thompson. This is Jill Davidson from MK electronics. → 자기 소개
>
> I'm calling regarding the order you placed last Monday. → 용건
>
> You ordered our latest laptop computer X-1 but it's currently out of stock.
>
> → 문제점 제시
>
> This model is so popular that you have to wait for another week. → 문제의 원인
>
> To make up for this inconvenience, I'll **give** you a 10 dollar **gift certificate.**
>
> → 보상 제안 – 불편을 보상 하기 위해 10달러 상당의 상품권을 주겠다고 제안하는 부분에서 답을 구할 수 있다.
>
> Sorry for the inconvenience again. → 사과
>
> **A:** (C) Provide a gift certificate   기술80 | 문제점은 초반에, 해결책은 후반에 제시된다!

문제점이 언급되면 해결책 또한 반드시 제시된다. 보통 담화 마지막에 해결책을 제시하는 것이 일반적이다.

> **Q:** What will the ==company== do ==later==?
> 회사는 나중에 무엇을 할 것인가?
>
> **M:** As a result, the ==company== deicide to ==hire more part timers== to meet the deadline.
> 결과적으로, 회사에서는 마감 시한을 맞추기 위해 더 많은 시간제 근로자들을 고용하기로 결정했습니다.
>
> **A:** ==It will employ more workers==. 더 많은 직원들을 고용할 것이다.
>
> → 시간 키워드 later를 보고 담화 후반을 노려 듣는다. 문제에 제시된 장소 관련 키워드 company 뒤에서 마감 시한을 맞추기 위해 (문제점을 해결하기 위해) 더 많은 시간제 근로자들을 고용할 것(문제에 대한 해결책)임을 알 수 있다.
>
> **바꿔 쓰기** hire 고용하다 → employ 고용하다
>   part timers 시간제 근로자들 → workers 직원들

DAY 20

⚙️ **Practice** 다음 담화를 듣고 알맞은 정답을 찾아보세요. 🎧기술 80_4.mp3

1 What is the problem?
(A) The design proposal hasn't been completed.
(B) The parking lot is under construction.
(C) The architect doesn't feel well.
(D) The city hall hasn't been refurbished.

2 What does the speaker offer to do?
(A) She will exchange the tires.
(B) She will fix the engine.
(C) She will pick up the car.
(D) She will change the filter.

STEP 2 기술 적용

[정답] (C)

[해석] Q: 화자가 제안하는 것은 무엇인가?

(A) 빠른 우편으로 제품 보내기 (B) 환불해 주기 (C) 상품권 제공하기 (D) 식사 쿠폰 발행하기

W: 여보세요. Thompson 씨. 저는 MK 전자의 Jill Davidson입니다. 지난 월요일에 주문하신 것에 대해 전화 드립니다. 우리의 최신 노트북인 X-1을 주문하셨는데, 현재 품절입니다. 이 모델은 매우 인기가 많아서, 한 주 더 기다리셔야 합니다. 이러한 불편을 보상해드리기 위해, 10달러 상당의 상품권을 드리겠습니다. 불편함을 드려 다시 한번 사과 드립니다.

[어휘] offer 제안하다 express mail 빠른 우편 refund 환불 gift certificate 상품권 issue 발행하다
electronics 전자제품 regarding ~에 관해 currently 현재 out of stock 품절인 popular 인기 있는
make up for ~을 보상하다 inconvenience 불편

Practice

[정답] 1. (D) 2. (D)

1. What happened last month?

   (A) The gym was reopened.
   (B) The survey was implemented.
   (C) The renovation work started.
   (D) The equipment was purchased.

2. When will the renovation be finished?

   (A) This week
   (B) Next week
   (C) Next month
   (D) Next year

3. Why are listeners asked to make a call?

   (A) To check the Website
   (B) To find out about the schedule
   (C) To talk with an instructor
   (D) To purchase equipment

4. Where most likely is the talk being made?

   (A) At a convention center
   (B) At a hotel
   (C) At a classroom
   (D) At an auditorium

5. Who most likely is Peter Wang?

   (A) A professor
   (B) A convener
   (C) A lecturer
   (D) A lawyer

6. Why would some people visit the front desk?

   (A) To pick up the schedule
   (B) To sign up for a lecture
   (C) To use a computer
   (D) To talk with professionals

7. How did the woman learn about the position?

   (A) By speaking with her colleague
   (B) By looking at the ad in the magazine
   (C) By surfing the net
   (D) By reading a paper

8. What did the speaker do in 2001?

   (A) She entered a college.
   (B) She began her career.
   (C) She started to work as a reporter.
   (D) She founded her own firm.

9. What is the listener asked to do?

   (A) Apply for the position
   (B) Leave a message
   (C) Return her call
   (D) Have an interview with *Dallas Daily*

10. Where most likely is announcement being made?

   (A) At a restaurant
   (B) In a train station
   (C) In an airport terminal
   (D) On a plane

11. What is the cause of the delay?

   (A) Inclement weather
   (B) A technical problem
   (C) Terrible traffic
   (D) A late connecting flight

12. What will the flight attendants do later?

   (A) Collect headphones
   (B) Give out drinks
   (C) Fasten their seatbelts
   (D) Turn off monitors

13. Where does Kelly Long probably work?

(A) At a dealership
(B) At a car repair shop
(C) At a gas station
(D) At a parking lot

14. What does the woman imply when she says, "I hate to say this"?

(A) She wants to reject the offer.
(B) She doesn't want to make an excuse.
(C) She has a sore throat.
(D) She doesn't like to talk.

15. What is suggested about the business?

(A) It is owned by Ms. Watson.
(B) It is conveniently located.
(C) It has been in operation for a decade.
(D) It is open for 5 days a week.

Speaker	Time
Simon Brooks	10-11 a.m.
Whitney Cox	11 a.m. -noon
Patrick Ward	2 p.m. -3 p.m.
Ashley Nelson	3 p.m. -4 p.m.

16. Why does the speaker say he is pleased?

(A) There are a lot of attendees.
(B) There is a special lecture.
(C) There are free refreshments.
(D) There is a reception.

17. What is the problem with Simon Brooks?

(A) He has been sick.
(B) He had to get his car repaired.
(C) He has been caught in traffic.
(D) He will be running late.

18. Look at the graphic. What time will Ms. Nelson start her talk?

(A) At 10 a.m.
(B) At 11 a.m.
(C) At 2 p.m.
(D) At 3 p.m.

DAY 20 TEST

ACTUAL TEST

커넥츠 영단기

LISTENING TEST

In the Listening test, you will be asked to demonstrate how well you understand spoken English. The entire Listening test will last approximately 45 minutes. There are four parts, and directions are given for each part. You must mark your answers on the separate answer sheet. Do not write your answers in your test book.

PART 1

Directions : For each question in this part, you will hear four statements about a picture in your test book. When you hear the statements, you must select the one statement that best describes what you see in the picture. Then find the number of the question on your answer sheet and mark your answer. The statements will not be printed in your test book and will be spoken only one time.

Example

Sample Answer

Statement (A), "A woman is carrying a briefcase," is the best description of the picture so you should select answer (A) and mark it on your answer sheet.

1.

2.

GO ON TO THE NEXT PAGE →

3.

4.

5.

6.

GO ON TO THE NEXT PAGE

PART 2

Directions : You will hear a question or statement and three responses spoken in English. They will not be printed in your test book and will be spoken only one time. Select the best response to the question or statement and mark the letter (A), (B), or (C) on your answer sheet.
Now, let us begin with question number 7.

7. Mark your answer on your answer sheet.

8. Mark your answer on your answer sheet.

9. Mark your answer on your answer sheet.

10. Mark your answer on your answer sheet.

11. Mark your answer on your answer sheet.

12. Mark your answer on your answer sheet.

13. Mark your answer on your answer sheet.

14. Mark your answer on your answer sheet.

15. Mark your answer on your answer sheet.

16. Mark your answer on your answer sheet.

17. Mark your answer on your answer sheet.

18. Mark your answer on your answer sheet.

19. Mark your answer on your answer sheet.

20. Mark your answer on your answer sheet.

21. Mark your answer on your answer sheet.

22. Mark your answer on your answer sheet.

23. Mark your answer on your answer sheet.

24. Mark your answer on your answer sheet.

25. Mark your answer on your answer sheet.

26. Mark your answer on your answer sheet.

27. Mark your answer on your answer sheet.

28. Mark your answer on your answer sheet.

29. Mark your answer on your answer sheet.

30. Mark your answer on your answer sheet.

31. Mark your answer on your answer sheet.

PART 3

Directions : You will hear some conversations between two or more people. You will be asked to answer three questions about what the speakers say in each conversation. Select the best response to each question and mark the letter (A), (B), (C) or (D) on your answer sheet. The conversations will not be printed in your test book and will be spoken only one time.

32. Why is the man calling the woman?

(A) To order some office supplies
(B) To confirm the delivery date
(C) To reserve a venue
(D) To return a book

33. What is the cause of the problem?

(A) The hotel is under renovation.
(B) The regional festival will be held.
(C) The hotel does not have a restaurant.
(D) The demands are too high.

34. What does the man say he will do next?

(A) Visit the Website
(B) Speak with his colleague
(C) Have dinner
(D) Call another store

---

35. Why will the warehouse be temporarily closed?

(A) It will relocate to another location.
(B) It will be inspected by the government.
(C) It will set up a new system.
(D) It will honor the holidays.

36. What does the man mean when he says, "That's why I placed an order last week"?

(A) He made preparations in advance.
(B) He regrets not ordering more.
(C) He assumes they have enough time.
(D) He recommends using an express service.

37. What is the man asked to do?

(A) Search for a new vendor
(B) Conduct an inventory check
(C) Contact a shipping company
(D) Pay in advance

38. Where is the conversation taking place?

(A) At a registration desk
(B) At a medical clinic
(C) At a hotel front desk
(D) At an airport

39. What does the woman offer to do?

(A) Reschedule an appointment
(B) Have the baggage brought to the room
(C) Upgrade a seat
(D) Issue a new membership card

40. Where does the man probably go next?

(A) The Grand Ballroom
(B) The departure gate
(C) The guest room
(D) The restaurant

---

41. What industry do the speakers work in?

(A) Electronics
(B) Hardware
(C) Hospitality
(D) Fashion

42. Why is Mike's team understaffed?

(A) Some workers are attending a trade fair.
(B) Some workers relocated to other branches.
(C) Some workers are taking vacations.
(D) Some workers recently quit.

43. What do the men say about Emma?

(A) She just finished her project.
(B) She will become a full time worker.
(C) She has some experience in sales.
(D) She majored in advertising.

GO ON TO THE NEXT PAGE

44. Who most likely is Ms. Smith?

    (A) An event organizer
    (B) A marketing supervisor
    (C) A product designer
    (D) A travel agent

45. What does the woman say about the event?

    (A) It will be rescheduled.
    (B) It is held every year.
    (C) It takes place at the same place.
    (D) Its registration fee will increase.

46. What is the man able to do on the fair's Website?

    (A) Get information on hotels
    (B) Order some books
    (C) Call the travel agency
    (D) View live forums

---

47. What will the man do tomorrow?

    (A) Join a meeting with a manager
    (B) Meet a potential client
    (C) Give a cooking demonstration
    (D) Buy a blender at the mall

48. Why does the woman say, "I will make a presentation in about half an hour"?

    (A) To encourage the man to join a presentation
    (B) To ask for some help
    (C) To share her daily agenda
    (D) To deny the man's request

49. What does the man offer the woman?

    (A) A price quote
    (B) A brochure sample
    (C) A discount coupon
    (D) A ride to the mall

50. What caused a schedule change?

    (A) An incorrect order
    (B) Lack of materials
    (C) Unfavorable weather
    (D) A wrong floor plan

51. What is the man concerned about?

    (A) A building permit
    (B) A tight budget
    (C) A space shortage
    (D) A lack of building materials

52. What will the site manager be asked to do?

    (A) Submit a report more frequently
    (B) Sign a new contract
    (C) Order more materials
    (D) Make a new floor plan

---

53. Where most likely are the speakers?

    (A) On a train
    (B) At a bus stop
    (C) At a hotel
    (D) At a tourist information desk

54. What does the woman say about the event?

    (A) It will feature more bands than before.
    (B) It will lasts for three days.
    (C) It is already sold out.
    (D) It was supported by local businesses.

55. What does the man imply when he says, "Do you have a copy of the schedule"?

    (A) He wants to have an updated train schedule.
    (B) He is interested in the festival.
    (C) He thinks the schedule did not reflect the changes.
    (D) He wants to take a later bus.

56. What did the man do yesterday?

   (A) Attended the meeting
   (B) Sent a report
   (C) Lowered a price
   (D) Made a comparison chart

57. What does the woman suggest the man do?

   (A) Enhance product quality
   (B) Change a product design
   (C) Create more commercials
   (D) Reduce prices

58. What will the woman probably do next?

   (A) Talk with her assistant
   (B) Call the headquarters
   (C) Drive a car
   (D) Look at TV commercials

59. What will the man do in the afternoon?

   (A) Give a presentation
   (B) Repair a photocopier
   (C) Clean the corridor
   (D) Inspect the fourth floor

60. Why can't the man use the copier on the fourth floor?

   (A) It has no more toner.
   (B) It is already in use.
   (C) It is being serviced.
   (D) It cannot print in color.

61. What does the woman mention about Dominique Printing?

   (A) It is temporarily closed.
   (B) It is close to the office.
   (C) It is having a sale.
   (D) It is recruiting workers.

62. Why is Ms. Brooks unable to attend the staff meeting?

   (A) She missed a connecting flight.
   (B) She has a schedule conflict.
   (C) She is out of the office for a family emergency.
   (D) She is attending another meeting now.

63. What does the man recommend?

   (A) Taking a taxi at the airport
   (B) Checking the weather forecast
   (C) Rescheduling the meeting
   (D) Contacting a travel agency

 64. What do the women agree to do?

   (A) Have lunch together
   (B) Enter the data
   (C) Drive to the airport
   (D) Review a proposal

GO ON TO THE NEXT PAGE

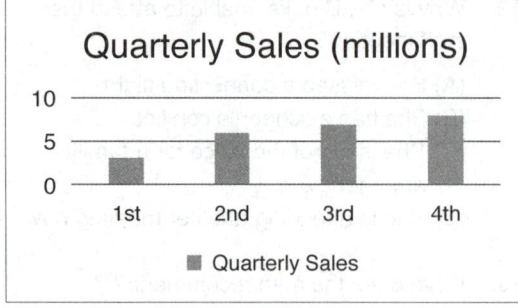

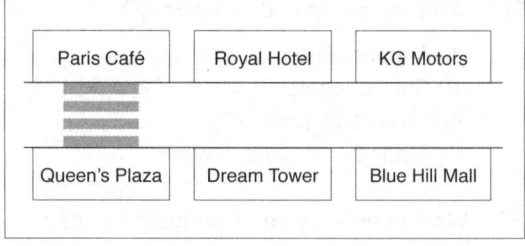

65. What does the woman say she is pleased with?

(A) Favorable responses to a new product
(B) An increase in international sales
(C) The new branch office opening
(D) Smooth transition to the new building

66. Look at the graphic. When did the company most likely open the branch office in Beijing?

(A) In the first quarter
(B) In the second quarter
(C) In the third quarter
(D) In the fourth quarter

67. What does the man say about new employees?

(A) They prefer to work overseas.
(B) They are all temporary workers.
(C) They are fluent in Chinese.
(D) They should attend an orientation.

68. Who most likely is the woman?

(A) A receptionist
(B) A cashier
(C) A hotel manager
(D) A car dealer

69. What complaint does the man probably have about Royal Hotel?

(A) Room rates are too expensive.
(B) It is located far from downtown.
(C) Its rooms are not clean.
(D) It does not offer an express service.

70. Look at the graphic. Where is the dry cleaner's located?

(A) In Dream Tower
(B) In Blue Hill Mall
(C) In KG Motors
(D) In Queen's Plaza

PART 4

Directions : You will hear some talks given by a single speaker. You will be asked to answer three questions about what the speaker says in each talk. Select the best response to each question and mark the letter (A), (B), (C), or (D) on your answer sheet. The talks will not be printed in your test book and will be spoken only one time.

71. Where is the announcement being made?
   (A) At a museum
   (B) At a bookshop
   (C) At a library
   (D) At a community center

72. What surprised the speaker about Ms. Gomez?
   (A) She broke the sales record.
   (B) She served as a police detective.
   (C) She studied music.
   (D) She taught English at a high school.

73. What does the speaker remind listeners to do?
   (A) Join a Q&A session
   (B) Get an autograph
   (C) Fill in a form
   (D) Write feedback

74. Why is the woman calling?
   (A) To place an order
   (B) To express her gratitude
   (C) To respond to an inquiry
   (D) To track an order status

75. What is the problem?
   (A) A payment was not made.
   (B) A computer network was disconnected.
   (C) The order was delivered to the wrong address.
   (D) A technical department is understaffed.

76. What will the listener receive today?
   (A) A full refund
   (B) A new installation program
   (C) An electronic check
   (D) A replacement

77. What will take place tomorrow?
   (A) The online shopping mall will be launched.
   (B) Prices will be reduced.
   (C) The sale event will end.
   (D) Free item will be given out.

78. What is available only for online customers?
   (A) Special deals
   (B) Discount coupons
   (C) Free return labels
   (D) Gift wrapping

79. How can listeners get a gift certificate?
   (A) By shopping online
   (B) By visiting the shop early
   (C) By spending a certain amount of money
   (D) By becoming a member

80. What can listeners find on the bulletin board?
   (A) A registration form
   (B) An event calendar
   (C) A sign-up sheet
   (D) An updated menu

81. Who is Jim Moore?
   (A) An event organizer
   (B) A renowned chef
   (C) A keynote speaker
   (D) A chairperson

82. Why does the speaker say, "I hope you don't miss it"?
   (A) To emphasize the new menu
   (B) To ask listeners to be punctual
   (C) To show the appreciation
   (D) To encourage listeners to attend the reception

GO ON TO THE NEXT PAGE

83. What is the main topic of the broadcast?

(A) A company reorganization
(B) A personnel change
(C) A business merger
(D) A store opening

84. According to the speaker, what do business experts predict?

(A) Product prices will go up.
(B) Production capacity will be expanded.
(C) The headquarters will relocate.
(D) A new CEO will be appointed.

85. What will listeners hear next?

(A) Investment opportunities
(B) The weather forecast
(C) The traffic report
(D) Some advertisements

---

86. What problem does the speaker mention?

(A) He received the wrong item.
(B) One of his crew members called in sick.
(C) Some equipment is out of order.
(D) His order has not arrived yet.

87. When will Ms. Garcia's office most likely be painted?

(A) On Thursday
(B) On Friday
(C) On Monday
(D) On Tuesday

88. What does the man mean when he says, "This is not a normal case"?

(A) He reassures the listeners of its durability.
(B) He wants to extend a deadline.
(C) He solicits the listener's understanding.
(D) He would like to give an example.

89. What is the purpose of the talk?

(A) To recognize an employee's achievement
(B) To introduce a new employee
(C) To announce a retirement
(D) To report results of the competition

90. What did Mr. Howard do last year?

(A) He was chosen as the new CEO.
(B) He joined the company.
(C) He led the new product launch.
(D) He was in charge of the sales.

91. What is Mr. Howard asked to do?

(A) Demonstrate a new product
(B) Give an acceptance speech
(C) Present an award
(D) Come to the office

Final destination	Departure time
Oxford	10:00 A.M
Manchester	12:30 P.M.
London	14:30 P.M.
York	16:00 P.M.

92. According to the speaker, what caused the problem?

(A) The damaged railroad
(B) A mechanical problem
(C) Small seating capacity
(D) The terminal renovation

93. Look at the graphic. What time will the train for Oxford depart?

(A) At 10:00 A.M
(B) At 11:00 A.M
(C) At 12:30 P.M
(D) At 13:30 P.M

94. Why are some listeners asked to go to the ticket office?

(A) To get a free meal
(B) To refund a ticket
(C) To get a luggage slip
(D) To reschedule transfer

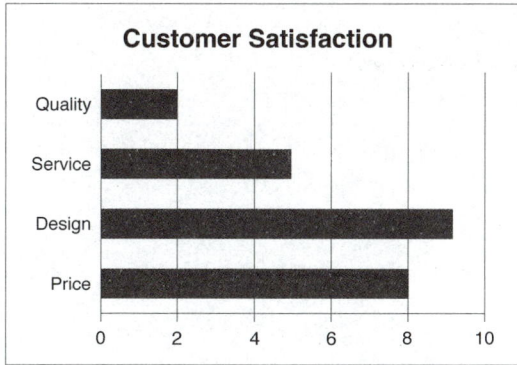

Customer Satisfaction

Quality
Service
Design
Price

0 2 4 6 8 10

Room	Capacity	Room Type
Conference Room A	10	Classroom
Conference Room B	20	Banquet
Conference Room C	30	Conference
Conference Room D	30	Banquet

95. According to the speaker, what did the company do last week?

(A) Launched the new service
(B) Released the product
(C) Got some feedback from consumers
(D) Redesigned the logo

96.  Look at the graphic. Which area does the speaker want to cover in the meeting?

(A) Quality
(B) Service
(C) Design
(D) Price

97. What will listeners probably do next?

(A) Discuss their ideas
(B) Divide up the expenses
(C) Complete a feedback form
(D) Distribute some handouts

98. What is the purpose of the call?

(A) To confirm a reservation
(B) To make some changes
(C) To purchase a projector
(D) To hire some interns

99. Look at the graphic. Which room does the speaker probably want to reserve?

(A) Conference room A
(B) Conference room B
(C) Conference room C
(D) Conference room D

100. What does the speaker say about Sam Clark?

(A) He wants to put off his presentation.
(B) He is one of the new interns.
(C) He won't attend the staff meeting.
(D) He needs to use some equipment.

MEMO

MEMO

영단기 토익 교재

입문서

영단기 토익 왕기초 LC

영단기 토익 왕기초 RC

영단기 신토익 스타트 LC

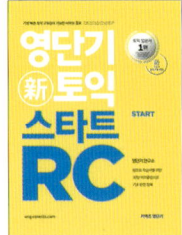
영단기 신토익 스타트 RC

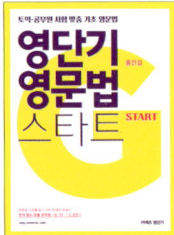
영단기 영문법 스타트

기본서

영단기 토익 LC

영단기 토익 RC

영단기 토익 기출보카

기적의 토익 LC

기적의 토익 RC

필기노트

영단기 700+
기적의 필기노트

영단기 토익 만점자
필기노트 PART 5 문법

LC+RC 통합 기본서

영단기 토익 LC+RC
700+한 달에 끝내기

정재현 토익
똑똑한 기본서 LC+RC

기술서/요약서

영단기 신토익 기술 LC

영단기 신토익 기술
실전문제집 LC

영단기 신토익 기술 RC

영단기 신토익 기술
실전문제집 RC

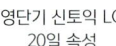
영단기 신토익 LC
20일 속성

영단기 신토익 RC
20일 속성

파트별 교재

영단기 2기적 토익 LC

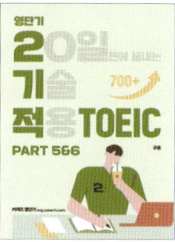

영단기 2기적 토익
PART 5&6

영단기 2기적 토익
PART 7

영단기 토익 PART 7
유형별 공식 40

실전모의고사

영단기 신토익 LC+RC
빈출모의고사

영단기 토익 실전
1000제 1 LC

영단기 토익 실전
1000제 1 RC

영단기 토익 실전
1000제 2 LC

영단기 토익 실전
1000제 2 RC

영단기 오픽 & 토익스피킹 교재

영단기 OPIc

영단기 OPIc
실전모의고사

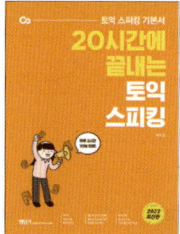

영단기 토익스피킹

영단기 지텔프 교재

정재현 지텔프 Level 2

지텔프 기출문제 Level 2

지텔프 독해 유형별
기출문제 Level 2

지텔프 문법 유형별
기출문제 Level 2

영단기
신토익기술 LC

정답 및 해석/해설

영단기
신토익기술 LC

DAY 01

기술 01 | 받침에 오는 r은 안들린다!

⚙️ **Practice**

1. 그는 실내에서 일하고 있다.
2. 남자가 구매를 하고 있다.
3. 그녀가 모니터를 보고 있다.
4. 여자가 정원에서 일하고 있다.
5. 몇몇 자동차들이 연석 근처에 주차되어 있다.
6. 이발사가 손님 머리를 깎고 있다.
7. 남자가 의자를 사진 찍고 있다.
8. 여자가 키보드를 치고 있다.
9. 종업원이 주문을 받고 있다.
10. 그가 차 문을 열고 있다.

기술 02 | t는 강하게 들린다!

⚙️ **Practice**

1. 남자가 차에 타고 있다.
2. 총액이 100달러이다.
3. 배터리를 재충전해야 한다.
4. 여자가 잔디를 깎고 있다.
5. 그것은 내게 중요하지 않다.
6. 매출이 예상보다 더 좋다.
7. 회의가 연기되었다.
8. 남자가 텐트를 치고 있다.
9. 여자가 물에서 수영하고 있다.
10. 사람들이 둥글게 앉아 있다.

기술 03 | a는 [애]가 아니라 [아]로 들린다!

⚙️ **Practice**

1. 남자가 안경을 쓰고 있다.
2. 여자가 거리에서 춤추고 있다.
3. 남자가 잔디를 깎고 있다.
4. 사람들이 오솔길을 거닐고 있다.
5. 여자가 유인물을 나눠 주고 있다.
6. 그가 초안 작성을 끝냈다.
7. 우리는 수요를 충족시켜야 한다.
8. 주문에 대해 문의하고 싶어요.
9. 저는 차라리 지하철을 탈래요.
10. 저는 견본들을 얻으려고 왔어요.

기술 04 | o는 철자 그대로 [오]로 들린다!

⚙️ **Practice**

1. 차는 차고에 있어요.
2. 비가 그쳤어요.
3. 저는 신문에서 광고를 봤어요.
4. 저는 실험실에서 일을 했어요.
5. 우리는 여전히 일정보다 늦어요.
6. 저는 백화점에서 쇼핑 중이었어요.
7. 탁자 위에 꽃병이 있어요.
8. John은 지금 휴가 중입니다.
9. 그것들을 창고에 둡시다.
10. 남자가 박스를 들고 가고 있다.

DAY 02

기술 05 | Part 1은 오답 소거법이 진리다!

⚙️ **Practice**

정답 **1.** (B) **2.** (A)

1 US

(A) One of the men is pointing at the laptop computer.
(B) Some people are gathered around the table.
(C) Papers are spread out under the table.
(D) People are applauding the speaker.

(A) 남자들 중 한 명이 노트북을 손가락으로 가리키고 있다.
(B) 몇몇 사람들이 탁자 주위에 모여 있다.
(C) 서류들이 탁자 아래에 흩어져 있다.
(D) 사람들이 연사에게 박수를 보내고 있다.

어휘
point at ~을 손가락으로 가리키다 laptop (computer) 노트북
be gathered 모여 있다 spread out 펼치다
applaud 박수를 보내다 speaker 연사

해설
(A) 손가락으로 가리키는 대상이 노트북이 아니므로 laptop computer에서 오답
(B) 몇몇 사람들이 탁자 주위에 앉아 있는 모습으로 정답
(C) 서류들이 탁자 위에 있으므로, 아래라는 뜻의 under에서 오답
(D) 사람들이 박수 치는 모습이 보이지 않으므로 applauding에서 오답

2 BR

(A) The shelves are filled with books.
(B) A man is standing on a ladder.
(C) Some lights are hanging from the ceiling.
(D) The library is being cleaned.

(A) 책장들이 책들로 가득 차 있다.
(B) 남자가 사다리 위에 서 있다.
(C) 몇 개의 등들이 천장에 매달려 있다.
(D) 도서관이 청소되고 있다.

어휘
shelf 선반, 책장 be filled with ~로 가득 차 있다 ladder 사다리
hang 매달다 ceiling 천장 library 도서관 clean 청소하다

해설
(A) 책장에 책이 가득 차 있는 모습으로 정답
(B) 사다리는 보이지만, 그 위에 서 있는 남자는 없으므로 a man에서 오답
(C) 램프들이 책상 위에 보이기는 하나 천장에 매달려 있지 않으므로 hanging from the ceiling에서 오답
(D) 청소하는 모습이 보이지 않으므로 수동 진행형인 being cleaned에서 오답

기술 06 | 1인 사진은 "동배외" 법칙이면 끝이다!

⚙️ **Practice**

정답 **1.** (C) **2.** (A)

1 US

(A) Some passengers are about to board the train.
(B) A man is standing on the steps.
(C) Several trains are on the tracks.
(D) The train staion is crowded with people.

(A) 몇몇 승객들이 기차를 막 타려고 한다.
(B) 남자가 계단 위에 서 있다.
(C) 몇몇 기차들이 선로 위에 있다.
(D) 기차역이 사람들로 붐빈다.

어휘
passenger 승객 be about to 막 ~하려 하다 board 탑승하다
steps 계단 several 몇몇의 track 선로 station 역
be crowded with ~로 붐비다

해설
(A) 사람이 한 명 밖에 없고 타는 모습도 보이지 않으므로 passengers와 board에서 오답
(B) 남자가 보이긴 하나 계단이 아니라 승강장에 서 있으므로 steps에서 오답
(C) 몇몇 기차들이 선로 위에 있는 모습으로 정답
(D) 남자 한 명 외엔 사람들의 모습이 보이지 않으므로 복수형 명사 people에서 오답

2 AU

(A) He is wearing protective gear.
(B) He is putting on a helmet.
(C) He is using a mowing machine.
(D) He is bending over a suitcase.

(A) 그는 보호용 장비를 착용하고 있다.
(B) 그는 헬멧을 쓰고 있다.
(C) 그는 잔디 깎는 기계를 사용하고 있다.
(D) 그는 여행용 가방 위로 몸을 숙이고 있다.

어휘
wear 입고 있다 protective gear 보호 장비
put on ~을 입다[쓰다] helmet 헬멧
mowing machine 잔디 깎는 기계 bend 굽히다, 숙이다
suitcase 여행용 가방

해설
(A) 남자가 보호용 장비를 착용하고 있으므로 정답
(B) 헬멧의 모습이 보이지 않으므로 helmet에서 오답
(C) 잔디 깎는 기계의 모습이 보이지 않으므로 mowing machine에서 오답
(D) 여행용 가방이 보이지 않으므로 suitcase에서 오답

⚙️ Practice

정답 1. (B) 2. (D)

1 US

(A) They are getting into a van.
(B) They are boarding a plane.
(C) They are entering a building.
(D) They are leaving an airport terminal.

(A) 그들이 승합차에 타고 있다.
(B) 그들이 비행기에 탑승하고 있다.
(C) 그들이 건물에 들어가고 있다.
(D) 그들이 공항 터미널을 떠나고 있다.

어휘
get into ~로 들어가다, 타다 van 밴, 승합차
leave 떠나다 airport terminal 공항 터미널

해설
(A) 승합차의 모습이 보이지 않으므로 van에서 오답
(B) 사람들이 비행기에 탑승하는 공통 모습으로 정답
(C) 건물의 모습이 보이지 않으므로 building에서 오답
(D) 터미널을 떠나는 모습이 아니므로 leaving에서 오답

2 AU

(A) A ramp extends from the shore to a boat.
(B) Passengers are shielded from the sun.
(C) A boat is passing under the bridge.
(D) A man is paddling a boat.

(A) 경사로가 물가에서 배로 뻗어 있다.
(B) 승객들이 태양을 피하고 있다.
(C) 배가 다리 밑을 지나고 있다.
(D) 남자가 노를 젓고 있다.

어휘
ramp 경사로 shore 물가 shield 막다, 보호하다 pass 지나가다
under ~아래에 paddle 노를 젓다

해설
(A) 경사로의 모습이 보이지 않으므로 ramp에서 오답
(B) 사람들을 햇빛으로부터 막아줄 보호 장치가 보이지 않으므로 shielded from the sun에서 오답
(C) 다리의 모습이 보이지 않으므로 bridge에서 오답
(D) 남자가 노를 젓는 모습으로 정답. 다수 인물 사진에서 공통점이 보이지 않을 때는 더 특징적인 동작을 하는 한 사람의 모습을 묘사한 보기가 정답이 될 수 있다.

기술 08 | 사물 중심 사진과 being p.p.는 상극이다!

⚙️ Practice

정답 1. (B) 2. (D)

1 BR

(A) A wheelbarrow is leaning against the wall.
(B) Some fallen leaves are scattered on the ground.

(C) A worker is raking leaves into a pile.
(D) Some shrubs are being watered in a garden.

(A) 손수레가 벽에 기대어 있다.
(B) 낙엽이 땅 위에 흩어져 있다.
(C) 일꾼이 잎들을 긁어 모아 쌓고 있다.
(D) 정원의 관목들에게 물을 주고 있다.

어휘
wheelbarrow 손수레 lean against ~에 기대다
fallen leaves 낙엽 scatter 흩뿌리다 rake 갈퀴로 모으다
pile 더미 shrub 관목 water 물을 주다

해설
(A) 벽의 모습이 보이지 않으므로 wall에서 오답
(B) 땅 위에 낙엽들이 흩어져 있는 모습으로 정답
(C) 일꾼의 모습이 보이지 않으므로 worker에서 오답
(D) 관목에 물을 주는 모습이 아니므로 being watered에서 오답

2 US

(A) A tiled floor is being mopped.
(B) Some shoppers are browsing in a grocery store.
(C) Many potted plants are laid out for sale.
(D) A variety of products are being displayed indoors.

(A) 타일로 된 바닥이 대걸레로 닦이고 있다.
(B) 몇몇 쇼핑객들이 식료품점을 둘러보고 있다.
(C) 많은 화분들이 판매를 위해 놓여 있다.
(D) 다양한 제품들이 실내에 전시 중이다.

어휘
tiled 타일로 된 floor 바닥 mop 대걸레로 닦다 browse 둘러보다
grocery store 식료품점 potted plant 화분
for sale 판매를 위한 a variety of 다양한 indoors 실내에

해설
(A) 대걸레로 바닥을 닦는 모습은 보이지 않으므로 being mopped에서 오답
(B) 쇼핑객들의 모습이 보이지 않으므로 shoppers에서 오답
(C) 화분들의 모습이 보이지 않으므로 potted plants에서 오답
(D) 다양한 제품들이 실내에 전시된 모습으로 정답

DAY 02 TEST

정답 1. (C) 2. (A) 3. (C) 4. (D) 5. (C) 6. (B)
     7. (D) 8. (C) 9. (C) 10. (C) 11. (B) 12. (D)

1 US

(A) A woman is bending over a counter.
(B) A bucket is being emptied.
(C) A mop is leaning against the wall.
(D) The floor is being scrubbed.

(A) 여자가 계산대 위로 몸을 숙이고 있다.
(B) 양동이가 비워지고 있다.
(C) 대걸레가 벽에 기대어져 있다.
(D) 바닥이 문질러 닦여지고 있다.

어휘
bend 굽히다 counter 계산대 bucket 양동이 empty 비우다
mop 대걸레 lean 기대다 scrub 문질러 닦다

(A) 계산대의 모습이 보이지 않으므로 counter에서 오답
(B) 양동이를 비우는 동작이 아니므로 being emptied에서 오답
(C) 대걸레가 오른쪽 벽에 기대어져 있는 모습으로 정답
(D) 문질러 닦는 모습은 보이지 않으므로 being scrubbed에서 오답

2 AU

(A) Some people are greeting each other.
(B) A table is being rearranged.
(C) One of the men is handing out some files.
(D) A man is pointing into the distance.

(A) 몇몇 사람들이 서로 인사를 하고 있다.
(B) 탁자가 재정리되고 있다.
(C) 남자들 중 한 명이 파일들을 나눠주고 있다.
(D) 남자가 먼 곳을 손가락으로 가리키고 있다.

어휘

greet 인사하다 each other 서로 rearrange 재정리하다
hand out 나눠주다 point 손가락으로 가리키다
into the distance 저 멀리, 먼 곳에

기술07
(A) 사람들이 악수하며 서로 인사하는 모습을 묘사한 정답
(B) 탁자를 재정리하는 모습은 아니므로 being rearranged에서 오답
(C) 파일을 나눠주는 모습은 아니므로 handing out에서 오답
(D) 손가락으로 가리키는 모습은 아니므로 pointing에서 오답

3 US

(A) A train station is crowded with people.
(B) Some passengers are getting on the train.
(C) A train is pulling into the station.
(D) Some people are on a training course.

(A) 기차역이 사람들로 붐빈다.
(B) 몇몇 승객들이 기차에 타고 있다.
(C) 기차가 역 안으로 들어오고 있다.
(D) 몇몇 사람들이 교육 과정 중에 있다.

어휘

be crowded with ~로 붐비다 passenger 승객
get on 탑승하다 pull into (기차가) 역으로 들어오다
training course 훈련[교육] 과정

기술05
(A) 사람들의 모습이 보이지 않으므로 people에서 오답
(B) 승객들의 모습이 보이지 않으므로 passengers에서 오답
(C) 기차가 역으로 진입하는 모습으로 정답
(D) training-train 유사 발음 함정

4 BR

(A) He is looking at a mirror.
(B) He is turning on a projector.
(C) He is adjusting a screen.
(D) He is wearing glasses.

(A) 그는 거울을 보고 있다.
(B) 그는 영사기를 켜고 있다.
(C) 그는 스크린을 조정하고 있다.
(D) 그는 안경을 쓰고 있다.

어휘

mirror 거울 turn on ~을 켜다 projector 영사기
adjust 조정하다 wear 착용하고 있다

기술06
(A) 거울의 모습이 보이지 않으므로 mirror에서 오답
(B) 영사기를 켜는 동작이 보이지 않으므로 turning on에서 오답
(C) 스크린을 조정하는 모습이 아니므로 adjusting에서 오답
(D) 안경을 착용하고 있는 외모 특징을 잘 묘사한 정답

5 US

(A) An aircraft has taken off.
(B) Airplanes are parked side by side.
(C) Some passengers are getting off an airplane.
(D) An airplane is about to touch down at the airport.

(A) 비행기가 이륙했다.
(B) 비행기들이 나란히 주차되어 있다.
(C) 몇몇 승객들이 비행기에서 내리고 있다.
(D) 비행기가 공항에 착륙하려고 한다.

어휘

aircraft 비행기 take off 이륙하다 side by side 나란히
get off 내리다 be about to 막 ~하려 하다
touch down 착륙하다

기술07
(A) 비행기가 이륙한 후의 모습이 아니므로 taken off에서 오답
(B) 비행기들이 나란히 주차된 모습은 아니므로 side by side에서 오답
(C) 승객들이 비행기에서 내리는 모습을 묘사한 정답
(D) 비행기가 착륙하려고 하는 모습이 아니라 이미 착륙해 있는 상태이므로 about to touch down에서 오답

6 BR

(A) The entire floor is covered with a carpet.
(B) A framed picture is hung over the bed.
(C) A bed is being made by a maid.
(D) A door is being closed.

(A) 바닥 전체가 카펫으로 덮여 있다.
(B) 액자에 들어 있는 그림이 침대 위에 걸려 있다.
(C) 침대가 가정부에 의해 정리되고 있다.
(D) 문이 닫혀지고 있다.

어휘

entire 전체의 floor 바닥 be covered with ~로 덮여 있다
framed 액자에 들어 있는 maid 가정부

기술05
(A) 바닥 전체가 아니라 침대 아래 바닥 일부에만 카펫이 깔려 있으므로 entire floor에서 오답
(B) 침대 위에 걸려 있는 액자의 모습을 잘 묘사한 정답
(C) 가정부의 모습이 보이지 않으므로 maid에서 오답
(D) 문을 닫는 동작이 보이지 않으므로 being closed에서 오답

7 US

(A) White lines are being painted on the parking lot.
(B) Some people are parking their cars.
(C) The park is full of vehicles.
(D) The cars are parked in rows.

(A) 하얀 선들이 주차장 위에 칠해지고 있다.
(B) 몇몇 사람들이 차들을 주차하고 있다.
(C) 공원이 차로로 가득 차 있다.
(D) 차들이 여러 줄로 주차되어 있다.

parking lot 주차장 be full of ~로 가득 차 있다 vehicle 차량
in rows 여러 줄로

기술05
(A) 선을 페인트칠하는 동작이 보이지 않으므로 being painted
    에서 오답
(B) 사람들의 모습이 보이지 않으므로 people에서 오답
(C) 주차장 모습만 보고는 공원인지 추론할 수 없으므로 park에서
    오답
(D) 차들이 여러 줄로 주차되어 있는 모습으로 정답

8 US
(A) She is wiping off the screen.
(B) She is looking at the keyboard.
(C) She is talking on the phone.
(D) She is putting on glasses.

(A) 그녀가 스크린을 닦아내고 있다.
(B) 그녀가 키보드를 보고 있다.
(C) 그녀가 통화하고 있다.
(D) 그녀가 안경을 쓰려고 하고 있다.

어휘
wipe off 닦아내다 screen 스크린, 화면 keyboard 키보드
put on ~을 착용하려고 하다 glasses 안경

기술06
(A) 스크린을 닦아내는 모습이 아니므로 wiping off에서 오답
(B) 여자가 키보드가 아니라 모니터를 보고 있으므로 keyboard
    에서 오답
(C) 전화기를 들고 통화하는 모습으로 정답
(D) 이미 안경을 착용하고 있는 상태이므로 쓰려는 동작을 표현하
    는 putting on에서 오답

9 AU
(A) A man is gazing at the scenery.
(B) A chair is unoccupied.
(C) A man is holding a pen.
(D) Some books are piled on the floor.

(A) 남자가 풍경을 보고 있다.
(B) 의자가 비어 있다.
(C) 남자가 펜을 쥐고 있다.
(D) 몇몇 책들이 바닥 위에 쌓여 있다.

어휘
gaze 응시하다 scenery 풍경 unoccupied 비어 있는
hold 잡다, 쥐다 pile 쌓다

기술06
(A) 남자가 풍경을 바라보는 모습이 아니므로 scenery에서 오답
(B) 의자가 비어 있지 않고 남자에 의해 차지되어 있으므로
    unoccupied에서 오답
(C) 남자가 오른손에 펜을 쥐고 있는 모습을 잘 묘사한 정답
(D) 바닥의 모습이 사진에 나와 있지 않으므로 floor에서 오답

10 BR
(A) Some lights are being turned on.
(B) Some items are displayed on the shelf.
(C) Some people are looking at artworks.
(D) Some people are hanging pictures on the wall.

(A) 몇몇 등들이 켜지고 있다.
(B) 몇몇 물건들이 선반에 전시되어 있다.
(C) 몇몇 사람들이 미술 작품들을 보고 있다.
(D) 몇몇 사람들이 벽에 그림들을 걸고 있다.

어휘
light 불, 등 display 전시하다 shelf 선반 artwork 미술품
hang 매달다, 걸다

기술07
(A) 사람들이 등을 켜는 모습이 보이지 않으므로 being turned
    on에서 오답
(B) 사진에 선반의 모습이 보이지 않으므로 shelf에서 오답
(C) 두 사람이 공통적으로 미술품을 감상하는 모습으로 정답
(D) 사람들이 그림들을 거는 모습은 아니므로 hanging에서 오답

11 AU
(A) Paint is being applied to a wall.
(B) They are wearing short sleeves shirts.
(C) The pavement is being swept by the men.
(D) The building is under construction.

(A) 벽에 페인트가 칠해지고 있다.
(B) 그들이 반팔 셔츠를 입고 있다.
(C) 남자들이 인도를 빗자루로 쓸고 있다.
(D) 건물이 공사 중이다.

어휘
apply 적용시키다, 바르다 short sleeves 반팔
pavement 보도, 인도 sweep 빗자루로 쓸다
under construction 공사 중인

기술07
(A) 페인트칠하는 모습은 아니므로 paint에서 오답
(B) 등장 인물 모두 공통적으로 반팔 셔츠를 입고 있는 모습으로
    정답
(C) 빗자루로 쓸고 있는 모습이 보이지 않으므로 being swept에
    서 오답
(D) 건물의 모습이 보이지 않으므로 building에서 오답

12 US
(A) Three picture frames are hung above the door.
(B) Light fixtures are being installed on a wall.
(C) Some pillows are stacked on a couch.
(D) There is a lamp on either side of the bed.

(A) 3개의 사진 액자가 문 위에 걸려 있다.
(B) 조명 기구들이 벽에 설치되고 있다.
(C) 몇몇 베개들이 소파 위에 쌓여 있다.
(D) 침대 양쪽에 램프가 있다.

어휘
frame 액자 be hung 매달려 있다 light fixture 조명 기구
install 설치하다 pillow 베개, 쿠션 stack 쌓다 couch 소파
either side 양쪽

(A) 세 개의 액자가 문 위가 아니라 침대 위에 걸려 있으므로 door에서 오답
(B) 조명 기구들은 보이지만, 설치하는 동작이 보이지 않으므로 being installed에서 오답
(C) 소파의 모습이 보이지 않으므로 couch에서 오답
(D) 침대 양쪽에 램프가 놓여져 있으므로 정답

DAY 03

기술 09 | 유사 발음은 문맥으로 구별하라!

⚙ Practice

정답 1. (B) 2. (B)

1 US

(A) A lobby is being mopped.
(B) Window panes are reflected on the floor.
(C) An entrance is decorated with flowers.
(D) Some people are looking out the windows.

(A) 로비에 대걸레질을 하고 있다.
(B) 창유리들이 바닥에 반사되고 있다.
(C) 입구가 꽃들로 장식되어 있다.
(D) 몇몇 사람들이 창밖을 보고 있다.

어휘
lobby 로비 mop 대걸레질하다 window pane 창유리
reflect 반사하다 floor 바닥 entrance 입구 decorate 장식하다

해설
(A) 대걸레질하는 동작이 보이지 않으므로 수동 진행형인 being mopped에서 오답
(B) 건물의 창유리들이 로비 바닥에 반사되는 모습으로 정답
(C) floor-flower 유사 발음 함정. 꽃들의 모습이 보이지 않으므로 flowers에서 오답
(D) 사람들의 모습이 보이지 않으므로 people에서 오답

2 AU

(A) He is paying for the piano.
(B) He is playing a musical instrument.
(C) He is performing in an auditorium.
(D) He is sitting on a huge couch.

(A) 그는 피아노 값을 지불하고 있다.
(B) 그는 악기를 연주하고 있다.
(C) 그는 강당에서 공연하고 있다.
(D) 그는 큰 소파에 앉아 있다.

어휘
play 연주하다 musical instrument 악기 perform 공연하다
auditorium 강당 couch 소파

해설
(A) pay-playing 유사 발음 함정. 뒤에 나오는 전치사 for와 어울리는 동사는 pay이므로 쉽게 구별 가능하며, 돈을 지불하는 모습이 아니므로 paying에서 오답

(B) 악기를 연주하는 모습을 잘 묘사하고 있으며 포괄적 의미를 가지는 musical instrument(악기)를 사용한 정답
(C) 공연하는 모습은 맞지만 배경이 강당이 아니므로 auditorium에서 오답
(D) 앉아 있는 모습은 맞지만, 소파의 모습이 보이지 않으므로 couch에서 오답

기술 10 | 주관적 보기는 오답이다!

⚙ Practice

정답 1. (C) 2. (D)

1 US

(A) They are exchanging their business cards.
(B) They are shaking hands.
(C) They are having a conversation.
(D) They are lifting a bench.

(A) 그들이 명함을 교환하고 있다.
(B) 그들이 악수를 하고 있다.
(C) 그들이 대화를 하고 있다.
(D) 그들이 벤치를 들어 올리고 있다.

어휘
exchange 교환하다 business card 명함
shake hands 악수하다 conversation 대화 lift 들어 올리다

해설
(A) 명함의 모습이 보이지 않으므로 business cards에서 오답
(B) 악수를 하는 모습은 아니므로 shaking hands에서 오답
(C) 두 사람이 서로 얼굴을 마주보고 있으면 대화를 하고 있다고 간주할 수 있으므로 정답
(D) 벤치의 모습은 보이지만 들어 올리는 동작이 아니므로 lifting에서 오답

2 BR

(A) Some shadows are being cast on the sidewalk.
(B) Cars are heading over to the garage.
(C) The road is being repaved.
(D) Some pedestrians are waiting to cross the street.

(A) 몇몇 그림자들이 인도에 드리워져 있다.
(B) 차들이 주차장으로 향하고 있다.
(C) 도로가 재포장 중이다.
(D) 몇몇 보행자들이 길을 건너기 위해 기다리고 있다.

어휘
shadow 그림자 cast 드리우다 sidewalk 인도 head 향하다
garage 주차장 repave 도로를 재포장하다 pedestrian 보행자
cross 건너다

해설
(A) 도로 위에 자동차들의 그림자는 보이지만 멀리 보이는 인도에 드리워진 그림자까지는 객관적으로 확인하기 힘들기 때문에 오답
(B) 차들이 어디로 향하는지는 알 수 없으므로 주관적 판단이 포함된 garage에서 오답
(C) 도로가 재포장되는 모습은 보이지 않으므로 being repaved에서 오답

(D) 보행자들이 횡단보도에서 길을 건너기 위해 기다리는 모습을 정확히 묘사한 정답

⚙️ Practice

정답 1. (C) 2. (B)

1 AU
(A) The steps lead to the gym.
(B) A man is taking off his running shoes.
(C) A man is ascending the stairs.
(D) The lawn is being mowed.

(A) 계단이 체육관으로 이어져 있다.
(B) 남자가 운동화를 벗고 있다.
(C) 남자가 계단을 오르고 있다.
(D) 잔디가 깎여지고 있다.

어휘
steps 계단(= stairs) lead to ~로 이어지다 gym 체육관
take off 벗다 running shoes 운동화 ascend 오르다 lawn 잔디
mow 베다, 깎다

해설
(A) 계단의 모습은 보이지만 체육관의 모습이 보이지 않으므로 gym에서 오답
(B) 남자가 운동화를 현재 신고 있는 상태이므로 taking off에서 오답
(C) 남자가 계단을 오르는 모습으로 정답
(D) 잔디가 보이긴 하지만, 깎여지고 있지는 않으므로 being mowed에서 오답

2 US
(A) A man is putting on shorts.
(B) A woman is wearing a backpack.
(C) A train is pulling out of the station.
(D) Many passengers are standing in line outside.

(A) 남자가 반바지를 입으려 하고 있다.
(B) 여자가 배낭을 메고 있다.
(C) 기차가 역을 빠져 나가고 있다.
(D) 많은 승객들이 밖에서 줄을 서 있다.

어휘
shorts 반바지 backpack 배낭
pull out of (기차가) 역 밖으로 나가다 station 역
stand in line 줄 서 있다 outside 밖에

해설
(A) 남자가 반바지를 이미 입고 있는 상태이므로 동작을 나타내는 putting on에서 오답
(B) 사진 오른쪽 측면에 한 여자가 배낭을 메고 걸어가고 있으므로 정답
(C) 기차의 모습이 보이지 않으므로 train에서 오답
(D) 승객들이 보이긴 하나 줄을 서 있는지 확실하지 않고, 또한 배경이 역내이므로 outside에서 오답

⚙️ Practice

정답 1. (D) 2. (C)

1 BR
(A) They are putting up scaffolding.
(B) They are installing new software.
(C) They are transporting crates together.
(D) They are working outdoors.

(A) 그들은 비계를 세우고 있다.
(B) 그들은 새로운 소프트웨어를 설치하고 있다.
(C) 그들은 나무 상자들을 함께 옮기고 있다.
(D) 그들은 밖에서 일하고 있다.

어휘
put up 세우다 scaffolding 비계 install 설치하다
transport 옮기다 crate 나무 상자 together 같이
outdoors 야외에서

해설
(A) 비계가 이미 설치가 되어 있는 상태이므로 putting up에서 오답
(B) 새로운 소프트웨어를 설치하는 모습이 아니므로 software에서 오답
(C) 나무 상자들의 모습이 보이지 않으므로 crates에서 오답
(D) 사람들이 야외에서 일한다는 포괄적인 표현으로 사진을 묘사한 정답

2 US
(A) He is shoveling the driveway.
(B) He is having his hair trimmed.
(C) He is using a power tool.
(D) He is building a cabin in the woods.

(A) 그는 진입로의 눈을 삽으로 치우고 있다.
(B) 그는 머리를 다듬고 있다.
(C) 그는 전동 기구를 쓰고 있다.
(D) 그는 숲에서 오두막을 짓고 있다.

어휘
shovel 삽질하다 driveway 진입로 trim 다듬다
power tool 전동 기구 cabin 오두막 woods 숲

해설
(A) 삽질하는 모습이 아니므로 shoveling에서 오답
(B) 머리를 손질하는 모습이 아니므로 having his hair trimmed에서 오답
(C) 남자가 사용하고 있는 전기톱(power saw)을 포괄적 의미의 단어인 전동 기구(power tool)로 표현한 정답
(D) 오두막을 짓고 있는지, 또는 장소가 숲(woods)인지는 사진만으로는 판단이 불가능한 주관적인 보기이므로 오답

정답 1. (D) 2. (B) 3. (C) 4. (C) 5. (C) 6. (D)
7. (A) 8. (A) 9. (B) 10. (A) 11. (B) 12. (C)

1 AU

(A) Documents are scattered on the floor.
(B) A blind is being pulled down over the window.
(C) A man is typing on a keyboard.
(D) Some notices are posted on the wall.

(A) 문서들이 바닥에 흩어져 있다.
(B) 블라인드가 창문 아래로 내려지고 있다.
(C) 남자가 타자를 치고 있다.
(D) 몇몇 공지들이 벽에 게시되어 있다.

어휘
scatter 흩뿌리다 pull down 당겨서 내리다 type 타자 치다
keyboard 키보드 notice 공지

기술06
(A) 바닥에 아무것도 보이지 않으므로 documents에서 오답
(B) 블라인드를 내리고 있는 모습이 아니므로 being pulled
    down에서 오답
(C) 남자의 뒷모습만으로는 타자를 치고 있는지 알 수 없기 때문에
    주관적 판단이 포함된 오답
(D) 사진 오른쪽 벽에 공지들이 게시된 모습을 제대로 묘사한 정답

2 US

(A) They are sitting across from each other.
(B) A man is addressing the audience.
(C) Most of the people are applauding.
(D) A speaker is wearing a tie.

(A) 그들은 서로 건너편에 앉아 있다.
(B) 남자가 청중들에게 연설하고 있다.
(C) 대부분의 사람들은 박수 갈채를 보내고 있다.
(D) 연사가 넥타이를 매고 있다.

어휘
across 건너편에 address 연설하다 audience 청중
applaud 박수 갈채를 보내다 tie 넥타이

기술07
(A) 사람들이 서로 건너편에 앉아 있는 모습이 아니므로 across에
    서 오답
(B) 연설하는 남자의 모습을 제대로 묘사한 정답
(C) 박수 치는 동작이 보이지 않으므로 applauding에서 오답
(D) 와이셔츠를 입고 있긴 하지만, 넥타이를 매고 있는지는 알 수
    없으므로 주관적 판단이 포함된 오답

3 BR

(A) The waves are crashing on the beach.
(B) The apartment complex is being constructed.
(C) Some buildings are reflected on the water.
(D) Some people are boarding the ship.

(A) 파도가 해변에 부딪치고 있다.
(B) 아파트 단지가 건축되고 있다.
(C) 몇몇 건물들이 물에 비춰지고 있다.
(D) 몇몇 사람들이 배에 탑승하고 있다.

어휘
crash 부딪치다 beach 해변 complex 단지
reflect 비추다, 반사하다 board 탑승하다

기술12
(A) 파도가 치는 모습이 아니므로 waves에서 오답
(B) 건축하는 모습이 아니므로 being constructed에서 오답
(C) 건물들이 물에 비친 모습을 잘 묘사하고 있으며, 특히 강이나
    호수가 아닌 포괄적 의미의 water를 사용한 정답
(D) 배가 정박된 모습은 보이지만, 사람들이 탑승 중인지는 사진으
    로 판단이 불가능한 주관적인 보기로 오답

4 US

(A) She is putting on glasses.
(B) She is ironing a shirt.
(C) She is operating a machine.
(D) She is working on the wire.

(A) 그녀는 안경을 쓰려고 하고 있다.
(B) 그녀는 셔츠를 다리고 있다.
(C) 그녀는 기계를 작동하고 있다.
(D) 그녀는 전선 작업을 하고 있다.

어휘
glasses 안경 iron 다림질하다 operate 작동하다 machine 기계
wire 전선

기술12
(A) 여자가 안경을 이미 쓰고 있는 모습이므로 동작을 나타내는
    putting on에서 오답
(B) 다림질하는 모습이 아니므로 ironing에서 오답
(C) 재봉틀(sewing machine)을 좀 더 포괄적 의미의 기계
    (machine)로 표현한 정답
(D) 전선 작업을 하는 모습이 아니므로 wire에서 오답

5 US

(A) A woman is pushing a wheelbarrow.
(B) They are working with tools.
(C) A path is partially shaded.
(D) Trees are growing on the island.

(A) 여자가 손수레를 밀고 있다.
(B) 그들은 도구들을 가지고 일하고 있다.
(C) 오솔길 일부에 그늘이 져 있다.
(D) 나무들이 섬에서 자라고 있다.

어휘
push 밀다 wheelbarrow 손수레 tool 연장, 도구
partially 부분적으로 shade 그늘지게 하다
grow 자라다 island 섬

기술06
(A) 손수레가 아니라 유모차를 밀고 있으므로 wheelbarrow에서
    오답
(B) working-walking 유사 발음 함정. 뒤에 오는 tools와 문맥상
    어울리는 단어는 working이므로, 들리는 단어가 walking이
    아닌 working임을 짐작할 수 있다.
(C) 오솔길 일부에 그림자가 드리워진 모습이 보이므로 정답
(D) 나무들의 모습은 보이지만 이곳이 섬인지는 알 수 없으므로 주
    관적 판단이 포함된 오답

6 AU

(A) A man is putting on an apron.
(B) An employee is serving the customer.
(C) A man is making a purchase.
(D) A variety of vegetables are sorted into baskets.

(A) 남자가 앞치마를 입으려고 하고 있다.
(B) 직원이 고객을 접대하고 있다.
(C) 남자가 구매를 하고 있다.
(D) 다양한 채소가 바구니에 분류되어 있다.

어휘

apron 앞치마 employee 직원 make a purchase 구매하다
a variety of 다양한 vegetable 채소 sort 분류하다
basket 바구니

기출12

(A) 남자가 앞치마를 입으려는 동작이 아니므로 putting on에서 오답
(B) 고객을 접대하는 동작이 보이지 않으므로 serving에서 오답
(C) 구매가 일어날 수 있는 계산대의 모습이 아니므로 purchase에서 오답
(D) 다양한 채소들이 바구니 안에 분류되어 있는 모습을 잘 묘사하고 있으며, 각 채소의 명칭이 아닌 포괄적 의미의 채소(vegetables)라는 어휘를 사용한 정답

7 US

(A) Some people are concentrating on reading.
(B) A man is removing a book from a shelf.
(C) A sofa is being moved to the back of the room.
(D) Some people are lying on the floor.

(A) 몇몇 사람들이 독서에 집중하고 있다.
(B) 한 남자가 책장에서 책 한 권을 꺼내고 있다.
(C) 소파가 방 구석으로 옮겨지고 있다.
(D) 몇몇 사람들이 바닥에 누워 있다.

어휘

concentrate on ~에 집중하다 remove 꺼내다 shelf 선반, 책장
move 옮기다 back 뒤 floor 바닥

기출10

(A) 서점에서 사람들이 독서에 열중하고 있는 모습으로 정답
(B) 책을 꺼내고 있는 모습은 보이지 않으므로 removing에서 오답
(C) 소파를 옮기는 모습은 아니므로 being moved에서 오답
(D) 사람들이 누워 있는 모습은 아니므로 lying에서 오답

8 BR

(A) A train is pulling into the station.
(B) Some passengers are about to get off the train.
(C) Some people are attending the training session.
(D) A train is passing through the bridge.

(A) 기차가 역으로 들어오고 있다.
(B) 몇몇 승객들이 기차에서 내리려고 하고 있다.
(C) 몇몇 사람들이 교육 세션에 참가 중이다.
(D) 기차가 다리를 통과하고 있다.

어휘

pull into (열차가) 역에 들어오다 station 역 passenger 승객
get off 내리다 attend 참가하다 training session 교육 세션
pass through ~을 통과하다

기출09

(A) 기차가 역으로 들어오고 있는 모습으로 정답
(B) 승객들의 모습이 보이지 않으므로 passengers에서 오답
(C) train-training 유사 발음 함정. 문맥상 attending(참가하다) 뒤에 올 수 있는 어휘는 training(교육)이 더 자연스럽다.
(D) 기차의 모습은 보이지만, 다리를 통과하는 모습은 아니므로 bridge에서 오답

9 US

(A) A man is putting on a headset.
(B) A door has been left open.
(C) Nobody has registered for the class.
(D) A bulletin board is in the back of the laboratory.

(A) 남자가 헤드셋을 착용하려 하고 있다.
(B) 문이 열려 있다.
(C) 아무도 수업에 등록하지 않았다.
(D) 게시판이 어학실 뒤에 있다.

어휘

headset 헤드셋 register 등록하다 class 수업
bulletin board 게시판 laboratory 어학실, 실험실

기출10

(A) 남자의 모습이 보이지 않으므로 man에서 오답
(B) 문이 열려 있는 모습을 잘 묘사한 정답
(C) 사진만으로는 등록 상황을 알 수 없으므로 주관적 판단이 포함된 오답
(D) 어학실 뒤에 게시판이 있는지는 사진상으로 확인이 불가능하므로 bulletin board에서 오답

10 BR

(A) A woman is wearing a watch on her wrist.
(B) Vases are being placed on the window ledge.
(C) A woman is wiping off the screen.
(D) Potted plants are arranged on the floor.

(A) 여자는 손목에 시계를 차고 있다.
(B) 화병들이 창문 선반 위에 놓여지고 있다.
(C) 여자가 화면을 닦고 있다.
(D) 화분들이 바닥에 정돈되어 있다.

어휘

watch 시계 wrist 손목 vase 화병 be placed 놓여 있다
window ledge 창문 선반 wipe off 닦아 내다
screen 화면 potted plant 화분 arrange 정리하다

기출06

(A) 여자가 손목 시계를 차고 있는 모습으로 정답
(B) 화병들이 창문 선반 위에 놓여지고 있는 모습이 아니므로 being placed에서 오답
(C) 여자가 창문을 닦고 있지만, 화면의 모습은 보이지 않으므로 screen에서 오답
(D) 사진에서는 바닥의 모습이 보이지 않기 때문에 floor에서 오답

11 AU

(A) A man is getting out of the car.
(B) Heavy machinery is being operated by a man.
(C) A forklift is parked at the curb.
(D) The trees have lost their leaves.

(A) 남자가 차에서 내리고 있다.
(B) 중장비가 남자에 의해 운행되고 있다.

(C) 지게차가 연석에 주차되어 있다.
(D) 나무들이 잎들이 없다.

get out of ~에서 나오다 heavy machinery 중장비
operate 조종하다, 운행하다 forklift 지게차 park 주차하다
curb 연석 leaves 잎들

기술12
(A) 남자가 운전석에 앉아 있는 모습으로 내린다라는 뜻의
getting out of에서 오답
(B) 구체적 개별 어휘인 굴착기(excavator) 대신 더 포괄적 의미인
중장비(heavy machinery)라는 어휘를 제시한 정답
(C) 지게차가 아니라 굴삭기가 작업하는 모습임으로 forklift에서
오답
(D) 뒤로 보이는 나무들은 가지에 충분히 잎들이 붙어 있으므로
lost their leaves에서 오답

12 US
(A) A beach is crowded with tourists.
(B) Some people are swimming in the water.
(C) A man is using a tool.
(D) A boy is holding a fishing pole.

(A) 해변이 관광객들로 붐빈다.
(B) 몇몇 사람들이 물에서 수영하고 있다.
(C) 남자가 도구를 이용하고 있다.
(D) 소년이 낚싯대를 들고 있다.

어휘
beach 해변 crowded 붐비는 tourist 관광객 swim 수영하다
water 물 use 이용하다 tool 도구 hold 잡다 fishing pole 낚싯대

기술12
(A) 해변에 두 사람 모습만 보이기 때문에 crowded에서 오답
(B) 물에서 수영하는 사람의 모습이 보이지 않기 때문에
swimming에서 오답
(C) 개별 어휘인 삽(shovel) 대신에 포괄적 의미의 도구(tool)를
제시한 정답
(D) 소년은 낚싯대가 아니라 삽을 들고 있으므로 fishing pole에
서 오답

DAY 04

기술 13 | 처음에 들은 의문사가 정답을 결정한다!

⚙ Practice

정답 1. (B) 2. (B) 3. (A) 4. (C) 5. (A) 6. (C)

1 US - US

How many interns attended the safety training?
(A) In the security office.
(B) Approximately twenty.
(C) Before it started.

얼마나 많은 인턴들이 안전 교육에 참석했나요?
(A) 보안실에서요.
(B) 약 20명 정도요.
(C) 그것이 시작되기 전에요.

어휘
intern 인턴 safety 안전 training 훈련, 교육
security office 보안실 approximately 대략, 약

해설
(A) Where 의문문에 대한 답변으로 적절하며, 질문에서 safety를 듣고 의미상 security를 연상하게 하는 함정
(B) 수량을 묻는 How many 의문문으로 얼마나 많은 인턴들이 안전 교육에 참석했는지를 묻고 있으므로, 이에 대해 약 20명 정도라고 적절하게 답하는 정답
(C) 시간 접속사 before는 시간을 묻는 When 의문문에 어울리므로 오답

2 AU - BR

Why did you get to work so late today?
(A) Not until 9 a.m.
(B) Traffic was terrible.
(C) No, he came early this morning.

오늘 왜 그렇게 출근이 늦었나요?
(A) 오전 9시나 돼서요.
(B) 교통이 안 좋았어요.
(C) 아뇨, 그는 오늘 아침에 일찍 왔어요.

어휘
get to ~에 도착하다 work 직장, 회사 traffic 교통
terrible 끔찍한

해설
(A) 9 a.m.은 시간 표현으로 When 의문문에 어울리는 대답이므로 오답
(B) 오늘 출근이 늦은 이유를 묻는 Why 의문문에 대해 교통이 안 좋았기 때문이라고 적절한 이유를 밝힌 정답
(C) 의문사 의문문은 Yes/No로 답할 수 없으므로 처음에 No를 든 자마자 바로 오답 처리

3 US - US

When did you buy your bag?
(A) I got it yesterday.
(B) Yes, it's durable.
(C) At the department store.

언제 가방을 샀어요?
(A) 어제 샀어요.
(B) 네, 내구성이 있어요.
(C) 백화점에서요.

어휘
durable 내구성이 있는 department store 백화점

해설
(A) 가방을 구매한 시점을 묻는 When 의문문에 대해 어제 샀다고 답하는 정답
(B) 의문사 의문문은 Yes/No로 답할 수 없으므로 처음에 Yes를 듣고 바로 오답 처리
(C) department store는 장소를 묻는 Where 의문문에 어울리므로 오답

4 BR - US

Where is the conference room?
(A) It begins at noon.
(B) It's quite spacious.
(C) Next to the washroom.

회의실이 어디죠?
(A) 정오에 시작해요.
(B) 그곳은 꽤 넓어요.
(C) 화장실 옆이요.

어휘
conference room 회의실 quite 꽤 spacious 넓은
next to ~옆에 washroom 화장실

해설
(A) noon은 시간을 묻는 When 의문문에 어울리므로 오답
(B) spacious는 크기를 묻는 How large[big] 의문문에 어울리므로 오답
(C) 회의실의 위치를 묻는 Where 의문문에 대해 화장실 옆이라고 말한 정답. 특히 장소의 전치사구 next to는 Where 의문문의 단골 정답이다.

5 US - AU

Who designed this model?
(A) I think Mr. Miller did.
(B) He resigned last year.
(C) Yes, I like it too.

누가 이 모델을 디자인했나요?
(A) 제 생각엔 Miller 씨가 한 것 같아요.
(B) 그는 작년에 사임했어요.
(C) 네, 저도 좋아요.

어휘
design 디자인하다 resign 사임하다

해설
(A) 누가 디자인을 했냐는 Who 의문문에 Mr. Miller라는 이름으로 자연스럽게 응대한 정답. Who에 대한 답으로 Mr.나 Ms.가 포함된 보기가 자주 등장한다.

(B) design-resign 유사 발음 함정
(C) 의문사 의문문은 Yes/No 답변이 불가능하므로 오답

6 `BR - AU`

How will you get to the hotel?
(A) It's too expensive.
(B) On Jefferson Road.
(C) I'll rent a car.

호텔에 어떻게 가실 건가요?
(A) 그건 너무 비싸요.
(B) Jefferson Road에서요.
(C) 차를 빌릴 겁니다.

어휘
expensive 비싼 rent 빌리다

해설
(A) hotel을 듣고 의미상 expensive를 연상하게 한 함정
(B) 장소를 묻는 Where 의문문에 어울리므로 오답
(C) 호텔에 가는 방법을 묻는 How 의문문에 차를 빌려서 갈 것이라고 말하는 정답

기술 14 | 의문사 의문문에 Yes/No로 답하면 오답이다!

⚙ Practice

정답 **1.** (C) **2.** (A) **3.** (C) **4.** (A) **5.** (A) **6.** (C)

1 `US - US`

When did you return from your business trip?
(A) I will return it to you later.
(B) Yes, it was helpful.
(C) I came back last night.

출장에서 언제 돌아오셨어요?
(A) 나중에 당신께 돌려 드릴게요.
(B) 네, 도움이 되었어요.
(C) 어젯밤에 돌아왔어요.

어휘
return 돌아오다, 반납하다 business trip 출장
helpful 도움이 되는 come back 돌아오다 last night 어젯밤

해설
(A) return 반복 사용 함정 (돌아오다 vs 돌려주다)
(B) 의문사 의문문은 Yes/No로 답할 수 없으므로 오답
(C) 질문의 return을 come back으로 자연스럽게 바꿔 표현한 정답. last night은 과거 시간 표현으로 When did 의문문에 잘 어울리는 답변이다.

2 `BR - US`

How can I sign up for the workshop?
(A) Just fill out the form at the help desk.
(B) It sounds like a good idea.
(C) No, it doesn't work properly.

워크숍에 어떻게 등록하죠?
(A) 안내 데스크에 있는 양식을 작성하시기만 하면 됩니다.
(B) 그거 좋은 생각인 것 같네요.
(C) 아뇨, 그것은 제대로 작동이 되지 않습니다.

어휘
sign up for ~에 등록하다, ~을 신청하다 fill out 작성하다
form 양식 help desk 안내 데스크
It[That] sounds like ~인 것 같다 work 작동하다
properly 제대로

해설
(A) 수단이나 방법을 묻는 How 의문문으로, 워크숍 등록 방법을 묻는 질문에 대해 안내 데스크에 있는 양식을 작성하면 된다고 알려주는 정답
(B) 권유문에 대한 수락의 답으로 방법을 묻는 How 의문문에 대한 답으로는 부적절
(C) 의문사 의문문은 Yes/No로 답할 수 없으므로 오답

3 `US - AU`

Why didn't you come to the awards banquet?
(A) Congratulations!
(B) Yes, you deserved it.
(C) I was sick.

왜 시상식 연회에 오지 않았어요?
(A) 축하해요!
(B) 네, 당신은 그럴 자격이 있어요.
(C) 아팠어요.

어휘
awards banquet 시상식 연회 deserve ~을 받을 자격이 있다

해설
(A) 질문에서 awards를 듣고 의미상 congratulations를 연상하게 한 함정
(B) 의문사 의문문은 Yes/No로 답할 수 없으므로 오답
(C) 시상식 연회에 참석하지 않은 이유를 묻는 질문에 대해 아파서라고 이유를 말하는 정답

4 `AU - BR`

What was Mr. Jackson's presentation about?
(A) He talked about the new company policy.
(B) Yes, I enjoyed it.
(C) About 2 days ago.

Jackson 씨의 발표는 무슨 내용이었죠?
(A) 그는 회사의 새로운 규정에 대해 얘기했어요.
(B) 네, 즐거웠어요.
(C) 대략 이틀 전에요.

어휘
presentation 발표 policy 규정

해설
(A) 발표의 내용을 묻는 질문에 새로운 규정에 대한 얘기였다고 말한 정답
(B) 의문사 의문문은 Yes/No로 답할 수 없으므로 오답
(C) 시간 표현으로 답하여 When 의문문에 어울리므로 오답. 또한 about 반복 사용 함정

5 `US - US`

Who was promoted to the regional manager?
(A) Someone in accounting.
(B) I saw the TV commercial.
(C) Yes, I know him.

누가 지역 매니저로 승진했나요?
(A) 회계부의 누군가요.

(B) 그 TV 광고를 봤어요.

(C) 네, 저는 그를 알아요.

어휘

promote 승진시키다, 홍보하다 regional 지역의
accounting 회계부 commercial 광고

해설

(A) 누가 승진했냐는 질문에 회계부의 누군가라고 말하는 정답 '누군가'라는 뜻의 someone은 Who 의문문에 대한 단골 정답이다.

(B) promote를 '홍보하다'로 잘못 해석할 경우, TV commercial을 연상하도록 만든 함정

(C) 의문사 의문문은 Yes/No로 답할 수 없으므로 오답

6 BR – AU

Where will the new office be located?

(A) Yes, it's brand-new.

(B) Next Monday.

(C) On the third floor.

새로운 사무실은 어디에 위치하게 되나요?

(A) 네, 그건 완전 새것이에요.

(B) 다음 주 월요일에요.

(C) 3층에요.

어휘

locate 위치시키다 brand-new 완전 새것의 floor 층

해설

(A) 의문사 의문문은 Yes/No로 답할 수 없으므로 오답

(B) When 의문문에 어울리는 답이므로 오답

(C) 새 사무실의 위치를 묻는 Where 의문문에 3층이라고 말하는 정답

기술 15 | 유사 발음이 들리면 바로 오답 처리해라!

⚙️ Practice

정답 1. (A) 2. (C) 3. (A) 4. (A) 5. (C) 6. (B)

1 AU – US

Is the projector ready for the presentation?

(A) Yes, it's all set.

(B) I bought it at the stationery store.

(C) For the new project.

발표를 위해 영사기가 준비가 되었나요?

(A) 네, 준비가 다 되었어요.

(B) 문구점에서 그것을 샀어요.

(C) 새로운 프로젝트를 위해서요.

어휘

projector 영사기 be ready for ~에 대한 준비가 되다
all set 만반의 준비가 된 stationery store 문구점

해설

(A) 영사기가 준비가 되었는지 묻는 질문에 대해 준비가 다 되어 있다고 답한 정답. ready를 all set으로 바꾸어 표현한 것이 핵심 포인트

(B) 구매 장소를 묻는 Where 의문문에 어울리므로 오답

(C) projector-project 유사 발음 함정

2 BR – AU

Were you able to contact all the employees?

(A) I heard he signed the contract.

(B) Yes, I'd be glad to.

(C) Some of them didn't answer the phone.

전 직원에게 모두 연락할 수 있었나요?

(A) 그가 계약서에 서명했다고 들었어요.

(B) 네, 기꺼이요.

(C) 그들 중 일부는 전화를 안 받았어요.

어휘

contact 연락하다 employee 직원 sign 서명하다
contract 계약 glad 기쁜 answer the phone 전화를 받다

해설

(A) 질문의 주어 you와 he의 주어 불일치 함정. contact-contract 유사 발음 함정

(B) 권유문에 대한 수락의 답변이므로 오답

(C) 과거 사실을 확인하는 Be동사 의문문으로, 전 직원에게 모두 연락할 수 있었는지 묻는 질문에 대해 몇 명은 전화를 안 받았다고 응답한 정답

3 US – US

When will your train depart?

(A) At noon.

(B) The training hasn't started yet.

(C) Because it's a lot faster.

당신의 기차는 언제 출발하나요?

(A) 정오에요.

(B) 교육이 아직 시작하지 않았어요.

(C) 그게 훨씬 더 빠르기 때문이에요.

어휘

depart 출발하다 training 교육, 훈련

해설

(A) 기차 출발 시간을 묻는 질문에 정오라고 답하는 정답

(B) train-training 유사 발음 함정

(C) 이유를 묻는 Why 의문문에 어울리므로 오답

4 US – BR

Where is the workshop taking place?

(A) In Room 101.

(B) The shop is just around the corner.

(C) Yes, I'm looking forward to it.

워크숍은 어디서 열리나요?

(A) 101 호에서요.

(B) 가게는 모퉁이만 돌면 바로 있어요.

(C) 네, 그것을 고대하고 있습니다.

어휘

take place 개최하다, 일어나다
just around the corner 모퉁이를 돌아서
look forward to ~를 고대하다

해설

(A) 워크숍이 열리는 장소를 묻는 질문에 101호라고 말하는 정답

(B) workshop-shop 유사 발음 함정

(C) 의문사 의문문은 Yes/No로 답할 수 없으므로 오답

5 US - US

This new office looks great, isn't it?
(A) Yes, she knew it.
(B) He did a great job.
(C) It's very nice.

이 새로운 사무실 정말 좋아 보이죠, 그렇지 않나요?
(A) 네, 그녀는 알고 있었어요.
(B) 그가 참 잘 해냈어요.
(C) 정말 멋지네요.

어휘
do a great job 아주 잘 해내다

해설
(A) new-knew 유사 발음 함정
(B) great를 반복 사용한 함정이며, 답변의 주어 he를 받을 만한 3 자가 질문에 제시되지 않은 주어 불일치 함정
(C) 사무실이 좋아 보이냐는 질문에 정말 멋지다고 말하는 정답

6 AU - BR

Excuse me, may I leave a message?
(A) No, I live in New York.
(B) Of course. Do you have a pen?
(C) It was rather boring.

실례합니다, 메시지를 남겨도 되나요?
(A) 아뇨, 전 New York에 살아요.
(B) 물론이죠. 펜 있으세요?
(C) 약간 지겨웠어요.

어휘
leave 남기다 rather 좀, 약간 boring 지겨운

해설
(A) leave-live 유사 발음 함정
(B) 메시지를 남길 수 있냐는 질문에 Of course로 긍정하고 펜이 있는지 물어보는 정답
(C) 의견을 묻는 How 의문문에 어울리므로 오답

기술 16 | 주어가 일치하지 않으면 오답이다!

⚙️ Practice

정답 1. (C) 2. (A) 3. (C) 4. (C) 5. (B) 6. (B)

1 US - AU

Have you reviewed the survey result?
(A) The view is wonderful.
(B) No, he is still on vacation.
(C) I haven't had a chance yet.

설문 결과를 검토해 보셨나요?
(A) 전망이 멋지네요.
(B) 아뇨, 그는 아직 휴가 중이에요.
(C) 아직 기회가 없었어요.

어휘
review 검토하다 survey 설문 wonderful 멋진
on vacation 휴가 중인

해설
(A) review-view 유사 발음 함정

(B) 질문의 주어 you를 3인칭 주어 he로 받을 수 없으므로 주어 불일치 함정
(C) 설문 조사를 검토했냐는 질문에 아직 기회가 없어서 못 봤다고 말하는 정답

2 US - US

Are you going to accept the offer?
(A) Yes, I will.
(B) He hasn't decided it.
(C) It went well.

그 제안을 수락하실 건가요?
(A) 네, 그럴 거예요.
(B) 그는 아직 결정을 못했어요.
(C) 잘 되었어요.

어휘
accept 수락하다 decide 결정하다 go well 잘 되다

해설
(A) 제안을 받아들일 것인지를 묻는 질문에 그렇다고 답하는 정답
(B) 질문의 주어 you를 3인칭 주어 he로 받을 수 없으므로 주어 불일치 함정
(C) go-went 동일 단어 반복과 시제 불일치 함정

3 BR - US

Ms. Smith is the head of the accounting department, isn't she?
(A) No, I'm the personnel manager.
(B) We're still ahead of schedule.
(C) That's right.

Smith 씨가 회계부 부서장이죠, 그렇죠?
(A) 아뇨, 저는 인사부장입니다.
(B) 우리는 여전히 일정보다 앞서 있어요.
(C) 맞습니다.

어휘
head 책임자, 우두머리 accounting department 회계부
personnel 인사부 manager 부장
ahead of schedule 일정보다 앞선

해설
(A) 질문의 3인칭 주어 Ms. Smith를 1인칭 주어 I로 받을 수 없으 므로 주어 불일치 함정
(B) head-ahead 유사 발음 함정
(C) Smith 씨가 회계부 부서장이 맞냐는 질문에 그렇다고 긍정하 는 정답

4 BR - AU

How long has Mr. Park worked as an accountant?
(A) I have worked here for a decade.
(B) Yes, he's great to work with.
(C) More than 5 years.

Park 씨는 회계사로 얼마나 일했나요?
(A) 저는 여기서 10년 동안 일했어요.
(B) 네, 그는 같이 일하기 좋은 분이죠.
(C) 5년 이상이요.

어휘
accountant 회계사 decade 10년

해설
(A) 질문의 3인칭 주어 Mr. Park을 1인칭 주어 I로 받을 수 없으므로 주어 불일치 함정
(B) 의문사 의문문은 Yes/No로 답할 수 없으므로 오답
(C) Mr. Park이 회계사로 일한 연수를 묻는 질문에 5년 이상이라고 답하는 정답

5 AU – BR
Can you assist me with hiring new part-timers?
(A) No, she's not my assistant.
(B) Sure, I can give you a hand.
(C) To meet the deadline.

제가 시간제 근로자 채용하는 것 좀 도와줄래요?
(A) 아뇨, 그녀는 제 비서가 아닙니다.
(B) 물론이죠, 제가 도와드릴게요.
(C) 마감일을 지키기 위해서요.

어휘
assist 돕다 hire 채용하다 part-timer 시간제 근로자
assistant 조수 give … a hand ~를 도와주다
meet the deadline 마감일을 지키다

해설
(A) 질문의 주어 you를 3인칭 주어 she로 받을 수 없으므로 주어 불일치 함정
(B) 시간제 근로자 채용을 도와달라는 부탁에 도와주겠다고 답하는 정답
(C) 이유를 묻는 Why 의문문에 어울리므로 오답

6 US – US
Would you like to see me today or tomorrow?
(A) She is not available today.
(B) Either will be fine.
(C) No, I haven't seen him lately.

저를 오늘 보실래요, 아니면 내일 보실래요?
(A) 그녀는 오늘 시간이 안 돼요.
(B) 둘 다 괜찮아요.
(C) 아뇨, 최근에 그를 못 봤어요.

어휘
available 시간이 되는 either 둘 중 어느 하나 lately 최근에

해설
(A) 질문의 주어 you를 3인칭 주어 she로 받을 수 없으므로 주어 불일치 함정
(B) 오늘 혹은 내일 중 언제 자기를 볼 것인지 묻는 선택 의문문에 둘 다 괜찮다고 답하는 정답
(C) see-seen 동일 단어 사용 함정이며, 보기의 him을 받을 만한 제 3자가 질문에 제시되지 않았기 때문에 오답

DAY 04 TEST

정답	**1.** (C)	**2.** (B)	**3.** (B)	**4.** (A)	**5.** (B)
	6. (A)	**7.** (B)	**8.** (B)	**9.** (A)	**10.** (B)
	11. (C)	**12.** (A)	**13.** (B)	**14.** (B)	**15.** (A)
	16. (B)	**17.** (B)	**18.** (B)	**19.** (C)	**20.** (A)

1 US – US
Why is the traffic being delayed?
(A) For more than an hour.
(B) I'd rather take a cab.
(C) Due to the road work.

왜 교통이 지체되고 있죠?
(A) 한 시간 넘게요.
(B) 저는 차라리 택시를 탈게요.
(C) 도로 공사 때문에요.

어휘
traffic 교통 I'd rather 차라리 ~하다 cab 택시
due to ~때문에 road work 도로 공사

기술 13(A, B, C)
(A) 기간을 묻는 How long 의문문에 어울리므로 오답
(B) traffic을 듣고 의미상 교통 수단인 cab을 연상하게 한 함정. 수단을 묻는 How 의문문에 어울리므로 오답
(C) 교통 정체의 이유를 묻는 질문에 도로 공사 때문이라고 답하는 정답

2 AU – US
Where did you place the contract?
(A) I'll contact them right away.
(B) On your desk.
(C) The day before yesterday.

계약서를 어디에 두셨어요?
(A) 그들에게 바로 연락할게요.
(B) 당신 책상 위에요.
(C) 그저께요.

어휘
place 두다, 놓다 contract 계약(서) contact 연락하다
right away 당장

기술 15(A), 13(B), 17(C)
(A) contract-contact 유사 발음 함정
(B) 장소를 묻는 Where 의문문에 책상 위라고 답한 정답
(C) When 의문문에 어울리므로 오답

3 BR – US
When did you finish your first draft?
(A) Yes, it was an interesting article.
(B) I completed it yesterday.
(C) In the folder.

초안을 언제 끝내셨어요?
(A) 네, 흥미로운 기사였습니다.
(B) 어제 끝냈어요.
(C) 폴더 안에요.

어휘
finish (= complete) 끝내다 first draft 초안
interesting 흥미로운 article 기사 folder 폴더

기술 14(A), 13(B), 17(C)
(A) 의문사 의문문은 Yes/No로 답할 수 없으므로 오답
(B) yesterday는 When과 가장 잘 어울리는 시간 표현이며 finish를 complete로 자연스럽게 바꿔 표현한 정답
(C) Where 의문문에 어울리므로 오답

4 US – US

How will you get to the convention?
(A) Susan will drive me there.
(B) By express mail.
(C) It would be convenient.

회의에 어떻게 가실 건가요?
(A) Susan이 저를 거기까지 차로 데려다 줄 거예요.
(B) 빠른 우편으로요.
(C) 그게 편할 것 같아요.

어휘

get to ~에 도착하다 convention 회의
express mail 빠른 우편 convenient 편리한

기출 13(A, B), 15(C)

(A) 교통 수단을 묻는 질문에 Susan이 차로 태워줄 것이라고 답한 정답
(B) 교통 수단이 아니라 우편 수단을 묻는 질문에 적합한 답
(C) convention-convenient 유사 발음 함정

5 US – AU

Do you happen to know if John is still on vacation?
(A) To Florida.
(B) He just returned this morning.
(C) I'll be back on Monday.

John이 아직 휴가 중인지 혹시 아시나요?
(A) Florida로요.
(B) 그는 오늘 아침에 막 돌아왔어요.
(C) 저는 월요일에 돌아올 겁니다.

어휘

still 아직 on vacation 휴가 중인 return 돌아오다(= be back)

기출 16(B, C)

(A) vacation만 듣고 휴가지인 Florida를 연상하게 한 함정
(B) 오늘 아침에 그가 휴가에서 돌아왔다고 말해주는 자연스러운 답변. 3자인 John을 3인칭 대명사 he로 받은 정답
(C) 질문의 3자 주어인 John을 1인칭 주어 I로 받을 수 없으므로 주어 불일치 함정

6 US – BR

I heard that the workshop has been canceled.
(A) Do you know why?
(B) I don't think it's working properly.
(C) Good. I'm looking forward to seeing him.

워크숍이 취소되었다고 들었어요.
(A) 왜 그런지 아세요?
(B) 그건 제대로 작동하는 것 같지 않아요.
(C) 좋아요. 그를 보기를 고대하고 있어요.

어휘

workshop 워크숍 cancel 취소하다 work 작동하다
properly 제대로 look forward to ~을 고대하다

기출 32(A), 15(B), 16(C)

(A) 워크숍이 취소되었다는 말에 왜 그런지 아느냐고 반문하는 정답
(B) workshop-working 유사 발음 함정
(C) him를 받을 만한 3자가 질문에 제시되지 않았기 때문에 오답

7 US – AU

How did you like the chairperson's speech?
(A) You did an excellent job.
(B) I really enjoyed it.
(C) It seems pretty comfortable.

의장님의 연설은 어땠나요?
(A) 당신은 참 잘했어요.
(B) 정말 즐거웠어요.
(C) 매우 편안해 보이네요.

어휘

chairperson 의장 speech 연설 pretty 매우
comfortable 편안한

기출 16(A), 13(B)

(A) 질문의 3인칭 주어 chairperson을 2인칭 주어 you로 받을 수 없으므로 주어 불일치 함정
(B) 즐겼다고 말하는 것은 연설이 좋았다는 의미이므로 정답
(C) chairperson을 질문에서 chair로 잘못 들었을 경우 의미상 comfortable을 연상하게 한 함정

8 AU – BR

Where should I place these boxes?
(A) Yes, it's in the warehouse.
(B) Why don't you pile them in the corridor?
(C) It's under the table.

이 상자들을 어디에 둘까요?
(A) 네, 그것은 창고 안에 있어요.
(B) 복도에 쌓아 두는 게 어때요?
(C) 책상 아래에 있어요.

어휘

warehouse 창고 pile 쌓다 corridor 복도

기출 14(A), 32(B), 16(C)

(A) 의문사 의문문은 Yes/No로 답할 수 없으므로 오답
(B) 복도라는 적절한 장소를 제시한 정답
(C) 질문의 복수 명사 boxes를 단수 대명사 it으로 받을 수 없으므로 주어 불일치 함정

9 US – US

How did you learn how to speak Spanish?
(A) I was born in Mexico.
(B) I run a small business.
(C) Mr. Williams is the keynote speaker.

어떻게 스페인어 말하는 법을 배웠어요?
(A) 멕시코에서 태어났거든요.
(B) 작은 가게를 경영해요.
(C) Williams 씨가 기조 연설자예요.

어휘

born 태어나다 run 경영하다 keynote speaker 기조 연설자

기출 13(A), 15(B, C)

(A) 멕시코에서 자라서 스페인어를 잘한다는 의미이므로 정답
(B) learn-run 유사 발음 함정
(C) speak-speaker 유사 발음 함정

10 AU - US

You must be a new accountant, right?
(A) Yes, she's a new accounting manager.
(B) I just started to work yesterday.
(C) No, it's on the left.

당신이 새로운 회계사이시죠, 그렇죠?
(A) 네, 그녀는 새로운 회계 부장이에요.
(B) 어제 막 일을 시작했어요.
(C) 아뇨, 그건 왼쪽에 있어요.

어휘

must ~임에 틀림없다 accountant 회계사 accounting 회계

기술 15(A), 27(B), 16(C)
(A) accountant-accounting 유사 발음 함정이며, 질문의 2인칭
   주어 you를 3인칭 주어 she로 받은 주어 불일치 오답
(B) 어제부터 일하게 된 새로운 회계사라는 의미로, 질문에 잘 어
   울리는 정답
(C) 질문에서 right을 듣고 의미상 left를 연상하게 한 함정. 질문의
   주어 you를 it으로 받을 수 없으므로 주어 불일치 함정

11 BR - AU

Who does this folder belong to?
(A) It contains some confidential files.
(B) Be sure to place your belongings under your seat.
(C) Actually, it's mine.

이 폴더는 누구 거예요?
(A) 거기에 기밀 파일들이 들어 있어요.
(B) 소지품은 반드시 당신의 자리 밑에 두어야 해요.
(C) 사실은 제 거예요.

어휘

belong to ~에 속하다 contain 포함하다 confidential 기밀의
belongings 소지품 seat 좌석 actually 사실은

기술 15(B), 32(C)
(A) 질문에서 folder를 듣고 의미상 files을 연상하게 한 함정
(B) belong-belongings 유사 발음 함정
(C) 폴더가 본인 것이라고 답변한 정답

12 US - BR

Can I use your mobile phone?
(A) I'm afraid I misplaced it.
(B) It has been postponed.
(C) They are in my backpack.

당신 휴대전화를 좀 써도 될까요?
(A) 유감스럽게도 어디 두었는지 모르겠어요.
(B) 그것은 연기되었어요.
(C) 그것들은 제 배낭에 있어요.

어휘

mobile phone 휴대전화 misplace 제자리에 두지 않다
postpone 연기하다 backpack 배낭

기술 21(A), 15(B), 16(C)
(A) 휴대전화를 어디 두었는지 모르겠다는 의미로 질문에 대한 자
   연스러운 답변이므로 정답
(B) phone-postpone 유사 발음 함정
(C) 질문의 단수 주어 phone을 복수 대명사 they로 받을 수 없으
   므로 주어 불일치 오답

13 BR - US

What is the best way to get in touch with you?
(A) By plane.
(B) Here's my business card.
(C) It was touching.

당신과 연락하는 가장 좋은 방법은 무엇인가요?
(A) 비행기로요.
(B) 여기 제 명함이요.
(C) 그것은 감동적이었어요.

어휘

get in touch with ~와 연락하다 business card 명함
touching 감동적인

기술 13(A), 20(B), 15(C)
(A) 교통 수단을 묻는 How 의문문에 어울리므로 오답
(B) 명함에 연락처가 나와 있으므로 자연스럽게 답변한 정답
(C) touch-touching 유사 발음 함정

14 AU - US

I think I misplaced my watch.
(A) I miss you too.
(B) I saw it under the table.
(C) Yes, he will be replaced soon.

제 시계를 둔 곳을 못 찾겠어요.
(A) 저도 당신이 그리워요.
(B) 탁자 아래에서 봤어요.
(C) 네, 그는 곧 교체될 거예요.

어휘

miss 그리워하다 replace 대신하다, 교체하다

기술 15(A), 16(C)
(A) misplace-miss 유사 발음 함정
(B) 시계를 탁자 아래에서 봤다고 알려주는 자연스러운 답변으로
   정답
(C) misplaced-replaced 유사 발음 함정. 주어 he를 받을 만한
   3자가 평서문에 없으므로 주어 불일치 오답

15 US - BR

Where can I get a copy of the contract?
(A) I'll e-mail you one right away.
(B) She needs more than 20 copies.
(C) Here's my phone number.

계약서의 사본을 어디서 얻을 수 있죠?
(A) 제가 곧바로 이메일로 보내드릴게요.
(B) 그녀는 20개 이상의 사본이 필요해요.
(C) 여기 제 전화번호요.

어휘

copy 사본 contract 계약서 right away 곧바로, 즉시

기술 32(A), 16(B)
(A) 사본을 이메일로 보내주겠다고 적절하게 응답한 정답
(B) 주어 She가 받을 만한 3자가 질문에 없으므로 주어 불일치
   오답
(C) 질문의 contract를 contact으로 잘못 들을 경우, 의미상
   phone number를 연상할 수 있는 함정

16 AU - BR

Who is going to entertain the overseas clients tonight?
(A) It went well. Thanks.
(B) Mr. Wang is in charge.
(C) I'll pick him up at the airport.

오늘 밤에 해외 고객들을 누가 접대할 건가요?
(A) 잘 되었어요. 고마워요.
(B) Wang 씨가 책임자예요.
(C) 제가 공항에서 그를 태우러 갈 거예요.

어휘

entertain 접대하다 overseas 해외의 client 고객
go well 잘 되어가다 be in charge 책임지다, 담당하다
pick up ~를 차로 태우러 가다

기술 16(A, C), 13(B)

(A) 사물을 지칭하는 it은 Who에 대한 답으로 어색하므로 오답
(B) Mr. Wang은 Who 의문문에 대한 적절한 대답이므로 정답
(C) 질문의 복수 명사 clients를 단수 대명사 him으로 받을 수 없으므로 오답

17 US - AU

Why didn't you submit the sales report yesterday?
(A) I should have been there.
(B) I came down with the flu.
(C) She didn't show up on time.

왜 어제 판매 보고서를 제출하지 않았어요?
(A) 제가 거기에 갔어야 했어요.
(B) 제가 독감에 걸려서요.
(C) 그녀는 정시에 나타나지 않았어요.

어휘

submit 제출하다 sales 판매 come down with (병에) 걸리다
flu 독감 show up 나타나다 on time 정시에

기술 13(B), 16(C)

(A) 내용상 질문과 전혀 관련 없는 응답이며, there로 받을 만한 장소가 질문에 제시되지 않았으므로 오답
(B) 감기 때문에 제출하지 못했다고 답하는 정답
(C) 대명사 she를 받을 만한 3자가 질문에 제시되지 않은 주어 불일치 함정

18 BR - US

How many workers have signed up for the training session?
(A) On the bulletin board.
(B) Approximately 30.
(C) I'd rather take a bus.

몇 명의 직원이 교육 과정에 등록했나요?
(A) 게시판에요.
(B) 대략 30명이요.
(C) 저는 차라리 버스를 탈래요.

어휘

sign up for ~에 등록하다 bulletin board 게시판
approximately 약, 대략 would rather 차라리 ~하겠다

기술 13(A, B)

(A) 장소를 묻는 Where 의문문에 어울리므로 오답
(B) 대략 30명이란 숫자는 How many 의문문에 대한 자연스러운 답변이므로 정답

(C) training을 train(기차)으로 잘못 듣고 bus를 연상하게 한 함정

19 US - US

When will Ms. Lee return to her office?
(A) I'll return it by Monday.
(B) I don't know she's retiring.
(C) On Tuesday.

Lee 씨가 언제 사무실로 돌아오나요?
(A) 그것을 월요일까지 반납할게요.
(B) 그녀가 은퇴하는지 몰랐어요.
(C) 화요일에요.

어휘

return 돌아오다, 반납하다 by ~까지 retire 은퇴하다

기술 28(A), 15(B), 13(C)

(A) return 반복 사용 함정
(B) return-retire 유사 발음 함정
(C) When 의문문에 구체적인 요일로 대답하고 있으므로 정답

20 BR - AU

What is your extension number?
(A) Refer to the company directory.
(B) You need to extend your hotel reservation.
(C) I stayed in room 503.

당신 내선번호가 무엇인가요?
(A) 회사 전화번호부를 참고하세요.
(B) 호텔 예약을 연장하셔야 해요.
(C) 저는 503호에 묵었어요.

어휘

extension number 내선번호 refer to ~을 참고하다
directory 전화번호부 extend 연장하다 reservation 예약

기술 22(A), 15(B)

(A) 내선번호를 찾을 수 있는 전화번호부를 알려주고 있으므로 정답
(B) extension-extend 유사 발음 함정
(C) Where 의문문에 어울리는 답변으로, 질문에서 number만 듣고 503과 혼동하게 한 함정

DAY 05

기술 17 | 장소와 시간은 상극이다!

⚙ **Practice**

정답 **1**. (B) **2**. (C) **3**. (B) **4**. (B) **5**. (C) **6**. (A)

1 AU - BR

Where did you pick up the conference package?
(A) To the post office.
(B) At the front desk.
(C) Before the conference started.

회의 자료집을 어디서 가져오셨나요?

(A) 우체국으로요.

(B) 프론트 데스크에서요.

(C) 회의가 시작하기 전에요.

어휘

conference package 컨퍼런스 참가자들에게 주는 책자나 정보 등이 들어 있는 자료집

해설

(A) 질문에 나온 package를 소포로 잘못 해석할 경우, 의미상 우체국을 연상하게 한 함정. 또한 전치사 to는 위치가 아닌 방향을 나타내는 전치사로 질문의 동사 pick up과는 어울리지 않는다.

(B) 회의 자료집을 어디서 가져왔는지 묻는 Where 의문문에 대해 프론트 데스크라고 장소로 답한 정답

(C) Before는 시간 접속사로 When 의문문에 어울리므로 오답

2 US - BR

When did the award ceremony take place?

(A) In the grand ballroom.

(B) Yes, he is an award-winning author.

(C) As far as I know, it was held last week.

시상식이 언제 열렸죠?

(A) 대연회장에서요.

(B) 네, 그는 상을 받은 작가입니다.

(C) 제가 알기로는, 지난주에 열렸어요.

어휘

award ceremony 시상식 grand ballroom 대연회장

award-winning 상을 받은 author 작가

as far as I know 제가 알기로는 be held 열리다

해설

(A) 장소를 묻는 Where 의문문에 어울리므로 오답

(B) 의문사 의문문은 Yes/No로 답할 수 없으므로 오답

(C) 시상식이 언제 열렸는지 묻는 When 의문문에 대해 last week이라는 시간 표현으로 답한 정답

3 US - US

Where can I make some copies of this contract?

(A) Actually, I prefer tea.

(B) Go upstairs.

(C) In a few minutes.

어디서 이 계약서를 복사할 수 있을까요?

(A) 사실은 저는 차가 더 좋아요.

(B) 위층으로 가세요.

(C) 몇 분 후에요.

어휘

make copies 복사하다 contract 계약서 prefer 선호하다

upstairs 위층으로

해설

(A) copies를 coffee로 잘못 들을 경우, 의미상 tea를 연상하게 한 오답

(B) 복사할 수 있는 장소를 묻는 Where 의문문에 대해 upstairs라고 장소로 답한 정답

(C) 시간을 묻는 When 의문문에 어울리므로 오답

4 US - AU

When is this report due?

(A) To your immediate supervisor.

(B) The deadline is tomorrow.

(C) On the desk.

이 보고서는 언제 마감이에요?

(A) 당신 직속 상관에게요.

(B) 마감일이 내일이에요.

(C) 책상 위에요.

어휘

due 하기로 되어 있는 immediate 직속의

supervisor 상관, 관리자 deadline 마감일

해설

(A) 사람을 묻는 Who 의문문에 어울리므로 오답

(B) 보고서의 마감일을 묻는 질문에 tomorrow라고 답하는 정답. due가 deadline(마감일)으로 패러프레이징되어 답으로 자주 출제된다는 사실도 기억해 두자.

(C) 장소를 묻는 Where 의문문에 어울리므로 오답

5 US - US

When did you place an order for this model?

(A) Look at the menu.

(B) On the Website.

(C) I did it this morning.

이 모델에 대한 주문을 언제 하셨죠?

(A) 메뉴를 보세요.

(B) 웹사이트에서요.

(C) 오늘 아침에 했어요.

어휘

place an order 주문하다

해설

(A) 질문의 order를 듣고 의미상 menu를 연상하게 한 함정

(B) 장소를 묻는 Where 의문문에 어울리므로 오답

(C) 언제 주문했냐고 묻는 When 의문문에 this morning이라는 시간 표현으로 응대한 정답. 특히 질문의 동사 place를 do 동사로 바꿔 제시한 것이 핵심 포인트이다.

6 BR - AU

Where is the key to the warehouse?

(A) Isn't it in the top drawer?

(B) Yes, he is the keynote speaker.

(C) It was built a decade ago.

창고 열쇠가 어디에 있나요?

(A) 맨 위 서랍에 있지 않나요?

(B) 네, 그가 기조 연설자예요.

(C) 그것은 10년 전에 지어졌어요.

어휘

warehouse 창고 drawer 서랍 keynote speaker 기조 연설자

decade 10년

해설

(A) 열쇠가 어디 있는지 묻는 질문에 맨 위 서랍이라고 장소를 언급한 정답. 특히 반문형의 보기가 자주 정답이 된다는 사실도 기억해 두자.

(B) 의문사 의문문은 Yes/No로 답할 수 없으므로 오답. 또한

key-keynote 유사 발음 함정
(C) 시간을 묻는 When 의문문에 어울리므로 오답

기술 18 | 부서명과 단체명도 Who 의문문의 단골 정답이다!

⚙ Practice

정답 1. (C) 2. (A) 3. (B) 4. (A) 5. (C) 6. (B)

1 US - US

Who helped you book a flight ticket?
(A) I borrowed it from the library.
(B) It was so expensive.
(C) I asked the nearby travel agency to reserve one.

당신이 비행기 표를 예매하는 것을 누가 도와줬나요?
(A) 그것을 도서관에서 빌렸어요.
(B) 그건 너무 비쌌어요.
(C) 근처 여행사에 예약해달라고 요청했어요.

어휘
book 예약하다 flight ticket 비행기 표 borrow 빌리다
nearby 근처의 travel agency 여행사 reserve 예약하다

해설
(A) 질문의 book을 명사인 책이라는 뜻으로 오해할 경우, 의미상
library를 연상하게 한 함정
(B) 금액이나 가격을 묻는 질문에 어울리는 답변으로 오답
(C) 비행기 표를 예약할 때 누구의 도움을 받았냐는 질문에 근처의
여행사에 예약을 요청했다고 답한 정답. Who 의문문에 대한
답으로 상호나 회사명, 부서명 등 사람으로 구성된 단체명이
답으로 올 수 있다는 사실을 기억해 두자.

2 US - BR

Who should I talk to regarding job applications?
(A) Why don't you call the human resources
department?
(B) I talked to him on the phone.
(C) To apply for the lab assistant position.

취업 지원서에 대해서 누구와 얘기해야 하나요?
(A) 인사부에 전화해 보는 게 어때요?
(B) 그와 통화했어요.
(C) 실험실 보조직에 지원하기 위해서요.

어휘
regarding ~에 관하여 job application 취업 지원서
human resources department 인사부
apply for ~에 지원하다 lab assistant 실험실 보조
position 직책

해설
(A) 취업 지원서에 대해 누구와 얘기할지 묻는 질문에 인사부라고
언급한 정답. 부서명은 의문사 Who에 대한 단골 정답이며, 또
한 Why don't ~? 청유문이 보기 중에 제시되면 정답이 될 확
률이 높다.
(B) him이 가리킬 만한 3자가 질문에 제시되어 있지 않으므로
오답
(C) 목적을 나타내는 to부정사는 Why 의문문에 어울리므로 오답

3 AU - US

Who won the bid for the construction project?
(A) You should set up a projector in the meeting room.
(B) JT group in China.
(C) At the construction site.

누가 건축 프로젝트의 입찰을 따냈죠?
(A) 회의실에 영사기를 설치하셔야 해요.
(B) 중국에 있는 JT 그룹이요.
(C) 공사 현장에서요.

어휘
win the bid 입찰을 따내다
construction project 공사 프로젝트 set up 설치하다
projector 영사기 meeting room 회의실
construction site 공사 현장

해설
(A) project-projector 유사 발음 함정
(B) 입찰을 따낸 사람을 묻는 질문에 JT group이라는 단체명으로
적절히 답변한 정답
(C) construction 반복 사용 함정이며, 장소를 묻는 Where 의문
문에 어울리므로 오답

4 US - US

Who has the copy of the sales proposal?
(A) You'd better visit the marketing division.
(B) The sales went down by 10%.
(C) Use the copier in the lobby.

누가 영업 제안서의 사본을 가지고 있죠?
(A) 마케팅부로 가보셔야 할 거예요.
(B) 판매량이 10% 하락했어요.
(C) 로비에 있는 복사기를 사용하세요.

어휘
copy 사본 sales proposal 영업 제안서 go down 떨어지다
copier 복사기

해설
(A) 영업 제안서 사본을 가지고 있는 사람이 누구냐고 묻는 질문에
마케팅 부서에 가서 확인해 보는 것이 좋겠다고 말한 정답
(B) sales 반복 사용 함정
(C) copy-copier 유사 발음 함정

5 BR - AU

Who will be hired as a new vice president?
(A) He wasn't present at the meeting.
(B) The figures were much higher than expected.
(C) Why don't you check with the personnel
department?

누가 새로운 부사장으로 고용될까요?
(A) 그는 회의에 참석하지 않았어요.
(B) 수치가 예상보다 훨씬 높았어요.
(C) 인사부에 확인해 보는 게 어때요?

어휘
hire 고용하다 vice president 부사장 present 출석한, 참석한
figure 수치 personnel department 인사부

해설
(A) president-present 유사 발음 함정
(B) hired-higher 유사 발음 함정

(C) 누가 부사장으로 고용될 것인지 묻는 Who 질문에 인사부에
　　확인해 보라고 말한 정답

6 `AU - BR`

Who is responsible for ordering office equipment?
(A) No, he forgot to order it.
(B) I think the purchasing department is.
(C) We ran out of them.

누가 사무기기 주문을 책임지고 있나요?
(A) 아뇨, 그가 주문하는 것을 잊었어요.
(B) 구매부일 거예요.
(C) 우리는 그것들이 다 떨어졌어요.

어휘
be responsible for ~을 책임지다 order 주문하다
office equipment 사무기기
purchasing department 구매부
run out of ~을 다 써버리다

해설
(A) 의문사 의문문에는 Yes/No로 답변할 수 없으며, ordering-
　　order 유사 발음 함정
(B) 사무기기 주문 책임자를 묻는 질문에 구매부라고 부서명으로
　　답한 정답
(C) 질문과 관련 없는 응답

기술 19 | How 뒤에 오는 형용사/부사가 정답을 결정한다!

⚙ Practice

정답 1. (B) **2.** (A) **3.** (C) **4.** (A) **5.** (C) **6.** (B)

1 `US - US`

How long will the career fair last?
(A) It started last week.
(B) Until the end of the week.
(C) To find a job.

취업 박람회가 얼마나 오랫동안 지속되나요?
(A) 지난주에 시작했어요.
(B) 이번 주말까지요.
(C) 직업을 찾기 위해서요.

어휘
career fair 취업 박람회 last 지속되다; 지난

해설
(A) last 반복 사용 함정
(B) 취업 박람회의 기간을 묻는 질문에 이번 주말까지라고 답한
　　정답
(C) to부정사는 '~하기 위해서'라는 의미로 Why 의문문에 어울리
　　는 답변이므로 오답

2 `AU - BR`

How soon can the technician fix the network?
(A) On Tuesday at the earliest.
(B) No, it's still working properly.
(C) You can use the fax machine on the 2nd floor
　　instead.

얼마나 빨리 기사가 네트워크를 고칠 수 있을까요?
(A) 빨라야 화요일이요.
(B) 아뇨, 그것은 여전히 작동이 잘 됩니다.
(C) 2층에 있는 팩스기를 대신 사용하시면 됩니다.

어휘
technician 기술자, 기사 fix 고치다 at the earliest 빨라야
properly 올바르게 instead 대신에

해설
(A) 네트워크가 얼마나 빨리 수리될 것인지 묻는 How soon 의문
　　문에 화요일이라고 답한 정답
(B) 의문사 의문문은 Yes/No로 답변할 수 없으므로 오답
(C) fix-fax 유사 발음 함정

3 `BR - US`

How many employees attended the workshop
yesterday?
(A) In Pacific hotel.
(B) For 2 hours.
(C) About 30.

어제 워크숍에 직원이 몇 명이나 참석했나요?
(A) Pacific 호텔에서요.
(B) 2시간 동안이요.
(C) 대략 30명이요.

어휘
employee 직원 attend 참석하다

해설
(A) 장소를 묻는 Where 의문문에 어울리므로 오답
(B) 기간을 묻는 How long 의문문에 어울리므로 오답
(C) 워크숍 참석 인원을 묻는 How many 의문문에 30명이라고
　　답한 정답. 30 다음에 employees가 생략된 형태의 정답으로
　　보면 된다.

4 `AU - US`

How far is your apartment from here?
(A) My house is only 2 blocks away.
(B) So far so good.
(C) I work in the sales department.

당신 아파트는 여기서 얼마나 먼가요?
(A) 제 집은 겨우 두 블럭 떨어져 있어요.
(B) 지금까진 좋습니다.
(C) 저는 영업부에서 일해요.

어휘
be away 떨어져 있다 so far 지금까지
sales department 영업부

해설
(A) 거리를 묻는 How far 의문문에 대해 두 블럭 정도 떨어져 있다
　　고 거리로 답한 정답
(B) far 반복 사용 함정으로, 상태를 묻는 How 의문문에 어울리는
　　답
(C) apartment-department 유사 발음 함정

5 `BR - AU`

How often do you work out per week?
(A) 2 hours a day.
(B) At the gym.
(C) Every other day.

일주일에 얼마나 자주 운동하시나요?
(A) 하루에 2시간이요.
(B) 체육관에서요.
(C) 이틀에 한 번이요.

어휘
work out (건강이나 몸매 관리를 위해) 운동하다
per ~마다, 매~ gym 체육관 every other day 하루 걸러, 격일로

해설
(A) 기간을 묻는 How long 의문문에 어울리므로 오답
(B) 장소를 묻는 Where 의문문에 어울리므로 오답
(C) 빈도를 묻는 How often 의문문에 이틀에 한 번이라고 답한 정답. every는 '~마다'라는 뜻으로 How often에 대한 단골 정답으로 자주 출제된다.

6 US – US
How long will it take to get to the airport?
(A) My flight will take off at 11 a.m.
(B) About an hour.
(C) Due to the bad weather.

공항에 도착하는 데 얼마나 걸릴까요?
(A) 제 비행기는 오전 11시에 이륙할 거예요.
(B) 약 한 시간이요.
(C) 기상 악화 때문이요.

어휘
get to ~에 도착하다 flight 비행기 take off 이륙하다
due to ~때문에

해설
(A) airport를 듣고 의미상 flight를 연상하게 한 함정으로, What time이나 When 의문문에 어울리므로 오답
(B) 기간을 묻는 How long 의문문에 대해 한 시간이라고 답한 정답
(C) 이유를 묻는 Why 의문문에 어울리므로 오답

> **기술 20 | 모르는 건 죄가 아니다!**

⚙️ Practice

> **정답** 1. (A) 2. (C) 3. (A) 4. (B) 5. (A) 6. (C)

1 US – AU
Could you hand out these brochures at the trade show?
(A) I'm not sure whether I will be there.
(B) The copier was broken.
(C) Sure, I'll show you how it works.

무역 박람회에서 이 안내책자들을 나눠 주시겠어요?
(A) 제가 그곳에 갈지 모르겠네요.
(B) 복사기가 고장이었어요.
(C) 물론이죠. 제가 그것이 어떻게 작동하는지 보여 드릴게요.

어휘
hand out 나눠 주다 brochure 안내책자
trade show 무역 박람회 copier 복사기
broken 고장 난 work 작동하다

해설
(A) Could you ~?(~해주시겠어요?)는 어떤 일을 해줄 것을 부탁하는 질문이다. 안내책자들을 배부해 달라고 부탁하는 말에 대해 무역 박람회에 갈지 안 갈지 모르겠다는 답하고 있으므로 정답. 이처럼 보기에 'I'm not sure'가 들리면 정답이 될 가능성이 높다.
(B) 질문과 전혀 관련 없는 오답
(C) show 반복 사용 함정

2 US – US
How many part timers does the management want to hire?
(A) Yes, it's much higher.
(B) We need to order more replacement parts.
(C) It'll depend on the budget.

경영진들은 몇 명의 시간제 근로자들을 채용하기를 원하나요?
(A) 네, 그건 훨씬 더 높아요.
(B) 우리는 대체 부품을 더 많이 주문해야 해요.
(C) 그건 예산에 달려 있을 거예요.

어휘
part timer 시간제 근로자 management 경영진 hire 채용하다
order 주문하다 replacement 대체 part 부품
depend on ~에 달려 있다 budget 예산

해설
(A) 의문사 의문문에 Yes/No로 답할 수 없으며, hire-higher 유사 발음 함정
(B) part-parts 반복 사용 함정
(C) 수량을 묻는 How many 의문문으로, 몇 명의 시간제 근로자들을 채용하고자 하는지 묻는 질문에 대해 예산에 달려 있다고 말하는 정답. 이처럼 보기에 'It depends on~'과 같은 표현이 들리면 답이 될 가능성이 매우 높다.

3 US – BR
Who will be in charge of the upcoming building project?
(A) Let me ask my secretary.
(B) It's free of charge.
(C) It won't be completed until the end of the month.

누가 다가오는 건축 프로젝트를 책임지나요?
(A) 제 비서에게 물어 볼게요.
(B) 그건 무료입니다.
(C) 이달 말은 되어야 완공될 겁니다.

어휘
be in charge of ~를 책임지다 upcoming 다가오는
secretary 비서 free of charge 무료의 complete 끝내다

해설
(A) 사람을 묻는 Who 의문문으로, 비서에게 누가 책임자인지 알아보겠다고 응답한 정답. ask가 들어간 보기는 정답일 확률이 높다는 것이 핵심 포인트이다.
(B) charge 반복 사용 함정
(C) When 의문문에 어울리는 답변이므로 오답

4 US – US
I'd like to make an appointment with Dr. Stewart today.
(A) I'll be out of town on business tomorrow.
(B) I'll check and see if she is available.
(C) In the general hospital.

오늘 Stewart 박사님께 예약을 하고 싶어요.
(A) 저는 내일 출장을 갑니다.
(B) 박사님이 시간이 되시는지 확인해 보겠습니다.
(C) 종합병원에서요.

어휘
make an appointment 예약하다
out of town on business 출장 가다
see if ~인지 아닌지 알아보다 available 시간이 있는
general hospital 종합병원

해설
(A) 질문의 today를 듣고 의미상 tomorrow를 연상하게 한 함정
(B) 오늘 예약을 잡을 수 있는지 묻는 질문에 시간이 되는지 확인해 보겠다고 말하므로 정답. 동사 check가 들어 있는 보기는 대체로 정답이 된다는 것이 핵심 포인트이다.
(C) 장소를 묻는 Where 의문문에 어울리는 답으로, Dr.를 듣고 의미상 병원을 연상하게 한 함정

5 AU - US
Do you know when our new products will be released?
(A) It hasn't been decided yet.
(B) At the open air market.
(C) The lease ends on Friday.

우리 신제품이 언제 출시되는지 아시나요?
(A) 아직 결정되지 않았어요.
(B) 야외 시장에서요.
(C) 임대가 금요일에 끝나요.

어휘
release 출시하다 decide 결정하다
open air market 야외 시장 lease 임대 end 끝나다

해설
(A) 신제품 출시 시점을 묻는 질문에 결정이 되지 않았다고 답하는 정답. 결정되지 않았다는 말은 대체로 정답이 된다는 것이 핵심 포인트이다.
(B) 장소를 묻는 Where 의문문에 어울리므로 오답
(C) release-lease 유사 발음 함정

6 BR - AU
Why did Mr. Brown leave the company out of the blue?
(A) I left it at home.
(B) He resigned last month.
(C) Actually, I didn't know he did.

왜 Brown 씨가 갑자기 회사를 떠났죠?
(A) 제가 그것을 집에 두고 왔어요.
(B) 그는 지난달에 사직했어요.
(C) 사실 전 그가 회사를 떠났는지 몰랐어요.

어휘
leave 떠나다, 두고 오다 out of the blue 갑자기
resign 사임하다 actually 사실은

해설
(A) leave-left 반복 사용 함정이며, 질문의 Mr. Brown과 대답의 I가 맞지 않는 주어 불일치 함정
(B) When 의문문에 어울리는 답변이므로 오답
(C) Brown 씨가 회사를 그만둔 이유를 묻는 질문에 그 사실을 몰랐다고 말하는 정답

DAY 05 TEST

정답	1. (B)	2. (A)	3. (B)	4. (C)	5. (A)
	6. (A)	7. (A)	8. (B)	9. (A)	10. (B)
	11. (A)	12. (B)	13. (C)	14. (B)	15. (A)
	16. (B)	17. (B)	18. (B)	19. (B)	20. (A)

1 US - US
Who is scheduled to fix the printer?
(A) In an hour.
(B) I have no idea.
(C) The fax machine is over there.

누가 프린터를 고칠 예정이죠?
(A) 한 시간 후에요.
(B) 모르겠어요.
(C) 팩스기는 저쪽에 있어요.

어휘
be scheduled to ~할 예정이다 fix 고치다
fax machine 팩스기 over there 저쪽에

기술 13(A), 20(B), 15(C)
(A) 시간을 묻는 When 의문문에 어울리는 답변이므로 오답
(B) '모른다'라는 의미이므로 정답
(C) fix-fax 유사 발음 함정

2 BR - US
Could you tell me what the staff meeting was about?
(A) Actually, I couldn't attend it.
(B) He was about to attend it.
(C) In the conference room.

직원 회의가 무엇에 관한 것이었는지 말해 줄래요?
(A) 사실, 저는 참석하지 못했어요.
(B) 그는 막 참석하려고 했어요.
(C) 회의실에서요.

어휘
staff meeting 직원 회의 actually 사실은 attend 참석하다
be about to 막 ~하려 하다 conference room 회의실

기술 20(A), 16(B), 13(C)
(A) 참석을 못했다는 말은 회의가 어떤 내용이었는지 모른다는 의미이므로 정답
(B) 주어 He가 받을 만한 3자가 질문에 언급되지 않았으므로 주어 불일치 함정
(C) Where 의문문에 어울리는 답변이므로 오답

3 US - US
I wonder if there are any seats available for today's play.
(A) It was fantastic.
(B) Let me check.
(C) No, I'm not available now.

오늘 연극의 좌석이 있는지 궁금합니다.
(A) 그것은 환상적이었어요.
(B) 확인해 보겠습니다.
(C) 아뇨. 저는 지금 시간이 없어요.

어휘
wonder 궁금하다 available 이용 가능한, 시간이 있는

play 연극 fantastic 환상적인

기술 20(B), 28(C)
(A) 공연이 어땠는지 물어보는 How 의문문에 어울리는 답변이므로 오답
(B) 확인해 보겠다는 것은 잘 모르겠다는 의미이므로 정답
(C) available 반복 사용 함정

4 BR – AU

How long do you think the meeting will last?
(A) I think so.
(B) Last Monday.
(C) It won't be finished until 2 p.m.

회의가 얼마나 지속될 거라고 생각하세요?
(A) 저도 그렇게 생각해요.
(B) 지난 월요일에요.
(C) 오후 2시나 되어야 끝날 거예요.

어휘
last 지속되다

기술 14(A), 13(B), 19(C)
(A) think 반복 사용 함정. 'I think so.'는 Yes 상당어구로 의문사 의문문과는 어울리지 않으므로 오답
(B) last 반복 사용 함정
(C) 2시까지 회의가 계속된다는 의미이므로 정답

5 AU – BR

Who was promoted to the sales director?
(A) I heard it hasn't been decided yet.
(B) It will be promoted next week.
(C) Let's ask for directions.

누가 영업이사로 승진되었나요?
(A) 제가 듣기론 아직 결정되지 않았습니다.
(B) 다음 주에 홍보될 겁니다.
(C) 길을 물어보죠.

어휘
promote 승진시키다, 홍보하다 decide 결정하다
ask for directions 길을 묻다

기술 20(A), 28(B), 15(C)
(A) 아직 결정되지 않아 모른다는 의미의 자연스러운 응대로 정답
(B) promote 반복 사용 함정
(C) director-directions 유사 발음 함정

6 US – AU

Did you hear where the orientation will be held?
(A) No, I wasn't informed.
(B) Sure, I'll be there on time.
(C) For new employees.

오리엔테이션이 어디서 열릴지 들으셨어요?
(A) 아뇨, 공지를 못 받았어요.
(B) 물론이죠. 정시에 도착할 거예요.
(C) 신입 직원들을 위해서요.

어휘
orientation 오리엔테이션 be held 열리다 inform 알리다
on time 정시에 employee 직원

기술 20(A), 17(B)
(A) 공지를 못 받았다는 것은 모른다는 의미이므로 정답

(B) 장소 관련 질문에 시간 관련 답변이므로 오답
(C) 질문에서 orientation만 듣고, 의미상 new employees를 연상하게 한 함정

7 US – BR

Why was the company outing rescheduled?
(A) I don't know.
(B) I'm scheduled to leave at 5 p.m.
(C) It'll take place on March 2.

회사 야유회 일정이 왜 조정되었나요?
(A) 모르겠어요.
(B) 저는 오후 5시에 떠날 예정입니다.
(C) 3월 2일에 열립니다.

어휘
outing 야유회 reschedule 일정을 다시 잡다
be scheduled to ~할 예정이다 take place 일어나다

기술 20(A), 15(B), 13(C)
(A) 일정이 조정된 이유를 모르겠다고 말하는 정답
(B) rescheduled-scheduled 유사 발음 함정
(C) 시간을 묻는 When 의문문에 어울리는 답변이므로 오답

8 US – US

How much is this model?
(A) You need to pay in cash.
(B) Let me ask my manager.
(C) It looks gorgeous.

이 모델은 얼마죠?
(A) 현금으로 지불하셔야 해요.
(B) 점장님께 물어볼게요.
(C) 멋져 보여요.

어휘
pay in cash 현금으로 지불하다 gorgeous 멋진

기술 13(A, C), 20(B)
(A) 지불 수단을 묻는 How 의문문에 어울리는 답변이므로 오답
(B) 다른 사람에게 물어보겠다는 것은 본인은 모른다는 의미이므로 정답
(C) 의견을 묻는 How 의문문에 어울리는 답변이므로 오답

9 AU – US

Can you tell me how to update this software?
(A) Jimmy might know.
(B) It seems to be out of date.
(C) At the hardware store.

이 소프트웨어를 업데이트하는 법을 알려 줄래요?
(A) Jimmy가 알 거예요.
(B) 그건 구식인 것 같아요.
(C) 철물점에서요.

어휘
out of date 구식의 hardware store 철물점

기술 20(A), 15(B), 13(C)
(A) Jimmy가 알 것이라는 말은 본인은 잘 모른다는 의미이므로 정답
(B) update-date 유사 발음 함정
(C) 질문의 software만 듣고 의미상 hardware를 연상하게 한 함정

10 BR-US

Don't we have enough copy paper in the supply cabinet?
(A) Fair enough.
(B) I'll go and check.
(C) I bought them in the stationery shop.

비품 캐비닛에 복사 용지가 충분히 있지 않나요?
(A) 좋네요.
(B) 제가 가서 확인해 볼게요.
(C) 문구점에서 그것들을 샀어요.

어휘

copy paper 복사 용지 supply cabinet 비품 캐비닛
stationery shop 문구점

기출 28(A), 20(B)
(A) enough 반복 사용 함정
(B) 본인도 잘 모르니 직접 가서 확인해 보겠다는 의미로 정답
(C) 질문에서 copy paper를 듣고, 의미상 문구점을 연상하게 한 함정으로, 장소를 묻는 Where 의문문에 어울리는 답

11 US-AU

Susan works very hard lately, doesn't she?
(A) Actually, I haven't seen her recently.
(B) I can hardly deal with it.
(C) She won't be late again.

Susan이 최근에 정말 열심히 일하네요, 그렇지 않아요?
(A) 사실 저는 최근에 그녀를 보지 못했어요.
(B) 제가 그것을 처리하지 못할 것 같아요.
(C) 그녀는 다시는 늦지 않을 거예요.

어휘

lately 최근에(= recently) hardly 거의 ~아닌
deal with 다루다, 처리하다

기출 20(A), 15(B, C)
(A) 최근에 그녀를 본 적이 없다는 것은 그녀가 열심히 일하고 있는지를 잘 모른다는 의미이므로 정답
(B) hard-hardly 유사 발음 함정이며, 목적어 it이 받을 만한 대상이 질문에 등장하지 않으므로 오답
(C) lately-late 유사 발음 함정

12 US-AU

When will you leave for Paris?
(A) Because I love arts.
(B) It hasn't been determined.
(C) By air.

Paris로 언제 떠나세요?
(A) 저는 예술을 사랑하기 때문이에요.
(B) 결정되지 않았어요.
(C) 비행기로요.

어휘

leave for ~로 떠나다 arts 예술 determine 결정하다
by air 비행기로

기출 13(A, C), 20(B)
(A) Why 의문문에 어울리는 답으로, Paris를 듣고 의미상 arts를 연상하게 한 함정
(B) 결정되지 않았다는 것은 아직 일정을 모른다는 의미이므로 정답

(C) 교통 수단을 묻는 How 의문문에 어울리는 답변이므로 오답

13 US-BR

Do you know where the nearest post office is?
(A) Sorry, it has been postponed.
(B) It won't be closed until 5 p.m.
(C) Why don't you ask John in Sales?

가장 가까운 우체국이 어디 있는지 아세요?
(A) 미안해요, 그건 연기되었어요.
(B) 오후 5시나 되어야 문을 닫아요.
(C) 영업부의 John에게 물어보는 게 어때요?

어휘

nearest 가장 가까운 post office 우체국
postpone 연기하다 close 문을 닫다

기출 15(A), 17(B), 20(C)
(A) post office-postponed 유사 발음 함정
(B) 장소를 묻는 Where 의문문에 5 p.m.이라는 시간 표현으로 답할 수 없으므로 오답
(C) 영업부의 John에 물어보라는 것은 본인은 잘 모르겠다는 의미이므로 정답

14 AU-US

What's wrong with the fax machine?
(A) You got the wrong number.
(B) Check the plug.
(C) For a long time.

팩스기의 문제가 무엇인가요?
(A) 전화 잘못 하셨어요.
(B) 플러그를 확인해 보세요.
(C) 오랫동안요.

어휘

fax machine 팩스기 check 확인하다 plug 플러그

기출 28(A), 20(B), 15(C)
(A) wrong 반복 사용 함정
(B) 무엇이 문제냐는 질문에 플러그를 확인해 보라고 적절히 응답한 정답
(C) 기간을 의미하는 How long 의문문에 어울리는 답변이므로 오답. wrong-long 유사 발음 함정

15 BR-US

How many computers did you set up for the seminar?
(A) I installed at least 10.
(B) It will be useful.
(C) More than 20 attendees.

세미나를 위해 얼마나 많은 컴퓨터들을 설치했나요?
(A) 적어도 10대는 설치했어요.
(B) 그건 도움이 될 거예요.
(C) 20명 이상의 참석자들이요.

어휘

set up 설치하다(= install) at least 적어도
useful 도움이 되는 attendee 참석자

기출 19(A), 13(B)
(A) How many 질문에 대한 적절한 답으로, set up을 install로 적절히 바꾸어 표현한 정답
(B) 상태나 의견을 묻는 How 의문문에 어울리는 답변이므로 오답

(C) 컴퓨터 수가 아닌 참석자 수를 제시한 오답

16 AU - US

When did you send out the invitations?
(A) It was delivered by train.
(B) About an hour ago.
(C) To invite them to the party.

언제 초대장들을 발송하셨죠?
(A) 그것은 기차로 배달되었어요.
(B) 약 한 시간 전에요.
(C) 그들을 파티에 초대하기 위해서요.

어휘
send out 보내다, 발송하다 invitation 초대장
deliver 배달하다 by train 기차로

기술 13(A, B), 17(C)
(A) 교통수단을 묻는 How 의문문에 어울리는 답변이므로 오답
(B) 시간을 묻는 When 질문에 적절한 표현으로 정답
(C) invitations-invite 발음 함정으로, to부정사는 Why 의문문에 어울리는 답이며, 시간을 묻는 When 의문문에 party라는 장소 표현은 상극이다.

17 BR - AU

Who is responsible for the reimbursement process?
(A) I'll respond to his e-mail.
(B) I think the accounting division is.
(C) It was quite a lengthy process.

누가 환급 절차를 책임지고 있나요?
(A) 제가 그의 이메일에 답할 거예요.
(B) 회계부인 것 같아요.
(C) 그건 꽤 긴 과정이었어요.

어휘
be responsible for ~에 대해 책임지다
reimbursement process 환급 절차 respond 응대하다
accounting division 회계부 quite 꽤 lengthy 너무 긴, 장황한

기술 15(A), 18(B)
(A) responsible-respond 유사 발음 함정
(B) 환급 절차의 책임자를 묻는 질문에 부서명인 회계부라고 답한 정답
(C) process 반복 사용 함정

18 US - US

Where can I find the confirmation number?
(A) Yes, I found it informative.
(B) Check the e-mail.
(C) We need it to reserve a room.

어디서 확인 번호를 찾을 수 있나요?
(A) 네, 유익하더라고요.
(B) 이메일을 확인해보세요.
(C) 우리는 방을 예약하려면 그게 필요해요.

어휘
confirmation 확인 reserve 예약하다

기술 13(A, C), 20(B)
(A) 의문사 의문문에는 Yes/No로 답할 수 없으므로 오답
(B) 이메일에 번호가 있으니 확인해 보라는 의미로 정답
(C) 이유를 묻는 Why 의문문에 어울리는 답변이므로 오답

19 AU - BR

How much time do we need for the orientation?
(A) It's mandatory.
(B) At least 2 hours.
(C) The total comes to 150 dollars.

오리엔테이션에 얼마나 많은 시간이 필요하죠?
(A) 그건 의무적이에요.
(B) 적어도 2시간이요.
(C) 총액은 150달러예요.

어휘
mandatory 의무적인 at least 적어도 total 총액
come to 금액이 ~에 달하다

기술 13(B), 19(C)
(A) 질문에서 orientation을 듣고 의미상 mandatory를 연상하게 한 함정
(B) 기간을 묻는 How much time 질문에 2시간이라고 적절하게 답한 정답
(C) 가격을 묻는 How much 의문문에 어울리는 답변이므로 오답

20 US - US

Who won the first prize last night?
(A) Jane's team.
(B) No, it's on the second floor.
(C) I believe it's priceless.

어젯밤에 누가 1등상을 탔어요?
(A) Jane의 팀이요.
(B) 아뇨, 그건 2층에 있어요.
(C) 그것은 가격을 매길 수 없을 만큼 귀중하다고 생각해요.

어휘
win (경기 등에서) 이기다, 타다 first prize 1등상 floor 층
priceless 가격을 매길 수 없는, 매우 귀중한

기술 18(A), 14(B), 15(C)
(A) 1등상을 수상한 사람을 묻는 질문에 team이라는 단체명으로 답한 정답
(B) 의문사 의문문은 Yes/No로 답변이 불가능하며, 질문의 first를 듣고 second를 연상하게 한 함정
(C) prize-priceless 유사 발음 함정

DAY 06

기술 21 | be동사, do동사 뒤에 나오는 말에 집중하라!

⚙️ **Practice**

정답 1. (B) 2. (B) 3. (A) 4. (C) 5. (A) 6. (A)

1 US - US

Is this article available in Chinese?
(A) I have never been to China.
(B) I'm afraid it isn't.
(C) No, he's not available today.

이 기사를 중국어로 이용 가능한가요?
(A) 저는 중국에 가본 적이 없어요.
(B) 유감이지만 안 됩니다.
(C) 아뇨. 그는 오늘 시간이 없어요.

어휘

article 기사 available 이용 가능한, 시간이 있는

해설

(A) Chinese-China 유사 발음 함정
(B) be동사 의문문으로, 기사를 중국어로 이용 가능한지 묻는 질문에 대해 안 된다고 답하는 가장 적절한 응답. 특히 뒤에 available in Chinese를 생략하고 be동사로 짧게 답한 것이 핵심 포인트이다.
(C) 질문의 주어 article을 3인칭 주어 he로 받을 수 없으므로 주어 불일치 함정

2 AU – BR

Were you able to reserve the banquet hall for Monday?
(A) No, she's not available on Monday.
(B) Unfortunately, it was already booked.
(C) Sorry, I wasn't able to attend it.

월요일에 사용할 수 있도록 연회장을 예약할 수 있었나요?
(A) 아뇨, 그녀는 월요일에 시간이 없어요.
(B) 안타깝게도, 이미 예약이 되어 있었어요.
(C) 죄송해요, 저는 참석할 수 없었어요.

어휘

be able to ~할 수 있다 reserve 예약하다(= book)
banquet hall 연회장 unfortunately 안타깝게도
attend 참석하다

해설

(A) 질문의 주어 you를 she로 받을 수 없으므로 주어 불일치 함정
(B) 연회장을 예약할 수 있었냐는 질문에 대해, 이미 예약이 되어 있었다고 말한 정답. reserve를 book으로 바꾸어서 표현한 것이 핵심 포인트이다.
(C) be able to 반복 사용 함정

3 US – AU

Did you have a chance to talk to Mr. Johnson on the phone?
(A) No, but I will call him later today.
(B) I think she will be back in a week.
(C) I'll e-mail you immediately.

Johnson 씨와 통화할 기회가 있었어요?
(A) 아뇨, 하지만 오늘 늦게 그에게 전화할 거예요.
(B) 그녀는 일주일 후에 돌아올 것 같아요.
(C) 즉시 이메일을 보내드릴게요.

어휘

have a chance to ~할 기회를 갖다 later 나중에
immediately 즉시

해설

(A) do동사 의문문으로, Johnson 씨와 전화 통화를 했냐는 질문에 대해 부정어 No를 통해 안 했다고 말하며, 오늘 중으로 전화할 것이라고 덧붙인 정답
(B) 질문의 Mr. Johnson을 she로 잘못 받은 주어 불일치 함정이며, When 의문문에 어울리는 답변이므로 오답
(C) 질문의 Mr. Johnson을 you로 받을 수 없으므로 오답

4 BR – US

Is the orientation mandatory for all new employees?
(A) We're a group of four.
(B) It won't be finished until noon.
(C) Yes, I think so.

모든 신입 사원들에게 오리엔테이션이 필수인가요?
(A) 우리 4명이 일행입니다.
(B) 정오나 되어야 끝날 겁니다.
(C) 네, 그런 것 같습니다.

어휘

mandatory 의무적인 employee 직원

해설

(A) for-four 유사 발음 함정
(B) When 의문문에 어울리는 답변이므로 오답
(C) be동사 의문문으로, 모든 신입 사원에게 오리엔테이션이 필수인지 묻는 질문에 대해 그런 것 같다고 답변한 정답

5 US – US

Have you filled out the application form?
(A) Sure, here you go.
(B) No, I don't feel like going.
(C) You should download it from the Website.

지원서를 작성하셨나요?
(A) 물론이죠, 여기 있어요.
(B) 아뇨, 저는 가고 싶지 않아요.
(C) 웹사이트에서 다운로드 받으셔야 해요.

어휘

fill out 작성하다 application form 지원서
feel like ~ing ~하고 싶다

해설

(A) 완료나 경험을 묻는 have동사 의문문으로, 지원서 작성을 했는지 묻는 질문에 대해 Sure로 긍정하고 지원서를 건네는 가장 적절한 정답
(B) fill-feel 유사 발음 함정
(C) 지원서 양식을 구하는 방법을 묻는 질문에 어울리는 답변이므로 오답

6 BR – AU

Have you been to the botanical garden on the 3rd Avenue?
(A) Not yet.
(B) It sounds good.
(C) Let's meet at the entrance.

3rd Avenue에 있는 식물원에 가보셨어요?
(A) 아직이요.
(B) 좋아요.
(C) 입구에서 만나요.

어휘

botanical garden 식물원 entrance 입구

해설

(A) 완료나 경험을 묻는 have동사 의문문으로, 식물원에 가본 적이 있는지 묻는 질문에 대해 아직 가보지 않았다고 답한 가장 자연스러운 정답
(B) 청유문에 어울리는 승낙의 답변이므로 오답

(C) Where 의문문에 어울리는 답변이므로 오답

기술 22 | What 뒤에 오는 명사와 동사가 정답을 결정한다!

⚙️ Practice

정답 1. (B) 2. (A) 3. (A) 4. (B) 5. (A) 6. (C)

1 `US - AU`

What's the taxi fare to the city hall?
(A) At the job fair.
(B) It depends on the traffic.
(C) It won't take long.

시청까지 가는 택시 요금이 얼마죠?
(A) 취업 박람회에서요.
(B) 교통량에 따라 달라요.
(C) 오래는 안 걸릴 거예요.

어휘

fare 운임 city hall 시청 job fair 취업 박람회
depend on ~에 따라 다르다 traffic 교통(량)

해설

(A) fare-fair 유사 발음 함정
(B) 택시 요금을 묻는 질문에 교통량에 따라 다르다고 답하는 정답
(C) 기간을 묻는 How long 의문문에 어울리는 답변이므로 오답

2 `AU - BR`

What's the deadline for submitting the expense report?
(A) As far as I know, it's due on Monday.
(B) Right. It seems a little expensive.
(C) In the bottom drawer.

비용 보고서 제출 마감일이 언제죠?
(A) 제가 알기로는 월요일까지예요.
(B) 맞아요. 그건 약간 비싼 것 같아요.
(C) 맨 아래 서랍에요.

어휘

deadline 마감일 submit 제출하다
expense report 비용 보고서 seem ~인 것 같다 a little 약간
bottom 맨 아래 drawer 서랍

해설

(A) 마감일이 언제냐는 질문에 월요일까지라고 말한 정답
(B) expense-expensive 유사 발음 함정
(C) Where 의문문에 어울리는 답변이므로 오답

3 `US - US`

What hotel are you planning to stay at?
(A) The one by the ocean.
(B) For 3 days.
(C) Sure, it was very comfortable.

어느 호텔에 머물 예정이시죠?
(A) 바다 옆에 있는 호텔이요.
(B) 3일 동안이요.
(C) 그럼요, 아주 편안했어요.

어휘

stay 머물다 comfortable 편안한

해설

(A) What 다음에 오는 hotel이 핵심 포인트이다. 질문의 hotel을 one으로 바꾸어 표현한 정답
(B) 기간으로 답하고 있으므로 How long 의문문에 어울리는 답변
(C) sure는 yes 상당어구인데, 의문사 의문문은 Yes/No로 답할 수 없으므로 오답

4 `BR - AU`

What did the vice president discuss at the staff meeting?
(A) No, not at all.
(B) Unfortunately, I wasn't able to attend it.
(C) My presentation will focus on the employee benefit.

부사장님이 직원 회의에서 무엇에 대해 논의하셨나요?
(A) 아뇨, 전혀 아닙니다.
(B) 안타깝게도, 저는 참석하지 못했어요.
(C) 제 발표는 직원 복리후생에 초점을 맞출 겁니다.

어휘

vice president 부사장 staff meeting 직원 회의
not at all 전혀 아닌 unfortunately 유감스럽게도, 안타깝게도
focus on ~에 집중하다 employee benefit 직원 복리후생

해설

(A) 의문사 의문문은 Yes/No로 답할 수 없으므로 오답
(B) What 의문문으로 부사장이 회의에서 무슨 논의를 했는지 묻는 질문에 대해 안타깝게도 회의에 참석을 못해서 모른다고 말한 정답이다. 이처럼 '유감스럽게도, 안타깝게도'와 같은 표현이 보기에 들리면 답이 될 가능성이 높다.
(C) president-presentation 유사 발음 함정

5 `US - US`

What will the weather be like on Monday?
(A) It's going to be sunny.
(B) I'm not sure whether he's available then.
(C) It sounds great.

월요일에 날씨가 어떨까요?
(A) 맑을 거예요.
(B) 그가 그때 시간이 될지 확실하지 않아요.
(C) 좋은 생각이에요.

어휘

sunny 맑은 available 시간이 있는

해설

(A) What 의문문으로 뒤에 오는 weather를 듣는 것이 핵심이다. 월요일 날씨를 묻는 질문에 맑을 것이라고 답한 정답
(B) weather-whether 유사 발음 함정
(C) 권유문에 대한 승낙으로 적절한 답변이므로 오답

6 `US - BR`

What do you think of Mr. Simpson's proposal?
(A) I don't think so.
(B) He's very friendly.
(C) It looks promising.

Simpson 씨의 제안서에 대해 어떻게 생각하세요?
(A) 그렇게 생각하지 않아요.
(B) 그는 매우 친절해요.
(C) 전망이 밝아 보여요.

proposal 제안서 friendly 친절한, 다정한
promising 전망이 밝은, 유망한

해설
(A) think 반복 사용 함정이며, I don't think so는 No 상당어구로 의문사 의문문의 답이 될 수 없다.
(B) Mr. Simpson이라는 사람에 대한 의견을 묻는 How 의문문에 더 어울리는 답변이므로 오답
(C) What 다음에 나오는 동사 think를 듣는 것이 포인트이다. 제안서에 대한 의견을 묻는 질문에 전망이 밝아 보인다고 답한 정답

기술 23 | Why don't ~는 이유가 아니라 제안을 나타낸다!

⚙️ Practice

정답 1. (A) 2. (A) 3. (A) 4. (C) 5. (B) 6. (B)

1 AU – US

Why don't we grab a bite to eat around here?
(A) Sounds great.
(B) Because it's far away from here.
(C) I don't like them at all.

여기 근처에서 간단히 먹는 게 어때요?
(A) 좋아요.
(B) 여기서 너무 멀기 때문이에요.
(C) 저는 그것들을 전혀 좋아하지 않아요.

어휘
grab a bite to eat 간단히 먹다 far away 먼
not ~ at all 전혀 ~하지 않는

해설
(A) Why don't ~는 대표적인 청유문으로, 이에 대해 좋다고 제안을 수락하는 정답
(B) 이유를 묻는 Why 의문문에 어울리는 답변으로 Why don't ~ 청유문에 대한 답변으로는 부적절
(C) 좋아하는지 여부를 묻는 질문이 아니므로 오답

2 US – US

Why don't we go to the movies after work?
(A) That's a good idea.
(B) In front of the ticket window.
(C) Because she just moved in.

일 끝나고 영화 보러 가는 게 어때요?
(A) 좋은 생각이에요.
(B) 매표소 앞에서요.
(C) 그녀가 막 이사 왔기 때문이에요.

어휘
go to the movies 영화 보러 가다 in front of ~앞에
ticket window 매표소 move in 이사 오다

해설
(A) Why don't we ~?는 '(우리) ~하는 게 어때?'라는 의미를 나타내는 청유문이므로, 영화관에 가자는 제안에 대해 좋은 생각이라고 수락한 정답
(B) 장소를 묻는 Where 의문문에 어울리는 답변이므로 오답

(C) movie-move 유사 발음 함정으로, 이유를 묻는 Why 의문문에 어울리는 답변

3 AU – BR

Why don't you ask John to cancel the room reservation?
(A) Okay, I'll let him know.
(B) I'm afraid it's out of stock.
(C) Due to a scheduling conflict.

John에게 객실 예약 취소를 부탁하는 게 어때요?
(A) 좋아요. 그에게 알릴게요.
(B) 유감스럽게도, 재고가 없어요.
(C) 일정이 겹치기 때문이에요.

어휘
cancel 취소하다 reservation 예약 out of stock 재고가 없는
due to ~때문에 scheduling conflict 일정이 겹침

해설
(A) 객실 예약 취소를 John에게 맡기자는 제안에 Okay라고 승낙하고, 그에게 알리겠다고 응답한 정답
(B) 이미 예약한 방을 취소하려는 상황과 어울리지 않는 응답이며, 객실을 재고로 분류하지 않기 때문에 오답
(C) 이유를 묻는 Why 의문문에 어울리는 답변이므로 오답

4 BR – US

Why didn't you purchase a new office chair?
(A) In the back of the office.
(B) Sure, it's affordable.
(C) Actually, it was too expensive.

왜 새 사무용 의자를 사지 않았어요?
(A) 사무실 뒤쪽에요.
(B) 물론이죠, 그건 가격이 적당해요.
(C) 사실은 너무 비쌌어요.

어휘
purchase 구매하다 affordable 가격이 알맞은 actually 사실은

해설
(A) office 반복 사용 함정으로, 장소를 묻는 Where 의문문에 어울리는 답변
(B) Sure는 yes 상당어구로 의문사 의문문에 Yes/No로 답할 수 없으므로 오답
(C) 이유를 묻는 Why 의문문으로, 왜 사무용 의자를 사지 않았는지 묻는 질문에 대해 너무 비싸서라고 이유를 제시한 정답

5 BR – AU

Why is it so noisy outside?
(A) No, it's in the building.
(B) The road is being repaved.
(C) No problem. I can do that for you.

밖이 왜 이렇게 시끄럽죠?
(A) 아뇨, 그건 건물 안에 있어요.
(B) 도로를 재포장하는 중이에요.
(C) 문제없어요. 제가 그렇게 해드릴 수 있어요.

어휘
noisy 시끄러운 outside 밖에 repave (도로를) 재포장하다

해설
(A) 의문사 의문문은 Yes/No로 답할 수 없으므로 오답
(B) 밖이 왜 이렇게 소란스러운지 묻는 질문에 도로를 재포장하고

당신 기사가 월요일까지 아닌가요?

(A) 아뇨, 그는 목요일에 시작할 예정이에요.

(B) 악천후 때문에요.

(C) 마감일이 연장되었어요.

어휘

article 기사 due ~할 예정인
be supposed to ~하기로 되어 있다 due to ~때문에
inclement weather 악천후 deadline 마감일 extend 연장하다

해설

(A) 주어 he에 해당하는 사람이 질문에 나오지 않으므로 주어 불
일치 함정

(B) due 반복 사용 함정

(C) 부정 의문문으로, 기사 마감일이 월요일이 아니냐는 질문에 대
해 마감일이 연장되었다고 말하는 정답

3 AU – US

Haven't you called the tech department yet?

(A) I contacted them a few minutes ago.

(B) To rent an apartment.

(C) No, I don't have it right now.

아직 기술부에 전화하지 않았나요?

(A) 몇 분 전에 연락했어요.

(B) 아파트를 임대하기 위해서요.

(C) 아뇨, 지금은 그것을 가지고 있지 않아요.

어휘

tech department 기술부 yet 아직 contact 연락하다
rent 임대하다

해설

(A) have동사 부정 의문문으로, 기술부에 전화를 했냐고 묻는 질
문에 대해 몇 분 전에 연락했다고 답한 정답

(B) department-apartment 유사 발음 함정

(C) have 반복 사용 함정

4 US – US

Isn't there a bus station around here?

(A) No, he's out of town on business.

(B) I heard it is still being decided.

(C) Yes, but I'm not sure where it is.

여기 근처에 버스 정류장이 있지 않나요?

(A) 아뇨, 그는 지금 출장 중이에요.

(B) 아직 결정 중이라고 들었어요.

(C) 네, 그런데 어디 있는지는 잘 모르겠네요.

어휘

bus station 버스 정류장 out of town on business 출장 중인
decide 결정하다

해설

(A) 주어 he를 받을 만한 3자가 질문에 제시되지 않은 주어 불일치
함정

(B) 질문의 내용과 상관없는 오답

(C) 부정 의문문의 not을 무시하면 근처에 버스 정류장이 있는지
묻는 질문으로, 있긴 하지만 정확히 어디 있는지는 모르겠다고
답한 정답

있어서 시끄럽다고 답한 자연스러운 정답

(C) 질문을 Why don't ~ 청유문으로 잘못 알아들을 경우 혼동할
수 있는 수락의 답

6 US – US

Why don't I drive you home?

(A) Sorry, I don't have a license.

(B) No thank you. It is within walking distance.

(C) Because my car broke down.

제가 집까지 태워 드릴까요?

(A) 미안해요, 저는 면허가 없어요.

(B) 괜찮아요. 걸어갈 만한 거리예요.

(C) 제 차가 고장 나서요.

어휘

drive 차로 데려다 주다 license 면허(증)
within walking distance 도보 거리 내에
break down 고장 나다

해설

(A) 질문에서 drive를 듣고 의미상 license를 연상하게 한 함정

(B) 집까지 태워주겠다는 제안에 집이 걸어갈 만한 거리에 있다고
자연스럽게 거절한 정답

(C) Why don't ~ 청유문을 이유를 묻는 일반 Why 의문문으로 착
각할 경우 빠질 수 있는 함정

> **기술 24 | 부정 의문문의 not은 무시하라!**

⚙ Practice

정답 1. (A) 2. (C) 3. (A) 4. (C) 5. (C) 6. (A)

1 US – US

Didn't Brian already hand in the quarterly report?

(A) In fact, he is finishing it now.

(B) No, it's held monthly.

(C) Okay, let me give you a hand.

Brian이 이미 분기별 보고서를 제출하지 않았나요?

(A) 사실은 지금 마무리하고 있어요.

(B) 아뇨, 매월 열려요.

(C) 좋아요, 제가 도와드리죠.

어휘

hand in 제출하다 quarterly 분기별의 in fact 사실은
be held 개최되다 monthly 매월 give a hand 도와주다

해설

(A) 부정 의문문의 not을 무시하면 보고서 제출 여부를 묻는 질문
에 사실은 그가 보고서를 마무리 중이라고 말한 가장 자연스
러운 응답

(B) 질문에서 quarterly를 듣고 의미상 monthly를 연상하게 한
함정

(C) hand 반복 사용 함정

2 US – BR

Isn't your article due on Monday?

(A) No, he is supposed to start on Thursday.

(B) Due to inclement weather.

(C) The deadline has been extended.

5 BR – AU

Haven't you finished the sales proposal for tomorrow's board meeting?
(A) I was told it will be held as scheduled.
(B) Yes, the sales went up by 10%.
(C) I'm almost done with it.

내일 이사회를 위한 영업 제안서를 끝내지 않았어요?
(A) 예정대로 열린다고 들었어요.
(B) 네, 매출이 10% 상승했어요.
(C) 거의 다 했어요.

어휘

proposal 제안서 board meeting 이사회 be told 듣다
as scheduled 예정대로 go up 상승하다 almost 거의
be done with 끝내다(= finish)

해설

(A) 회의의 개최 시기를 묻는 When 의문문에 어울리는 답변이므로 오답
(B) sales 반복 사용 함정
(C) 조동사 have와 뒤에 오는 not을 무시하면, 영업 제안서를 끝냈냐는 질문이 된다. 이에 대해 거의 마무리되어 간다고 답한 정답이며, 이때 질문의 finish를 be done with로 바꾸어 표현한 것이 핵심 포인트이다.

6 AU – BR

Why didn't you go over the first draft I e-mailed you this morning?
(A) I haven't had a chance to check it.
(B) Sure, I'm going with you this afternoon.
(C) It's over there.

제가 오늘 아침 이메일로 보내드린 초안을 왜 검토하지 않았어요?
(A) 확인해 볼 시간이 없었어요.
(B) 물론이죠, 오늘 오후에 당신과 같이 갈게요.
(C) 그건 저쪽에 있어요.

어휘

go over 검토하다 first draft 초안

해설

(A) Why 의문문의 not은 그대로 살려서 해석해야 한다. 왜 초안을 검토하지 않았냐는 질문에, 확인할 기회가 없었다고 이유로 답한 정답
(B) go-going 유사 발음 함정으로, Why didn't를 Why don't ~ 제안문으로 잘못 알아들을 경우 빠질 수 있는 수락의 답
(C) over 반복 사용 함정으로, 장소를 묻는 Where 의문문에 어울리는 답변이므로 오답

DAY 06 TEST

정답				
1. (C)	2. (B)	3. (A)	4. (C)	5. (B)
6. (B)	7. (B)	8. (C)	9. (B)	10. (A)
11. (B)	12. (B)	13. (C)	14. (C)	15. (B)
16. (A)	17. (B)	18. (C)	19. (A)	20. (C)

1 US – BR

Are you pleased with our new benefit package?
(A) Yes, you can send it by mail.
(B) May I take your order, please?
(C) I haven't had an opportunity to review it.

새 복리후생 제도에 만족하세요?
(A) 네, 우편으로 보내실 수 있으세요.
(B) 주문하시겠어요?
(C) 검토할 기회가 없었어요.

어휘

be pleased with ~에 만족하다
benefit package 복리후생 제도 by mail 우편으로
opportunity 기회 review 검토하다

기술 15(B), 21(C)

(A) 질문에서 package를 듣고 의미상 mail을 연상하게 한 함정
(B) pleased-please 유사 발음 함정
(C) 질문 맨 앞에 오는 be동사를 버리고 뒤에 오는 pleased와 benefit package를 듣는 것이 관건이다. 새 복리후생 제도에 만족하는지 묻는 질문에 대해 검토할 기회가 없었기 때문에 잘 모르겠다고 응대한 정답

2 US – US

What do you think of your new supervisor?
(A) I knew it was successful.
(B) He's very generous.
(C) I think you're right.

새로 온 상사에 대해 어떻게 생각하세요?
(A) 그것이 성공한 줄 알았어요.
(B) 그는 매우 너그러워요.
(C) 당신 말이 맞는 것 같아요.

어휘

supervisor 상사 successful 성공적인
generous 인자한, 너그러운

기술 15(A), 22(B), 14(C)

(A) new-knew 유사 발음 함정
(B) What do you think of ~?는 '~를 어떻게 생각해요?'라는 의미의 빈출 질문으로, What 뒤에 오는 think를 듣고 의견을 묻는 표현임을 파악할 수 있다. 새로 온 상사에 대해 너그럽다고 의견을 말한 정답
(C) right은 '맞다'라는 의미의 yes 상당어구로, 의문사 의문문과는 어울리지 않는 오답

3 BR – AU

Do you want me to show you the way to the warehouse?
(A) Actually, I know where it is.
(B) No, it's in the cabinet.
(C) I believe the show will begin at 8 p.m.

제가 창고로 가는 길을 안내해 드릴까요?
(A) 사실, 어디 있는지 알아요.
(B) 아뇨, 그건 캐비닛 안에 있어요.
(C) 공연은 저녁 8시에 시작할 거예요.

어휘

show A the way to A에게 ~로 가는 길을 알려주다
warehouse 창고 actually 사실은 show 공연

기술 21(A), 16(B), 28(C)

(A) 창고로 가는 길을 안내해 주겠다는 제안에 대해 어디 있는지 알고 있다며 괜찮다고 거절하는 정답

(B) 대명사 it이 받을 만한 사물 명사가 질문에 제시되지 않은 주어 불일치 오답
(C) show 반복 사용 함정

4 AU – US

Didn't you attend Mr. Johnson's retirement party last night?
(A) Yes, he has worked hard.
(B) Of course, I'll be there in time.
(C) No, I was away on business.

어젯밤에 Johnson 씨 은퇴 파티에 참석하지 않으셨나요?
(A) 네, 그는 열심히 일해 왔어요.
(B) 물론이죠, 시간에 맞춰 거기에 갈게요.
(C) 아뇨, 저는 출장 중이었어요.

어휘

attend 참석하다 retirement party 은퇴 파티
in time 시간에 맞춰, 늦지 않게
be away on business 출장으로 자리를 비우다

기술 16(A), 24(C)

(A) 은퇴 파티 참석 여부가 아니라 은퇴하는 사람인 Mr. Johnson 에 대한 의견으로 답변한 오답
(B) 과거 시제인 질문에 대해 미래 시제로 답한 시제 불일치 함정
(C) 질문 맨 앞에 오는 Didn't를 버리고, 뒤에 오는 attend와 retirement party를 듣고 의미를 파악해야 한다. 출장 중이었 다는 것은 참석을 하지 않았다는 의미이므로 정답

5 US – AU

Didn't you like Mr. Brown's lecture?
(A) For half an hour.
(B) It was rather boring.
(C) No, I prefer white.

Brown 씨 강연이 마음에 들지 않았나요?
(A) 30분 동안이요.
(B) 좀 지루했어요.
(C) 아뇨, 전 하얀색을 선호해요.

어휘

lecture 강의 rather 좀, 약간 boring 지루한 prefer 선호하다

기술 24(B)

(A) How long 의문문에 어울리는 기간 표현이므로 오답
(B) 질문 맨 앞에 오는 Didn't 를 버리고 뒤에 오는 like와 lecture 를 듣고 의미를 파악해야 한다. 지루했다는 얘기는 강의를 좋 아하지 않았다는 의미이므로 정답
(C) 질문에서 사람 이름 Brown을 듣고, 색깔 white를 연상하게 한 함정

6 BR – US

Don't forget to order more office supplies by the end of the day.
(A) I was surprised, too.
(B) I already did it.
(C) They are still out of order.

오늘까지 사무용품을 더 주문하는 것을 잊지 마세요.
(A) 저도 놀랐어요.
(B) 이미 했어요.
(C) 그것들은 여전히 고장이에요.

어휘

order 주문하다 office supplies 사무용품 out of order 고장 난

기술 15(A), 24(B), 28(C)

(A) supplies-surprised 유사 발음 함정
(B) 평서문의 not은 꼭 해석해야 한다. 사무용품 주문을 잊지 말라 는 요청에 이미 본인이 주문했다고 자연스럽게 응대한 정답
(C) order 반복 사용 함정

7 US – US

Why don't you take these parcels to my office?
(A) Because I was so busy.
(B) Sure, in a few minutes.
(C) I sent them to you by e-mail.

이 소포들을 제 사무실로 갖다 주시겠어요?
(A) 제가 너무 바빴기 때문이에요.
(B) 물론이죠, 잠시 후에요.
(C) 제가 그것들을 당신에게 이메일로 보냈어요.

어휘

parcel 소포 in a few minutes 잠시 후에

기술 23(A), 29(B)

(A) 이유를 묻는 일반 Why 의문문에 어울리는 답변이므로 오답
(B) Sure는 Why don't you ~? 권유문에 대한 적절한 승낙의 응 대이므로 정답
(C) 질문에서 parcels를 듣고 의미상 sent와 e-mail을 연상하게 한 함정

8 AU – BR

Weren't you supposed to be at the seminar this morning?
(A) I'm opposed to his opinion.
(B) It starts at 10 a.m.
(C) My train was delayed.

오늘 아침에 세미나에 참석하기로 되어 있지 않았었나요?
(A) 저는 그의 의견에 반대합니다.
(B) 그건 오전 10시에 시작해요.
(C) 제 기차가 지연되었어요.

어휘

be supposed to ~하기로 되어 있다
be opposed to ~에 반대하다 opinion 의견 delay 지연시키다

기술 15(A), 24(C)

(A) supposed-opposed 유사 발음 함정
(B) 시간을 묻는 When 의문문에 어울리는 답변이므로 오답
(C) 기차의 지연 때문에 세미나에 참석 못했다는 의미로 질문에 자 연스러운 응대

9 US – US

What's your thought about my sales proposal?
(A) It's still on sale.
(B) I guess it's impressive.
(C) About 70 pages long.

제 영업 제안서에 대해 어떻게 생각하세요?
(A) 그건 여전히 할인 중입니다.
(B) 인상적이라고 생각해요.
(C) 약 70 페이지 분량입니다.

(C) No, just across the street.

중심가에 막 개업한 극장에 가봤어요?
(A) 록 콘서트요.
(B) 네, 지난주에요.
(C) 아뇨, 길 건너편이에요.

어휘

thought 생각 proposal 제안서 on sale 할인[판매] 중인
impressive 인상적인

기술 28(A, C), 22(B)

(A) sales-sale 유사 발음 함정
(B) What 뒤에 오는 thought를 듣고 의견을 묻는 질문임을 파악한다. 제안서가 인상적이라고 본인의 의견을 제시한 정답
(C) about 반복 사용 함정

10 AU – US

What would you like for dinner?
(A) How about trying Venice on Washington Avenue?
(B) Sure, I'd be pleased to.
(C) Set it on the table.

저녁식사로 뭐가 좋으세요?
(A) Washington Avenue에 있는 Venice에 가보는 게 어때요?
(B) 물론이죠, 기꺼이 할게요.
(C) 탁자 위에 두세요.

어휘

how about ~하는 게 어때? try 가보다, 시도해보다
be pleased to 기꺼이 ~하다

기술 22(A), 14(B)

(A) 질문에서 What 뒤에 오는 would like와 dinner를 통해 질문의 의미 파악이 가능하다. 저녁식사로 뭐가 좋겠냐는 질문에 대해 Venice라는 식당에서 외식하자는 자연스러운 응대
(B) 권유문에 대한 수락의 답변이므로 What 의문문에 대한 답으로는 어색하다. 의문사 의문문은 yes 상당 어구인 sure로 답할 수 없으므로 오답
(C) dinner를 듣고 의미상 table을 연상하게 한 함정

11 BR – US

What time is the demonstration scheduled to start?
(A) During the weekend.
(B) It begins at 1 p.m. sharp.
(C) How to operate the new machinery.

시연이 몇 시에 시작할 예정이죠?
(A) 주말 동안에요.
(B) 오후 1시 정각에 시작해요.
(C) 새로운 기계를 작동시키는 법이요.

어휘

demonstration 시연 be scheduled to ~할 예정이다
sharp 정각에 operate 운영하다, 작동시키다 machinery 기계

기술 13(A, C), 22(B)

(A) 시간이 아닌 기간을 묻는 질문에 어울리는 답변이므로 오답
(B) What 다음에 오는 time을 듣고 시간을 묻는 문제임을 파악할 수 있다. start를 begin으로 바꿔 표현하여 정확한 시각으로 답한 정답
(C) What만 듣고 시연 내용에 대해 묻는 질문으로 오해할 경우 고를 수 있는 오답

12 BR – US

Have you been to the theater that just opened on the main street?
(A) The rock concert.
(B) Yes, last week.

(C) No, just across the street.

중심가에 막 개업한 극장에 가봤어요?
(A) 록 콘서트요.
(B) 네, 지난주에요.
(C) 아뇨, 길 건너편이에요.

어휘

theater 극장 across ~맞은편에

기술 21(B)

(A) 질문에서 theater를 듣고 의미상 concert를 연상하게 한 함정
(B) 질문 맨 앞에 오는 Have를 버리고 뒤에 오는 been to와 theater를 듣고 질문의 의미를 파악할 수 있다. 극장에 가봤냐는 질문에 대해 지난주에 갔었다고 답하는 정답
(C) street 반복 사용 함정

13 AU – BR

Does anyone know how to turn on this copier?
(A) Nobody knows how to get there.
(B) I'll have a cup of tea instead.
(C) I think I can help you.

누구 이 복사기 켜는 법 아시는 분 있나요?
(A) 거기에 가는 법을 아무도 몰라요.
(B) 저는 대신 차를 마실게요.
(C) 제가 도와드릴 수 있을 것 같아요.

어휘

turn on 전원을 켜다 copier 복사기 instead 대신에

기술 31(A), 21(C)

(A) how to 반복 사용 함정
(B) copier를 coffee로 잘못 들을 경우 tea를 연상하게 한 함정
(C) 자신이 도와줄 수 있다는 건 복사기 사용법을 안다는 뜻이므로 정답

14 US – US

Didn't you lease a two bedroom apartment?
(A) I called a real estate agency.
(B) No, in the living room.
(C) I changed my mind.

침실 두 개짜리 아파트를 빌리지 않았나요?
(A) 제가 부동산 중개소에 전화했어요.
(B) 아뇨, 거실에서요.
(C) 마음이 바뀌었어요.

어휘

lease 빌리다 real estate agency 부동산 중개소
living room 거실 mind 마음

기술 24(C)

(A) 질문의 apartment를 듣고 의미상 real estate agency를 연상하게 한 함정
(B) 질문의 bedroom에서 living room을 연상하게 한 함정
(C) 마음이 바뀌었다는 말은 침실 두 개짜리 방을 빌린 게 아니라는 의미이므로 정답

15 BR – AU

Don't you want to apply for the secretary position?
(A) No, she's my supervisor.
(B) Isn't it still vacant?
(C) Complete this form.

비서직에 지원하고 싶지 않으세요?

(A) 아뇨, 그녀는 제 상사예요.

(B) 그 자리가 아직 공석인가요?

(C) 이 양식을 작성하세요.

어휘
apply for ~에 지원하다 secretary 비서 position 직책
supervisor 상사, 관리자 vacant 비어 있는
complete 작성하다 form 양식

기술 16(A), 24(B)
(A) 질문의 주어 you를 she로 받을 수 없으므로 주어 불일치 함정
(B) 질문의 not을 무시하면, 질문의 요지는 비서직에 지원하고 싶은지를 묻는 것이다. 그 자리가 아직 공석이냐고 되묻는 것은 자연스러운 반문이므로 정답
(C) 지원 방법을 묻는 How 의문문에 어울리는 답변이므로 오답

16 AU - US

Why don't we take a break for a while?

(A) Not for another hour.

(B) Yes, it's still out of order.

(C) While you are there.

우리 잠깐 쉬는 게 어때요?

(A) 앞으로 한 시간 동안은 안 돼요.

(B) 네, 그건 여전히 고장이에요.

(C) 당신이 거기 있는 동안에요.

어휘
take a break 쉬다 for a while 잠시 out of order 고장 난

기술 23(A), 28(C)
(A) 앞으로 한 시간 동안은 휴식을 취할 수 없다는 의미로 제안에 거절한 적절한 답변이므로 정답
(B) break를 '고장 나다'라는 뜻으로 잘못 이해할 경우, 의미상 out of order를 연상할 수 있는 함정
(C) while 반복 사용 함정

17 US - BR

Shouldn't we order more office supplies?

(A) No later than tomorrow.

(B) I'll handle it right away.

(C) It's out of stock.

사무용품을 더 주문해야 되지 않나요?

(A) 늦어도 내일까지요.

(B) 제가 당장 처리할게요.

(C) 그건 재고가 없어요.

어휘
order 주문하다 office supplies 사무용품
no later than 늦어도 ~까지 handle 처리하다
right away 즉시 out of stock 재고가 없는

기술 24(B), 16(C)
(A) When 의문문에 어울리는 답변이므로 오답
(B) 바로 주문하겠다는 의미로 제안에 대해 수락한 정답
(C) 복수 명사 office supplies를 단수 주어 it으로 받을 수 없으므로 주어 불일치 함정

18 AU - US

Weren't you supposed to lead the discussion at the seminar?

(A) Yes, I read it in the newspaper.

(B) No, on the third floor.

(C) It was canceled.

세미나에서 당신이 토론을 이끌기로 되어 있지 않았나요?

(A) 네, 신문에서 읽었어요.

(B) 아뇨, 3층에서요.

(C) 취소되었어요.

어휘
lead 이끌다 discussion 토론 cancel 취소하다

기술 15(A), 24(C)
(A) lead-read 유사 발음 함정
(B) 장소를 묻는 질문에 어울리는 답변이므로 오답
(C) 세미나가 취소되어서 토론을 이끌지 못 했다는 의미로 자연스러운 정답

19 US - AU

Why did you call the theater this morning?

(A) To book a ticket.

(B) It sounds great.

(C) He didn't answer the phone.

오늘 아침에 왜 극장에 전화했어요?

(A) 표를 예약하기 위해서요.

(B) 좋아요.

(C) 그는 전화를 안 받았어요.

어휘
book 예약하다 answer the phone 전화 받다

기술 23(A), 29(B), 16(C)
(A) 목적을 나타내는 to부정사로 Why 의문문에 잘 어울리는 정답
(B) Why did를 권유문인 Why don't로 잘못 들을 경우 빠질 수 있는 함정
(C) 주어 He가 받을 만한 3자가 질문에 언급되지 않았으므로 주어 불일치 함정

20 US - US

Why is the community center closed today?

(A) No, it was canceled.

(B) Because it is close to my office.

(C) It's being renovated.

오늘 지역 센터가 왜 문을 닫았죠?

(A) 아뇨, 그건 취소되었어요.

(B) 제 사무실과 가까워서요.

(C) 보수공사 중이라서요.

어휘
close 가까운 renovate 개조하다, 보수하다

기술 14(A), 15(B), 23(C)
(A) 의문사 의문문은 Yes/No로 답변할 수 없으므로 오답
(B) closed-close 유사 발음 함정
(C) 보수공사로 인해 문을 닫았다는 자연스러운 응대로 정답

⚙️ **Practice**

> **정답 1.** (C) **2.** (C) **3.** (C) **4.** (B) **5.** (A) **6.** (C)

1 US – AU

Would you prefer to go to the airport by train or bus?
(A) During the training.
(B) At the subway station.
(C) Either would be fine.

기차 혹은 버스 중에 어떤 것으로 공항에 가는 것을 선호하세요?
(A) 훈련 동안에요.
(B) 지하철역에서요.
(C) 어느 쪽이나 괜찮아요.

어휘
prefer 선호하다 subway station 지하철역

해설
(A) train-training 유사 발음 함정
(B) 장소를 묻는 Where 의문문에 어울리는 답변이므로 오답
(C) or를 사용한 선택 의문문에 대해 어느 쪽이나 괜찮다고 답하는 정답이다. 이처럼 선택 의문문에서 '어느 것이나 괜찮다'는 내용이 들리면 답이 될 가능성이 높다.

2 BR – US

Do you want to eat inside or out on the patio?
(A) It looks so delicious.
(B) No, it's on the table.
(C) Whichever you prefer.

안에서 식사하시겠어요, 아니면 야외 테라스에서 하시겠어요?
(A) 너무 맛있어 보여요.
(B) 아뇨, 탁자 위에 있어요.
(C) 당신이 선호하는 어떤 것이든 좋아요.

어휘
patio 야외 테라스 delicious 맛있는
whichever 어떤 것이든 prefer 선호하다

해설
(A) 질문에서 eat을 듣고 의미상 delicious를 연상하게 한 함정
(B) on the 반복 사용 함정이며 질문의 주어 you를 it으로 잘못 받은 주어 불일치 함정
(C) 선택 후보인 안과 밖 중 하나를 고른 것이 아니라, 상대방이 좋은 것이면 어떤 것이라도 좋다는 의미의 정답

3 AU – BR

Should I order a new laptop this week or next?
(A) To improve the efficiency.
(B) It's still out of order.
(C) I'll leave it up you.

제가 새 노트북을 이번 주에 주문해야 할까요, 아니면 다음 주에 해야 할까요?
(A) 효율성을 향상시키기 위해서요.
(B) 그건 여전히 고장입니다.
(C) 당신에게 선택을 맡길게요.

어휘
improve 향상시키다 efficiency 효율성 out of order 고장 난

해설
(A) 목적을 나타내는 to부정사는 Why 의문문에 어울리는 답이므로 오답
(B) order 반복 사용 함정
(C) or가 사용된 선택 의문문으로, 새 노트북을 이번 주에 주문해야 할지, 다음 주에 해야 할지 묻는 질문에 대해 당신에게 결정을 맡긴다고 말한 정답

4 US – US

Will the conference begin on Monday or Tuesday?
(A) No, I can't attend it.
(B) Neither, it starts on Friday.
(C) It will be held in Royal Hotel.

회의가 월요일에 시작되나요? 화요일에 시작되나요?
(A) 아뇨, 저는 참석 못합니다.
(B) 둘 다 아니고, 금요일에 시작해요.
(C) Royal Hotel에서 열립니다.

어휘
conference 회의 attend 참석하다 neither 둘 다 아닌
be held 개최되다

해설
(A) 질문의 주어 conference와 보기의 주어 I는 주어 불일치 함정이며, 선택 의문문은 Yes/No로 답할 수 없으므로 오답
(B) 월요일과 화요일 중 언제 회의가 열리냐는 선택 의문문에 대해 만능 답인 Neither(둘 다 아니다)라고 답한 정답
(C) 개최 장소를 묻는 Where 의문문에 어울리는 답변이므로 오답

5 US – BR

Would you like a window seat or an aisle seat?
(A) I have no preference.
(B) I'll put it by the window.
(C) Yes, it looks comfortable.

창가 쪽 좌석과 통로 쪽 좌석 중 어디를 원하세요?
(A) 어디든 상관없어요.
(B) 창가 옆에 그것을 둘게요.
(C) 네, 편해 보이네요.

어휘
preference 선호 seat 좌석 aisle 통로 comfortable 편한

해설
(A) 창가 쪽 좌석과 통로 쪽 좌성 중 선호를 묻는 질문에 둘 중 어디든 상관없다고 말한 정답
(B) aisle-I'll 유사 발음 함정이며 물건을 둘 장소를 묻는 Where 의문문에 어울리는 답변이므로 오답
(C) 주어 it이 어떤 좌석을 의미하는지 알 수 없으므로, 내용상 오답이며, 선택 의문문은 Yes/No로 답할 수 없으므로 오답

6 US – US

Will you revise the contract or ask Susan to do it?
(A) I tried to contact you.
(B) Sign here, please.
(C) I haven't decided it yet.

계약서를 당신이 수정하실 건가요, 아니면 Susan에게 하라고 요청하실 건가요?
(A) 당신에게 연락을 하려고 했었어요.

(B) 여기 서명해 주세요.

(C) 아직 결정하지 않았어요.

어휘

revise 수정하다 contract 계약서 contact 연락하다
sign 서명하다 decide 결정하다

해설

(A) contract-contact 유사 발음 함정

(B) 질문에서 contract를 듣고 의미상 sign을 연상하게 한 함정

(C) 계약서를 누가 수정할 것인지 묻는 질문에 아직 결정하지 않았다고 말한 정답

기술 26 | 시간 접속사도 When 의문문의 단골 정답이다!

⚙ **Practice**

정답 1. (B) **2.** (C) **3.** (C) **4.** (C) **5.** (C) **6.** (B)

1 AU - US

When should we send this package?

(A) By e-mail.

(B) Before noon.

(C) At the post office.

우리가 언제 이 소포를 보내야 하죠?

(A) 이메일로요.

(B) 정오 전에요.

(C) 우체국에서요.

어휘

package 소포 post office 우체국

해설

(A) 방법을 묻는 How 의문문에 어울리는 답변이므로 오답

(B) 소포 보낼 시기에 대한 질문에 시간 전치사인 Before로 답한 정답

(C) 장소 표현으로 Where 의문문에 어울리는 답변이므로 오답

2 US - US

When will my prescription be ready?

(A) At the pharmacy.

(B) That's right.

(C) After our pharmacist comes back.

언제 제 처방전이 준비되나요?

(A) 약국에서요.

(B) 맞습니다.

(C) 저희 약사님이 돌아오신 후에요.

어휘

prescription 처방전 get ready 준비가 되다 pharmacy 약국
pharmacist 약사

해설

(A) 장소를 묻는 Where 의문문에 어울리는 답변이므로 오답

(B) That's right은 yes 상당어구로 의문사 의문문과는 어울리지 않는 오답

(C) When 의문문에 시간 접속사 after로 답변한 정답

3 US - BR

When did you attend the seminar?

(A) It was very informative.

(B) Until the end of the month.

(C) While you were on vacation.

언제 세미나에 참석하셨어요?

(A) 매우 유익했어요.

(B) 이달 말까지요.

(C) 당신이 휴가 중이었을 때요.

어휘

attend 참석하다 seminar 세미나 informative 유익한
on vacation 휴가 중인

해설

(A) 세미나가 어땠는지 의견을 묻는 How 의문문에 어울리는 답변이므로 오답

(B) 기간을 묻는 How long 의문문에 어울리는 답변이므로 오답

(C) 세미나 참석 시기를 묻는 질문에 시간 접속사 While을 이용해서 상대방이 휴가 갔었을 때라고 말한 정답

4 US - AU

When should I call the vice president back?

(A) Thank you for the present.

(B) He was promoted last month.

(C) As soon as you can.

언제 부사장님께 다시 전화를 드려야 하죠?

(A) 선물 고마워요.

(B) 그는 지난달에 승진했어요.

(C) 가능한 한 빨리요.

어휘

vice president 부사장 promote 승진시키다
as soon as 가능한 한 빨리

해설

(A) president-present 유사 발음 함정

(B) 승진 시점을 묻는 When 의문문에 어울리는 답변이므로 오답

(C) As soon as는 시간을 나타내는 대표 표현으로 When에 대한 단골 정답

5 BR - AU

When did you buy the train ticket?

(A) I used the Website.

(B) A round-trip ticket, please.

(C) When I went to the station.

언제 기차표를 사셨어요?

(A) 저는 웹사이트를 이용했어요.

(B) 왕복표 주세요.

(C) 제가 역에 갔었을 때요.

어휘

round trip ticket 왕복표 station 역

해설

(A) 표를 구매한 장소나 방법을 묻는 Where 혹은 How 의문문에 어울리는 답변이므로 오답

(B) ticket 반복 사용 함정

(C) 시간 접속사 When은 '~할 때'라는 뜻으로 When 의문문의 단골 정답. 본인이 역에 갔었을 때 기차표를 구매했다는 의미이다.

6 US - US

When will Mr. Smith leave for LA?

(A) No, I was born in Boston.

(B) As soon as he turns in the proposal.
(C) By plane.

Smith 씨가 언제 LA로 떠나나요?
(A) 아뇨, 저는 Boston에서 태어났어요.
(B) 그가 제안서를 제출하자마자요.
(C) 비행기로요.

어휘

be born 태어나다 as soon as ~하자마자
turn in 제출하다 proposal 제안서

해설

(A) 의문사 의문문은 Yes/No로 답할 수 없으므로 오답
(B) as soon as는 '~하자마자'라는 의미의 시간 접속사로, When
에 대한 답이 될 수 있으므로 정답
(C) 교통 수단을 물어보는 How 의문문에 어울리는 답변이므로
오답

기술 27 | 부가 의문문의 꼬리 부분은 무시하라!

⚙️ **Practice**

정답 **1.** (C) **2.** (A) **3.** (A) **4.** (B) **5.** (A) **6.** (A)

1 US – US

Mr. Brown picked up his luggage today, didn't he?
(A) Sure, I can pick you up at the airport.
(B) I don't think I can make it.
(C) Why don't you ask Jim?

Brown 씨가 오늘 그의 짐을 찾아갔죠, 그렇지 않나요?
(A) 물론이죠. 제가 공항에서 당신을 픽업할 수 있어요.
(B) 저는 못 할 것 같아요.
(C) Jim에게 물어보는 게 어때요?

어휘

pick up 찾아가다, 데리러 오다 luggage 짐 make it 해내다

해설

(A) pick up 반복 사용 함정
(B) 질문의 주어 Mr. Brown을 1인칭 주어 I로 잘못 받은 주어 불일
치 함정
(C) 부가 의문문으로 Mr. Brown이 짐을 찾아갔는지 확인하는 질
문에 대해 자기는 잘 모르니 Jim에게 물어보라고 말하는 정답

2 AU – US

You haven't called Jenny, have you?
(A) Yes, I talked to her this morning.
(B) He called in sick.
(C) So do I.

Jenny한테 전화하지 않으셨죠, 그렇죠?
(A) 네, 오늘 아침에 그녀에게 전화했어요.
(B) 그는 전화로 병가를 신청했어요.
(C) 저도 그래요.

어휘

call in sick 전화로 병가를 내다

해설

(A) 부가 의문문은 별 뜻이 없으므로 버리고 you, called, Jenny
만 듣고 의미 파악을 할 수 있다. Jenny에게 전화했냐는 질문

에 오늘 아침에 그녀와 통화했다고 말한 정답
(B) called 반복 사용 함정
(C) 질문에 등장하는 조동사 have를 do동사로 받을 수 없으므로
오답

3 BR – AU

It's getting stuffy here, right?
(A) Why don't we open the windows?
(B) Yes, we're understaffed.
(C) I think I got better.

여기 점점 답답해지죠, 그렇죠?
(A) 창문들을 좀 여는 게 어때요?
(B) 네, 우리는 일손이 부족해요.
(C) 저는 회복한 것 같아요.

어휘

stuffy 답답한, 환기가 안 되는 understaffed 일손이 부족한
get better 나아지다, 회복하다

해설

(A) 여기가 답답하지 않냐는 질문에 창문을 열자고 적절히 제안한
정답
(B) stuffy-understaffed 유사 발음 함정
(C) getting-got 동일 단어 파생어 사용 함정

4 BR – US

John's lecture was informative, wasn't it?
(A) I won't miss it.
(B) Actually, it was a little boring.
(C) I met him in person.

John의 강의가 유익했죠, 그렇지 않나요?
(A) 안 놓칠 겁니다.
(B) 사실은 조금 지루했어요.
(C) 저는 그를 직접 만났어요.

어휘

lecture 강의 informative 유익한 miss 놓치다 actually 사실은
a little 약간 boring 지겨운

해설

(A) 과거 시제로 묻는 질문에 미래 시제로 답한 시제 불일치 오답
(B) John의 강의가 유익했었냐고 묻는 부가 의문문에 대해 사실
은 조금 지겨웠다고 의견을 제시한 정답
(C) 질문과 전혀 관련 없는 답변을 한 오답

5 AU – BR

The president has finished reviewing my report, hasn't
he?
(A) I don't think so.
(B) Yes, the reporter interviewed him this morning.
(C) Sorry, I'm still working on the presentation materials.

사장님이 제 보고서를 검토하시는 걸 마치셨죠, 그렇지 않나요?
(A) 그렇지 않아요.
(B) 네, 기자가 오늘 아침에 그를 인터뷰했어요.
(C) 미안해요. 저는 여전히 발표 자료 작업을 하고 있어요.

어휘

president 사장 review 검토하다 reporter 기자
interview 인터뷰하다 work on 작업하다 material 자료

해설

(A) I don't think so는 No의 뜻을 가지는 표현으로 아직 사장님이 보고서 검토를 하지 않았다는 의미로 정답

(B) report-reporter 유사 발음 함정

(C) president-presentation 유사 발음 함정

6 US - US

There is no print shop near here, isn't there?

(A) There used to be one on Washington Street.

(B) The price has nearly doubled.

(C) No, I won't be able to attend the workshop.

여기 근처에 인쇄소가 없죠, 그렇지 않나요?

(A) Washington Street에 하나 있었어요.

(B) 가격이 거의 두 배로 올랐어요.

(C) 아뇨. 저는 워크숍에 못 갈 것 같아요.

어휘

print shop 인쇄소 near 근처의 used to (과거에) ~했다

nearly 거의 double 두 배가 되다 be able to ~할 수 있다

attend 참가하다

해설

(A) 인쇄소가 근처에 없는지 확인하는 부가 의문문에, 이전에 Washington Street에 하나 있었다고 말하는 정답이며 지금은 근처에 없다는 의미이다.

(B) near-nearly 유사 발음 함정

(C) shop-workshop 유사 발음 함정

> **기술 28 |** 서로 다른 뜻으로 사용된 동일 단어는 오답이다!

⚙️ Practice

정답 1. (B) **2.** (B) **3.** (A) **4.** (A) **5.** (B) **6.** (C)

1 US - US

Can you make it to the meeting today?

(A) He has just finished making copies.

(B) Yes, I'll be there.

(C) It was held in the conference room.

오늘 회의에 참석 가능하세요?

(A) 그가 막 복사하는 것을 마쳤어요.

(B) 네, 거기 있을 겁니다.

(C) 회의실에서 열렸어요.

어휘

make it 참석하다, 시간에 맞게 도착하다

be held 개최되다 conference room 회의실

해설

(A) 질문의 주어 you를 3인칭 주어 He로 받을 수 없으므로 주어 불일치 오답이며 make-making 동일 단어 반복 사용 함정

(B) 오늘 회의에 참가 가능한지 묻는 질문에 거기에 가 있겠다고 말한 정답

(C) 장소를 묻는 Where 의문문에 적절한 답변이므로 오답

2 AU - US

Do you know how to get to the stadium?

(A) I like all kinds of sports.

(B) Sure, I live around there.

(C) It's getting cold outside.

경기장에 가는 방법을 아시나요?

(A) 저는 모든 종류의 스포츠를 좋아해요.

(B) 물론이죠. 제가 거기 근처에 살아해요.

(C) 밖이 점점 추워지네요.

어휘

get to ~에 도착하다 stadium 경기장 all kinds of 모든 종류의

get cold 추워지다

해설

(A) 질문에서 stadium(경기장)을 듣고 의미상 sports를 연상하게 한 함정

(B) 경기장에 가는 방법을 아는지 묻는 질문에 자기가 거기 근처에 살아서 잘 알고 있다고 긍정한 정답

(C) get-getting 동일 단어 반복 사용 함정

3 US - BR

Why didn't you drive to work?

(A) My car broke down.

(B) Sounds good.

(C) The photocopier doesn't work properly.

왜 회사까지 차를 타고 오지 않으셨나요?

(A) 제 차가 고장 났어요.

(B) 좋아요.

(C) 복사기가 제대로 작동이 되지 않아요.

어휘

break down 고장 나다 photocopier 복사기 properly 제대로

해설

(A) 차를 회사에 끌고 오지 않은 이유를 묻는 질문에 차가 고장 나서라고 적절하게 응대한 정답

(B) Why don't 제안문으로 잘못 들었을 경우 빠질 수 있는 함정

(C) work 동일 단어 반복 사용 함정(직장 vs 작동하다)

4 US - US

Can we take a break now?

(A) Let's have a rest in 10 minutes.

(B) Oh, It's broken again.

(C) Now and then.

지금 좀 쉴까요?

(A) 10분 뒤에 쉽시다.

(B) 오, 또 고장 났어요.

(C) 때때로요.

어휘

take a break 쉬다 have a rest 쉬다 broken 부서진

now and then 때때로

해설

(A) 지금 좀 쉬자는 제안에 앞으로 10분 뒤에 쉬자고 답한 정답이며 휴식을 뜻하는 break가 rest로 바뀌어 표현된 것이 포인트이다.

(B) break-broken 동일 단어 반복 사용 함정

(C) now 동일 단어 반복 사용 함정

5 US - AU

Where are you going, Sam?

(A) It is going to rain soon.

(B) To the train station.

(C) By bus.

어디 가세요, Sam?
(A) 곧 비가 올 겁니다.
(B) 기차역에요.
(C) 버스로요.

어휘

be going to ~할 것이다 train station 기차역 by bus 버스로

해설

(A) going 동일 단어 반복 사용 함정
(B) Sam에게 어디 가는지 목적지를 묻는 질문에 기차역이라고 말한 정답
(C) 교통 수단을 묻는 How 의문문에 적절한 답변이므로 오답

6 BR - AU

Why don't you place an order now?
(A) No, it's still out of order.
(B) Because I misplaced it.
(C) Sure, I will.

지금 주문하는 게 어때요?
(A) 아뇨, 그건 여전히 고장입니다.
(B) 제가 그것을 잘못 두었기 때문입니다.
(C) 물론이죠. 그럴게요.

어휘

place an order 주문하다 still 여전히 out of order 고장인
misplace 잘못 두다

해설

(A) order 동일 단어 반복 사용 함정
(B) place-misplace 유사 발음 함정이며 Why don't를 이유를 묻는 의문사로 잘못 해석할 경우 빠질 수 있는 함정
(C) Why don't 제안문으로 주문을 지금 하라는 말에 그렇게 하겠다고 승낙한 정답

DAY 07 TEST

정답	1. (A)	2. (A)	3. (B)	4. (B)	5. (A)
	6. (B)	7. (A)	8. (B)	9. (C)	10. (C)
	11. (C)	12. (A)	13. (B)	14. (C)	15. (B)
	16. (A)	17. (B)	18. (A)	19. (A)	20. (A)

1 US - US

Would you like to join us for dinner?
(A) I'd love to, but I can't.
(B) It was so delicious.
(C) No, it's not like that.

우리랑 저녁 식사 함께 할래요?
(A) 그러고 싶지만, 안 돼요.
(B) 그건 아주 맛있었어요.
(C) 아뇨, 그건 그렇지 않아요.

어휘

delicious 맛있는 like ~와 같은

기술 29(A), 28(C)

(A) 저녁 식사를 같이 하자는 권유문에 대해 안 된다고 정중하게 거절한 정답
(B) dinner를 듣고 의미상 delicious를 연상하게 한 함정이며, 미

래의 일에 대해 묻는 질문에 대해 과거 시제로 답한 시제 불일치 오답
(C) like 동일 단어 반복 사용 함정

2 US - BR

Would you like to sit indoors or outdoors?
(A) I don't care.
(B) Let me set it up right here.
(C) Okay, if you'd like.

실내에 앉으실래요, 아니면 밖에 앉으실래요?
(A) 저는 상관없어요.
(B) 바로 여기 설치할게요.
(C) 당신이 좋다면 괜찮아요.

어휘

indoors 실내에 outdoors 야외에 set up 설치하다
right here 바로 여기에

기술 25(A), 15(B)

(A) I don't care는 실내든 실외든 상관없다는 의미의 선택 의문문 만능 답변이므로 정답
(B) sit-set 유사 발음 함정
(C) 선택 의문문은 Yes/No로 답할 수 없으므로 yes 상당어구에 해당하는 Okay도 오답

3 US - US

You still work in sales, don't you?
(A) Right, I used to work with her.
(B) Actually, I retired last month.
(C) Yes, it's still on sale.

여전히 영업부에서 일하시죠, 그렇지 않나요?
(A) 맞아요, 그녀와 같이 일했었죠.
(B) 사실은 저는 지난달에 은퇴했어요.
(C) 네, 그것은 여전히 할인 중이에요.

어휘

used to (과거에) ~했었다 actually 사실은 retire 은퇴하다
on sale 할인[판매] 중인

기술 27(B), 28(C)

(A) work 반복 사용 함정이며, her가 받을 수 있는 3자가 질문에 언급되지 않았으므로 오답
(B) 지난달에 은퇴했다는 것은 이제는 영업부에서 일을 하지 않는다는 의미로 질문에 적절한 답변
(C) sales-sale과 still 반복 사용 함정

4 AU - US

Could we meet today or tomorrow?
(A) Yes, it's mandatory.
(B) Whenever you're free.
(C) In the café.

우리 오늘 만날까요, 아니면 내일 만날까요?
(A) 네, 그건 의무적이에요.
(B) 당신이 시간 날 때 언제든지요.
(C) 카페에서요.

어휘

mandatory 의무적인 whenever 언제든지
free 시간이 되는

(A) 선택 의문문은 Yes/No로 답할 수 없으며 질문의 주어 we를 it 으로 받은 주어 불일치 함정
(B) 언제든 상대방이 시간이 날 때에 만나겠다는 의미로 정답
(C) 장소를 묻는 Where 의문문에 어울리는 답변이므로 오답

5 BR - US

You don't have to use this projector now, do you?
(A) No, go ahead.
(B) The sales projections aren't ready yet.
(C) They are on my desk.

지금 이 영사기를 쓸 필요가 없으시죠, 그렇죠?
(A) 네, 쓰세요.
(B) 매출 예상치가 아직 준비되지 않았어요.
(C) 그것들은 제 책상 위에 있어요.

어휘
projector 영사기 go ahead 그렇게 하세요
projection 예상치

기술 27(A), 15(B), 16(C)
(A) 자신은 지금 영사기가 필요가 없으니 사용하라는 의미로 정답
(B) projector-projection 유사 발음 함정
(C) 단수인 this projector를 복수 대명사 they로 받을 수 없으므로 주어 불일치 함정

6 AU - BR

When did you compile the latest sales figures?
(A) I haven't contacted him lately.
(B) When I was on leave.
(C) It wasn't accurate.

언제 최신 매출 수치들을 취합하셨나요?
(A) 최근에 그에게 연락하지 않았어요.
(B) 제가 휴가 중일 때요.
(C) 그것은 정확하지 않았어요.

어휘
compile 취합하다 latest 최신의 sales figures 매출 수치
contact 연락하다 lately 최근에 on leave 휴가 중인
accurate 정확한

기술 15(A), 26(B), 16(C)
(A) him을 받을 만한 3자가 질문에 나오지 않으므로 오답. latest-lately 유사 발음 함정
(B) 휴가 중에 수치들을 취합했다는 말로, 시간 접속사 When은 When 의문문의 단골 정답
(C) 질문의 복수 명사 figures를 단수 대명사 it으로 받을 수 없으므로 주어 불일치 함정

7 BR - US

The play will start at 3 p.m.
(A) We should leave now.
(B) At the theater.
(C) She will play the piano.

연극은 오후 3시에 시작해요.
(A) 우리는 지금 출발해야 해요.
(B) 극장에서요.
(C) 그녀는 피아노를 연주할 거예요.

어휘
play 연극; 연주하다 leave 출발하다, 떠나다 theater 극장

기술 28(C)
(A) 연극이 3시에 시작하니 지금 출발하자는 의미로 자연스러운 정답
(B) play를 듣고 의미상 theater를 연상하게 한 함정
(C) play 반복 사용 함정

8 US - AU

Will you make a payment now or later?
(A) The cash register is over there.
(B) I haven't decided it yet.
(C) More than 100 dollars.

지금 지불하시겠어요, 아니면 나중에 지불하시겠어요?
(A) 계산대는 저기 있어요.
(B) 아직 결정을 못했어요.
(C) 100달러 이상이요.

어휘
make a payment 지불하다 cash register 계산대
decide 결정하다

기술 25(B)
(A) payment를 듣고 의미상 cash register를 연상하게 한 함정
(B) 아직 결정하지 못했다는 것은 선택 의문문에 대한 만능 답변
(C) payment를 듣고 100 dollars라는 금액을 연상하게 한 함정

9 BR - AU

Are the delegates visiting our manufacturing plant this morning or this afternoon?
(A) I heard he will be here today.
(B) They will inspect our new assembly line.
(C) Neither, they will get here tomorrow.

대표자들이 우리 공장에 오늘 아침에 오시나요, 아니면 오늘 오후에 오시나요?
(A) 제가 듣기로는 그는 오늘 여기에 올 겁니다.
(B) 그들이 우리의 새로운 조립 라인을 점검할 겁니다.
(C) 둘 다 아닙니다. 그들은 여기에 내일 도착할 거예요.

어휘
delegate 대표 manufacturing plant 제조 공장
inspect 점검하다 assembly line 조립 라인

기술 16(A), 25(C)
(A) 질문의 복수 주어 delegates를 단수 주어 he로 받을 수 없으므로 주어 불일치 함정
(B) 질문에서 plant를 듣고 의미상 assembly line을 연상하게 한 함정
(C) 둘 다 아니라는 의미의 neither는 선택 의문문의 단골 정답

10 US - BR

Would you rather go to the conference by train or bus?
(A) He prefers to fly.
(B) At the convention center.
(C) Either will be fine.

회의에 기차와 버스 중에 어떤 것을 타고 가실래요?
(A) 그는 비행기 타는 것을 선호해요.
(B) 컨벤션 센터에서요.
(C) 둘 중 아무거나 좋아요.

conference 회의(= convention) prefer 선호하다
fly 비행기를 타다 either 둘 중 하나

기술 16(A), 25(C)

(A) 질문의 2인칭 주어 you를 3인칭 주어 He로 받은 주어 불일치 함정
(B) 장소를 묻는 Where 의문문에 어울리는 답변이므로 오답
(C) 둘 중 어느 것이든 좋다는 의미로 선택 의문문에 대한 자연스러운 정답

11 US - US

Do you want to meet me at the parking lot or in the lobby?
(A) No, I'll take a cab instead.
(B) Isn't it more convenient?
(C) I'll leave it up to you.

저와 주차장에서 만나실래요, 아니면 로비에서 만나실래요?
(A) 아뇨, 저는 대신 택시 탈래요.
(B) 그게 더 편하지 않나요?
(C) 당신에게 결정을 맡길게요.

어휘

parking lot 주차장 cab 택시 instead 대신에
convenient 편리한

기술 25(C)

(A) 선택 의문문은 Yes/No로 답할 수 없으며, cab은 만날 장소가 아니라 교통 수단에 해당하므로 내용상 적절하지 않은 오답
(B) it이 무엇을 가리키는 것인지 알 수 없으므로 오답
(C) 둘 중 아무거나 상관없으니 알아서 정하라는 의미로 정답

12 AU - US

When will the personnel manager give a presentation?
(A) As soon as he returns to his office.
(B) Sure, I'll give you a hand.
(C) In meeting room A.

인사부장님이 언제 발표를 하실 건가요?
(A) 그가 사무실에 돌아오자마자요.
(B) 물론이죠. 제가 도와 드릴게요.
(C) A회의실에서요.

어휘

personnel manager 인사부장 presentation 발표
as soon as ~하자마자 return 돌아오다
give ~ a hand ~를 도와주다

기술 26(A), 14(B), 17(C)

(A) '~하자마자'라는 의미의 시간 접속사 as soon as는 When 의문문의 단골 정답
(B) give 반복 사용 함정으로, 의문사 의문문은 yes의 의미를 가지는 sure로 답변할 수 없으므로 오답
(C) 장소를 묻는 Where 의문문에 어울리는 답변이므로 오답

13 US - BR

Would you like me to submit my résumé by e-mail or fax?
(A) Sure, I can fix it in a few minutes.
(B) It doesn't matter.
(C) It's highly impressive.

제가 이력서를 이메일로 보낼까요, 아니면 팩스로 보낼까요?

(A) 물론이죠. 잠시 뒤에 고쳐드릴 수 있어요.
(B) 그건 중요하지 않아요.
(C) 그건 매우 인상적이에요.

어휘

submit 제출하다 résumé 이력서 fix 고치다 matter 중요하다
highly 매우 impressive 인상적인

기술 15(A), 25(B)

(A) fax-fix 유사 발음 함정
(B) 어떤 방법으로 보내든 중요하지 않다, 즉 상관없다는 의미로 정답
(C) 의견을 묻는 How 의문문에 어울리는 답변이므로 오답

14 US - US

Who is in charge of the marketing campaign for Dream Tours?
(A) It was charged twice.
(B) To promote their special deals.
(C) As far as I know, Juan is.

Dream Tours의 마케팅 캠페인 책임자가 누구죠?
(A) 그건 두 번 청구되었어요.
(B) 특별 혜택을 홍보하기 위해서요.
(C) 제가 알기로는 Juan이에요.

어휘

be in charge of ~를 책임지다 charge 청구하다
promote 홍보하다 special deal 특별 혜택
as far as I know 내가 알기로는

기술 28(A), 13(B), 30(C)

(A) charge 반복 사용 함정
(B) 이유를 묻는 Why 의문문에 어울리는 답변이므로 오답
(C) Who 의문문에 사람 이름인 Juan으로 적절하게 답변한 정답

15 BR - US

When will the brochures get ready to be picked up?
(A) I'll pick you up around 2 p.m.
(B) After our manager approves them.
(C) Yes, it looks well-organized.

안내책자들이 언제 가져갈 준비가 되나요?
(A) 대략 오후 2시에 당신을 태우러 갈게요.
(B) 우리 매니저가 승인한 후에요.
(C) 네, 정돈이 잘 되어 보이네요.

어휘

brochure 안내책자 pick up 찾아가다, 차에 태우다
approve 승인하다 well-organized 잘 정돈된

기술 28(A), 26(B), 14(C)

(A) pick up 반복 사용 함정
(B) 시간 접속사 After는 When 의문문의 단골 정답이며 매니저가 승인한 후에 수령할 수 있다는 자연스러운 답변
(C) 의문사 의문문은 Yes/No로 답할 수 없으며, 복수 주어 brochures를 단수 대명사 it으로 받을 수 없으므로 주어 불일치 함정

16 BR - AU

What kind of magazine do you want to subscribe to?
(A) The one Sally recommended.
(B) To my office.
(C) Thank you. You're so kind.

어떤 종류의 잡지를 정기 구독하고 싶으세요?
(A) Sally가 추천한 것이요.
(B) 제 사무실로요.
(C) 고마워요. 정말 친절하시네요.

어휘
kind 친절한; 종류 subscribe to ~을 정기 구독하다
recommend 추천하다

기술 32(A), 13(B), 28(C)
(A) magazine을 대명사 one으로 자연스럽게 바꾸어 제시한 정답
(B) 장소를 묻는 Where 의문문에 어울리는 답변이므로 오답
(C) kind 반복 사용 함정

17 US – AU
Jane won't be able to attend the reception, will she?
(A) No, I haven't received it.
(B) I don't think she will.
(C) In the cafeteria.

Jane은 환영회에 참석 못하죠, 그렇죠?
(A) 아뇨, 저는 아직 못 받았어요.
(B) 그녀는 참석하지 못할 것 같아요.
(C) 구내 식당에서요.

어휘
reception 환영회 receive 받다 cafeteria 구내 식당

기술 15(A), 27(B)
(A) reception-receive 유사 발음 함정
(B) Jane이 참석하지 못할 것 같다는 의미로 상대방의 말에 동의하는 자연스러운 정답
(C) 장소를 묻는 Where 의문문에 어울리는 답변이므로 오답

18 AU – BR
Should we contact the sales director now or wait until she comes back?
(A) Either would be OK.
(B) I won't be back until Monday.
(C) Let's ask for directions.

영업 이사님께 지금 연락할까요, 아니면 그녀가 돌아올 때까지 기다릴까요?
(A) 어느 쪽이든 괜찮을 것 같아요.
(B) 저는 월요일에나 돌아올 거예요.
(C) 길을 물어 봅시다.

어휘
contact 연락하다 director 이사 ask for directions 길을 묻다

기술 25(A), 16(B), 15(C)
(A) 둘 중 어느 때라도 괜찮다는 의미로 정답. Either는 선택 의문문의 단골 정답
(B) back 반복 사용 함정으로, 질문의 she를 I로 받은 주어 불일치 함정
(C) director-directions 유사 발음 함정

19 US – US
May I leave a message for Mr. Baker?
(A) Sure, here's the pen.
(B) He just left his office.
(C) It was too long.

Baker 씨에게 메시지를 남겨도 될까요?
(A) 물론이죠. 여기 펜이요.
(B) 그는 막 사무실을 떠났어요.
(C) 그건 너무 길었어요.

어휘
leave a message 메시지를 남기다

기술 21(A), 28(B)
(A) 물론이라고 승낙한 후 펜을 건네며 메시지를 남겨도 된다고 허락하는 의미로 질문에 자연스러운 답
(B) leave-left 반복 사용 함정
(C) message만 듣고 의미상 long을 연상하게 한 함정

20 AU – BR
You were supposed to work overtime last night, weren't you?
(A) Yes, but I had to see a dentist.
(B) I suppose he will be available tonight.
(C) No, it's within our budget.

어젯밤에 야근하시기로 했었죠, 그렇지 않나요?
(A) 네, 하지만 치과에 갔어야 했어요.
(B) 그는 오늘 밤에 시간이 될 것 같아요.
(C) 아뇨, 우리의 예산 범위 내에 있어요.

어휘
be supposed to ~하기로 되어 있다
work overtime 야근하다 dentist 치과 의사 suppose 생각하다
available 시간이 있는 within ~이내의 budget 예산

기술 32(A), 28(B), 16(C)
(A) 치과에 가느라 야근을 못했다는 의미로 정답
(B) suppose 반복 사용 함정이며, 질문의 주어 you를 he로 받은 주어 불일치 오답
(C) 주어 it이 가리키는 대상이 질문에 제시되지 않았으므로 주어 불일치 오답

DAY 08
기술 29 | 청유문은 승낙이나 거절의 답변이 정답이다!

⚙️ **Practice**

정답 1. (C) **2.** (B) **3.** (B) **4.** (B) **5.** (A) **6.** (C)

1 AU – US
Let's take a walk after lunch.
(A) It seems like it doesn't work well.
(B) No, it won't be launched until tomorrow.
(C) That's a good idea.

점심 먹고 좀 걷죠.
(A) 그건 작동이 잘 안 되는 것 같아요.
(B) 아뇨, 그건 내일이나 되어야 출시될 거예요.
(C) 그거 좋은 생각이네요.

어휘
take a walk 산책하다 It seems like ~인 것 같다
launch 출시하다

해설
(A) walk-work 유사 발음 함정
(B) lunch-launch 유사 발음 함정
(C) Let's 청유문에 좋은 생각이라고 승낙한 정답. 이처럼 보기 중에 good idea가 나오면 청유문에 대한 정답이 될 가능성이 높다.

2 US - US
Can you fax me a copy of the contract?
(A) Let me call the waiter.
(B) Sure, I'll send it to you right away.
(C) Sorry, he's not in the office.

계약서 사본 좀 팩스로 보내주시겠어요?
(A) 웨이터를 부를게요.
(B) 물론이죠, 지금 바로 보내 드릴게요.
(C) 미안해요, 그는 사무실에 없어요.

어휘
fax 팩스로 보내다 contract 계약서 right away 즉시

해설
(A) copy를 coffee로 잘못 들을 경우 의미상 waiter를 연상하게 한 함정
(B) 계약서 사본을 팩스로 보내 달라는 요청에 Sure로 승낙하고, 바로 보내 주겠다고 답한 정답. fax를 send로 바꾸어 표현한 것이 핵심 포인트이다.
(C) 질문의 주어 you를 3인칭 주어 he로 잘못 받은 주어 불일치 함정

3 US - BR
Why don't you come by my office on your way home?
(A) Because it's closed for a while.
(B) Okay, I'll see you at 5 p.m.
(C) Yes, it's on the way here.

집에 가는 길에 제 사무실에 들러 줄래요?
(A) 그것이 잠시 동안 닫혀 있어서요.
(B) 좋아요. 오후 5시에 뵐게요.
(C) 네, 그것은 여기로 오는 중이에요.

어휘
come by 잠시 들르다 on one's[the] way ~로 가는 도중에
for a while 잠시동안

해설
(A) 이유를 묻는 일반 Why 의문문으로 잘못 이해할 경우 고를 수 있는 오답
(B) Why don't you ~? 제안문으로 집에 가는 길에 사무실에 들러 달라는 제안에, Okay로 승낙하고 5시에 보자고 덧붙인 정답
(C) on one's[the] way 반복 사용 함정이며, 질문의 주어 you를 it으로 받을 수 없으므로 주어 불일치 함정

4 US - AU
How about going on a picnic on Sunday?
(A) No, it's Friday.
(B) I'd love to, but I have another appointment.
(C) Right, it was such a long journey.

일요일에 소풍 가는 게 어때요?
(A) 아뇨, 오늘은 금요일이에요.
(B) 가고 싶지만, 다른 약속이 있어요.
(C) 맞아요, 참 긴 여정이었어요.

어휘
How about ~하는 게 어때? go on a picnic 소풍 가다
appointment 약속 journey 여정

해설
(A) 질문의 Sunday에서 Friday를 연상하게 한 함정
(B) How about ~? 제안문으로 일요일에 소풍 가자는 제안에 그러고 싶지만 다른 약속이 있어서 못 간다고 정중히 거절한 정답
(C) 질문의 picnic에서 journey를 연상하게 한 함정

5 US - US
Shouldn't we conduct a market survey about our new product line?
(A) Sounds good.
(B) You should wait in line.
(C) It will be launched in February.

우리 신제품 라인에 대해 시장 조사를 해야 하지 않을까요?
(A) 좋아요.
(B) 줄을 서서 기다리셔야 해요.
(C) 그건 2월에 출시될 거에요.

어휘
conduct a survey 설문조사를 하다
product line 제품군, 제품 라인 wait in line 줄을 서서 기다리다

해설
(A) Shouldn't we ~?는 제안하는 표현으로, 신제품에 대해 시장 조사를 해보자는 제안에 대해 좋다고 응대한 정답
(B) line 반복 사용 함정
(C) 질문의 new product line에서 launch를 연상하게 한 함정

6 BR - AU
Let's buy two tickets for the concert.
(A) It was exciting.
(B) It's being held in the park.
(C) Actually, I've already purchased them.

콘서트 표 두 장을 사죠.
(A) 그건 흥미로웠어요.
(B) 공원에서 열리고 있어요.
(C) 사실은 제가 이미 구매했어요.

어휘
be held 열리다 actually 사실은 purchase 구매하다

해설
(A) 공연이 어땠는지 물어보는 How 의문문에 어울리는 답
(B) 공연 장소를 물어보는 Where 의문문에 어울리는 답
(C) 콘서트 표를 사자는 제안에, 사실은 이미 표를 구매해 두었다고 말한 정답

> **기술 30 |** be동사나 조동사로 짧게 끝나는 보기가 정답이다!

⚙ Practice

정답 1. (B) **2.** (C) **3.** (A) **4.** (A) **5.** (B) **6.** (A)

1 US – US

Has the guest shown up yet?
(A) I don't have it.
(B) No, she hasn't.
(C) Of course, I'll show you around.

손님이 벌써 오셨어요?
(A) 저는 안 가지고 있어요.
(B) 아뇨, 아직 안 왔어요.
(C) 물론이죠, 제가 주위를 구경시켜 드릴게요.

어휘
guest 손님 show up 나타나다 show around 구경시켜 주다

해설
(A) has-have 반복 사용 함정
(B) 손님이 도착했냐는 질문에 아직 오지 않았다고 답한 정답. 특히 조동사 has로 짧게 끝나는 보기는 단골 정답이다.
(C) show 반복 사용 함정

2 US – BR

How about applying for the lab technician position?
(A) The day after tomorrow.
(B) At the laboratory.
(C) Of course, I will.

실험실 기술자 자리에 지원해 보는 게 어때요?
(A) 모레요.
(B) 실험실에서요.
(C) 물론이죠, 그럴게요.

어휘
apply for ~에 지원하다 lab 실험실(= laboratory)
position 자리, 직책 the day after tomorrow 모레

해설
(A) 시간을 묻는 When 의문문에 어울리는 답
(B) lab-laboratory 파행어 사용 함정으로, 장소를 묻는 Where 의문문에 어울리는 답
(C) 일자리에 지원해 보라는 권유문에 그렇겠다고 답한 정답. 조동사 will로 짧게 끝나는 단골 정답이다.

3 AU – US

Did you have a chance to see the quarterly sales report?
(A) No, I didn't.
(B) Yes, it's a quarter past 10.
(C) I haven't seen him yet.

분기별 영업 보고서를 보실 기회가 있으셨나요?
(A) 아뇨, 없었어요.
(B) 네, 10시 15분이에요.
(C) 아직 그를 못 봤어요.

어휘
quarterly 분기의 sales report 영업 보고서 quarter 15분
past 지난

해설
(A) 보고서를 볼 기회가 있었냐는 질문에 없었다고 답한 정답. 조동사로 짧게 끝나는 보기는 정답일 확률이 높다.
(B) quarterly-quarter 파생어 사용 함정
(C) see-seen 파생어 사용 함정이며, him이 받는 3자가 질문에 없으므로 오답

4 BR – US

Who is going to analyze the data?
(A) I heard Sam is.
(B) It's important.
(C) I'm going to the convention.

누가 데이터를 분석할 건가요?
(A) Sam이 할 거라고 들었어요.
(B) 그건 중요해요.
(C) 제가 회의에 갈 거예요.

어휘
analyze 분석하다 data 데이터 convention 회의

해설
(A) 데이터 분석을 누가 할 것이냐는 질문에 Sam이 할 것이라고 말한 정답. be동사로 짧게 끝나는 단골 정답이다.
(B) 내용상 동문서답으로, 의견을 묻는 How 의문문에 어울리는 답
(C) going 반복 사용 함정

5 US – US

Jack, can you do me a favor?
(A) It seems like she's not here.
(B) I think I can.
(C) His recent book was favorably reviewed.

Jack, 부탁 좀 들어줄래요?
(A) 그녀는 여기 없는 것 같아요.
(B) 제가 할 수 있을 것 같아요.
(C) 그의 최근 책은 좋은 평가를 받았어요.

어휘
do a favor 호의를 베풀다, 부탁을 들어주다 recent 최근의
favorably 호의적으로 review 비평하다

해설
(A) 질문의 주어 you를 she로 받을 수 없으므로 주어 불일치 함정
(B) 부탁을 들어 달라는 요청에 그럴 수 있다고 승낙하는 정답. 특히 조동사 can으로 짧게 끝나는 단골 정답이다.
(C) favor-favorably 파생어 사용 함정

6 BR – AU

Do you think you can complete the report by the end of the week?
(A) I'd be delighted to.
(B) I completely forgot.
(C) No, her term in office ends next week.

이번 주말까지 보고서를 끝낼 수 있을 것 같으세요?
(A) 기꺼이 그럴게요.
(B) 제가 완전히 잊어버렸어요.
(C) 아뇨, 그녀의 임기는 다음 주에 끝나요.

어휘
complete 끝내다 be delighted to 기꺼이 하다
completely 완전히 term 임기 end 끝나다

해설
(A) 보고서를 이번 주말까지 끝낼 수 있냐는 말에, 기꺼이 그럴 수 있다고 to부정사의 to로 짧게 답한 정답
(B) complete-completely 파생어 사용 함정
(C) end 반복 사용 함정이며, her로 받을 만한 3자가 질문에 언급되지 않았으므로 오답

기술 31 | 간접 의문문은 중간에 오는 의문사가 정답을 결정한다!

⚙ Practice

정답 1. (B) 2. (B) 3. (C) 4. (B) 5. (A) 6. (A)

1 BR – US

I wonder who can help me set up the registration booth at the convention.
(A) Sorry, it's already sold out.
(B) I'd be pleased to.
(C) By the main entrance.

회의장에 등록 부스를 설치하는 것을 누가 도와줄 수 있을지 궁금해요.
(A) 죄송해요. 이미 매진이에요.
(B) 제가 기꺼이 할게요.
(C) 정문 옆에서요.

어휘
set up 설치하다 registration 등록 booth 부스, 창구
sold out 매진된 be pleased to 기꺼이 ~하다
main entrance 정문

해설
(A) registration booth에서 sold out을 연상하게 한 함정
(B) 등록 부스를 설치하는 것을 누가 도와줄 수 있는지 묻는 질문에 대해 자신이 기꺼이 하겠다고 말하는 정답. to 다음에 동사가 생략된 형태의 단골 정답이다.
(C) 장소를 묻는 Where 의문문에 어울리는 답

2 US – US

I'd like to know where Ms. Johnson currently lives.
(A) I left them on the table.
(B) Doesn't she live in Houston?
(C) As soon as she comes back.

Johnson 씨가 현재 어디에 사는지 알고 싶습니다.
(A) 탁자 위에 그것들을 두었어요.
(B) 그녀는 Houston에 살지 않나요?
(C) 그녀가 돌아오자마자요.

어휘
currently 현재 leave 두다 as soon as ~하자마자

해설
(A) live-leave(left) 유사 발음 함정
(B) Johnson 씨가 사는 장소를 묻는 Where 간접 의문문에 Houston에 살지 않냐고 자연스럽게 반문한 정답
(C) 시간을 묻는 When 의문문에 어울리는 답

3 US – AU

Do you know who is responsible for hiring new accountants?
(A) The interview has been delayed.
(B) To respond to her inquiry.
(C) The personnel department is.

새로운 회계사들을 채용하는 업무 담당자가 누구인지 아세요?
(A) 면접이 연기되었어요.
(B) 그녀의 문의에 응답하기 위해서요.
(C) 인사부예요.

어휘
be responsible for ~에 대해 책임이 있다, ~을 담당하다
hire 고용하다 accountant 회계사 delay 지연시키다
respond 응대하다 inquiry 문의
personnel department 인사부

해설
(A) hiring에서 interview를 연상하게 한 함정
(B) responsible-respond 유사 발음 함정으로 Why 의문문에 어울리는 답
(C) 간접 의문문의 의문사 Who에 대한 답으로 부서명에 해당하는 인사부라고 답한 정답

4 US – US

Could you tell me how long Ms. Williams has worked here?
(A) I've stayed here for a week.
(B) Since last year.
(C) Yes, it's working fine.

Williams 씨가 여기서 얼마나 오래 일하셨는지 알려 주시겠어요?
(A) 저는 여기 일주일 동안 머물렀어요.
(B) 작년부터요.
(C) 네, 그건 작동이 잘되고 있어요.

어휘
work fine 잘 작동하다

해설
(A) 질문의 3인칭 주어 Ms. Williams를 I로 잘못 받은 주어 불일치 함정
(B) Williams 씨가 근무한 기간을 묻는 의문사 How long이 포함된 간접 의문문에 작년부터 일해 오고 있다고 답한 정답
(C) work 반복 사용 함정이며, Ms. Williams를 it으로 받을 수 없으므로 주어 불일치 오답

5 AU – BR

Do you know where I can meet overseas clients?
(A) In the meeting room.
(B) At noon.
(C) They are from China.

어디서 해외 고객들을 만날 수 있는지 아세요?
(A) 회의실에서요.
(B) 정오에요.
(C) 그들은 중국 출신이에요.

어휘
overseas 해외의 client 고객

해설
(A) 해외 고객들을 만날 수 있는 장소를 묻는 의문사 Where이 포함된 간접 의문문에 회의실이라는 장소를 적절히 제시한 정답
(B) 시간을 묻는 When 의문문에 어울리는 답
(C) overseas에서 china를 연상하게 한 함정으로, 출신지를 묻는 질문에 어울리는 답

6 BR – AU

Can you show me how to operate the copier that was installed yesterday?
(A) Here's the manual.
(B) It's much faster than the old one.
(C) It's on the 5th floor.

어제 설치한 복사기 작동법을 알려 주실 수 있으세요?
(A) 여기 사용 설명서가 있어요.
(B) 그건 이전 것보다 훨씬 빨라요.
(C) 그건 5층에 있어요.

어휘

operate 작동하다 copier 복사기 install 설치하다
manual 사용 설명서 floor 층

해설
(A) 복사기 사용법을 알려달라는 말에 사용 설명서를 건네주는 자연스러운 답
(B) 복사기에 대한 의견을 묻는 How 의문문에 어울리는 답
(C) 장소를 묻는 Where 의문문에 어울리는 답

기술 32 | Part 2에는 정답이 잘 되는 표현이 있다!

⚙️ Practice

정답 1. (B) 2. (C) 3. (B) 4. (B) 5. (B) 6. (B)

1 US – AU

Could you tell me when you won the bid?
(A) Sorry, he's out of contact.
(B) Probably last year.
(C) Just a little bit, please.

입찰을 언제 땄는지 알려 주시겠어요?
(A) 죄송해요, 그가 연락이 안 돼요.
(B) 아마 작년이요.
(C) 약간만 주세요.

어휘
win the bid 입찰을 따내다 out of contact 연락이 안 되는
probably 아마도 a little bit 약간

해설
(A) he로 받을 만한 제3자가 질문에 나와 있지 않으므로 주어 불일치 함정
(B) 간접 의문문의 의문사 When에 대해 last year라는 시간으로 답한 정답. 특히 Probably로 시작하는 보기는 답이 될 확률이 높다.
(C) bid-bit 유사 발음 함정

2 AU – BR

How was the employment fair?
(A) It was held in the auditorium.
(B) It'll last for a couple of hours.
(C) Unfortunately, I couldn't attend it.

취업 박람회는 어땠어요?
(A) 강당에서 열렸어요.
(B) 2시간 동안 계속될 거예요.
(C) 안타깝게도, 참석하지 못했어요.

어휘
employment fair 취업 박람회 be held 열리다
auditorium 강당 last 지속하다 a couple of 둘의
unfortunately 불행히도, 안타깝게도 attend 참석하다

해설
(A) 개최 장소를 묻는 Where 의문문에 어울리는 답

(B) 과거 시제의 질문에 미래 시제로 답한 시제 불일치 함정이며, 기간을 묻는 How long 의문문에 어울리는 답
(C) 의견을 묻는 How 의문문에 참석하지 않아서 잘 모르겠다는 의미의 정답. 특히 Unfortunately로 시작하는 보기는 정답일 확률이 높다.

3 US – BR

When do you think you can finish the sales report you're working on?
(A) By working extra hours.
(B) Well, I can do it by the end of the day.
(C) Because the report contains a lot of errors.

지금 작업하고 있는 영업 보고서를 언제쯤 끝낼 수 있을 것 같으세요?
(A) 추가 근무를 해서요.
(B) 음, 오늘까지는 할 수 있어요.
(C) 그 보고서가 많은 오류를 포함하고 있어서요.

어휘
work on ~을 작업하다 extra 추가의 contain 포함하다
error 오류

해설
(A) 방법을 묻는 How 의문문에 어울리는 답
(B) 작업 중인 영업 보고서가 언제 끝날지 묻는 질문에 오늘까지 끝낼 수 있다고 답한 정답. Well로 시작하는 보기는 정답이 될 확률이 높으며, finish를 대동사 do로 바꿔 표현한 것이 핵심 포인트이다.
(C) report 반복 사용 함정으로, 이유를 묻는 Why 의문문에 어울리는 답

4 US – US

Don't you think we should need to order more printers?
(A) It's still out of order.
(B) Yes, but we are on limited budget.
(C) More than 50 copies.

프린터를 더 주문해야 한다고 생각하지 않으세요?
(A) 그건 여전히 고장이에요.
(B) 네, 하지만 우리 예산이 제한되어 있어요.
(C) 50부 이상이요.

어휘
order 주문하다 out of order 고장 난
limited budget 제한된 예산 copy 복사(본)

해설
(A) order 반복 사용 함정
(B) 프린터를 더 주문해야 되지 않느냐는 질문에 대해 그렇기는 하지만 예산이 빠듯하다고 답한 정답. 특히 Yes, but ~으로 시작하는 보기는 정답이 될 확률이 높다.
(C) 수를 묻는 How many 의문문에 어울리는 답

5 US – US

You sent me the invoice, right?
(A) Yes, I like your voice.
(B) Didn't you receive it?
(C) On your right.

제게 송장을 보내셨죠, 그렇죠?
(A) 네, 당신 목소리가 좋아요.
(B) 못 받으셨어요?

(C) 당신 오른쪽이요.

어휘
invoice 송장 voice 목소리 receive 받다

해설
(A) invoice-voice 유사 발음 함정
(B) 송장을 보냈냐고 묻는 부가 의문문에 대해 못 받았냐고 반문하는 정답. 반문 형태의 보기는 정답이 될 확률이 높다.
(C) right 반복 사용 함정

6 AU – US
Did you have your blender fixed?
(A) Yes, I bought them in a local electronics store.
(B) No, but I'm going to call the repairman shortly.
(C) No problem. The fax machine still works fine.

믹서기 고치셨어요?
(A) 네, 지역 전자제품 가게에서 샀어요.
(B) 아뇨, 하지만 곧 수리 기사에게 연락할 거예요.
(C) 문제없어요. 팩스기는 여전히 잘 작동돼요.

어휘
blender 믹서기 fix 고치다 local 지역의 electronics 전자제품
repairman 수리 기사 shortly 곧

해설
(A) blender에서 electronics를 연상하게 한 함정으로, Where 의문문에 어울리는 답
(B) 믹서기를 고쳤냐는 질문에, 아직 안 고쳤지만 곧 수리 기사에게 연락하겠다고 답한 정답. 특히 No, but ~으로 시작하는 보기는 정답일 확률이 높다.
(C) fix-fax 유사 발음 함정

DAY 08 TEST

정답
1. (A)	2. (B)	3. (B)	4. (A)	5. (B)
6. (A)	7. (B)	8. (C)	9. (A)	10. (A)
11. (B)	12. (A)	13. (C)	14. (C)	15. (A)
16. (A)	17. (C)	18. (A)	19. (C)	20. (C)

1 US – US
Can you pick me up at the airport tomorrow morning?
(A) Sure, what time shall we meet?
(B) I'll pick it up at noon.
(C) Thank you for reminding me.

내일 아침에 공항에 저를 태우러 올 수 있어요?
(A) 물론이죠, 몇 시에 만날까요?
(B) 그것을 정오에 찾아갈게요.
(C) 상기시켜 주셔서 감사해요.

어휘
pick up 태우러 가다, 찾아가다 remind 상기시키다

기술 32(A), 28(B)
(A) 태우러 와 달라는 부탁을 수락하고 몇 시에 만날지 반문하는 자연스러운 응대. 반문 형태의 보기는 정답일 확률이 높다.
(B) pick up 반복 사용 함정이며, 대명사 it이 지칭하는 대상이 질문에 나오지 않으므로 오답
(C) 내용상 동문서답이므로 오답

2 AU – US
Which button do I need to push?
(A) Near the curtain.
(B) Press the black one.
(C) No, it's not necessary.

어떤 단추를 눌러야 하죠?
(A) 커튼 근처예요.
(B) 검은색 버튼을 누르세요.
(C) 아뇨, 그건 필요 없어요.

어휘
push 밀다, 누르다 press 누르다

기술 15(A), 32(B), 14(C)
(A) button-curtain 유사 발음 함정
(B) push를 press로, button을 대명사 one으로 적절히 바꾸어 표현한 정답
(C) 의문사 의문문은 Yes/No로 답할 수 없으므로 오답

3 US – BR
Could you tell me why the public library is closed today?
(A) Yes, he's a new librarian.
(B) Today's a national holiday.
(C) It is close to the city hall.

공립 도서관이 오늘 왜 문을 닫았는지 알려 주시겠어요?
(A) 네, 그는 새로운 사서예요.
(B) 오늘은 국경일이라서요.
(C) 그곳은 시청에서 가까워요.

어휘
public library 공립 도서관 librarian 사서
national holiday 국경일 close to ~에 가까운

기술 16(A), 31(B), 15(C)
(A) library에서 librarian을 연상하게 한 오답. he를 받을 만한 3자가 질문에 제시되지 않은 주어 불일치 함정
(B) 우체국이 쉬는 이유로 국경일이기 때문이라고 답한 정답. Could you tell me는 무시하고 의문사 Why 이하의 내용을 파악하는 것이 관건이다.
(C) closed-close 유사 발음 함정으로, Where 의문문에 어울리는 답

4 BR – US
Who is supposed to make travel arrangements for the sales director?
(A) I think Mr. Black is.
(B) I suppose so.
(C) By train.

누가 영업 부장님을 위한 출장 준비를 하기로 되어 있나요?
(A) Black 씨인 것 같아요.
(B) 그런 것 같아요.
(C) 기차로요.

어휘
be supposed to ~하기로 되어 있다
make travel arrangements 여행 준비를 하다

기술 30(A), 28(B), 13(C)
(A) Mr. Black은 사람 이름으로 의문사 Who에 대한 적절한 답. 특히 be동사로 짧게 끝나는 보기는 정답일 확률이 높다.

(B) I suppose so는 yes 상당어구로 의문사 의문문과는 상극이다.
(C) 교통 수단을 묻는 How 의문문에 어울리는 답

5 US – US

Could you spare some time to talk about the financial report?
(A) I used to work at the financial institute.
(B) Will you come to my office?
(C) Within our budget.

재무 보고서에 대해 얘기할 시간을 내주실 수 있으세요?
(A) 저는 예전에 금융 기관에서 일했어요.
(B) 제 사무실로 오시겠어요?
(C) 우리 예산 내에서요.

어휘
spare 할애하다 used to (과거에) ~했었다 financial 재무의
institute 기관 within 이내에 budget 예산

기술 28(A), 32(B)
(A) financial 반복 사용 함정
(B) 본인 사무실에서 얘기할 시간을 할애할 수 있다는 의미의 정답.
   반문 형태의 보기는 정답이 될 확률이 높다.
(C) 질문의 financial을 듣고 의미상 budget을 연상하게 한 함정

6 AU – BR

Would you like to go to the theater to see the play with us tonight?
(A) Sorry, but I have a prior engagement.
(B) I don't remember where it is.
(C) I thought that the acting was good.

오늘 밤 우리와 함께 극장 가서 연극 보는 게 어때요?
(A) 미안하지만, 선약이 있어요.
(B) 그것이 어디 있는지 기억이 안 나요.
(C) 연기가 좋았다고 생각해요.

어휘
play 연극 prior engagement 선약 acting 연기

기술 29(A)
(A) 함께 연극 보러 가자는 제안에 대해 선약이 있다면서 거절한
   정답
(B) 장소를 묻는 Where 의문문에 어울리는 답
(C) 질문의 play를 듣고 의미상 acting을 연상하게 한 함정으로,
   연극에 대한 의견을 묻는 How 의문문에 어울리는 답

7 US – BR

How can we promote our new laptop computers to the press and public?
(A) Yes, we're expecting increased sales.
(B) Let's talk about it later.
(C) You deserve a promotion.

우리의 새로운 노트북을 언론과 대중에게 어떻게 홍보할 수 있을까요?
(A) 네, 우리는 판매 증가를 예상하고 있습니다.
(B) 나중에 그것에 대해 얘기해 보죠.
(C) 당신은 승진 자격이 있어요.

어휘
promote 홍보하다 laptop computer 노트북 컴퓨터
press 언론 public 대중 later 나중에 deserve ~의 자격이 있다
promotion 승진

기술 14(A), 32(B), 15(C)
(A) 의문사 의문문에 Yes/No로 답할 수 없으므로 오답
(B) 나중에 얘기하자며 즉답을 피하는 자연스러운 응대. Let's ~와
   같은 청유문은 정답이 될 확률이 높다.
(C) promote-promotion 파생어 사용 함정

8 US – AU

Which is the key to the warehouse?
(A) Yes, it's right next to the main entrance.
(B) Make sure to lock the door when you leave.
(C) The one with a black tag.

창고 열쇠가 어떤 거예요?
(A) 네, 그건 정문 바로 옆에 있어요.
(B) 떠날 때 문을 꼭 잠그고 가세요.
(C) 검은색 꼬리표가 있는 거예요.

어휘
warehouse 창고 right next to ~ 바로 옆에
main entrance 정문 lock 잠그다 tag 꼬리표

기술 14(A), 32(C)
(A) 의문사 의문문에는 Yes/No로 답할 수 없으므로 오답
(B) 질문에서 key를 듣고 의미상 lock을 연상하게 한 함정
(C) key를 one으로 바꾸어 표현한 정답

9 US – BR

Don't forget to pick up your ID badge at the security office.
(A) Sure, I'll be right there.
(B) The scene was unforgettable.
(C) Not to worry. Dave will pick him up instead of me.

보안실에서 신분 배지 찾아가는 거 잊지 마세요.
(A) 물론이죠, 바로 거기로 갈게요.
(B) 그 장면은 잊을 수 없었어요.
(C) 걱정 마세요. Dave가 저 대신 그를 태우러 갈 거예요.

어휘
pick up 찾아가다, 태우러 가다 ID badge 신분 배지
security 보안 scene 장면 unforgettable 잊을 수 없는
instead of ~ 대신에

기술 29(A), 15(B), 28(C)
(A) 지금 바로 보안실로 가서 신분 배지를 가져온다는 의미로 자연
   스러운 답
(B) forget-unforgettable 파생어 사용 함정
(C) pick up 반복 사용 함정으로, 질문의 목적어인 your ID
   badge를 him으로 잘못 받은 오답

10 BR – AU

Have you already finished analyzing the recent sales data?
(A) No, but I will do it later in the day.
(B) I already made a reservation.
(C) The survey results are promising.

최근 매출 데이터 분석을 이미 끝내셨나요?
(A) 아뇨, 하지만 오늘 나중에 할 거예요.
(B) 제가 이미 예약했어요.
(C) 설문조사 결과가 조짐이 좋아요.

기술 32(A)
(A) 아직 끝내지 못했지만, 나중에 하겠다는 의미로 정답. No, but 으로 시작하는 보기는 정답이 될 확률이 높다.
(B) already 반복 사용 함정
(C) 질문의 data를 듣고 의미상 survey results를 연상하게 한 함정

11 US – US

Can I get you something to eat?
(A) It was delicious.
(B) Actually, I'm full now.
(C) In the dining hall.

먹을 것 좀 갖다 드릴까요?
(A) 맛있었어요.
(B) 사실은, 지금 배불러요.
(C) 식당에서요.

어휘
delicious 맛있는 actually 사실은 full 배부른 dining hall 식당

기술 32(B)
(A) 질문의 eat를 듣고 의미상 delicious를 연상하게 한 함정
(B) 배부르다는 것은 지금 먹기 싫다는 거절의 표현으로 볼 수 있으므로 정답. Actually로 시작하는 보기는 정답이 될 확률이 높다.
(C) eat를 듣고 의미상 dining을 연상하도록 한 함정

12 US – AU

I'm planning to visit my uncle during the summer.
(A) Where does he live?
(B) I'm willing to help her.
(C) Yes, I'll visit the manufacturing plant with you.

여름에 제 삼촌을 뵈러 갈 계획입니다.
(A) 그분이 어디 사시죠?
(B) 제가 기꺼이 그녀를 도울게요.
(C) 네, 당신과 함께 제조 공장을 방문할 겁니다.

어휘
be willing to 기꺼이 ~하다 manufacturing plant 제조 공장

기술 32(A), 15(C)
(A) 삼촌을 뵈러 간다는 계획에 그가 어디 사시냐고 반문하는 자연스러운 정답
(B) uncle을 her로 받는 것은 어색하며, 내용상 동문서답이므로 오답
(C) planning-plant 유사 발음 함정

13 US – BR

I'd like to know how you learned about the job opening.
(A) It won't be open until tomorrow.
(B) You should submit your résumé online.
(C) I heard it from one of my colleagues.

이 공석에 대해 어떻게 아셨는지 알고 싶습니다.
(A) 그것은 내일이나 되어야 열 거예요.
(B) 온라인으로 이력서를 제출하셔야 합니다.

어휘
learn 알게 되다 job opening 빈자리, 공석 submit 제출하다
résumé 이력서 colleague 동료

기술 15(A), 31(C)
(A) opening-open 유사 발음 함정
(B) 질문의 job opening을 듣고 의미상 résumé를 연상하게 한 함정
(C) 공석에 대해 어떻게 알았는지 알고 싶다는 말에 동료로부터 그것에 대해 들었다는 답변은 정답. 문장 중간에 있는 의문사 How에 대한 답변을 하는 게 핵심이다.

14 AU – US

I'd like to get a refund on these items.
(A) Because I don't like them.
(B) The total comes to 50 dollars.
(C) Do you have the original receipt with you?

이 제품들을 환불받고 싶어요.
(A) 제가 그것들을 좋아하지 않아서요.
(B) 총 금액은 50달러입니다.
(C) 원본 영수증 있으세요?

어휘
get a refund 환불받다 total 총액 come to ~에 달하다
original 원래의, 원본의 receipt 영수증

기술 28(A), 32(C)
(A) like 반복 사용 함정으로 Why 의문문에 어울리는 오답
(B) 금액을 묻는 How much 의문문에 어울리는 답
(C) 영수증이 있으면 환불이 가능하다는 의미로 자연스러운 반문의 정답. 반문 형태의 보기는 정답이 될 확률이 높다.

15 BR – US

What's the price of this purse?
(A) Isn't it on the tag?
(B) No, it's not mine.
(C) Look in the drawer.

이 지갑이 얼마죠?
(A) 가격표에 나와 있지 않나요?
(B) 아뇨. 그건 제 것이 아니에요.
(C) 서랍 안을 보세요.

어휘
purse 지갑 tag 꼬리표 drawer 서랍

기술 32(A), 14(B), 22(C)
(A) 가격표에 나와 있다는 의미로 반문형의 보기는 단골 정답
(B) 의문사 의문문에 Yes/No로 답할 수 없으므로 오답
(C) 장소를 묻는 Where 의문문에 어울리는 답

16 AU – US

It's been raining all day long.
(A) Probably we should cancel the outdoor event.
(B) Yes, it took several hours.
(C) I signed up for the training.

하루 종일 비가 내리네요.
(A) 아마도 야외 행사를 취소해야 할 것 같아요.
(B) 네, 몇 시간 걸렸어요.
(C) 저는 교육에 등록했어요.

어휘
all day long 하루 종일 probably 아마도 cancel 취소하다
outdoor 야외의 event 행사 several 몇몇의
sign up for ~에 등록하다 training 교육, 훈련

기술 32(A), 15(C)
(A) 하루 종일 비가 오니 행사를 취소해야겠다는 자연스러운 응대
로 정답. Probably로 시작하는 보기는 단골 정답이다.
(B) 소요된 시간을 묻는 질문에 어울리는 답
(C) raining-training 유사 발음 함정

17 BR – AU
Where can I get some coffee around here?
(A) I need to make 10 copies.
(B) Our photocopier is currently out of order.
(C) Isn't there a vending machine in the lobby?

여기 근처 어디에서 커피를 마실 수 있을까요?
(A) 10부의 복사본이 필요해요.
(B) 현재 우리 복사기가 고장이에요.
(C) 로비에 자동 판매기가 있지 않나요?

어휘
make copies 복사하다 photocopier 복사기
out of order 고장 난 currently 현재
vending machine 자동 판매기

기술 13(A), 15(B), 32(C)
(A) coffee-copies 유사 발음 함정으로 수를 묻는 How many 의
문문에 어울리는 답
(B) coffee-photocopier 유사 발음 함정
(C) 커피 마실 곳을 묻는 질문에 아래 로비에 자동 판매기가 있지
않느냐고 반문한 정답. 되묻는 형태의 보기는 정답이 될 확률이
높다.

18 US – US
Why don't you turn on the air conditioner?
(A) I'd be pleased to.
(B) By air.
(C) I'll turn it in later.

에어컨 좀 켜 줄래요?
(A) 기꺼이 할게요.
(B) 항공편으로요.
(C) 나중에 제출할게요.

어휘
turn on (전원을) 켜다 air conditioner 에어컨
by air 항공편으로 turn in 제출하다

기술 29(A), 28(B, C)
(A) Why don't you ~? 제안문에 어울리는 승낙의 답으로 to부정
사에서 to로 끝나는 짧은 보기는 단골 정답이다.
(B) air 반복 사용 함정으로, 수단을 묻는 How 의문문에 어울리는 답
(C) turn 반복 사용 함정

19 AU – BR
Could you tell me what I should do with these boxes?
(A) No, he looks exhausted.
(B) I can't wait to check it out as soon as possible.
(C) You should take them to the storage.

이 상자들을 어떻게 해야 되는지 말해 줄래요?

(A) 아뇨, 그는 지쳐 보여요.
(B) 가능한 한 빨리 확인하고 싶어요.
(C) 창고로 가져가셔야 해요.

어휘
exhausted 지친 check out 확인하다
as soon as possible 가능한 한 빨리 storage 창고

기술 16(A), 31(C)
(A) 주어 he가 받을 만한 3자가 질문에 등장하지 않으므로 주어
불일치 함정
(B) 질문의 복수 명사 boxes를 단수 대명사 it으로 받을 수 없으므
로 오답
(C) 상자들을 창고로 가져가라는 의미로 자연스러운 응대

20 US – BR
Do you know what time we should arrive at the
conference?
(A) It's a quarter past 9.
(B) It'll last more than 3 hours.
(C) We have to get there at 11 a.m. at the latest.

우리가 몇 시에 회의에 도착해야 하는지 아세요?
(A) 지금 9시 15분이에요.
(B) 3시간 이상 지속될 거예요.
(C) 늦어도 오전 11시까지는 거기에 도착해야 해요.

어휘
quarter 15분 past 지난 last 지속되다 at the latest 늦어도

기술 13(B), 31(C)
(A) 몇 시인지 현재 시각을 묻는 질문에 어울리는 답
(B) 기간을 묻는 How long 의문문에 어울리는 답
(C) 몇 시까지 도착해야 하는지를 묻는 간접 의문문에 어울리는 정
답. should를 have to로, arrive at the conference를 get
there로 바꾼 것이 핵심 포인트이다.

DAY 09

기술 33 | 주제 문제의 정답 단서는 초반에 언급되는 명사/동사이다!

⚙️ Practice

정답 1. (C) 2. (A)

1 US – BR

M: I'm scheduled to attend the convention held in New York next Monday.
W: Ah, can you tell me what it is about?
M: I heard it's mainly about a new approach to information management.
W: Sounds interesting.

M: 다음 주 월요일에 New York에서 열리는 회의에 참석할 예정입니다.
W: 아, 무엇에 관한 것인지 말해 줄래요?
M: 제가 듣기론 정보 관리에 대한 새로운 접근법에 대한 내용이 주가 된다는군요.
W: 재미있겠는데요.

어휘
attend 참석하다 convention 회의 mainly 주로
approach 접근(법) management 관리

대화는 주로 무엇에 관한 것인가?
(A) 새로운 경영진
(B) 일정 변경
(C) 회의
(D) 발표

해설
대화 초반에 남자가 회의에 참석한다고 말하는 부분(I'm scheduled to attend the convention ~)에서 대화 주제는 남성이 참석할 예정인 회의라는 것을 알 수 있다. 지문 초반에 제시되는 명사가 주제어가 된다는 사실을 꼭 기억해 두자. 따라서 convention을 conference로 바꿔 표현한 보기 (C)가 정답이 된다.
바꿔 쓰기 convention 회의 → conference 회의

2 US – AU

W: Sam, are you going to accept the job offer in Paris?
M: Actually, I haven't decided it. I'm concerned that my son might find the relocation a huge challenge.
W: I know what you mean. I think that your family is more important than work.

W: Sam, Paris에서의 취업 제안을 수락하실 건가요?
M: 사실은, 제가 결정을 못했어요. 제 아들이 이사를 큰 도전으로 느낄 수도 있어서 걱정입니다.
W: 무슨 말씀인지 알겠어요. 일보다는 가족이 더 중요한 것 같아요.

어휘
accept 받아들이다 offer 제안 decide 결정하다
be concerned 걱정하다 relocation 이사 huge 큰
challenge 도전

화자들이 논의하는 것은 무엇인가?
(A) 새로운 일
(B) 큰 계약
(C) 가족 모임
(D) 건강

해설
대화 초반에 제시되는 의문문(are you going to accept the job offer in Paris?)의 명사 job offer가 주제어가 된다. 따라서 job offer를 new job으로 바꿔 표현한 보기 (A)가 정답이다.
바꿔 쓰기 job offer 취업 제안 → new job 새로운 일

기술 34 | 장소/직업 문제의 정답 단서는 초반에 언급된다!

⚙️ Practice

정답 1. (C) 2. (D)

1 US – US

W: I bought this shirt here for my husband but it didn't fit him.
M: Oh, would you like me to exchange it for another one?
W: No, thank you. I'd like to get a refund.
M: Do you have the original receipt with you?

W: 제 남편을 위해 여기서 이 셔츠를 샀는데 맞지가 않아서요.
M: 오, 다른 것으로 교환해 드릴까요?
W: 고맙지만, 괜찮습니다. 환불을 받고 싶어요.
M: 원본 영수증 가지고 오셨어요?

어휘
fit 맞다 exchange 교환하다 get a refund 환불받다
original 원래의 receipt 영수증

화자들은 어디에 있겠는가?
(A) 신발 가게에
(B) 서점에
(C) 옷 가게에
(D) 철물점에

해설
대화 초반에 여자가 여기서 셔츠를 샀다고 말하는 부분(I bought this shirt here)에서 이곳이 옷 가게임을 추론할 수 있다. 따라서 정답은 (C)가 된다.

2 BR – AU

W: Hi, my name is Jane Torres and I'm here to see Mr. Smith for a job interview.
M: I'm afraid he is in a meeting room with a client now. Umm, he should be back in any minute. Will you come over here and take a seat?
W: Thank you.
M: Would you like something to drink?

W: 안녕하세요, 제 이름은 Jane Torres입니다. 취업 면접 때문에 Smith 씨를 만나러 왔어요.

M: 그는 지금 고객분과 회의실에 계세요. 음, 곧 돌아오실 겁니다. 여기 오셔서 앉으시겠어요?

W: 고맙습니다.

M: 마실 것 좀 드릴까요?

어휘

job interview 취업 면접 client 고객 in any minute 곧 take a seat 앉다

여자는 누구이겠는가?
(A) 비서
(B) 고객
(C) 면접관
(D) 지원자

해설

취업 면접 때문에 방문했다는 여자의 첫 대사(I'm here to see Mr. Smith for a job interview.)에서 여자가 지원자임을 추론할 수 있다. 따라서 정답은 (D)가 된다.

기술 35 | 정답과 관련 없는 시간 함정을 피해라!

⚙ **Practice**

정답 1. (B) **2.** (C)

1 US - BR

M: I was wondering if I make an appointment with Dr. Brown this week.

W: Let me check his schedule. Well, he's available either on Tuesday or Wednesday. Which would be more convenient for you?

M: The earlier, the better.

M: 이번 주에 Brown 박사님과 약속을 잡을 수 있는지 궁금해요.

W: 일정을 좀 살펴볼게요. 음, 그분은 화요일과 수요일에 시간이 되세요. 언제가 더 좋으시죠?

M: 빠르면 빠를수록 좋아요.

어휘

wonder 궁금하다 make an appointment 약속을 잡다
available 시간이 나는 either A or B A와 B 둘 중 어느 하나
convenient 편리한
the 비교급 ~, the 비교급 … ~하면 할수록 더 …하다

남자는 Brown 박사를 언제 만날 것 같은가?
(A) 월요일에
(B) 화요일에
(C) 수요일에
(D) 목요일에

해설

Brown 박사가 화요일과 수요일에 시간이 되는데, 남자는 빠르면 빠를수록 더 좋다고 했으므로, 남자는 화요일에 박사를 만날 것임을 유추할 수 있다.

---

2 US - AU

W: Peter, I'm glad that you finally got a job. When will you start working?

M: Thanks. Jenny. I'm scheduled to begin to work the day after tomorrow.

W: Good. Why don't we go out for lunch today? It's my treat.

M: Sure. I'd appreciate it.

W: Peter, 당신이 마침내 취업을 해서 기뻐요. 언제 일 시작해요?

M: 고마워요. Jenny. 모레부터 일을 시작할 예정이에요.

W: 잘 됐네요. 오늘 점심 외식하는 게 어때요? 제가 살게요.

M: 좋아요. 고마워요.

어휘

glad 기쁜 finally 마침내 start 시작하다(= begin)
be scheduled to ~할 예정이다
the day after tomorrow 모레 treat 대접, 한턱
appreciate 감사하다

Peter는 언제 일을 시작할 것인가?
(A) 오늘
(B) 내일
(C) 이틀 뒤
(D) 일주일 뒤

해설

내일 모레부터 일을 시작한다는 남자의 첫 대사(~begin to work the day after tomorrow.)에서 정답이 (C)임을 알 수 있다.
바꿔 쓰기 the day after tomorrow 모레 → in two days 이틀 뒤

기술 36 | 도표 문제는 보기에 제시되지 않은 항목이 단서가 된다!

⚙ **Practice**

정답 1. (B) **2.** (A)

1 US - US

M: Jane. Isn't Mr. Williams supposed to arrive at 10:20 a.m.?

W: Not really. I heard he has taken SA flight number 560.

M: If it's true, we don't have to leave for the airport now.

W: Right. Let's grab a bite to eat.

M: Jane. Williams 씨가 오전 10시 20분에 도착하기로 하지 않았나요?

W: 아닙니다. 제가 듣기론 SA 560편을 탔대요.

M: 그게 사실이라면, 지금 공항으로 갈 필요는 없겠네요.

W: 맞아요. 요기나 하러 가죠.

비행편	도착 시간
OZ 313	오전 10:20
SA 560	오후 2:00
ES 710	오후 5:30
OZ 415	오후 7:20

어휘

be supposed to ~하기로 되어 있다 flight 비행기
leave for ~을 향해 떠나다 grab a bite to eat 요기하다

시각 자료를 보시오. Williams 씨는 몇 시에 공항에 도착할 것인가?
(A) 오전 10시 20분
(B) 오후 2시
(C) 오후 5시30분
(D) 오후 7시 20분

해설

대화에서 직접 언급된 오전 10시 20분은 함정이고, Williams 씨가 SA 560편을 탔다고 말하는 부분(he has taken SA flight number 560)이 핵심이다. 도표에서 SA 560의 도착 시간이 오후 2시라고 나와 있으므로 (B)가 정답이다.

2 AU – BR

M: Pardon me, I bought some items here yesterday and I'd like to return this folder for a refund.
W: No problem. Did you bring the receipt with you?
M: It should be in my pocket. Let's see. Ah, here it is.
W: Thanks. One moment, please.

M: 실례합니다만, 어제 여기서 몇 가지 물건을 샀는데요. 이 폴더를 환불을 위해 반품하고 싶습니다.
W: 문제없습니다. 영수증 가져 오셨나요?
M: 제 주머니 안에 있을 겁니다. 볼게요. 아, 여기요.
W: 고맙습니다. 잠시만 기다려 주세요.

영수증	
형광펜	1.50달러
지우개	1.25달러
자	2.50달러
폴더	1.00달러

어휘

pardon me 실례합니다 item 물건 return 반품하다

시각 자료를 보시오. 남자는 얼마를 환불받을 것인가?
(A) 1달러
(B) 1.25달러
(C) 1.5달러
(D) 2.5달러

해설

남자의 첫 대사(I'd like to return this folder for a refund)에서 반품하고자 하는 물품이 폴더임을 확인하고, 도표에서 폴더의 가격을 확인하면, 환불받을 돈이 1달러임을 알 수 있다.

DAY 09 TEST

정답 **1.** (D) **2.** (C) **3.** (C) **4.** (D) **5.** (C) **6.** (A)
   7. (C) **8.** (D) **9.** (A) **10.** (B) **11.** (A) **12.** (D)
   13. (B) **14.** (B) **15.** (A) **16.** (C) **17.** (A) **18.** (D)

Questions 1~3 refer to the following conversation.

US – US

W: Did you hear that [1]the vice president is going to leave the company next month?
M: Uh-huh. I read an e-mail about that. He has dedicated himself to the company since [2]it was established 3 decades ago.

W: I think we should throw a farewell party for him.
M: Yeah, he deserves it. In fact, Brian in personnel has already arranged it. He said that the party will be held in Pacific Hotel this Friday.
W: Oh no! I will be out of town on business for the entire week.
M: [3]Why don't you have dinner with him sometime next week?
W: Great idea! Let me call him now and find out when he will be free.

1-3은 다음 대화에 관한 문제입니다.

W: 부사장님이 다음 달에 회사를 떠난다는 말 들었어요?
M: 네, 그것에 대한 이메일을 읽었어요. 그 분은 30년 전 회사가 세워진 이래로 회사를 위해 헌신해 오셨잖아요.
W: 우리가 그를 위해 송별 파티를 열어드려야 할 것 같아요.
M: 네, 그 분은 그럴 자격이 있어요. 인사부 Brian이 이미 준비했다고 들었어요. 그가 말하길 이번 주 금요일 Pacific 호텔에서 파티가 열린대요.
W: 오, 안돼요! 전 일주일 내내 출장을 가거든요.
M: 다음 주 언제쯤 그와 저녁을 함께 하는 게 어때요?
W: 좋은 생각이에요! 지금 전화해서 언제 시간이 되시는지 알아봐야겠어요.

어휘

vice president 부사장 dedicate 헌신하다 establish 세우다
farewell party 송별 파티 deserve ~을 받을 자격이 있다
in fact 사실 personnel 인사부 arrange 준비하다
be held 열리다 entire 전체의 sometime 언젠가
find out 알아내다

1 대화의 주제는 무엇인가?
(A) 출장
(B) 기념일
(C) 승진
(D) 은퇴

기술33

대화 초반에 부사장이 회사를 떠난다고 말하는 부분(the vice president is going to leave the company next month)에서 은퇴가 대화의 주제임을 알 수 있다.
바꿔 쓰기 leave the company 회사를 떠나다 → retirement 은퇴

2 회사는 사업을 한 지 얼마나 되었는가?
(A) 10년
(B) 20년
(C) 30년
(D) 40년

기술51

남자의 첫 대사(it was established 3 decades ago)에서 회사가 30년 전에 세워졌다는 정보를 확인할 수 있다.
바꿔 쓰기 3 decades 30년 → 30 years 30년

3 남자가 제안하는 것은 무엇인가?
(A) 회사를 설립하는 것
(B) 여행을 연기하는 것
(C) 임원과 식사하는 것
(D) 회사를 떠나는 것

남자가 대화 후반부에 부사장과 저녁 식사를 하라고 제안하는 부분(Why don't you have dinner with him~)에서 정답 (C)를 확인할 수 있다.

바꿔 쓰기 dinner 저녁 → meal 식사
vice president 부사장 → executive 임원

Questions 4~6 refer to the following conversation.

US – BR

M: Excuse me. Is Ms. Jennings in her office? **4**I have a parcel for her.
W: I'm afraid she just stepped out. **5**She is on her lunch break now.
M: I see. When do you think she will get back to her office? I need her signature.
W: She won't be back until 1 p.m. But if you're in a hurry, I'd be delighted to sign it.
M: Oh, you don't need to. I think **6**I can stop by her office at 1 p.m.

4-6은 다음 대화에 관한 문제입니다.

M: 실례합니다, Jennings 씨 사무실에 있나요? 그분에게 드릴 소포가 있어서요.
W: 유감이지만 막 나가셨어요. 지금 점심 휴식 중이세요.
M: 알겠습니다. 사무실에 언제 돌아오실까요? 그분의 서명이 필요해서요.
W: 오후 1시는 돼야 돌아오세요. 하지만 급하시면 제가 기꺼이 서명해 드리죠.
M: 오, 그럴 필요는 없어요. 제가 오후 1시에 그분 사무실에 들를 수 있을 것 같아요.

어휘

parcel 소포 step out 나가다 lunch break 점심시간
signature 서명 hurry 급한 be delighted to 기꺼이 ~하다

4 남자는 누구이겠는가?
(A) 비서
(B) 고객
(C) 작가
(D) 배달원

기술34

남자의 첫 대사 중, 소포를 가져 왔다고 말하는 부분(I have a parcel for her)에서 남자의 직업이 택배 배달원임을 유추할 수 있다. 따라서 정답은 (D)가 된다.

바꿔 쓰기 parcel 소포 → courier 배달원

5 Jennings 씨는 지금 무엇을 하고 있겠는가?
(A) 사무실에서 일하고 있다.
(B) 소포를 배달하고 있다.
(C) 식사하고 있다.
(D) 계약서에 서명하고 있다.

기술46

여자의 첫 대사에서 Jennings 씨가 점심 휴식 중이라는 언급(She is on her lunch break now)이 나오므로 정답은 (C)가 된다.

바꿔 쓰기 lunch 점심 → meal 식사

6 남자는 무엇을 하겠다고 말하는가?
(A) 나중에 돌아오기
(B) 배달에 서명하기
(C) 소포 보내기
(D) 점심 먹기

기술48

오후 1시에 그녀의 사무실에 들르겠다는 남자의 마지막 대사(I can stop by her office at 1 p.m.)에서 정답이 (A)임을 알 수 있다.

바꿔 쓰기 stop by 들르다 → return 돌아오다

Questions 7~9 refer to the following conversation.

AU – US

M: Excuse me. **7**I have trouble finding the book called *Paradise*. Do you have it in stock?
W: Wait a second. **8**Let me check our database. Umm, there are two different books with the same title.
M: I'd like **9**the one written by Jane Thomas. I'm a huge fan of her detective story.
W: Oh, you're in luck. There is only one copy left in our store. It's in the back of aisle 5. Please come with me and I'll show you where it is.

7-9는 다음 대화에 관한 문제입니다.

M: 실례합니다. <Paradise>이라는 책을 찾기가 어렵네요. 그 책 재고가 있나요?
W: 잠시만요. 제가 데이터 베이스를 확인해 볼게요. 음, 같은 제목의 책이 두 권 있네요.
M: 제가 원하는 것은 Jane Thomas가 쓴 거예요. 제가 그녀 추리 소설의 엄청난 팬이거든요.
W: 오, 운이 좋으시네요. 우리 가게에 딱 한 권이 남아 있어요. 5번 통로 뒤에 있어요. 저와 같이 가시면 어디 있는지 보여 드릴게요.

어휘

have trouble ~ing ~하는 데 어려움을 겪다
have ~ in stock ~의 재고가 있다 title 제목
huge 막대한, 엄청난 detective story 추리 소설 aisle 통로

7 대화는 어디에서 일어나고 있겠는가?
(A) 여행사에서
(B) 관광 명소에서
(C) 서점에서
(D) 복사 가게에서

기술34

대화 초반에 남자가 책을 찾기가 힘들다고 말하면서 재고가 있는지 물어보는 부분(I have trouble finding the book called *Paradise*. Do you have it in stock?)에서 이곳이 서점임을 추론할 수 있으므로 정답은 (C)가 된다.

8 여자가 "Wait a second"라고 말할 때 의미한 바는 무엇인가?
(A) 그녀는 책을 예약할 것이다.
(B) 그녀는 정보를 업데이트할 것이다.
(C) 그녀는 창고를 확인할 것이다.
(D) 그녀는 정보를 찾을 것이다.

기술41

여자가 "Wait a second"라고 말한 다음에 데이터 베이스를 확인해 보겠다고 말하는 부분(Let me check our database)에서 그

녀가 정보를 찾기 위해 "잠시만요"라고 말했음을 추론할 수 있다. 따라서 정답은 (D)가 된다.

바꿔 쓰기 database 정보 → information 정보

9 Jane Thomas는 누구겠는가?

(A) 작가
(B) 점원
(C) 컴퓨터 기술자
(D) 형사

기술46
남자의 두 번째 대사 중 Jane Thomas가 쓴 책이라고 말하는 부분(the one written by Jane Thomas)에서 그녀가 작가임을 유추할 수 있다. 따라서 정답은 (A)가 된다.

Questions 10~12 refer to the following conversation with three speakers.

 BR – US – AU

W: Did you guys happen to go over the quarterly sales report on our new product?

M1: Yes, Susan. I was surprised to see that **10,11**the sales of our new laser printer, XT-200 were quite a bit below our target. What do you think the problem is?

M2: Umm. I guess it's because we haven't had an opportunity to promote it to the public yet.

M1: You've got a point there, Tim. We should start advertising it on TV.

W: Well, Dave. It's not a bad idea, but it would cost us a lot of money.

M2: Ah, I heard that there's a trade show that we can participate in.

M1: Good. We can tell many prospective clients about our new model in that event.

W: Okay. **12**I'll go online and find more about it.

10-12는 다음 세 명의 대화에 관한 문제입니다.

W: 혹시 우리 신제품에 대한 분기별 영업 보고서 검토해 보셨어요?

M1: 네, Susan. 우리 새로운 레이저 프린터인 XT-200의 매출이 우리 목표보다 꽤 저조한 걸 보고 놀랐어요. 뭐가 문제라고 생각하세요?

M2: 음. 그것을 대중에게 홍보할 기회가 아직 없었기 때문인 것 같아요.

M1: 정확한 지적이에요, Tim. 우리는 TV 광고를 시작해야겠어요.

W: 글쎄요. Dave. 나쁜 생각은 아닌데, 돈이 많이 들 거예요.

M2: 아, 우리가 참가할 수 있는 무역 박람회가 있다고 들었어요.

M1: 좋아요. 그 행사에서 우리의 새로운 모델에 대해 많은 잠재 고객들에게 얘기할 수 있을 거예요.

W: 좋아요. 온라인에서 그것에 대해 더 알아볼게요.

어휘
happen to 우연히[혹시] ~하다 go over 검토하다
product 제품 quite a bit 꽤 below 낮은 target 목표
opportunity 기회 promote 홍보하다 the public 대중
advertise 광고하다 trade show 무역 박람회
participate in ~에 참가하다 prospective 잠재적인 client 고객

10 화자들은 어디에서 일하겠는가?
(A) 광고 대행사에서
(B) 전자제품 회사에서
(C) TV 방송국에서
(D) 인터넷 서비스 제공업체에서

기술34
남자 1이 우리 새로운 레이저 프린터의 매출이라고 말하는 부분(the sales of our new laser printer ~)에서 화자들이 전자제품 회사에서 일한다는 것을 추론할 수 있다. 따라서 정답은 (B)가 된다.

바꿔 쓰기 printer 프린터 → electronics 전자기기

11 화자들이 걱정하는 것은 무엇인가?
(A) 매출이 예상보다 저조하다.
(B) 신제품에 결함이 있다.
(C) 분기별 보고서가 미완성이다.
(D) 무역 박람회가 취소되었다.

기술37
남자 1이 새로운 레이저 프린터의 매출이 목표보다 저조하다고 말하는 부분(the sales of our new laser printer, XT-200 were quite a bit below our target)에서 화자들이 걱정하는 것이 매출이라는 점을 알 수 있다. 따라서 정답은 (A)가 된다.

바꿔 쓰기 below our target 목표보다 낮다 → lower than expected 예상보다 저조하다

12 여자는 다음에 무엇을 하겠다고 말하는가?
(A) 보고서 끝내기
(B) 시연하기
(C) 잠재 고객들 만나기
(D) 더 많은 정보 얻기

기술48
여자의 마지막 대사(I'll go online and find more about it)에서 온라인에서 더 알아보겠다고 했으므로, 정답은 (D)가 된다.

바꿔 쓰기 find 찾다 → get 얻다

Questions 13~15 refer to the following conversation.

US – BR

M: Hi, I'm Tom Stewart in sales. Is Mr. Black in today?

W: I'm afraid **13**he's out of town on business. He will be back on the day after tomorrow. May I ask why you want to see him?

M: Mmm. I'd like him to look over my sales proposal before **14**I give a presentation to the board of directors tomorrow.

W: Well, **15**let me give you his cell phone number. I think he's willing to give you an advice.

13-15는 다음 대화에 관한 문제입니다.

M: 안녕하세요, 저는 영업부의 Tom Stewart입니다. 오늘 Black 씨 계신가요?

W: 안타깝게도 출장 중이세요. 모레 돌아오실 겁니다. 혹시 왜 그를 만나려고 하시는지 여쭤봐도 될까요?

M: 음. 내일 이사회에서 발표를 하기 전에 제 영업 제안서를 검토해주셨으면 해서요.

W: 음, 제가 그분 휴대 전화 번호를 드릴게요. 기꺼이 조언을 해주실 거예요.

어휘

out of town on business 출장 중인
the day after tomorrow 모레 look over 검토하다
proposal 제안서 board of directors 이사회 cell phone 핸드폰
be willing to 기꺼이 ~하다 advice 조언

13 여자가 Black 씨에 대해 말하는 바는 무엇인가?

(A) 그는 전화로 병가를 냈다.
(B) 그는 출장 중이다.
(C) 그가 영업 제안서를 썼다.
(D) 그는 영업부에서 일한다.

기술46

여자의 첫 대사에서 Black 씨가 출장 중이라고 말하는 부분(he's out of town on business)에서 정답이 (B)임을 알 수 있다.

바꿔 쓰기 out of town on business 출장 중인 → on a business trip 출장 중인

14 남자는 언제 발표를 할 것인가?

(A) 오늘
(B) 내일
(C) 이틀 뒤
(D) 다음 주

기술35

남자가 내일 이사회에서 발표를 할 것이라고 말하는 부분(I give a presentation to the board of directors tomorrow)에서 정답 (B)를 확인할 수 있다. 대화 중 들리는 또 다른 날짜인 the day after tomorrow와 혼동하지 않도록 한다.

15 여자가 남자에게 주는 정보는 무엇인가?

(A) 전화번호
(B) 이메일 주소
(C) 방 번호
(D) 팩스 번호

기술38

대화 마지막에 여자가 남자에게 휴대 전화 번호를 알려주는 부분에서 (let me give you his cell phone number)에서 정답 (A)를 확인할 수 있다.

바꿔 쓰기 cell phone number 휴대 전화 번호 → telephone number 전화 번호

Questions 16~18 refer to the following conversation and list.

AU - BR

M: Hi, Liz. I heard **16**you are going to take some time off. Are you going somewhere?
W: Yes, **17**I plan to visit my aunt who lives in Paris. But I haven't booked a flight ticket yet.
M: Have you called Dream Tours? They have helped us make travel arrangements for a long time.
W: Oh, didn't you know that it went out of business last month?
M: Really? **18**How about calling the one that is right here in Sydney?

16-18은 다음 대화와 목록에 관한 문제입니다.

M: 안녕하세요, Liz. 좀 쉰다고 들었는데, 어디 가나요?
W: 네, Paris에 계신 숙모님을 뵈러 갈 계획이에요. 하지만 아직 비행기 표 예매를 못했어요.
M: Dream Tours에 전화해 봤어요? 오랫동안 우리 여행 준비를 도와주었잖아요.
W: 오, 거기 지난달에 폐업한 거 몰랐어요?
M: 정말요? 그럼 여기 Sydney에 있는 곳에 연락하는 게 어때요?

회사	위치
JJ Trust	Paris
Dream Tours	Miami
Miracle Travel	London
Pacific Tours	**18**Sydney

어휘

take off 쉬다 somewhere 어딘가 aunt 숙모
travel arrangements 여행 준비 go out of business 폐업하다

16 화자들은 무엇에 대해 얘기하고 있는가?

(A) 특별 할인
(B) 새로운 사업
(C) 휴가
(D) 여행 프로그램

기술33

남자의 첫 대사 중 여자의 휴가를 언급하는 부분(you are going to take some time off)에서 대화의 주제가 휴가임을 알 수 있으므로 정답은 (C)가 된다.

바꿔 쓰기 take some time off 쉬다 → vacation 휴가

17 여자는 왜 Paris에 가고자 하는가?

(A) 친척을 보기 위해서
(B) 박물관을 방문하기 위해서
(C) 계약을 마무리하기 위해서
(D) 책을 찾기 위해서

기술36

고유명사 키워드인 Paris가 언급되는 여자의 첫 대사(I plan to visit my aunt who lives in Paris)에서 숙모를 방문하려고 한다는 정보를 얻을 수 있다. 따라서 숙모를 친척으로 바꿔 표현한 보기 (A)가 정답이다.

바꿔 쓰기 aunt 숙모 → relative 친척

18 시각 자료를 보시오. 여자는 어느 회사에 전화하겠는가?

(A) JJ Trust
(B) Dream Tours
(C) Miracle Travel
(D) Pacific Tours

기술36

대화 마지막에 남자가 여기 Sydney에 있는 회사로 전화해 보라고 제안하는 부분(How about calling the one that is right here in Sydney)에서 정답을 찾을 수 있다. 도표에서 Sydney에 있는 회사가 Pacific Tours라고 나와 있으므로, 정답은 (D)가 된다.

⚙️ **Practice**

정답 1. (C) **2.** (A)

1 US – AU

W: What a mess! It seems like the staff lounge hasn't been cleaned for ages.

M: You can say that again. I heard the cleaning lady is on maternity leave.

W: Umm.. I can't leave it that way. Let's clean it up together.

M: Good idea. Can you sweep the floor while I empty the trash bin?

W: 엉망이네요! 직원 휴게실을 수 년 동안 청소를 안 한 것 같네요.

M: 맞아요. 청소부가 출산 휴가 중이라고 들었어요.

W: 음. 이렇게 둘 순 없죠. 같이 청소합시다.

M: 좋은 생각이에요. 제가 쓰레기통을 비울 동안 바닥을 쓸어 줄래요?

어휘
mess 엉망진창 It seems like ~인 것 같다
staff lounge 직원 휴게실 for ages 오랫동안
cleaning lady 여자 청소부 on maternity leave 출산 휴가 중인
sweep 바닥을 쓸다 empty 비우다 trash bin 쓰레기통

여자의 말에 따르면, 휴게실의 문제점은 무엇인가?
(A) 공사 중이다.
(B) 사람이 너무 붐빈다.
(C) 지저분하다.
(D) 페인트칠을 다시 하고 있는 중이다.

해설
초반 여자 대사에서, 장소 키워드인 staff lounge를 먼저 제시하고, 부정의 not 바로 뒤에 라운지의 문제점이 제시된다. 수년 동안 청소하지 않은 것 같다는 말에서 정답이 (C)임을 알 수 있다.
바꿔 쓰기 not cleaned 청소되지 않은 → dirty 더러운

2 US – BR

M: Look at this. Water is dripping down from the ceiling.

W: Oh, no. Could you go and see if the documents on my desk get wet?

M: Don't worry! They are still all right. Let me put them in the bottom drawer.

W: What a relief. Thank you.

M: 이것 봐요. 천장에서 물이 뚝뚝 떨어지고 있어요.

W: 오, 이런. 가서 제 책상 위에 있는 서류들이 젖었는지 봐 줄래요?

M: 걱정 마세요! 서류들은 아직 괜찮아요. 제가 맨 아래 서랍 안에 넣어둘게요.

W: 다행이네요. 고마워요.

어휘
drip 뚝뚝 떨어지다 ceiling 천장 document 서류, 문서 wet 젖은
bottom 맨 아래 drawer 서랍 relief 안심

여자가 걱정하는 것은 무엇인가?
(A) 서류들
(B) 높은 천장
(C) 동료들
(D) 마감 기한

해설
여자가 Oh, no라고 말한 부정적 표현 뒤에 서류가 젖는지 봐달라고 부탁하는 부분에서 여자가 서류들에 대해 걱정하고 있음을 알 수 있다.
바꿔 쓰기 documents 서류들 → papers 서류들

기술 38 | 바꿔 표현된 보기가 정답이다!

⚙️ **Practice**

정답 1. (A) **2.** (C)

1 AU – BR

M: Jane. Would you like to see the new movie directed by Thomas Miller today?

W: Why not! I'm a big fan of his action movies.

M: Great. I will reserve the tickets for 8:00 p.m. What time shall I pick you up?

W: I'll give you a call when I get off work.

M: Jane, 오늘 Thomas Miller가 감독한 새 영화 보러 갈래요?

W: 좋아요! 저는 그분 액션 영화 팬이거든요.

M: 잘 됐네요. 오후 8시표로 예약할게요. 몇 시에 태우러 갈까요?

W: 퇴근하면 전화드릴게요.

어휘
direct 감독하다 reserve 예약하다 pick up ~을 차에 태우다
get off work 퇴근하다

여자는 나중에 무엇을 할 것이라고 말하는가?
(A) 남자에게 연락하기
(B) 테이블을 예약하기
(C) 차를 운전하기
(D) 표들을 찾아오기

해설
여자가 마지막 대사에서 남자에게 전화한다고 말하는 부분에서 (A)가 정답임을 알 수 있다.
바꿔 쓰기 give a call 전화하다 → contact 연락하다

2 US – US

W: Have you tried the Mexican restaurant across the street?

M: Yeah. I went there with some of my friends last weekend but we waited to be served for more than an hour. In addition, the servers were unfriendly.

W: Many customers complained about it. I was told that they decided to hire the new wait staff and extend their hours.

W: 길 건너에 있는 멕시코 식당에 가보셨어요?

M: 네. 지난 주말에 제 친구 몇 명이랑 갔었는데, 음식 나오기 전에 한 시간 이상 기다렸어요. 게다가 종업원들도 불친절했어요.

W: 많은 고객들이 그런 불평을 해서, 새로운 종업원들을 고용하고 영업 시간을 연장하기로 결정했대요.

식당에 대해 언급된 바는 무엇인가?
(A) 멕시코에 위치해 있다.
(B) 모든 종류의 음식을 서빙한다.
(C) 문을 더 오래 열 것이다.
(D) 수리 중이다.

해설
대화 마지막에 여자가 식당이 영업 시간을 연장하기로 했다고 말
하는 부분에서 정답이 (C)임을 알 수 있다. 영업 시간 연장을 문을
더 오래 열 것이라고 바꿔 표현한 것이 핵심 포인트이다.
바꿔 쓰기 extend their hours 영업 시간을 연장하다 → stay
open longer 문을 더 오래 열다

기술 39 | 문제에 제시된 시간 표현이 대화에서 단서로 등장한다!

⚙️ **Practice**

정답 1. (B) **2.** (A)

1 BR – US
W: Hey, Mike. Have you met our new sales director?
M: Yes, I saw him in the staff meeting on Monday.
   I didn't have a chance to talk with him in person.
   However, he looked so energetic and hard working.
W: That's what I heard too. Hopefully, he will bring more
   enthusiasm to our department.

W: 안녕하세요, Mike. 우리 새로운 영업 이사님 만나봤어요?
M: 네, 월요일에 직원 회의에서 봤어요. 직접 얘기할 기회는 없었지만,
   아주 활기차고 성실해 보이셨어요.
W: 저도 그렇게 들었어요. 우리 부서에 더 많은 열정을 가져다 주시길
   바라요.

남자가 월요일에 한 일은 무엇인가?
(A) 영업 이사와 얘기를 나눴다.
(B) 회의에 참석했다.
(C) 새로운 최고 경영자를 만났다.
(D) 발표를 했다.

해설
남자의 대사 중 시간 키워드 Monday가 제시되는 곳에서 답을 찾
으면 된다. 대화 초반에 남자가 월요일에 직원 회의에서 그를 봤다
고 말하는 부분에서 정답은 (B)가 됨을 알 수 있다.

2 US – AU
W: Richard. What happened to you this morning?
M: Ah, I was caught in traffic. By the way, what did the
   president talk about?
W: Sorry, I'm about to leave now. I have to meet an
   important client this afternoon to close a deal. Is it all
   right to give you a call later?
M: Sure thing.

W: Richard. 오늘 아침에 무슨 일이었어요?
M: 아, 차가 막혔어요. 그런데 사장님은 무슨 말씀하셨어요?
W: 미안해요. 내가 지금 나가는 길이라서요. 오늘 오후에 계약을 체결
   하기 위해 중요한 고객을 만나야 하거든요. 나중에 전화해도 괜찮
   을까요?
M: 물론이죠.

오늘 오후에 여자가 해야 하는 일은 무엇인가?
(A) 계약 마무리하기
(B) 사장 만나기
(C) 강연하기
(D) 고객에게 전화하기

해설
시간 키워드 this afternoon이 제시되는 여자의 두 번째 대사의
계약을 체결하기 위해 고객을 만나야 한다는 내용을 통해 정답 (A)
를 확인할 수 있다.
바꿔 쓰기 close a deal 계약을 체결하다 → finalize a contract
계약을 마무리하다

기술 40 | 문제에 ask about이 보이면 의문문을 노려라!

⚙️ **Practice**

정답 1. (B) **2.** (A)

1 US – US
W: Hello. I'm calling to rent a car for my vacation to
   Tucson.
M: Thank you for calling, ma'am. What kind of car do
   you want?
W: I'd like an SUV that has off-road capability.
M: Okay. Umm. We have a wide selection of vehicles.
   Can I have your name and telephone number,
   please?

W: 여보세요. 제가 Tucson으로 휴가 가서 쓸 차량을 렌트하려고 전
   화했어요.
M: 전화 주셔서 감사합니다. 어떤 차량을 원하시죠?
W: 비포장 도로에서 주행할 수 있는 SUV 차량을 원해요.
M: 알겠습니다. 음. 저희는 다양한 차량들이 있어요. 이름과 전화번
   호를 알 수 있을까요?

남자가 요청하는 정보는 무엇인가?
(A) 이메일 주소
(B) 연락처
(C) 암호
(D) 팩스 번호

남자의 마지막 대사에서 이름과 전화번호를 묻는 질문에서 (B)가
정답임을 알 수 있다.
바꿔 쓰기 telephone number 전화번호 → contact number
연락처

2   AU - BR

M: Hi, Linda. What are you doing this Saturday?
W: I don't have any special plans yet. Why do you ask?
M: I'm wondering if you want to go to the jazz concert
   with me.
W: Of course. What time will the concert start?

M: 안녕하세요, Linda. 이번 주 토요일에 뭐해요?
W: 아직 특별한 계획은 없어요. 왜 물어보세요?
M: 저와 재즈 콘서트에 가실 의향이 있는지 궁금해서요.
W: 물론이죠. 콘서트가 몇 시에 시작하나요?

어휘

plan 계획 wonder 궁금하다

남자가 물어보는 것은 무엇인가?
(A) 주말 계획
(B) 행사 장소
(C) 시작 시간
(D) 재즈 밴드

해설
남자의 첫 대사 의문문에서 여자의 주말 계획을 물어보고 있으므
로 정답은 (A)이다.
바꿔 쓰기 Saturday 토요일 → weekend 주말

DAY 10 TEST

정답 1. (A) 2. (B) 3. (A) 4. (C) 5. (A) 6. (D)
7. (B) 8. (C) 9. (B) 10. (B) 11. (C) 12. (B)
13. (D) 14. (C) 15. (B) 16. (A) 17. (C) 18. (B)

Questions 1~3 refer to the following conversation.

 US - BR

M: Pardon me. I was told your store provides discounted
   rates to China Bank employees. Is that true?
W: That's right. If you show me your company ID card,
   I can give you an additional 10 % [1]discount on this
   stapler and file folders.
M: Umm. [2]I'm afraid I left it in my office. What am I
   supposed to do?
W: Not to worry. You pay in full now and you can get the
   refund later. All you have to do is just to present your
   ID card with the original receipt within this month.
M: It sounds good. By the way, [1]do you carry paper
   clips?
W: Yes, but they are currently out of stock. [3]They will be
   restocked next week.

1-3은 다음 대화에 관한 문제입니다.
M: 실례합니다. 당신 가게가 China Bank 직원들에게 할인 요금을 제
   공한다고 들었어요. 사실인가요?
W: 맞아요. 사원증을 제시하면, 이 스테이플러와 파일 폴더들에 대해

추가로 10% 할인을 받을 수 있어요.
M: 음, 안타깝지만 사무실에 두고 왔어요. 어떻게 해야 하죠?
W: 걱정 마세요. 지금은 전액을 내시고, 나중에 환불을 받으실 수 있
   어요. 이번 달 내에 원본 영수증과 더불어 사원증을 제시하시기만
   하면 됩니다.
M: 다행이네요. 그런데 클립도 있나요?
W: 네, 그런데 지금은 품절이에요. 다음 주에 재고가 들어올 거예요.

어휘
provide 제공하다 rate 요금 additional 추가의
stapler 스테이플러 in full 전부 refund 환불 present 제시하다
original 원래의 receipt 영수증 within ~ 이내에
carry (가게에서) 취급하다 currently 현재 out of stock 품절된
restock (물건을) 다시 채우다

1 대화는 어디에서 일어나겠는가?
(A) 문구점에서
(B) 은행에서
(C) 사무실에서
(D) 구내식당에서

기출34
여자의 첫 대사에서 스테이플러와 파일 폴더들에 대해 할인을 언
급(discount on this stapler and file folders)했고 남자가 마지
막 대사에서 클립도 파는지 묻고 있으므로 이곳이 문구점임을 추
론할 수 있다. 따라서 정답은 (A)가 된다.

2 남자는 무슨 문제를 겪고 있는가?
(A) 지갑을 어디에 두었는지 모른다.
(B) 필요한 카드를 가져오지 않았다.
(C) 원본 영수증을 분실했다.
(D) 암호를 잊어버렸다.

기출37
남자의 두 번째 대사에서 사원증을 사무실에 두고 왔다고 말하는
부분(I'm afraid I left it in my office)에서 정답이 (B)임을 알 수
있다.

3 여자의 말에 따르면, 다음 주에 일어날 일은 무엇인가?
(A) 새로운 선적물이 도착할 것이다.
(B) 추가 할인이 적용될 것이다.
(C) 신분증이 발급될 것이다.
(D) 은행이 폐업할 것이다.

기출39
여자의 마지막 대사(They will be restocked next week)에서
다음 주에 재고가 다시 채워질 것임을 알 수 있다. 따라서 정답은
(A)가 된다.

Questions 4~6 refer to the following conversation with three speakers.

US - US - AU

M1: Hi, Jill. [4]Weren't you supposed to hand in the sales
    report yesterday?
W: Right. In fact, I got it done this morning but I haven't
    been able to access my e-mail since this morning.
    I don't know what's going on.
M2: Oh? Didn't you hear that our intranet is being
    upgraded today?
W: Mmm. Now I remember I saw the notice about it on

the bulletin board. **5Do you guys know when it's up and running**?

M1: I'm not sure. But you don't have to send it by e-mail. **6Just give me a hard copy. I'll be in my office for the rest of the day.**

4-6은 다음 세 명의 대화에 관한 문제입니다.

M1: 안녕하세요, Jill. 어제 영업 보고서를 제출하기로 되어 있지 않았나요?

W: 맞아요. 사실은 오늘 아침에 끝냈는데 오늘 아침 이후로 이메일 접속이 안 되네요. 무슨 일인지 모르겠어요.

M2: 오? 오늘 우리 사내 전산망이 업그레이드된다는 소식 못 들었어요?

W: 음. 게시판에서 그것에 관한 공지를 본 기억이 이제서야 나네요. 언제 정상적으로 작동하는지 아세요?

M1: 잘 모르겠어요. 하지만 이메일로 보내지 않아도 되요. 그냥 복사본으로 주세요. 저는 하루 종일 사무실에 있을 거예요.

어휘
be supposed to ~하기로 되어 있다 hand in 제출하다
in fact 사실상 be able to do ~할 수 있다 access 접속하다
notice 공지 bulletin board 게시판
up and running 잘 작동되는 hard copy 복사본 rest 나머지

4 여자가 어제 하기로 되어 있던 일은 무엇인가?
(A) 컴퓨터 수리하기
(B) 네트워크 업그레이드하기
(C) 문서 제출하기
(D) 공지 게시하기

기술39
어제 보고서를 제출하기로 하지 않았느냐고 묻는 남자 1의 첫 대사(Weren't you supposed to hand in the sales report yesterday?)에서 정답이 (C)임을 알 수 있다.
바꿔 쓰기 hand in 제출하다 → submit 제출하다
report 보고서 → document 문서

5 여자가 묻는 것은 무엇인가?
(A) 언제 네트워크가 정상화가 되는지
(B) 업그레이드에 얼마나 많은 비용이 드는지
(C) 영업 보고서가 어디 있는지
(D) 어떻게 복사본을 만드는지

기술40
여자가 두 번째 대사에서 네트워크가 언제 정상적으로 작동하게 되는지 묻고 있으므로(Do you guys know when it's up and running?) 정답은 (A)가 됨을 알 수 있다.
바꿔 쓰기 up and running 잘 작동되는 → returns to normal 정상화되다

6 여자가 요청받는 것은 무엇인가?
(A) 기술부에 전화하기
(B) 그녀의 컴퓨터 교체하기
(C) 네트워크 확인하기
(D) 직접 사무실 방문하기

기술43
남자 1이 마지막 대사에서 사본을 달라고 하면서 사무실에 있겠다고 하는 부분(Just give me a hard copy. I'll be in my office for the rest of the day)에서 본인의 사무실에 와달라고 제안하는 것임을 알 수 있다. 따라서 (D)가 정답이다.

Questions 7~9 refer to the following conversation.

US - AU

W: **7My van came to a sudden halt in the morning.** What seems to be the problem?

M: Let's see. Umm... there could be a lot of reasons that vehicles break down. **8It looks like there is some problem with the engine but I ought to take a careful look at it.**

W: Okay. How long do you think it will take? **9I need to use my van to pick up our overseas clients at the airport tomorrow afternoon.**

M: I think I can get it done by tomorrow morning. I'll give you a call when it's all set.

7-9는 다음 대화에 관한 문제입니다.

W: 오늘 아침에 제 승합차가 갑자기 멈췄어요. 문제가 무엇인 것 같나요?

M: 봅시다. 음... 차량이 고장 나는 것에는 여러 가지 이유가 있을 수 있어요. 엔진에 문제가 있는 것처럼 보이기는 하지만, 자세히 살펴봐야 해요.

W: 알겠어요. 얼마나 걸릴 것 같으세요? 내일 오후에 공항에 해외 고객들을 태우러 가기 위해 차를 써야 하거든요.

M: 내일 아침까지는 끝낼 수 있을 것 같습니다. 모두 준비되면 연락드릴게요.

어휘
van 승합차 come to a sudden halt 갑자기 멈추다
vehicle 차량 break down 고장 나다 ought to ~해야 한다
take a (careful) look at (자세히) 보다 overseas 해외의
client 고객 set 준비된

7 아침에 여자에게 무슨 일이 일어났는가?
(A) 교통 체증에 갇혔다.
(B) 그녀의 차에 문제가 있었다.
(C) 공항에서 고객들을 태웠다.
(C) 그녀가 직접 엔진을 확인했다.

기술39
대화 처음에 여자의 승합차가 갑자기 멈췄다고 말하는 부분(My van came to a sudden halt in the morning)에서 (B)가 정답임을 알 수 있다.
바꿔 쓰기 van 승합차 → car 차

8 화자들은 어디에 있겠는가?
(A) 공항에
(B) 사무실에
(C) 차량 정비소에
(C) 차 안에

기술34
남자가 엔진 문제인 것 같긴 하지만 자세히 살펴봐야 한다고 말하는 것(It looks like there is some problem with the engine but I ought to take a careful look at it)에서, 남자가 차량 정비공임을 알 수 있다. 대화 마지막에 차량 수리가 끝나면 전화하겠다는 말에서 이곳이 정비소임을 알 수 있으므로 (C)가 정답이다.

9 여자가 내일 만날 사람은 누구인가?
(A) 승합차 운전자들
(B) 고객들
(C) 기술자들
(D) 임원들

여자가 두 번째 대사에서 내일 오후 공항에서 해외 고객들을 태워 와야 한다고(I need to use my van to pick up our overseas clients at the airport tomorrow afternoon) 했으므로 정답이 (B)임을 알 수 있다.

바꿔 쓰기 clients 고객들 → customers 고객들

Questions 10~12 refer to the following conversation.

US – US

W: Oh, I can't believe it's already 12:30. **10**Wasn't our flight scheduled to depart at noon?

M: That's what the ticket says. Actually, **10**I asked the airline agent at the gate about the current status and she said some **11**unexpected engine problem occurred.

W: Why didn't they make an announcement about the situation? I thought we had missed the flight.

M: Umm, I heard they'll give us an official announcement in a few moments.

W: Do you think we can get to Chicago as scheduled? If we don't get there by 3 p.m., we'll be in big trouble. **12**Our presentation is supposed to begin at 4 p.m.

10-12는 다음 대화에 관한 문제입니다.

W: 오, 벌써 12시 반이라니 믿을 수가 없어요. 우리 비행기가 정오 출발 예정 아니었어요?

M: 티켓에 그렇게 나와 있어요. 사실 탑승구에 있는 항공사 직원에게 현재 상황에 대해 물었는데, 예기치 못한 엔진 문제가 생겼대요.

W: 왜 상황에 대한 안내방송을 하지 않았을까요? 난 우리가 비행기를 놓친 줄 알았어요.

M: 음, 잠시 뒤에 공식 안내를 할 거라고 들었어요.

W: 우리가 예정대로 Chicago에 도착할 수 있을까요? 오후 3시까지 도착하지 못하면 우리는 아주 곤란할 거예요. 우리 발표가 오후 4시에 시작하기로 되어 있잖아요.

어휘
depart 출발하다 airline 항공사 agent 직원 current 현재의 status 상태 unexpected 예상치 못한 occur 발생하다 announcement 안내(방송) situation 상황 miss 놓치다 official 공식적인 as scheduled 예정대로 be in big trouble 큰 곤경에 처하다

10 화자들은 어디에 있겠는가?
(A) 기내에
(B) 공항에
(C) 차 안에
(D) 여행사에

기술34

여자가 비행기 일정 얘기를 하는 부분(Wasn't our flight supposed to depart at noon?)과 남자가 탑승구에 있는 항공사 직원에게 물어봤다는 언급(I asked the airline agent at the gate)에서 현재 장소가 공항임을 유추할 수 있다. 따라서 정답은 (B)가 된다.

11 문제의 원인은 무엇인가?
(A) 악천후
(B) 일정 겹침
(C) 기계상의 문제
(D) 연결편 비행기

기술37

남자가 첫 대사에서 엔진 문제를 언급하는 부분(some unexpected engine problem occurred)에서 정답이 (C)임을 알 수 있다.

바꿔 쓰기 engine problem 엔진 문제 → mechanical problem 기계상의 문제

12 여자가 "우리는 아주 곤란할 거예요"라고 말할 때 암시하는 바는 무엇인가?
(A) 그들은 예정대로 Chicago에서 고객들을 만날 수 없다.
(B) 그들은 제시간에 발표를 할 수 없다.
(C) 그들은 연결 비행편을 놓칠 것이다.
(D) 그들은 차 수리를 맡겨야 할 것이다.

기술41

여자의 마지막 대사에서 발표가 오후 4시에 시작하기로 되어 있다고(Our presentation is supposed to begin at 4 p.m.) 하는 것을 통해 제시간에 발표를 하지 못하는 상황을 걱정하고 있음을 알 수 있으므로 정답은 (B)가 된다.

Questions 13~15 refer to the following conversation.

AU – US

M: Hey Sally! How was the play last night? **13**The local newspaper says that it is well received by the public.

W: I was really looking forward to it but I couldn't go. Unfortunately, **14**I had to work on the project proposal.

M: That's too bad. Are you done with it?

W: It's almost finished. I think I can go and see it tonight. Do you want to go with me?

M: Sounds good. What time shall we meet?

W: The play starts at 7 p.m. **15**Why don't we meet in the lobby at 6?

13-15는 다음 대화에 관한 문제입니다.

M: 안녕하세요, Sally! 어젯밤 연극은 어땠나요? 지역 신문에서는 대중들의 호평을 받는다고 하던데요.

W: 정말 기대했었는데 못 갔어요. 안타깝게도, 프로젝트 제안서 작업을 해야 했거든요.

M: 안됐네요. 그건 끝냈어요?

W: 거의 끝나가요. 제 생각엔 오늘 밤에 가서 볼 수 있을 것 같아요. 저와 함께 갈래요?

M: 좋아요. 몇 시에 만날까요?

W: 연극은 오후 7시에 시작해요. 6시에 로비에서 보는 게 어때요?

어휘
play 연극 local 지역의 be well received by ~의 호평을 받다 the public 대중 look forward to ~을 고대하다 unfortunately 불행하게도 proposal 제안서 be done with 끝내다

13 남자는 연극에 대해 어떻게 알게 되었는가?
(A) 광고를 봤다.
(B) 동료에게 들었다.
(C) 웹사이트를 봤다.
(D) 기사를 읽었다.

기술50
남자가 첫 대사에서 신문에서 연극에 대한 평가를 봤다고(The local newspaper says that it is well received by the public) 했으므로 정답이 (D)임을 알 수 있다.

14 여자는 어젯밤에 무엇을 했겠는가?
(A) 극장에 갔다.
(B) 인터뷰를 했다.
(C) 제안서를 썼다.
(D) 프로젝트를 끝냈다.

기술39
여자가 어젯밤에 프로젝트 제안서 작업을 해야 했다고 말하는 부분(I had to work on the project proposal)에서 (C)가 정답임을 알 수 있다.
바꿔 쓰기 work on 작업하다 → wrote 쓰다

15 화자들은 언제 만나겠는가?
(A) 오후 5시에
(B) 오후 6시에
(C) 오후 7시에
(D) 오후 8시에

기술35
여자가 마지막에 6시에 로비에서 만나자고 제안하는 부분(Why don't we meet in the lobby at 6?)에서 정답이 (B)임을 알 수 있다.

Questions 16~18 refer to the following conversation and graph.

AU – BR

M: Ms. Brown. **16**Did you look over the report I sent you yesterday?
W: I just finished reviewing it. I was impressed that our sales have continued to rise.
M: Despite the struggling economy, we have managed to make higher profits than expected for three consecutive months. **17**Our sales have increased since Mr. Johnson started to work as the president.
W: That's right. **18**He is such an innovative and strong leader.

16-18은 다음 대화와 그래프에 관한 문제입니다.
M: Brown 씨. 제가 어제 보내드린 보고서는 검토해 보셨어요?
W: 막 검토를 끝냈는데요. 우리 매출이 계속 올랐다는 것이 매우 인상 깊었어요.
M: 침체된 경기에도 불구하고, 3개월 연속으로 예상보다 더 높은 수익을 기록했어요. Johnson 씨가 사장으로 일을 시작한 이후로 우리 매출이 증가했어요.
W: 맞아요. 그는 혁신적이고 강한 지도자예요.

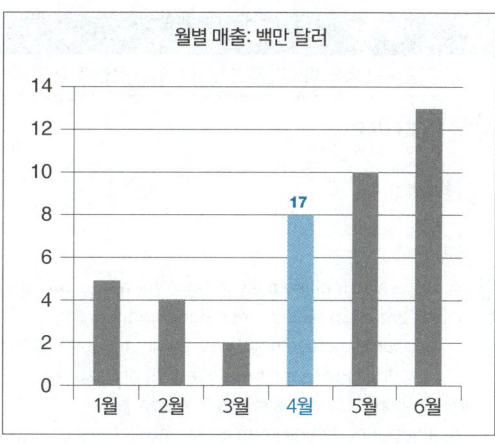

월별 매출: 백만 달러

어휘
look over 검토하다(= review) impressed 깊은 인상을 받은
rise 상승하다, 오르다 despite ~에도 불구하고
struggling economy 침체된 경제 profit 수익
consecutive 연속의 innovative 혁신적인 leader 지도자

16 남자가 알고 싶어하는 바는 무엇인가?
(A) 여자가 자신의 보고서를 검토했는지
(B) 경제가 언제 회복될지
(C) 사장실이 어디 있는지
(D) Johnson 씨가 왜 고용되었는지

기술38
문제에서 man, want to know가 보이므로, 남자의 대사 중에서 의문문을 노려야 한다. 남자의 첫 대사에서 보고서를 검토해 봤는지 묻고 있으므로(Did you look over the report I sent you yesterday?) 정답은 (A)가 된다.
바꿔 쓰기 look over 검토하다 → went over[go over] 검토하다

17 시각 자료를 보시오. Johnson 씨는 언제 사장으로서 일을 시작했는가?
(A) 1월에
(B) 2월에
(C) 4월에
(D) 5월에

기술36
남자의 대사 중에 Johnson 씨가 사장으로 일을 시작한 이후로 매출이 올랐다고 하는 부분(Our sales have increased since Mr. Johnson started to work as the president)에서, 그래프상 판매가 오르기 시작한 시점인 4월에 Johnson 씨가 사장으로서 일을 시작했음을 추론할 수 있다. 따라서 정답은 (C)가 된다.

18 Johnson 씨에 대해 암시된 바는 무엇인가?
(A) 보고서 검토를 끝냈다.
(B) 유능한 지도자이다.
(C) 혁신적인 경제학자이다.
(D) 영업사원으로 일했었다.

기술46
여자의 마지막 대사에서 Johnson 씨가 혁신적이고 강한 지도자라고 칭찬하는 부분(He is such an innovative and strong leader)에서 Johnson 씨에 대해 유능한 지도자라는 평가를 알 수 있으므로 (B)가 정답이다.
바꿔 쓰기 innovative and strong 혁신적이고 강한 → competent 유능한

기술 41 | 의도 파악 문제의 단서는 앞뒤 문장에 있다!

⚙️ Practice

정답 1. (D) **2.** (B)

1 AU – US

M: Sera. You look so busy today. Where are you going?
W: Hi, Jack. I'm taking these documents to the accounting office now. Wait a minute, umm, Could you drive me to the headquarters at 2 p.m.?
M: I'm sorry. My car is still being repaired.
W: That's OK. I think I can call a cab.

M: Sera. 오늘 굉장히 바빠 보이네요. 어디 가세요?
W: 안녕하세요, Jack. 지금 회계부로 이 문서들을 가지고 가요. 잠시만요, 음, 오후 2시에 본사까지 차를 태워주실 수 있으세요?
M: 죄송해요. 제 차가 아직 수리 중입니다.
W: 괜찮아요. 택시를 부를 수 있을 것 같네요.

어휘
take 가져가다 document 문서 accounting office 회계부
drive 차로 데려다 주다 headquarters 본사 repair 수리하다
cab 택시

남자가 "제 차가 아직 수리 중입니다"라고 말할 때 의미한 바는 무엇인가?
(A) 차를 렌트하고 싶어 한다.
(B) 돈을 좀 빌려야 한다.
(C) 직장에 걸어가야 한다.
(D) 차를 태워 줄 수 없다.

해설
여자가 본사까지 차 좀 태워 달라는 부탁에 대해 남자가 죄송하다며 그의 차가 아직 수리 중이라고 말하면서 자연스럽게 차를 태워 줄 수 없다는 의사를 전달하고 있으므로 정답은 (D)가 된다.

2 US – BR

M: How's our new logo design coming along? The first draft is due tomorrow, right?
W: Yes. It is almost done. But I haven't worked on it since this morning. The network has been down all day.
M: Mmm. The director wants to see it at the staff meeting tomorrow.
W: I know what you mean. Once the network is up and running, I will get it done as soon as possible.

M: 우리의 새로운 로고 디자인이 어떻게 되어 가고 있나요? 초안이 내일까지죠, 그렇죠?
W: 네, 거의 끝났어요. 하지만 오늘 아침 이후로는 작업을 못했어요. 네트워크가 하루 종일 안 되네요.
M: 음, 이사님이 내일 직원 회의 때 보고 싶어 하세요.
W: 무슨 말씀인지 알겠어요. 네트워크가 연결되고 작동하기만 하면, 가능한 한 빨리 끝낼게요.

어휘
first draft 초안 due 예정인 work on ~을 작업하다
once ~하기만 하면 as soon as possible 가능한 한 빨리

여자는 왜 "네트워크가 하루 종일 안 되네요"라고 말하는가?
(A) 수리를 요청하기 위해
(B) 지연의 이유를 설명하기 위해
(C) 새로운 업그레이드를 요청하기 위해
(D) 공급업체를 바꾸기 위해

해설
해당 표현 앞에 아침 이후로 작업을 못했다는 언급이 있다. 따라서 해당 표현은 작업을 못한 이유, 즉 일이 지연되고 있는 이유를 설명하는 것이므로 정답은 (B)가 된다.

기술 42 | offer 문제는 대명사 I와 짝꿍이다!

⚙️ Practice

정답 1. (B) **2.** (A)

1 BR – AU

W: Long time no see, Tom.
M: Oh, hi Jane. I heard you started to work at the advertising agency based in Dallas. How do you like working there?
W: I really like to work with my colleagues. They are friendly and supportive.
M: Good. Do you know whether your company is hiring these days?
W: I'm not sure but I can ask someone in the personnel department if you'd like.

W: 오랜만이에요, Tom.
M: 오, 안녕하세요, Jane. Dallas에 본사를 둔 광고 회사에서 일하기 시작했다는 말은 들었어요. 거기서 일하는 건 어때요?
W: 동료들과 일하는 것이 정말 좋아요. 동료들이 친절하고 든든해요.
M: 잘 됐네요. 당신 회사가 요즘 직원들을 채용하고 있는지 아세요?
W: 확실하지 않지만, 원하면 인사부에 있는 사람에게 물어봐 줄 수 있어요.

어휘
advertising agency 광고 회사 based in ~에 본사가 있는
colleague 동료 friendly 친근한 supportive 힘을 주는
hire 고용하다 these days 요즘 personnel 인사부

여자가 해주겠다고 제안하는 것은 무엇인가?
(A) 추천서를 쓰기
(B) 취업 기회들에 대해 문의하기
(C) 면접을 잡기
(D) 최고 경영자에게 연락하기

해설
여자의 회사에서 요즘 직원들을 채용하고 있는지 묻는 남자의 질문에 대해, 여자가 마지막 대사에서 인사부에 있는 사람에게 물어봐 주겠다고 말하므로 (B)가 정답이다.
바꿔 쓰기 ask 묻다 → inquire 문의하다

2 US – US

W: Did you hear our new interns will come by our branch office this afternoon?
M: Yes, and Mr. Taylor wanted me to buy some snacks and beverages for them but I'm tied up now.
W: Don't worry about it. I'm willing to go the convenience

store across the street. By the way, how many interns are you expecting?

W: 새로운 인턴들이 오늘 오후에 우리 지점에 들를 거란 얘기 들으셨어요?

M: 네, 그래서 Taylor 씨가 제게 그들을 위해 간식과 음료들을 사오라고 하셨는데 제가 지금 바빠서요.

W: 그건 걱정 마세요. 제가 길 건너에 있는 편의점에 다녀올게요. 그런데 오늘 오기로 한 인턴들이 몇 명이에요?

intern 인턴 branch 지점 beverage 음료 be tied up 바쁘다 worry 걱정하다 be willing to 기꺼이 ~하다 convenience store 편의점 expect 예상하다, 기다리다

여자가 해주겠다고 제안하는 것은 무엇인가?
(A) 다과 사기
(B) 새로운 인턴들 교육하기
(C) 철물점에 가기
(D) 사무실 청소하기

여자가 대화 마지막에서 기꺼이 편의점에 다녀오겠다고 말하는데, 이는 인턴들을 위한 간식과 음료를 자신이 사오겠다는 의미이므로 (A)가 정답이다.
바꿔 쓰기 snacks and beverages 간식과 음료 → refreshments 다과

기술 43 | suggest나 ask 문제는 명령문이나 권유문을 노려라!

⚙ Practice

정답 1. (D) 2. (A)

1 US – BR

M: I just reviewed the report and our sales were worse than anticipated. We should call a meeting right away.

W: It's almost 12 p.m. Why don't we discuss it with other team members over lunch?

M: Mmm... It's kind of urgent. Let's have a meeting in the office as soon as possible.

M: 제가 보고서를 막 검토했는데, 우리 매출이 예상보다 더 안 좋아요. 당장 회의를 소집해야 해요.

W: 거의 12시인데요. 다른 팀원들과 점심 먹으면서 논의하는 건 어때요?

M: 음... 이건 좀 급해요. 가능한 한 빨리 사무실에서 회의를 합시다.

review 검토하다 report 보고서 sales 매출 worse 더 나쁜 anticipate 예상하다 right away 즉시 almost 거의 discuss 논의하다 urgent 급한 as soon as possible 가능한 한 빨리

남자가 권고하는 것은 무엇인가?
(A) 점심 외식하기
(B) 테이블 예약하기
(C) 보고서 복사하기
(D) 당장 회의를 열기

남자는 마지막 대사에서 가능한 한 빨리 사무실에서 회의를 하자고 제안하고 있으므로 (D)가 정답이다.
바꿔 쓰기 have a meeting 회의를 하다 → hold a meeting 회의를 열다

2 AU – US

M: Hello. I'm calling to make an appointment with Dr. Wang on Friday. I have a runny nose and a sore throat.

W: I'm sorry that he's fully booked on Friday. How about Thursday? He has an opening at 10 a.m.

M: No problem. I can take a day off on Thursday.

W: Okay, I'll put you down for 10 a.m. Ah, our parking lot is currently being repaved. So you are encouraged to use the one across the street.

M: 안녕하세요. Wang 박사님과 금요일에 예약을 잡고자 전화했어요. 콧물이 나고 목이 아파요.

W: 죄송하지만, 금요일에 예약이 꽉 차 있어요. 목요일은 어떠세요? 오전 10시에 빈자리가 있어요.

M: 그러죠. 목요일에 하루 휴가를 내면 돼요.

W: 알겠습니다. 오전 10시로 명단에 올려놓을게요. 아, 저희 주차장이 현재 재포장 중이에요. 그러니 길 건너에 있는 주차장을 이용하실 것을 권해 드려요.

make an appointment 예약하다
have a runny nose 콧물이 나다
have a sore throat 목이 아프다 fully booked 예약이 꽉 찬
opening 빈자리 take a day off 하루 휴가를 내다
put down (명단에) 올려놓다 parking lot 주차장
currently 현재 repave 재포장하다 encourage 권장하다

남자는 무엇을 하라고 조언받는가?
(A) 다른 곳에 주차하기
(B) 금요일에 방문하기
(C) 온라인으로 예약하기
(D) Wang 박사와 직접 얘기하기

대화 마지막에 여자가 병원 주차장이 아닌 길 건너 주차장을 이용하라고 권하고 있으므로 정답은 (A)이다. 문제에 나오는 advise가 권유의 의미가 있으므로, 대화에서 이와 같은 맥락의 동사인 encourage가 나오는 부분에서 정답을 찾으면 된다.

기술 44 | next 문제는 대화 마지막에 정답이 제시된다!

⚙ Practice

정답 1. (B) 2. (C)

1 US – US

W: Hello. This is Emily Davidson from the security office. I'm calling to remind you of the safety workshop on April 10th.

M: I received an e-mail about it. Actually, I was going to call you because I need to fly to Rome to close a deal on that date.

W: Not to worry. We plan to hold another session for anyone who can't attend it this time. You can check the detailed schedule on our Website.

M: Great. Let me visit the Website and find more information on it.

W: 안녕하세요. 저는 보안실의 Emily Davidson입니다. 4월 10일 안전 관련 워크숍에 대해 상기시켜 드리려고 전화 드려요.

M: 그것에 대한 이메일을 받았어요. 실은 제가 그날 협상을 마무리하기 위해 로마로 가야 해서 전화 드리려고 했어요.

W: 걱정 마세요. 이번에 참석 못하시는 분들을 위해 또 다른 세션을 개최할 계획입니다. 저희 웹사이트에서 세부 일정을 확인하실 수 있어요.

M: 잘 됐네요. 웹사이트로 가서 추가 정보를 찾아볼게요.

[어휘]
remind 상기시키다 safety 안전 fly 비행기 타고 가다
close a deal 협상을 마무리하다 detailed 세부적인

남자는 다음에 무엇을 하겠다고 말하는가?
(A) Rome로 떠나기
(B) 인터넷에 접속하기
(C) 게시판을 확인하기
(D) 협상에 대해 얘기하기

[해설]
남자가 마지막 대사에서 웹사이트를 방문하겠다고 했는데, 이는 즉 인터넷에 접속한다는 말이므로 정답은 (B)이다.
바꿔 쓰기 Website 웹사이트 → internet 인터넷

2 AU - BR

M: Hi, Jill. I've been trying to reach Peter but he didn't answer the phone.

W: I heard he called in sick today. Apparently, he hurt his arm playing baseball last weekend.

M: That's too bad. However, how can I get the sales figures for my report?

W: I think Sam in sales will help you with that. Why don't you call him?

M: 안녕하세요, Jill. Peter에게 연락하려고 하는데 전화를 안 받네요.

W: 오늘 전화로 병가를 냈다고 하던데요. 듣자 하니 지난 주말에 야구를 하다가 팔을 다쳤대요.

M: 안됐네요. 그런데 보고서에 쓸 판매 수치는 어떻게 얻을 수 있을까요?

W: 그건 영업부의 Sam이 도와드릴 수 있을 것 같네요. 그에게 전화해 보시는 게 어때요?

[어휘]
reach 연락하다 answer the phone 전화 받다
call in sick 전화로 병가를 내다 apparently 듣자 하니
hurt 다치다 sales figures 판매 수치, 매출액

남자는 다음에 무엇을 하겠는가?
(A) 자료 분석하기
(B) 보고서 검토하기
(C) 동료에게 연락하기
(D) 병원 방문하기

[해설]
여자가 마지막 대사에서 영업부의 Sam에게 전화해 보라고 제안하고 있으므로 정답은 (C)이다.
바꿔 쓰기 call 전화하다 → contact 연락하다

DAY 11 TEST

정답	**1.** (A)	**2.** (C)	**3.** (A)	**4.** (D)	**5.** (A)	**6.** (A)
	7. (D)	**8.** (A)	**9.** (B)	**10.** (C)	**11.** (A)	**12.** (C)
	13. (A)	**14.** (D)	**15.** (A)	**16.** (B)	**17.** (C)	**18.** (B)

Questions 1~3 refer to the following conversation.

US - BR

M: Oh, look at this stain! I wanna wear this jacket for the company banquet tonight. How can I get it out?

W: **1**Let me take it to the cleaner's across the street right away.

M: I'd appreciate it. By the way, where's John? I haven't seen him all day.

W: Ah, I forgot to say **2**he called in sick today.

M: Um, I was going to ask him to attend the advertising workshop this afternoon.

W: I think I can go there instead of him. If you'd like, **3**I can make notes for you.

1-3은 다음 대화에 관한 문제입니다.

M: 오, 이 얼룩을 봐요! 오늘 밤 회사 연회에 이 재킷을 입고 싶은데요. 그걸 어떻게 제거할 수 있죠?

W: 제가 당장 길 건너에 있는 세탁소에 가져갈게요.

M: 그래 주면 고맙죠. 그런데, John은 어디 있어요? 하루 종일 못 봤어요.

W: 아, 그가 오늘 전화로 병가를 냈다고 말한다는 걸 잊었네요.

M: 음, 오늘 오후 광고 워크숍에 참석해달라고 그에게 부탁하려던 참이었는데요.

W: 제가 대신 갈 수 있어요. 원하시면, 필기도 해 올게요.

[어휘]
stain 얼룩 wanna(= want to) ~하고 싶다 banquet 연회
get out 빼내다 cleaner's 세탁소 appreciate 감사하다
by the way 그런데 call in sick 전화로 병가를 내다
advertising 광고 instead of 대신에 make notes 필기하다

1 여자가 해주겠다고 제안하는 것은 무엇인가?
(A) 세탁소에 재킷을 맡기기
(B) 직접 얼룩을 제거하기
(C) John에게 전화하기
(D) 회사 연회에 참석하기

[기출42]
여자가 하겠다고 제안하는 것은 Let me ~ 표현이 나오는 부분에서 확인할 수 있다. 얼룩이 묻은 재킷을 세탁소에 가져가겠다고 (Let me take it to the cleaner's) 하므로 정답은 (A)이다.
바꿔 쓰기 cleaner's 세탁소 → laundry 세탁소

2 John에 대해 암시된 바는 무엇인가?
(A) 세탁소에 갈 것이다.
(B) 회사 연회 준비를 책임지고 있다.
(C) 오늘 몸이 안 좋다.
(D) 워크숍에 참석했다.

[기출46]
여자의 두 번째 대사에서 John에 대해 언급(he called in sick today.)하는데, 그가 아파서 오늘 병가를 냈다고 했으므로 정답은 (C)이다.

바꿔 쓰기 call in sick 전화로 병가를 내다 → doesn't feel well 몸이 안 좋다

3 여자는 워크숍에서 무엇을 할 것이라고 말하는가?
(A) 남자를 위해 정보를 가져올 것이다.
(B) 연설을 할 것이다.
(C) 노트를 배부할 것이다.
(D) 영사기를 설치할 것이다.

기출48
여자의 마지막 대사에서 필기를 해 올 수 있다고 제안하는 부분(I can make notes for you)에서 정답이 (A)임을 알 수 있다. 크게 보면 필기를 해 오는 것도 정보를 얻어 오는 것으로 볼 수 있다.
바꿔 쓰기 make notes 필기하다 → get information 정보를 얻어 오다

Questions 4~6 refer to the following conversation.

US – US

M: Hello. This is Sam Taylor and I'm calling about the plane ticket I reserved online.
W: Hi, Mr. Taylor. What can I do for you?
M: Um, The ticket was supposed to be here yesterday but **4**I haven't received it yet.
W: Sorry for the inconvenience, sir. Let me check... Well, the computer says **5**it's on the way to your place. I'm sure it should arrive there tomorrow morning at the latest.
M: Oh, It would be too late!
W: Not to worry. If you want, **6**I can send you an e-ticket by e-mail right now.
M: That sounds good. You have my e-mail address, don't you?

4-6은 다음 대화에 관한 문제입니다.
M: 안녕하세요, 저는 Sam Taylor인데, 제가 온라인으로 예매한 비행기 티켓에 대해 전화 드립니다.
W: 안녕하세요, Taylor 씨. 무엇을 도와드릴까요?
M: 음, 티켓이 어제 여기 도착하기로 되어 있었는데, 아직 못 받았어요.
W: 불편을 드려 죄송합니다. 확인해 보겠습니다… 전산상으로는 댁으로 가는 길이라고 나오네요. 늦어도 내일 아침에는 틀림없이 도착할 겁니다.
M: 오, 그건 너무 늦어요!
W: 걱정 마세요. 원하시면, 바로 지금 이메일로 전자 티켓을 보내드릴 수 있어요.
M: 그게 좋겠네요. 제 이메일 주소는 갖고 계시죠, 그렇지 않나요?

어휘
reserve 예약하다 be supposed to ~하기로 되어 있다 inconvenience 불편 on the way to ~로 가는 도중에 at the latest 늦어도

4 남자는 왜 전화하고 있는가?
(A) 환불을 받지 못했다.
(B) 비행기 일정을 확인하고 싶어 한다.
(C) 이메일을 받지 못했다.
(D) 티켓을 아직도 기다리고 있다.

기술33
남자가 첫 대사에서 예매한 티켓과 관련해서 전화를 한다고 밝혔고, 두 번째 대사에서 표를 아직 못 받았다고(I haven't received it yet) 했으므로 정답은 (D)가 된다.

5 여자가 티켓에 대해 말한 바는 무엇인가?
(A) 배송 중이다.
(B) 아직 인쇄가 되지 않았다.
(C) 잘못 두었다.
(D) 티켓에 오류가 있다.

기술48
여자의 두 번째 대사에서, 티켓이 남자의 집으로 가는 중이라고 (it's on the way to your place) 말하고 있으므로 정답은 (A)가 된다.
바꿔 쓰기 be on the way 가는 중이다 → be being delivered 배송 중이다

6 여자가 해주겠다고 제안하는 것은 무엇인가?
(A) 문서를 이메일로 보내기
(B) 쿠폰을 발행하기
(C) 티켓을 환불해 주기
(D) 추가 할인을 제공하기

기술42
여자의 마지막 대사에서 이메일로 전자 티켓을 보내줄 수 있다고(I can send you an e-ticket by e-mail right now) 말하므로 정답은 (A)가 된다.
바꿔 쓰기 e-ticket 전자 티켓 → document 문서

Questions 7~9 refer to the following conversation.

US – AU

W: Sam, I can't believe my eyes. **7**Look at this electric bill. It is much higher than expected.
M: I know what you mean. I think it's because we had to keep our air-conditioner on for 24 hours a day last month.
W: Yeah, **8**last summer was so hot. In addition, we have used it for ages.
M: **9**Why don't we replace it with an energy efficient one?
W: Good idea. Let's go to the electronics store in the shopping mall on Washington Avenue.
M: Yes, but let me check the prices on the Internet before we leave.

7-9는 다음 대화에 관한 문제입니다.
W: Sam, 내 눈을 믿을 수가 없어요. 이 전기 요금 고지서를 봐요. 예상보다 너무 많이 나왔어요.
M: 무슨 말인지 알겠네요. 지난달에 하루 24시간 동안 에어컨을 켜야 했기 때문이에요.
W: 네, 지난여름은 너무 더웠어요. 게다가 우리는 에어컨을 오랫동안 사용했어요.
M: 에너지 효율이 좋은 것으로 교체하는 게 어때요?
W: 좋은 생각이에요. Washington Avenue의 쇼핑몰에 있는 전자제품 매장에 가봐요.
W: 네, 그런데 가기 전에 인터넷에서 가격 좀 확인해 볼게요.

어휘

electric bill 전기요금 고지서 in addition 게다가
for ages 오랫동안 replace 교체하다
energy efficient 에너지 효율적인 electronics 전자제품

7 여자가 "내 눈을 믿을 수가 없어요"라고 말할 때 의미한 바는 무엇인가?
(A) 전기가 나갔다.
(B) 날씨나 너무 덥다.
(C) 가격이 매우 낮다.
(D) 청구서 요금이 매우 높다.

기술41
여자의 첫 대사에서 "내 눈을 믿을 수가 없어요"라고 말한 다음에 전기 요금 고지서가 예상보다 높다는 말(Look at this electric bill. It is much higher than expected)에서 (D)가 정답임을 알 수 있다.

8 여자의 말에 따르면, 문제의 원인은 무엇인가?
(A) 높은 기온
(B) 여름 폭풍
(C) 정전
(D) 합선

기술37
전기요금이 너무 많이 나온 것이 문제인데, 그 원인은 에어컨을 많이 켰기 때문이고, 더 근본적인 원인은 여자가 말하듯이 지난여름이 너무 더웠기(last summer was so hot) 때문이므로 정답은 (A)가 된다.
바꿔 쓰기 hot 더운 → high temperature 높은 기온

9 남자가 제안하는 것은 무엇인가?
(A) 에어컨 수리하기
(B) 새 가전제품 사기
(C) 선풍기 사용하기
(D) 전기 회사에 전화하기

기술43
남자는 에어컨을 에너지 효율이 좋은 것으로 교체하자고 제안하고(Why don't we replace it with an energy efficient one?) 있으므로 정답은 (B)가 된다.
바꿔 쓰기 air-conditioner 에어컨 → appliance 가전제품

Questions 10~12 refer to the following conversation.

BR - AU

W: Excuse me, I've been waiting to be served for more than 10 minutes. **10**Do you happen to know where my waiter is? I feel very thirsty and I wanna order something to drink.
M: I'm sorry to have kept you waiting, ma'am. It seems like he's helping other customers over there. As you can see, **11**we are very busy on Friday. If you don't mind, I can take your order. What would you like?
W: That's very nice of you. Just bring me a glass of water, please. In the meantime, **12**I'll take a look at the menu.
M: Sure. I'll be right back.

10-12는 다음 대화에 관한 문제입니다.

W: 실례합니다, 제가 10분 이상 서비스를 받기 위해 기다리고 있어요. 혹시 제 웨이터가 어디 있는지 아세요? 매우 목이 말라서, 뭔가 마실 것을 주문하고 싶어요.
M: 계속 기다리시게 해서 죄송합니다, 손님. 그는 저기서 다른 손님들을 돕고 있는 것 같네요. 보시다시피, 금요일에는 저희가 매우 바빠요. 괜찮으시다면, 제가 주문을 받겠습니다. 무엇을 주문하시겠어요?
W: 정말 친절하시군요. 일단 물 한 잔만 가져다 주세요. 그동안에 메뉴 좀 볼게요.
M: 알겠습니다. 바로 돌아오겠습니다.

어휘

thirsty 목마른 It seems like ~인 것 같다 customer 손님
take one's order 주문 받다 in the meantime 그동안에
take a look at ~을 보다

10 대화는 어디에서 일어나겠는가?
(A) 식료품점에서
(B) 철물점에서
(C) 식당에서
(D) 병원에서

기술34
대화 초반 여자가 웨이터를 찾는 부분(Do you happen to know where my waiter is?)에서 이곳이 식당임을 유추할 수 있으므로 (C)가 정답이다.

11 남자가 가게에 대해 말한 바는 무엇인가?
(A) 금요일에 붐빈다.
(B) 홀이 후덥지근하다.
(C) 보수공사 중이다.
(D) 매우 수익성이 좋다.

기술48
남자의 첫 대사에서 금요일에 매우 바쁘다(we are very busy on Friday)는 정보가 나온다. 따라서 busy를 crowded로 바꿔 표현한 (A)가 정답이다.
바꿔 쓰기 busy 바쁜 → crowded 붐비는

12 여자는 다음에 무엇을 할 것인가?
(A) 물을 가져오기
(B) 주문을 받기
(C) 메뉴를 보기
(D) 웨이터를 찾기

기술44
여자의 마지막 대사에서, 메뉴를 보겠다(I'll take a look at the menu)고 했으므로 정답은 (C)가 된다.

Questions 13~15 refer to the following conversation with three speakers.

US - BR - AU

M1: Hi. Liz! **13**What are you going to do this weekend?
W: Um, **14**I'm thinking of going to my cousin's because her birthday is coming up.
M2: Are you talking about Lisa? She lives in Denver, right?
W: Yes, but I haven't decided what to buy as a gift for her.

M1: **15**Why don't you buy her a sweater? It snows a lot in Denver during the winter.

M2: **15**It sounds like a good idea. What do you think, Liz?

W: Great! I think I should go to the Dream Mall on my way home from work.

13-15는 다음 세 명의 대화에 관한 문제입니다.

M1: 안녕하세요, Liz! 이번 주말에 뭐 할 거예요?

W: 음, 사촌의 생일이 다가와서 그녀의 집에 갈까 생각 중이에요.

M2: Lisa 말하는 거예요? Denver에 살죠, 그렇죠?

W: 네, 그런데 그녀를 위한 선물로 무엇을 살지 결정을 못했어요.

M1: 스웨터를 사주는 건 어때요? 겨울에 Denver에 눈이 많이 오잖아요.

M2: 그거 좋은 생각 같아요. Liz, 당신은 어떻게 생각해요?

W: 좋아요! 퇴근길에 Dream Mall에 들러야겠어요.

cousin 사촌 come up 다가오다
on one's way home from work 퇴근길에

13 대화는 주로 무엇에 대한 것인가?
(A) 주말 계획
(B) 시상식 연회
(C) 송별회
(D) 새로운 쇼핑몰

기술33
대화 초반에 남자가 여자에게 주말에 무엇을 할 건지 묻는 질문 (What are you going to do this weekend?)이 나오고, 이에 대해 여자가 사촌 집을 방문하려는 자신의 계획에 대해 말하고 있으므로 정답은 (A)이다.

14 여자는 이번 주말에 무엇을 할 것이라고 말하는가?
(A) 집에서 일하기
(B) 쇼핑 가기
(C) 파티 준비하기
(D) 친척 방문하기

기술38
여자는 첫 대사에서 주말에 사촌 집을 갈 생각이라고 (I'm thinking of going to my cousin's) 말하고 있으므로 정답은 (D)이다.
바꿔 쓰기 cousin 사촌 → relative 친척

15 남자들이 제안하는 것은 무엇인가?

(A) 옷을 구매하는 것
(B) 영수증을 보관하는 것
(C) 백화점을 방문하는 것
(D) 온라인으로 쇼핑하는 것

기술43
남자 1이 여자에게 스웨터를 사라고 제안하고(Why don't you buy her a sweater?) 이에 대해 남자 2가 좋은 생각이라고 동의하고 있으므로, 정답은 (A)이다.
바꿔 쓰기 buy 사다 → purchase 구매하다
sweater 스웨터 → clothing 옷

Questions 16~18 refer to the following conversation and chart.

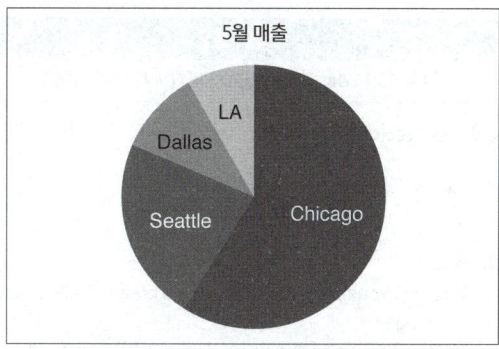

US – US

M: Hi, Susan! **16**Thank you for the sales data you gathered for me. They were pretty informative.

W: Don't mention it. I was pretty impressed that **17**your branch sold more products than any other location in the nation in May.

M: Thanks. It would have been impossible without my hardworking colleagues.

W: Good for you. Umm, I was wondering if you have time to look over my sales proposal later in the day. I need to talk about it at the conference in Seattle.

M: Sure, **18**please send it to me by e-mail.

16-18은 다음 대화와 차트에 관한 문제입니다.

M: 안녕하세요, Susan! 저를 위해서 수집해준 매출 자료 고마워요. 매우 유익했어요.

W: 별 말씀을요. 저는 당신 지점이 5월에 국내 어느 다른 매장보다 많은 물건을 팔았다는 점이 인상 깊었어요.

M: 고마워요. 성실한 동료들 없이는 불가능했을 겁니다.

W: 잘됐어요. 음, 혹시 오늘 나중에 제 영업 제안서를 검토해 주실 시간이 있으신지 궁금하네요. 제가 Seattle에서 열리는 회의에서 그것에 대해 이야기해야 하거든요.

M: 물론이죠, 이메일로 보내 주세요.

5월 매출

LA
Dallas
Seattle
Chicago

gather 모으다 pretty 매우 informative 유익한
Don't mention it. (고맙다는 말에 대해) 별 말씀을요.
impressed 인상 깊은 branch 지점(= location)
nation 국가 hardworking 성실한 colleague 동료
wonder 궁금하다 look over 살펴보다 proposal 제안서
later 나중에

16 남자의 말에 따르면, 여자는 무엇을 했겠는가?
(A) 발표를 했다.
(B) 남자가 정보를 준비하는 것을 도왔다.
(C) 새로운 지점을 열었다.
(D) 회의에 참석했다.

기술55
남자가 대화 처음에 여자에게 매출 자료를 모아 준 것에 대해 감사한다고(Thank you for the sales data you gathered for me) 말하는 것에서, 여자가 남자의 자료 준비를 도왔음을 알 수 있으므로 (B)가 정답이다.
바꿔 쓰기 data 자료 → information 정보

17 시각 자료를 보시오. 남자가 일하는 곳은 어디겠는가?
(A) LA
(B) Dallas
(C) Chicago
(D) Seattle

여자는 첫 대사에서 남자의 매장이 5월에 전국에서 가장 많은 물건을 팔았다고 말하고 있는데, 표를 보면 5월에 매출이 가장 높은 곳은 Chicago이다. 따라서 남자는 Chicago에서 일하고 있음을 알 수 있으므로, 정답은 (C)이다. 대화 중에 함정으로 들려주는 Seattle을 답으로 고르지 않도록 조심하자.

18 남자는 여자에게 무엇을 하라고 제안하는가?
(A) 이메일 주소 제공하기
(B) 문서 보내기
(C) 보고서 검토하기
(D) 그의 사무실에 오기

기술43
남자가 마지막에 이메일을 보내라고 부탁하고(please send it to me by e-mail) 있으므로 정답은 (B)가 된다. 여자가 남자에게 부탁하는 것으로 착각해서 (C)를 고르지 않도록 주의한다.

DAY 12

기술 45 | Why 문제는 반드시 보기까지 먼저 읽어라!

⚙️ **Practice**

정답 1. (A) **2.** (D)

1 US - US
W: Have you heard about the city's plan to build a new bridge?
M: Yes, I saw it on the news. The mayor said it will alleviate traffic congestion.
W: I hope so. However, some citizens are worried about the possibility that it might have a bad effect on the municipal finance.

W: 새로운 다리를 짓겠다는 시의 계획에 대해 들으셨나요?
M: 네, 뉴스에서 봤어요. 그 덕분에 교통 정체가 완화될 것이라고 시장이 말하더라고요.
W: 그러길 바라요. 하지만 몇몇 시민들은 그것이 시 재정에 나쁜 영향을 끼칠 수 있는 가능성을 걱정하고 있어요.

어휘
mayor 시장 alleviate 완화시키다 traffic congestion 교통 정체
citizen 시민 worried 걱정하는 possibility 가능성
have a (bad) effect on ~에 (나쁜) 영향을 끼치다
municipal 시의 finance 재정

몇몇 시민들이 계획에 대해 걱정하는 이유는?
(A) 재정적 부담을 초래할 수 있다.
(B) 조경을 망칠 것이다.

(C) 소음이 많이 날 수 있다.
(D) 환경을 파괴할 것이다.

어휘
financial 재정의 burden 부담 spoil 망치다 landscape 조경
make a noise 소음을 내다 destroy 파괴하다
environment 환경

해설
여자의 마지막 대사에서 몇몇 시민들이 시 재정에 부정적 영향을 끼칠 수 있다는 점을 걱정하고 있다고 했으므로 정답은 (A)이다.

2 AU - BR
M: Sorry to interrupt you but we reserved this meeting room for our 3 o'clock meeting.
W: Oh, I didn't know it's already a quarter past 3. I'm so sorry. We'll be out of here immediately.
M: Please take your time. We're not in a hurry.
W: Thank you. We'll leave our projector and screen here. You can use them if you want.

M: 방해해서 죄송하지만, 저희가 3시 회의를 위해 이 회의실을 예약했어요.
W: 오, 지금이 벌써 3시 15분인지 몰랐어요. 정말 죄송해요. 바로 여기서 나갈게요.
M: 천천히 하세요. 저희가 그렇게 급하진 않아요.
W: 고마워요. 여기에 우리 영사기와 스크린을 두고 갈게요. 원하시면 쓰셔도 됩니다.

어휘
interrupt 방해하다 reserve 예약하다 quarter 15분 past 지난
immediately 즉시 take one's time 천천히 하다
be in a hurry 급하다 projector 영사기

여자가 남자에게 사과하는 이유는?
(A) 그녀가 그의 영사기를 망가뜨렸다.
(B) 그녀가 회의실 예약하는 것을 잊었다.
(C) 그녀가 그의 통화를 방해했다.
(D) 그녀가 할당된 시간을 넘겼다.

어휘
go over ~을 넘기다 allotted 할당된

해설
대화 초반에 남자가 3시 회의를 위해 회의실을 예약했다는 말에 여자가 벌써 3시 15분인줄 몰랐다고 말하면서 사과하고 있으므로, 여자는 회의실 사용을 위해 할당된 시간을 넘겼음을 알 수 있으므로 정답은 (D)이다.

기술 46 | 고유명사는 발음을 미리 확인하라!

⚙️ **Practice**

정답 1. (C) **2.** (B)

1 US - AU
W: Hello. Can I talk to Mr. Baker?
M: I'm sorry he's not here today. He went to China for business and he won't be back here until next week.
W: Oh, I see. I just wanted to talk with him about our new building project which will start next month.

W: 여보세요. Baker 씨와 통화할 수 있을까요?

M: 죄송하지만 그는 오늘 사무실에 안 계십니다. 중국 출장을 가셔서 다음 주는 되어야 돌아오십니다.

W: 오, 알겠어요. 다음 달부터 시작되는 새로운 건축 계획에 대해 그와 얘기하려고 했거든요.

for business 사업상 building project 건축 프로젝트

Baker 씨는 언제 돌아오는가?
(A) 오늘
(B) 내일
(C) 다음 주
(D) 다음 달

해설
Baker 씨는 여자가 통화하고 싶어하는 대상으로, Baker 씨와 통화할 수 있느냐는 여자의 질문에 남자는 그가 다음 주는 되어야 돌아온다고 말하고 있으므로 정답은 (C)이다.

2 BR – US

W: Hi, Harry. It's been 2 weeks since you were transferred to our London branch.

M: Right. I think time flies. I still miss working in Oxford but I'm getting used to working in a large city.

W: How do you like your new job in the personnel department?

M: It was a little challenging but it is turning out to be a lot better than I expected.

W: 안녕하세요, Harry. London 지점으로 전근 오신 지 2주 되었군요.

M: 맞아요. 시간이 정말 빨리 가는 것 같아요. 아직은 Oxford에서 일하던 것이 그립지만, 대도시에서 일하는 것에 익숙해지고 있어요.

W: 인사부에서의 새로운 일은 어때요?

M: 약간 힘들었지만, 예상보다는 훨씬 더 나아지고 있어요.

어휘
transfer 전근 가다 branch 지점 time flies 시간이 빨리 가다 miss 그리워하다 get used to ~에 익숙해지다 personnel department 인사부 challenging 어려운, 힘든 turn out 판명되다 expect 예상하다

Harry는 London에서 얼마나 오랫동안 일해 왔는가?
(A) 일주일 동안
(B) 2주일 동안
(C) 한 달 동안
(D) 두 달 동안

해설
고유명사 키워드 Harry와 London이 언급되는 여자의 첫 번째 대사에서 2 weeks라는 답을 쉽게 찾을 수 있다.

기술 47 | 시각 자료만 보고 답이 나오면, 100% 함정이다!

⚙ **Practice**

정답 1. (D) 2. (C)

1 BR – AU

W: Hi, Kevin! What time are you scheduled to start your talk?

M: At 9 a.m. But I need to meet the very important buyer from China in the morning, Lora.

W: Oh really? Would you like me to switch the times?

M: I'd appreciate it.

W: 안녕하세요, Kevin! 당신 강연은 몇 시에 시작할 예정이에요?

M: 오전 9시에요. 그런데 오전에 중국에서 오는 중요한 바이어를 만나야 해서요, Lora.

W: 오, 그래요? 시간을 바꿔드릴까요?

M: 그러면 고맙겠어요.

연사	시간
Kevin Smith	오전 9시 – 오전 10시
Julia Jung	오전 10시 – 오전 11시
Peter Robinson	오후 1시 – 오후 2시
Lora Taylor	오후 2시 – 오후 3시

어휘
be scheduled to ~할 예정이다 talk 강연 switch 바꾸다 appreciate 고마워하다

시각 자료를 보시오. Kevin은 몇 시에 강연을 시작하겠는가?
(A) 오전 9시에
(B) 오전 10시에
(C) 오후 1시에
(D) 오후 2시에

해설
시각 자료만 보고 Kevin이 배정된 오전 9시를 바로 답을 고르면 안 된다. Lora가 본인의 시간과 바꿔주겠다는 제안에 Kevin이 고맙다고 승낙하는 대사에서, Kevin이 Lora의 시간, 즉 오후2시에 강연을 시작하게 될 것임을 알 수 있다. 따라서 정답은 (D)가 된다.

2 US – US

M: I'm so excited that we're going to see the renowned musical, *The peace*.

W: So am I! I'm a huge fan of the talented director, Tom Smith.

M: Ah- I like him too. By the way, did you hear that the show will start 30 minutes late?

W: Yeah, I got the phone call from the theater.

M: 유명한 뮤지컬 <평화>를 보러 가게 되다니 엄청 신나요!

W: 저도 그래요! 저는 재능 있는 연출가인 Tom Smith의 광팬이거든요.

M: 아, 저도 그를 좋아해요. 그런데, 공연이 30분 늦게 시작될 거란 얘기 들었어요?

W: 네, 극장으로부터 전화 받았어요.

퍼시픽 극장이 소개 드립니다.
전세계적인 뮤지컬 <평화>
톰 스미스 연출
공연 시간: 5월 10일 토요일
오후 7시 30분

어휘
renowned 유명한 huge 큰, 엄청난 fan 팬
talented 재능이 있는 by the way 그런데

시각 자료를 보시오. 뮤지컬은 몇 시에 시작하는가?
(A) 오후 7시에
(B) 오후 7시 30분에
(C) 오후 8시에
(D) 오후 8시 30분에

해설
시각 자료상으로는 뮤지컬 시작 시간이 오후 7시 30분이지만, 남자의 두 번째 대사에서 공연이 30분 늦게 시작할 것이라고 했으므로 정답은 (C)가 된다.

> **기술 48 | say 앞뒤의 명사/동사가 키워드이다!**

⚙ Practice

정답 1. (B) 2. (C)

1 US - AU

W: Welcome to California's number one Chinese restaurant, The Forbidden City.
M: Hi, do you have a table for a group of 5 available now?
W: I'm sorry we're fully booked now. You know, it's Saturday. But we can seat you in about 10 minutes if you don't mind waiting.
M: No problem. Can I see a menu, first?

W: California의 1위 중국 식당인 The Forbidden City에 오신 것을 환영합니다.
M: 안녕하세요, 지금 5명 일행이 앉을 테이블이 있나요?
W: 죄송하지만, 현재는 다 찼습니다. 아시다시피 토요일이라서요. 하지만 기다리는 게 괜찮으시다면, 대략 10분 뒤에 자리를 드릴 수 있습니다.
M: 좋습니다. 메뉴부터 먼저 볼 수 있을까요?

어휘
fully booked 예약이 다 찬 seat 앉히다 mind 꺼려하다

식당에 대해 시사된 바는 무엇인가?
(A) 관광객들에게 인기가 있다.
(B) 주말에 붐빈다.
(C) 보수 공사를 하였다.
(D) Beijing에 기반을 두고 있다.

어휘
crowded 붐비는 renovate 개조[보수]하다
be based in ~에 기반을 두다

해설
여자의 두 번째 대사에서 현재 식당에 자리가 없고 아시다시피 토요일이라고 했으므로 주말에 사람이 붐비는 장소임을 추론할 수 있다. 따라서 정답은 (B)가 된다.
바꿔 쓰기 fully booked 예약이 다 찬 → crowded 붐비는 / Saturday 토요일 → weekend 주말

2 BR - US

W: Hey, Dan. Could you help me carry these boxes?
M: Of course. Where do you want me to put them?
W: Please take them to the supply room on the second floor.

M: Mmm. I don't think it's a good idea, Sharon. The supply room is still being renovated.

W: 안녕하세요, Dan. 이 상자들 나르는 것 좀 도와 주실래요?
M: 물론입니다. 그것들을 어디다 둘까요?
W: 2층에 있는 비품실로 가져가 주세요.
M: 음, 그건 좋은 생각 같지 않아요, Sharon. 비품실은 아직 보수 공사 중이잖아요.

어휘
carry 옮기다 put 두다 take 가져가다 supply room 비품실

비품실에 대해 언급된 바는 무엇인가?
(A) 3층에 있다.
(B) 공간이 넓다.
(C) 개조 중이다.
(D) 현재 가득 차 있다.

어휘
spacious 널찍한 under renovation 개조[보수] 중인
currently 현재

해설
남자의 마지막 대사에서, 비품실이 아직 보수 공사 중이라고 했으므로 정답은 (C)가 된다.
바꿔 쓰기 being renovated 보수 중인 → under renovation 개조 중인

DAY 12 TEST

정답 1. (C) 2. (A) 3. (B) 4. (A) 5. (C) 6. (B)
7. (D) 8. (A) 9. (B) 10. (A) 11. (B) 12. (C)
13. (C) 14. (A) 15. (A) 16. (B) 17. (B) 18. (A)

Questions 1~3 refer to the following conversation.

US - US

M: Hello, This is Jimmy Williams. I'm supposed to see Dr. Brown tomorrow morning, but I don't think I can make it. **1**Can I reschedule it for this afternoon?
W: Let me see if he's available. Umm, I'm afraid **3**he's fully booked so he won't have any openings until next Monday.
M: Well, **2**I'll be out of town on business next week. Is it possible for you to put me on the waiting list? Please let me know when someone cancels his or her appointment.
W: No problem. I can do that for you.

1-3은 다음 대화에 관한 문제입니다.

M: 여보세요. 저는 Jimmy Williams입니다. 내일 아침 Brown 박사님을 보기로 되어 있는데, 못 갈 것 같아요. 오늘 오후로 일정 변경이 가능할까요?
W: 시간이 되시는지 알아볼게요. 음, 안타깝게도 예약이 꽉 차 있어서 다음 주 월요일까지는 빈자리가 없습니다.
M: 저기, 제가 다음 주엔 출장을 가서 이곳에 없거든요. 대기자 명단에 넣어 주실 수 있을까요? 누군가 예약을 취소하면 알려주세요.
W: 물론입니다. 그렇게 해드릴게요.

어휘

make it 시간 맞춰 가다 reschedule 일정을 다시 잡다
opening 빈자리 waiting list 대기자 명단 cancel 취소하다
appointment 예약

1 남자가 전화한 이유는?
(A) 예약을 확인하기 위해
(B) 주문에 대해 문의하기 위해
(C) 예약을 변경하기 위해
(D) 방을 예약하기 위해

어휘

confirm 확인하다 inquire 문의하다

기술45
남자의 첫 대사에서, 일정을 바꿔달라(Can I reschedule it for this afternoon)고 하고 있으므로 정답은 (C)이다.
바꿔 쓰기 reschedule 일정을 다시 잡다 → change 변경하다

2 남자는 다음 주에 무엇을 할 것이라고 말하는가?
(A) 출장가기
(B) 병원 방문하기
(C) 새로운 가게 열기
(D) 고객 목록 만들기

기술39
남자가 다음 주에 출장을 간다(I'll be out of town on business next week)고 했으므로 정답은 (A)이다.
바꿔 쓰기 be out of town on business 출장 가다 → go on a business trip 출장 가다

3 Brown 박사에 대해 암시된 바는 무엇인가?
(A) 휴가 중이다.
(B) 이번 주에 바쁘다.
(C) 예약을 취소했다.
(D) 출장 중이다.

어휘

on leave 휴가 중인

기술46
Brown 박사는 예약이 꽉 차서 다음 주 월요일까지 빈자리가 없다(he's fully booked so he won't have any openings until next Monday)고 했으므로 정답은 (B)이다.
바꿔 쓰기 fully booked 예약이 꽉 찬 → busy 바쁜

Questions 4~6 refer to the following conversation.

AU – BR
M: Hello, this is Sean Park and I applied for the sales clerk position last week. **4**I'm calling to see if the post has been filled.
W: No, not yet. Actually, I was going to call you to schedule an interview with you. **5**You are one of the candidates we selected for the final round.
M: It's really good to hear that!
W: Um, can you stop by our head office on Wednesday at **6**either 2 p.m. or 4 p.m.?
M: Mmm, **6**the earlier the better.

4-6은 다음 대화에 관한 문제입니다.
M: 여보세요, 저는 Sean Park인데, 지난주에 점원 자리에 지원했습니다. 자리가 찼는지 알아보려고 전화 드립니다.
W: 아뇨, 아직이요. 실은 당신과 면접을 잡기 위해 전화 드리려고 했어요. 최종 라운드를 위해 우리가 선정한 지원자들 중 한 분이시거든요.
M: 그 소식을 들으니 정말 좋네요!
W: 음, 수요일 오후 2시나 4시 중에 저희 본사 사무실에 들르실 수 있나요?
M: 음, 빠를수록 좋습니다.

어휘

apply for ~에 지원하다 post 자리, 직책 fill 채우다
candidate 지원자 select 선택하다 stop by (~에) 들르다
head office 본사 either 둘 중의 하나
the earlier the better. 이를수록 좋다.

4 남자가 전화한 이유는?
(A) 상황을 확인하기 위해
(B) 이력서를 제출하기 위해
(C) 면접 일정을 잡기 위해
(D) 지원자를 선택하기 위해

어휘

status 상황, 상태 submit 제출하다

기술45
남자가 첫 대사에서 자리가 찼는지 알아보려고 전화한다(I'm calling to see if the post has been filled)고 했으므로 정답은 (A)이다.
바꿔 쓰기 see if 확인하다 → check 확인하다

5 남자가 "그 소식을 들으니 정말 좋네요"라고 말할 때 의미한 바는 무엇인가?
(A) 그는 판매 수치에 만족한다.
(B) 그는 승진하고 싶어한다.
(C) 그는 면접을 보게 되어 기쁘다.
(D) 그는 기꺼이 여자를 도울 의향이 있다.

어휘

be satisfied with ~에 만족하다 promote 승진시키다
interviewee 면접 보는 사람 be willing to 기꺼이 ~하다

기술41
여자가 남자에게 최종 라운드에 선택되었다(You are one of the candidates we selected for the final round)는 소식을 전한 직후에 남자가 한 말로, 최종 면접에 뽑혀 기쁘다는 말로 이해할 수 있으므로 정답은 (C)이다.

6 남자가 면접을 원하는 시간은?
(A) 오후 1시에
(B) 오후 2시에
(C) 오후 3시에
(D) 오후 4시에

기술35
오후 2시와 4시 중 면접 시간으로 언제가 좋으냐는 여자의 질문에 남자가 빠를수록 좋다(the earlier the better)고 대답했으므로 남자는 더 빠른 시간인 오후 2시에 면접을 원하는 것임을 알 수 있다. 따라서 정답은 (B)가 된다.

Questions 7~9 refer to the following conversation.

US – BR

M: Hello, Sue. **7This is Jeff Thompson from the maintenance department.** I'm returning your call about your broken air-conditioner.

W: Hi, there. **8The air-conditioner in my office has not been working properly.** I hope it will be fixed as soon as possible because we're expecting very important clients this afternoon.

M: Sorry to say this but I'm tied up with other repairs in the advertising department now. However, **9I can come by your office at approximately 3 p.m.** at the latest. Is that all right with you?

W: Yes, I'll see you then.

7-9은 다음 대화에 관한 문제입니다.

M: 여보세요, Sue. 저는 관리부의 Jeff Thompson입니다. 고장 난 에어컨에 대해 회신 전화 드립니다.

W: 안녕하세요. 제 사무실에 있는 에어컨이 제대로 작동되지 않아서요. 오늘 오후에 매우 중요한 고객들을 기다리고 있어서 가능한 한 빨리 고쳐졌으면 합니다.

M: 이런 말씀 드려서 죄송하지만 지금 제가 광고부에서 다른 수리들로 바빠서요. 하지만, 늦어도 오후 3시쯤에는 당신 사무실에 들를 수 있습니다. 괜찮으실까요?

W: 네, 그때 뵐게요.

어휘

maintenance 관리, 보수유지 return one's call 회신 전화하다 air-conditioner 에어컨 properly 적절하게 fix 고치다 expect 기다리다 be tied up with ~로 바쁘다 come by 들르다 approximately 대략 at the latest 늦어도

7 남자는 어디에서 일하는가?
(A) 인사부에서
(B) 마케팅부에서
(C) 광고부에서
(D) 관리부에서

기술34
남자의 첫 대사에서 본인이 관리부 소속임을 밝히고(This is Jeff Thompson from the maintenance department) 있으므로 정답은 (D)이다.

8 여자가 Jeff에게 전화한 이유는?
(A) 기기를 수리하기 위해
(B) 고객을 차에 태우기 위해
(C) 새로운 에어컨을 구매하기 위해
(D) 그녀의 사무실을 보수하기 위해

어휘
appliance 가전제품, 기기

기술45
여자의 첫 대사에서 에어컨이 제대로 작동하지 않는다는 문제점을 알리고(The air-conditioner in my office has not been working properly) 있으므로 정답은 (A)이다.
바꿔 쓰기 air-conditioner 에어컨 → appliance 기기

9 남자는 오후 3시에 무슨 일이 일어날 것이라고 말하는가?
(A) 고객이 건물에 들어온다.
(B) 수리기사가 여자의 사무실을 방문한다.
(C) 부서 회의가 광고부에서 열린다.
(D) 에어컨을 반품한다.

어휘
repairman 수리공

기술39
남자의 마지막 대사에서 오후 3시에 여자의 사무실을 방문하겠다 (I can come by your office at approximately 3 p.m.)고 했는데, 대화 앞부분을 통해 남자가 수리기사임을 알 수 있으므로 정답은 (B)이다.
바꿔 쓰기 come by 들르다 → visit 방문하다

Questions 10~12 refer to the following conversation.

US – AU

W: Jack, **10could you reschedule my appointment with Mr. Black?** Unexpectedly, **11I was asked to visit our manufacturing plant** to inspect our new assembly line.

M: Let me check the calendar. Umm, when do you want to meet him?

W: Well, I'll be back in the headquarters tomorrow morning. Is he free to talk with me tomorrow afternoon?

M: Yes, he will be available after lunch. You can come to our office at 1 p.m.

W: Um, it's on the second floor, right?

M: No, **12we moved to the third floor last week.** Just turn left when you get off the elevator.

10-12은 다음 대화에 관한 문제입니다.

W: Jack, Black 씨와의 약속을 다시 잡아줄래요? 예상치 못하게, 새로운 조립 라인 점검을 위해 제조 공장에 방문하라는 요청을 받았어요.

M: 일정을 확인해 볼게요. 음, 언제 그를 만나시길 원하세요?

W: 음, 저는 내일 아침에 본사로 돌아올 거예요. 그가 내일 오후에 저와 얘기할 시간이 있으실까요?

M: 네, 점심 후에 시간이 되십니다. 오후 1시에 저희 사무실로 오시면 됩니다.

W: 음, 2층이죠, 그렇죠?

M: 아뇨, 지난주에 3층으로 옮겼어요. 엘리베이터에서 내려서 바로 왼쪽으로 도세요.

어휘
unexpectedly 예상치 않게 manufacturing plant 제조 공장 inspect 점검하다 assembly line 조립 라인 headquarters 본사 free 시간이 나는(= available)

10 여자는 무엇을 하기를 원하는가?
(A) 약속 변경하기
(B) 남자와 점심 먹기
(C) 본사 방문하기
(D) 정기적으로 장비 점검하기

어휘
equipment 장비 regularly 정기적으로

기술38
여자의 첫 대사에서 약속을 다시 잡아 달라(could you reschedule my appointment with Mr. Black)고 요청하고 있으므로 정답은 (A)이다.
바꿔 쓰기 reschedule 약속을 다시 잡다 → change 변경하다

11 여자는 무엇을 해야 한다고 말하는가?
(A) 재고 조사하기
(B) 공장에 가기
(C) 일정 확인하기
(D) 창고 점검하기

어휘
take inventory 재고 조사를 하다 warehouse 창고

기술48
여자의 첫 대사에서 공장 방문을 요청받았다(I was asked to visit our manufacturing plant)는 언급이 나오므로 정답은 (B)가 된다.
바꿔 쓰기 plant 공장 → factory 공장

12 남자의 말에 따르면, 지난주에 무슨 일이 있었는가?
(A) 본사를 보수 공사했다.
(B) 엘리베이터가 고장 났었다.
(C) 사무실이 이전되었다.
(D) 회사 인명부가 업데이트되었다.

어휘
out of service 사용할 수 없는, 고장 난 relocate 이전하다

기술39
남자의 마지막 대사에서 지난주에 사무실을 3층으로 옮겼다(we moved to the third floor last week)고 했으므로 정답은 (C)이다.
바꿔 쓰기 move 옮기다 → relocate 이전하다

Questions 13~15 refer to the following conversation with three speakers.

US – BR – US
W1: Welcome back. Brian! Good to see you!
W2: How was your vacation? I heard you went to Hawaii.
M: Umm. I had a lot of fun. Actually, **13**I spent most of the time lying on the beach. Sometimes, I went to an open market for shopping.
W2: I went there last year with my sister. **14**We loved a variety of tropical fruits.
M: I know what you're talking about, Sue.
W1: Did you take lots of pictures?
M: Why not! **15**Let me show you some.

13-15는 다음 세 명의 대화에 관한 문제입니다.
W1: 돌아온 걸 환영해요! Brian! 반가워요!
W2: 휴가는 어땠어요? Hawaii에 갔다고 들었어요.
M: 음. 완전 즐거웠어요. 사실은 거의 대부분의 시간을 해변에 누워서 보냈어요. 가끔 쇼핑하러 야외 시장에도 갔었어요.
W2: 저도 작년에 여동생이랑 거기 갔었어요. 다양한 열대 과일들이 정말 좋았어요.
M: 무슨 얘기인지 알겠어요, Sue.
W1: 사진은 많이 찍었어요?
M: 당연하죠! 몇 장 보여 줄게요.

어휘
lie 눕다 beach 해변 open market 야외 시장
a variety of 다양한 tropical 열대의

13 남자가 Hawaii에 간 이유는?
(A) 계약에 서명하기 위해
(B) 시장 평가를 위해
(C) 휴식을 취하기 위해
(D) 열대 과일을 수입하기 위해

어휘
evaluate 평가하다 have a rest 쉬다, 휴식을 취하다
import 수입하다

기술49
고유명사 Hawaii가 언급된 이후, 남자의 첫 대사에서 해변에 누워서 대부분의 시간을 보냈다(I spent most of the time lying on the beach)라고 말하는 부분에서, 휴식을 취하기 위해 Hawaii에 갔음을 유추할 수 있다.

14 Sue가 Hawaii에서 가장 즐겼던 것은 무엇인가?
(A) 음식
(B) 다양한 문화들
(C) 가이드 투어
(D) 쇼핑

기술46
대화 중반 Sue의 대사에서 열대 과일들이 좋았다(We loved a variety of tropical fruits)고 말하고 있으므로, 과일을 포괄적으로 아우르는 단어인 (A)가 정답이다.
바꿔 쓰기 fruit 과일 → food 음식

15 남자는 다음에 무엇을 할 것이라고 말하는가?
(A) 사진 몇 장 보여주기
(B) 사진 찍기
(C) 과일 맛보기
(D) 해변에 가기

기술48
사진을 많이 찍었냐는 여자 1의 질문에, 마지막에 남자가 몇 장 보여주겠다(Let me show you some)고 말하므로 정답은 (A)가 된다. some 다음에 앞서 여자 1이 언급한 pictures가 생략되어 있다.

Questions 16~18 refer to the following conversation and list.

AU – US
M: I'm so starving. **16**Why don't we have our lunch delivered today?
W: That's a good idea. I haven't eaten anything since this morning.
M: **17**I know how busy you are. Here's the menu of the fast-food restaurant on the main street.
W: Oh, this is one of my favorite places. Well, I ordered Combo 1 last week and it was good. How about we try **18**Combo 3 today?
M: Okay. Also **18**I have a 50% off coupon here.
W: Wow! We can save a lot of money.

16-18은 다음 대화와 표에 관한 문제입니다.
M: 너무 배고파요. 오늘 점심 배달시켜 먹을까요?
W: 좋은 생각이네요. 저도 오늘 아침부터 아무것도 못 먹었어요.

M: 당신이 얼마나 바쁜지 알고 있어요. 여기 큰 길에 있는 패스트푸드 식당 메뉴가 있어요.

W: 오, 이곳은 제가 가장 좋아하는 곳 중 하나예요. 음, 지난주에 Combo 1을 주문했는데 좋았어요. 오늘은 Combo 3을 주문하는 게 어때요?

M: 좋아요. 그리고 여기 50% 할인 쿠폰도 있어요.

W: 와! 돈을 많이 절약할 수 있겠네요.

점심 특선	가격
Combo 1	4 달러
Combo 2	4.5 달러
18Combo 3	5 달러
Combo 4	5.25 달러

어휘
starving 배고픈 deliver 배달하다 save 절약하다

16 남자가 제안하는 것은 무엇인가?
(A) 점심 외식하기
(B) 식사 주문하기
(C) Combo 1 시도해 보기
(D) 쿠폰 요청하기

기술43
남자의 첫 대사에서 점심을 배달시켜 먹자고 제안하고(Why don't we have our lunch delivered today) 있으므로 (B)가 정답이다.
바꿔 쓰기 lunch 점심 → meal 식사

17 여자에 대해 시사되는 것은 무엇인가?
(A) 그녀는 점심을 거를 것이다.
(B) 그녀는 매우 바쁘다.
(C) 그녀는 패스트푸드 식당을 운영한다.
(D) 그녀는 쿠폰을 잃어버렸다.

어휘
skip 거르다 hectic 정신없이 바쁜 run 경영하다

기술38
남자의 두 번째 대사에서 상대방인 여자가 얼마나 바쁜지 안다(I know how busy you are)고 말하고 있으므로 (B)가 정답이다.
바꿔 쓰기 busy 바쁜 → hectic 정신없이 바쁜

18 시각 자료를 보시오. 화자들은 점심값으로 얼마를 내겠는가?
(A) 2.5 달러
(B) 4 달러
(C) 4.5 달러
(D) 5 달러

기술47
화자들은 Combo 3으로 주문하자는 데 동의했는데, 표를 보면 Combo 3의 가격은 5 달러이다. 이어서 남자가 50% 할인 쿠폰이 있다고 했으므로, 정상 가격의 절반인 2.5 달러를 점심값으로 낼 것임을 유추할 수 있다. 따라서 정답은 (A)이다.

DAY 13

기술 49 | 문제에 제시된 장소가 대화에서 단서로 등장한다!

⚙️ **Practice**

정답 **1.** (C) **2.** (C)

1 AU – US
M: Pardon me. I think I'm lost. Do you know how to get to the Royal hotel?
W: Yes, it's three blocks away from here. I think you can take the number 10 bus across the street.
M: Umm. I'm in a hurry. To be honest, I'm a little concerned about the traffic jam.
W: If so, you can walk through the park. It'll take less than 10 minutes.

M: 실례합니다. 제가 길을 잃은 것 같아요. Royal 호텔에 어떻게 가는지 아세요?
W: 네, 여기서 세 블록 떨어져 있어요. 길 건너에서 10번 버스를 타시면 될 거예요.
M: 음. 제가 좀 급해서요. 솔직히, 교통 정체가 좀 걱정됩니다.
W: 그러시다면, 공원을 가로질러 가세요. 10분도 안 걸릴 겁니다.

어휘
be lost 길을 잃다 get to ~에 도착하다 be in a hurry 급하다 to be honest 솔직히 말하자면 concerned 걱정하는 traffic jam 교통 정체 walk through ~을 통과해서 걸어가다 less than ~이하의

남자는 호텔에 어떻게 갈 것 같은가?
(A) 버스로
(B) 택시로
(C) 걸어서
(D) 지하철로

해설
여자의 마지막 대사에서 공원을 가로질러 걸어가면 10분 안에 갈 수 있다고 말하는 부분에서 남자가 걸어갈 것임을 유추할 수 있다. 따라서 정답은 (C)이다.
바꿔 쓰기 walk 걷다 → on foot 걸어서

2 US – BR
M: I'm so glad that the new parking lot is going to open up right next to our building.
W: You don't know how much the parking fee per hour is, do you? Tom in the accounting office said it will be 10 dollars per hour.
M: I can't believe my ears. It's outrageous.
W: Yeah. That's why I decided to commute by bicycle.

M: 새로운 주차장이 우리 건물 바로 옆에 문을 열게 되어 정말 기뻐요.
W: 시간당 주차비가 얼마인지 모르시는군요, 그렇죠? 회계부의 Tom이 말하길 시간당 10달러일 거예요.
M: 제 귀를 믿을 수가 없군요. 터무니 없어요.
W: 네. 그래서 제가 자전거로 통근하기로 결심한 거예요.

어휘
glad 기쁜 parking lot 주차장 open up 열다
right next to 바로 ~옆에 fee 요금 per hour 시간당

accounting 회계(부) outrageous 터무니 없는
decide 결정하다 commute 통근하다 by bicycle 자전거로

주차장에 대해 언급된 것은 무엇인가?
(A) 편리한 위치에 있다.
(B) 현재 문을 닫았다.
(C) 비싸다.
(D) 꽤 오래 되었다.

> 어휘
be conveniently located 편리한 위치에 있다

> 해설
여자가 주차비가 시간당 10달러라고 얘기하자 남자가 터무니 없다고 얘기하는 부분에서, 주차비가 매우 비싸다는 것을 알 수 있으므로 정답은 (C)이다.

기술 50 | 문제의 시제를 보고 정답이 나올 위치를 예측하라!

⚙ **Practice**

> 정답 1. (C) 2. (C)

1 US – US

M: Hi, my name is Sean Johnson and I booked a table for 3.
W: Let me see. Ah, I found your name here. Come with me please.
M: Thank you. Um… I ordered a special cake for my sister when I made a reservation. Is it ready?
W: Sure. Would you like me to bring it now?

W: 안녕하세요, 제 이름은 Sean Johnson이고 3명 자리를 예약했어요.
W: 확인해볼게요. 아, 여기 이름이 있네요. 저를 따라오시죠.
M: 고마워요. 음… 제가 예약할 때 제 여동생을 위해 특별 케이크를 주문했었는데요. 준비되었나요?
W: 물론이죠. 지금 가져 올까요?

> 어휘
book 예약하다(= make a reservation)

남자는 무엇을 했다고 말하는가?
(A) 그는 케이크를 만들었다.
(B) 그는 책을 읽었다.
(C) 그는 테이블을 예약했다.
(D) 그는 카드를 샀다.

> 해설
문제에서 과거 동사 did를 사용하여 남자가 한 일을 묻고 있으므로, 대화 초반을 집중하여 듣는다. 남자가 첫 대사에서 테이블을 예약했다고 했으므로 (C)가 정답이다.
바꿔 쓰기 book 예약하다 → reserve 예약하다

2 BR – AU

W: Ted. Have you decided what to do about repainting your house?
M: I was going to do it by myself but I'm tied up with the project I'm involved in. So I decided to hire a home improvement company.

W: I think you'd better ask for price quotes from several different businesses in town.
M: That's a great idea. I'll go and get a telephone directory.

W: Ted. 당신 집 페인트를 다시 칠하는 것 어떻게 하기로 결정했어요?
M: 혼자 하려고 했는데, 제가 관련된 프로젝트로 바빠서요. 그래서 주택 개조 회사를 고용하기로 결정했어요.
W: 동네에 있는 몇몇 다른 업체들로부터 가격 견적을 받아보는 게 좋을 것 같은데요.
M: 좋은 의견이네요. 가서 전화번호부를 가져 올게요.

> 어휘
repaint 페인트를 다시 칠하다 by oneself 혼자
be tied up with ~로 바쁘다
be involved in ~에 관련되다, ~에 참여하다 hire 고용하다
home improvement 주택 개조 price quote 가격 견적
telephone directory 전화번호부

남자는 다음에 무엇을 하겠는가?
(A) 벽에 페인트칠하기
(B) 프로젝트 끝내기
(C) 전화번호부 가져오기
(D) 웹사이트 확인하기

> 해설
다음에 할 일을 묻는 문제는 대화 후반부에서 정답을 찾을 수 있다. 대화 마지막에 남자가 전화번호부를 가져 오겠다고 말하고 있으므로 정답은 (C)가 된다.
바꿔 쓰기 telephone directory 전화번호부 → phonebook 전화번호부

기술 51 | How+형용사/부사 문제는 숫자 표현을 잡아라!

⚙ **Practice**

> 정답 1. (D) 2. (A)

1 US – BR

M: I'm planning to go the annual film festival held in downtown. Would you like to come with me tomorrow?
W: It sounds tempting. But I have to finish this report which is due tomorrow.
M: Oh, how about this Saturday instead? I heard it will last until the end of the week.
W: Mmm. I think I have to check my calendar first.

M: 저는 시내에서 열리는 연례 영화제에 갈 계획이에요. 내일 저와 같이 가실래요?
W: 끌리긴 하지만, 저는 내일까지 예정인 이 보고서를 끝내야 해요.
M: 오, 대신 이번 주 토요일은 어떠세요? 영화제는 이번 주말까지 계속 한다고 들었어요.
W: 음. 먼저 제 일정을 확인해 봐야 할 것 같네요.

> 어휘
annual 해마다의 film festival 영화제 downtown 시내
tempting 유혹적인 due 예정인 instead 대신에 last 지속하다

행사는 얼마나 자주 열리는가?
(A) 매일
(B) 매주
(C) 매달
(D) 매년

남자의 첫 대사에서 연례 영화제라는 언급이 있으므로 정답은 (D)
가 된다.
바꿔 쓰기 annual 해마다 → every year 매년

2 US-AU

W: I'm going to take a vacation next week. I will be away
for a week.
M: Where do you plan to go, Sally?
W: I'm going to fly to Europe. Since it is off-season,
accommodation and airfare are a lot cheaper than
usual.
M: Good for you. I haven't had a chance to go on a trip
for a month. I wish I could go with you!

W: 저는 다음 주에 휴가 가요. 일주일 동안 자리를 비울 거예요.
M: 어디 갈 계획이에요, Sally?
W: 비행기 타고 유럽에 가려고요. 비수기라 숙박과 항공료가 평소보
다 훨씬 싸요.
M: 잘됐네요. 저는 한 달 동안 여행 갈 기회가 없었어요. 같이 가면 좋
겠네요!

어휘
take a vacation 휴가 가다 fly 비행기를 타고 가다
off-season 비수기인 accommodation 숙박 airfare 항공 운임
go on a trip 여행 가다

여자는 얼마나 오랫동안 휴가를 갈 것인가?
(A) 일주일 동안
(B) 2주일 동안
(C) 3주일 동안
(D) 한 달 동안

해설
여자의 첫 대사에서 일주일간 자리를 비울 것이라고 했으므로 휴
가 기간이 일주일임을 알 수 있다. 따라서 (A)가 정답이다.

기술 52 | 약도, 평면도 문제는 위치를 나타내는 전치사를 잡아라!

⚙ Practice

정답 1. (A) **2.** (B)

1 AU-BR
M: Pardon me. I'm here to set up a stand for the job fair.
My name is John Smith from KS corporation.
W: Let me see. Umm. You're in a booth across from the
information desk over there.
M: Thank you. Could you help me carry these supplies?
W: Sure. There are some staff members who can assist
you. I think you can find them in the lounge.

M: 실례합니다. 취업 박람회에 전시대를 설치하기 위해 왔어요. 저는
KS사에서 온 John Smith입니다.
W: 봅시다. 음. 저기 안내 데스크 맞은편에 있는 부스네요.

M: 고맙습니다. 이 물품들 옮기는 것 좀 도와주시겠어요?
W: 물론이죠. 당신을 도와줄 수 있는 직원들이 몇 명 있어요. 라운지
에서 그들을 찾으실 수 있을 거예요.

취업 박람회		
부스 1	화장실	부스 2
	라운지	
안내 데스크	부스 3	부스 4

어휘
set up 설치하다 job fair 취업 박람회 corporation 회사
booth 부스 across from ~의 맞은편에
information desk 안내 데스크 supplies 물품 staff 직원
assist 돕다

시각 자료를 보시오. 남자는 어느 부스를 이용할 것인가?
(A) 부스 1
(B) 부스 2
(C) 부스 3
(D) 부스 4

해설
여자의 첫 대사에서 안내 데스크 맞은편에 있는 부스라고 남자가
부스를 설치할 자리를 알려주고 있는데, 배치도를 보면 1번 부스임
을 알 수 있다. '~의 맞은편에'라는 뜻의 across from을 기억해두
자.

2 US-US

M: Have you heard about the awards banquet held in
the auditorium?
W: Yes, my boss told me that Sam in our department
will win a grand prize.
M: Great! That's why our team has been assigned to the
table closest to the stage.

M: 강당에서 열리는 시상식에 대해 들었어요?
W: 네, 부장님 말씀에 의하면 우리 부서의 Sam이 대상을 수상할 거
래요.
M: 잘됐네요! 그래서 우리 팀이 무대와 가장 가까운 곳의 테이블을 배
정받았군요.

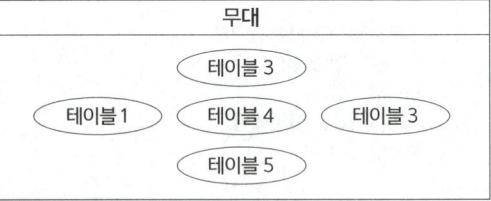

무대		
	테이블 3	
테이블 1	테이블 4	테이블 3
	테이블 5	

어휘
awards 시상식 banquet 연회 auditorium 강당 boss 상사
department 부서 win 수상하다 grand prize 대상
assign 배정하다 close to ~에 가까운 stage 무대

시각 자료를 보시오. 화자들은 시상식 연회에서 어디에 앉을 것인
가?
(A) 테이블 1에
(B) 테이블 2에
(C) 테이블 3에
(D) 테이블 4에

남자의 마지막 대사에서 화자들이 속한 팀이 무대에 가장 가까운 (closest to the stage) 자리를 배정받았다고 말하고 있는데, 배치도를 보면 2번 테이블이 무대와 가장 가까운 자리이다.

DAY 13 TEST

정답 1. (A) 2. (C) 3. (C) 4. (C) 5. (C) 6. (B)
　　　 7. (B) 8. (A) 9. (D) 10. (C) 11. (C) 12. (D)
　　　 13. (B) 14. (C) 15. (C) 16. (A) 17. (C) 18. (B)

Questions 1~3 refer to the following conversation.

BR – US

W: Hi, Tim. **1**We are planning to have dinner with our sales team after work. Would you like to join us?

M: I'd love to, but I can't. **2**I have had a severe toothache since last night and I need to go to the dentist. By the way, where are you going?

W: Jane reserved a table at the **3**Pacific Seafood Buffet. She said it's been well-received by the public.

M: Right. I went there with my cousins last week and I enjoyed it a lot. The service was excellent and **3**the atmosphere was nice. But it was a little expensive.

1–3은 다음 대화에 관한 문제입니다.

W: 안녕하세요, Tim. 일 끝나고 우리 영업팀과 저녁 먹을 계획이에요. 같이 가실래요?

M: 그러고 싶지만, 안 되겠네요. 어젯밤부터 치통이 심해서, 치과에 가야 해서요. 그런데 어디로 갈 거예요?

W: Jane이 Pacific Seafood Buffet에 테이블을 예약했어요. 그녀 말이 대중들에게 평가가 좋다고 하던데요.

M: 맞아요. 지난주에 사촌들하고 거기 갔었는데 정말 좋았어요. 서비스도 뛰어났고 분위기도 좋았어요. 하지만 좀 비쌌어요.

어휘

severe 심한, 심각한 toothache 치통 dentist 치과
well-received by the public 대중들의 평가가 좋은
excellent 뛰어난 atmosphere 분위기 a little 약간

1 여자가 제안하는 것은 무엇인가?
(A) 같이 식사하는 것
(B) 테이블을 예약하는 것
(C) 영화관에 가는 것
(D) 병원에 가는 것

기술43

여자의 첫 대사에서 같이 저녁 먹으러 가자(Would you like to join us)고 말하고 있으므로 정답은 (A)이다.
바꿔 쓰기 dinner 저녁 → meal 식사

2 남자의 문제는 무엇인가?
(A) 그는 심각한 요통이 있다.
(B) 그는 마감일을 놓쳤다.
(C) 그는 치아에 통증이 있다.
(D) 그는 영업 보고서로 바쁘다.

어휘

backache 요통 deadline 마감일

기술37

남자의 첫 대사에서 심각한 치통이 있다(I have had a severe toothache)고 말하므로 정답은 (C)이다.
바꿔 쓰기 toothache 치통 → pain in one's tooth 치아에 통증이 있다

3 남자가 Pacific Seafood Buffet에 대해 말한 것은 무엇인가?
(A) 서비스가 형편없었다.
(B) 가격이 합리적이었다.
(C) 분위기가 좋았다.
(D) 식당 홀이 넓었다.

어휘

reasonable (가격이) 적정한 ambiance 분위기
spacious 널찍한

기술49

문제의 키워드인 Pacific Seafood Buffet를 여자가 먼저 언급한 다음 이어서 남자가 그곳이 분위기가 좋았다(the atmosphere was nice)고 말했으므로 정답은 (C)가 된다.
바꿔 쓰기 atmosphere 분위기 → ambiance 분위기

Questions 4~6 refer to the following conversation.

US – AU

W: Hello. **4**I'm calling to inquire about the advertisement you placed in the local newspaper for a two-bedroom apartment. Is it still available?

M: I'm afraid that **5**it was rented out this morning. However, I can show you the similar one around there.

W: I'm relieved to hear that. **6**I'm supposed to start to work in that area next week and I'd like to check it out as soon as possible.

M: I'm fully booked up today but I can show it to you first thing tomorrow morning. How does it sound?

4–6은 다음 대화에 관한 문제입니다.

W: 여보세요. 지역 신문에 올리신 방 2개짜리 아파트에 대한 광고에 대해 문의하려고 연락 드립니다. 아직 이용 가능한가요?

M: 아쉽지만 오늘 아침에 임대가 되어 나갔습니다. 하지만 그곳 근처에서 비슷한 것을 보여드릴 수 있습니다.

W: 그렇다니 다행이네요. 제가 다음 주부터 그 지역에서 일을 시작하기로 되어 있어서 가능한 한 빨리 확인해보고 싶어요.

M: 오늘은 제가 예약이 꽉 찼지만 내일 아침 일찍 보여드릴 수 있습니다. 어떠세요?

어휘

inquire 문의하다 available 이용 가능한 rent 임대하다
similar 비슷한 relieved 안심되는
as soon as possible 가능한 한 빨리 fully booked 예약이 꽉 찬

4 여자는 아파트에 대해 어떻게 알게 되었는가?
(A) 그녀는 동료로부터 그것에 대해 들었다.
(B) 그녀는 집에 가는 길에 우연히 봤다.
(C) 그녀는 신문 광고를 읽었다.
(D) 그녀는 게시판에서 확인했다.

기술50

여자의 첫 대사에서 신문 광고(the advertisement you placed in the local newspaper)를 언급하고 있으므로 (C)가 정답이다.

5 남자의 직업은 무엇인가?

(A) 수위

(B) 기자

(C) 부동산 중개인

(D) 접수 담당자

어휘

occupation 직업 janitor 수위 realtor 부동산 중개인

기술34

남자가 아파트가 임대되었다고 말한 후 비슷한 다른 아파트를 보여주겠다(I can show you the similar one around there)고 하는 것에서 남자가 부동산 중개인임을 추론할 수 있다. 따라서 정답은 (C)이다.

6 여자가 이사해야 하는 이유는?

(A) 대학에 가기 위해

(B) 새로운 직업 경력을 시작하기 위해

(C) 추가로 돈을 절약하기 위해

(D) 가족과 함께 살기 위해

기술45

여자가 다음 주부터 그 지역에서 일을 시작할 것(I'm supposed to start to work in that area next week)이라고 했으므로 정답은 (B)이다.

바꿔 쓰기 start to work 일을 시작하다 → begin a new career 새로운 직업을 시작하다

Questions 7~9 refer to the following conversation.

BR – AU

W: Hey, Pete. I noticed that you weren't at your desk. Where have you been?

M: I was working at the warehouse. **7**My boss asked me to help take inventory. Why do you ask?

W: What a relief! **8**I thought you came down with the flu.

M: I'm okay. But I saw a lot of people coughing around here.

W: Right. **9**I heard Tim called in sick today.

M: Really? I'd better give him a call.

7-9는 다음 대화에 관한 문제입니다.

W: 안녕하세요, Pete. 자리에 없던데요. 어디 있었어요?

M: 창고에서 일하고 있었어요. 상사가 재고 조사하는 것을 도와 달라고 하셔서요. 왜 묻는 거예요?

W: 다행이네요! 전 독감에 걸린 줄 알았어요.

M: 전 괜찮아요. 하지만 여기 주변에 많은 사람들이 기침하는 걸 봤어요.

W: 맞아요. Tim도 오늘 전화로 병가를 냈대요.

M: 그래요? 그에게 전화해봐야겠네요.

어휘

notice 알아차리다 warehouse 창고 boss 상사

take inventory 재고 조사하다 relief 다행

come down with (병)에 걸리다 cough 기침하다

call in sick 전화로 병가를 내다

7 남자의 말에 따르면, 상사가 그에게 요청한 것은 무엇인가?

(A) 창고 청소하기

(B) 재고 확인하기

(C) 의사 진료받기

(D) 전화하기

어휘

stock 재고 make a call 전화하다

기술50

남자의 첫 대사에서 상사가 재고 조사를 부탁했다(My boss asked me to help take inventory)는 언급이 나오므로 (B)가 정답이다.

바꿔 쓰기 take inventory 재고 조사하다 → check the stock 재고 확인하다

8 여자가 "다행이네요"라고 말한 이유는?

(A) 그녀는 남자가 괜찮다는 말을 듣고 안심했다.

(B) 그녀는 독감에서 회복했다.

(C) 그녀는 상사가 뭔가 병에 걸린 줄 알았다.

(D) 그녀는 제시간에 회의에 도착했다.

어휘

recover 회복하다 make it 시간에 맞춰 도착하다

on time 제시간에

기술41

여자가 이 말에 이어서 남자가 감기에 걸린 줄 알았다(I thought you came down with the flu)고 덧붙이고 있으므로, 남자가 아프지 않아서 안심했다는 의미임을 짐작할 수 있다. 따라서 (A)가 정답이다.

9 Tim에 대해 언급된 바는 무엇인가?

(A) 그는 창고에서 일한다.

(B) 그는 출장 중이다.

(C) 그는 유명한 내과의사이다.

(D) 그는 병가 중이다.

어휘

well known 유명한 physician 내과의 on sick leave 병가 중인

기술46

여자의 마지막 대사에서 Tim이 전화로 병가를 냈다(I heard Tim called in sick today)고 했으므로 (D)가 정답이다.

바꿔 쓰기 call in sick 병가를 내다 → be on sick leave 병가 중이다

Questions 10~12 refer to the following conversation.

US – US

W: **10**I don't think I can make it to the monthly workshop on Wednesday. I wonder if you can fill in for me.

M: Sure. It's about **11**the new accounting software we installed last week, right? I'm kind of computer-illiterate and I want to attend it. By the way, are you taking some time off?

W: Not really. The vice president wants to talk about the new construction project with me on that day.

M: Right. I heard GT construction offered us a huge contract that could bring in a lot of money. **12**It would tide us over the financial difficulties.

10-12는 다음 대화에 관한 문제입니다.

W: 제가 수요일에 있는 월례 워크숍에 못 갈 것 같아요. 저를 대신해주실 수 있는지 궁금해요.

M: 물론이죠. 지난주에 설치한 새로운 회계 소프트웨어에 관한 거죠, 그렇죠? 제가 좀 컴맹이라서 참석하고 싶어요. 그런데 휴가를 내시는 건가요?

W: 아니에요. 부사장님이 그날 저와 새로운 공사 계획에 대해 얘기하고자 하셔서요.

M: 맞아요. GT 건설이 큰 돈을 벌 수 있는 큰 계약을 우리에게 제안했다고 들었어요. 그것이 우리가 재정상의 어려움을 헤쳐나가는 데 도움이 될 거예요.

어휘

fill in for ~을 대신하다 accounting 회계 install 설치하다
computer-illiterate 컴맹의 take some time off 쉬다
offer 제안하다 huge 큰 contract 계약
tide A over ~ A가 ~을 헤쳐나가도록 돕다 financial 재정의
difficulty 난관

10 워크숍은 얼마나 자주 열리는가?
(A) 매일
(B) 매주
(C) 매달
(D) 매년

기출51
대화 초반에 남자가 월례 워크숍(monthly workshop)이라고 언급하는 부분에서 (C)가 정답임을 알 수 있다.

11 남자의 말에 따르면, 지난주에 무슨 일이 있었는가?
(A) 워크숍이 열렸다.
(B) 건설 프로젝트가 승인되었다.
(C) 새로운 소프트웨어가 설치되었다.
(D) 컴퓨터가 수리되었다.

기출39
남자의 첫 대사에서 지난주에 새로운 회계 소프트웨어가 설치되었다(the new accounting software we installed last week)고 했으므로 정답은 (C)가 된다.
바꿔 쓰기 install 설치하다 → set up 설치하다

12 남자가 회사에 대해 시사한 바는 무엇인가?
(A) 최근에 본사를 옮겼다.
(B) 곧 파산할 것이다.
(C) 새로운 부사장을 고용했다.
(D) 재정상의 어려움을 겪고 있다.

어휘
relocate 이전하다 go bankrupt 파산하다

기출38
남자가 마지막에 재정상의 어려움(It would tide us over the financial difficulties)을 언급하고 있으므로 (D)가 정답이다.
바꿔 쓰기 difficulties 어려움 → troubles 어려움

Questions 13~15 refer to the following conversation with three speakers.

 BR - US - AU

W: Do you guys know where Jane Parker is? I've been calling her desk all day long but there's no answer.

M1: As far as I know, **13**she went to the headquarters to give a presentation to the board of directors.

M2: Why do you want to talk with her, Mary?

W: Well, **14**I found out some errors in the sales report she handed in yesterday. The director wants to go over it this afternoon and I need to revise it as soon as possible.

M1: It sounds so urgent.

M2: Umm, **15**why don't you reach her on her cell phone? Here's the number.

13-15는 다음 세 명의 대화에 관한 문제입니다.

W: 여러분 Jane Parker가 어디 있는지 알아요? 하루 종일 그녀 자리에 전화했는데 응답이 없어요.

M1: 제가 알기론 이사회에 발표를 하러 본사에 갔어요.

M2: 왜 그녀와 얘기하길 원하는 거예요, Mary?

W: 저기, 제가 어제 그녀가 제출한 영업 보고서에서 몇몇 실수를 발견했어요. 이사님이 오늘 오후에 검토하고자 하셔서 가능한 한 빨리 수정해야 하거든요.

M1: 급한 것 같네요.

M2: 음, 휴대전화로 그녀에게 연락해 보시는 게 어때요? 여기 번호 있어요.

어휘
all day 하루 종일 as far as I know 제가 알기론
headquarters 본사 board of directors 이사회
find out 알아내다 error 실수 hand in 제출하다
go over 검토하다 revise 수정하다
as soon as possible 가능한 한 빨리 urgent 급한
reach 연락하다 cell phone 휴대전화

13 Jane Parker에 대해 암시된 바는 무엇인가?
(A) 그녀는 교육에 참석 중이다.
(B) 그녀는 사무실에 없다.
(C) 그녀는 휴가 중이다.
(D) 그녀는 몸이 안 좋다.

기출46
남자 1의 첫 대사에서 그녀가 본사에 갔다(she went to the headquarters)고 말하는 것에서 그녀는 현재 사무실에 없다는 사실을 알 수 있으므로, 정답은 (B)가 된다.

14 여자의 말에 따르면, Jane은 어제 무엇을 했는가?
(A) 그녀는 이사를 만났다.
(B) 그녀는 보고서를 수정했다.
(C) 그녀는 보고서를 제출했다.
(D) 그녀는 실수를 발견했다.

기출39
여자가 제인이 어제 제출한 보고서(sales report she handed in yesterday)를 언급하는 부분에서 (C)가 정답임을 알 수 있다.
바꿔 쓰기 hand in 제출하다 → submit 제출하다

15 여자는 다음에 무엇을 하겠는가?
(A) 본사로 떠나기
(B) 발표하기
(C) 전화하기
(D) 이메일을 보내기

기출50
남자 2가 마지막에 여자에게 Jane의 휴대전화로 연락해 보라고 제안하면서(why don't you reach her on her cell phone) Jane의 전화번호를 건네고 있으므로, 여자가 다음에 Jane에게 전화할 것임을 유추할 수 있다. 따라서 정답은 (C)가 된다.
바꿔 쓰기 reach 연락하다 → make a call 전화하다

Questions 16~18 refer to the following conversation and map.

US - US

M: Wow. **16**This desk looks gorgeous. Where did you get it, Sera?

W: I purchased it at Glory Furniture on Main Street. In fact, it is custom-made.

M: Could you tell me where it is? **17**I want to buy it for our real estate agency.

W: I'm afraid it is currently closed for renovations.

M: Umm. That's disappointing.

W: I heard **18**the store between China Bank and Dream Plaza is well known for high quality customized furniture. Why don't you drop by there?

M: **18**I think I will.

16-18은 다음 대화와 지도에 관한 문제입니다.

M: 와. 이 책상이 멋져 보이네요. 어디서 샀어요, Sera?

W: Main Street에 있는 Glory Furniture에서 샀어요. 사실은 맞춤 제작이에요.

M: 그곳이 어디인지 말해 줄래요? 저희 부동산 중개소를 위해서 구매하고 싶어요.

W: 안타깝게도 현재는 보수공사 때문에 문을 닫았어요.

M: 음. 실망스럽네요.

W: 제가 듣기론 China Bank와 Dream Plaza 사이에 있는 가게가 고품질의 맞춤형 가구로 유명하다고 하던데요. 거기 들러 보지 그러세요?

M: 그래야겠네요.

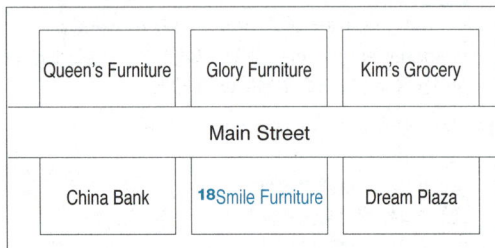

Queen's Furniture	Glory Furniture	Kim's Grocery
Main Street		
China Bank	**18**Smile Furniture	Dream Plaza

어휘

gorgeous 멋진 purchase 구매하다
custom-made 맞춤 제작의
real estate agency 부동산 중개업소 currently 현재
renovation 보수, 개조 disappointing 실망스러운
well known 유명한 high quality 고품질의
customized 맞춤형의 drop by 들르다

16 화자들이 논의하는 것은 무엇인가?

(A) 가구
(B) 재정
(C) 음식
(D) 건강

기술33

남자가 첫 대사에서 책상이 멋있다(This desk looks gorgeous)라고 말하고 나서, 책상을 어디서 구입했는지에 대한 얘기가 이어지고 있다. 책상이 대화의 화제이므로, 이를 포괄하는 의미의 가구라고 한 (A)가 정답이다.

바꿔 쓰기 desk 책상 → furniture 가구

17 남자는 누구이겠는가?

(A) 은행 직원
(B) 교수
(C) 부동산 중개업자
(D) 점원

기술34

남자가 책상을 우리 부동산 중개소를 위해 사고 싶다(I want to buy it for our real estate agency)고 말하는 부분에서, 남자의 직업이 부동산 중개업자임을 알 수 있으므로 (C)가 정답이다.

바꿔 쓰기 real estate agency 부동산 중개소 → realtor 부동산 중개업자

18 시각 자료를 보시오. 남자는 나중에 어디에 가겠는가?

(A) China Bank
(B) Smile Furniture
(C) Dream Plaza
(D) Glory Furniture

기술52

여자가 대화 마지막에서 China Bank와 Dream Plaza 사이에 있는 가게에 가보라고 제안하고, 남자가 그러겠다고 긍정하고 있다. 약도를 보면 China Bank와 Dream Plaza 사이에는 Smile Furniture가 위치해 있으므로 (B)가 정답이다.

DAY 14

기술 53 | agree 문제는 상대방의 제안 표현을 잡아라!

⚙ **Practice**

정답 1. (C) 2. (B)

1 **BR - AU**

W: My laptop computer often crashes when I have several windows open at the same time.

M: It has one year warranty and it is still covered. How about taking it to the service center in downtown?

W: Okay. I think I can do that.

W: 제 노트북이 동시에 창을 여러개 띄우면 자꾸 작동이 멈춰요.

M: 그건 1년 동안 품질 보증이 되고 아직 보상 기간이에요. 시내에 있는 서비스 센터에 가져가 보는 게 어때요?

W: 네. 그러면 될 것 같아요.

어휘

laptop computer 노트북 컴퓨터
crash (컴퓨터가) 작동을 멈추다 several 몇몇의
at the same time 동시에 warranty 품질 보증 cover 보장하다

여자가 하기로 동의한 바는 무엇인가?

(A) 환불받기
(B) 새로운 노트북 구입하기
(C) 서비스 센터 방문하기
(D) 대체 부품 주문하기

get a refund 환불받다 replacement 대체, 교체(물)

대화 마지막에서 남자가 노트북을 서비스 센터에 가져가 보라고 제안하고 여자가 이에 동의하고 있으므로 정답은 (C)이다.

2 US – AU

W: I'm a little surprised to hear Paul will be relocated to the new Manchester office that opened last week. He was hired last month, right?

M: Yes, but he used to be in charge of the European market for a long time in his previous company.

W: I didn't know he was that experienced. Anyway, I think I'll miss him. Let's throw him a farewell party.

M: Sounds good.

W: Paul이 지난주에 문을 연 Manchester 사무실로 전근 갈 거라고 해서 좀 놀랐어요. 그가 지난달에 채용됐죠, 그렇죠?

M: 네, 하지만 이전 회사에서 오랫동안 유럽 시장을 책임지고 있었어요.

W: 그가 그렇게 경험이 많은지 몰랐어요. 아무튼 그가 그리울 거예요. 그에게 송별회를 열어주죠.

M: 좋아요.

a little 약간 relocate 이전하다 hire 고용하다
used to (예전에) ~ 했었다 be in charge of ~을 책임지고 있다
previous 이전의 experienced 경험이 많은 anyway 어쨌든
miss 그리워하다 throw a party 파티를 열다 farewell 작별

화자들은 무엇을 할 것이라고 말하는가?
(A) 더 많은 근로자들을 고용하기
(B) 작별 파티 마련하기
(C) Manchester 사무실 방문하기
(D) 새로운 건물로 이전하기

여자가 마지막에 송별회를 열어주자고 제안하고 남자가 이에 동의하고 있으므로 정답은 (B)가 된다.
바꿔 쓰기 farewell party 송별회 → good bye party 작별 파티

기술 54 | 문제에 men, women이 보이면 3인 대화이다!

⚙️ Practice

정답 1. (D) **2.** (D)

1 BR – AU – US

W: Hi, guys! I just came back.

M1: Welcome back, Betty. How was your vacation in New York?

W: It was fantastic. I had a great time in the Metropolitan Museum.

M2: Actually, we plan to go to Boston for the marketing conference on Monday.

M1: Umm, we can swing by New York on the way back to Chicago, don't you think, Brian?

W: 안녕하세요, 여러분! 저 막 돌아왔어요.

M1: 돌아온 걸 환영해요, Betty. New York에서의 휴가는 어땠어요?

W: 환상적이었어요. Metropolitan Museum에서 굉장한 시간을 보냈어요.

M2: 사실은 우리는 월요일에 마케팅 회의 때문에 Boston에 갈 계획이에요.

M1: 음, Chicago로 돌아오는 길에 New York에 들를 수 있을 것 같은데요, 안 그래요, Brian?

fantastic 환상적인 museum 박물관 actually 사실은
swing by 들르다 on the way back to ~로 돌아오는 길에

남자들은 월요일에 어디에 갈 것인가?
(A) Chicago
(B) Dallas
(C) New York
(D) Boston

대화 후반에 한 남자가 월요일에 Boston에 간다고 말하고 있으므로 (D)가 정답이다. 문제에서 Monday라는 시간 키워드를 놓치지 말자.

2 AU – BR – US

M: Have you been to the Japanese restaurant on Elm Street? I'm thinking of taking a client there for dinner tomorrow.

W1: You must be talking about "The little Tokyo", right? Their food is not bad but it is way too expensive.

W2: That's right. It will cost you an arm and a leg.

M: If you say so, I'd better find another place.

M: Elm Street에 있는 일식당 가보셨어요? 내일 저녁 식사를 하러 그곳에 고객을 데려갈 생각이에요.

W1: The little Tokyo 말씀하시는 거죠, 그렇죠? 음식은 나쁘지 않지만 너무 비싸요.

W2: 맞아요. 비용이 정말 많이 들 거예요.

M: 그렇게들 말씀하시니깐, 다른 장소를 찾아봐야겠네요.

cost an arm and a leg 엄청난 돈이 들다

여자들은 식당에 대해 뭐라고 하는가?
(A) 그곳은 시내에 위치해 있다.
(B) 종업원들이 친절하다.
(C) 음식이 형편 없다.
(D) 매우 비싸다.

여자들이 식당에 대해 공통적으로 말하는 부분을 찾는 문제로, 한 여자가 너무 비싸다고 말하는 부분에서 (D)가 정답임을 알 수 있다. 또 다른 여자가 말하는 cost an arm and a leg(비용이 엄청나게 많이 들다)라는 표현을 못 알아 들어도, 첫 번째 여사 대사만 이해한다면 답을 찾는 데는 아무런 무리가 없다.

⚙️ Practice

정답 1. (A) 2. (D)

1 US – BR

M: How long have we been waiting here, Martha?

W: Nearly half an hour. If the bus doesn't come here within 10 minutes, we might miss the flight.

M: Why don't we take the subway? The station is 2 blocks away from here.

W: Okay. Let's go!

M: 우리 여기서 얼마나 기다렸죠, Martha?

W: 거의 30분이요. 버스가 10분 안에 오지 않으면 우리는 비행기를 놓칠 수도 있어요.

M: 지하철을 타는 게 어때요? 역은 여기서 두 블록 떨어져 있어요.

W: 좋아요. 가요!

어휘

nearly 거의 half an hour 30분 within ~이내에 miss 놓치다 flight 비행기 station 역

대화가 어디에서 일어나고 있겠는가?

(A) 버스 정류소에서

(B) 지하철 역에서

(C) 버스 안에서

(D) 공항에서

해설

여자의 첫 대사에서 버스가 10분 안에 오지 않으면이라고 말하는 부분에서 이곳이 버스 정류소임을 추론할 수 있다. 따라서 정답은 (A)이다.

2 US – AU

W: Jack, don't you think it's getting stuffy here?

M: Right. It seems like the air conditioner doesn't work properly.

W: Why don't we call the technician?

M: Good. I'll call the tech department now.

W: Jack, 여기 좀 답답해지는 것 같지 않아요?

M: 맞아요. 에어컨이 제대로 작동되지 않는 것 같아요.

W: 기술자에게 전화해 보는 게 어떨까요?

M; 좋아요. 제가 기술부에 지금 전화할게요.

어휘

stuffy 답답한 air conditioner 에어컨 work 작동하다 properly 올바르게 technician 기술자 tech department 기술부

남자는 다음에 무엇을 하겠는가?

(A) 팩스기 고치기

(B) 기술부로 가기

(C) 부서장과 얘기하기

(D) 전화하기

해설

남자가 대화 마지막에 기술부에 전화를 하겠다고 말하고 있으므로 정답은 (D)이다.

바꿔 쓰기 call 전화하다 → make a phone call 전화하기

⚙️ Practice

정답 1. (A) 2. (B)

1 AU – BR

M: Helen, how is the brochure design coming along? The customer wants to review it this week.

W: Actually, there were some errors with the original one. That's why I'm still working on it.

M: How soon can you finish it?

W: If I work overtime every day, I can get it done by the end of the week.

M: Helen, 안내책자 디자인은 어떻게 돼가고 있어요? 고객님이 이번 주에 검토하고 싶으시대요.

W: 실은 원본에 몇 가지 오류가 있었어요. 그래서 아직 작업 중이에요.

M: 언제쯤이면 끝낼 수 있어요?

W: 매일 야근하면, 이번 주말까지는 끝낼 수 있어요.

어휘

brochure 안내책자 review 검토하다 error 실수, 오류 work overtime 초과 근무하다

여자가 언급하는 문제점은 무엇인가?

(A) 오류가 있었다.

(B) 디자이너가 아팠다.

(C) 프린터가 고장이다.

(D) 고객이 마음을 바꿨다.

해설

여자의 첫 대사에서 오류가 있었다고 말하고 있으므로 정답은 (A)이다. Actually 다음에 정답이 나올 확률이 높다는 점을 기억하자.

바꿔 쓰기 errors 오류 → mistakes 오류

2 US – US

M: Hello. Can I speak to Ms. Simpson, please?

W: I'm sorry but she is meeting with the vice president. Will you call her back in half an hour?

M: No problem.

M: 여보세요. Simpson 씨와 통화 가능할까요?

W: 죄송하지만 그녀는 부사장님과 회의 중이에요. 30분 뒤에 다시 연락 주시겠어요?

M: 알겠습니다.

어휘

vice president 부사장 call back 다시 연락하다

Simpson 씨가 시간을 낼 수 없는 이유는 무엇인가?

(A) 그녀는 점심 먹으러 나갔다.

(B) 그녀는 임원과 얘기 중이다.

(C) 그녀는 고객을 만나고 있다.

(D) 그녀는 출장 중이다.

어휘

unavailable (사람과) 만날[얘기할] 수 없는 executive 임원

해설

Simpson 씨와 통화할 수 없는 이유를 묻는 문제이다. 여자는

Simpson 씨가 부사장님과 회의 중이라고 말하고 있으므로 정답은 (B)이다.
바꿔 쓰기 vice president 부사장 → executive 임원

DAY 14 TEST

정답 1. (B)   2. (D)   3. (B)   4. (A)   5. (B)   6. (C)
       7. (A)   8. (D)   9. (B)   10. (A)   11. (B)   12. (D)
       13. (B)   14. (D)   15. (A)   16. (A)   17. (D)   18. (A)

Questions 1~3 refer to the following conversation.

AU – BR

M: Did you happen to see the black folder somewhere on my desk? **2**It includes the list of job candidates that I'm going to interview this afternoon.
W: No, what happened?
M: **1**Actually, I wanted to look over their résumés in advance but I forgot where I put the folder.
W: Don't worry about it. I think I have the copy of their résumés on my computer. One moment please. **3**I'll send it to you by e-mail right now.
M: I'd appreciate it.

1-3은 다음 대화에 관한 문제입니다.
M: 제 책상 위에서 혹시 검정색 폴더 보셨어요? 오늘 오후에 면접 볼 지원자들의 명단이 들어 있어요.
W: 아뇨, 무슨 일이죠?
M: 실은 미리 이력서들을 훑어보고 싶은데, 어디에 폴더를 두었는지 잊어버렸어요.
W: 걱정 마세요. 제 컴퓨터에 이력서 사본이 있을 거예요. 잠시만요. 바로 이메일로 보내드릴게요.
M: 고맙습니다.

어휘
happen to 우연히 ~하다 somewhere 어딘가에
include 포함하다 list 목록 candidate 지원자
look over 검토하다(= review) résumé 이력서 in advance 미리
appreciate 고마워하다

1 남자가 검토하기를 원하는 것은 무엇인가?
(A) 보고서들
(B) 이력서들
(C) 청사진들
(D) 계약서들

기술56
남자의 두 번째 대사에서 미리 이력서를 검토해보길 원한다(I wanted to look over their resumes in advance)고 말하고 있으므로 정답은 (B)이다. 대화문의 look over가 문제에서는 review 로 바꿔 표현되고 있다. Actually 다음에 정답이 나올 확률이 높다.

2 남자는 오늘 오후에 무엇을 할 것이라고 말하는가?
(A) 이력서 쓰기
(B) 메시지 보내기
(C) 컴퓨터 수리 맡기기
(D) 지원자들 만나기

기술39
남자의 첫 대사에서 오후에 지원자들과 인터뷰 스케줄이 있음(job candidates that I'm going to interview this afternoon)을 알

수 있으므로 정답은 (D)가 된다
바꿔 쓰기 candidate 지원자 → applicant 지원자 / interview 면접 → meet 만나다

3 여자가 하겠다고 제안하는 것은 무엇인가?
(A) 폴더 찾기
(B) 이메일 보내기
(C) 복사하기
(D) 자리에 지원하기

기술42
여자가 대화 마지막에서 이메일로 바로 보내주겠다(I'll send it to you by email right now)고 제안하고 있으므로 정답은 (B)가 된다.

Questions 4~6 refer to the following conversation with three speakers.

US – US – BR

M: Oh dear! This computer makes me crazy. **4**It crashed once again. I've been preparing for the presentation to give our important buyer since last night. I would be in big trouble if I lost all the data in the computer.
W1: We should've replaced it with the new one. It's quite old, isn't? Did you call the technical support team anyway?
M: Yes, **5**I called them this morning and they said they can send a technician later in the afternoon.
W2: This afternoon? It might be too late. **6**Why don't you call the tech department manager and have him send someone within an hour?
M: **6**OK. I'll give him a call.

4-6은 다음 세 명의 대화에 관한 문제입니다.
M: 오, 이런! 이 컴퓨터 때문에 미치겠어요. 또 작동이 멈춰 버렸어요. 어젯밤부터 중요한 바이어에게 할 발표 준비를 하고 있었거든요. 컴퓨터에 있는 모든 데이터를 잃어버리면 큰일이에요.
W1: 우리는 새 것으로 교체했어야 했어요. 그거 정말 오래되었잖아요, 그렇지 않나요? 어쨌든 기술 지원팀엔 전화해 보셨어요?
M: 네, 오늘 아침에 전화했는데 오늘 오후 늦게 기술자를 보내줄 수 있대요.
W2: 오늘 오후요? 그건 너무 늦을 것 같은데요. 기술 부장에게 전화해서 한 시간 내로 사람을 보내달라고 하는 게 어때요?
M: 알았어요. 그에게 전화해 볼게요.

어휘
crazy 미친 듯이 화가 난 crash (컴퓨터가) 갑자기 작동을 멈추다
be in big trouble 큰 곤경에 빠지다 data 데이터
replace 교체하다 technician 기술자 within ~이내에

4 남자가 가진 문제는 무엇인가?
(A) 그의 컴퓨터가 고장 났다.
(B) 그는 지갑을 둔 곳을 잊어버렸다.
(C) 그는 회의에 늦었다.
(D) 그는 모든 데이터를 잃어 버렸다.

기술37
남자의 첫 대사에서 컴퓨터가 또 고장 났다(It crashed once again)고 말하고 있으므로 정답은 (A)이다.
바꿔 쓰기 crashed 작동을 멈춘 → was broken 고장난

5 남자는 아침에 무엇을 했다고 말하는가?
(A) 그는 컴퓨터 수리를 맡겼다.
(B) 그는 다른 부서에 연락했다.
(C) 그는 바이어와 얘기했다.
(D) 그는 발표를 했다.

기술39
기술 지원팀에 연락했냐는 여자의 질문에 남자가 아침에 전화했다
(I called them this morning)고 했으므로 정답은 (B)이다.
바꿔 쓰기 called 전화했다 → contacted 연락했다

6 남자는 무엇을 하기로 동의하는가?
(A) 컴퓨터 수리하기
(B) 데이터 복구하기
(C) 부서장과 얘기하기
(D) 돈을 지불하기

어휘
recover 되찾다, 복구하다 section head 부서장
make a payment 지불하다

기술53
대화 후반에 여자가 기술 부장에게 전화하라고 제안하고(Why
don't you call the tech department manager), 남자가 OK라
고 이에 동의하고 있으므로 정답은 (C)가 된다.
바꿔 쓰기 department manager 기술 부장 → section head
부서장

Questions 7~9 refer to the following conversation.

AU - US

M: Susan. Would you do me a favor? Since my car is
   still in the shop, **7**I'd like you to give me a ride to work
   tomorrow morning.
W: I'd love to, but I can't. I'm supposed to go out of town
   this evening and I won't be back until next week.
M: All right. **8**I think I should take the subway. The
   station is just two blocks away from my apartment.
W: Wait a minute. Doesn't Jane in sales live near your
   place? **9**I think you'd better get hold of her.
M: **9**Good idea! Why didn't I think of her?

7-9는 다음 대화에 관한 문제입니다.
M: Susan. 부탁 좀 들어주겠어요? 제 차가 아직 수리소에 있어서 그
   러는데, 내일 아침 회사까지 차 좀 태워 줬으면 해요.
W: 그러고 싶지만, 그럴 수 없어요. 오늘 저녁에 다른 지역으로 가서
   다음 주에나 돌아오거든요.
M: 알겠어요. 지하철을 타야겠어요. 역이 저희 아파트에서 불과 두 블
   럭 떨어져 있거든요.
W: 잠시만요. 영업부의 Jane이 당신 집 근처에 살지 않나요? 그녀에
   게 연락해 보는 것이 좋을 것 같아요.
M: 좋은 생각이네요! 제가 왜 그녀 생각을 못 했을까요?

어휘
do a favor 호의를 베풀다, 부탁을 들어주다
give a ride 차에 태워 주다
go out of town (출장 등으로) 떠나다
get hold of ~에게 연락하다

7 남자가 여자에게 부탁하는 것은 무엇인가?
(A) 차를 태워 주는 것
(B) 차량을 수리하는 것
(C) 출장을 가는 것
(D) 지도를 가져 오는 것

기술43
남자가 대화 처음에 여자에게 차를 태워 달라고 부탁하고(I'd like
you to give me a ride) 있으므로 정답은 (A)이다.
바꿔 쓰기 ride 태워 주다 → lift 태워 주다

8 남자는 무엇을 할 것이라고 말하는가?
(A) 원룸 아파트 임대하기
(B) 직장까지 걸어가기
(C) 정비소 들르기
(D) 대중 교통 이용하기

기술48
남자가 지하철을 타야 할 것 같다(I think I should take the
subway)고 말하므로, 지하철보다 더 포괄적인 의미의 대중교통을
이용한다고 한 (D)가 정답이다.
바꿔 쓰기 subway 지하철 → public transportation 대중 교통

9 남자는 무엇을 하기로 동의하는가?
(A) 버스 타기
(B) 동료에게 연락하기
(C) 차를 사기
(D) 웹사이트 방문하기

기술53
대화 후반에 여자가 먼저 Jane에게 연락해 보라는 제안을 하고(I
think you'd better get hold of her), 이에 대해 남자가 동의하
고(Good idea) 있으므로 정답은 (B)가 된다.
바꿔 쓰기 get hold of 연락하다 → contact 연락하다

Questions 10~12 refer to the following conversation.

US - US

W: Hi, Dave. **10**Are you interested in seeing a new
   release, starring John Cooper this Friday?
M: I like his acting **11**but I'm planning to see a play with
   my cousin on Saturday. I don't think I can afford both.
W: I know what you mean. **12**I'm about to purchase a
   ticket online and I'll let you know if I find any special
   deals for you.
M: I'd appreciate it.

10-12는 다음 대화에 관한 문제입니다.
W: 안녕하세요, Dave. 이번 주 금요일에 John Cooper가 출연하는
   새로운 개봉작 보는 데 관심 있어요?
M: 그의 연기를 좋아하기는 하지만 토요일에 사촌과 연극을 보러 갈
   계획이라서요. 둘 다 할 여유는 없을 것 같네요.
W: 무슨 말인지 알겠어요. 제가 온라인으로 표를 사려고 하는데, 혹
   시 특별히 싼 표가 있으면 알려드릴게요.
M: 고맙습니다.

어휘
release (영화) 개봉작 acting 연기 play 연극
afford ~할 (경제적·시간적) 여유가 있다
be about to 막 ~하려 하다 purchase 구매하다
special deal 특가 상품

10 화자들이 주로 얘기하는 것은 무엇인가?
(A) 영화
(B) 콘서트
(C) 재고 처리 세일
(D) 웹사이트

기술33
남자가 첫 대사에서 개봉 영화를 보러 가겠냐고(Are you interested in seeing a new release), 제안하고 나서 영화 관람에 대한 얘기가 이어지고 있으므로 정답은 (A)이다.
바꿔 쓰기 release 개봉작 → film 영화

11 남자는 주말에 누구를 만날 것인가?
(A) 감독
(B) 친척
(C) 기자
(D) 비평가

기술56
남자는 토요일에 사촌과 연극을 볼 계획이라고(I'm planning to see a play with my cousin on Saturday) 말하므로, 사촌을 친척으로 바꿔 표현한 (B)가 정답이다.
바꿔 쓰기 cousin 사촌 → relative 친척

12 여자는 다음에 무엇을 할 것인가?
(A) 직접 매표소를 방문하기
(B) 사촌에게 연락하기
(C) 리뷰를 읽기
(D) 인터넷에 접속하기

어휘
in person 직접 review (책·영화 등의) 비평

기술44
여자의 마지막 대사에서 인터넷으로 표를 구매하려고 한다(I'm about to purchase a ticket online)고 말하고 있으므로 정답은 (D)가 된다.
바꿔 쓰기 online 온라인 → Internet 인터넷

Questions 13~15 refer to the following conversation with three speakers.

BR – AU – US

W1: Henry! You look so busy. What's going on?
M: Well, **13**I'm supposed to make an important presentation to our prospective clients this afternoon.
W2: That's right. The personnel director told me about it this morning.
W1: We just finished our assignment. Would you like us to give you a hand?
M: Thank you. **15**While I set up a projector and a screen in a conference room, **14**I'd like you guys to make copies of these handouts, please?
W2: No problem. Let's make it happen, Linda.
W1: Sure thing.

13-15는 다음 세 명의 대화에 관한 문제입니다.
W1: Henry! 무척 바빠 보이네요. 무슨 일이에요?
M: 저기, 오늘 오후에 잠재 고객들에게 중요한 발표를 하기로 되어 있어요.

W2: 맞아요. 인사부장님이 오늘 아침에 말씀해 주셨어요.
W1: 우리는 막 임무가 끝났어요. 도와드릴까요?
M: 고마워요. 제가 회의실에 영사기와 스크린을 설치할 동안, 이 유인물들을 좀 복사해 주시겠어요?
W2: 그럼요. 해보죠, Linda.
W1: 그래요.

어휘
be supposed to ~하기로 되어 있다 prospective 잠재적인 client 고객 personnel 인사부 director 부장, 이사 assignment 임무 give a hand 도와주다 set up 설치하다 projector 영사기 screen 스크린 conference room 회의실 make copies 복사하다 handout 유인물

13 남자가 오늘 오후에 만날 사람은 무엇인가?
(A) 인사부장
(B) 잠재 고객들
(C) 관리실 직원
(D) 비서

기술39
대화 초반에 남자가 오늘 오후에 잠재 고객들에게 발표를 한다(I'm supposed to make an important presentation to our prospective clients this afternoon)고 말하고 있으므로 정답은 (B)이다
바꿔 쓰기 clients 고객 → customers 고객

14 남자가 여자들에게 해달라고 부탁하는 것은 무엇인가?
(A) 발표하기
(B) 영사기 고치기
(C) 고객들 접대하기
(D) 자료들 준비하기

기술54
남자가 여자들에게 유인물을 복사해 달라고 요청하고(I'd like you guys to make copies of these handouts, please) 있는데, 유인물은 발표 자료라고 볼 수 있으므로 정답은 (D)이다.
바꿔 쓰기 handouts 유인물 → materials 자료

15 남자는 무엇을 할 것이라고 말하는가?
(A) 시청각 교구 작업하기
(B) 복사기 이용하기
(C) 이사 만나기
(D) 컴퓨터 설치하기

기술48
대화 후반 남자가 회의실에 영사기와 스크린을 설치하겠다고 (While I set up a projector and a screen in a conference room) 말하는데, 이를 포괄적으로 시청각 교구라고 볼 수 있으므로 정답은 (A)이다.
바꿔 쓰기 a projector and a screen 영사기와 스크린 → audio-visual aids 시청각 교구

Questions 16~18 refer to the following conversation and coupon.

US – BR

M: Excuse me. I was looking for the organic milk but I couldn't find it anywhere.
W: Did you check the dairy section at the end of aisle 5?
M: Yes, **16**but it seems like it's out of stock.

W: Let me check. Well, you're right. **17**The computer says that the next shipment won't come in until the end of the week.

M: Okay. **18**I'll just buy a bottle of orange juice. Oh, Can I use this coupon that I received last time?

W: Yes, it's still valid.

16-18은 다음 대화와 쿠폰에 관한 문제입니다.

M: 실례합니다. 유기농 우유를 찾고 있는데 어디에서도 찾을 수가 없네요.

W: 5번 통로 끝에 유제품 코너를 확인하셨나요?

M: 네, 하지만 재고가 없는 것 같아요.

W: 확인해 볼게요. 음. 맞네요. 컴퓨터상으로는 다음 선적이 이번 주말이나 되어야 들어 온다고 되어 있네요.

M: 알겠습니다. 이 오렌지 주스 한 병만 살게요. 아, 지난번에 받은 이 쿠폰을 쓸 수 있나요?

W: 네, 아직 유효해요.

Fresh Supermarket 할인 쿠폰
유기농 우유 .... 1.5 달러 할인
오렌지 주스 .... **0.5 달러 할인**
토마토 주스 .... 0.7 달러 할인
체다 치즈 .... 1.0 달러 할인
유효기간 11월 30일

어휘

organic 유기농의 expire 만료되다 look for ~을 찾다
anywhere 어디에서도 dairy 유제품의 aisle 통로
out of stock 재고가 없는 shipment 선적물 valid 유효한

16 남자가 언급한 문제는 무엇인가?

(A) 물건을 구할 수 없다.
(B) 쿠폰이 유효하지 않다.
(C) 현금 등록기가 작동하지 않는다.
(D) 오렌지 주스의 재고가 없다.

어휘

unavailable 손에 넣을 수 없는, 이용할 수 없는 invalid 효력 없는

기술37

남자가 재고가 없는 것 같다(it seems like it's out of stock)고 말했으므로 정답은 (A)이다.
바꿔 쓰기 out of stock 재고가 없는 → unavailable 손에 넣을 수 없는

17 여자는 누구이겠는가?

(A) 농부
(B) 고객
(C) 수위
(D) 계산원

기술55

여자가 컴퓨터를 보고 다음에 물건이 들어오는 날을 알려주는 것으로 보아서 보기 중에서는 계산원이라고 답한 (D)가 가장 적절한 정답이다.

18 시각 자료를 보시오. 남자는 얼마나 절약하겠는가?

(A) 0.5 달러
(B) 0.7 달러
(C) 1 달러
(D) 1.5 달러

기술36

남자가 오렌지 주스 한 병만 산다고 말하면서 쿠폰을 제시하고 있으므로, 쿠폰에서 오렌지 주스에 해당하는 할인 금액 0.5 달러를 절약하게 될 것임을 알 수 있다.

DAY 15

기술 57 | 전화의 용건 문제의 정답은 I'm calling to 뒤에 언급된다!

⚙ Practice

정답 1. (A) **2.** (D)

1 US

Hello, Jim Moore. This is Jane Miller from Pacific Tours. I'm calling about the résumé you submitted yesterday. You were required to send us three letters of recommendation but we realized that there were only two in your application packet. We need one more reference letter to process your application. Please give us a call at 650-2100. Thank you.

안녕하세요, Jim Moore. 저는 Pacific Tours의 Jane Miller입니다. 어제 제출하신 이력서에 관해 연락 드립니다. 세 통의 추천서를 저희에게 보내달라고 요청 했는데, 지원서 패킷에 보니 두 개밖에 없었습니다. 귀하의 지원서를 처리하려면 추천서가 한 통 더 필요합니다. 650-2100번으로 저희에게 전화 바랍니다. 감사합니다.

어휘
résumé 이력서(= curriculum vitae) submit 제출하다
letter of recommendation 추천서(= reference letter)
application 지원(서) packet 꾸러미, 모음 process 처리하다

화자는 무엇에 대해 전화하고 있는가?
(A) 이력서
(B) 보고서
(C) 설문 조사
(D) 자격증

해설
남자가 처음에 이력서와 관련해서 전화한다고 용건을 밝히고 있으므로 정답은 (A)이다.
[바꿔 쓰기] résumé 이력서 →curriculum vitae 이력서

2 US

Hello, Ms. Lee. This is Mr. Anderson's office calling to reschedule your appointment with him. Initially, the meeting was scheduled for Tuesday, May 10 at 2 p.m., but it should be postponed. Unexpectedly, Mr. Anderson was asked to go to Hong Kong in order to close the deal with the Chinese counterpart and he won't be back until the end of the month. That's why we need to reschedule the meeting. Please call me back and let me know when would be convenient for you. Thank you.

안녕하세요. Lee 씨. Anderson 씨 사무실에서 그분과의 약속을 재조정하기 위해 전화 드립니다. 원래 회의가 5월10일 화요일 오후 2시로 예정되어 있었는데, 연기해야 할 것 같습니다. 예기치 못하게 Anderson 씨가 중국측 상대와 거래를 마무리하기 위해 홍콩으로 가도록 요청받았는데, 이달 말은 되어야 돌아올 겁니다. 그래서 회의 일정을 다시 조정해야 할 것 같습니다. 회신 전화 주셔서 언제가 편한지 알려 주시기 바랍니다. 감사합니다.

어휘
reschedule 일정을 변경하다 appointment 약속
initially 처음에 postpone 미루다 unexpectedly 예기치 않게
close 마무리하다 deal 거래 counterpart 상대방
convenient 편한

화자가 전화한 이유는?
(A) 중국 고객에 대해 물어보기 위해
(B) 비행기 표를 예약하기 위해
(C) 거래를 마무리하기 위해
(D) 미팅을 다시 잡기 위해

해설
메시지 초반에 제시되는 calling to 다음에 약속을 재조정하기 위해 전화했다는 언급이 있으므로 정답은 (D)가 된다.
바꿔 쓰기 reschedule 일정을 변경하다 →rearrange 재조정하다

기술 58 | 요청 문제의 정답은 Please 뒤에 언급된다!

⚙ Practice

정답 1. (C) **2.** (A)

1 BR

Hello. My name is Sarah Rogers. I'm calling to inquire about your Internet service. I'm going to move to Bay area and I wonder if you can install it this Thursday. Ms. Thomas, my former supervisor recommended your company and he said he was pretty satisfied with your fast and reliable service. Please call me back at 430-7690 as soon as possible.

여보세요. 제 이름은 Sarah Rogers입니다. 귀사의 인터넷 서비스에 대해 문의하기 위해 연락 드려요. 제가 Bay 지역으로 이사를 가는데, 이번 주 목요일에 설치가 가능한지 궁금합니다. 제 이전 상사인 Thomas 씨가 귀사를 추천하면서 빠르고 믿음직한 서비스에 매우 만족했다고 말하더군요. 430-7690번으로 가능한 한 빨리 연락 주세요.

어휘
inquire 문의하다 move 이사하다 wonder 궁금하다
install 설치하다 former 이전의 supervisor 상관, 상사
recommend 추천하다 pretty 매우
be satisfied with ~에 만족하다 reliable 믿음직한
as soon as possible 가능한 한 빨리

청자에게 하라고 요청되는 것은?
(A) 돈 지불하기
(B) 신문 정기 구독하기
(C) 전화하기
(D) 메시지 남기기

make a payment 지불하다 subscribe 정기 구독하다
paper 신문

메시지 마지막에 가능한 한 빨리 전화 달라고 요청하고 있으므로,
정답은 (C)가 된다.

2 AU

Hello, Ms. Smith. This is Mark Kennedy from KJ
Accounting. I booked one of your banquet halls last
week but I need to make some changes. I said we were
anticipating about 200 people but there will be 50 more
people joining us for the event. So we need to reserve
a bigger hall. Also, could you add a vegetarian option to
our dinner menu? Please give me a call at your earliest
convenience.

안녕하세요, Smith 씨. 저는 KJ Accounting의 Mark Kennedy입니
다. 지난주에 당신의 연회장 중 하나를 예약했는데 변경이 필요해서
요. 제가 약 200명 정도 예상된다고 말했는데, 50명이 더 행사에 참
석할 것 같습니다. 그래서 더 큰 홀을 예약해야 합니다. 또한 우리 저
녁 메뉴에 채식주의자 메뉴를 추가해 주실 수 있으실까요? 최대한 빨
리 연락 주세요.

book 예약하다(= reserve) banquet hall 연회장
make some changes 변경하다 anticipate 예상하다
event 행사 vegetarian 채식주의자 option 선택(할 수 있는 것)
at one's earliest convenience 최대한 빨리

남자가 Smith 씨에게 하라고 요청한 것은?
(A) 회신 전화하기
(B) 더 작은 방 예약하기
(C) 날짜 변경하기
(D) 꽃으로 홀을 장식하기

메시지 마지막에 최대한 빨리 연락 달라고 부탁하고 있으므로 정
답은 (A)가 된다.

기술 59 | 회사를 묻는 문제의 정답은 Thank you for calling 뒤에 언급된다!

⚙ Practice

정답 1. (B) 2. (D)

1 AU

Hello. You have reached Dr. Wang's dental clinic. I'm
sorry but we're currently closed for construction work.
We won't be reopened until the end of the month. If your
call is regarding the appointment with Dr. Wang, please
leave your name and contact number after the beep.
We'll return your call as soon as possible. Sorry for the
inconvenience.

안녕하세요. Wang 박사님 치과에 연락 주셨습니다. 죄송하지만 현재
저희는 공사 작업 때문에 문을 닫았습니다. 이달 말은 되어야 다시 문
을 엽니다. Wang 박사님과의 예약 관련 전화이신 경우, 삐 소리 후에
이름과 연락처를 남겨 주세요. 가능한 한 빨리 회신 전화 드리겠습니
다. 불편을 드려 죄송합니다.

reach 연락하다 dental clinic 치과 currently 현재
construction 공사 reopen 재개장하다 regarding ~에 관하여
leave 남기다 contact number 연락처 inconvenience 불편

어떤 업종의 회사에서 녹음한 메시지인가?
(A) 약국
(B) 치과
(C) 식료품점
(D) 철물점

메시지 초반 You have reached 다음에 제시되는 dental clinic
에서 정답을 찾을 수 있으므로, (B)가 정답이다.

2 US

Thank you for calling the Lansing public library. I'm
afraid we're currently closed. Our business hours are
from 10 a.m. to 7 p.m. every day except for Monday.
Please call us back during our regular business hours.
Please note that we will be closed from April 30th to
May 5th due to extensive renovations. If you want to
borrow some books and join diverse programs, you are
encouraged to visit our nearest branch in Jacksonville.

Lansing 공공 도서관에 전화 주셔서 감사합니다. 죄송하지만 지금은
개관 시간이 아닙니다. 저희 도서관의 개관 시간은 월요일을 제외하
고 매일 오전 10시부터 오후 7시까지입니다. 정규 개관 시간에 다시 연
락 주시기 바랍니다. 우리 도서관은 4월 30일부터 5월 5일까지 광범
위한 수리 작업으로 문을 닫는다는 것을 알려 드립니다. 도서를 대여
하거나 다양한 프로그램에 참여하길 원하시면, Jacksonville에서 가
장 가까운 지점을 방문하실 것을 권해 드립니다.

public library 공공 도서관 business hours 영업 시간
except for ~을 제외하고 regular 정규의 note 주의하다
extensive 광범위한 renovation 개조 diverse 다양한
encourage 장려하다 branch 지점

어떤 업종의 회사의 메시지인가?
(A) 건설 회사
(B) 건축 사무실
(C) 실내 인테리어 회사
(D) 도서관

메시지 처음에 Thank you for calling 다음에 오는 public
library(공공 도서관)를 듣고 바로 (D)를 답으로 고를 수 있다.

기술 60 | ARS 지문에서는 숫자와 서비스를 연결하라!

⚙ Practice

정답 1. (B) 2. (C)

1 BR

You have reached the Orange County's community
center. If you want to hear about the schedule for
today's activities, press 1. If you are interested in
volunteering at our day care center, press 2. If you'd like

directions to our center, press 3. If you want to hear this message again, please press 4.

Orange County 지역 센터에 연락이 되었습니다. 오늘의 활동들에 대한 일정에 대해 들으시려면, 1번을 누르세요. 탁아소에서의 봉사에 관심이 있으시면, 2번을 누르세요. 센터로 오는 길을 알고 싶으시면, 3번을 누르세요. 메시지를 다시 들으시려면, 4번을 눌러 주세요.

어휘

reach 연락하다 community 지역 사회 schedule 일정 activity 활동 be interested in ~에 관심이 있다 volunteer 자원 봉사하다 day care center 탁아소 directions to ~로 가는 길

청자들이 1번을 누르라고 요청받는 이유는?
(A) 기부를 하기 위해
(B) 일정을 알기 위해
(C) 스포츠 시설에서 자원 봉사를 하기 위해
(D) 센터로 오는 방법을 알기 위해

해설

문제의 숫자 키워드 1번이 언급되는 부분에서, 오늘의 활동 일정을 확인하기 위해서라는 답을 찾을 수 있다. 따라서 정답은 (B)가 된다.

2 US

Thank you for calling the Muscle Gym. I'm afraid we're now closed for our routine inspection. Your safety is always our top priority. But we plan to resume our service tomorrow morning. Also, we'd like to know inform you that we will start an aerobic class as of next month. If you are interested in it, please press 2. Thank you.

Muscle Gym에 연락 주셔서 감사 드립니다. 저희는 현재 정기 점검으로 인해 문을 닫았습니다. 여러분들의 안전이 항상 저희의 최우선입니다. 하지만 내일 아침 서비스를 재개합니다. 또한 저희가 다음 달부터 에어로빅 수업을 시작하게 된다는 것을 알려드리고자 합니다. 그것에 대해 관심이 있으시면, 2번을 눌러 주세요. 감사합니다.

어휘

gym 체육관, 헬스클럽 routine inspection 정기 점검 safety 안전 priority 최우선 resume 재개하다 inform 알리다 aerobic class 에어로빅 수업

청자들은 왜 2번을 누르겠는가?
(A) 강사가 되기 위해
(B) 안전 교육에 참석하기 위해
(C) 새로운 수업에 대한 정보를 얻기 위해
(D) 소프트웨어 프로그램에 대해 배우기 위해

해설

마지막에 새로운 에어로빅 수업을 언급한 후, 이에 대해 관심이 있으면 2번을 누르라고 했으므로 정답은 (C)가 된다.

정답 1. (C) 2. (A) 3. (C) 4. (C) 5. (B) 6. (D)
7. (C) 8. (A) 9. (B) 10. (C) 11. (D) 12. (A)
13. (B) 14. (B) 15. (C) 16. (C) 17. (C) 18. (A)

Questions 1~3 refer to the following telephone message.

US

Hello, Ms. Wang. This is Jane Peterson, the front desk manager from the Bluemoon hotel. You called us and inquired about the shuttle bus service from the hotel to the airport yesterday. I'm pleased to tell you that it will be available tomorrow morning as you requested. **1**The shuttle bus is scheduled to arrive at the hotel entrance at 10 a.m. and it will depart in about 10 minutes. The approximate arrival time at the Lansing airport is 11 a.m. Please be sure to check out no later than 9:50 a.m. tomorrow. **2**For more information, don't hesitate to call us at extension 1. As always, **3**we'd like to thank you for staying with us and hopefully, we'll serve you again.

1-3은 다음 전화 메시지에 관한 문제입니다.

안녕하세요, Wang 씨. 저는 Bluemoon 호텔의 프론트 데스크 매니저 Jane Peterson입니다. 어제 저희에게 전화하셔서 호텔에서 공항까지의 셔틀 버스 서비스에 대해 문의하셨죠. 요청하신 대로 내일 아침에 이용 가능하다는 것을 알려 드리게 되어 기쁩니다. 셔틀 버스는 호텔 입구에 오전 10시에 도착하며 대략 10분 후에 출발합니다. 대략적인 Lansing 공항 도착 시간은 오전 11시입니다. 내일 늦어도 오전 9시 50분까지는 반드시 체크아웃해 주세요. 더 많은 정보를 원하시면, 망설이지 마시고 구내번호 1번을 눌러 주세요. 늘 그러하듯, 저희 호텔을 이용해 주신 데 대해 감사 드리며, 다시 모실 수 있기를 바랍니다.

어휘

inquire 문의하다 be pleased to 기꺼이 ~하다
entrance 입구 depart 떠나다 approximate 대략적인
arrival 도착 no later than 늦어도 ~까지는 hesitate 주저하다
extension 구내번호 hopefully 바라건대

1 버스는 호텔을 몇 시에 떠나는가?
(A) 오전 9시 50분에
(B) 오전 10시에
(C) 오전 10시 10분에
(D) 오전 11시에

기술35

메시지 중반 셔틀 버스의 일정을 말하면서, 오전 10시 호텔 입구 도착 후 10분 뒤에 출발한다(The shuttle bus is scheduled to arrive at the hotel entrance at 10 a.m. and it will depart in about 10 minutes)고 했으므로 정답은 (C)가 된다

2 Wang 씨에게 구내번호 1번을 누르라고 권장하는 이유는?
(A) 서비스에 대해 더 많은 정보를 얻기 위해
(B) 호텔 객실을 예약하기 위해
(C) 국제 전화를 하기 위해
(D) 호텔에 체크인하기 위해

기술60
메시지 후반 호텔 셔틀 버스에 대해 얘기한 다음, 더 자세한 정보는 구내번호 1번을 눌러 확인해 보라고 말하는 부분(For more information, don't hesitate to call us at extension 1)에서 정답이 (A)임을 확인할 수 있다.

3 화자는 왜 "다시 모실 수 있기를 바랍니다"라고 말하는가?
(A) 무료 식사를 대접하기 위해
(B) 실수를 보상하기 위해
(C) 청자가 다시 호텔을 이용하도록 장려하기 위해
(D) 새로운 셔틀 서비스를 소개하기 위해

기술41
메시지 후반 해당 표현 바로 앞에 우리 호텔을 이용해 주셔서 감사드린다(we'd like to thank you for staying with us)고 하고 이어서 다시 모실 수 있기를 바란다고 했으므로, 다음에도 우리 호텔에서 머물러 달라고 부탁하는 의미임을 추론할 수 있다. 따라서 정답은 (C)가 된다.

Questions 4~6 refer to the following telephone message.

AU

Hello, Tom. This is Brian Williams from Swanson Electronics. We were supposed to meet at 10 a.m. to talk about the upcoming construction project but **4**some problem came up. Out of the blue, my car wouldn't start up this morning and I tried to repair it by myself. But I couldn't find what was wrong with it. So, I had to get it towed and leave it at the repair shop. **5**Now I'm waiting for the bus. Unless it shows up within the next 5 minutes, I'll call a cab. In case I don't get there on time, I already asked my secretary to give you a copy of the proposal. **6**Please feel free to call me if you have any questions. I apologize for the inconvenience it may cause.

4-6은 다음 전화 메시지에 관한 문제입니다.

안녕하세요, Tom. 저는 Swanson Electronics의 Brian Williams입니다. 우리가 오전 10시에 만나서 다가오는 건축 프로젝트에 대해 논의하기로 되어 있었는데, 문제가 좀 생겼습니다. 갑자기 제 차가 오늘 아침에 시동이 걸리지 않아서, 제가 스스로 고치려고 했는데, 무엇이 문제인지 알아내지 못했습니다. 그래서 차를 견인해서 정비소에 맡겨야 했습니다. 지금은 버스를 기다리고 있고요. 만약 앞으로 5분 안에 버스가 안 나타나면, 택시를 부를 겁니다. 제가 제시간에 그곳에 도착하지 못하게 될 경우를 대비해서, 제 비서에서 제안서 사본을 드리라고 이미 부탁해 두었습니다. 질문 있으시면 언제든 제게 연락주세요. 이로 인한 불편을 드려 죄송합니다.

어휘
upcoming 다가오는 come up 일어나다
out of the blue 갑자기 start up 시동이 걸리다 repair 수리하다
by oneself 혼자 wrong 잘못된 tow 견인하다
unless ~하지 않으면 within ~이내에 cab 택시
in case ~한 경우를 대비해서 on time 제시간에
secretary 비서 proposal 제안서 apologize 사과하다
inconvenience 불편 cause 원인이 되다

4 메시지의 목적은?
(A) 약속 취소하기
(B) 테이블 예약하기
(C) 문제점에 대해 말하기
(D) 차 고치기

기술57
메시지 초반에서, 만나기로 약속을 했는데 문제가 생겼다며 갑자기 차 시동이 걸리지 않는다(some problem came up. Out of the blue, my car wouldn't start up this morning)고 말하면서 자신이 제시간에 도착하지 못할 경우의 대처 방안에 대해서 말하고 있으므로, 정답은 (C)이다.

5 화자는 어디에 있겠는가?
(A) 차 안에
(B) 버스 정류소에
(C) 정비소에
(D) 버스 안에

기술34
메시지 중간에 지금 버스를 기다리고 있다(Now I'm waiting for the bus)고 말하고 있으므로 정답은 (B)이다.

6 Tom이 조언 받는 것은?
(A) 택시 타기
(B) 복사기 이용하기
(C) 차 수리하기
(D) 전화하기

기술68
메시지 후반부에 질문이 있으면 언제든지 전화를 하라(Please feel free to call me if you have any questions)고 했으므로 정답은 (D)가 된다.

Questions 7~9 refer to the following recorded message.

BR

7Thank you for calling Super Travel. I'm sorry to tell you that our office is currently closed. But our telephone assistance is still available. If you want to check your reservations, please press one. To hear about our special deals, press 2. If you are interested in our summer packages, you can press 3. **9**If you'd like to speak with one of our travel agents, please remain on the line. **8**Our business hours are from 10 a.m. to 8 p.m. every day expect for Sunday. Thank you.

7-9는 다음 녹음 메시지에 관한 문제입니다.

Super Travel에 전화해 주셔서 감사합니다. 죄송하지만 저희 사무실은 현재 영업 시간이 아닙니다. 하지만 전화를 통한 업무는 여전히 가능합니다. 귀하의 예약을 확인하시려면, 1번을 누르세요. 저희 특가 상품에 대해 들으시려면, 2번을 누르세요. 저희 여름 패키지 상품들에 관심이 있으시면, 3번을 누르시면 됩니다. 저희 여행사 직원과 통화하시려면, 끊지 말고 기다려 주세요. 저희 영업 시간은 일요일을 제외하고 매일 오전 10시부터 오후 8시까지입니다. 감사합니다.

어휘
currently 현재 assistance 도움 special deal 특가 상품
package 패키지 상품 travel agent 여행사 직원
remain on the line 전화를 끊지 않고 기다리다

business hour 영업 시간 except for ~를 제외하고

7 메시지는 누구를 대상으로 하겠는가?
(A) 여행 가이드들
(B) 여행사 직원들
(C) 고객들
(D) 버스 운전사들

기술62

메시지 초반에 여행사에 전화 주셔서 고맙다(Thank you for calling Super Travel)고 말하는 것에서 청자는 여행사를 이용하려는 고객들임을 추론할 수 있다. 따라서 (C)가 정답이다.

8 영업 시간에 대해 암시된 바는?
(A) 일주일에 6일 문을 연다.
(B) 평일은 오후 10시에 닫는다.
(C) 월요일에는 문을 닫는다.
(D) 일요일에는 오전 10시에 문을 연다.

기술74

메시지 마지막에 영업 시간을 언급하면서, 일요일을 제외하고 매일 문을 연다(Our business hours are from 10 a.m. to 8 p.m. every day expect for Sunday)고 했으므로 정답은 (A)가 된다.

9 직원과 통화하기 위해서는 청자들은 어떻게 해야 하는가?
(A) 전화 한 통 더하기
(B) 전화를 끊지 않고 대기하기
(C) 3번 누르기
(D) 메시지 남기기

기술58

메시지 후반에 직원과 통화하려면 전화를 끊지 말고 대기하라(If you'd like to speak with one of our travel agents, please remain on the line)고 했으므로 정답은 (B)가 된다.

바꿔 쓰기 remain 그대로 있다 → stay 그대로 있다

Questions 10~12 refer to the following telephone message.

US

Hello, Ms. Julia Williams. This is Peter Lee from the Seattle Times. **11**I'm trying to write an article for the talented young athletes in North America. I understand you're one of the most famous female soccer players in the world and **10**I'd like to know if I can conduct an interview with you. I'm free anytime on weekdays. But this article is supposed to be published next Wednesday and I'd appreciate it if you tell me whether you are available someday this week. If you're interested, **12**please call me at 830-1090. Thank you.

10-12는 다음 전화 메시지에 관한 문제입니다.
안녕하세요. Julia Williams 씨. 저는 Seattle Times의 Peter Lee입니다. 저는 북미에서 재능 있는 젊은 운동선수들에 대한 기사를 쓰려고 하는데요. 제가 알기로 당신이 세계에서 가장 유명한 여성 축구 선수들 중에 한 분이라서, 당신과 인터뷰를 할 수 있을지 알고 싶습니다. 저는 주중에는 언제든 시간이 됩니다. 하지만 기사가 다음 주 수요일에 출간될 예정이라서, 이번 주 중에 시간이 되시는지 알려주시면 감사하겠습니다. 관심이 있으시면, 830-1090번으로 제게 전화 주세요. 고맙습니다.

어휘

article 기사 talented 재능 있는 athlete 운동선수 female 여성의 conduct 행하다 weekday 주중 publish 출간하다 appreciate 고마워하다

10 화자는 무엇을 하길 원하는가?
(A) 행사 준비하기
(B) 더 많은 직원들 고용하기
(C) 유명 인사와 얘기하기
(D) 책 출간하기

어휘

organize 준비하다 celebrity 유명 인사

기술76

메시지 중반부에서 인터뷰를 할 수 있을지 물어보고(I'd like to know if I can conduct an interview with you) 있으므로, 인터뷰를 유명 인사와 얘기하는 것으로 바꾸어 표현한 (C)가 정답이다.

바꿔 쓰기 conduct an interview 인터뷰를 하다 → talk with 얘기하다

11 화자는 누구겠는가?
(A) 운동선수
(B) 작가
(C) 정치가
(D) 기자

기술34

메시지 초반에 기사를 쓰려고 한다(I'm trying to write an article)는 말에서 화자의 신분이 기자 혹은 언론인임을 추론할 수 있다. 따라서 정답은 (D)가 된다.

12 청자는 무엇을 하라고 요청 받는가?
(A) 전화하기
(B) 기사 작성하기
(C) 사무실 방문하기
(D) 웹사이트 확인하기

기술58

메시지 마지막에 관심 있으면 전화 달라고 하는 부분(If you're interested, please call me)에서 (A)가 정답임을 알 수 있다.

Questions 13~15 refer to the following telephone message.

AU

Hello, Ms. Johnson. This is Donovan Taylor at ZM Motors. **13**I enjoyed meeting you at the interview yesterday and our hiring committee was pretty impressed with your experience in sales. **14**I'm calling to offer you a sales manager position. You will be in charge of the marketing campaign for **15**our new compact car which is scheduled to be launched in March. With our car sales falling dramatically, we really need a competent person like you who can analyze the market situation. I'll send you an email including the details of your duties. If you're interested in this offer, please call me at 300-1250. Thank you.

13-15는 다음 전화 메시지에 관한 문제입니다.
안녕하세요, Johnson 씨. 저는 ZM Motors의 Donovan Taylor입니다. 어제 면접에서 귀하를 만나서 즐거웠고, 우리 고용 위원회는 영업

에서의 귀하의 경험에 깊은 감명을 받았습니다. 귀하에게 영업 부장 직을 제안하기 위해 전화 드립니다. 귀하는 3월에 출시 예정인 우리의 새로운 소형차의 광고 캠페인을 책임지게 될 것입니다. 우리의 자동 차 매출이 급격히 감소하고 있기 때문에, 우리에게는 시장 상황을 분 석할 수 있는 귀하와 같은 유능한 인재가 절실히 필요합니다. 귀하가 해야 할 일의 세부 사항을 포함한 이메일을 보내드리겠습니다. 이 제 안에 관심이 있으시면, 300-1250번으로 제게 전화 주세요. 감사합니 다.

hiring committee 고용 위원회 pretty 매우
be impressed with ~에 깊은 감명을 받다 offer 제안하다
position 직, 자리 sales 매출 be in charge of ~를 책임지다
compact car 소형차 fall 감소하다, 떨어지다
dramatically 극적으로 competent 유능한 analyze 분석하다
market situation 시장 상황 including ~을 포함하여
detail 세부사항 duty 의무, 업무

13 화자에 따르면, 어제 무슨 일이 있었는가?
(A) 매출 결과가 밝혀졌다.
(B) 면접이 시행되었다.
(C) 영업 부장직이 채워졌다.
(D) 마케팅 캠페인이 만들어졌다.

기술77
시간 키워드인 yesterday가 제시되는 메시지 초반에서 어제 면접 에서 만나서 즐거웠다(I enjoyed meeting you at the interview yesterday)고 말하는 부분을 통해 정답이 (B)임을 알 수 있다.

14 남자가 전화를 한 이유는?
(A) 자리에 지원하기 위해
(B) 일자리를 제안하기 위해
(C) 제안을 거절하기 위해
(D) 이력서를 내기 위해

기술57
화자가 Johnson 씨에게 영업 부장직을 제안하기 위해 전화를 한 다(I'm calling to offer you a sales manager position)고 전화 건 용건을 밝히고 있으므로 정답은 (B)이다.
바꿔 쓰기 position 자리 → job 일자리

15 회사가 3월에 계획하고 있는 것은?
(A) 설문 조사하기
(B) 시장 분석하기
(C) 모델 출시하기
(D) 위원회 조직하기

기술77
시간 키워드인 in March가 제시되는 메시지 중반에서 3월에 새로 운 소형차가 출시될 예정이라고(our new compact car which is scheduled to be launched in March) 말하고 있으므로 정답은 (C)가 된다. 지문의 launch가 release로 바꿔 표현된 것이 핵심 포 인트다.
바꿔 쓰기 launch 출시하다 → release 출시하다

Questions 16~18 refer to the following telephone message and list.

US

Hi, Henry. This is Mary Jenkins from the human resources department. **16**I'm calling to thank you for agreeing to give us a talk at our training next Friday. I told you that the talk was going to be held in the conference room on the 4th floor. But more than 100 employees have signed up for it so far, which is a lot more than we anticipated. So **17**we decided to hold it in the auditorium instead. I hope this won't inconvenience you. As you requested, my secretary will get a projector and a screen ready for your presentation. Should you need more assistance, **18**please call my secretary Michelle Jackson at 553-9510. Thank you.

16-18은 다음 전화 메시지와 표에 관한 문제입니다.

안녕하세요, Henry. 저는 인사부의 Mary Jenkins입니다. 다음 주 금 요일 저희 교육에서 강의하시기로 동의해 주신 데 대해 감사 드리려 고 전화 드려요. 제가 강연이 4층 회의실에서 열릴 것이라고 말씀 드 렸죠. 그런데 지금까지 우리가 예상했던 것보다 훨씬 많은 100명 이 상의 직원들이 등록했어요. 그래서 강당에서 대신 열기로 결정했어 요. 이로 인해 불편을 끼쳐드리지 않기를 바랍니다. 요청하신 대로, 영 사기와 스크린은 제 비서가 발표를 위해 준비할 겁니다. 더 많은 도움 이 필요하시면 제 비서인 Michelle Jackson에게 553-9510번으로 연 락주세요. 고맙습니다.

건물 안내	
1층	회계부
2층	인사부
3층	강당
4층	회의실

human resources department 인사부 agree 동의하다
talk 강연 more than 이상의 sign up 등록하다 so far 지금까지
anticipate 예상하다 inconvenience 불편을 끼치다
request 요청하다 assistance 도움 secretary 비서
instead 대신에

16 화자가 전화를 한 이유는?
(A) 수업에 등록하기 위해
(B) 객원 연사를 초대하기 위해
(C) 감사를 전하기 위해
(D) 회의실을 예약하기 위해

기술57
메시지 초반의 감사 드리기 위해 전화한다고 말하는 부분(I'm calling to thank you~)에서 정답이 (C)임을 알 수 있다.
바꿔 쓰기 thank 고마워 하다 → extend the appreciation 감사를 전하다

17 시각 자료를 보시오. 강연은 몇 층에서 열리겠는가?
(A) 1층
(B) 2층
(C) 3층
(D) 4층

처음에는 강연이 4층 회의실에서 열린다고 했다가, 메시지 중반에서 대신 강당에서 열기로 결정했다(we decided to hold it in the auditorium instead)고 했다. 도표에서 강당은 3층에 있다는 정보를 확인할 수 있으므로 정답은 (C)가 된다.

18 Michelle Jackson은 누구이겠는가?

(A) 비서
(B) 객원 연사
(C) 채용 전문가
(D) 교수

메시지 마지막에서 고유명사 키워드 Michelle Jackson이 언급되는 부분(please call my secretary Michelle Jackson)에서 그녀가 비서임을 알 수 있으므로 (A)가 정답이다.

바꿔 쓰기 secretary 비서 → assistant 비서

DAY 16
기술 61 | 화자의 직업은 이름 뒤에 언급된다!

⚙️ Practice

정답 **1.** (D) **2.** (A)

1 US

Hi, everyone. I feel honored to be at a book signing event in Universal Bookstore today. My name is Jennifer Hornby. Umm... as a writer of children's book, I'm so happy to see many kids concentrating on reading around here. I think reading helps children develop their creativity and the powers of imagination. My recent book called *Dreaming* is based on my childhood here in Michigan and today's event held in my hometown is so meaningful to me. I hope you continue to enjoy reading.

안녕하세요, 여러분. 오늘 Universal Bookstore에서 열리는 책 사인 행사에 참가하게 되어 영광입니다. 제 이름은 Jennifer Hornby입니다. 음, 아동 도서 작가로서, 저는 많은 아이들이 여기 근처에서 독서에 집중하고 있는 모습을 보게 되어 매우 행복합니다. 저는 독서가 아이들이 창의력과 상상력을 키우는 데 도움이 된다고 생각합니다. <Dreaming>이란 제 최근 책은 여기 Michigan에서의 제 어린시절이 바탕이 되었기에 제 고향에서 열리는 오늘 행사가 제겐 아주 의미가 깊습니다. 여러분들이 계속 독서를 즐기시길 바랍니다.

어휘
honored 영광스러운 writer 작가
children's book 아동용 책 kid 아이 concentrate 집중하다
develop 개발하다 creativity 창의력 imagination 상상
recent 최근의 be based on ~을 기반으로 하다
childhood 어린시절 meaningful 의미 있는 continue 계속하다

화자는 누구이겠는가?
(A) 영업사원
(B) 서점 주인
(C) 초등학교 교사
(D) 작가

해설
담화 초반, 본인 이름을 밝힌 후 as(~로서) 이하의 내용을 통해 그녀가 아동 도서 작가임을 알 수 있다. 따라서 정답은 (D)가 된다.

바꿔 쓰기 writer 작가 → author 작가

2 US

Good afternoon, listeners. This is Peter Ryan reporting for JTC headline news. Today, Ron Mitchell, a mayor announced that the city will revitalize the abandoned district in the northern area. The city council approved the plan to turn this area into the public park. Although many environmentalists are in favor of this plan, some citizens expressed their concerns about the bad traffic situation in the city.

안녕하세요, 청취자 여러분. 저는 Peter Ryan이며, JTC 헤드라인 뉴스를 전해드리겠습니다. 오늘, Ron Mitchell 시장은 시에서 북쪽 지역의 버려진 구역을 재개발할 것이라고 발표했습니다. 시 의회는 이 지역을 공원으로 바꾸는 계획을 승인했습니다. 많은 환경운동가들은 이 계획에 찬성하는 반면, 몇몇 시민들은 도시의 좋지 않은 교통 상황에 대한 우려를 나타냈습니다.

어휘
mayor 시장 announce 발표하다 revitalize 재활성화하다
abandoned 버려진 district 구역 northern 북쪽의
city council 시 의회 approve 승인하다
turn A into B A를 B로 바꾸다 environmentalist 환경운동가
be in favor of ~에 찬성하다 citizen 시민 express 표현하다
concern 걱정 traffic situation 교통 상황

화자는 누구이겠는가?
(A) 기자
(B) 시장
(C) 의회 의원
(D) 환경운동가

해설
라디오 방송의 경우, This is로 시작하여 본인을 소개하는 경우가 많다. 담화 초반에서 본인의 이름을 밝힌 다음, 뉴스 보도를 할 것이라고 말하는 부분에서 화자가 기자임을 알 수 있으므로 정답은 (A)이다.

기술 62 | 청자를 묻는 문제의 정답은 you 근처에서 언급된다!

⚙️ Practice

정답 **1.** (D) **2.** (C)

1 BR

Attention, all passengers waiting to board Middle East Airway's flight 1350 to LA. Due to the mechanical problem, this flight has been cancelled. There's another plane to depart for LA in half an hour. Please make your way to Gate 2 and see one of our representatives there for more information. Sorry for the inconvenience.

LA행 Middle East Airway의 1350편을 탑승을 기다리시는 모든 승객 여러분 주목해 주세요. 기계적인 문제로 인해, 이 항공편은 취소되었습니다. 30분 뒤에 LA로 출발하는 다른 비행기가 있습니다. 더 많은 정보를 원하시면 2번 게이트로 가셔서 저희 직원을 만나시기 바랍니다. 불편을 드려 죄송합니다.

어휘
attention 주목 passenger 승객 board 탑승하다
airway 항공사 due to ~때문에 mechanical 기계의
cancel 취소하다 depart 출발하다
make one's way to ~로 향하다 representative 직원
inconvenience 불편

청자들은 누구이겠는가?
(A) 영업사원들
(B) 기계공들
(C) 승무원들
(D) 비행 여행객들

해설
담화 초반 항공기 승객을 부르는 부분에서 청자들은 비행기로 여행하는 승객들임을 알 수 있다. 따라서 정답은 (D)가 된다.

2 AU
Hi. Ms. Hudson. This is Chris Obrien from G&T Realty. I'm returning your call about office space you are interested in renting. You said you prefer the office building which is close to the subway station. Unfortunately, there is anything suitable for your needs. However, there is a brand new office building which is scheduled to open on Monday. If you need further information on it, don't hesitate to call me.

안녕하세요, Hudson 씨. 저는 G&T Realty의 Chris Obrien입니다. 고객님께서 임대하고자 하시는 사무 공간에 대한 전화에 답신 전화 드립니다. 지하철 역과 가까운 사무 건물을 선호하신다고 말씀하셨는데요. 안타깝게도, 고객님의 요구에 딱 맞는 것은 없습니다. 하지만, 월요일에 문을 열 예정인 새로운 사무용 건물이 있습니다. 그에 대한 더 자세한 정보가 필요하시면, 주저 말고 전화 주세요.

어휘
realty 부동산 return a[one's] call 답신 전화를 하다
office space 사무 공간 be interested in ~에 관심이 있다
prefer 선호하다 unfortunately 안타깝게도
suitable for ~에 적합하다 needs 요구, 필요 brand new 새로운
be scheduled to ~할 예정이다 further 추가적인
hesitate 주저하다

화자가 전화하는 사람은 누구이겠는가?
(A) 부동산 중개업자
(B) 계산원
(C) 잠재 고객
(D) 집주인

해설
담화 초반에 G&T Realty라는 부동산 중개업소 상호가 제시되고, 이어서 대명사 you가 언급되는 문장에서 청자가 사무실을 빌리는 데 관심이 있는 잠재 고객임을 알 수 있으므로 (C)가 정답이다.

기술 63 | 장소 문제의 정답은 Welcome 뒤에 언급된다!

⚙ Practice

정답 1. (D) 2. (B)

1 US
Thank you for shopping here at JJ department store. I'd like to remind you that our store will be closing in half an hour. If you have any items you want to buy, please make your way to our checkout counter now. If you haven't found any Christmas gifts for your loved ones, don't forget to check out our gift certificates. If you're interested in them, please ask one of our cashiers. Thank you.

여기 JJ 백화점에서 쇼핑해 주셔서 감사 합니다. 저희 매장은 30분 뒤에 문을 닫는다는 것을 알려 드립니다. 구입하고 싶은 물건이 있으시면, 지금 계산대로 가주시기 바랍니다. 만약 사랑하는 사람들을 위한 크리스마스 선물을 아직 찾지 못하셨다면, 저희 상품권들을 확인하시는 것을 잊지 마세요. 이에 관심이 있으시면, 저희 계산원에게 문의하시기 바랍니다. 감사합니다.

어휘
remind 상기시키다 half an hour 30분
make one's way to ~로 가다 checkout counter 계산대
gift certificate 상품권 cashier 계산원

안내방송은 어디에서 이루어지겠는가?
(A) 식료품점에서
(B) 철물점에서
(C) 문구점에서
(D) 백화점에서

해설
담화 초반에 here(여기) 다음에 백화점(department store)이라는 장소가 언급되므로 (D)가 정답이다.

2 US
Ladies and gentlemen. Thank you for coming to our 10th annual charity banquet in Dragon hotel. I'm so thrilled to see a large turnout today. We are always very grateful for your support. As you already know, today's proceeds will go to the Children's hospital in downtown, which strives to cure poor children. Thank you again for your interest and commitment.

신사 숙녀 여러분. Dragon 호텔에서 열리는 제 10회 연례 자선 연회에 와주셔서 감사합니다. 오늘 많은 참석자분들을 보니 매우 흥분되네요. 여러분의 성원에 늘 감사 드립니다. 이미 알고 계시듯이, 오늘의 수익금은 가난한 아이들을 치료하는 데 노력하고 있는 시내의 아동 병원으로 가게 됩니다. 다시 한번 여러분의 관심과 헌신에 감사 드립니다.

어휘
annual 해마다의 charity banquet 자선 연회
thrilled 아주 흥분한 large 큰 turnout 참가자 수
grateful 감사하는 proceeds 수익금 strive 노력하다
cure 치료하다 interest 관심 commitment 헌신

담화는 어디에서 행해지겠는가?
(A) 병원에서
(B) 호텔에서
(C) 컨벤션 센터에서
(D) 로비에서

어휘
담화 초반에 Thank you for coming to 뒤에 Dragon 호텔이 언급되므로 (B)가 정답이다.

기술 64 | 주제 문제의 정답은 inform이나 announce 뒤에 언급된다!

⚙️ Practice

정답 1. (A) 2. (A)

1 BR

Thank you for coming to the meeting early in the morning. As vice president, I'm delighted to tell you that our new sedan, ZX-10 will finally be released tomorrow. Since this is powered by our state of the art hybrid technology, it will be not only powerful but also more energy efficient than any other car in the industry. Please take a look at the screen right here.

아침 일찍 회의에 와주셔서 감사합니다. 부사장으로서, 우리 회사의 새로운 승용차인 ZX-10이 마침내 내일 출시된다는 것을 알려 드리게 되어 기쁩니다. 이 차는 최신 하이브리드 기술을 동력으로 사용하기 때문에 힘이 좋을 뿐 아니라 에너지 연비도 업계의 다른 어떤 차보다 뛰어납니다. 바로 여기 스크린을 봐주십시오.

어휘
sedan 승용차 finally 마침내 release 출시하다
state of the art 최신의 hybrid technology 하이브리드 기술
not only A but also B A뿐만 아니라 B도
energy efficient 에너지 연비가 좋은

담화는 주로 무엇에 대한 것인가?
(A) 새로운 차량
(B) 마케팅 캠페인
(C) 시장 분석
(D) 설문 결과

해설
담화 초반 tell you 다음에 새로운 승용차가 내일 출시된다는 것을 알리고 있으므로 정답은 (A)가 된다.
바꿔 쓰기 sedan 승용차 → vehicle 차량

2 AU

Hello, folks. I want to inform you that our maintenance department will conduct a routine inspection on all the machines in the assembly line today. Please note that all the electrical services will be temporarily off from 10 a.m. to noon. Should you have any questions about it, don't hesitate to ask me.

안녕하세요, 여러분. 오늘 우리 관리부가 조립 라인의 모든 기계들에 대해 정기 점검을 실시할 것임을 알려 드리고자 합니다. 오전 10시부터 정오까지 모든 전기 서비스들이 일시적으로 중단될 겁니다. 이것에 대해 질문이 있으시면 주저하지 말고 제게 물어보세요.

어휘
folks 여러분 maintenance 유지, 보수 conduct 행하다
routine inspection 정기 점검 machine 기계
assembly line 조립 라인 note 유의하다
electrical service 전기 서비스 temporarily 일시적으로
off 꺼진 noon 정오 hesitate 주저하다

안내는 왜 이루어지고 있겠는가?
(A) 정기 점검에 대해 말하기 위해
(B) 새로운 전기 장비를 출시하기 위해
(C) 조립 라인을 개조하기 위해
(D) 임시직 근로자들을 고용하기 위해

해설
담화 초반 inform 다음에 조립 라인에 있는 기계들에 대한 정기 점검을 실시한다는 것을 알리고 있으므로 정답은 (A)이다.
바꿔 쓰기 routine inspection 정기 점검 → regular check 정기 점검

DAY 16 TEST

정답 1. (C) 2. (A) 3. (A) 4. (B) 5. (D) 6. (A)
7. (B) 8. (B) 9. (C) 10. (A) 11. (B) 12. (C)
13. (A) 14. (D) 15. (C) 16. (C) 17. (B) 18. (D)

Questions 1~3 refer to the following announcement.

US

Welcome to our main plant, folks. I'm Jason Reynolds and I'm in charge of the overall manufacturing process here. **1**As new hires, you will briefly look around our manufacturing facilities for two hours. Let's begin with our assembly line. **2**This is where we make all kinds of vehicles we export all over the world. You're not directly involved in the manufacturing process but you ought to know how our products are manufactured in a factory. Since our new SUVs have become more popular in Europe, **3**the management decided to build a new factory in Poland in January. After you complete the tour, you'll be directed to the auditorium. Jane Wang in Personnel will tell you about the necessary paperwork you should deal with.

1-3은 다음 안내에 관한 문제입니다.
우리 주 공장에 오신 것을 환영합니다, 여러분. 저는 Jason Reynolds이고, 여기서 전반적인 제조 공정을 책임지고 있습니다. 신입사원으로서, 여러분은 2시간 동안 간략하게 우리의 제조 시설들을 둘러보게 됩니다. 우리의 조립 라인부터 시작해 보죠. 이곳은 우리가 전세계로 수출하는 모든 종류의 차량들을 만드는 곳입니다. 여러분이 제조 공정에 직접 관여하지는 않지만, 어떻게 제품들이 공장에서 생산되는지는 알아야 합니다. 우리 새 SUV 차량들이 유럽에서 더욱 인기를 얻고 있기 때문에, 경영진은 1월에 Poland에 새로운 공장을 짓기로 결정했습니다. 투어가 끝나고 나면, 강당으로 안내 받으실 겁니다. 인사부의 Jane Wang 씨가 여러분이 처리해야 할 필요 서류 작업들에 대해 얘기해줄 겁니다.

어휘
overall 전체의 manufacture 제조하다 process 과정
new hire 신입사원 briefly 간략하게 facility 시설

assembly line 조립 라인 vehicle 차량 export 수출하다
directly 직접 be in involved in ~에 관여하다
popular 인기 있는 management 경영진 complete 끝마치다
direct 안내하다 auditorium 강당 Personnel 인사부
deal with 처리하다

1 화자는 누구에게 얘기하고 있는가?
(A) 부장들
(B) 임원들
(C) 신입사원들
(D) 관광객들

기술62
담화 초반에 신입사원으로서(As new hires)라고 청자를 지칭하는 말이 나오므로, (C)가 정답이다.
바꿔 쓰기 new hires 신입사원들 → new employees 신입사원들

2 화자의 회사에서 판매하는 것은 무엇이겠는가?
(A) 자동차
(B) 가전제품
(C) 사무용품
(D) 여행 상품

기술38
이곳이 모든 종류의 차량들을 만드는 곳이다(This is where we make all kinds of vehicles)라고 말하는 부분에서 화자의 회사가 자동차 제조업체임을 알 수 있으므로 (A)가 정답이다.
바꿔 쓰기 vehicles 차량 → automobiles 자동차

3 1월에 무슨 일이 일어나겠는가?
(A) 새로운 시설이 추가된다.
(B) 강당이 지어진다.
(C) 공장장이 채용된다.
(D) 신제품이 출시된다.

기술77
담화 후반에 내년에 폴란드에 공장을 짓기로 한 계획(the manhagement decided to build a new factory in Poland in January)에 대한 언급이 나오므로, (A)가 정답이다.
바꿔 쓰기 factory 공장 → facility 시설

Questions 4~6 refer to the following talk.

AU

Good afternoon, everyone. **4Welcome to the beautiful sculpture garden!** My name is James Buck and I'll be your guide. First, you will see a series of sculptures made in the 1990s by John Monroe. He was born and raised here in Chicago. He has been renowned for his startling originality. After that, you will watch a short video about his life and works. **5At 1 p.m., the local artist, Ted Brown will show you the various painting skills.** Today's tour is scheduled to end at 2 p.m. At the end of the tour, **6 you are advised to visit our gift shop which is next to our main gate.**

4-6은 다음 담화에 관한 문제입니다.
안녕하세요, 여러분. 아름다운 조각 공원에 오신 것을 환영합니다! 제 이름은 James Buck이고, 여러분들의 가이드가 될 것입니다. 먼저, John Monroe가 1990년대에 만든 일련의 조각품들을 보게 되실 겁

니다. 그는 여기 Chicago에서 태어나고 자랐습니다. 그는 놀라운 독창성으로 유명합니다. 그런 다음, 그의 삶과 작품들에 대한 짧은 비디오를 보게 될 것입니다. 오후 1시에, 지역 화가인 Ted Brown 씨가 여러 가지 미술 기법들을 보여 주실 겁니다. 오늘 투어는 오후 2시에 끝날 예정입니다, 투어 마지막에는, 정문 옆에 있는 기념품 가게에 들러보실 것을 권해 드립니다.

어휘
sculpture 조각 a series of 일련의 raise 기르다, 양육하다
be renowned for ~로 유명하다 startling 놀라운
originality 독창성 work 작품 local 지역의 various 다양한
be scheduled to ~할 예정이다 end 끝나다 next to ~옆에
main gate 정문

4 담화는 어디서 일어나는 중이겠는가?
(A) 박물관에서
(B) 정원에서
(C) 스튜디오에서
(D) 선물 가게에서

기술63
담화 초반 Welcome 뒤에 sculpture garden이 언급되었으므로, 이곳이 조각 공원임을 알 수 있다. 따라서 (B)가 정답이다.

5 화자의 말에 따르면, 오후 1시에 무슨 일이 있을 것인가?
(A) 투어가 끝날 것이다.
(B) 짧은 비디오가 상영될 것이다.
(C) 무료 선물이 제공될 것이다.
(D) 시연을 할 것이다.

어휘
complimentary 무료의 demonstration 시연

기술77
시간 키워드 1 p.m.의 일정이 제시되는 부분에서 지역 화가가 여러 가지 미술 기법을 보여 줄 것이라고 했는데(At 1 p.m., the local artist, Ted Brown will show you the various painting skills) 이는 곧 미술 기법 시연을 한다는 말이므로 (D)가 정답이다.
바꿔 쓰기 show 보여 주다 → demonstration 시연

6 청자들에게 나중에 하라고 장려되는 것은?
(A) 가게 둘러보기
(B) Ted Brown과 직접 이야기하기
(C) 다양한 그림들을 촬영하기
(D) 안내소 방문하기

기술68
담화 마지막에 기념품 가게에 방문하라고 권하고(you are advised to visit our gift shop which is next to our main gate) 있으므로 정답은 (A)가 된다.
바꿔 쓰기 visit 방문하다 → browse 둘러보다

Questions 7~9 refer to the following broadcast.

US

In the press conference, the mayor, John Miller **7announced the new initiative to improve the residential environment in the city.** As part of the new plan, the city government decided to **8hire more than 50 people to work on keeping streets clean.** Also, **9some eco parks will be built in downtown.** Although many civic groups are pleased to hear the news, some people argue that the city is wasting the tax payers' money. We'll be right back with more details after the commercial break.

7-9는 다음 방송에 관한 문제입니다.

기자 회견에서, John Miller 시장은 도시의 주거 환경을 개선하기 위한 새로운 계획을 발표했습니다. 새로운 계획의 일환으로, 시 정부는 거리를 깨끗하게 유지하는 작업을 위해 50명 이상의 사람들을 고용하기로 결정했습니다. 또한 몇 개의 생태 공원들이 시내에 조성될 겁니다. 많은 시민 단체들이 이 소식에 기뻐하고 있지만, 몇몇 사람들은 시가 납세자의 돈을 낭비하고 있다고 주장합니다. 광고 듣고 더 자세한 이야기로 가지고 돌아오겠습니다.

어휘
press conference 기자 회견 mayor 시장 announce 발표하다 initiative 계획 improve 향상시키다 residential 주거의 environment 환경 government 정부 hire 고용하다 eco park 생태 공원 civic group 시민 단체 argue 주장하다 waste 낭비하다 tax payer 납세자 commercial break 광고

7 뉴스는 주로 무엇에 관한 것인가?
(A) 신임 시장
(B) 시의 계획
(C) 세금 규정
(D) 광고

기술64
담화 초반에 도시의 주거 환경을 개선하기 위한 새로운 계획을 발표했다(announced the new initiative to improve the residential environment in the city)는 내용이 언급된다. 따라서 정답은 (B)가 된다.
바꿔 쓰기 initiative 계획 → plan 계획

8 시에서 더 많은 일꾼들을 고용하려는 이유는?
(A) 새로운 시청을 짓기 위해
(B) 거리들을 치우기 위해
(C) 환경 단체들을 지원하기 위해
(D) 오래된 건물을 철거하기 위해

기술45
키워드인 employ의 동의어 hire가 언급되는 부분에서 거리를 깨끗하게 유지하기 위해 50명 이상의 사람들을 고용한다(hire more than 50 people to work on keeping streets clean)고 말하고 있으므로 (B)가 정답이다.
바꿔 쓰기 clean 청소하다 → sweep 치우다

9 계획에 대해 언급된 것은 무엇인가?
(A) 의회가 제안하였다.
(B) 곧 수정될 것이다.
(C) 몇몇 환경 친화적인 장소들을 특징으로 한다.
(D) 모든 납세자들의 지지를 받고 있다.

어휘
revise 수정하다 feature ~을 특징으로 하다 support 지지하다

기술76
담화 중반 생태 공원이 세워질 것(some eco parks will be built in downtown)이라고 했는데, 생태 공원은 환경 친화적인 장소라고 할 수 있으므로 (C)가 정답이다.
바꿔 쓰기 eco parks 생태 공원들 → environmentally friendly places 환경 친화적인 장소들

Questions 10~12 refer to the following excerpt from a meeting.

BR
Before we start today's staff meeting, **10**I'd like to remind you that Sam Maxwell, the vice president will leave his post as of January 10th to spend quality time with his family. Umm. He plans to start to write an autobiography to be published at the end of the year. As you know, he has been dedicated to the success of our company for the last 3 decades. To honor his contribution to the company, **11**the management decided to host the retirement party on January 5th from 7 p.m. to 9 p.m. at Plaza Hotel. If you're interested in joining the event, **12**please don't forget to sign up no later than January 3rd.

10-12는 다음 회의 발췌록에 관한 문제입니다.

오늘 직원 회의를 시작하기 전에, 부사장이신 Sam Maxwell 씨가 가족과 귀중한 시간을 보내기 위해 1월 10일 자리에서 물러나신다는 것을 알려드리고자 합니다. 음. 그는 연말에 출간되는 자서전 집필을 시작할 계획이십니다. 여러분도 아시듯이, 그는 우리 회사의 성공을 위해 지난 30년간 헌신해 오셨습니다. 회사에 대한 그의 공헌을 기리기 위해, 경영진들은 1월 5일 저녁 7시부터 9시까지 Plaza Hotel에서 은퇴 파티를 열어주기로 결정했습니다. 행사에 참여하고 싶으시면, 늦어도 1월 3일까지는 등록하는 것을 잊지 마시길 바랍니다.

어휘
remind 상기시키다 quality 고급의, 양질의 autobiography 자서전 publish 출간하다 dedicated to ~에 헌신하는 success 성공 decade 10년 honor 기리다 contribution 공헌 management 경영진 host 개최하다 retirement 은퇴 sign up 신청하다, 등록하다

10 담화는 무엇에 관한 것인가?
(A) 은퇴
(B) 승진
(C) 책 사인회
(D) 자선 연회

기술64
담화 초반에 부사장이 자리에서 물러난다는 것을 알리고(I'd like to remind you that Sam Maxwell, the vice president will leave his post) 있으므로, (A)가 정답이다.

11 1월 5일에 무슨 일이 일어날 것인가?
(A) 최고 경영자가 은퇴할 것이다.
(B) 송별 파티가 열릴 것이다.
(C) 자서전이 출간될 것이다.
(D) 새로운 부사장이 소개될 것이다.

기술77
시간 키워드 January 5th가 제시되는 담화 후반(the management decided to host the retirement party on January 5th from 7 p.m. to 9 p.m. at Plaza Hotel)에서 은퇴 파티가 열린다는 사실을 확인할 수 있으므로, (B)가 정답이다.
바꿔 쓰기 retirement party 은퇴 파티 → farewell party 송별 파티

12 청자들에게 장려되는 것은 무엇인가?
(A) 책을 구매하기
(B) 파티 준비하기
(C) 행사에 미리 등록하기
(D) 가족과 더 많은 시간 보내기

기술68

담화 마지막에 1월 3일까지 신청하라고 요청하는 부분(please don't forget to sign up no later than January 3rd)에서 (C)가 정답임을 알 수 있다.

바꿔 쓰기 sign up 등록하다 → register 등록하다

Questions 13~15 refer to the following talk.

US

13Welcome to our newly renovated Italian gourmet restaurant, "Roman Holiday". I have some good news for you. To celebrate our grand reopening, **14**we have invited the world renowned chef, Ronald Bruno here today. He's well-known for his recent bestselling book, *My secret recipe* and he gladly agreed to share one of his favorite recipes with us. In a few minutes, he will show us how to cook a delicious and healthy seafood dish easily at home. Following his demonstration, you will have the chance to taste his dishes on stage. **15**If you have our membership card, you are entitled to receive a free copy of his book afterwards.

13-15는 다음 담화에 관한 문제입니다.

새롭게 단장한 이태리 미식가 식당인 "로마의 휴일"에 오신 것을 환영합니다. 여러분께 좋은 소식이 있습니다. 성대한 재개장을 축하하기 위해, 세계적으로 유명한 셰프인 Ronald Bruno 씨를 오늘 여기에 초대했습니다. 그는 최근 베스트셀러인 <My secret recipe>으로 유명하신 분으로, 그가 가장 좋아하는 요리법 중 하나를 우리와 공유하시는 데 기꺼이 동의하셨습니다. 잠시 후에, 집에서 쉽고 맛있고 건강한 해산물 요리를 만드는 법을 우리에게 보여주실 겁니다. 그분의 시연 다음에, 무대에서 그의 요리들을 맛보실 기회를 가지게 되실 겁니다. 저희 고객 카드가 있으시면, 나중에 그의 책을 무료로 받으실 수도 있습니다.

어휘

newly 새롭게 gourmet 미식가 celebrate 기념하다 grand 성대한 world renowned 세계적으로 유명한 recent 최근의 recipe 요리법 gladly 기꺼이 agree 동의하다 share 공유하다 healthy 몸에 좋은 dish 요리 easily 쉽게 following ~후에 demonstration 시연 taste 맛보다 on stage 무대에서 be entitled to ~할 자격이 있다 afterwards 나중에

13 담화는 어디에서 이루어지고 있겠는가?
(A) 식당에서
(B) 서점에서
(C) 진료소에서
(D) 슈퍼마켓에서

기술63

담화 초반 Welcome 뒤에 언급되는 Italian gourmet restaurant에서 현재 장소가 식당이라는 정보를 알 수 있으므로, (A)가 정답이다.

14 화자가 "여러분께 좋은 소식이 있습니다"라고 말한 의도는 무엇인가?
(A) 책 사인 행사가 열릴 것이다.
(B) 그는 기밀 문서들을 공유할 것이다.
(C) 음료들이 무료로 제공될 것이다.
(D) 오늘 특별 손님이 있다.

어휘

confidential 기밀의 beverage 음료 for free 무료로

기술41

담화 초반에 좋은 소식이 있다고 말한 직후에, 세계적으로 유명한 요리사를 초대했다(we have invited the world renowned chef, Ronald Bruno here today)고 말하고 있으므로, 정답은 (D)가 된다.

15 회원들은 무엇을 받을 자격이 있는가?
(A) 추가 할인
(B) 무료 입장
(C) 무료 도서
(D) 쿠폰

어휘

be eligible for ~의[을 받을] 자격이 있다

기술74

담화 마지막에 고객 카드가 있으면 무료로 책을 받을 수 있다 (If you have our membership card, you are entitled to receive a free copy of his book afterwards)고 하므로 정답은 (C)가 된다.

바꿔 쓰기 free 무료의 → complimentary 무료의

Questions 16~18 refer to the following introduction and chart.

AU

Good morning, everyone. **16**I'm Jim Swanson. As CEO of Pacific Hotel, I feel honored to present this great award to the most innovative employee of the year. As some of you probably heard, this years' award goes to Mia Thompson, our marketing director. **17**She started to work with us a decade ago and she has continued to introduce new ideas to our hotel. In particular, she decided to allow all the guests to take advantage of the **18**wireless Internet service free of charge, which increased our customer satisfaction dramatically. Now let's give a big hand to Mia.

16-18은 다음 소개와 차트에 관한 문제입니다.

안녕하세요, 여러분. 저는 Jim Swanson입니다. Pacific Hotel의 최고 경영자로서, 올해 가장 혁신적인 직원에게 이 상을 수여하게 되어 영광입니다. 이미 몇몇 분들은 아시겠지만, 올해의 상은 우리 마케팅 이사인 Mia Thompson에게 수상됩니다. 그녀는 10년 전에 우리와 일을 시작했고, 계속해서 우리 호텔에 새로운 아이디어들을 내놓고 있습니다. 특히, 그녀는 모든 고객들이 무료로 무선 인터넷 서비스를 이용하도록 결정했는데, 덕분에 고객 만족도가 급상승했습니다. 자, 이제 Mia에게 큰 박수를 보냅시다.

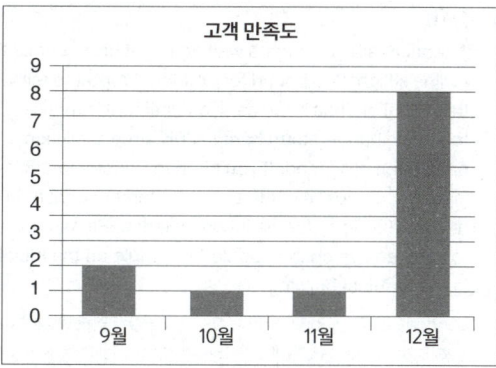

고객 만족도

CEO 최고 경영자 honored 영광스러운 present 수여하다
award 상 innovative 혁신적인 decade 10년
continue 계속하다 in particular 특히 allow 허용하다
take advantage of ~을 이용하다
wireless Internet service 무선 인터넷 서비스
free of charge 무료로 increase 증가시키다 satisfaction 만족
dramatically 극적으로 big hand 큰 박수

16 화자는 누구이겠는가?
(A) 마케팅 이사
(B) 고객
(C) 사장
(D) 수상자

기술61
담화 초반 화자의 이름을 제시한 후에, 본인이 CEO라는 사실을 밝히는 부분(As CEO of Pacific Hotel)에서 정답이 (C)임을 알 수 있다.
바꿔 쓰기 CEO 최고 경영자 → president 사장

17 Thompson 씨는 Pacific Hotel에서 얼마나 오래 일해왔는가?
(A) 5년
(B) 10년
(C) 15년
(D) 20년

기술78
담화 중반 Mia Thompson을 소개한 후에 그녀가 10년 전에 이 회사에서 일을 시작했다고 말하는 부분(She started to work with us a decade ago)에서 정답은 (B)인 것을 알 수 있다.
바꿔 쓰기 a decade 10년 → 10 years 10년

18 시각 자료를 보시오. 무선 인터넷 서비스는 언제 시작되었는가?
(A) 9월
(B) 10월
(C) 11월
(D) 12월

기술36
담화 후반 무선 인터넷 서비스 제공으로 인해 고객 만족도가 크게 향상되었다(wireless internet service free of charge, which increased our customer satisfaction dramatically)고 했는데, 도표를 보면 12월에 만족도가 크게 상승한 것을 확인할 수 있으므로 정답은 (D)가 된다.

DAY 17
기술 65 | Next 문제의 정답은 now 뒤에 언급된다!

⚙️ **Practice**

정답 1. (A) **2.** (A)

1 US

Ladies and gentlemen. Welcome to our 5th National Book Awards. I'm so thrilled to tell you that dozens of talented young writers are nominated for awards in several different categories. In a few moments, some of the winners will be announced. But I'd like to introduce the special guest to you first. Without her efforts, this event would not exist. Now, give her a big round of applause. Ms. Smith! Would you please come on stage?

신사 숙녀 여러분. 저희의 제5회 National Book Awards에 오신 걸 환영합니다. 수십 명의 재능 있는 젊은 작가들이 여러 다른 범주의 수상 후보자로 올라 있다는 사실을 말씀 드리게 되어 매우 흥분되네요. 잠시 뒤에 수상자 일부가 발표될 것입니다. 하지만 먼저 여러분께 특별 손님을 소개해 드리고자 합니다. 그녀의 노력이 없었다면, 이 행사는 존재하지 않았을 겁니다. 자 이제, 큰 박수를 보내 주세요. Smith 씨! 무대 위로 올라와 주시겠어요?

award 상 thrilled 몹시 흥분되는 dozens of 수십 명의
talented 재능 있는 nominate 후보자로 추천하다
category 범주 winner 수상자 announce 발표하다
introduce 소개하다 effort 노력 event 행사 exist 존재하다
applause 박수 갈채 on stage 무대 위로

다음에 무슨 일이 일어날 것 같은가?
(A) 한 사람이 무대 위로 올라갈 것이다.
(B) 대상이 수여될 것이다.
(C) 비디오가 상영될 것이다.
(D) 무대가 장식될 것이다.

해설
담화 마지막에 박수를 보내 달라고 하면서, Smith 씨라는 사람을 무대 위로 부르고 있으므로 정답은 (A)가 된다.
바꿔 쓰기 come on stage 무대에 오르다 → step onto the stage 무대 위로 올라가다

2 US

Hi, everyone. Thank you for attending our weekly staff meeting. The first agenda is the sales of our new compact car, TX-3. Despite our aggressive marketing campaign, the sales have dropped by 10%. Umm, I think we should start new TV commercials to increase our sales. Now, Jason from the marketing department will tell us about our new advertising plan.

안녕하세요, 여러분. 주간 직원 회의에 참석해 주셔서 감사합니다. 첫 번째 안건은 우리 회사의 새로운 소형차인 TX-3의 매출입니다. 우리의 공격적인 마케팅 활동에도 불구하고, 매출이 10%나 떨어졌어요. 음, 매출을 늘리기 위해서 새로운 TV 광고들을 시작해야 할 것 같아요. 자 이제, 마케팅부의 Jason이 우리의 새로운 광고 계획에 대해 말해줄 겁니다.

어휘
attend 참석하다 weekly 매주의 agenda 안건, 의제 sales 매출
compact car 소형차 aggressive 공격적인 drop 떨어지다
commercial 광고 increase 증가시키다 despite ~에도 불구하고

다음에 무슨 일이 일어나겠는가?
(A) 발표가 행해질 것이다.
(B) 그룹 토의가 시작될 것이다.
(C) 음식이 제공될 것이다.
(D) 신제품이 공개될 것이다.

어휘
unveil 발표하다, 공개하다

해설
담화 후반에 마케팅부의 제이슨이 새로운 광고 계획에 대해 말해
줄 것이라고 했는데, 이는 곧 회의 참석자들을 대상으로 발표를 한
다는 말이므로 (A)가 정답이다.

기술 66 | 비행기 지연 이유 중 80%는 악천후이다!

⚙️ **Practice**

정답 1. (C) **2.** (B)

1 BR

May I have your attention, please? I'd like to tell all
passengers heading to Dallas that the train is slightly
being delayed due to the rail inspection. It shouldn't take
long. Please be sure to have your ticket handy. If you
haven't purchased one yet, please do so at the ticket
counter. If you have a credit card, you are encouraged
to use the machines near the terminal entrance. Thank
you.

주목해주시겠어요? Dallas로 가는 모든 승객 여러분께 기차가 철로
점검 작업으로 인해 다소 지연되고 있음을 알려드리고자 합니다. 오
래 걸리지는 않을 겁니다. 표를 확실히 준비해 주시기 바랍니다. 만약
아직 구매하지 않으신 경우, 매표소에서 구매하시기 바랍니다. 신용
카드가 있으시면, 터미널 입구 근처에 있는 기기를 이용하실 것을 권
해 드립니다. 감사합니다.

어휘
passenger 승객 head to ~로 향하다 slightly 약간
delayed 연기된 rail 철로 inspection 점검
have ~ handy ~을 (쓸 수 있게) 준비해두다
ticket counter 매표소 encourage 격려하다, 장려하다
machine 기계 entrance 입구

지연의 이유는 무엇인가?
(A) 악천후
(B) 엔진 문제
(C) 선로 점검
(D) 짐 분실

해설
담화 초반에 기차가 지연된다는 소식을 알리면서 선로 점검이란 이
유(due to the rail inspection)를 언급하고 있으므로 정답은 (C)
가 된다.

2 AU

Attention, all passengers waiting to get on Super British
Airline's flight 240 bound for London. I regret to tell you
that this flight has been delayed until further notice. Due
to heavy thunderstorm here in JFK airport, all flights
have been grounded. If you need to transfer to another
flight to LA, please come to our customer service desk
at Gate 12. Sorry for the inconvenience. Please be sure
to keep an eye on the updated schedule on the monitor
in the terminal building.

London으로 가는 Super British Airline의 240편 탑승을 기다리는
모든 승객 여러분께 알립니다. 유감스럽게도 이 비행편은 추후 공지
가 있을 때까지 지연되고 있습니다. 여기 JKF 공항의 심한 폭풍우 때
문에, 모든 비행기가 지상에 묶여 있습니다. LA로 가는 다른 비행기로
갈아 타셔야 할 경우, 12번 게이트에 있는 저희 고객 서비스 센터로 오
시기 바랍니다. 불편을 드려 죄송합니다. 공항 터미널 건물 안에 있는
모니터에서 최신 일정을 계속 주시하시기 바랍니다.

어휘
get on ~에 탑승하다 bound for ~행의
further notice 추후 공지 thunderstorm 폭풍우
be grounded 지상에 묶이다, 이륙하지 못하다
transfer 갈아타다 inconvenience 불편
keep an eye on ~을 계속 지켜보다 updated 업데이트된

모든 비행기들이 지연되는 이유는 무엇인가?
(A) 심한 교통 체증 때문에
(B) 악천후 때문에
(C) 정비 때문에
(D) 정전 때문에

어휘
maintenance 보수, 정비 power outage 정전

해설
담화 초반 비행기 지연에 대해 JFK 공항의 심한 폭풍우 때문(Due
to heavy thunderstorm here in JFK airport)이라는 이유가 제
시되고 있으므로 정답은 (B)가 된다
바꿔 쓰기 heavy thunderstorm 심한 폭풍우 → bad weather
악천후

기술 67 | 혜택 제공과 보상은 주로 coupon으로 한다!

⚙️ **Practice**

정답 1. (C) **2.** (B)

1 US

Welcome to Blue Ocean Gym. My name is Paul Hunter
and I'll be showing you around our fitness center. Unlike
other gyms, we offer a variety of exercise programs
such as yoga and pilates classes for free. In addition,
if you sign up for our yearly membership today, you are
eligible for a 30% discount. Ah-okay, everyone, follow
me please.

Blue Ocean Gym에 오신 것을 환영합니다. 제 이름은 Paul Hunter
이고, 오늘 여러분께 저희 피트니스 센터를 구경시켜 드리겠습니다.
다른 헬스클럽들과 달리, 저희는 요가와 필라테스 강좌 같은 다양한

운동 프로그램들을 무료로 제공합니다. 게다가 오늘 저희 연회원에 등록하시면 30% 할인을 받으실 수 있습니다. 아, 좋습니다, 여러분, 저를 따라와 주세요.

어휘

gym 체육관, 피트니스 센터(= fitness center) unlike ~와 달리
a variety of 다양한 such as ~와 같은 pilates 필라테스
for free 무료로 in addition 게다가 sign up for ~에 등록하다
membership 회원권 be eligible for ~을 받을 자격이 있다

청자들은 왜 오늘 등록할 것을 권장받는가?
(A) 무료 배낭을 받기 위해
(B) 무료 물병을 받기 위해
(C) 특가 상품을 최대한 활용하기 위해
(D) 쿠폰을 받기 위해

어휘

complimentary 무료의
make the most of ~을 최대한 활용하다 special deal 특가 상품
voucher 상품권, 쿠폰

해설

담화 후반에 오늘 등록하면 30% 할인을 받을 수 있다고 했는데, 30% 할인을 피트니스 센터의 특가 상품이라고 볼 수 있으므로 정답은 (C)가 된다.
바꿔 쓰기 30% discount 30% 할인 → special deal 특가 상품

2 US

Hello, Ms. Diaz. This is Sophia Chen from King's office supplies. You ordered 10 boxes of copy paper and 20 packs of pencils, right? But we are currently out of copy paper and it won't be shipped to our warehouse until the end of the week. As soon as it arrives here, we'll deliver it as fast as possible. Also, to make up for this inconvenience, we'll issue you a coupon for $10 dollars toward your next purchase. Thank you.

안녕하세요, Diaz 씨. 저는 King's 사무용품의 Sophia Chen입니다. 복사 용지 10상자와 연필 20통을 주문하셨죠? 그런데 현재 저희가 복사 용지가 다 떨어졌고 이번 주말은 되어야 저희 창고로 선적이 될 겁니다. 그것이 여기 도착하자마자, 가능한 한 빨리 배송해 드리겠습니다. 아울러 이러한 불편을 보상해드리기 위해, 다음 구매 때 쓰실 수 있는 10달러 상당의 쿠폰을 발행해 드리겠습니다. 감사합니다.

어휘

office supplies 사무용품 order 주문하다
copy paper 복사 용지 pack (상품의) 통, 갑 currently 현재
be out of ~이 바닥나고 없다 ship 선적하다 warehouse 창고
as soon as ~하자마자 deliver 배달하다
make up for ~을 보상하다 inconvenience 불편
issue 발행하다 purchase 구매

화자가 제안하는 것은 무엇인가?
(A) 오늘 복사 용지 1박스 보내기
(B) 쿠폰 주기
(C) 감사 카드 우편으로 보내기
(D) 무료 연필 선적하기

해설

담화 마지막에 10달러짜리 쿠폰(a coupon for $10 dollars)을 주겠다고 하고 있으므로 정답은 (B)가 된다.
바꿔 쓰기 coupon 쿠폰 → voucher 쿠폰

기술 68 | 제안/요청 문제의 정답은 후반에 언급된다!

⚙️ **Practice**

정답 1. (D) **2.** (C)

1 BR

Before wrapping up today's meeting, I'd like to tell you that our management decided to open a new branch in Vietnam in the beginning of next year. We anticipate the strong demand for our high end smart phones in Southeast Asia. We need someone to head up this new branch. If you're interested in this great opportunity, please stop by my office after the meeting.

오늘 회의를 끝내기 전에, 우리 경영진이 내년 초 베트남에 새로운 지점을 열기로 결정했다는 것을 알려드리고 싶습니다. 우리는 동남아시아에서 우리 회사의 고급 스마트 폰에 대한 수요가 높을 것으로 기대하고 있습니다. 이 새로운 지점을 이끌 사람이 필요합니다. 이 좋은 기회에 관심 있으시면, 회의 후에 제 사무실에 들러주세요.

어휘

wrap up 마무리하다 management 경영진 branch 지점
beginning 초 anticipate 기대하다, 예상하다
strong demand 강한[높은] 수요 high end 고급의
smart phone 스마트 폰 head up 이끌다
be interested in ~에 관심이 있다 opportunity 기회
stop by 들르다

일부 청자들이 제안받는 것은 무엇인가?
(A) 최신 폰들 비교하기
(B) 주문하기
(C) 아시아 시장 분석하기
(D) 직접 사무실 방문하기

해설

담화 마지막에 관심 있는 사람들은 회의 후에 화자의 사무실로 방문하라고 말하고 있으므로 정답은 (D)가 된다.
바꿔 쓰기 stop by 들르다 → visit 방문하다

2 AU

Hi, everyone. I have a couple of announcements to make today. First, we initiate diverse programs for our employees to improve their health. You can check our Website for additional information. Secondly, our elevators are currently out of service due to the regular inspection. So please use the steps instead. Thank you for your cooperation.

안녕하세요, 여러분. 오늘 두 가지 공지 사항이 있습니다. 첫째로, 우리 회사에서는 직원들의 건강 증진을 위해 다양한 프로그램들을 시작합니다. 추가적인 정보는 우리 웹사이트를 참고해 주세요. 둘째로, 엘리베이터들이 현재 정기 점검 관계로 운행되지 않습니다. 그러니 대신 계단을 이용해 주세요. 협조해 주셔서 감사 합니다.

어휘

a couple of 둘의 announcement 안내 initiate 시작하다
diverse 다양한 improve 향상시키다 additional 추가적인
secondly 둘째로 out of service 서비스가 되지 않는
regular 정기적인 inspection 점검 steps 계단(= stairs)
instead 대신에 cooperation 협조

직원들 요청받는 것은 무엇인가?
(A) 이메일 확인하기
(B) 교육 과정에 참석하기
(C) 계단 이용하기
(D) 엘리베이터 이용하기

해설
담화 마지막에 계단을 이용해 달라(please use the steps)고 부탁하고 있으므로, 정답은 (C)가 된다.

바꿔 쓰기 steps 계단 → stairs 계단

DAY 17 TEST

정답 1. (B) 2. (D) 3. (C) 4. (C) 5. (D) 6. (B)
7. (C) 8. (C) 9. (C) 10. (C) 11. (B) 12. (A)
13. (B) 14. (C) 15. (A) 16. (A) 17. (A) 18. (C)

Questions 1~3 refer to the following announcement.

US

Attention, shoppers. I'd like to let you know that we're closing in 20 minutes. If you haven't paid your purchase yet, please do so at one of our checkout counters. For fewer than 10 items, you are advised to use the express counter near the front entrance. Don't be surprised! **2**At last, we're having our annual sale on our produce items from Friday to Sunday. During the sale, our juicy **1**California oranges will be 20% off the regular price and the **1**fresh grapes from Chile will be marked down up to 30%. Don't miss out this great opportunity. **3**For more information, be sure to pick up a brochure on your way out. Thank you for shopping with us today and hope to see you soon.

1-3은 다음 안내에 관한 문제입니다.

주목해 주세요, 쇼핑객 여러분. 우리 매장은 20분 후에 문을 닫는다는 것을 알려드리고자 합니다. 아직 구매한 물품값을 지불하지 않으셨다면, 저희 계산대에서 해주세요. 10개 품목 이하인 경우, 입구 근처의 빠른 계산대 이용을 권해드립니다. 놀라지 마세요! 드디어, 금요일부터 일요일까지 우리 농산물에 대한 연례 할인을 합니다. 할인 기간 동안 과즙이 풍부한 캘리포니아 오렌지는 정가 대비 20% 할인되고, 칠레에서 온 신선한 포도들은 30%까지 할인됩니다. 이 좋은 기회를 놓치지 마세요. 더 자세한 정보를 원하시면, 나가시는 길에 안내책자를 꼭 가져가세요. 오늘 쇼핑해 주셔서 감사 드리며, 곧 또 뵙기를 바랍니다.

어휘
attention 주목 purchase 구매품 checkout counter 계산대 express 빠른 near 근처에 front entrance 정문 at last 드디어 annual 해마다의 produce 농산물 regular price 정가 miss out 놓치다 opportunity 기회 on one's way out 나가는 길에

1 안내방송은 어디에서 이루어지고 있겠는가?
(A) 서점에서
(B) 식료품점에서
(C) 카페에서
(D) 식당에서

기술74
담화 중반에 할인 행사를 언급하면서, 오렌지와 포도를 언급하는 부분(California oranges/fresh grapes)에서 이곳이 식료품점임을 알 수 있다. 따라서 정답은 (B)가 된다.

2 화자가 "놀라지 마세요"라고 말하는 이유는?
(A) 폐점 시간을 변경하기 위해
(B) 사무용품들을 할인된 가격에 판매하기 위해
(C) 청자들에게 다가오는 이전을 알리기 위해
(D) 특별 할인에 대해 말하기 위해

기술41
해당 표현 바로 다음에 농산물 할인에 대해 언급하고(At last, we're having our annual sale on our produce items) 있으므로 정답은 (D)가 된다.

바꿔 쓰기 annual sale 연례 할인 → special offers 특별 할인

3 화자가 청자에게 하라고 제안하는 것은?
(A) 가게를 즉시 떠나기
(B) 오늘 신선한 바나나를 구입하기
(C) 더 많은 정보를 위해 안내책자를 가져가기
(D) 회원 프로그램에 가입하기

기술68
담화 후반에 더 많은 정보를 원하면 나갈 때 안내책자를 가져 가라고 당부하는 부분(For more information, be sure to pick up a brochure on your way out)에서 정답은 (C)가 된다.

바꿔 쓰기 brochure 안내 책자 → booklet 안내 책자

Questions 4~6 refer to the following talk.

US

4Welcome to the Michigan art gallery. My name is Peter Morrison and I'll be your guide today. In a few minutes, we'll start with the wonderful Impressionism exhibit on the first floor. At 11 a.m., we will walk around the outdoor sculpture garden for an hour. At noon, we'll have lunch together at the cafeteria. **5**At 1 o'clock, the famous local painter, Jason Wagner will tell us about his works as well as the various painting skills. At the end of the tour, **6**you are encouraged to browse through the gift shop where you can buy souvenirs for your family members and friends. Before we start, let's visit the washroom.

4-6은 다음 담화에 관한 문제입니다.

Michigan 미술관에 오신 것을 환영합니다. 제 이름은 Peter Morrison이고, 저는 오늘 여러분의 가이드입니다. 잠시 후에 우리는 1층에서 멋진 인상파 전시회로 시작하겠습니다. 오전 11시에 우리는 한 시간 동안 야외 조각 공원을 산책할 겁니다. 정오에는 구내 식당에서 함께 점심식사를 하겠습니다. 1시에는 유명한 지역 화가인 Jason Wagner가 다양한 회화 기법들뿐만 아니라 그의 작품들에 대해서도 얘기해 줄 겁니다. 투어 마지막에는 가족이나 친구들을 위해 기념품들을 살 수 있는 선물 가게를 둘러 보시길 권해 드립니다. 시작하기 전에 화장실부터 가시죠.

어휘
in a few minutes 몇 분 후에 Impressionism 인상주의 exhibit 전시회 outdoor 야외의 sculpture 조각 cafeteria 구내 식당 local 지역의 A as well as B B뿐만 아니라 A도 various 다양한 skill 기술

encourage 장려하다 browse 둘러보다 souvenir 기념품
washroom 화장실

4 화자는 어디에 있겠는가?
(A) 선물 가게에
(B) 구내 식당에
(C) 미술관에
(D) 정원에

담화 초반 'Welcome to the Michigan Art Gallery'에서 여기가
미술관임을 알려주는 단서가 나온다. 따라서 정답은 (C)가 된다.
바꿔 쓰기 art gallery 미술관 → art museum 미술관

5 청자들은 오후 1시에 무엇을 할 것인가?
(A) 점심식사하기
(B) 기념품 구매하기
(C) 정원을 거닐기
(D) 강연 듣기

시간 키워드 오후 1시가 제시되는 부분(At 1 o'clock, the famous
local painter, Jason Wagner will tell us about his works as
well as the various painting skills)에서 지역 화가의 강연이 예
정되어 있음을 알 수 있다. 따라서 정답은 (D)가 된다.
바꿔 쓰기 tell 말하다 → talk 강연

6 화자가 제안하는 것은 무엇인가?
(A) 야외 정원에서 식사하기
(B) 선물 가게 방문하기
(C) Wagner 씨에게 질문하기
(D) 친구에게 전화하기

담화 후반에 기념품 가게를 둘러 보라고 하는 말(you are
encouraged to browse through the gift shop)에서 정답은
(B)가 된다.

Questions 7~9 refer to the following announcement.

`BR`

Attention, **7**all passengers on Asia Air 337 to Hanoi!
8Because of the unexpected engine trouble, this
flight has been put off until further notice. If you have
a connecting flight, you are asked to report to our
employees at one of our customer service desks at
Gate 19. We're sincerely sorry for any inconvenience it
may cause. To compensate you for this inconvenience,
9we offer free drinks and snacks at Gate 20.

7-9는 다음 안내에 관한 문제입니다.
Hanoi로 가는 Asia Air 337편 승객 여러분 주목해 주세요. 예기치 못
한 엔진 결함으로 인해 추가 공지가 있을 때까지 이 비행기는 지연되
고 있습니다. 연결편이 있으신 경우, 19번 게이트의 고객 서비스 창구
에 있는 우리 직원들에게 알려주시기 바랍니다. 이로 인해 초래될 수
있는 불편에 대해 진심으로 사과 드립니다. 이러한 불편을 보상하기
위해, 20번 게이트에서 무료 음료와 간식들을 제공하고 있습니다.

unexpected 예기치 않은 put off 연기하다 notice 공지
connecting flight 연결 항공편 employee 직원
sincerely 진심으로 inconvenience 불편

---

compensate 보상하다 drink 음료 snack 간식

7 안내는 어디에서 이루어지고 있는가?
(A) 기차역에서
(B) 기내에서
(C) 공항에서
(D) 카페에서

담화 초반 비행편을 언급하고 엔진 문제로 출발이 지연되고 있다
(all passengers on Asia Air 337 to Hanoi)는 내용에서 이곳이
공항임을 추론할 수 있다. 따라서 정답은 (C)가 된다.

8 지연의 이유는 무엇인가?
(A) 악천후
(B) 교통 체증
(C) 기계 결함
(D) 연결 비행편

담화 초반 예기치 못한 엔진 문제로 비행기가 지연됨을 설명하는
부분(Because of the unexpected engine trouble)에서 정답
이 (C)임을 알 수 있다.
바꿔 쓰기 engine trouble 엔진 결함 → mechanical problem
기계 결함

9 화자가 20번 게이트에 대해 말한 것은 무엇인가?
(A) 지금 닫혀 있다.
(B) 걸어갈 만한 거리가 아니다.
(C) 그곳에서 무료 다과들이 이용 가능하다.
(D) 그곳 근처에서 일하는 사람은 아무도 없다.

담화 마지막에 장소 키워드인 Gate 20을 언급하면서 무료 음료와
간식이 제공된다는 사실(we offer free drinks and snacks at
Gate 20)을 확인할 수 있으므로 정답은 (C)가 된다.
바꿔 쓰기 free 무료의 / drinks and snacks 음료와 간식 →
complimentary 무료의 / refreshments 다과

Questions 10~12 refer to the following advertisement.

`AU`

Do you need to learn foreign languages? **10**If so,
please feel free to come by Genius Language Center.
11We're situated on Lincoln Avenue, which is the heart
of the business district in Washington DC. We offer a
variety of language courses including basic German
and French classes. We are here to help you overcome
the language barrier. As many people requested, we'll
begin the new Chinese class next month. **12**We decided
to offer a 20% off coupon to anyone who will register for
this new course. Thank you.

10-12는 다음 광고에 관한 문제입니다.
외국어를 배우실 필요가 있으세요? 그렇다면 언제든 Genius Lan-
guage Center에 들러 주세요. 우리 어학원은 Washington DC 상업
지구 중심부에 있는 Lincoln Avenue에 위치해 있습니다. 우리는 기
초 독일어와 프랑스어 강좌를 비롯하여 다양한 어학 강좌들을 제공
합니다. 우리는 여러분이 언어 장벽을 극복하는 것을 도와 드리고자
합니다. 많은 분들이 요청하신 대로, 우리는 다음 달에 새로운 중국어

강좌를 시작합니다. 이 새로운 강좌에 등록하시는 어느 분께나 20% 할인 쿠폰을 드리기로 결정했습니다. 감사합니다.

10 광고되고 있는 것은 무엇이겠는가?
(A) 피트니스 센터
(B) 경영 강좌
(C) 어학원
(D) 프랑스 식당

기술75
담화 초반 외국어를 배워야 한다면 언제든 학원을 방문하라고 말하는 부분(If so, please feel free to come by Genius Language Center)에서 어학원 광고임을 알 수 있으므로 (C)가 정답이다.
바꿔 쓰기 language center 어학원 → language institute 어학원

11 사업체에 대해 암시된 바는 무엇인가?
(A) 오랫동안 운영 중이다.
(B) 위치가 편리하다.
(C) 최근에 개조하였다.
(D) 더 많은 강사들을 고용할 것이다.

기술76
담화 초반에 상업 지구 중심부에 위치하고 있다고 말하는 부분(We're situated on Lincoln Avenue, which is the heart of the business district)에서 위치가 편리한 곳임을 유추할 수 있다. 따라서 (B)가 정답이다.

12 화자의 말에 따르면, 무엇이 제공되는가?
(A) 쿠폰
(B) 무료 교재
(C) 셔틀 서비스
(D) 무료 인터넷

기술67
담화 마지막에 20% 쿠폰(We decided to offer a 20% off coupon)을 언급하고 있으므로 정답은 (A)가 된다.
바꿔 쓰기 coupon 쿠폰 → voucher 쿠폰

Questions 13~15 refer to the following talk.

BR
Good morning, folks. Today, I'm thrilled to tell you that **13**our new tablet PC will be launched next week. Initially, it was scheduled to be released next month. But Zeus electronics, one of our big competitors, is planning to introduce the similar model at the end of the month. So we decided to move up the release date. **14**As sales people, you need to be aware of the main features of our new product in advance. **15**Now, Sam McGuire, the senior product designer will talk about our new product.

13-15는 다음 담화에 관한 문제입니다.
안녕하세요, 여러분. 오늘, 우리의 새로운 태블릿 PC가 다음 주에 출

시된다는 것을 알리게 되어 몹시 흥분됩니다. 원래 이것은 다음 달에 출시 예정이었습니다. 하지만 우리의 큰 경쟁사들 중 하나인 Zeus 전자가 비슷한 모델을 이달 말에 출시할 계획입니다. 그래서, 우리는 출시일을 앞당기기로 결정했습니다. 영업 사원으로서, 여러분은 우리 신제품의 주요 기능들을 미리 알아 두셔야 합니다. 자 이제, 우리의 수석 제품 디자이너인 Sam McGuire 씨가 우리 신제품에 대해 말씀해 주실 겁니다.

13 다음 주에 무슨 일이 일어나는가?
(A) 회사가 파산할 것이다.
(B) 신제품이 출시될 것이다.
(C) 더 많은 영업 사원들이 고용될 것이다.
(D) 새로운 최고 경영자가 소개될 것이다.

기술77
시간 키워드 next week를 집중해 들으면, 담화 초반에 새로운 태블릿 PC가 다음 주에 출시될 것(our new tablet PC will be launched next week)이라는 내용이 있으므로 정답은 (B)가 된다.
바꿔 쓰기 launch 출시하다 → release 출시하다

14 화자는 얘기하고 있는 대상은 누구인가?
(A) 디자이너들
(B) 임원들
(C) 영업 사원들
(D) 고객들

기술62
담화 후반에 As sales people, you라고 말하는 부분에서 청자들이 영업 사원임을 알 수 있다. 따라서 정답은 (C)이다.
바꿔 쓰기 sales people 영업 사원 → sales representatives 영업 사원

15 다음에 무슨 일이 일어나겠는가?
(A) 강연을 한다.
(B) 샘플이 배부된다.
(C) 최고 경영자가 연설을 한다.
(D) 비디오가 상영된다.

기술65
담화 마지막에 Now를 주고, 바로 뒤에 수석 디자이너가 신제품에 대해 설명할 것이다(Now, Sam McGuire, the senior product designer will talk about our new product)라고 했으므로, 정답은 (A)가 된다.

Questions 16~18 refer to the following excerpt from a meeting and list.

US
Hi, everyone. **16**I'd like to welcome all of you to this month's first community meeting. I'm Nancy Peterson and I have been a volunteer for two decades and I really enjoy working here for our community. Today you will have the opportunity to see a series of short movies we

chose for you. Oh, I almost forget to tell you about the change. **17**Would you look at the list that I gave you? Due to the technical problem, **18**the first and the third movies were switched. Now sit back and enjoy today's first movie.

16-18은 다음 회의 발췌록과 목록에 관한 문제입니다.

안녕하세요, 여러분. 이 달의 첫 번째 지역 사회 회의에 오신 걸 환영합니다. 저는 Nancy Peterson이고, 20년간 자원봉사를 해왔으며 이곳 우리 지역사회를 위해 일하는 것이 매우 즐겁습니다. 오늘 여러분은 우리가 여러분을 위해 선정한 일련의 단편 영화들을 감상할 기회를 가지게 되실 겁니다. 오, 제가 변경 사항을 말하는 걸 깜빡 잊을 뻔했네요. 제가 드린 목록을 봐주시겠어요? 기술적 문제로 인해, 첫 번째와 세 번째 영화가 바뀌었습니다. 자 이제, 기대고 앉으셔서 오늘의 첫 번째 영화를 즐겨 주세요.

시간	영화
13:00–13:30	Love and Peace
13:30–14:00	The King's Wife
14:00–14:30	Daydream
14:30–15:00	The Spy

어휘
community 지역 사회 volunteer 자원봉사자 decade 10년 a series of 일련의 technical 기술적인 switch 바꾸다

16 담화는 어디에서 이루어지겠는가?
(A) 지역 센터에서
(B) 공연장에서
(C) 회의실에서
(D) 경기장에서

기술63
담화 초반에 지역 사회 미팅에 온 것을 환영한다고 말하는 부분(I'd like to welcome all of you to this month's first community meeting)에서 정답이 (A)임을 알 수 있다.

17 화자가 청자들에게 부탁하는 것은 무엇인가?
(A) 문서 보기
(B) 빈 자리 찾기
(C) 기술적 문제 고치기
(D) 불을 켜기

기술68
담화 후반에 목록을 보라고 부탁하고(Would you look at the list that I gave you) 있는데, 목록도 일종의 문서라고 볼 수 있으므로 정답은 (A)가 된다.
바꿔 쓰기 look at 보다 / list 목록 → see 보다 / document 문서

18 시각 자료를 보시오. 처음에 어떤 영화가 상영되는가?
(A) Love and Peace
(B) The King's Wife
(C) Daydream
(D) The Spy

기술47
담화 후반에 첫 번째 영화와 세 번째 영화의 순서가 바뀌었다(the first and the third movies were switched)고 했으므로, 표에 나오는 세 번째 영화가 맨 처음 상영될 것임을 알 수 있다. 따라서 정답은 (C)가 된다.

DAY 18

기술 69 | 교통 정체의 3대 원인은 공사, 사고, 행사이다!

⚙️ **Practice**

정답 1. (C) 2. (A)

1 BR
Good evening, drivers! This is Emma Hills from CBC traffic report. This report is brought to you by GT computer. It looks like most highways are clear now but you should be reminded that there's a football match between Giants and Tigers scheduled at Sunflower stadium on Jefferson Road at 7 p.m. The match might cause serious delays when rush hour begins. You are advised to use freeway 15 instead. We'll be back with more traffic updates in half an hour.

안녕하세요, 운전자 여러분! 저는 CBC 교통 방송의 Emma Hills입니다. 이 뉴스는 GT 컴퓨터가 제공해 드립니다. 현재 대부분의 고속도로들이 원활해 보이지만 오후 7시 Jefferson Road에 있는 Sunflower 경기장에서 Giants와 Tigers 간에 축구 경기가 예정되어 있다는 사실을 알고 계셔야 합니다. 혼잡 시간대가 시작되면 이 경기로 인해 심각한 정체가 초래될 수 있습니다. 고속도로 15번을 대신 이용하시길 권해드립니다. 30분 뒤에 더 많은 교통 상황 소식을 가지고 돌아오겠습니다.

어휘
traffic report 교통 방송 highway 고속도로 remind 상기시키다 match 경기, 시합 cause 초래하다 delay 지연, 정체 rush hour 러시 아워 freeway 고속도로 half an hour 30분

Jefferson Road가 정체될 것으로 예상되는 이유는 무엇인가?
(A) 도로가 보수 작업으로 차단되어 있다.
(B) 파업이 있을 것이다.
(C) 오늘 저녁에 스포츠 행사가 열릴 것이다.
(D) 교통사고가 있었다.

해설
방송 중반에 고유명사 Jefferson Road가 언급되는 부분에서 축구 경기가 열린다고 했으므로, 정답은 (C)가 된다.
바꿔 쓰기 football match 축구 경기 → sports event 스포츠 행사

2 AU
Good afternoon, listeners! This is Chris Garcia from TBA Radio traffic news. There was a car accident in the Garrison Tunnel an hour ago. As a result, the police shut down one lane temporarily. If you are heading to the inner city, you are advised to take Parker Road instead. I'll be back with more updates right after the commercial break.

안녕하세요, 청취자 여러분! 저는 TBA Radio 교통 소식의 Chris Garcia입니다. Garrison Tunnel에서 한 시간 전에 교통 사고가 있었습니다. 그 결과로, 경찰이 차선 하나를 일시적으로 막았습니다. 만약 도심으로 향하고 계시면, 대신 Parker Road를 이용하실 것을 권해 드립니다. 광고 후에, 더 많은 최신 소식을 가지고 돌아오겠습니다.

car accident 교통 사고 shut down 닫다 lane 차선
temporarily 일시적으로 head to ~로 향하다 inner city 도심
update 최신 소식 commercial break 광고

운전자들에게 하라고 장려되는 것은 무엇인가?
(A) 우회로 이용하기
(B) 조심히 운전하기
(C) 타이어 교체하기
(D) 일찍 퇴근하기

motorist 운전자 detour 우회로

방송 후반, 교통 사고가 난 곳을 피해서 대신에 Parker Road를 이용하라고 권하고 있으므로, 정답은 (A)이다.

기술 70 | 일기예보는 시간과 날씨의 연결이 핵심이다!

Practice

정답 1. (C) 2. (A)

1 US

Good morning, everyone. This is Patricia King with the daily weather update. Grand Rapids continues to remain hot and sunny with the exception of Lansing where heavy rain is expected this evening. Please drive carefully in the rain tonight. Over the weekend, a heavy storm will be possible throughout the state of Michigan. Please stay tuned for the local news.

안녕하세요, 여러분. 저는 매일 날씨 소식을 전하는 Patricia King입니다. Grand Rapids는 오늘 저녁 많은 비가 예상되는 Lansing을 제외하고는 계속해서 덥고 화창한 날씨가 지속되겠습니다. 오늘 밤 빗속에 운전 조심하시기 바랍니다. 주말 동안에는 Michigan주 전역에 큰 폭풍우가 올 수도 있습니다. 지역 뉴스를 위해 채널 고정해주세요.

daily 매일의 weather update 일기예보 continue 계속하다
with the exception of ~을 제외하고 expect 예상하다
carefully 조심스럽게 storm 폭풍우 throughout ~도처에
stay tuned 채널 고정하다 local 지역의

오늘 저녁에 Lansing 날씨는 어떨 것인가?
(A) 폭풍우가 부는
(B) 화창한
(C) 비 오는
(D) 건조한

일기예보 중반에 Lansing은 저녁에 심한 비(heavy rain)가 예상된다고 했으므로 정답은 (C)가 된다.

2 US

Good morning, listeners! I'm so delighted to tell you that it will stop raining soon. Sunshine will return to us this afternoon. Also the temperature should rise up to 30 degrees Celsius. I recommend you enjoy this beautiful weather with your loved ones. If you plan to go outdoors, be sure to bring a hat or sunglasses to protect you from the sun.

안녕하세요, 청취자 여러분! 곧 비가 그친다는 소식을 알려드리게 되어 기쁩니다. 오늘 오후에는 다시 햇볕이 나겠습니다. 또한 기온은 섭씨 30도까지 상승하겠습니다. 소중한 사람들과 이 좋은 날씨를 즐기시기를 권해 드립니다. 만약 야외로 나갈 계획이시면, 태양으로부터 여러분들을 보호해줄 모자나 선글라스를 반드시 챙기세요.

delighted 기쁜 sunshine 햇볕 return 돌아오다
temperature 온도, 기온 rise 오르다 up to ~까지 degree 온도
Celsius 섭씨 recommend 추천하다, 권하다
loved one 사랑하는 사람 protect 보호하다

청자들이 권고받는 것은 무엇인가?
(A) 모자 쓰기
(B) 채널 고정하기
(C) 따뜻한 옷 가져가기
(D) 운전 조심하기

방송 후반에 모자나 선글라스를 가져가라(bring a hat)고 당부하고 있으므로 정답은 (A)가 된다.

기술 71 | 청취자들이 다음에 듣게 되는 것은 광고이다!

Practice

정답 1. (A) 2. (A)

1 AU

Good evening. This is Ben Duke at TNT evening news. Peking Inns, one of the largest hotel chains in China announced at the press conference that they will acquire the Dream Hotel based in New York. Mr. Wang, the CEO of Peking Inns stressed that this acquisition will help them to expand into the U.S. market. Please stay tuned for more details about it right after a word from our sponsors.

안녕하세요. 저는 TNT 저녁 뉴스의 Ben Duke입니다. 중국 최대 호텔 체인점 중 하나인 Peking Inns는 기자 회견에서 New York에 본사를 둔 Dream Hotel을 인수할 것이라고 발표했습니다. Peking Inns의 최고 경영자인 Wang 씨는 이 인수가 그들이 미국 시장으로 확장하는 데 도움을 줄 것이라고 강조했습니다. 광고 후에 그에 관한 더 자세한 소식을 위해 채널 고정해 주세요.

chain 체인점 announce 발표하다
press conference 기자 회견 acquire 인수하다
based in ~에 본사가 있는 CEO 최고 경영자 stress 강조하다
acquisition 인수 expand into ~로 확장하다 details 세부 사항
a word from our sponsors 광고

청취자들이 광고 시간 후에 듣게 되는 것은 무엇인가?
(A) 경제 뉴스
(B) 일기예보
(C) 교통 소식
(D) 토크 쇼

방송 마지막에서 광고 후에 그에 관한 더 많은 세부 소식을 듣게 된다는 것에서, 호텔 인수에 대한 뉴스를 추가로 듣게 될 것을 짐작할 수 있으므로 정답은 (A)가 된다.

2 BR

Hi, everyone! Radio KWS brings you the latest local news every day. Today, Dallas university announced their plan to open the public education center for local residents. The university representative said they already began to recruit experienced instructors for their various education programs. Anyone who is interested in applying for a position might want to check their Website at dallasuni.com. Now, let's get back to our hourly traffic update with Jason Morgan.

안녕하세요, 여러분! Radio KWS는 여러분들에게 매일 최신 지역 소식을 전해 드립니다. 오늘 Dallas 대학이 지역 주민들을 위한 공공 교육 센터 개장 계획을 발표했습니다. 대학 대표가 말하길, 대학에서는 다양한 교육 프로그램들을 위해 이미 경험 있는 강사들을 모집하기 시작했다고 합니다. 자리에 지원하고 싶은 분들은 누구든 학교 웹사이트인 dallasuni.com을 확인하시면 됩니다. 자 이제, Jason Morgan과 함께하는 매시간 교통 소식으로 돌아가 보도록 하죠.

어휘

latest 최신의 public 공공의 education 교육 various 다양한 apply for ~에 지원하다 position 직책, 자리 get back to ~로 돌아가다 hourly 매시간의

청자들이 다음에 듣게 되는 것은 무엇인가?
(A) 교통 뉴스
(B) 스포츠 뉴스
(C) 광고
(D) 인터뷰

해설

담화 마지막에 교통 소식(traffic update)을 듣자고 하고 있으므로 정답은 (A)가 된다.
바꿔 쓰기 traffic update 교통 소식 → traffic news 교통 뉴스

> **기술 72 |** 소개된 인물의 대표 경력은 수상과 저술이다!

⚙️ Practice

정답 1. (D) **2.** (D)

1 US

I'm thrilled to let you know that Ms. Lee will be promoted to the vice president of marketing. She started her career as sales representative 15 years ago. She has consistently proved herself as a valuable asset to our company. In particular, she played an important role in launching one of our best sellers, TX-350. Now, let's give her a round of applause.

Lee 씨가 마케팅 부사장으로 승진하게 된다는 것을 알려드리게 되어 몹시 흥분되네요. 그녀는 15년 전에 영업 사원으로 경력을 시작했습니다. 그녀는 우리 회사의 소중한 자산임을 스스로 끊임없이 입증해 왔습니다. 특히 우리의 베스트셀러 중 하나인 TX-350의 출시에 중요한 역할을 했습니다. 자 이제, 그녀에게 박수갈채를 보냅시다.

어휘

thrilled 몹시 흥분되는 promote 승진시키다 career 직장 경력 sales representative 영업 사원 consistently 지속적으로 prove 증명하다 valuable 소중한 asset 자산 in particular 특히 play an important role 중요한 역할을 하다 launch 출시하다 best seller 베스트셀러 a round of applause 박수갈채

Lee 씨에 대해 언급된 것은 무엇인가?
(A) 그녀는 새로운 최고 경영자이다.
(B) 그녀는 지난달에 은퇴했다.
(C) 그녀는 해외로 전근 갈 것이다.
(D) 그녀는 영업 사원이었다.

해설

담화 초반 그녀가 15년 전에 영업 사원으로 경력을 시작했다고 했으므로 정답은 (D)가 된다.
바꿔 쓰기 sales representative 영업 사원 → sales person 영업 사원

2 US

Hi, folks. I'm happy to introduce our new chef, Michael Hwang. He's been in the restaurant field for more than 30 years and he has worked as executive chef in many well-known hotel restaurants all over the world. I hope that he will create a distinguished culinary tradition in our restaurant. Please welcome chef Hwang with our warm heart.

안녕하세요, 여러분. 우리의 새로운 주방장인 Michael Hwang을 소개하게 되어 기쁩니다. 그는 요식업에 30년 이상 종사해 왔고, 전세계 많은 유명 호텔 식당들에서 수석 주방장으로 일해 왔습니다. 그가 우리 식당에서 뛰어난 요리 전통을 만들어 나가기를 바랍니다. 따뜻한 마음으로 Hwang 주방장님을 환영해 주세요.

어휘

folks 여러분 introduce 소개하다 field 분야 executive chef 수석 주방장 well-known 잘 알려진 create 만들다 distinguished 뛰어난 culinary 음식의 tradition 전통

Hwang 씨는 무엇을 할 것으로 기대되는가?
(A) 그는 전세계를 여행할 것이다.
(B) 그는 상을 수상할 것이다.
(C) 그는 요리 학교를 세울 것이다.
(D) 그는 새로운 전통을 만들 것이다.

해설

화자가 Hwang 씨에게 기대하는 바를 묻고 있다. 담화 마지막에 그가 식당에서 뛰어난 요리 전통을 만들어 가기를 바란다는 언급에서, (D)가 정답임을 알 수 있다.
바꿔 쓰기 create 만들다 → make 만들다

정답 **1.** (A) **2.** (C) **3.** (D) **4.** (C) **5.** (B) **6.** (C)
 7. (A) **8.** (C) **9.** (C) **10.** (C) **11.** (A) **12.** (C)
 13. (C) **14.** (C) **15.** (B) **16.** (C) **17.** (A) **18.** (D)

Questions 1~3 refer to the following broadcast.

[BR]

Good morning, listeners. This is Lora Thompson from your **¹**hourly JBC weather report. Currently, we're enjoying beautiful sunshine and fresh breeze. However, it is expected to be over this afternoon. **²**The temperature will fall below freezing again and we expect a heavy snow storm this evening. The roads will be very slippery and drivers should be extra cautious at night. That's it for now. **³**Please stay tuned for the local news right after this commercial break.

1-3은 다음 방송에 관한 문제입니다.

안녕하세요. 청취자 여러분. 저는 여러분의 매시간 JBC 일기예보의 Lora Thompson입니다. 현재, 우리는 아름다운 햇살과 신선한 산들바람을 즐기고 있습니다. 하지만 이것은 오늘 오후에 끝날 것으로 예상됩니다. 기온은 다시 영하로 떨어지고, 오늘 저녁에는 심한 눈폭풍이 예상됩니다. 도로가 매우 미끄러울 것이므로 운전자들은 밤에 각별히 주의하셔야 합니다. 여기까지입니다. 광고 바로 후에 지역 뉴스를 들으시려면 채널 고정해 주세요.

어휘
hourly 매시간의 weather report 일기예보 sunshine 햇살 breeze 산들바람 be over 끝나다 temperature 기온 fall 떨어지다 below freezing 영하로 slippery 미끄러운 extra 추가의 cautious 조심스러운 stay tuned 채널 고정하다 right after ~직후에 commercial break 광고 시간

1 방송은 얼마나 자주 있는가?
 (A) 매시간
 (B) 두 시간마다
 (C) 하루에 두 번
 (D) 매일

기술51
방송 초반 매시간 일기예보(hourly JBC weather report)라고 하였으므로 정답은 (A)가 된다.
바꿔 쓰기 hourly 매시간 → every hour 매시간

2 오늘 저녁 날씨는 어떨 것인가?
 (A) 따뜻할 것이다.
 (B) 비가 올 것이다.
 (C) 추울 것이다.
 (D) 안개가 낄 것이다.

기술70
방송 중반 시간 키워드 this evening이 제시되는 부분에서 기온이 영하로 떨어진다(The temperature will fall below freezing again and we expect a heavy snow storm coming this evening)고 했으므로 오늘 저녁 날씨는 추울 것임을 알 수 있다. 따라서 (C)가 정답이다.

3 청자들이 다음에 듣게 되는 것은 무엇인가?
 (A) 지역 뉴스
 (B) 경제 뉴스
 (C) 교통 소식
 (D) 광고

기술71
방송 마지막에 광고 시간 후에 지역 뉴스를 듣게 된다는 말(Please stay tuned for the local news right after this commercial break)에서 바로 다음에 청자들이 듣게 될 것은 광고임을 알 수 있다. 따라서 (D)가 정답이다.
바꿔 쓰기 commercial break 광고 시간 → advertisements 광고

Questions 4~6 refer to the following broadcast.

[AU]

Welcome back to your CBC traffic update. Currently, we don't see any major delays on the highways. But if you are heading westbound on **⁴**Washington Street, you should expect heavy congestion. It was reported that there was a collision between a local bus and a pick-up truck over there. As a result, two lanes will keep closed until the scene is cleared up. If you're in a hurry, **⁵**I suggest using alternative routes such as I-45 or Highway 14. Please stay tuned. **⁶**We'll keep you posted by updating the traffic situation every 30 minutes.

4-6은 다음 방송에 관한 문제입니다.

다시 CBC 최신 교통 방송입니다. 현재, 고속도로에 큰 정체들은 보이지 않습니다. 하지만, Washington Street의 서쪽으로 향하고 계신다면, 심한 정체를 예상하셔야 합니다. 그곳에서 지역 버스와 작은 트럭 간에 충돌이 있었다는 보도가 있었습니다. 그 결과, 두 개의 차선이 현장이 정리될 때까지 계속 폐쇄될 겁니다. 급하시면, I-45나 14번 고속도로와 같은 우회로들을 이용하시길 권해 드립니다. 채널 고정해 주세요. 30분마다 교통 상황을 업데이트하면서 계속 소식을 전해 드리겠습니다.

어휘
currently 현재 major 주요한 highway 고속도로 head 향하다 westbound 서쪽 방향으로 congestion 정체 report 보도하다 collision 충돌 pick-up truck 작은 트럭 as a result 결과적으로 lane 차선 scene 현장 clear up 정리하다 be in a hurry 급하다, 서두르다 alternative 대체의 route 길 such as ~와 같은 stay tuned 채널 고정하다 situation 상황 every ~마다

4 Washington Street가 막히는 이유는 무엇인가?
 (A) 행진이 있다.
 (B) 날씨가 안 좋다.
 (C) 교통사고가 일어났다.
 (D) 도로가 재포장 중이다.

기술69
고유 명사 키워드 Washington Street가 언급되는 부분(Washington Street, you should expect heavy congestion. It was reported that there was a collision between a local bus and a pick-up truck)에서 두 차량간의 충돌, 즉 교통사고가 있었음을 알 수 있다. 따라서 정답은 (C)가 된다.

5 화자가 청자들에게 권하는 것은 무엇인가?
(A) 대중교통 이용하기
(B) 우회하기
(C) 경찰이 현장 정리하는 것 돕기
(D) 지역 버스로 환승하기

기출68
방송 후반에 우회로를 이용하라(I suggest using alternative routes)고 권하고 있으므로, 정답은 (B)가 된다.
바꿔 쓰기 use alternative routes 우회로를 이용하다 → make a detour 우회하다

6 화자의 말에 따르면, 30분 뒤에 무슨 일이 일어날 것인가?
(A) 현장이 정리될 것이다.
(B) 차선 하나가 더 폐쇄될 것이다.
(C) 최신 정보를 얻을 수 있을 것이다.
(D) 경찰이 교통 지도를 시작할 것이다.

기출77
방송 마지막에 시간 키워드 30분이 제시되는 부분(We'll keep you posted by updating the traffic situation every 30 minutes)에서 30분마다 최신 소식을 청자들이 듣게 될 것임을 알 수 있다. 따라서 정답은 (C)가 된다.

Questions 7~9 refer to the following broadcast.

US

7Thanks for listening to TBC traffic bulletin board. If you are heading toward downtown, you should expect traffic congestion. **8**On Rose Road, several cars overturned due to icy roads. Although the police are directing traffic on the scene, cars are still crawling bumper to bumper. Therefore, you're advised to take I-30 instead. If you are behind the wheel, you must be extra careful. Don't go away. **9**We'll be right back with the latest sports news after the commercial break.

7-9는 다음 방송에 관한 문제입니다.
TBC 교통 게시판을 청취해 주셔서 감사 드립니다. 시내로 향하고 계신다면, 교통 정체를 예상하셔야 합니다. Rose Road에서 몇몇 차량들이 얼어 있는 도로 때문에 전복되었습니다. 경찰들이 현장에서 교통 정리 중이지만, 차들이 여전히 꼬리를 물고 서행하고 있습니다. 그러므로, 대신 I-30을 이용하시길 권해드립니다. 운전 중이시라면 각별히 조심하셔야 합니다. 멀리 가지 마세요. 저희는 광고 시간 후에 최신 스포츠 뉴스로 다시 돌아오겠습니다.

어휘
bulletin board 게시판 head toward ~로 향하다
traffic congestion 교통 정체 overturn 전복되다
due to ~때문에 although ~에도 불구하고
direct traffic 교통 정리를 하다 on the scene 현장에서
crawl 몹시 느리게 가다
bumper to bumper 차가 꼬리에 꼬리를 물고 정체되는
therefore 그러므로 behind the wheel 운전 중인 latest 최신의

7 화자가 말하고 있는 대상은 누구인가?
(A) 운전자들
(B) 경찰들
(C) 통신원들
(D) 정비사들

기출62
방송 초반 교통 방송이라고 말하고(Thanks for listening to TBC traffic bulletin board) 계속해서 교통 상황에 대해 말하고 있으므로 청취자가 운전자임을 유추할 수 있다. 따라서 정답은 (A)가 된다.

8 화자가 Rose Road에 대해 암시한 바는 무엇인가?
(A) 재포장 중이다.
(B) 교통이 차단되었다.
(C) 매우 미끄럽다.
(D) 걸어갈 만한 거리에 있다.

기출78
고유 명사 키워드 Rose Road가 언급되는 방송 초반에 얼어 있는 도로로 인해 차가 전복되었다(On Rose road, several cars overturned due to icy roads)고 했으므로 정답은 (C)가 된다.

9 광고 시간 후에 청자들이 듣게 되는 것은 무엇인가?
(A) 최신 교통 정보
(B) 일기 예보
(C) 스포츠 뉴스
(D) 경제 뉴스

기출71
방송 마지막에 광고 후에 최신 스포츠 뉴스로 돌아오겠다(We'll be right back with the latest sports news after the commercial break)고 했으므로, 정답은 (C)가 된다.

Questions 10~12 refer to the following broadcast.

US

Thank you for tuning in to TBC live news. Today, city transportation officials announced a change in the daily subway schedule for National Metro. Currently, they're running the trains from 6 a.m. to 11 p.m. in both directions at 20 minute intervals. However, **10**they decided to run a new schedule, effective May 1st **11**as a result of the recent survey. It shows that more than 70% citizens support the extended train operation schedule. The spokesperson, Jack Fielder said that they will run trains from 5:30 a.m. to midnight every day. He argued that it would alleviate the local traffic and make the citizen's commute much easier. That's it for now and **12**I'll be back with more exciting local news after a word from our sponsors.

10~12는 다음 방송에 관한 문제입니다.
TBC 라이브 뉴스를 청취해 주셔서 감사 드립니다. 오늘 시 교통 관계자들이 National Metro의 일일 지하철 운행 일정 변경을 발표했습니다. 현재는 오전 6시부터 오후 11시까지 양쪽 방향으로 20분 간격으로 열차들을 운영하고 있습니다. 하지만 최근 설문조사의 결과로, 5월 1일부터는 새로운 일정으로 운행하기로 결정했습니다. 설문조사에서 70% 이상의 시민들이 열차 운행 일정 연장을 지지하는 것으로 나왔습니다. 대변인인 Jack Fielder는 오전 5시 30분부터 자정까지 매일 열차를 운행할 것이라고 말했습니다. 그는 이로 인해 지역 교통이 완화되고, 시민들의 통근이 훨씬 쉬워질 것이라고 주장했습니다. 여기까지이며 광고 후에 더 흥미로운 지역 뉴스로 돌아오겠습니다.

10 5월 1일에 일어날 일은 무엇인가?
(A) 설문조사가 행해질 것이다.
(B) 새로운 지하철 노선이 추가될 것이다.
(C) 변경된 일정이 시행될 것이다.
(D) 대변인이 교체될 것이다.

시간 키워드 May 1st가 제시되는 부분(they decided to run a new schedule, effective May 1st)에서 새로운 일정을 시행할 것이란 단서를 얻을 수 있다. 따라서 정답은 (C)가 된다.
바꿔 쓰기 effective 시행되는 → take effect 시행되다

11 당국 관계자들은 결정을 내리기 전에 무엇을 했는가?
(A) 지역 구성원들의 의견을 구했다.
(B) 조사를 위임했다.
(C) 공청회를 열었다.
(D) 교통 전문가들과 얘기했다.

담화 중반 설문조사 결과를 언급하는 부분(It shows that more than 70% citizens support the extended train operation schedule)에서 결정을 내리기 전에 지역 구성원들의 의견 수렴이 있었음을 유추할 수 있다. 따라서 정답은 (A)가 된다.

12 청자들이 다음에 듣게 될 것은 무엇인가?
(A) 설문조사 결과
(B) 교통 뉴스
(C) 광고
(D) 일일 일정

담화 마지막에 광고 후에 다시 돌아오겠다고 말하는 부분(I'll be back with more exciting local news after a word from our sponsors)에서 정답은 (C)가 된다.
바꿔 쓰기 a word from our sponsors 광고 → commercials 광고

Questions 13~15 refer to the following announcement.

 AU

Good morning, everyone. **13**I regret to tell you that our CEO, Robert Kent will step down his position next month. He has shown his excellence as CEO for the past 15 years. **14**Last year, he received the life-time achievement award. After his retirement, he is going to write a book about the auto industry, which will be based on his own experience. I know you'll miss his leadership but don't be too sad. **15**KM has already started to find someone to replace him. Ah, don't forget to attend the farewell party for him next week. I'll send each of you an e-mail about it later.

13-15는 다음 안내에 관한 문제입니다.
안녕하세요, 여러분. 아쉽게도 우리 최고 경영자인 Robert Kent가 다음 달 은퇴하신다는 소식을 알려 드립니다. 그는 지난 15년간 최고 경영자로서의 탁월한 능력을 보여 주셨습니다. 작년에, 그는 평생 공로상도 받으셨습니다. 은퇴 후에, 그는 자신의 경험에 기반하여 자동차 산업에 관한 책을 쓰실 겁니다. 여러분이 그의 지도력을 그리워할 것을 알지만 너무 아쉬워 마세요. KM은 이미 그를 대체할 다른 사람을 찾기 시작했습니다. 아, 다음 주에 있을 그를 위한 송별회에 참석하는 것 잊지 마세요. 제가 나중에 여러분 모두에서 그에 대한 이메일을 보내 드리겠습니다.

13 화자는 주로 무엇에 대해 얘기하는가?
(A) 상
(B) 경쟁 회사
(C) 누군가의 은퇴
(D) 최근 서적

담화 초반, CEO가 자리에서 물러난다(I regret to tell you that our CEO, Robert Kent will step down his position next month)는 소식을 알리고 계속해서 그와 관련된 얘기를 하고 있으므로 정답은 (C)가 된다.
바꿔 쓰기 step down 물러나다 → retirement 은퇴

14 Kent 씨에게 작년에 무슨 일이 있었는가?
(A) 그는 CEO로 승진했다.
(B) 그는 책을 썼다.
(C) 그는 상을 탔다.
(D) 그는 자리에서 물러났다.

시간 키워드 last year가 제시되는 담화 후반(Last year, he received the life-time achievement award)에서 그가 공로상을 탔다는 정보를 얻을 수 있다. 따라서 정답은 (C)가 된다.

15 남자가 "너무 아쉬워 마세요"라고 말하는 의도는 무엇인가?
(A) 다음 주에 매출이 오를 것이다.
(B) 후임자가 곧 채용될 것이다.
(C) Kent 씨가 병에서 회복될 것이다.
(D) 책이 일정대로 출간될 것이다.

해당 표현 바로 뒤에 KM이 이미 후임자를 찾기 시작했다(KM has already started to find someone to replace him)고 말하고 있으므로 정답은 (B)가 된다.

Questions 16~18 refer to the following broadcast and chart.

BR

Thank you for the traffic update, John. This is Julie Kitten from your JBC weather report. **16We have enjoyed beautiful sunshine since Monday but it is expected to come to an end tomorrow. There's a heavy rainstorm coming in.** What's worse, the temperature will go down below zero from next week. If you plan to go outside tomorrow, **17don't forget to bring an umbrella and wear a warm jacket.** Please stay tuned for the exclusive interview with **18Sam Silva, our mayor.** We'll be right back.

16-18은 다음 방송과 표에 관한 문제입니다.

교통 소식 고맙습니다, John. 저는 여러분의 JBC 일기예보의 Julie Kitten입니다. 우리는 월요일부터 아름다운 햇살을 즐기고 있었지만 이것은 내일 끝날 것으로 예상됩니다. 심한 폭풍우가 다가오고 있습니다. 설상가상으로 다음 주부터 기온이 영하로 떨어집니다. 내일 밖에 나가실 분들은 우산을 꼭 가져 가시고, 따뜻한 상의를 입으세요. 우리 시장님인 Sam Silva와의 독점 인터뷰가 이어지니 채널 고정해 주세요. 곧 돌아오겠습니다.

요일	강수확률
월요일	10%
화요일	5%
수요일	15%
목요일	10%
금요일	90%

어휘

come to an end 끝나다 heavy 심한 rainstorm 폭풍우
what's worse 설상가상으로 below zero 영하로
exclusive 독점의

16 시각 자료를 보시오. 이 뉴스는 언제 방송되고 있는가?
(A) 월요일에
(B) 수요일에
(C) 목요일에
(D) 금요일에

기술36

방송 초반 월요일부터 날씨가 좋았는데 내일 끝나고 폭풍우가 온다(We have enjoyed beautiful sunshine since Monday but it is expected to come to an end tomorrow. There's a heavy rainstorm coming in)고 했는데, 도표를 보면 비 올 확률이 제일 높은 날이 금요일입니다. 따라서 내일이 금요일이므로 지금 방송이 되는 시점은 그 전날인 목요일임을 추론할 수 있다. 따라서 정답은 (C)가 된다.

17 화자가 제안하는 것은 무엇인가?
(A) 따뜻한 옷 입기
(B) 모자 가져가기
(C) 온도계 확인하기
(D) 지하철 이용하기

기술70

방송 후반 우산을 챙기고 따뜻한 상의를 입으라는 제안(don't forget to bring an umbrella and wear a warm jacket)에서

정답은 (A)가 된다.
바꿔 쓰기 wear 입다 / jacket 상의 → put on 입다 / clothes 옷

18 Sam Silva는 누구이겠는가?
(A) 기상 예보관
(B) 작가
(C) 사회자
(D) 공무원

기술78

방송 후반, 고유 명사 키워드인 Sam Silva와 함께 제시된 직업 명사 mayor가 단서가 된다. 따라서 시장을 공무원으로 바꿔 표현한 (D)가 정답이다.
바꿔 쓰기 mayor 시장 → public officer 공무원

DAY 19

기술 73 | 투어 지문에서는 일정 문제가 자주 출제된다!

⚙️ **Practice**

정답 1. (D) 2. (B)

1 US

Good afternoon. My name is Olivia Belly and I'll be guiding you through the Chicago modern art museum. It features a variety of bold and innovative artworks from all over the world. First, we'll look around the exhibition of emerging young painters in South America. At 3 p.m., you will have the chance to hear from the local painter, Brian Gibson about his works. Finally, I'd like to remind you that photography is not allowed during the tour.

안녕하세요. 제 이름은 Olivia Belly이고, 저는 Chicago 현대 미술관을 안내해 드릴 것입니다. 이곳은 전세계의 대범하고 혁신적인 예술 작품들을 다양하게 전시하고 있습니다. 먼저, 우리는 남미의 젊은 신예 화가들의 전시회를 둘러 볼 것입니다. 오후 3시에는 현지의 화가인 Brian Gibson으로부터 그의 작품들에 대해 들을 기회를 가지실 겁니다. 마지막으로, 투어 중에는 사진 촬영이 금지된다는 점을 다시 한번 알려 드립니다.

어휘

guide 안내하다 modern art 현대 미술 feature ~가 특징이다
a variety of 다양한 bold 대담한 innovative 혁신적인
artwork 예술 작품 look around 둘러 보다 exhibition 전시회
emerging 새롭게 출현하는 painter 화가
hear from ~로부터 듣다 local 지역의 remind 상기시키다
photography 사진 allow 허용하다

화자의 말에 따르면, 투어 중 금지되는 것은 무엇인가?
(A) 질문을 하는 것
(B) 물을 마시는 것
(C) 대화를 하는 것
(D) 사진을 찍는 것

담화 마지막에 사진 촬영이 금지된다고 주지시키고 있으므로 정답은 (D)이다.
바꿔 쓰기 photography 사진 → picture 사진

2 `US`

Hi, everyone. My name is Dave Tucker and I'm very delighted to show you around Jacksonville's major attractions. We'll be arriving at the Florida zoo in a few minutes and we'll see a number of amazing animals including pandas from China. At noon, we'll have lunch at the food court and we are going to head to the science museum which is located in the middle of the city. If you have any questions, please don't hesitate to ask me.

안녕하세요, 여러분. 제 이름은 Dave Tucker이고, Jacksonville의 주요 명소들을 안내하게 되어 기쁘네요. 우리는 잠시 뒤에 Florida 동물원에 도착해서 중국에서 온 판다들을 비롯하여 수많은 놀라운 동물들을 보게 될 것입니다. 정오에는, 푸드 코트에서 점심을 먹고, 도시 중심부에 위치한 과학 박물관으로 향할 것입니다. 질문이 있으시면, 주저하지 말고 저에게 물어주세요.

어휘
delighted 기쁜 major 주요한 attractions 명소
a number of 많은 amazing 놀라운 head to ~로 향하다
science museum 과학 박물관 including ~를 포함하여
noon 정오 hesitate 주저하다

청자들은 점심을 먹고 어디로 갈 것인가?
(A) 동물원
(B) 박물관
(C) 푸드 코트
(D) 화랑

해설
담화 후반에 점심을 먹고 나서, 과학 박물관으로 향한다고 일정을 소개하고 있으므로 정답은 (B)이다.

기술 74 | 문제에 따라 정답의 위치가 정해져 있다!

⚙ Practice

정답 1. (B) **2.** (D)

1 `AU`

Hi, everyone. Thank you for coming to today's meeting despite such a short notice. The reason why I called this meeting is tell you about our new security policy which will go into effect as of next week. Starting next Monday, you are asked to wear your ID badge at all times. If you haven't received it yet, please go to the security office on the third floor. Thank you.

안녕하세요, 여러분. 촉박한 통보에도 불구하고 오늘 회의에 와주셔서 감사 드립니다. 제가 이 회의를 소집한 이유는, 다음 주부터 시행되는 새로운 보안 규정에 대해 말씀 드리기 위해서 입니다. 다음 주 월요일부터, 여러분들은 항상 신분 배지를 착용하고 계셔야 합니다. 아직 받지 못하셨다면, 3층 보안실로 가주세요. 감사합니다.

어휘
despite ~에도 불구하고 short notice 촉박한 통보
security 보안 policy 규정, 정책 go into effect 시행되다
as of ~일자로 at all times 항상

몇몇 청자들은 무엇을 하라고 요청받는가?
(A) 보안 교육 참석하기
(B) 특정 사무실 방문하기
(C) 사진 찍기
(D) 보고서 쓰기

해설
ask 요청 문제는 담화 후반을 노리고 듣는다. 담화 마지막에 신분 배지를 아직 못 받은 사람은 보안실로 가라고 요청하고 있으므로 정답은 (B)가 된다.
바꿔 쓰기 go 가다 / security office 보안실 → visit 방문하다 / certain office 특정 사무실

2 `BR`

As I mentioned before, we will sponsor the city's benefit run this year. All proceeds will be used to buy books for underprivileged children in our region. I'd like all of you to participate in the great cause. If you're interested in it, please sign up for it at the front desk by the end of the week. A free towel will be given to all the participants. Should you need more information, feel free to call me at 540-9090.

전에도 말씀 드렸듯이, 우리는 올해 시의 자선 달리기를 후원할 것입니다. 모든 수익금은 혜택을 받지 못하는 이 지역 아동들을 위한 도서 구매에 사용될 겁니다. 여러분 모두 이 대의에 참여해 주셨으면 합니다. 관심 있으시면, 이번 주말까지 안내 데스크에 등록해 주세요. 모든 참여자 분들께는 무료 타월이 증정됩니다. 더 많은 정보를 원하시면, 제게 540-9090번으로 편하게 전화 주세요.

어휘
mention 언급하다 sponsor 후원하다 benefit run 자선 달리기
proceeds 수익금 underprivileged 혜택을 못 받는 region 지역
participate in ~에 참가하다 great cause 대의
interested 관심이 있는 sign up for ~에 등록하다
participant 참가자

참가자들에게 무엇이 주어질 것인가?
(A) 설명서
(B) 지도
(C) 배지
(D) 무료 물품

해설
미래 시제 문제로 담화 후반부에 제시되는 3자 키워드 participants 근처에서 답을 찾는다. 담화 후반에 무료 타월이 모든 참가자들에게 제공된다고 하였으므로 정답은 (D)가 된다.
바꿔 쓰기 free towel 무료 타월 → complimentary item 무료 물품

⚙ Practice

정답 1. (B) 2. (C)

1 US

Are you looking for a cozy place to live in around Bay area? If you want a perfect home for your family, you don't have to look further than Blue Castle. It is the newly built apartment that overlooks the beautiful beach. Also, it's conveniently located in downtown and it's within walking distance to the shopping district. If you'd like additional information, please call us at 400-3500. Thank you.

Bay 지역 근처에서 안락한 주거지를 찾으시나요? 가족을 위한 완벽한 집을 찾으신다면, Blue Castle 그 이상은 찾지 않으셔도 됩니다. 이곳은 아름다운 해변이 내려다 보이는 새로 지은 아파트입니다. 또한 시내에 편리하게 위치해 있고, 쇼핑가도 걸어갈 만한 거리입니다. 더 많은 정보가 필요하시면, 400-3500번으로 저희에게 전화 주세요. 감사합니다.

어휘

cozy 안락한 perfect 완벽한 further 추가로 newly 새롭게 built 지어진 overlook 바라보다, 내려다보다 beach 해변 conveniently 편리하게 located 위치한 downtown 시내 within walking distance 걸어갈 만한 거리에 있는 shopping district 쇼핑가 additional 추가의

광고되고 있는 것은 무엇인가?
(A) 호텔
(B) 아파트
(C) 쇼핑몰
(D) 컨벤션 센터

해설

담화 초반 고유 명사 Blue Castle이 먼저 제시되고 바로 이어서 apartment란 보통 명사가 제시된다. 따라서 정답은 (B)가 된다.

2 US

Thank you for shopping here today. My name is Madison Lewis and I'm the store manager. I'm so delighted to tell you that we're offering 30% off our latest products including tablet PCs and laptop computers today. I'm sure this will be a great opportunity for you to buy our popular items at affordable prices. Also, if your purchase is over 100 dollars, you will be given a 10% coupon.

오늘 이곳에서 쇼핑해 주셔서 감사 드립니다. 제 이름은 Madison Lewis이고, 매장 관리자입니다. 오늘 태블릿 PC와 노트북 컴퓨터들을 포함한 우리의 신제품들에 대해 30% 할인을 제공한다는 것을 알려 드리게 되어 매우 기쁩니다. 이번이 우리 매장의 인기 상품들을 저렴한 가격에 구매할 좋은 기회임이 분명합니다. 또한 구매가 100달러 이상이면, 10%의 쿠폰을 받으시게 됩니다.

어휘

store manager 매장 관리자, 점장 delighted 기쁜 offer 제공하다 latest 최신의 including ~을 포함하여

laptop computer 노트북 컴퓨터 opportunity 기회 popular 인기 있는 item 물건 affordable price 적절한 가격 purchase 구매 coupon 쿠폰

100달러 이상의 구매에 무엇이 제공될 것인가?
(A) 무료 배송
(B) 공책
(C) 쿠폰
(D) 무료 마우스

해설

혜택을 찾는 문제로 담화 후반에 제시되는 숫자 키워드 100달러를 노려 들어야 한다. 담화 마지막에 100달러 이상 구매 시에 10% 할인 쿠폰을 준다고 하였으므로 정답은 (C)가 된다.
바꿔 쓰기 coupon 쿠폰 → voucher 쿠폰

⚙ Practice

정답 1. (D) 2. (B)

1 US

Good evening, listeners, and thank you for tuning into *The Celebrity*, CBC's popular business talk show. I'm your host, Emma Walker and we'll be talking with the award winning economist, John Stewart today. He teaches macroeconomics in Vancouver University. Recently, he wrote a book titled *The Secret*. He'll tell us a little bit about his new book and the current economic situation. If you have any questions or comments, please call our studio during the commercial break.

안녕하세요. 청취자 여러분. CBC의 인기 있는 비즈니스 토크쇼인 <The Celebrity>를 찾아 주셔서 감사 합니다. 저는 여러분의 사회자 Emma Walker이고, 우리는 오늘 상을 받은 경제학자인 John Stewart와 얘기를 나누겠습니다. 그는 Vancouver University에서 거시 경제학을 가르치고 계십니다. 최근에 그는 <The Secret>이란 제목의 책을 쓰셨습니다. 그가 우리에게 자신의 새로운 책과 현재 경제 상황에 대해 말씀해 주실 겁니다. 질문이나 의견이 있으시면, 광고 나갈 동안 우리 스튜디오로 전화 주세요.

어휘

host 사회자 award winning 상을 받은 macroeconomics 거시경제학 recently 최근에 titled ~란 제목의 a little bit 약간 current 현재의 economic situation 경제 상황 studio 스튜디오 commercial break 광고 시간

청자들이 하도록 권장받는 것은 무엇인가?
(A) 이메일 보내기
(B) Vancouver University에 전화하기
(C) <The Secret> 읽기
(D) 라디오 방송국에 연락하기

해설

담화 마지막에 스튜디오로 전화 달라고 했으므로 정답은 (D)가 된다.
바꿔 쓰기 call 전화하다 → contact 연락하다

2 [AU]

Hello, Ms. Hopkins. This is Jeremy Baker from Fantasy Travel. As you requested, I have booked you on the flight leaving Dallas on October 10th at 10:30 a.m. This flight is scheduled to arrive in New York at 1 p.m. But, I couldn't make a reservation at the Pacific Hotel because it was fully booked. How about Hotel Sun? It has recently been renovated and it is close to the subway station. Please call me back and let me know what you think.

안녕하세요, Hopkins 씨. 저는 Fantasy Travel의 Jeremy Baker입니다. 요청하신 대로, 10월 10일 오전 10시 30분 Dallas에서 출발하는 비행기로 예약해 드렸습니다. 이 비행기는 오후 1시에 New York에 도착할 예정입니다. 하지만 Pacific Hotel은 예약이 꽉 차서 예약을 할 수 없었습니다. Hotel Sun은 어떠세요? 최근에 보수를 했고, 지하철 역과도 가까워요. 회신 전화 주셔서 어떻게 생각하시는지 알려주세요.

어휘

request 요청하다 book 예약하다
be scheduled to ~할 예정이다 fully booked 예약이 꽉 찬
recently 최근에 renovate 개조하다, 보수하다
close to ~에 가까운

화자가 제안하는 것은 무엇인가?
(A) 집에서 일찍 출발할 것
(B) 다른 장소에서 묵을 것
(C) 기차를 이용할 것
(D) 온라인으로 예약할 것

해설

담화 중반에 Pacific Hotel이 만원이라 Hotel Sun은 어떠냐고 제안하고 있으므로 정답은 (B)가 된다.

DAY 19 TEST

정답 1. (B) 2. (B) 3. (C) 4. (C) 5. (B) 6. (B)
7. (B) 8. (D) 9. (B) 10. (C) 11. (A) 12. (B)
13. (B) 14. (A) 15. (B) 16. (A) 17. (C) 18. (D)

Questions 1~3 refer to the following telephone message.

[US]

Hello. My name is Harry Bond and this message is intended for Lily Parker. I'm calling to let you know that every attendee enjoyed the food you prepared for **1**our anniversary party last weekend. In fact, Ava Jung, our **2**vice president loved your hot noodle soup and she called me this morning and asked whether you could share the recipe. **3**Please call me at 450-1500 whenever you're free. Hope to hear from you soon. Bye.

1-3은 다음 전화 메시지에 관한 문제입니다.
여보세요. 저는 Harry Bond이고, 이것은 Lily Parker에게 남기는 메시지입니다. 지난 주말 저희 창립 기념 파티에서 당신이 준비하신 음식을 모든 참가자들이 즐겼다는 사실을 알려드리려고 전화 드렸습니다. 사실은 저희 부사장님인 Ava Jung이 당신의 누들 수프를 좋아하셨는데, 오늘 아침에 제게 전화하셔서 당신이 요리법을 공유해주실 수 있는지 물어 보셨어요. 시간 나실 때 언제든지 450-1500번으로 제게 전화 주세요. 곧 연락주시길 바랍니다. 안녕히 계세요.

어휘

be intended for ~를 대상으로 하다 attendee 참가자
prepare 준비하다 anniversary 기념일 share 공유하다
recipe 요리법 whenever ~하는 언제든지

1 화자의 말에 따르면, 지난주말에 일어났던 일은 무엇인가?
(A) 교육이 실시되었다.
(B) 파티가 열렸다.
(C) 요리 프로그램이 방영되었다.
(D) 국수 가게가 문을 열었다.

기술77

시간 키워드 last weekend가 담화 초반에 언급되면서, 창립 기념 파티(our anniversary party last weekend)가 열렸음을 알 수 있다. 따라서 정답은 (B)이다.

2 부사장이 오늘 아침에 전화한 이유는 무엇인가?
(A) 다가오는 계획에 대해 논의하기 위해
(B) 특정 요리법을 배우기 위해
(C) 전화 번호를 얻기 위해
(D) 일정을 확인하기 위해

기술78

담화 중반 신분 키워드 vice president 가 먼저 언급 되고 이어서, 그녀가 요리법을 알고 싶어서 전화 했음(she called me this morning and asked whether you could share the recipe)을 알 수 있다. 따라서 (B)가 정답이다.

3 청자에게 하라고 요청되는 것은 무엇인가?
(A) 파티에 참석하기
(B) 차 함께 타기
(C) 전화하기
(D) 요리책 쓰기

기술74

ask 문제는 담화 후반에 명령문을 노리고 청취해야 한다. 담화 마지막에 시간이 나면 언제든 전화해 달라(Please call me at 450-1500 whenever you're free)는 말에서 정답은 (C)가 된다.

Questions 4~6 refer to the following broadcast.

[BR]

Good evening, listeners. I'm your host Mia Torres and you're listening to TBC's *Evening Talk*. We have invited **4**a popular writer Tim Woods to the studio. **5**He won the Canadian New Writer Prize last year. In addition, his recent novel, *The mystery* became an instant best seller and it has been on the top of the sales charts for 12 weeks. You might want to know where he gets the inspiration to write his imaginative stories. Don't go anywhere. I'll be right back with him after the commercial break. If you have any questions about him or his works, **6**please call us during this time.

4-6은 다음 방송에 관한 문제입니다.
안녕하세요, 청취자 여러분. 저는 여러분의 사회자 Mia Torres이며, 여러분은 TBC의 <Evening Talk>를 듣고 계십니다. 우리는 인

기 작가인 Tim Woods를 스튜디오에 초대했습니다. 그는 작년에 캐나다 신인 작가상을 수상했습니다. 게다가 그의 최근 소설인 <The mystery>는 나오자마자 베스트셀러에 올랐고, 12주 동안 판매 차트의 상위권에 머물러 있었습니다. 상상력이 풍부한 이야기들을 쓰기 위한 그가 어디서 영감을 얻는지 궁금하실 겁니다. 다른데 가지 마세요. 광고 시간 후에 바로 그와 함께 돌아 오겠습니다. Torres 씨나 그의 작품에 대해 질문이 있으시면, 이 시간 동안 저희에게 연락 주세요.

어휘
host 사회자 popular 인기 있는 prize 상 writer 작가
in addition 게다가 recent 최근의 novel 소설 instant 즉각적인
chart 차트 inspiration 영감 imaginative 상상력이 풍부한
commercial break 광고 시간

4 Tim Woods는 누구이겠는가?
(A) 사회자
(B) 탐정
(C) 작가
(D) 기조 연설자

기출78
담화 초반의 고유 명사 키워드 Tim Woods가 제시되는 부분(a popular writer Tim Woods)에서 그가 작가라는 단서를 찾을 수 있다. 따라서 정답은 (C)이다.
바꿔 쓰기 writer 작가 → author 작가

5 Woods 씨에게 작년에 무슨 일이 일어났는가?
(A) 그는 자서전을 썼다.
(B) 그는 상을 탔다.
(C) 그는 출판사를 설립했다.
(D) 그는 캐나다로 이사 했다.

어휘
autobiography 자서전 earn an award 상을 타다
establish 설립하다

기출72
시간 키워드 last year가 제시되는 담화 초반에 그가 작년에 상을 탔다(He won the Canadian New Writer Prize last year)는 정보를 확인할 수 있다. 따라서 정답은 (B)가 된다.
바꿔 쓰기 won the ~ Prize ~상을 수상하다 → earn an award 상을 타다

6 청자들은 무엇을 하라고 권고받는가?
(A) 스튜디오로 오기
(B) 전화하기
(C) 질문에 답하기
(D) <The mystery>라는 제목의 책 사기

기출74
담화 마지막에 질문이 있으면 전화를 달라고 요청하는 부분(please call us during this time)에서 정답은 (B)가 된다.

Questions 7~9 refer to the following advertisement.

AU

7Do you like Asian food? If so, you won't have to look further than *East Asia Cuisine*. We provide a wide selection of Asian foods such as Chinese and Japanese dishes. **8**To commemorate our 20th anniversary, we decided to offer you diverse authentic Chinese dishes at discounted prices. That's right. From March 10th

to March 16th, you can receive up to 40% off on your favorite Chinese dishes. **9**If you want to book a table in advance, feel free to call us at 550-2100.

7-9는 다음 광고에 관한 문제입니다.
아시아 음식을 좋아하세요? 그렇다면 <East Asia Cuisine> 그 이상은 찾지 않으셔도 될 겁니다. 저희는 중식과 일식 같은 다양한 아시아 음식을 선보입니다. 저희의 20주년을 기념하기 위해, 저희는 할인된 가격으로 다양한 정통 중식 요리를 제공하기로 결정했습니다. 맞습니다. 3월 10일부터 3월 16일까지 여러분이 가장 좋아하는 중식 요리들에 있어서 40%까지 할인을 받으실 수 있습니다. 미리 테이블을 예약하시려면 550-2100번으로 저희에게 전화 주세요.

어휘
cuisine 요리 provide 제공하다 a wide selection of 다양한
commemorate 기념하다 anniversary 기념일 diverse 다양한
authentic 진짜의, 정통의 discounted 할인된 up to ~까지
book 예약하다 in advance 미리

7 광고되고 있는 것은 무엇인가?
(A) 식료품점
(B) 식당
(C) 음식 축제
(D) 요리학교

기출75
담화 초반에 아시아 음식을 좋아하냐고 묻고 나서 East Asia Cuisine이라는 상호가 언급되는데, cuisine이 '고급 식당의 요리'를 뜻하므로, 이것이 식당임을 추론할 수 있다. 따라서 정답은 (B)가 된다.

8 이 가게는 얼마나 오랫동안 영업 중인가?
(A) 1주일 동안
(B) 1년 동안
(C) 10년 동안
(D) 20년 동안

기출51
담화 중반에 20주년을 기념하기 위해서(To commemorate our 20th anniversary)라고 말하는 부분에서 정답은 (D)가 된다.

9 청자들에게 전화하라고 권하는 이유는?
(A) 길을 묻기 위해
(B) 테이블을 예약하기 위해
(C) 쿠폰을 얻기 위해
(D) 메뉴를 확인하기 위해

기출68
담화 마지막에 미리 테이블을 예약하려면 전화를 달라고 말하는 부분(If you want to book a table in advance, feel free to call us at 550-2100)에서 정답은 (B)가 된다.
바꿔 쓰기 book 예약하다 → reserve 예약하다

Questions 10~12 refer to the following broadcast.

US

Good evening, listeners. You're listening to the best music show, CBA's **10**weekly Hot 100. I'm your host, Sally Moore. Today, **11**we have invited the legendary folk singer, Tom Grover. He has been singing about social issues and politics for more than 2 decades. As some of you already know, he just released his 15th album, *Peace* and started a concert tour across the nation. I'm thrilled to tell you that he will perform live on stage here in Miami on Saturday. In a few minutes, he will talk about his new album. Stay tuned and **12we'll be right back after the commercial break.**

10-12는 다음 방송에 관한 문제입니다.

안녕하세요, 청취자 여러분. 여러분은 최고의 음악 쇼인 CBA의 주간 Hot 100을 청취하고 계십니다. 저는 여러분의 사회자, Sally Moore입니다. 오늘 우리는 전설적인 포크 가수인 Tom Grover를 초청했습니다. 그는 20년 넘게 사회적 문제들과 정치에 대해 노래해 오고 있죠. 몇몇 분들은 이미 알고 계시듯이, 그는 막 15 번째 앨범인 <Peace>를 출시하였고, 전국 순회 공연을 시작하였습니다. 토요일에 여기 Miami 무대에서 그가 라이브 공연을 펼치게 된다는 소식을 전하게 되어 흥분되네요. 잠시 뒤에 그가 새로운 앨범에 대해 얘기할 겁니다. 채널 고정해 주시고, 광고 후에 바로 돌아오겠습니다.

어휘

legendary 전설의 folk singer 포크 가수 social issue 사회 문제 politics 정치 decade 10년 release 출시하다
across the nation 전국적으로 thrilled 흥분되는
perform live 라이브로 공연하다 on stage 무대에서
stay tuned 채널 고정하다 commercial break 광고

10 이 프로그램은 얼마나 자주 방송되는가?
(A) 매시간
(B) 매일
(C) 매주
(D) 매달

기술51

담화 초반 제시된 프로그램 제목(weekly Hot 100)에서 일주일에 1번 방송되는 프로그램임을 알 수 있다. 따라서 (C)가 정답이다.
바꿔 쓰기 weekly 주간의 → every week 매주

11 Tom Grover는 누구이겠는가?
(A) 음악가
(B) 사회자
(C) 정치가
(D) 라디오 청취자

기술76

고유명사 키워드 Tom Grover가 제시되는 문장(we have invited the legendary folk singer, Tom Grover)에서 그가 포크 가수 임을 알 수 있으므로 (A)가 정답이다. 구체적 의미의 어휘 singer 가 포괄적 의미의 어휘 musician으로 바꿔 표현된 것이 핵심 포인트이다.
바꿔 쓰기 singer 가수 → musician 음악가

12 청자들이 다음에 듣게 될 것은 무엇인가?
(A) 라이브 음악
(B) 광고
(C) 지역 뉴스
(D) 포크송

기술71

next 문제는 단서가 담화 후반에 제시된다. 따라서 담화 마지막에 광고 후에 돌아오겠다(we'll be right back after the commercial break)는 부분에서 commercial break를 advertisements로 바꿔 표현한 (B)가 정답이다.

바꿔 쓰기 commercial break 광고 시간 → advertisements 광고

Questions 13~15 refer to the following excerpt from a meeting.

 US

Before we begin our monthly meeting, I'd like to remind you that our maintenance crew will install new light bulbs in your offices. **13The installation will be completed over the weekend** and we can take advantage of these energy-efficient lights from next week. Umm... **14Due to the economic recession, our sales have steadily dropped.** So we need to do something to deal with the situation. **15I'd like you to come up with ideas to reduce our expenditures.** Oh, I've got one right here. **15Please make sure you switch off all the equipment before you leave.** If you have any suggestions, feel free to call me at extension 13.

13-15는 다음 회의 발췌록에 관한 문제입니다.

월례 회의를 시작하기 전에, 우리 관리부 직원들이 여러분의 사무실에 새로운 전구를 설치할 것이라는 사실을 다시 한번 알려 드리고 싶습니다. 설치는 주말 중에 완료될 것이고, 다음 주부터 에너지 효율이 높은 이 전구들을 이용할 수 있습니다. 음... 경기 침체로 인해 우리 매출이 계속 떨어지고 있습니다. 그래서 이 상황에 대처하기 위해 우리도 무엇인가를 해야 합니다. 여러분들이 우리의 지출을 줄일 아이디어들을 내주셨으면 합니다. 오, 여기 제게도 한 가지 아이디어가 있습니다. 퇴근 전에 모든 장비들은 확실히 전원을 꺼주세요. 제안하실 것이 있으시면, 언제든 내선번호 13번으로 전화주세요.

어휘

monthly 달마다의 maintenance 관리부 crew 직원
remind 상기시키다 install 설치하다 light bulb 전구
installation 설치 take advantage of ~를 이용하다
energy-efficient 에너지 효율적인 drop 떨어지다
steadily 꾸준히, 지속적으로 come up with ~를 생각해 내다
reduce 줄이다 expenditure 지출
make sure ~를 확실하게 하다 switch off 전원을 끄다
extension 내선번호

13 주말에 무슨 일이 일어나겠는가?
(A) 네트워크가 업그레이드 된다.
(B) 설치가 끝난다.
(C) 사무실에 페인트 칠을 다시 한다.
(D) 월례 할인이 시작된다.

기술77

시간 키워드 weekend가 제시되는 담화 초반에 주말동안 전구 설치가 끝난다(The installation will be completed over the weekend)는 정보를 확인할 수 있다. 따라서 정답은 (B)가 된다.
바꿔 쓰기 completed 완료되다 → finished 끝나다

14 화자의 말에 따르면, 매출 감소의 원인은 무엇인가?
(A) 안 좋은 경제 상황
(B) 숙련된 인력의 부족
(C) 높은 제품 가격
(D) 광고 부족

기술76
담화 중반, 경기 침체를 매출 감소의 원인으로 언급하는 부분 (Due to the economic recession, our sales have steadily dropped)에서 정답은 (A)가 된다. 세부적 어휘 economic recession(경기 침체)를 포괄적 어휘 unfavorable economic situation(안 좋은 경제 상황)으로 바꿔 표현한 것이 핵심 포인트이다.

바꿔 쓰기 economic recession 경기 침체 → unfavorable economic situation 안 좋은 경제 상황

15 남자가 "여기 제게도 하나가 있습니다"라고 말한 의도는 무엇인가?
(A) 그는 분실된 물건을 찾았다.
(B) 그는 예를 제시하려고 한다.
(C) 그는 질문에 대한 답을 안다.
(D) 그는 손에 매출 보고서를 가지고 있다.

기술41
의도 파악 문제는 해당 표현 앞 뒤 문맥을 잘 살펴야 한다. 먼저, 청자들에게 지출을 줄이기 위한 아이디어를 내달라(I'd like you to come up with ideas to reduce our expenditures)고 부탁하고, 이어서 해당 표현을 언급한 후, 퇴근 전에 장비들을 꼭 끄고 가라(Please make sure you switch off all the equipment before you leave)고 말하고 있다. 따라서 지출을 줄이기 위한 아이디어의 한 가지 예를 제시했다고 볼 수 있으므로, 정답은 (B)가 된다.

Questions 16~18 refer to the following talk and map.

BR

May I have your attention, please? **16**In a few minutes, we'll arrive at the famous old structure called *The Pearl Castle*. It was built about 200 years ago and it was purchased by the local government in 2010. Since then, it has been open to the public. When it was purchased, it looked quite deteriorated. But with the support of civic groups, it has been perfectly restored. Now it is one of the must-see spots in the region. I'll give you an hour to walk around on your own. **17**But make sure to come back to the parking lot by 2 p.m. **16/18**The driver will park the bus in the section near the entrance.

16~18은 다음 담화와 지도에 관한 문제입니다.
주목해주시겠습니까? 잠시 뒤에 우리는 <The Pearl Castle>이라고 불리는 오래된 유명한 건축물에 도착하게 됩니다. 그것은 대략 200년 전에 지어졌고, 2010년에 지역 정부가 매입하였습니다. 그 이후로, 그것은 일반 대중에게 공개되고 있습니다. 그것을 처음 매입했을 때는 매우 훼손된 상태였습니다. 하지만 시민 단체들의 지원으로, 완벽하게 복구되었습니다. 지금은 지역에서 꼭 봐야 할 명소들 중 하나입니다. 각자 걸어서 둘러 볼 수 있도록 여러분께 한 시간을 드리겠습니다. 하지만 오후 2시까지는 주차장으로 돌아오셔야 합니다. 기사가 버스를 입구 근처 구역에 주차할 겁니다.

주차장			
구역 1	구역 3	매표소	입구
매점			구역 4
출구	구역 2		

어휘
attention 주목 in a few minutes 잠시 뒤에 structure 건축물 purchase 구매하다 local 지방의 government 정부 since ~이래로 open 개방된 the public 대중 deteriorate 악화시키다 support 지원 civic group 시민 단체 perfectly 완벽히 restore 복구하다 must-see 꼭 봐야 하는 spot 장소 on one's own 스스로 parking lot 주차장 section 구역 entrance 입구

16 안내가 이루어지는 곳은 어디이겠는가?
(A) 버스에서
(B) 주차장에서
(C) 성에서
(D) 매표소에서

기술74
담화 초반에 잠시 뒤에 도착한다(In a few minutes, we'll arrive~)고 했고 담화 마지막에서는 버스를 주차한다고 했으므로 아직 버스에서 내리지 않은 상황임을 추론할 수 있다. 따라서 정답은 (A)가 된다.

17 청자들에게 요청되는 것은 무엇인가?
(A) 표 구매하기
(B) 안전 벨트 매기
(C) 제 시간에 돌아오기
(D) 안전모 착용하기

기술68
담화 후반에 오후 2시까지 돌아오라고 말하는 부분(But make sure to come back to the parking lot by 2 p.m.)에서 정답은 (C)가 된다.

18 시각 자료를 보시오. 버스는 어디에 주차되겠는가?
(A) 구역 1
(B) 구역 2
(C) 구역 3
(D) 구역 4

기술52
담화 마지막에 기사가 입구 근처에 버스를 주차할 것(The driver will park the bus in the section near the entrance)이라고 했는데, 지도를 보면 입구 근처의 주차장은 구역 4이므로 정답은 (D)가 된다.

기술 77 | 문제에 제시된 시간 키워드부터 잡고 가자!

⚙ Practice

정답 1. (B) 2. (B)

1 [AU]

Before we move on to the next agenda, I want to let you know about some changes. Our annual awards banquet was usually held in Holiday Hotel but it is currently under renovation. So we reserved a banquet hall at Ocean Hotel for this year's event. If you don't know how to get there, you can refer to the map on their Website. Now, Mr. White in sales will tell us about the recent sales figures.

다음 안건으로 넘어가기 전에, 몇 가지 변경 사항을 알려 드리고 싶습니다. 우리의 연례 시상식이 대개는 Holiday Hotel에서 열렸지만, 그곳이 현재 보수 작업 중입니다. 그래서 올해의 행사는 Ocean Hotel의 연회실을 예약했습니다. 거기로 가는 길을 모르시면, 웹사이트에 있는 지도를 참고해 주세요. 자, 이제 영업부의 White 씨가 최근 매출액에 대해 말씀하실 겁니다.

어휘

move on to ~로 넘어가다 agenda 안건, 의제 annual 해마다의 awards banquet 시상 연회 currently 현재 under renovation 보수 작업 중인 reserve 예약하다 banquet hall 연회실 recent 최근의 sales figures 매출액

올해 행사에 대해 언급된 바는 무엇인가?
(A) 그것은 취소될 것이다.
(B) 장소가 변경될 것이다.
(C) 입장료가 면제될 것이다.
(D) 외부 업체가 준비할 것이다.

해설

시간 키워드 this year가 제시되는 부분 앞뒤를 보면, 기존에 이용했던 호텔이 보수 중이기 때문에 다른 호텔에서 행사가 개최될 것임을 알 수 있다. 따라서 정답은 (B)가 된다.

2 [US]

Hello, Ms. Woods. This is Cathy Warner calling from Evergreen Furniture. I'm calling to let you know that the office desk you ordered on September 15th has arrived in our warehouse. As you requested, we will deliver it to your office this afternoon. If you want to make any changes, please give us a call now.

안녕하세요, Woods 씨. 저는 Evergreen Furniture의 Cathy Warner입니다. 9월 15일에 주문하신 사무용 책상이 우리 창고에 도착했다는 것을 알려 드리고자 전화 드립니다. 요청하신 대로, 오늘 오후에 사무실로 배달해 드리겠습니다. 변경을 원하시면, 지금 바로 전화 주세요.

어휘

order 주문하다 warehouse 창고 request 요청하다 deliver 배달하다 make changes 변경하다

9월 15일에 Woods 씨가 한 것은 무엇인가?
(A) 그녀는 창고에 도착했다.
(B) 그녀는 주문했다.
(C) 그녀는 변경을 했다.
(D) 그녀는 가구를 조립했다.

어휘

place an order 주문하다 put together 조립하다

해설

시간 키워드 9월 15일이 언급되는 부분(office desk you ordered on September 15th)에서, 사무용 책상을 주문했다는 사실을 알 수 있다. 따라서 정답은 (B)가 된다.

기술 78 | 문제에 제시된 고유 명사와 신분 명사를 놓치지 마라!

⚙ Practice

정답 1. (A) 2. (B)

1 [BR]

Hi, Ms. Taylor. This is Joan White from Accounting. I'm calling to ask about the receipts you submitted yesterday. I understand you went to Hong Kong to attend the international marketing seminar. I received all your business-related receipts except for the restaurant ones. I double checked the folder you gave me, but I couldn't find them. Please send them as soon as possible so that I can process your request.

안녕하세요, Taylor 씨. 저는 회계부의 Joan White입니다. 어제 제출하신 영수증들에 대해 문의 드리기 위해 연락 드립니다. 국제 세미나에 참석차 Hong Kong에 다녀 오신 걸로 알고 있는데요. 식당과 관련된 것 외에 출장 관련 영수증들은 모두 받았습니다. 저에게 주신 폴더를 재차 확인했는데, 그것들을 찾을 수 없었어요. 요청하신 것을 처리할 수 있도록 가능한 한 빨리 그것들을 보내주시기 바랍니다.

어휘

Accounting 회계부 receipt 영수증 international 국제적인 related 관련된 except for ~을 제외하고 double check 재확인하다 process 처리하다 request 요청

Taylor 씨가 Hong Kong에 간 이유는 무엇인가?
(A) 행사에 참석하기 위해
(B) 박물관을 방문하기 위해
(C) 쇼핑을 하기 위해
(D) 관광을 하기 위해

해설

고유 명사 키워드 Hong Kong이 언급되는 부분(you went to Hong Kong to attend the international marketing seminar)에서 Taylor 씨가 국제 마케팅 세미나에 참석했음을 알 수 있다. 따라서 정답은 (A)이다.
바꿔 쓰기 seminar 세미나 → event 행사

2 [US]

And now, we have a special interview with Peter Lee. Most of you probably know him as the founder of Apollo Electronics. But he used to teach economics in Detroit University and he wrote a couple of best sellers like *The tycoon*. Recently, he had a new book about the current marketing trend published. In this book, he argues that we should keep up with the latest marketing strategies to survive in business. Mr. Lee, let me start today's interview by having you tell us about your childhood.

자 이제, 우리는 Peter Lee와의 특별한 인터뷰를 하겠습니다. 여러분 대부분은 그를 Apollo Electronics의 창립자로 알고 계실 겁니다. 하지만, 그는 Detroit University에서 경제학을 가르치곤 했으며, <The tycoon>과 같은 몇 권의 베스트셀러를 썼습니다. 최근에 그는 현재의 마케팅 경향에 대한 새로운 책을 출간했습니다. 이 책에서 그는 우리가 사업에서 살아 남기 위해서는 최신 마케팅 전략을 따라 가야 한다고 주장합니다. Lee 씨, 오늘 인터뷰는 당신의 어린 시절에 대한 얘기를 듣는 것으로 시작하겠습니다.

어휘
founder 창립자 electronics 전자제품 economics 경제학 a couple of 둘의 best seller 베스트셀러 recently 최근에 current 현재의 trend 경향 publish 출간하다 argue 주장하다 keep up with ~을 따라 가다 strategy 전략 survive 살아남다 childhood 어린 시절

Apollo는 무엇이겠는가?
(A) 대학
(B) 전자제품 회사
(C) 출판사
(D) 마케팅 회사

해설
고유 명사 키워드인 Apollo가 등장하는 담화 초반의 the founder of Apollo Electronics에서 이것이 전자제품 회사 이름임을 알 수 있다. 따라서 정답은 (B)가 된다.

기술 79 | 안내 방송은 변경 사항을 파악하라!

⚙ Practice

정답 1. (C) 2. (B)

1 US
Hi, Ms. Earl. This is Julie Benson from KJ Accounting. I'm calling to book a banquet hall for December 3rd. Karen Simpson, my former colleague suggested your hotel because of your kind service. He used the Pacific hall last month and he was satisfied with it. He recommended the Dream hall to me but it seems too small for our group. So I want to book the Ocean hall which can hold up to more than 50 people. Please call me back when you get this message.

안녕하세요, Earl 씨. 저는 JK Accounting의 Julie Benson입니다. 12월 3일에 연회실을 예약하려고 전화 드립니다. 저의 이전 동료인 Karen Simpson이 친절한 서비스 때문에 당신 호텔을 제안해 주었습니다. 그는 지난달에 Pacific 홀을 이용했는데 만족스러워 했어요. 그는 Dream 홀을 추천했지만, 우리 단체에게는 너무 작은 것 같습니다. 그래서 50명 이상 수용 가능한 Ocean 홀을 예약하고 싶습니다. 이 메시지를 받으시면 회신 전화 주세요.

어휘
book 예약하다 banquet hall 연회실 former 이전의 colleague 동료 suggest 제안하다 be satisfied with ~에 만족하다 recommend 추천하다 seem ~인 것 같다 hold 수용하다 up to ~까지

화자는 어떤 홀을 예약하고 싶어하는가?
(A) Pacific 홀
(B) Dream 홀
(C) Ocean 홀
(D) Benson 홀

해설
담화 마지막에 Ocean 홀을 예약하고 싶다고 했으므로 정답은 (C)이다.

2 AU
Welcome to our annual 5th international convention here in Denver. I'm so thrilled to see such a large turnout today. We have invited some prestigious experts and they will give you valuable lectures. However, due to the technical problem, every lecture will be delayed for an hour. Sorry for the inconvenience.

여기 Denver에서 열리는 제 5회 연례 국제 컨벤션에 오신 것을 환영합니다. 오늘 이렇게 많은 참석자들을 보니 매우 기쁘네요. 우리는 저명한 전문가들을 초빙했고, 그들이 여러분들께 귀중한 강연을 해주실 겁니다. 하지만 기술적인 문제 때문에, 모든 강의는 1시간 연기됩니다. 불편을 드려 죄송합니다.

영업 기술	오전 10시 - 오전 11시
마케팅 기술	오전 11시 - 정오
회계 소프트웨어	정오 - 오후 1시

어휘
annual 해마다의 international 국제의 convention 회의 thrilled 몹시 흥분되는 turnout 참석자 수 prestigious 저명한 expert 전문가 valuable 귀중한 lecture 강연 due to ~때문에 technical 기술적인 delay 지연시키다 inconvenience 불편

시각 자료를 보시오. 영업 기술에 대한 강의는 언제 시작하는가?
(A) 오전 10시에
(B) 오전 11시에
(C) 정오에
(D) 오후 1시에

해설
담화 마지막에 모든 강연이 한 시간 지연된다고 말하고 있으므로, 표에서 오전 10시에 시작되는 것으로 나오는 영업 기술에 대한 강의는 한 시간 지연되어 오전 11시에 시작될 것임을 유추할 수 있다. 따라서 (B)가 정답이다.

⚙️ Practice

정답 **1.** (D) **2.** (D)

1 BR

Thank you for coming here early in the morning. We are here to review the design proposal for renovating our old city hall. As community leaders, you may notice that the building has never been renovated since it was established 5 decades ago. Many citizens have complained about old facilities and insufficient parking spaces. Now, Daniel Frey who is responsible for this project will give us more details about the plan.

이곳에 아침 일찍 와주셔서 감사합니다. 우리는 오래된 우리 시청을 개조하는 것에 대한 디자인 제안서를 검토하기 위해 모였습니다. 지역 사회의 지도자들로서, 여러분은 건물이 50년 전에 세워진 이래로 아직 한번도 보수되지 않았다는 사실을 알고 계실 겁니다. 많은 시민들이 오래된 시설물들과 불충분한 주차 공간에 대해 불평해 오고 있습니다. 자 이제, 이 프로젝트를 책임지고 있는 Daniel Frey가 계획에 대해 더 자세한 세부 사항을 알려 주실 겁니다.

어휘
review 검토하다 proposal 제안서 city hall 시청
community 지역 사회 notice 알아채다 renovate 개조하다
establish 세우다 decade 10년 citizen 시민
complain 불평하다 facility 시설물 insufficient 부족한
space 공간 be responsible for ~을 책임지다 detail 세부 사항

문제점은 무엇인가?
(A) 디자인 제안서가 완성되지 않았다.
(B) 주차장이 공사 중이다.
(C) 건축가가 몸이 안 좋다.
(D) 시청이 재단장된 적이 없다.

어휘
under construction 공사 중인 architect 건축가
refurbish 재단장하다

해설
담화 초반에 시청이 한번도 보수된 적이 없다고 하였으므로 정답은 (D)가 된다.
바꿔 쓰기 renovate 개조하다 → refurbish 재단장하다

2 US

Hello, this is Julie calling from Super Motors. This message is for Peter Patterson. I'm calling to let you know that we finished changing the tires on your van as you requested. But I found the air conditioner didn't work properly. In particular, your air filter looked very dirty. Since you're one of our regular customers, I'm willing to change it for free. I think its efficiency will be enhanced. We're closing now but you can pick it up anytime you want tomorrow. We will be open from 9 a.m. to 7 p.m. every day except for Sunday.

안녕하세요. 저는 Super Motors의 Julie입니다. 이 메시지는 Peter Patterson에게 남기는 것입니다. 요청하신 대로 승합차의 타이어 교체를 끝냈다는 것을 알려 드리고자 연락 드립니다. 그런데 에어컨이 제대로 작동하지 않는 것을 발견했습니다. 특히 에어 필터가 너무 더러워 보였어요. 저희 단골 고객이시므로, 기꺼이 무료로 교체해 드리겠습니다. 효율성이 향상될 겁니다. 저희는 지금 문을 닫지만 내일 원하실 때 언제든 찾아가시면 됩니다. 저희는 오전 9시부터 오후 7시까지 일요일을 제외하고 매일 영업합니다.

어휘
tire 타이어 van 승합차 request 요청하다
air conditioner 에어컨 properly 올바르게 in particular 특히
air filter 에어 필터 dirty 더러운 for free 무료로
efficiency 효율성 enhance 향상시키다 pick up 찾아오다
anytime 언제든 except for ~외에

화자가 제안한 것은 무엇인가?
(A) 그녀는 타이어를 교체할 것이다.
(B) 그녀는 엔진을 고칠 것이다.
(C) 그녀는 차를 찾아올 것이다.
(D) 그녀는 필터를 교환할 것이다.

해설
담화 후반에 필터가 더러워서 무료로 교체해 주겠다고 했으므로 정답은 (D)가 된다.

DAY 20 TEST

정답 **1.** (B) **2.** (B) **3.** (B) **4.** (B) **5.** (C) **6.** (B)
7. (D) **8.** (B) **9.** (C) **10.** (D) **11.** (B) **12.** (B)
13. (B) **14.** (B) **15.** (D) **16.** (A) **17.** (D) **18.** (A)

Questions 1~3 refer to the following announcement.

US

Good morning, everyone. After reviewing the results of ¹the survey we conducted last month, we decided to reopen the gym for your health and well-being. ²The renovation is expected to be completed next week. Every employee is eligible to receive free admission to the fitness center. As you requested, we will set up some state of the art equipment and we have already hired the experienced instructor, Amanda Brown. ³Should you need more detailed schedule, visit our Website or call me at 500-3500.

1-3은 다음 안내에 관한 문제입니다.

안녕하세요, 여러분. 지난달 실시한 설문 조사 결과를 검토한 결과, 우리는 여러분의 건강과 웰빙을 위해 체육관을 다시 열기로 결정했습니다. 수리는 다음 주에 끝날 것으로 예상됩니다. 모든 직원들은 피트니스 센터에 무료로 입장할 수 있습니다. 여러분이 요청하신 대로, 몇몇 최신 장비를 설치할 계획이고, 경험 많은 강사인 Amanda Brown을 이미 고용했습니다. 더 자세한 일정이 필요하시면, 우리 웹사이트를 방문하시거나 500-3500번으로 제게 연락주세요.

어휘
survey 설문 조사 conduct 시행하다 well-being 행복, 웰빙
renovation 보수, 개조 be eligible to ~할 자격이 있다
admission 입장 state of the art 최신식의 equipment 장비
hire 고용하다 experienced 경험 많은 instructor 강사
detailed 자세한

1 지난달에 일어난 일은 무엇인가?
(A) 체육관이 다시 문을 열었다.
(B) 설문 조사가 시행되었다.
(C) 개조 작업이 시작되었다.
(D) 장비가 구매되었다.

기술77
시간 키워드 last month가 제시되는 담화 초반(the survey we conducted last month)에서 설문 조사가 실시되었음을 알 수 있다. 따라서 정답은 (B)가 된다.
바꿔 쓰기 conduct 시행하다 → implement 시행하다

2 개조 작업은 언제 끝날 것인가?
(A) 이번 주
(B) 다음 주
(C) 다음 달
(D) 내년

기술74
renovation이 언급되는 담화 초반에 다음 주에 끝난다(The renovation is expected to be completed next week)는 단서를 찾을 수 있다. 따라서 정답은 (B)가 된다.
바꿔 쓰기 completed 끝나다 → finished 끝나다

3 청자들은 왜 전화하라고 요청받는가?
(A) 웹사이트를 확인하기 위해
(B) 일정에 대해 알아보기 위해
(C) 강사와 얘기하기 위해
(D) 장비를 구매하기 위해

기술45
담화 후반, 세부 일정이 필요하면 연락하라(Should you need more detailed schedule, visit our Website or call me at 500-3500)고 하고 있으므로 (B)가 정답이다.

Questions 4~6 refer to the following excerpt from a meeting.

US

Good morning, everyone. I'd like to welcome all of you to the global advertising conference **4here in Queen's Hotel**. We have prepared a variety of activities and lectures for you. In particular, you will be delighted to hear that **5we're providing a series of lectures on 'Internet Marketing' by the well-known professionals such as Peter Wang** and Susan Wilson. If you're interested in attending one of the lectures, **6you should register for it at the front desk in the lobby**. For more information, you can visit our Website or you can refer to the schedule in the conference packet. Thank you.

4-6은 다음 회의 발췌록에 관한 문제입니다.
안녕하세요, 여러분. 이곳 Queen's Hotel의 국제 광고 회의에 오신 여러분 모두 환영합니다. 저희는 여러분을 위해 다양한 활동과 강연을 준비했습니다. 특히, Peter Wang이나 Susan Wilson처럼 유명한 전문가들의 '인터넷 마케팅'에 대한 일련의 강의를 마련하고 있다는 얘기를 들으시면 기뻐하실 겁니다. 강의에 참석하시려면, 로비에 있는 프런트에서 등록해 주세요. 더 많은 정보를 원하시면, 저희 웹사이트를 방문하시거나 회의 자료집에 있는 일정표를 참고해 주세요. 감사합니다.

어휘
global 세계의 advertising 광고 prepare 준비하다
a variety of 다양한 activity 활동 lecture 강연
in particular 특히 delighted 기쁜 a series of 일련의
well-known 유명한 professional 전문가 such as ~와 같은
register 등록하다 refer to ~을 참고하다 packet 꾸러미, 묶음

4 담화는 어디에서 이루어지겠는가?
(A) 컨벤션 센터에서
(B) 호텔에서
(C) 교실에서
(D) 강당에서

기술63
담화 초반에 이곳이 호텔이라는 언급(here in Queen's Hotel)이 나오므로 (B)가 정답이다. here 다음에 현재 장소가 제시되는 경우가 많다.

5 Peter Wang은 누구이겠는가?
(A) 교수
(B) 의장
(C) 연사
(D) 변호사

기술78
고유 명사 키워드 Peter Wang이 언급되는 부분에서 강의를 할 전문가(we're providing a series of lectures on 'Internet Marketing' by the well-known professionals such as Peter Wang)라는 정보를 찾을 수 있다. 따라서 정답은 (C)가 된다.

6 몇몇 사람들이 프런트 데스크를 방문해야 하는 이유는 무엇인가?
(A) 일정표를 얻기 위해
(B) 강연에 등록하기 위해
(C) 컴퓨터를 사용하기 위해
(D) 전문가들과 얘기하기 위해

기술49
장소 키워드 front desk가 언급되는 담화 후반(you should register for it at the front desk in the lobby)에서, 등록하기 위해 방문해야 하는 장소임을 알 수 있다. 따라서 정답은 (B)가 된다.
바꿔 쓰기 register for ~에 등록하다 → sign up for ~에 등록하다

Questions 7~9 refer to the following telephone message.

BR

Hello. This is Jennifer Reed and **7I'm calling regarding the job opening you advertised in the newspaper**. After I read about the duties and requirements you specified, I thought I would become the perfect candidate for the post. **8My career in sales dates back to 2001** when I graduated from college. Last month, I was selected as the best saleswoman of the year by *Dallas Daily*. I'm sure you can count on me. I'm looking forward to this great opportunity to advance my career to the next level. It would be nice if you give me the chance to have an interview with your firm. **9Please call me back when you get this message.**

7-9는 다음 전화 메시지에 관한 문제입니다.

안녕하세요. 저는 Jennifer Reed이고, 신문에 광고하신 공석 때문에 연락 드립니다. 명시하신 업무들과 요건에 대해 읽고, 제가 그 자리에 완벽한 지원자가 될 것이라고 생각했습니다. 영업에 있어서의 제 직장 경력은 제가 대학을 졸업한 2001년으로 거슬러 올라갑니다. 지난달에는, <Dallas Daily>에서 올해 최고의 영업 여사원으로 선정되었습니다. 저를 믿으셔도 된다고 확신합니다. 저는 제 경력을 다음 단계로 발전시킬 수 있는 이 좋은 기회를 고대하고 있습니다. 귀사에 면접을 볼 수 있는 기회를 주시면 감사하겠습니다. 이 메시지를 받으시면 답신 전화 주시기 바랍니다.

어휘

regarding ~에 관해 job opening 빈자리 advertise 광고하다
duty 의무 requirement 필수 사항, 요건
specify (구체적으로) 명시하다 perfect 완벽한
candidate 지원자 post 자리 career 경력
date back to ~로 시간을 거슬러 올라가다
graduate from ~을 졸업하다 select 선정하다
count on ~을 믿다 look forward to ~을 기대하다
advance 발전시키다 career 직업 경력 level 수준 firm 회사

7 여자는 자리에 대해 어떻게 알게 되었는가?
(A) 동료와 얘기를 하다가
(B) 잡지에 있는 광고를 보고
(C) 인터넷 서핑을 하다가
(D) 신문을 읽고

기술74

담화 초반에 신문 광고를 언급하고(I'm calling regarding the job opening you advertised in the newspaper) 있으므로 정답은 (D)가 된다.

바꿔 쓰기 newspaper 신문 → paper 신문

8 화자는 2001년에 무엇을 했는가?
(A) 그녀는 대학에 들어갔다.
(B) 그녀는 직장 경력을 시작했다.
(C) 그녀는 기자로 일하기 시작했다.
(D) 그녀는 자신의 회사를 창업했다.

기술77

시간 키워드 2001년이 제시되는 부분에서 본인 경력이 2001년으로 거슬러 올라간다(My career in sales dates back to 2001)고 말하고 있으므로 정답은 (B)가 된다

9 청자가 요청받는 것은 무엇인가?
(A) 자리에 지원하기
(B) 메시지 남기기
(C) 답신 전화하기
(D) <Dallas Daily>와 인터뷰하기

기술58

담화 마지막에 메시지를 받으면 답신 전화를 주라(Please call me back when you get this message)고 요청하고 있으므로 정답은 (C)이다.

Questions 10~12 refer to the following announcement.

AU

Attention, passengers! **10**This is your captain, Victor Powell. **11**I apologize for the delay caused by the engine trouble. Now we're ready to depart. On behalf of the entire cabin crew, I'd like to thank you for flying with us again. We are about to take off in a few minutes and we are expected to arrive in Narita international airport at 10:30 p.m. local time. Be sure to keep your seatbelt fastened until the seatbelt sign turns off. **12**Our flight attendants will pass out headphones and beverages soon. Please enjoy your flight. Thank you.

10-12는 다음 안내에 관한 문제입니다.

주목해 주세요, 승객 여러분! 저는 여러분의 기장 Victor Powell입니다. 엔진 고장으로 인한 지연에 대해 사과 드립니다. 이제 저희는 출발 준비가 되었습니다. 전체 승무원들을 대신해서 저희 비행기를 다시 이용해주셔서 감사 드립니다. 우리는 몇 분 뒤에 이륙하게 되며 Narita 국제 공항에는 현지 시간으로 오후 10시 30분에 도착할 것으로 예상됩니다. 안전 벨트 표시등이 꺼질 때까지는 반드시 안전 벨트를 착용해 주십시오. 우리 승무원들이 곧 헤드폰과 음료를 나눠 드릴 겁니다. 즐거운 비행 되길 바랍니다. 감사합니다.

어휘

captain 기장 apologize 사과하다 cause 초래하다
depart 출발하다 on behalf of ~을 대표[대신]해서
entire 전체의 cabin crew 항공기 승무원(= flight attendant)
be about to 막 ~하려 하다 take off 이륙하다 local 지역의
be sure to 확실히 ~하다 fasten 매다 turn off (전원이) 꺼지다
pass out 나누어주다 beverage 음료

10 안내는 어디서 행해지겠는가?
(A) 식당에서
(B) 기차역에서
(C) 공항 터미널에서
(D) 기내에서

기술34

담화 초반에 화자가 본인을 기장이라고 소개하는 부분(This is your captain, Victor Powell)에서 이곳이 기내임을 추론할 수 있다. 따라서 정답은 (D)가 된다.

11 지연의 이유는 무엇인가?
(A) 악천후
(B) 기술적인 문제
(C) 좋지 않은 교통
(D) 연결 항공편 지연

기술76

담화 초반 엔진 결함으로 인해 비행기가 지연되었음(I apologize for the delay caused by the engine trouble)을 알 수 있으므로, (B)가 정답이다.

바꿔 쓰기 engine trouble 엔진 고장 → a technical problem 기술적인 문제

12 승무원들은 나중에 무엇을 할 것인가?
(A) 헤드폰 수거하기
(B) 음료수 나눠주기
(C) 안전벨트 단단히 매기

(D) 모니터 끄기

기술78

신분 명사 키워드 flight attendants가 언급되는 담화 후반부에서 승무원들이 헤드폰과 음료수를 나눠줄 것(Our flight attendants will pass out headphones and beverages soon)이라고 말하고 있으므로 정답은 (B)이다.

바꿔 쓰기 pass out 나누어 주다 → give out 나누어 주다 / beverages 음료 → drinks 음료

Questions 13~15 refer to the following telephone message.

US

Hello. Ms. Watson. **13**This is Kelly Long from Geo Autos. I hate to say this **14**but the repair work took longer than expected because we had to order the replacement parts from outside suppliers. I'm sorry for the delay again. To compensate for this inconvenience, we went ahead and changed the motor oil free of charge. Now **13**your sedan is ready to be picked up. **15**We're open from 10 a.m. to 6 p.m. weekdays. We're closed on the weekend.

13-15는 다음 전화 메시지에 관한 문제입니다.

안녕하세요. Watson 씨. 저는 Geo Autos의 Kelly Long입니다. 이런 말씀 드리기는 싫지만, 외부업체에 교체 부품들을 주문해야 해서 수리 작업이 예상보다 오래 걸렸어요. 지연에 관해 다시 한번 사과 드립니다. 이러한 불편을 보상해드리기 위해, 엔진 오일을 무료로 교체해 드렸습니다. 이제 고객님의 승용차는 찾아갈 준비가 되어 있습니다. 저희는 주중에 오전 10시부터 오후 6시까지 영업하며, 주말에는 문을 닫습니다.

어휘

repair work 수리 작업 replacement part 교체 부품
supplier 공급업체 compensate 보상하다
inconvenience 불편 go ahead 진행하다, 나아가다
motor oil 엔진 오일 free of charge 무료로 sedan 승용차
pick up 찾아가다 weekdays 평일에

13 Kelly Long은 어디에서 일하겠는가?
(A) 자동차 대리점에서
(B) 자동차 정비소에서
(C) 주유소에서
(D) 주차장에서

기술78

고유 명사 키워드 Kelly Long이 언급되는 담화 초반 This is Kelly Long from Geo Autos에서 Geo Auto라는 상호와, 담화 후반에 승용차가 찾아갈 준비가 되어 있다고 말하는 부분(your sedan is ready to be picked up)에서 화자가 일하는 곳이 정비소임을 추론할 수 있으므로 정답은 (B)이다.

14 여자가 "이런 말씀 드리기는 싫지만"이라고 말한 의도는 무엇인가?
(A) 그녀는 제안을 거절하길 원한다.
(B) 그녀는 변명하는 것을 원하지 않는다.
(C) 그녀는 목이 아프다.
(D) 그녀는 얘기하고 싶어하지 않는다.

어휘

reject 거절하다 make an excuse 변명하다
have a sore throat 목이 아프다

기술78

담화 초반 해당 표현이 제시된 다음, 외부 업체에 교체 부품을 주문하느라 수리가 늦어졌다(but the repair work took longer than expected because we had to order the replacement parts from outside suppliers)고 이유를 말하고 있다. 따라서 해당 표현은 수리가 지연된 것에 대한 핑계를 대기 싫다는 의미로 유추할 수 있으므로 정답은 (B)가 된다.

15 업체에 대해 암시된 바는 무엇인가?
(A) Watson 씨의 소유이다.
(B) 편리한 위치에 있다.
(C) 영업한 지 10년 되었다.
(D) 일주일에 5일 문을 연다.

기술74

담화 후반에 평일에 문을 열고 주말에는 문을 닫는다(We're open from 10 a.m. to 6 p.m. weekdays. We're closed on the weekend)고 말하고 있으므로 정답은 (D)이다.

Questions 16~18 refer to the following announcement and schedule.

US

Welcome to the annual international science and technology convention held in China. My name is Patrick Ward. **16**I'm so pleased to have a large turnout this year. But I regret to announce a schedule change for today's event. **17**Our first speaker, Simon Brooks called me and said that his plane has been grounded due to the heavy snow. He is planning to take the train but he won't be here until 2 p.m. Umm. **18**So we asked Ashley Nelson to switch sessions with Mr. Brooks and she kindly said "Yes". Please make sure that today's schedule has been changed. If you need more information, please ask one of our representatives at the registration desk. Thank you.

16-18은 다음 안내와 일정표에 관한 문제입니다.

중국에서 열리는 연례 국제 과학 기술 컨벤션에 오신 것을 환영합니다. 제 이름은 Patrick Ward입니다. 올해 참석자들이 많아서 매우 기쁩니다. 하지만 유감스럽게도 오늘 행사에 일정 변경을 알려드리고자 합니다. 우리의 첫 번째 연사인 Simon Brooks 씨가 전화로 그가 탄 비행기가 폭우로 인해 이륙하지 못하고 있음을 알렸습니다. 그는 기차를 탈 계획이지만, 오후 2시는 되어야 도착할 것 같습니다. 그래서 Ashley Nelson 씨에게 Brooks 씨와 시간을 바꿔 달라고 요청했고, 그녀가 흔쾌히 허락해 주셨습니다. 오늘 일정이 변경되었음을 확실히 알아두시기 바랍니다. 정보가 더 필요하시면, 등록처에 있는 저희 직원에게 문의하시기 바랍니다. 감사합니다.

연사	시간
Simon Brooks	오전 10시 – 오전 11시
Whitney Cox	오전 11시 – 정오
Patrick Ward	오후 2시 – 오후 3시
Ashley Nelson	오후 3시 – 오후 4시

어휘

annual 해마다의 technology 기술 convention 회의
pleased 기쁜 turnout 참가자 수 regret to ~해서 유감이다
announce 알리다 be grounded 비행기가 이륙하지 못하는
due to ~때문에 switch 바꾸다 session 교육 시간
representation 대표, 직원 registration 등록

16 화자가 기쁘다고 말한 이유는 무엇인가?
(A) 참석자들이 많다.
(B) 특별 강연이 있다.
(C) 무료 다과가 있다.
(D) 환영회가 있다.

어휘

attendee 참석자 refreshments 다과 reception 환영회

기술45

담화 초반에 참석자들이 많아서 기쁘다(I'm so pleased to have
a large turnout this year)고 말하고 있으므로 정답은 (A)이다.
바꿔 쓰기 a large turnout 많은 참석자 수 → a lot of
attendees 많은 참석자

17 Simon Brooks의 문제는 무엇인가?
(A) 그는 아팠다.
(B) 그는 차를 수리해야 했다.
(C) 그는 교통 정체에 갇혔다.
(D) 그는 늦어질 것이다.

기술78

고유 명사 키워드 Simon Brooks가 언급되는 담화 후반, 그의 비
행기가 이륙하지 못하여 기차를 탈 계획이지만 오후 2시에나 도착
한다(He is planning to take the train but he won't be here
until 2 p.m.)는 부분에서 그가 늦어질 것임을 유추할 수 있다. 따
라서 정답은 (D)가 된다.

18 시각 자료를 보시오. Nelson 씨가 강연을 시작하는 시간은?
(A) 오전 10시
(B) 오전 11시
(C) 오후 2시
(D) 오후 3시

기술79

담화 후반 고유 명사 키워드 Nelson이 제시되는 부분(So we
asked Ashley Nelson to switch sessions with Mr. Brooks
and she kindly said "Yes")에서, 그녀가 Brooks 씨와 스케줄을
바꿀 것임을 알 수 있다. 따라서 원래 시작 시간 3시가 아닌 도표상
Brooks 씨의 시작 시간, 즉 오전 10시에 강연을 시작하게 됨을 유
추할 수 있다. 따라서 정답은 (A)가 된다.

ACTUAL TEST

<table>
<tr><td colspan="6" align="center">**Part 1**</td></tr>
<tr><td>정답</td><td>**1.** (C)</td><td>**2.** (B)</td><td>**3.** (B)</td><td>**4.** (A)</td><td>**5.** (B)</td></tr>
<tr><td></td><td>**6.** (C)</td><td></td><td></td><td></td><td></td></tr>
</table>

<table>
<tr><td colspan="6" align="center">**Part 2**</td></tr>
<tr><td>정답</td><td>**7.** (B)</td><td>**8.** (A)</td><td>**9.** (B)</td><td>**10.** (A)</td><td>**11.** (C)</td></tr>
<tr><td></td><td>**12.** (A)</td><td>**13.** (C)</td><td>**14.** (A)</td><td>**15.** (C)</td><td>**16.** (A)</td></tr>
<tr><td></td><td>**17.** (B)</td><td>**18.** (C)</td><td>**19.** (C)</td><td>**20.** (B)</td><td>**21.** (B)</td></tr>
<tr><td></td><td>**22.** (B)</td><td>**23.** (B)</td><td>**24.** (A)</td><td>**25.** (C)</td><td>**26.** (B)</td></tr>
<tr><td></td><td>**27.** (B)</td><td>**28.** (C)</td><td>**29.** (B)</td><td>**30.** (A)</td><td>**31.** (C)</td></tr>
</table>

<table>
<tr><td colspan="6" align="center">**Part 3**</td></tr>
<tr><td>정답</td><td>**32.** (C)</td><td>**33.** (D)</td><td>**34.** (B)</td><td>**35.** (C)</td><td>**36.** (A)</td></tr>
<tr><td></td><td>**37.** (B)</td><td>**38.** (C)</td><td>**39.** (B)</td><td>**40.** (A)</td><td>**41.** (D)</td></tr>
<tr><td></td><td>**42.** (C)</td><td>**43.** (C)</td><td>**44.** (D)</td><td>**45.** (B)</td><td>**46.** (D)</td></tr>
<tr><td></td><td>**47.** (A)</td><td>**48.** (D)</td><td>**49.** (D)</td><td>**50.** (C)</td><td>**51.** (B)</td></tr>
<tr><td></td><td>**52.** (A)</td><td>**53.** (B)</td><td>**54.** (A)</td><td>**55.** (B)</td><td>**56.** (B)</td></tr>
<tr><td></td><td>**57.** (D)</td><td>**58.** (A)</td><td>**59.** (B)</td><td>**60.** (C)</td><td>**61.** (B)</td></tr>
<tr><td></td><td>**62.** (A)</td><td>**63.** (C)</td><td>**64.** (D)</td><td>**65.** (B)</td><td>**66.** (B)</td></tr>
<tr><td></td><td>**67.** (A)</td><td>**68.** (B)</td><td>**69.** (D)</td><td>**70.** (B)</td><td></td></tr>
</table>

<table>
<tr><td colspan="6" align="center">**Part 4**</td></tr>
<tr><td>정답</td><td>**71.** (B)</td><td>**72.** (B)</td><td>**73.** (B)</td><td>**74.** (C)</td><td>**75.** (A)</td></tr>
<tr><td></td><td>**76.** (C)</td><td>**77.** (B)</td><td>**78.** (A)</td><td>**79.** (C)</td><td>**80.** (B)</td></tr>
<tr><td></td><td>**81.** (C)</td><td>**82.** (D)</td><td>**83.** (C)</td><td>**84.** (B)</td><td>**85.** (D)</td></tr>
<tr><td></td><td>**86.** (A)</td><td>**87.** (C)</td><td>**88.** (C)</td><td>**89.** (A)</td><td>**90.** (C)</td></tr>
<tr><td></td><td>**91.** (B)</td><td>**92.** (B)</td><td>**93.** (B)</td><td>**94.** (B)</td><td>**95.** (C)</td></tr>
<tr><td></td><td>**96.** (B)</td><td>**97.** (A)</td><td>**98.** (B)</td><td>**99.** (D)</td><td>**100.** (D)</td></tr>
</table>

1 `US`

(A) He is taking the guitar out from the case.
(B) He is trimming trees with a tool.
(C) He is playing a stringed instrument.
(D) He is performing indoors.

(A) 그는 기타를 케이스에서 꺼내고 있다.
(B) 그는 도구를 가지고 나무를 다듬고 있다.
(C) 그는 현악기를 연주하고 있다.
(D) 그는 실내에서 공연하고 있다.

`어휘`

case 상자, 케이스 trim 다듬다 tool 도구
stringed instrument 현악기 perform 공연하다
indoors 실내에

`기술12`

(A) 기타는 보이지만 케이스와 꺼내는 동작이 보이지 않으므로 case와 taking에서 오답
(B) 나무는 보이지만 도구와 다듬는 동작이 보이지 않으므로 tool 과 trimming에서 오답
(C) 기타를 현악기로 바꿔 표현한 정답. 현악기처럼 포괄적인 어휘가 정답이 될 확률이 높다.
(D) 배경이 실내가 아니므로 indoors에서 오답

2 `AU`

(A) Passengers are gathered on a deck.
(B) Some ferries have been docked at the pier.
(C) A boat is floating under the bridge.
(D) Waves are crashing on the rocky shore.

(A) 승객들이 갑판 위에 모여 있다.
(B) 몇몇 배가 항구에 정박되어 있다.
(C) 배가 다리 아래에 떠 있다.
(D) 파도가 암초 해안에 부딪치고 있다.

`어휘`

passenger 승객 be gatherd 모여 있다 deck 갑판
ferry 여객선 dock 정박 시키다 pier 부두 wave 파도
crash 부딪치다 rocky 바위로 된 shore 물가, 해안

`기술10`

(A) 승객들의 모습이 보이지 않으므로 passengers에서 오답
(B) 두 대의 배가 정박되어 있는 모습으로 정답
(C) 다리의 모습이 보이지 않으므로 bridge에서 오답
(D) 파도가 치는 모습이 보이지 않으므로 waves에서 오답

3 `BR`

(A) A car is on display in the showroom.
(B) A man is kneeling down on the ground.
(C) The hood of the car has been left open.
(D) A man is wearing a long-sleeved shirt.

(A) 차가 전시장에 진열 중이다.
(B) 남자가 땅에 무릎을 꿇고 있다.
(C) 차의 보닛이 열려 있다.
(D) 남자가 긴 소매의 셔츠를 입고 있다.

어휘
on display 진열 중 showroom 전시실 kneel 무릎 꿇다
ground 땅 hood 보닛 wear 입고 있다 sleeve 소매

기술6
(A) 배경이 전시실이 아니므로 showroom에서 오답
(B) 남자가 무릎을 꿇고 있는 모습으로 정답
(C) 차의 보닛 부분이 보이지 않으므로 hood에서 오답
(D) 남자가 반팔 옷을 입고 있으므로 long-sleeved에서 오답

4 US

(A) **A man is standing behind the camera.**
(B) Most of the chairs are empty.
(C) A screen is being adjusted.
(D) The lights are being turned on.

(A) 남자가 카메라 뒤에 서 있다.
(B) 대부분의 의자들이 비어 있다.
(C) 스크린이 조정되고 있다.
(D) 불들이 켜지고 있다.

어휘
behind 뒤에 most 대부분 empty 비어 있는 adjust 조정하다
turn on 켜다

기술5
(A) 남자 한 명이 촬영용 카메라 뒤에 서 있는 모습을 잘 묘사한 정답
(B) 대부분의 의자들이 점유된 모습으로 empty에서 오답
(C) 스크린의 모습은 보이지만 이를 조정하는 동작이 보이지 않으므로 being adjusted에서 오답
(D) 불들이 이미 켜져 있는 상태이므로 수동 진행형인 being turned on에서 오답

5 US

(A) A car is being inspected by a repairperson.
(B) **Some children are boarding a bus.**
(C) People are waving back on the platform.
(D) Some pedestrians are walking across the road.

(A) 차 한대가 정비사에 의해 점검되고 있다.
(B) 몇몇 아이들이 버스에 탑승하고 있다.
(C) 사람들이 승강장에서 손을 흔들어 답하고 있다.
(D) 몇몇 보행자들이 걸어서 도로를 건너고 있다.

기술7
(A) 정비사의 모습이 보이지 않으므로 repairperson에서 오답
(B) 몇몇 아이들이 버스에 탑승하는 동작을 잘 묘사한 정답
(C) 배경이 승강장이 아니므로 platform에서 오답
(D) 보행자들이 길을 건너는 모습이 아니므로 walking across에서 오답

어휘
inspect 점검하다 repairperson 정비사 board 탑승하다
wave 손을 흔들다 platform 승강장 pedestrian 보행자
walk across 길을 건너 걸어가다 road 도로

6 AU

(A) Some umbrellas are being folded.
(B) Patrons are entering the café.
(C) **All of the seats are unoccupied.**
(D) Parasols are casting shadows on the beach.

(A) 몇몇 파라솔들이 접히고 있다.
(B) 고객들이 카페에 들어가고 있다.
(C) 모든 자리가 비어 있다.
(D) 파라솔의 그림자가 해변에 드리워져 있다.

기술8
(A) 파라솔들이 접히는 동작이 없으므로 being folded에서 오답
(B) 고객들의 모습이 없으므로 patrons에서 오답
(C) 모든 자리들이 비어 있으므로 정답
(D) 배경에 해변의 모습이 보이지 않으므로 beach에서 오답

어휘
umbrella 우산, 파라솔 fold 접다 patron 고객 café 카페
seat 좌석 unoccupied 비어 있는, 점유되어 있지 않은
cast 그림자를 드리우다 shadow 그림자 beach 해변

7 BR – AU

When does your flight leave for Miami?
(A) It's crowded at this time of the year.
(B) **In a couple of hours.**
(C) At Gate 5.

당신 비행기가 Miami로 언제 떠나죠?
(A) 그곳은 이 시기에 붐빕니다.
(B) 두 시간 뒤에요.
(C) 5번 게이트에서요.

어휘
flight 비행기 crowed 붐비는 a couple of 둘
leave for ~를 향해 떠나다

기술13(B), 17(C)
(A) 비행기 출발 시간과 상관없는 동문서답
(B) When 의문문에 대한 적절한 시간 표현으로 정답
(C) 장소를 묻는 Where 의문문에 더 어울리는 답

8 US – US

What was their final offer?
(A) **It was $5 for each box.**
(B) Yes, it was acceptable.
(C) All sales are final.

그들의 최종 제시액이 얼마였죠?
(A) 상자 당 5달러였어요.
(B) 네, 수용 가능했어요.
(C) 모든 것은 판매되면 취소가 안 됩니다.

어휘
final 최종의, 변경할 수 없는 offer 제안(액)
acceptable 수용 가능한 sales 판매

기술22(A), 14(B), 28(C)
(A) What 뒤에 나오는 명사 offer에 해당하는 적절한 금액을 제시한 정답
(B) 의문사 의문문은 Yes/No로 답할 수 없으므로 오답
(C) final 반복 사용 함정

9 US – BR

I couldn't get my car engine started.
(A) Why don't we park it here?
(B) **Let me take a look at it.**
(C) Here's my credit card.

차 엔진의 시동을 걸 수가 없었어요.
(A) 여기에 주차하는 게 어때요?
(B) 제가 한번 살펴볼게요.
(C) 여기 제 신용카드예요.

어휘

get ~하게 만들다 engine 엔진 start 시동이 걸리다
park 주차하다 take a look at ~를 살펴보다
credit card 신용카드

기술15(C)

(A) 문제에서 car만 듣고 내용상 park를 연상하게 한 함정
(B) 무슨 문제가 있는지 본인이 차를 살펴보겠다는 의미로 정답
(C) car-card 유사 발음 함정

10 BR - AU

How can I get to the conference center fast, by a taxi or subway?
(A) You'd better walk since it's rush hour.
(B) Because it's a lot faster.
(C) Yes, right beside the subway station.

택시와 지하철 중 어떤 것을 타야 회의장에 빨리 갈 수 있을까요?
(A) 차가 막히는 시간이니 걸어 가는 편이 낫겠어요.
(B) 왜냐하면 그것이 훨씬 더 빨라요.
(C) 네, 지하철역 바로 옆에요.

어휘

taxi 택시 subway 지하철 since ~때문에
rush hour 출퇴근 차가 막히는 시간 a lot 훨씬
fast 빠른 right beside 바로 옆에 station 역

기술13(B), 14(C)

(A) 택시나 지하철이 아닌 걸어가는 것이 더 빠르다는 의미로 정답
(B) 대명사 it이 무엇을 지칭하는지 알 수 없으므로 오답이며, Because는 Why 의문문에 더 어울리는 답
(C) 선택 의문문은 Yes/No로 답할 수 없으며 beside는 장소를 묻는 Where 의문문에 더 어울리는 답

11 US - US

Who is in charge of this construction project?
(A) No, it doesn't have to be recharged.
(B) It was built 30 years ago.
(C) I think Mr. Wilson is.

이 건설 프로젝트는 누가 책임지고 있나요?
(A) 아뇨. 그것은 재충전할 필요가 없습니다.
(B) 그것은 30년 전에 지어 졌어요.
(C) Wilson 씨 같아요.

어휘

be in charge of ~를 책임지다 construction 공사
project 프로젝트 recharge 재충전하다 built 지어진 ago ~전에

기술15(A), 13(B), 30(C)

(A) 의문사 의문문은 Yes/No로 답할 수 없으므로 오답
(B) 시간을 묻는 When 의문문에 더 어울리는 답
(C) 사람 이름은 Who 의문문의 단골 정답

12 AU - US

How was the career development workshop that was held last week?
(A) It was quite informative.
(B) You can only carry one bag.
(C) She doesn't work here anymore.

지난주에 열린 경력 개발 워크숍은 어땠나요?
(A) 매우 유익했어요.
(B) 가방 한 개만 소지 가능합니다.
(C) 그녀는 여기서 더 이상 근무하지 않아요.

어휘

career development 경력 개발 be held 열리다 quite 매우
informative 유익한 carry 들다, 옮기다 anymore 더 이상

기술13(A), 15(B), 16(C)

(A) 의견을 묻는 How 의문문에 잘 어울리는 정답
(B) career-carry 유사 발음 함정
(C) workshop-work 유사 발음 함정이며, 대명사 She를 받을 만한 주어가 질문에 없으므로 주어 불일치 함정

13 AU - BR

Did you have a chance to see the quarterly sales report?
(A) No, I haven't seen him around.
(B) It's a quarter past 9.
(C) I just came back from a business trip.

분기별 영업 보고서를 볼 기회가 있었나요?
(A) 아뇨, 그를 근처에서 보지 못했어요.
(B) 9시 15분입니다.
(C) 저는 지금 막 출장에서 돌아왔어요.

어휘

chance 기회 quarterly 분기의 sales report 영업 보고서
quarter 15분 come back 돌아오다 business trip 출장

기술16(A), 15(B), 21(C)

(A) him으로 받을 만한 3자가 질문에 언급되어 있지 않으므로 오답
(B) quarterly-quarter 유사 발음 함정
(C) 출장에서 막 돌아와 보고서를 볼 기회가 없었다는 의미로 정답

14 US - US

Why did Jane leave the office early?
(A) She had a dental appointment.
(B) Earlier than usual.
(C) Because I was too busy.

Jane은 왜 일찍 퇴근했나요?
(A) 그녀는 치과 예약이 있었어요.
(B) 평소보다 더 일찍이요.
(C) 제가 너무 바빴거든요.

어휘

leave the office 퇴근하다 early 일찍
dental appointment 치과 예약
earlier than usual 평소보다 일찍 busy 바쁜

기술13(A), 15(B), 16(C)

(A) 치과 예약 때문에 일찍 퇴근했다는 의미로 정답
(B) early-earlier 유사 발음 함정
(C) 질문의 주어 Jane을 I로 받을 수 없으므로 주어 불일치 함정

15 US – AU

How long have you been waiting in line, Sue?
(A) About 20 pages long.
(B) Due to the clearance sale.
(C) Since noon.

얼마나 오래 줄 서서 기다리셨어요, Sue?
(A) 대략 20 페이지 정도요.
(B) 창고 정리 판매 때문이에요.
(C) 정오부터요.

어휘

wait in line 줄 서서 기다리다 about 대략 due to ~때문에
clearance sale 창고 정리 판매 since ~이래로 noon 정오

기술28(A), 13(B), 19(C)
(A) long 반복 사용 함정
(B) 이유를 나타내는 due to는 Why 의문문에 더 어울리는 답
(C) 정오부터 지금까지 기다리고 있다는 의미로 How long 의문문에 대한 적절한 답

16 AU – BR

Which computer monitor do you prefer to purchase for your office?
(A) I like the one with the energy saving feature.
(B) Sorry. You have to purchase $50 or more.
(C) It's still out of stock.

당신 사무실에 어떤 컴퓨터 모니터를 구매하는 것을 선호하세요?
(A) 에너지 절약 기능이 있는 것이 좋습니다.
(B) 죄송합니다. 50달러 이상 구매하셔야 해요.
(C) 여전히 재고가 없어요.

어휘

monitor 모니터 prefer 선호하다 purchase 구매하다
feature 기능 out of stock 재고가 없는

기술32(A), 13(B), 16(C)
(A) the one은 Which 의문문의 단골 정답
(B) purchase 반복 사용 함정이며 $50은 금액을 묻는 How much 의문문에 더 어울리는 답
(C) it이 어떤 모니터를 의미하는지 알 수 없으므로 주어 불일치 함정이며 내용상 동문서답

17 US – AU

Do you usually work alone or in a group?
(A) This art work is unusual.
(B) Actually, I don't have any preference.
(C) It consists of 5 groups of trainers.

보통 혼자서 일하시나요, 단체로 일하시나요?
(A) 이 예술 작품은 독특하네요.
(B) 사실 딱히 선호하는 것은 없습니다.
(C) 5명의 트레이너들로 구성되어 있어요.

어휘

usually 보통 alone 혼자 art work 예술 작품 unusual 독특한
actually 사실은 preference 선호 consist of ~로 구성되어 있다
trainer 트레이너, 훈련 시키는 사람

기술15(A), 25(B), 28(C)
(A) usually–unusual 유사 발음 함정
(B) 딱히 선호하는 것이 없다는 것은 둘 다 상관없다는 의미로 선택 의문문에 대한 자연스러운 답
(C) group 반복 사용 함정이며 수를 묻는 How many 의문문에 더 어울리는 답

18 BR – US

I can help you renew your subscription for another year now.
(A) I read it in the newspaper.
(B) You can download the renewal form.
(C) I'm still thinking about it.

제가 지금 정기 구독을 1년 더 갱신하는 것을 도와 드릴 수 있어요.
(A) 신문에서 읽었어요.
(B) 갱신 양식을 다운로드하실 수 있으세요.
(C) 아직 생각 중이에요.

어휘

renew 갱신하다 subscription 정기 구독 renewal 갱신
form 양식

기술15(B), 20(C)
(A) 질문에서 subscription을 듣고 의미상 newspaper를 연상하게 한 함정
(B) renew–renewal 유사 발음 함정
(C) 아직 결정하지 못했다는 의미로 정답

19 AU – BR

Why don't you buy tickets in advance for the outdoor jazz concert at Central Park?
(A) It is located in the center of the park.
(B) A series of musical performances are scheduled.
(C) I've already purchased them.

Central Park에서 열리는 야외 재즈 콘서트 공연 표들을 미리 구매하는 게 어때요?
(A) 공원 중앙에 위치해 있어요.
(B) 일련의 음악 공연들이 예정되어 있어요.
(C) 이미 샀어요.

어휘

in advance 미리 outdoor 야외의 be located ~에 위치해 있다
a series of 일련의 musical performance 음악 공연
already 이미 purchase 구매하다, 사다

기술13(A), 29(C)
(A) park 반복 사용 함정이며 위치를 묻는 Where 의문문에 더 어울리는 답
(B) 질문에서 jazz를 듣고 의미상 musical performances를 연상하게 한 함정
(C) 이미 공연 표들을 샀다는 뜻으로 질문에 대한 자연스러운 답

20 US – US

Who should I talk with regarding the repair under warranty?
(A) It comes with a one-year warranty.
(B) Please ask the receptionist for Mr. Gibson.
(C) No, it has already expired.

품질 보증 중인 수리에 대해 누구와 얘기해야 하나요?
(A) 그것은 1년 품질 보증이 딸려 있어요.
(B) 접수 담당자를 통해 Gibson 씨에게 요청하세요.
(C) 아뇨. 이미 만기가 지났어요.

어휘

regarding ~에 관해 repair 수리
under warranty 품질 보증 중인 come with ~이 딸려 있다
receptionist 접수 담당자 expire 만기가 되다

기술28(A), 13(B), 14(C)

(A) warranty 반복 사용 함정
(B) 접수 담당자를 통해 Gibson 씨에게 얘기하면 된다는 의미로 정답
(C) 의문사 의문문은 Yes/No로 답할 수 없으므로 오답

21 US - BR

The technical department has uploaded the updated version of accounting software, hasn't it?
(A) No, we need additional accountants.
(B) Not that I know of.
(C) It will be loaded with new items.

기술부가 회계 소프트웨어의 최신 버전을 업로드했죠, 그렇지 않나요?
(A) 아뇨, 우리는 추가로 회계사들이 필요해요.
(B) 제가 알기로는 아닙니다.
(C) 새로운 물건들이 실릴 겁니다.

어휘

technical 기술적인 upload 업로드하다 version 버전
accounting 경리, 회계 additional 추가의 accountant 회계사
load 싣다

기술15(A), 32(B), 15(C)

(A) accounting-accountant 유사 발음 함정
(B) 본인은 아직 업로드가 안 된 것으로 알고 있다는 의미로 정답
(C) uploaded-loaded 유사 발음 함정

22 US - AU

Do you know we are getting short on disposable forks and knives?
(A) I found it longer than expected.
(B) Check in the bottom drawer.
(C) Yes, you have to comply with the disposal guideline.

일회용 포크와 칼들이 부족해지고 있다는 것을 아시나요?
(A) 생각보다 더 길다는 것을 알았어요.
(B) 맨 아래 서랍을 확인해 보세요.
(C) 네, 소각 지침을 따르셔야 합니다.

어휘

short 부족한 disposable 일회용의 bottom 맨 아래
drawer 서랍 comply with ~을 따르다 disposal 소각
guideline 지침

기술20(B), 15(C)

(A) 질문에 제시된 short의 반의어 longer를 이용한 함정
(B) 부족한 포크와 칼들이 맨 아래 서랍에 있다는 것을 알려주는 정답
(C) disposable-disposal 유사 발음 함정

23 BR - US

Hasn't Ms. Marion confirmed her reservation for the patio table yet?
(A) No, I didn't make it.
(B) Yes, she and her guests are on the way.
(C) You can enjoy a scenic view from its patio.

Marion 씨가 아직 야외 테라스 테이블 예약을 확인하지 않았죠?
(A) 아뇨, 저는 해내지 못했어요.
(B) 네, 그녀와 그녀의 손님들이 오고 계세요.
(C) 야외 테라스에서 멋진 풍경을 즐길 수 있습니다.

어휘

confirm 확인하다 reservation 예약 patio 야외 테라스
make it 해내다 guest 손님 on the way 도중에
scenic 경치가 좋은

기술16(A), 32(B), 16(C)

(A) 질문의 주어 Ms. Marion을 I로 받을 수 없으므로 주어 불일치 함정
(B) 그녀가 예약 확인을 했고, 손님들과 오고 있다는 의미로 정답
(C) patio 반복 사용 함정이며 질문의 주어 Ms.를 You로 받을 수 없으므로 주어 불일치 함정

24 AU - BR

Dorothy, I haven't seen you around lately.
(A) I was out of the office for the trade fair last week.
(B) The show is scheduled around 5 p.m.
(C) We introduced a new product recently.

Dorothy, 최근에 당신을 근처에서 보지 못했네요.
(A) 지난주에 무역 박람회 때문에 사무실에 없었어요.
(B) 공연이 대략 오후 5시로 예정되어 있어요.
(C) 우리는 최근에 신제품을 소개했어요.

어휘

lately 최근에 trade fair 무역 박람회 introduce 소개하다
recently 최근에

기술28(B)

(A) 최근에 근처에서 보지 못했다는 말에 지난주에 무역 박람회에 가서 사무실을 비웠다는 의미로 정답
(B) 공연 시간을 묻는 When 의문문에 더 어울리는 답
(C) 질문에서 lately를 듣고 의미상 recently를 연상하게 한 함정

25 US - AU

You are satisfied with your new laptop computer, aren't you?
(A) We always guarantee you the utmost satisfaction.
(B) I'm afraid I'm new here too.
(C) Afraid not. I expected its battery to last longer.

새로운 노트북 컴퓨터에 만족하시죠, 그렇지 않나요?
(A) 우리는 여러분께 항상 최고의 만족을 보장합니다.
(B) 유감이지만 저 역시 이곳은 처음이에요.
(C) 안타깝게도 아닙니다. 저는 배터리가 좀 더 오래 갈 것으로 예상했어요.

어휘

satisfied 만족한 laptop 노트북 guarantee 보장하다
utmost 최고의 satisfaction 만족 batter 배터리 last 지속하다

기출15(A), 27(C)
(A) satisfied–satisfaction 유사 발음 함정
(B) new 반복 사용 함정이며 내용상 동문서답
(C) 아쉽지만 배터리 지속 시간이 예상보다 길지 않아서 만족스럽지 않다는 의미로 정답

26 US – BR

It looks like I left my briefcase in the meeting room.
(A) It looks promising.
(B) Wait. I'll go and get it for you.
(C) This meeting room is reserved for the marketing team.

제가 회의실에 제 서류 가방을 두고 온 것 같아요.
(A) 그것은 유망해 보입니다.
(B) 기다려요. 제가 가서 가져올게요.
(C) 이 회의실은 마케팅 팀을 위해 예약되어 있어요.

어휘
look like ~인 것 같다 briefcase 서류 가방 promising 유망한
wait 기다리다 reserved 예약된

기술28(A)
(A) looks 반복 사용 함정
(B) 본인이 회의실에 가서 서류 가방을 가져와 주겠다는 의미로 정답
(C) meeting room 반복 사용 함정

27 US – US

What should I do if I forget my password?
(A) I failed to pass the exam.
(B) You can reset it online.
(C) Upper cases are not allowed to be used.

암호를 잊어버리면 어떻게 해야 하죠?
(A) 저는 시험에 합격하지 못했습니다.
(B) 온라인으로 다시 설정하시면 됩니다.
(C) 대문자들은 사용이 허용되지 않습니다.

어휘
forget 잊다 password 암호 fail 실패하다 pass 합격하다
exam 시험 reset 다시 맞추다 upper case 대문자
allow 허용하다

기술15(A)
(A) password–pass 유사 발음 함정
(B) 온라인상으로 다시 암호를 설정하면 된다는 의미로 정답
(C) 질문에서 password를 듣고 의미상 upper case를 연상하게 한 함정

28 BR – US

Should I attend the training session scheduled for this afternoon?
(A) The attendance is higher.
(B) All of the afternoon sessions are included.
(C) It's only mandatory for the new hires.

오늘 오후에 예정된 교육 과정에 참석해야 하나요?
(A) 출석이 더 높아요.
(B) 모든 오후 과정들이 포함됩니다.
(C) 신입 사원들에게만 필수입니다.

어휘
attend 참석하다 training session 교육 과정
this afternoon 오늘 오후 attendance 출석 include 포함하다
mandatory 필수의, 의무의 new hire 신입 사원

기술15(A)
(A) attend–attendance 파생어 사용 함정
(B) session 반복 사용 함정
(C) 신입 사원들만 참석하면 된다는 의미로 정답

29 AU – US

Is there any stationery store around here?
(A) It won't be closed until midnight.
(B) There used to be one on Marvin Street.
(C) We need more pens and notebooks for the new semester.

여기 근처에 문구점이 있나요?
(A) 자정이 되어서야 문을 닫습니다.
(B) Marvin Street에 하나 있었어요.
(C) 우리는 새로운 학기를 위해 더 많은 펜들과 공책들이 필요합니다.

어휘
stationery store 문구점 closed 닫은 until ~까지
midnight 자정 used to (과거에)~했었다 need 필요하다
notebook 공책 semester 학기

기술32(B)
(A) 문 닫는 시간을 묻는 When 의문문에 더 어울리는 답
(B) 이전에는 Marvin Street에 하나가 있었는데, 지금은 근방에 문구점이 없다는 의미로 정답
(C) 문구점을 듣고 의미상 문구류들을 연상하게 한 함정

30 AU – BR

Weren't you supposed to turn in the report this morning?
(A) Yes, but my computer froze suddenly.
(B) He's still working on it.
(C) Turn right at the next intersection.

오늘 아침에 보고서를 내기로 되어 있지 않았었나요?
(A) 네, 하지만 제 컴퓨터가 갑자기 멈춰서요.
(B) 그는 여전히 작업 중입니다.
(C) 다음 교차로에서 오른쪽으로 도세요.

어휘
be supposed to ~하기로 되어 있다 turn in 제출하다
freeze 컴퓨터 화면이 멈추다 suddenly 갑자기
work on 작업하다 turn right 오른쪽으로 돌다
intersection 교차로

기술32(A), 16(B), 28(C)
(A) 오늘 아침에 제출하기로 되어 있었는데, 컴퓨터 문제로 늦어졌다는 의미로 정답
(B) 대명사 he가 받을 만한 3자가 질문에 언급되지 않은 주어 불일치 함정
(C) turn 반복 사용 함정

31 US – AU

This printer has produced streaky copies since this morning.
(A) I would like to buy a hardcopy.
(B) Right. The productivity will increase.
(C) That means it's time to replace the cartridge.

이 프린터가 오늘 아침부터 줄무늬가 있는 상태로 인쇄가 됩니다.
(A) 출력된 자료를 구매하고 싶습니다.
(B) 맞아요. 생산성이 올라갈 겁니다.
(C) 카트리지를 교체해야 한다는 의미예요.

어휘
produce 생산하다 streaky 줄무늬가 있는
hardcopy 출력된 자료 productivity 생산성 increase 증가하다
mean 의미하다 replace 교체하다 cartridge 카트리지

기술15(A, B)
(A) copies-hardcopy 유사 발음 함정
(B) produce-productivity 파생어 사용 함정
(C) 인쇄물에 줄무늬가 생긴다는 말에 카트리지를 갈아야 할 때라고 자연스럽게 응대한 정답

Questions 32~34 refer to the following conversation.

US - US

M: Hello. **32**I'm calling to book a banquet hall at your hotel. We plan to have a company appreciation dinner on December 22 at 7 p.m. It will last 3 hours and we're expecting around 50 people to attend.
W: Umm. Let me see. I'm sorry that we don't have any room large enough to accommodate more than 50 people at the same time on that date. **33**You know it's our peak season. Most of the companies in Bloomingdale have a plan to hold an event like yours in December. How about reserving two separate rooms which are right next to each other?
M: Well, I think **34**I have to talk with my supervisor, first.

32-34는 다음 대화에 관한 문제입니다.
M: 안녕하세요. 당신 호텔에 있는 연회실을 예약하려고 전화 드립니다. 12월 22일 오후 7시에 회사 감사 저녁 행사를 가질 계획입니다. 3시간 동안 계속될 것이고, 약 50명이 참석할 것으로 예상하고 있어요.
W: 음. 볼게요. 죄송하게도 당일 동시에 50명 이상을 수용할 만한 큰 방이 없네요. 아시다시피 저희가 성수기라서요. Bloomingdale에 있는 대부분의 회사들이 12월에 당신과 같은 행사를 열 계획을 가지고 있어요. 서로 붙어 있는 두 개의 개별 방을 예약하는 건 어때요?
M: 글쎄요. 먼저 제 상사와 얘기해 봐야 할 것 같아요.

어휘
book 예약하다(= reserve) banquet 연회 appreciation 감사
last 지속하다 attend 참가하다 accommodate 수용하다
more than 이상의 at the same time 동시에 separate 별개의
right next to 바로 옆에 each other 서로서로 supervisor 상사

32 남자가 여자에게 전화한 이유는?
(A) 사무용품을 주문하기 위해
(B) 배송일을 확인하기 위해
(C) 장소를 예약하기 위해
(D) 책을 반납하기 위해

어휘
office supplies 사무용품 confirm 확인하다 delivery 배달
date 날짜 reserve 예약하다 venue 장소 return 반납하다

기술33
남자의 첫 대사에서 연회실을 예약하기 위해 전화한다(I'm calling to book a banquet hall ~)는 용건을 밝히고 있다. 따라서 정답은 (C)가 된다.
바꿔 쓰기 book 예약하다 → reserve 예약하다
banquet hall 연회실 → venue 장소

33 문제의 원인은 무엇인가?
(A) 호텔이 보수 중이다.
(B) 지역 축제가 열릴 것이다.
(C) 호텔에 식당이 없다.
(D) 수요가 너무 높다.

어휘
renovation 보수 regional 지역의 demand 수요

기술37
여자가 큰 방이 없다고 말한 다음 성수기이고, 근처 다른 회사들도 비슷한 행사를 계획하고 있다(You know it's our peak season. Most of the companies in Bloomingdale have a plan to hold an event like yours in December)는 말에서 고객들의 수요가 높은 것이 문제의 원인임을 알 수 있다. 따라서 정답은 (D)가 된다.

34 남자가 다음에 무엇을 할 것이라고 말하는가?
(A) 웹사이트 방문하기
(B) 그의 동료와 얘기하기
(C) 저녁 먹기
(D) 다른 가게에 전화하기

기술44
남자의 마지막 대사에서, 상사와 얘기해야 한다(I have to talk with my supervisor, first)고 말하는 부분에서 정답은 (B)가 된다.
바꿔 쓰기 talk 말하다 → speak 말하다
supervisor 상사 → colleague 동료

Questions 35~37 refer to the following conversation.

BR - AU

W: I just received a call from GT Electronics saying that **35**its warehouse will be temporarily closed for installing an automated storage system next week. **36**I'm worried that we might not have enough vacuum cleaners to sell.
M: That's why I placed an order last week. I tracked the order online and found that it was shipped out yesterday and is now in transit.
W: I'm relieved to hear that. **37**Can you check the current stock of all items and place an order if necessary?
M: Sure. I will report it before I leave the office.

35-37은 다음 대화에 관한 문제입니다.
W: GT Electronics로부터 다음 주에 자동 저장 시스템 설치를 위해 임시로 창고 문을 닫는다는 전화를 받았어요. 우리가 판매할 진공청소기가 충분하지 않을 수도 있어서 걱정입니다.
M: 그게 제가 지난주에 주문한 이유예요. 온라인으로 주문을 추적했는데 어제 발송되었고, 지금 배송 중이에요.
W: 그 말을 들으니 다행입니다. 모든 제품들의 현재 재고를 확인해 주시고, 필요하면 주문을 넣어 주시겠어요?
M: 물론이죠. 퇴근 전에 보고 드릴게요.

warehouse 창고 temporarily 임시로 install 설치하다
automated 자동화 된 storage 저장 worried 걱정하는
enough 충분한 vacuum cleaner 진공 청소기
place an order 주문하다 track 추적하다 ship out 내보내다
in transit 수송 중인 relieved 다행인 current 현재의 stock 재고
necessary 필요한 report 보고하다 leave 떠나다

35 창고가 왜 임시로 문을 닫을 것인가?
(A) 다른 지역으로 이전할 것이다.
(B) 정부에 의해 점검을 받을 것이다.
(C) 새로운 시스템을 설치할 것이다.
(D) 휴일을 준수할 것이다.

inspect 점검하다 government 정부 honor 이행하다

여자의 첫 대사에서, 창고가 자동 저장 시스템 설치로 인해 문을
닫는다고 말하는 부분(~ its warehouse will be temporarily
closed for installing an automated storage system next
week)에서 (C)가 정답임을 알 수 있다.
바꿔 쓰기 install 설치하다 → set up 설치하다

36 남자가 "그게 제가 지난주에 주문한 이유예요"라고 말하는 의도는
무엇인가?
(A) 미리 준비를 했다.
(B) 더 주문하지 않은 것을 후회한다.
(C) 충분한 시간이 있을 것으로 추정한다.
(D) 빠른 서비스 이용을 추천한다.

preparation 준비 in advance 미리 regret 후회하다
assume 추정하다

팔 수 있는 진공 청소기가 충분한지 걱정하는 여자의 대사(I'm
worried that we might not have enough vacuum cleaners
to sell) 바로 다음에 남자가 그게 지난주에 주문한 이유라고 하였
으므로, 공급처의 창고가 문을 닫게 되어 수급이 잘 안 될 것을 대
비해 미리 물량을 확보해서 준비를 철저히 해두었다는 의미로 볼
수 있다. 따라서 정답은 (A)가 된다.

37 남자가 요청받은 것은 무엇인가?
(A) 새로운 판매 회사를 찾기
(B) 재고 점검을 실시하기
(C) 선적 회사에 연락하기
(D) 미리 지불하기

vendor 판매 회사 inventory 재고

여자가 마지막에게 남자에게 재고 조사를 부탁하는 부분(Can
you check the current stock ~)에서 (B)가 정답임을 알 수 있다.
바꿔 쓰기 stock 재고 → inventory 재고

Questions 38~40 refer to the following conversation.

US - BR

M: Hello. **38**I have a room reservation for today. It's
under the name of Victor Bozeman.
W: Wait a second… Your reservation is confirmed.
You've reserved a standard room for two nights.
M: Actually, I decided to stay here since I'm attending
the 10th World Dentist Forum.
W: Yes, we are honored to host this international event.
The opening reception started a couple of minutes
ago. **40**It is being held in the Grand Ballroom on the
second floor.
M: **40**I know. I don't want to miss anything, so I don't
have time to go up my room. Can you keep my
luggage here?
W: No problem, but **39**I will let a porter carry your
baggage to your room. Here is your room key. The
room number is printed on it.

38-40은 다음 대화에 관한 문제입니다.
M: 안녕하세요. 제가 오늘 방 예약이 되어 있는데요. Victor
Bozeman이란 이름으로 되어 있어요.
W: 잠시만요… 예약은 확인되었습니다. 이틀 밤 스탠더드 룸으로 예
약되어 있네요.
M: 사실은 제가 10회 World Dentist Forum에 참석하기 때문에 여기
에 머무르기로 결정했어요.
W: 네, 이런 국제적인 행사를 개최하게 되어 저희도 영광입니다. 개막
환영회가 몇 분 전에 시작되었어요. 2층 Grand Ballroom에서 열
리고 있어요.
M: 저도 알아요. 아무것도 놓치고 싶지 않네요. 그래서 제 방에 갈 시
간도 없어요. 제 가방 좀 여기서 맡아 주시겠어요?
W: 물론이죠. 하지만, 짐꾼이 방으로 짐을 옮겨 놓도록 할게요. 여기
방 열쇠입니다. 번호는 거기 위에 인쇄되어 있습니다.

room reservation 방 예약 confirm 확인하다 dentist 치과 의사
actually 사실은 host 개최하다 luggage 짐 porter 짐꾼

38 대화는 어디에서 일어나는가?
(A) 접수처에서
(B) 병원에서
(C) 호텔 프론트에서
(D) 공항에서

남자의 첫 대사에서 방 예약이 있다고 말하는 부분(I have a room
reservation for today)에서 이곳이 호텔임을 알 수 있다. 따라서
정답은 (C)가 된다.

39 여자가 제안하는 것은 무엇인가?
(A) 예약 일정을 조정하기
(B) 짐을 방에 옮겨 놓기
(C) 좌석을 업그레이드하기
(D) 새로운 회원증을 발급하기

여자가 마지막에 짐을 방으로 옮겨 놓게 하겠다고 제안하는 부분(I
will let a porter carry your baggage to your room)에서 (B)
가 정답임을 알 수 있다.

40 남자는 다음에 어디로 가겠는가?

(A) Grand Ballroom
(B) 출발 게이트
(C) 객실
(D) 식당

기출44

여자가 2층 대 연회실에서 Grand Ballroom가 열린다(It is being held in the Grand Ballroom on the second floor)고 말하고, 남자가 아무것도 놓치고 싶지 않다(I know. I don't want to miss anything)고 말하는 부분에서 남자가 Grand Ballroom으로 갈 것임을 추론할 수 있다. 따라서 정답은 (A)가 된다.

Questions 41~43 refer to the following conversation with three speakers.

US – AU – US

W: Mike in the sales department said that a summer sales event for our new line will be held at the Paramount Mall this weekend and asked me to give him a hand there.

M1: But you know **41**we are very busy developing the advertising campaign for our men's winter coat collection.

W: Umm… **42**His team is currently understaffed because some of the team members are on vacation.

M2: Why don't you ask Emma, our new intern? She is assisting with searching for reference materials for the proposal, but I can do that for her. **43**She said she worked as a sales representative at several stores when she was a college student.

M1: **43**Right. I heard she was also hired by our John's Town store.

W: Okay, let me ask her if she can give him a hand.

41-43은 다음 세 명의 대화에 관한 문제입니다.

W: 영업부에 있는 Mike가 우리의 새로운 신제품 라인을 위한 여름 할인 행사가 이번 주말에 Paramount Mall에서 열린다고 말했고, 저에게 거기서 도와줄 것을 요청했어요.

M1: 하지만 아시다시피 우리는 남성 겨울 코트 컬렉션을 위한 광고 캠페인을 개발하느라 매우 바쁘잖아요.

W: 음… 그의 팀은 몇몇 팀원들이 휴가 중이라 현재 일손이 부족해요.

M2: 우리의 새로운 인턴인 Emma에게 물어보는 건 어때요? 그녀는 제안서를 위한 참고 자료를 검색하는 것을 돕고 있지만, 그 일을 제가 할 수 있거든요. 그녀가 대학생일 때, 여러 가게에게 영업 사원으로 일했다고 했어요.

M1: 맞아요. 그녀는 우리의 John's Town 지점에서도 일한 적이 있다고 들었어요.

W: 좋아요. 그녀가 그를 도와줄 수 있는지 물어볼게요.

어휘

hand 도움 develop 개발하다 currently 현재
understaffed 일손이 모자란 assist 돕다 search for ~을 찾다
material 자료 proposal 제안 sales representative 영업 사원
college 대학

41 화자들은 어떤 산업에서 일하는가?

(A) 전자
(B) 하드웨어
(C) 접객업
(D) 의류

기출34

대화 초반 남자가 남성 코트 컬렉션 광고 준비로 바쁘다고 말하는 부분(~ we are very busy developing the advertising campaign for our men's winter coat collection)에서 의류업에 종사하고 있음을 알 수 있다. 따라서 정답은 (D)가 된다.

바꿔 쓰기 coat 코트 → fashion 의류

42 Mike의 팀이 일손이 부족한 이유는?

(A) 몇몇 직원들이 무역 박람회에 참석 중이다.
(B) 몇몇 직원들이 다른 지점으로 전근 갔다.
(C) 몇몇 직원들이 휴가 중이다.
(D) 몇몇 직원들이 최근에 그만 두었다.

기출45

여자 대사에서 그의 팀을 언급하면서 팀원들이 휴가를 갔다고 말하는 부분(His team is currently understaffed because some of the team members are on vacation)에서 (C)가 정답임을 알 수 있다.

43 남자들이 Emma에 대해 말하는 것은 무엇인가?

(A) 그녀는 프로젝트를 막 끝냈다.
(B) 그녀는 정규 사원이 될 것이다.
(C) 그녀는 영업에 있어 경험이 좀 있다.
(D) 그녀는 광고를 전공했다.

기출54

후반부에 남자 2가 Emma에 대해 말하면서, 대학교 때 몇몇 가게에서 영업 사원으로 일했다고 말하는 부분(She said she worked as a sales representative at several stores when she was a college student)과 남자 1이 동의하는 부분(Right)에서 (C)가 정답임을 알 수 있다.

Questions 44~46 refer to the following conversation.

BR – AU

W: Robin. Did you book a flight ticket for the International Industrial Design Fair? I encountered **44**Ms. Smith from our travel agency and she said just a few economy class seats are left now.

M: Actually, I don't need to do that. Unfortunately, the management decided to send only one person from each department to the fair in an attempt to reduce travel expenses.

W: I'm sorry to hear that. **45**I'm pretty sure that this annual event will help us keep up with the latest trends in industrial design.

M: That's what I thought. In fact, I have been looking forward to it for the entire year.

W: You can see most of the presentations and workshops through **46**its official Website. It will broadcast the presentation sessions and daily discussion forums live. You can find details about it on the Website.

M: That would be great even if I miss the opportunity to visit many company booths.

44-46은 다음 대화에 관한 문제입니다.

W: Robin, International Industrial Design Fair에 갈 비행기표 예약했어요? 우연히 여행사에 있는 Smith 씨를 만났는데, 지금 몇 개의 이등석만 남아 있대요.

M: 사실은, 그럴 필요가 없어요. 안타깝게도, 경영진들이 출장 비용을 줄이기 위해 박람회에 부서당 한 명만 보내기로 결정했어요.

W: 그런 말을 들으니 유감이에요. 이 연례 행사가 산업 디자인 분야에서 우리가 최신 경향을 따라갈 수 있도록 도와준다고 아주 확신하거든요.

M: 저도 그렇게 생각했어요. 사실은 1년 내내 기대하고 있었어요.

W: 대부분의 발표들과 워크숍은 공식 웹사이트에서 볼 수 있어요. 발표와 매일 토의 포럼들을 생방송으로 중계할 거예요. 웹사이트에서 그것에 대한 세부 사항을 확인할 수 있어요.

M: 많은 회사들의 부스를 방문할 기회는 놓친다 하더라도 좋을 것 같아요.

어휘

industrial 산업의 fair 박람회 encounter 우연히 만나다
travel agency 여행사 just a few 아주 조금
unfortunately 불행하게도 management 경영진 attempt 시도
expense 비용 keep up with 유지하다 latest 최신의 trend 경향
opportunity 기회

44 Smith 씨는 누구이겠는가?
(A) 행사 조직자
(B) 마케팅 관리자
(C) 제품 디자이너
(D) 여행사 직원

기술34
대화 초반 고유명사 키워드 Ms. Smith가 언급되는 부분(Ms. Smith from our travel agency ~)에서 그녀가 여행사 직원임을 알 수 있다. 따라서 정답은 (D)가 된다.

45 여자가 행사에 대해 언급한 것은 무엇인가?
(A) 일정이 조정될 것이다.
(B) 매년 열린다.
(C) 같은 장소에서 열린다.
(D) 등록비가 올라갈 것이다.

기술48
대화 중반 여자가 연례 행사를 언급하는 부분(I'm pretty sure that this annual event will help us keep up with the latest trends in industrial design)에서 (B)가 정답임을 알 수 있다.
바꿔 쓰기 annual 연례의 → every year 매년

46 남자가 박람회의 웹사이트에서 할 수 있는 것은 무엇인가?
(A) 호텔들에 대한 정보 얻기
(B) 책들 주문하기
(C) 여행사에 전화하기
(D) 생방송 포럼들 보기

기술49
여자의 마지막 대사에서 웹사이트를 언급한 이후 발표들과 매일 토의 포럼들을 라이브로 볼 수 있다고 말하는 부분(~ its official Web site. It will broadcast the presentation sessions and daily discussion forums live)에서 (D)가 정답임을 알 수 있다.

Questions 47~49 refer to the following conversation.

US – US

M: Do you have any ideas to advertise Adams' new blender? I have to come up with some for **47**the tomorrow's meeting with my supervisor. **48**I know you have some experience in promoting this kind of product.

W: I will make a presentation in about half an hour. After that, I have to get to Woodstock Mall in downtown by 5 p.m. to meet a potential client. If you don't mind, can we talk about it tomorrow?

M: Actually, but I have to check the brochure samples at Jansen's Printing later today. Woodstock Mall is on the way to Jansen's Printing. **49**Can I drive you? We would have time to discuss the blender in the car.

47-49는 다음 대화에 관한 문제입니다.

M: Adams의 새로운 믹서기를 광고하는 것에 대해 어떤 아이디어가 있나요? 내일 제 상사와의 회의를 위해 아이디어들을 생각해 내야 해요. 당신이 이런 종류의 제품을 홍보하는 것에 경험이 있으신 것으로 알고 있어요.

W: 저는 약 30분 뒤에 발표를 할 거예요. 그 다음에는 잠재 고객을 만나러 오후 5시까지 시내에 있는 Woodstock Mall에 가야 해요. 괜찮으시면, 내일 그것에 대해 얘기할 수 있을까요?

M: 사실은 하지만, 제가 오늘 나중에 Jansen's Printing에서 브로셔 샘플을 확인해야 해서요. Woodstock Mall은 Jansen's Printing으로 가는 길에 있어요. 제가 태워 드릴까요? 차 안에서 믹서기에 대해 얘기할 시간을 가질 수 있을 거예요.

어휘

advertise 광고하다 blender 믹서기 come up with 생각해 내다
supervisor 관리자, 상사 promote 홍보하다 potential 잠재적인
on the way 도중에

47 남자는 내일 무엇을 할 것인가?
(A) 관리자와의 회의에 참석하기
(B) 잠재 고객을 만나기
(C) 요리 시범을 보이기
(D) 몰에서 믹서기를 사기

기술39
남자의 첫 대사(~ the tomorrow's meeting with my supervisor)에서 내일 상사와의 회의가 있다는 것을 알 수 있다. 따라서 정답은 (A)가 된다.
바꿔 쓰기 supervisor 상사 → manager 관리자

48 여자는 왜 "저는 약 30분 뒤에 발표를 할 거예요"라고 말하는가?
(A) 남자에게 발표를 같이 하자고 장려하기 위해
(B) 도움을 청하기 위해
(C) 일일 주제를 공유하기 위해
(D) 남자의 요청을 거절하기 위해

기술41
해당 표현 바로 전에 남자가 제품 홍보에 경험이 있으니(I know you have some experience in promoting this kind of product) 도와 달라는 말에, 30분 뒤에 발표가 있어서, 당장은 못 도와준다는 의미로 한 말이므로 정답은 (D)가 된다.

49 남자가 여자에게 제안하는 것은 무엇인가?
(A) 가격 견적
(B) 브로셔 샘플
(C) 할인 쿠폰
(D) 몰까지 태워 주기

기술42
남자가 대화 마지막에 몰까지 태워 주는 것을 제안(Can I drive you)하는 말에서 (D)가 정답임을 알 수 있다.

Questions 50~52 refer to the following conversation.

AU – US

M: I encountered the construction site manager of our new wing and he said that he made a change to the work schedule last week. Do you know what happened?

W: He switched exterior painting with tiling work **50because it was raining last week**. Therefore, they will paint the exterior walls this week.

M: Will this change affect our budget? **51I'm concerned about extra costs**. As you know, we have a tight budget for this project.

W: When an extra cost occurs, the contractor should notify us and make an amendment to the contract in advance.

M: As the deadline is approaching, **52I'm going to request that the site manager submit a daily report instead of a weekly one**.

50-52는 다음 대화에 관한 문제입니다.

M: 오늘 새로운 부속 건물의 건설 현장 감독을 우연히 만났는데, 지난주에 작업 일정을 변경했다고 하더라고요. 무슨 일이 있었는지 아세요?

W: 지난주에 비가 와서 외부 페인트 작업과 타일 작업을 바꿨어요. 그러므로, 이번 주에 외부 벽을 칠할 거예요.

M: 이 변화가 우리 예산에 영향을 미칠까요? 추가 비용이 걱정이에요. 아시다시피, 우리가 이 프로젝트에 예산이 빡빡해서요.

W: 추가 비용이 발생할 때, 도급업자가 우리에게 알려야 하고, 미리 계약서에 수정을 해야 합니다.

M: 마감 시한이 다가오니깐, 현장 감독자가 주 단위 보고서가 아닌 일일 보고서를 내라고 요청할 거예요.

어휘
encounter 우연히 만나다 wing 부속 건물 switch 바꾸다 exterior 외부의 tiling work 타일 작업 therefore 그러므로 budget 예산 extra cost 추가 비용 tight 빡빡한 notify 알리다 amendment 수정 contract 계약 in advance 미리 deadline 마감 시한 approach 접근하다 request 요청하다 submit 제출하다 instead of 대신에

50 일정 변경의 원인이 무엇이었는가?
(A) 잘못된 주문
(B) 자재 부족
(C) 안 좋은 날씨
(D) 잘못된 평면도

어휘
incorrect 잘못된 lack 부족 unfavorable 호의적이지 않은 floor plan 평면도

기술38
여자가 대화 초반 지난주에 비가 왔기 때문이라고 이유를 말하는 부분(~ because it was raining last week)에서 정답이 (C)임을 알 수 있다.

51 남자가 걱정하는 것은 무엇인가?
(A) 건축 허가
(B) 빡빡한 예산
(C) 공간 부족
(D) 건축 자재 부족

어휘
permit 허가 shortage 부족

기술37
남자가 대화 중반에 추가 비용이 걱정이라고 말하는 부분(I'm concerned about extra costs)에서 (B)가 정답임을 알 수 있다.

52 현장 관리자는 무엇을 요청받을 것인가?
(A) 보고서를 더 자주 내기
(B) 새로운 계약서에 서명하기
(C) 더 많은 자재 주문하기
(D) 새로운 평면도 만들기

어휘
frequently 자주

기술43
남자가 마지막에 현장 관리자에게 주 보고서가 아닌 일일 보고서를 제출하도록 요청하겠다고 말하는 부분(I'm going to request that the site manager submit a daily report instead of a weekly one)에서 (A)가 정답임을 알 수 있다.

Questions 53~55 refer to the following conversation.

BR – US

W: Excuse me. **53I can catch a bus to Olympiad Theater here, right**?

M: Yes, just take Route 14 and get off after 8 stops. You must be going to the Waterloo Rock Festival, right? It is getting more and more popular and attracts more visitors to this small city each year.

W: Over 20 bands will join the festival this year. **54It will be the biggest one in its history**. You can easily find world famous bands on the performance schedule. I'm a big fan of the rock band, Thunderbolt, so I couldn't help buying a ticket.

M: Do you have a copy of the schedule? **55I want to see if any of my favorites are on it**.

53-55는 다음 대화에 관한 문제입니다.

W: 실례합니다. Olympiad Theater로 가는 버스를 여기서 탈 수 있죠, 맞죠?

M: 네, 14번 노선을 타시고, 8 정거장 뒤에 내리세요. Waterloo Rock Festival에 가시는 거 맞으시죠? 점점 인기가 높아지고 있어서, 매년 많은 방문객들을 이 작은 도시로 끌어들이고 있어요.

W: 20개 이상의 밴드가 올해 행사에 참가할 거예요. 역사상 가장 큰 행사가 될 거예요. 공연 일정에서 세계적인 밴드들을 쉽게 찾을 수 있을 겁니다. 저는 락 밴드 Thunderbolt의 굉장한 팬이라서 표를 사지 않을 수 없었어요.

M: 일정표 사본이 있나요? 제가 좋아하는 밴드들이 나와 있는지 알고 싶네요.

53 화자들은 어디에 있겠는가?
(A) 기차 안에
(B) 버스 정류소에
(C) 호텔에
(D) 여행자 안내 데스크에

기술34
대화 초반 여자가 여기가 특정 버스를 타는 곳인지 묻는(I can catch a bus to Olympiad Theater here, right) 질문에서 (B)가 정답임을 알 수 있다.

54 여자가 행사에 대해 말하는 것은 무엇인가?
(A) 전보다 더 많은 밴드들이 참가할 것이다.
(B) 3일간 지속될 것이다.
(C) 이미 매진이다.
(D) 지역 업체들로부터 지원을 받았다.

기술48
지문 중반 여자가 20개 이상의 밴드가 참가할 것이라고 하면서 역사상 가장 큰 행사가 될 것이라고 말하는 부분(It will be the biggest one in its history)에서 (A)가 정답임을 알 수 있다.

55 남자가 "일정표 사본이 있나요"라고 말할 때 암시하는 것은 무엇인가?
(A) 그는 최신 기차 일정표를 가지고 싶어 한다.
(B) 그는 축제에 관심이 있다.
(C) 그는 일정표가 변경 사항을 반영하지 못했다고 생각한다.
(D) 그는 나중에 오는 버스를 타길 원한다.

기술41
해당 표현 바로 뒤에 본인이 좋아하는 밴드들도 일정에 나와 있는지 알아보고 싶다고 말하는 부분(I want to see if any of my favorites are on it)에서 행사에 관심이 있음을 유추할 수 있다. 따라서 정답은 (B)가 된다.

Questions 56~58 refer to the following conversation.

AU - US

M: Sera. Did you have a chance to look at ⁵⁶the report that I e-mailed yesterday?

W: Not yet. In fact, I was going to review it after lunch. Is there anything that I need to know?

M: Um… as you know, we spent millions of dollars on TV commercials, but our sales decreased by 30% last month.

W: Mmm… ⁵⁷Don't you think we should lower the prices of our cars? Our competitors have introduced less expensive models to the market or given discounts up to 20%.

M: We have to call an urgent meeting in order to discuss this issue with other managers.

W: Sure. ⁵⁸ I'll have my secretary arrange a meeting right away.

56-58은 다음 대화에 관한 문제입니다.

M: Sear. 제가 어제 이메일로 보냈던 보고서를 볼 기회가 있었나요?

W: 아직이요. 사실은 점심 먹고 보려고 했어요. 제가 알아야 할 것이 있나요?

M: 음… 아시다시피, 우리가 TV 광고에 수백만 달러를 썼지만, 우리 매출이 지난달에 30%로 감소했어요.

W: 음… 우리 자동차들의 가격을 낮춰야 한다고 생각하지 않으세요? 우리 경쟁사들이 더 싼 모델들을 시장에 출시하거나 20%까지 할인해 주고 있어요.

M: 다른 부장들과 이 문제에 대해 논의하기 위해 긴급 회의를 소집해야 겠네요.

W: 물론이죠. 제 비서에게 즉시 회의를 준비하도록 할게요.

56 남자는 어제 무엇을 하였는가?
(A) 회의에 참석했다.
(B) 보고서를 보냈다.
(C) 가격을 낮추었다.
(D) 비교 차트를 만들었다.

기술39
대화 초반 남자가 어제 이메일로 보고서를 보냈다고 말하는 부분(~ the report that I emailed yesterday)에서 (B)가 정답임을 알 수 있다.
바꿔 쓰기 e-mailed 이메일을 보냈다 → sent 보냈다

57 여자가 남자에게 제안하는 것은 무엇인가?
(A) 제품 품질 향상시키기
(B) 제품 디자인 변경하기
(C) 더 많은 광고 만들기
(D) 가격 낮추기

기술43
대화 중반, 여자가 차량들의 가격을 낮춰야 한다고 말하는 부분(Don't you think we should lower the prices of our cars)에서 (D)가 정답임을 알 수 있다.
바꿔 쓰기 lower 낮추다 → reduce 낮추다

58 여자가 다음에 할 일은 무엇이겠는가?
(A) 비서와 얘기하기
(B) 본사에 전화하기
(C) 차를 운전하기
(D) TV 광고들을 보기

assistant 보조 headquarter 본사

여자의 마지막 대사에서, 비서에게 회의 준비를 시키겠다고 말하는 부분(I'll have my secretary arrange a meeting right away)에서 (A)가 정답임을 알 수 있다.

바꿔 쓰기 secretary 비서 → assistant 비서

Questions 59~61 refer to the following conversation.

M: **59**I need to make copies of this proposal for my presentation. It will start at 2 p.m. But the photocopier in my office is out of order now.

W: Did you try the one on the fourth floor? You can find it at the end of the hallway.

M: Yes, I already did on my way here. **60**It was being fixed by a technician.

W: Umm, in that case, you might want to go to Dominique Printing on Main Street. It's right next to LBB Bank. **61**It's within walking distance from here.

M: Do you know how much it costs per copy?

W: I'm not sure. But it must be less than 15 cents a sheet in black and white.

59-61은 다음 대화에 관한 문제입니다.

M: 발표를 위해 이 제안서를 복사해야 해요. 오후 2시에 시작할 거예요. 하지만 제 사무실 복사기가 지금 고장이에요.

W: 4층 복사기를 써보셨어요? 복도 끝에 있어요.

M: 네, 여기 오는 길에 이미 봤는데, 기술자가 점검하고 있었어요.

W: 음, 그런 경우라면 Main Street에 있는 Dominique Printing에 가보지 그래요? LBB Bank 바로 옆에 있어요. 여기서 걸어갈 수 있는 거리죠.

M: 장당 얼마인지 아세요?

W: 확실하지는 않아요. 하지만 흑백으로 장당 15 센트 이하일 거예요.

make copies 복사하다 proposal 제안서 presentation 발표 photocopier 복사기 out of order 고장 난 floor 층 hallway 복도 fix 고치다 technician 기술자 next to 옆에 within walking distance 도보 가능 거리 cost 비용이 들다

59 남자는 오후에 무엇을 할 것인가?

(A) 발표하기
(B) 복사기 고치기
(C) 복도 청소하기
(D) 4층 점검하기

corridor 복도, 통로 inspect 점검하다

남자의 첫 대사(I need to make copies of this proposal for my presentation. It will start at 2 p.m.)에서 오늘 오후 2시에 발표가 있음을 알 수 있다. 따라서 정답은 (A)가 된다.

60 남자가 4층 복사기를 사용할 수 없는 이유는?
(A) 더 이상 토너가 없다.
(B) 이미 사용 중이다.
(C) 점검되고 있다.
(D) 컬러로 인쇄가 안 된다.

여자가 4층 복사기를 언급한 직후 남자가 쓰려고 갔었는데, 기술자가 수리를 하고 있었다고 말하는 부분(It was being fixed by a technician)에서 (C)가 정답임을 알 수 있다.

바꿔 쓰기 fixed 수리되다 → serviced 점검되다

61 Dominique Printing에 대해 여자가 언급한 것은 무엇인가?
(A) 일시적으로 닫혀 있다.
(B) 사무실에서 가깝다.
(C) 할인을 하고 있다.
(D) 직원들을 모집하고 있다.

temporarily 일시적으로, 임시로

여자가 마지막에 고유명사 키워드인 Dominique Printing을 언급한 직후 여기서 도보 거리 안에 있다고 말하는 부분(It's within walking distance from here)에서 정답은 (B)가 된다.

바꿔 쓰기 within walking distance 도보 거리 안에 → close 가까운

Questions 62~64 refer to the following conversation with three speakers.

W1: Jason, do you think Ms. Brooks will get here in time? It's already 11 a.m.

M: I doubt it. She called me early in the morning and said she was stuck at Denver International Airport.

W2: Right. I don't think she can make it to the staff meeting on time this afternoon. **62**She missed her connection flight because of a flight delay caused by some mechanical problems. There are no more flights scheduled to leave for here today.

M: Umm. **63**How about we postpone it until tomorrow afternoon?

W2: Okay. But **64**we still have the marketing proposal to go over after lunch.

W1: **64**No problem. Let's meet in my office to talk about that.

62-64는 다음 세 명의 대화에 관한 문제입니다.

W1: Jason, Brooks 씨가 여기 정시에 올 수 있을까요? 이미 오전 11시예요.

M: 글쎄요. 오늘 아침 일찍 전화해서, Denver International Airport에 발이 묶였다고 하더라고요.

W2: 맞아요. 오늘 오후에 직원 회의에는 시간 맞춰 올 수 없을 것 같아요. 그녀는 기계 문제들로 인한 비행기 지연 때문에 연결 항공편을 놓쳤대요. 오늘은 더 이상 여기로 오는 비행기가 없어요.

M: 음, 회의를 내일 오후로 미루면 어때요?

W2: 좋아요. 하지만 아직 점심 후에 검토해야 하는 마케팅 제안서가 있어요.

W1: 문제없어요. 제 사무실에서 만나서 그것에 대해 이야기해요.

어휘
in time 정시에 be stuck 갇히다
international airport 국제 공항
make it to ~에 시간에 맞게 도착하다 because of ~때문에
delay 지연, 지체 how about ~하는 게 어때? postpone 미루다
until ~까지 proposal 제안서

62 Brooks 씨가 직원 회의에 참가할 수 없는 이유는?
(A) 그녀는 연결 항공편을 놓쳤다.
(B) 그녀는 일정이 겹친다.
(C) 그녀는 가족 문제로 사무실에 없다.
(C) 그녀는 지금 다른 회의에 참석하고 있다.

기술45
대화 중반 비행기 지연 때문에 연결 항공편을 놓쳤다고 말하는 부분(She missed her connection because of a flight delay)에서 (A)가 정답임을 알 수 있다.

63 남자가 추천하는 것은 무엇인가?
(A) 공항에서 택시를 타는 것
(B) 일기 예보를 확인하는 것
(C) 회의 일정을 조정하는 것
(D) 여행사에 연락하는 것

어휘
weather forecast 일기예보

기술43
대화 후반 남자가 회의를 내일로 연기하자고 제안하는 부분(How about we postpone it until tomorrow afternoon)에서 (C)가 정답임을 알 수 있다.
바꿔 쓰기 postpone 연기하다 → reschedule 일정을 조정하다

64 여자들이 하기로 동의한 것은 무엇인가?

(A) 점심 같이 먹기
(B) 데이터 입력하기
(C) 공항까지 운전해 가기
(D) 제안서 검토하기

어휘
enter 입력하다 data 데이터, 정보 review 검토하다(= go over)

기술53
지문 후반 여자 2가 점심 먹고, 검토할 마케팅 제안서가 있다(we still have the marketing proposal to go over after lunch)는 말에, 여자 1이 동의하는 부분(No problem)에서 (D)가 정답임을 알 수 있다.
바꿔 쓰기 go over 검토하다 → review 검토하다

Questions 65~67 refer to the following conversation and chart.

US - US
W: **65**I'm so pleased to see our company grow so rapidly in the global market.
M: Yes. I feel the same way. In particular, **66**our sales doubled when we opened our Beijing branch office.
W: That's right. Nobody can deny that China is one of the fastest developing countries in the world.
M: I heard many **67**new employees want to start their careers in Asian branches. I'm sure it would be a good opportunity for them.

W: You're correct. But I'm a little worried about our domestic sales. Although we have made lots of profits in the international market, our sales in the domestic market have dropped for 3 months in a row. We need to come up with some ideas on how to boost them.

65-67은 다음 대화와 차트에 관한 문제입니다.
W: 세계 시장에서 우리 회사가 빠르게 성장하는 것을 보게 되어서 매우 기뻐요.
M: 그래요. 저도 같은 생각입니다. 특히 우리가 Beijing 지점을 개설했을 때, 매출이 두 배가 되었죠.
W: 맞아요. 중국이 세계에서 가장 빠르게 발전하는 개발 도상국임을 누구도 부인할 수 없을 겁니다.
M: 많은 신입 직원들이 아시아 지점에서 경력을 시작하고 싶어 한다고 들었어요. 그들에게는 좋은 기회가 될 것이라고 확신해요.
W: 맞아요. 하지만 우리 국내 매출이 좀 걱정이네요. 비록 국제 시장에서 많은 수익을 올리지만, 국내 시장에서의 매출이 3개월 연속 하락 중이에요. 어떻게 수익을 올릴지 아이디어들을 생각해야 해요.

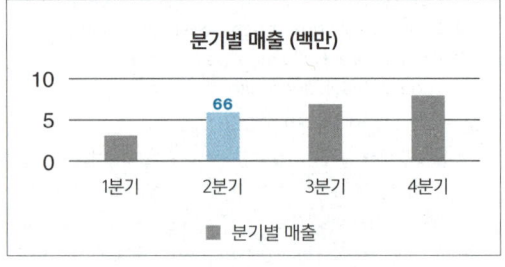

분기별 매출 (백만)
■ 분기별 매출

어휘
pleased 기쁜 grow 성장하다 rapidly 빠르게
global market 세계 시장 in particular 특히
double 두 배가 되다 branch 지점 deny 부정하다
developing country 개발 도상국 employee 직원 career 경력
Asian 아시아의 opportunity 기회 correct 올바른
worried 걱정하는 domestic 국내의 lots of 많은 profit 수익
drop 떨어지다 in a row 연속으로
come up with ~을 생각해 내다 boost 올리다 how to ~하는 법

65 여자는 무엇이 기쁘다고 말하는가?
(A) 신제품에 대한 호의적인 반응들
(B) 국제 매출의 증가
(C) 새로운 지점의 개점
(D) 새로운 건물로의 원활한 이전

기술48
여자의 첫 대사에서 세계 시장에서 회사가 빠르게 성장하는 것을 지켜보게 되어 기쁘다(I'm so pleased to see our company grow so rapidly in the global market)는 말에서 (B)가 정답임을 알 수 있다.
바꿔 쓰기 global 세계적인 →international 국제적인

66 시각 자료를 보시오. 회사는 Beijing에 지사를 언제 열었겠는가?
(A) 1분기에
(B) 2분기에
(C) 3분기에
(D) 4분기에

기출36

남자의 첫 대사에서 Beijing 사무실을 열었을 때, 판매가 두 배가 되었다고 말하는 부분(~ our sales doubled when we opened our Beijing branch office)에서 답을 찾을 수 있다. 그래프를 보면 1분기에 비해 2분기 매출이 두 배가 되었으므로, 정답은 2분기라고 말한 (B)가 된다.

67 남자가 신입 직원들에 대해서 말한 것은 무엇인가?
(A) 해외에서 일하는 것을 선호한다.
(B) 모두 임시 직원들이다.
(C) 중국어에 능통하다.
(D) 오리엔테이션에 참석해야 한다.

기출38

대화 중반, 남자가 신입 직원들이 언급되는 부분(~ new employees want to start their careers in Asian branches ~)에서, 이들이 아시아 지점에서 경력을 시작하고 싶어 한다는 사실을 알 수 있다. 따라서 정답은 (A)가 된다.

바꿔 쓰기 Asian branches 아시아 지점 → overseas 해외에서

Questions 68~70 refer to the following conversation and map.

 AU – BR

M: Hi. A turkey sandwich and a bottled water, please.
W: **68**$12.89 in total. Cash or credit?
M: Here is my check card and, umm... I have a question. Is there any dry cleaner's around here? I spilled coffee on my dress shirt last night. I'm staying at **69**Royal Hotel, which offers a laundry service but does not accept urgent requests. I have to wear it tonight.
W: There is one just across the street. **70**Cross the road and walk along the street until you find Dream Tower, the major attraction. It is located in the building right next to it.

68-70은 다음 대화와 지도에 관한 문제입니다.

M: 안녕하세요. 칠면조 샌드위치와 생수 한 병 주세요.
W: 총 12.89달러입니다. 현금이세요, 카드세요?
M: 여기 체크 카드요. 그리고, 음... 질문이 있어요. 혹시 근처에 세탁소가 있나요? 제가 어젯밤에 와이셔츠에 커피를 쏟았어요. 저는 Royal Hotel에 머물고 있는데, 세탁 서비스를 제공하지만, 급한 요청들을 받지 않네요. 저는 오늘 밤에 그 옷을 입어야 하거든요.
W: 바로 길 건너에 하나 있어요. 길을 건너서 주요 관광지인 Dream Tower가 보일 때까지 걸어가세요. 바로 옆에 있는 건물에 세탁소가 있어요.

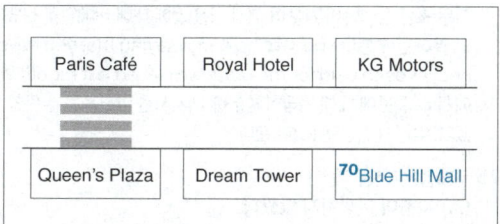

Paris Café	Royal Hotel	KG Motors
Queen's Plaza	Dream Tower	**70**Blue Hill Mall

어휘

turkey 칠면조 bottled water 생수 cash 현금
dry cleaner's 세탁소 dress shirt 와이셔츠
laundry 세탁 accept 받아들이다 urgent 급한 request 요청
major attraction 유명 관광지

68 여자는 누구이겠는가?
(A) 접수 담당자
(B) 계산원
(C) 호텔 지배인
(D) 자동차 판매원

기출34

여자가 첫 대사에서 금액을 얘기하고, 현금으로 낼지 카드로 낼지를 묻는 질문($12.89 in total. Cash or credit)에서 계산원임을 유추할 수 있다. 따라서 정답은 (B)가 된다.

69 남자는 Royal Hotel에 대해 어떤 불만이 있겠는가?
(A) 방 요금이 너무 비싸다.
(B) 시내에서 너무 멀리 떨어져 있다.
(C) 방들이 깨끗하지 않다.
(D) 빠른 서비스를 제공하지 않는다.

기출46

대화 중반 남자가 고유 명사 키워드인 Royal Hotel을 언급하면서, 세탁 서비스를 제공하지만, 급한 요청들은 받지 않는다고 말하는 부분(Royal Hotel, which offers a laundry service but does not accept urgent requests)에서 (D)가 정답임을 유추할 수 있다.

70 시각 자료를 보시오. 세탁소는 어디에 있는가?
(A) Dream Tower에
(B) Blue Hill Mall에
(C) KG Motors에
(D) Queen's Plaza에

기출52

남자의 첫 대사에서 샌드위치와 생수를 언급하는 대사에서 이곳이 Paris Café임을 추론할 수 있다. 또한 여자의 마지막 대사에서 길을 건너 Dream Tower까지 걸어가면 그 바로 옆 건물에 세탁소가 있다고 말하는 부분(Cross the road and walk along the street until you find Dream Tower, the major attraction. It is located in the building right next to it)에서 약도를 보면 Dream Tower 바로 옆에 있는 건물인 Blue Hill Mall에 세탁소가 있음을 알 수 있다. 따라서 정답은 (B)가 된다.

Questions 71~73 refer to the following announcement.

AU

Good evening, everyone. I'd like to welcome you all to 'The Book of the Month'. **71**I would like to first say, thank you Woodstock bookstore for hosting this event every month. For this month, the selection committee has unanimously selected *Suspicious* written by Tina Gomez. **72**I was astonished to find out that she was a retired police detective and *Suspicious* was her first novel. I will let her come up to the stage and tell her story, especially about what inspired her to be an author and how her former experience helped her write this novel. **73Please be assured that you will have a chance to get her autograph after her talk.** She will sign your paperback copy if you have it. You can also buy a hardcover at a special price. Now, please welcome her to the stage with a big applause.

71–73은 다음 안내에 관한 문제입니다.

좋은 저녁입니다 여러분. 'The Book of the Month' 행사에 오신 모든 분들 환영합니다. 먼저 매달 이 행사를 개최해 주시는 Woodstock 서점에 감사의 말씀을 전하고 싶습니다. 이번 달에는 선정 위원회에서 만장일치로 Tina Gomez가 쓴 <Suspicious>를 선정했습니다. 저는 그녀가 은퇴한 형사이고, <Suspicious>가 그녀의 첫 번째 소설이라는 것을 알고 놀랐습니다. 그녀를 무대로 모셔서, 그녀의 이야기, 특히 무엇이 그녀가 작가가 되는 데 영감을 주었는지, 그리고 어떻게 그녀의 이전 경험이 이 소설을 쓰는 데 도움을 주었는지 들어보겠습니다. 그녀의 담화 이후 그녀의 사인을 받을 수 있는 기회가 있는 것을 확인하세요. 문고판 책이 있으시면 거기에 사인을 해주실 겁니다. 또한 양장본을 특별한 가격에 구매하실 수 있습니다. 자, 이제 그녀를 큰 박수로 환영하며 무대에 모시겠습니다.

welcome 환영하다 host 개최하다 selection 선택
committee 위원회 unanimously 만장일치로
astonish 놀라게 하다 retired 은퇴한 police detective 형사
novel 소설 especially 특히 inspire 영감을 주다 writer 작가
assure 확실하게 하다 autograph 사인 paperback 문고판
stage 무대 hard cover 양장본

71 어디에서 안내가 되고 있는가?
(A) 박물관에서
(B) 서점에서
(C) 도서관에서
(D) 지역 센터에서

기술34

지문 초반 행사를 열어준 서점에 감사를 전하는 말(I would like to first say, thank you Woodstock bookstore for hosting this event every month)에서 이곳이 서점임을 유추할 수 있다. 따라서 정답은 (B)가 된다.

72 화자가 Gomez 씨에 대해 놀란 것은 무엇인가?
(A) 그녀는 판매 기록을 깼다.
(B) 그녀는 형사로 근무했다.
(C) 그녀는 음악을 공부했다.
(D) 그녀는 고등학교에서 영어를 가르쳤다.

기술78

지문 중반 그녀가 은퇴한 형사였다는 것을 알게 되어 놀랐다(I was astonished to find out that she was a retired police detective ~)라고 말하는 부분에서 정답은 (B)가 된다.

73 화자가 청자들에게 상기시키는 것은 무엇인가?
(A) 질문과 답하는 시간에 참가하기
(B) 사인을 받기
(C) 양식을 작성하기
(D) 피드백을 쓰기

기술68

지문 후반에 담화 후 그녀로부터 사인을 받는 기회를 잡으라고 말하는 부분(Please be assured that you will have a chance to get her autograph after her talk)에서 정답은 (B)가 된다.

Questions 74~76 refer to the following telephone message.

US

Hello, this is Jane Diaz calling from Benson wholesale. This morning, **74, 75you sent an e-mail saying that you have not yet been paid for the order we placed last month yet.** After I talked with the technical support department, I learned that our software upgrade caused this problem. They said they installed a new version of our accounting software last weekend and that there are some unprocessed payment requests in our database for some technical reasons. That's why yours was not processed properly. Now that this issue has been resolved and your payment request is being processed. **76Your electronic check will be issued** right after the accounting manager approves it today. Sorry for the inconvenience this has caused you.

74–76은 다음 전화 메시지에 관한 문제입니다.

여보세요, 저는 Benson 도매의 Jane Diaz입니다. 오늘 아침 우리가 지난달에 한 주문에 대한 지급을 받지 못하셨다고 이메일을 보내셨는데요. 제가 기술 지원부와 이야기해 보니, 우리 소프트웨어 업그레이드가 이 문제의 원인인 것을 알게 되었습니다. 지난 주말 새로운 버전의 회계 소프트웨어를 설치했는데, 기술적인 이유로 우리 데이터베이스에 처리되지 않은 지불 청구들이 있다고 하더라고요. 그래서 당신의 것도 제대로 처리되지 못했어요. 이 문제가 이제 해결되었으므로 지불 요청이 처리되고 있습니다. 당신의 전자 수표는 오늘 회계 부장이 승인하자마자 발행될 겁니다. 이로 인해 불편을 드려 죄송합니다.

support 지원 learn 알게 되다 cause 원인이 되다
install 설치하다 accounting 회계 unprocessed 처리되지 않은
payment 지불 reason 이유 properly 올바르게
resolve 해결하다 electronic check 전자 수표 issue 발행하다
approve 승인하다 inconvenience 불편

74 여자가 전화한 이유는 무엇인가?
(A) 주문하기 위해
(B) 감사를 표하기 위해
(C) 질문에 답하기 위해
(D) 주문 상태를 추적하기 위해

express 표현하다 gratitude 감사 respond 응대하다
inquiry 질문 track 추적하다

기술57

지문 초반 상대방이 지불이 되지 않은 것에 대해 이메일을 보냈다고 말하는 부분(~ you sent an e-mail saying that you have not yet been paid for the order we placed last month yet)에서 그 질문에 대해 언급하기 위해 메시지를 남겼음을 추론할 수 있다. 따라서 정답은 (C)가 된다.

75 문제점은 무엇인가?
(A) 지불이 이뤄지지 않았다.
(B) 컴퓨터 네트워크의 연결이 끊어졌다.
(C) 주문이 다른 주소로 배달되었다.
(D) 기술부에 직원이 부족하다.

기술80

74번을 답을 구한 문장에서, 주문에 대한 지불이 이루어지지 않은 것이 문제점임을 알 수 있다. 따라서 정답은 (A)가 된다.

76 청자는 오늘 무엇을 받을 것인가?
(A) 전액 환불
(B) 새로운 설치 프로그램
(C) 전자 수표
(D) 대체품

기술77

지문 마지막에 전자 수표가 발행될 것이라고 말하는 부분(Your electronic check will be issued)에서 정답은 (C)가 된다.

Questions 77~79 refer to the following announcement.

BR

Good afternoon! Thank you for shopping at Willy's Market. We have good news for our online customers. **77**Starting tomorrow, we will hold a clearance sale on our official online mall, www.willysmarket.com. Most of our winter shoes collection for men, women and kids will be on sale and prices will be marked down up to 50%. **78**You'll discover special deals on women's boots only available for online customers. In addition, **79**purchase $100 or more and you will receive $10 gift certificate for future purchases. Our priority is your utmost satisfaction. Just order what you like and return items free of charge if you are not satisfied for any reason.

77-79는 다음 안내에 관한 문제입니다.

좋은 오후입니다! Willy's Market에서 쇼핑해 주셔서 감사합니다. 우리의 온라인 고객들을 위한 좋은 소식이 있습니다. 내일부터 우리의 공식 온라인 몰인 www.willysmarket.com에서 창고 정리 세일을 시작합니다. 남성용, 여성용, 아동용 겨울 신발 콜렉션의 대부분이 할인되고, 가격은 50%까지 할인됩니다. 온라인 고객들만 이용 가능한 여성 부츠 특가도 찾으실 수 있습니다. 게다가 100달러 이상 구매하시면 다음 구매 때 사용하실 수 있는 10달러의 상품권을 받으실 수 있습니다. 여러분의 최고의 만족이 저희의 우선 사항입니다. 맘에 드는 것을 주문하시고, 어떤 이유로든 만족이 안 되시면 무료로 반품하세요.

77 내일 일어날 일은 무엇인가?
(A) 온라인 쇼핑몰이 문을 열 것이다.
(B) 가격이 인하될 것이다.
(C) 세일 행사가 끝날 것이다.
(D) 무료 품목들이 배부될 것이다.

기술77

지문 초반에 내일부터 재고 처리 세일이 시작된다고 말하는 부분(Starting tomorrow, we will hold a clearance sale on our official online mall ~)에서 정답은 (B)가 된다.

78 온라인 고객들에게만 이용 가능한 것은 무엇인가?
(A) 특가 상품들
(B) 할인 쿠폰들
(C) 무료 반품 라벨들
(D) 선물 포장

기술78

지문 중반 온라인 고객들에게만 이용 가능하다고 특가 상품을 말하는 부분(You'll discover special deals on women's boots only available for online customers)에서 정답은 (A)가 된다.

79 청자들은 어떻게 상품권을 받을 수 있는가?
(A) 온라인에서 쇼핑해서
(B) 가게에 일찍 방문해서
(C) 특정 금액을 써서
(D) 회원이 되어서

기술74

지문 후반 100불 이상 주문 시 상품권을 받게 된다는 말(~ purchase $100 or more and you will receive $10 gift certificate for future purchases)에서 100달러를 특정 금액으로 바꿔 제시한 보기 (C)가 정답이 된다.

Questions 80~82 refer to the following announcement.

US

Good evening. Thank you for joining the 5th annual international marketing workshop. I'm the coordinator of this event. I'm proud to introduce a series of lectures that you might be interested in. **80**You will find the complete schedule of these lectures and other activities posted on the bulletin board in the lobby. **81**The opening ceremony will begin with the keynote speech made by Jim Moore, a prominent economist. The reception will follow that and it will be held in Grand Ballroom. It features a variety of Italian dishes prepared by the world renowned chef, Bruno Turner. Also, **82**this will give you a great chance to get to know each other. I hope you don't miss it.

80-82는 다음 안내에 관한 문제입니다.

좋은 저녁입니다. 우리의 제5회 연례 국제 마케팅 워크숍에 오신 것을 환영합니다. 저는 이 행사의 진행자입니다. 여러분이 관심을 가질만한 일련의 강연들을 소개하게 되어 자랑스럽습니다. 이러한 강연들과 다른 활동들의 전체 일정은 로비에 있는 게시판에서 확인하실 수 있습니다. 개막식은 저명한 경제학자인 Jim Moore의 기조 연설로 시작될 것입니다. 이어서 환영회가 Grand Ballroom에서 열릴 것입니다. 환영회는 세계적으로 유명한 주방장인 Bruno Turner의 다양한 이태리 요리들이 특징입니다. 또한 이는 여러분이 서로 알게 되는 좋은 기회가 될 것입니다. 이것을 놓치지 않으셨으면 합니다.

어휘
annual 해마다의 coordinator 진행자 proud 자랑스러워 하는
a series of 일련의 lecture 강연 interest 관심을 끌다
activity 활동 bulletin board 게시판 ceremony 의식
keynote speech 기조 연설 prominent 저명한
economist 경제학자 reception 환영회 be held 열리다
grand ballroom 대 연회실 feature 특징이 되다
a variety of 다양한 dish 요리 prepare 준비하다
renowned 저명한 miss 놓치다

80 청자들이 게시판에서 찾을 수 있는 것은 무엇인가?
(A) 등록 양식
(B) 행사 일정
(C) 등록서
(D) 최신 메뉴

기술38
지문 중반 장소 키워드인 bulletin board가 언급되는 부분(You will find the complete schedule of these lectures and other activities posted on the bulletin board in the lobby)에서 일정을 찾을 수 있다는 것을 알 수 있다. 따라서 정답은 (B)가 된다.
바꿔쓰기 schedule 일정 → calendar 일정

81 Jim Moore는 누구인가?
(A) 행사 조직원
(B) 유명한 주방장
(C) 기조 연설자
(D) 회장

기술78
고유명사 키워드 Jim Moore가 언급되는 부분(The opening ceremony will begin with the keynote speech made by Jim Moore ~)에서 그가 기조 연설자임을 확인할 수 있다. 따라서 정답은 (C)가 된다.

82 화자가 "이것을 놓치지 않으셨으면 합니다"라고 말한 이유는 무엇인가?
(A) 새로운 메뉴를 강조하기 위해
(B) 청자들에게 시간을 지키라고 요청하기 위해
(C) 감사를 표현하기 위해
(D) 청자들이 환영회에 참석하도록 장려하기 위해

기술41
지문 후반에 해당 표현이 제시되기 바로 전에 환영회에 대한 얘기를 하면서 이것이 서로를 알게 될 좋은 기회가 될 것이라고 말하는 부분(~ this will give you a great chance to get to know each other)에서 정답이 (D)임을 유추할 수 있다.

Questions 83~85 refer to the following broadcast.

US
Now for the NPS business news. I'm Lily Johnson. The spokesperson of Pacific Motors announced that its **83**management decided to merge with Yamato Automobiles, one of the biggest Japanese car manufacturers. **84**Business experts anticipate that this move will lead to a significant increase in their production capability and expand their customer base in Asia. Since this announcement was made on Monday, their stock price has been rising rapidly. **85**I'll be right back with more details after the commercial break. Stay tuned!

83-85는 다음 방송에 관한 문제입니다.
자 이제 NPS 경제 뉴스입니다. 저는 Lily Johnson입니다. Pacific Motors의 대변인은 경영진들이 가장 큰 일본 자동차 제조사들 중 하나인 Yamato Automobiles와 합병할 것을 결정했다고 발표했습니다. 사업 전문가들은 이러한 움직임이 그들의 생산력의 상당한 증가로 이어지고, 아시아에서의 고객층을 넓혀 줄 것으로 기대합니다. 이 발표가 월요일에 나간 이후로, 그들의 주가는 급격히 상승하고 있습니다. 광고 시간 이후에 더 자세한 내용으로 돌아오겠습니다. 채널 고정하세요!

어휘
spokesperson 대변인 management 경영진 decide 결정하다
merger 합병 automobile 자동차
car manufacturer 자동차 제조사 merge 합병하다
expert 전문가 anticipate 예상하다 lead to ~에 이르다
significant 상당한 increase 증가
production capability 생산 능력
expand 넓히다 customer base 고객층 Asia 아시아
since ~이래로 announcement 안내 stock price 주식 가격
rise 오르다 rapidly 빨리 detail 세부 사항
commercial break 광고 방송을 위한 프로 중단 시간
stay tuned 채널 고정하다

83 방송의 주제는 무엇인가?
(A) 회사 구조 조정
(B) 인사 변경
(C) 사업 합병
(D) 가게 개점

기술64
지문 초반 합병을 언급하는 부분(their management decided to merge ~)에서 정답은 (C)가 된다.

84 화자의 말에 따르면, 사업 전문가들은 무엇을 예상하는가?
(A) 제품 가격이 인상될 것이다.
(B) 생산 능력이 확장될 것이다.
(C) 본사가 이전할 것이다.
(D) 새로운 최고 경영자가 임명될 것이다.

기술78
지문 중반에 사업 전문가들을 언급한 부분(Business experts anticipate that this move will lead to a significant increase in their production capability)에서 그들이 생산 능력 증가를 예상한다는 것을 알 수 있다. 따라서 정답은 (B)가 된다.

85 청자들이 다음에 듣게 되는 것은 무엇인가?
(A) 투자 기회들
(B) 일기예보
(C) 교통방송
(D) 광고들

기술74
지문 후반 광고 시간 후에 돌아오겠다는 말(I'll be right back with more details after the commercial break)에서 정답은 (D)가 된다.
바꿔쓰기 commercial break 광고 시간 → advertisements 광고

Questions 86~88 refer to the following telephone message.

AU

Hello, Ms. Garcia. This is Dan Marshall from Dream Painting. I'm calling to let you know about some problems we have encountered. **87**We were supposed to paint your new office on Thursday, but we have to postpone the work until next Monday. This morning, the cans of paints we ordered for your office arrived from our supplier, but **86**I found that their color was not matched to what we ordered. I immediately called the vendor and its regional manager promised to replace them as soon as possible. The replacement is expected to be delivered to us by Friday at the earliest. This is not a normal case. **88**We don't have any choice but wait for the replacements. I'm wondering if this new schedule is acceptable to you. Please call me at 670-8800.

86-88은 다음 전화 메시지에 관한 문제입니다.

여보세요, Garcia 씨. 저는 Dream Painting의 Dan Marshall입니다. 우리가 직면한 몇몇 문제들에 관해 알려드리려고 전화 드려요. 우리는 당신의 새로운 사무실을 목요일에 페인트칠하기로 되어 있었지만, 작업을 다음 주 월요일로 연기해야 합니다. 오늘 아침에 당신 사무실을 위해 우리가 주문한 페인트 통들을 우리 공급업자로부터 받았는데, 우리가 주문한 것과 다른 색이라는 것을 발견했어요. 즉시 공급업자에게 전화하니 지점장이 가능한 한 빨리 교체해 주기로 약속했습니다. 교체품들은 빨라야 금요일에 우리한테 배달될 것으로 예상됩니다. 이것은 일반적인 경우는 아닙니다. 우리는 교체품들을 기다리는 것 외에는 선택 사항이 없습니다. 이 새로운 일정이 괜찮으신지 궁금합니다. 670-8800번으로 연락주세요.

어휘

encounter 우연히 만나다 be supposed to ~하기로 되어 있다 postpone 연기시키다 supplier 공급자 match 일치하다 vendor 공급업자 regional 지역의 promise 약속하다 as soon as possible 가능한 한 빨리 expect 기대하다 deliver 배달하다 at the earliest 빨라야 replacement 대체품 wonder 궁금하다 acceptable 받아들일 수 있는

86 화자가 언급하는 문제점은 무엇인가?
(A) 잘못된 물건을 받았다.
(B) 그의 직원들 중 한 명이 전화로 병가를 냈다.
(C) 몇 개의 장비가 고장이다.
(D) 그의 주문이 아직 도착하지 않았다.

기술80
색깔이 원래 주문한 것과 일치하지 않는다고 말하는 부분(I found that their color was not matched to what we ordered)에서 정답은 (A)가 된다.

87 Garcia 씨의 사무실은 언제 페인트칠을 하게 될 것인가?
(A) 목요일에
(B) 금요일에
(C) 월요일에
(D) 화요일에

기술35
원래 목요일 예정이지만, 페인트칠을 월요일로 미루자고 말하는 부분(We were supposed to paint your new office on Thursday, but we have to postpone the work until next Monday)에서 정답은 (C)가 된다.

88 남자가 "이것은 일반적인 경우는 아닙니다"라고 말한 이유는 무엇인가?
(A) 그는 청자들에게 내구성에 대해 안심시킨다.
(B) 그는 마감 시한을 늘리고 싶어 한다.
(C) 그는 청자의 이해를 구한다.
(D) 그는 예를 들고 싶어 한다.

기술41
해당 문장이 제시된 이후 대체품을 기다릴 수 밖에 없다고 말하고, 이 새로운 일정을 받아 줄 수 있냐고 묻는 부분(We don't have any choice but wait for the replacements. I'm wondering if this new schedule is acceptable to you)에서 늦어지는 일정에 대해 이해를 구하고자 하는 의도를 짐작할 수 있다. 따라서, 정답은 (C)가 된다.

Questions 89~91 refer to the following talk.

US

Good evening, ladies and gentlemen. **89**I'm glad to present this great award to Daren Howard. He joined us in 2002. At that time, we faced keen competition from our rivals and had some financial problems. He proposed to offer customized services which boosted sales and have now become our main source of income. Since then, he has consistently proven himself as one of the most competent employees. **90**Last year, he was promoted to vice president and he led the development and launch of ZT-3, currently the most selling product. **91**Daren, would you please come to the stage and say a few words?

89-91은 다음 담화에 관한 문제입니다.

좋은 저녁입니다, 신사 숙녀 여러분. 이 위대한 상을 Daren Howard에게 수여하게 되어 기쁩니다. 그는 2002년에 우리 회사에 입사했습니다. 그 당시에, 우리는 경쟁 회사들로부터의 심한 경쟁에 직면했었고, 재무적인 문제들도 겪고 있었죠. 그는 매출을 올려줄 맞춤 서비스들을 제공하는 것을 제안했고, 지금은 우리 주요 수입원이 되었습니다. 그때 이후로, 그는 자신이 가장 유능한 직원들 중 하나임을 증명해오고 있습니다. 작년에 그는 부사장으로 승진했고 현재 가장 잘 팔리는 제품인 ZT-3의 개발과 출시를 이끌었습니다. Daren, 무대로 오셔서 몇 마디 해주시겠어요?

어휘

at that time 그 당시에 keen 심한 competition 경쟁 financial 금융적인 problem 문제 boost 올리다 sales 매출 customized 맞춤형의 since 이래로 consistently 지속적으로 prove 증명하다 vice president 부사장 stage 무대 words 말

89 담화의 목적은 무엇인가?
(A) 직원의 업적 기리기
(B) 새로운 사원 소개하기
(C) 은퇴 발표하기
(D) 대회 결과들 보고하기

어휘

recognize 인정하다 achievement 업적

기출33
지문 초반 상을 주게 되어 기쁘다(I'm glad to present this great award ~)라고 말하는 부분에서 정답은 (A)가 된다.

90 Howard 씨가 작년에 한 일은 무엇인가?
(A) 그는 새로운 CEO로 선택되었다.
(B) 그는 회사에 입사했다.
(C) 그는 신제품 출시를 이끌었다.
(D) 그는 영업을 책임지고 있었다.

기출77
시간 키워드인 last year가 언급되는 부분에서, 그가 부사장으로 승진하고, 제품의 개발과 출시를 이끌었다는 정보(Last year, he was promoted to vice president and he led the development and launch of ZT-3, currently the most selling product)를 확인할 수 있다. 따라서 정답은 (C)가 된다.

91 Howard 씨가 하라고 요청받는 것은 무엇인가?
(A) 신제품 시연하기
(B) 수락 연설하기
(C) 상을 수여하기
(D) 사무실 방문하기

어휘
acceptance speech 수락 연설

기출68
지문 마지막에 Daren에게 무대로 와서 몇 마디 해달라고 요청하는 부분(Daren, would you please come to the stage and say a few words)에서 정답은 (B)가 된다.
바꿔쓰기 say a few words 몇 마디 하다 → give an acceptance speech 수락 연설하기

Questions 92~94 refer to the following announcement and schedule.

BR

Attention! All passengers with tickets for the train bound for Oxford. I regret to inform you that **93**the departure of this train will be delayed for an hour **92**due to an unexpected engine malfunction. Our skilled repairmen are currently working on it and it is expected to be fixed within an hour. The later departures won't be affected and other trains will depart as scheduled. If you transfer to another train at Oxford, **94**please proceed to the ticket office. We will help change your connecting trains. Sorry for the inconvenience.

92-94는 다음 안내와 일정표에 관한 문제입니다.
Oxford행 기차표를 가지고 계신 승객 여러분 모두 주목해 주세요. 유감스럽게도 예상치 못한 엔진 오작동으로 인해 이 기차의 출발이 1시간 지연되었음을 알려 드립니다. 우리의 숙련된 정비공들이 현재 작업 중에 있으며 한 시간 내로 고쳐질 것으로 예상됩니다. 이후의 출발들은 영향을 받지 않으며 다른 기차들은 예정대로 출발할 겁니다. Oxford에서 다른 기차로 갈아타셔야 하는 분들께서는 매표소로 가주세요. 연결 열차를 변경하는 것을 저희가 도와 드리겠습니다. 불편을 드려 죄송합니다.

최종 목적지	출발 시간
Oxford	**93**오전 10시
Manchester	오후 12시 30분
London	오후 14시 30분
York	오후 16시

어휘
attention 주목 bound for ~행의 regret 유감이다
inform 알리다 departure 출발 delay 연기하다
unexpected 예상치 못한 malfunction 오작동
skilled 숙련된 currently 현재 fix 고치다 within ~이내에
affect 영향을 주다 depart 떠나다 as scheduled 예정대로
transfer 갈아타다 proceed 가다 inconvenience 불편

92 화자의 말에 따르면, 문제의 원인은 무엇인가?
(A) 손상된 선로
(B) 기계적인 문제
(C) 적은 좌석
(D) 터미널 개조

어휘
railroad 철로 damaged 하자가 있는 mechanical 기계적인

기출76
지문 초반 예기치 못한 엔진 오작동 문제가 언급되는 부분(~ due to an unexpected engine malfunction)에서 정답은 (B)가 된다.
바꿔쓰기 engine malfunction 엔진 오작동 → mechanical problem 기계적인 문제

93 시각 자료를 보시오. Oxford행 기차는 몇 시에 출발할 것인가?
(A) 오전 10시에
(B) 오전 11시에
(C) 오후 12시 30분에
(D) 오후 13시 30분에

기출79
지문 초반 Oxford행 기차가 1시간 지연된다고 말하는 부분(~ the departure of this train will be delayed for an hour)을 듣고 시각 자료를 보면 Oxford행 기차 출발 시간은 기존의 10시에서 1시간 지연된 11시이므로 정답은 (B)이다.

94 몇몇 청자들이 매표소로 가라고 요청받는 이유는 무엇인가?
(A) 무료 식사를 얻기 위해
(B) 표 환불을 위해
(C) 수하물 표를 얻기 위해
(D) 환승을 재조정하기 위해

기출45
지문 후반에 장소 키워드 ticket office가 언급되고 갈아타는 기차들을 변경하는 것을 도와 주겠다(~ please proceed to the ticket office. We will help change your connecting trains)고 말하는 부분에서 정답은 (D)가 된다.

Questions 95~97 refer to the following excerpt from a meeting and graph.

AU

Good morning, everyone. Thank you for coming here on such short notice. I called this meeting to talk about the results of the **95**customer satisfaction survey we conducted last week. Please look at the handouts that I distributed before the meeting began. As you can see, it indicates that most of our customers are satisfied with our product design and price. However, we didn't score very well in the other two areas. To deal with the lowest area, the product development department will evaluate the product and make some upgrades, but that will take long time. So, **96**I'd like you to come up with some ideas to improve the second lowest one. **97**Now, I'll divide you into groups of 4 and let you share what you have.

95-97은 다음 회의 발췌록과 그래프에 관한 문제입니다.

좋은 아침입니다, 여러분. 촉박한 공지에도 불구하고 이곳에 와 주셔서 감사합니다. 지난주에 우리가 실시한 고객 만족 설문 조사에 대한 결과들에 대해 이야기하기 위해 이 회의를 소집했습니다. 제가 회의 시작 전에 나눠드렸던 유인물들을 봐 주세요. 보시다시피, 우리 고객들 대부분이 우리의 제품 디자인과 가격에는 만족하고 있다는 것을 보여줍니다. 하지만, 다른 두 영역에서는 점수를 잘 받지는 못했습니다. 가장 낮은 영역을 해결하기 위해, 제품 개발 부서가 제품을 평가하고, 업그레이드를 시킬 것이지만 이것은 시간이 오래 걸릴 겁니다. 그래서 여러분께서 두 번째로 낮은 영역을 개선하기 위한 아이디어들을 생각해 주셨으면 합니다. 이제, 제가 여러분들을 4명으로 구성된 그룹으로 나누고 여러분이 가진 의견들을 공유할 수 있도록 하겠습니다.

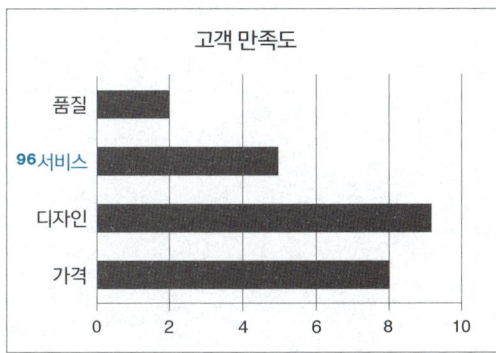

고객 만족도

어휘
short notice 촉박한 공지 result 결과 satisfaction 만족 customer 고객 survey 설문 조사 conduct 시행하다 handout 유인물 distribute 나눠주다 indicate 나타내다 most 대부분 satisfied 만족한 score 점수를 받다 area 영역 development department 개발부 evaluate 평가하다 improve 향상시키다 divide 나누다

95 화자의 말에 따르면, 회사는 지난주에 무엇을 했는가?
(A) 새로운 서비스를 시작했다.
(B) 제품을 출시했다.
(C) 고객들로부터 피드백을 받았다.
(D) 로고를 다시 디자인했다.

기술77
지문 초반 내용(~ the customer satisfaction survey we conducted last week)에서 회사가 최근 고객 만족도 설문 조사를 시행했음을 알 수 있다. 따라서 정답은 (C)가 된다.

96 시각 자료를 보시오. 화자가 회의에서 다루고 싶어하는 영역은 무엇인가?
(A) 품질
(B) 서비스
(C) 디자인
(D) 가격

기술36
지문 후반 후자가 두 번째로 낮은 영역을 향상시킬 아이디어들을 생각해 보라고 말하는 부분(I'd like you to come up with some ideas to improve the second lowest one)에서 답을 구할 수 있다. 시각 자료를 보면 두 번째로 낮은 평가를 받은 항목은 서비스이므로 정답은 (B)가 된다.

97 청자들은 다음에 무엇을 할 것인가?
(A) 그들의 아이디어에 대해 토론하기
(B) 비용 나누기
(C) 피드백 양식 작성하기
(D) 몇몇 유인물들 나눠주기

기술65
지문 마지막에 그룹으로 나눠서 의견들을 공유하도록 하겠다고 말하는 부분(Now, I'll divide you into groups of 4 and let you share what you have)에서 정답은 (A)가 된다.

Questions 98~100 refer to the following telephone message and list.

US

Hello. This is Nora Perez from the sales department. **98**I'm calling to change my reservation. Initially, we expected 20 employees to attend the staff meeting. So, I reserved the conference room B, but the vice president wants to invite summer interns to the meeting. **99**I think the attendance will number 30 in total. So I need a larger banquet type room now. Please change the catering service accordingly. Umm, there's one more thing I'd like you to do. **100**Our assistant manager, Sam Clark, wants to use a projector and a screen for his presentation. So I'd like to know if you can install them before the meeting starts. Please call me back at 500-4300. Thank you.

98-100은 다음 전화 메시지와 목록에 관한 문제입니다.

여보세요. 저는 영업부의 Nora Perez입니다. 예약을 변경하려고 전화 드립니다. 처음에 우리는 20명의 직원들이 직원 회의에 참석할 것으로 예상했습니다. 그래서 회의실 B를 예약했는데요. 하지만 부사장님께서 여름 인턴들을 회의에 초대하고 싶어하세요. 제 생각엔 참석 인원이 총 30명이 될 것 같아요. 그래서 이제 더 큰 연회장 타입의 방이 필요합니다. 출장 연회 서비스도 맞춰서 변경해 주세요. 음, 한 가지 더 해주셨으면 하는데요. 우리 부팀장인 Sam Clark이 발표에서 영사기와 스크린을 이용하고자 합니다. 그래서 회의가 시작되기 전에 그것들을 설치해 주실 수 있는지 알고 싶습니다. 500~4300번으로 다시 연락 주세요. 감사합니다.

ACTUAL TEST **147**

방	수용 인원	방 타입
회의실 A	10	교실
회의실 B	20	연회장
회의실 C	30	회의실
회의실 D	30	연회장

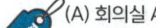 어휘

sales department 영업부 reservation 예약 initially 처음에 expect 예상하다 attend 참석하다
conference room 회의실 intern 인턴 attendance 출석 number 합한 수가~이 되다 assistant manager 대리, 부팀장 projector 영사기 install 설치하다

98 전화의 목적은 무엇인가?
(A) 예약 확인하기
(B) 변경하기
(C) 영사기 구매하기
(D) 인턴들 고용하기

기술57

지문 초반 예약을 변경하기 위해 전화를 했다고 말하는 부분(I'm calling to change my reservation)에서 정답은 (B)가 된다.

99 시각 자료를 보시오. 화자는 어떤 방을 예약하고 싶어 하는가?
(A) 회의실 A
(B) 회의실 B
(C) 회의실 C
(D) 회의실 D

기술36

지문 중반에 참석자가 30명이고, 연회 타입의 방이 필요하다고 말하는 부분(I think the attendance will number 30 in total. So I need a larger banquet type room now)에서 정답은 (D)가 된다. 표에서 30명 정원에 banquet 타입을 찾으면 Conference Room D라는 답을 찾을 수 있다.

100 화자는 Sam Clark에 대해 무엇을 말하는가?
(A) 그는 발표를 연기하고 싶어 한다.
(B) 그는 새로운 인턴들 중 한 명이다.
(C) 그는 직원 회의에 참석하지 않을 것이다.
(D) 그는 몇몇 장비를 사용할 필요가 있다.

기술78

지문 후반 고유 명사 키워드 Sam Clark이 언급되는 부분(Our assistant manager, Sam Clark, wants to use a projector and a screen for his presentation)에서 발표할 때 영사기와 스크린을 이용하고 싶어 한다는 사실을 알 수 있다. 따라서 정답은 (D)가 된다.

바꿔쓰기 a projector and a screen 영사기와 스크린 → equipment 장비

MEMO

MEMO

MEMO

영단기
신토익기술 LC

토익 700점 단기 달성 프로젝트

1 <기술 돋보기 → 기술 적용 → 기술 업그레이드>로
   빠르고 정확하게 토익 기술을 학습한다

2 학습한 기술을 Practice와 Day Test로
   실제 토익 시험에 적용 가능하도록 훈련한다

3 단순한 문제 해설이 아닌, 기술 적용/응용 방법을 제시하는
   해설을 읽으며 문제를 명확히 이해하고 기술 적용력을 높인다